世界文明史：後篇

從工業革命到現代

序

　　愛德華・麥克諾爾・伯恩斯在先前一版當中曾經論述：「在今日此時，世界是由歐洲和美國所構成的觀念早已過時了。西方文化當然是起源於歐洲，但是它從來就不具有絕對的排他性，其最初的根基來自於亞洲西南部和非洲北部，並加上印度以及中國，皆影響了日後的西方文明。西方不但從印度與遠東獲得了指南針、火藥、絲綢、棉花的知識，還有大量的宗教與哲學概念。」

　　歐洲各國在現代最初的幾百年期間，由於得益於前述文明的科學技術，因此取得空前的進步，對亞洲和非洲人民產生革命性的影響。這些廣大的大陸成為西方國家的附庸，但本世紀卻出現逆轉的趨勢。歐洲人和北美人長期保持的政治、經濟優勢，由於自然資源的衰竭、兩次世界大戰毀滅性的影響，以及兩個超級大國為爭奪世界霸權的競爭，因而受到侵蝕。而今，隨著亞洲各大國乃至小國狂熱地進入經濟發展和技術進步的浪潮，西方不再能決定它們的命運，同時也不能完全地切割自己與世界其他地區。過去十年間最後幾年的標誌，就是由來已久的歐洲和美國權力結構的解體；這是一種令未來國際政治進程變得模糊不清的意外發展，但在同時也為消除國家之間導致分裂的意識型態藩籬提供無限可能。

　　在文明的進程中，所有民族彼此互惠：在政治、經濟和文化上，他們越來越互相依賴；另外，他們負有確保人類及地球上所有生物生存的共同責任。凡此種種，均使傳統的偏狹課程失去效用。教育的範圍必須擴大，俾讓學生對置身其中的世界有更深刻、更現實的印象。再沒有別的地區比美國更迫切了，美國是在相對孤立的背景下，於二十世紀上升到領導地位。在一個日益複雜的世界中，領導的必要條件正在變化，要想成功地應對現時的複雜性，就必須考察它們的根源。大約十年前，亞洲研究學會會長提醒學會會員：「正如亞洲成為我們未來的一部分，它也成為我們過去的一部分。……現在需要的是痛苦的反省，我們主張中國和印度歷史在課程表中不是附加品，而是必需的。」同樣的警告也適用於拉丁美洲、非洲，以及其他太久太久不為人所熟悉地區的歷史。在把世界各共同體分開後的差異之上架設橋梁的嘗試，不僅建立在對這些共同體獨特性的認可上，也建立在鑄造它們的歷史力量之理解上。用已故加拿大史學家赫伯特・諾曼的話來說：「歷史是一門使整個世界更加親近的學科，是引人遐想、針對全人類的學科。」

　　本書試圖扼要考察人類自遠古至今追求文明的歷程。各重要地區或國家均有所涉及。歐洲、北美、中美和南美、英聯邦、中東、東南亞、非洲、印度、中國和日本均得到適當重視。很明顯，本書不可能詳述它們的歷史。本書的一貫目的，就是讓讀者既了解到各主要人類社會和文化的獨特成就，又了解其局限，並關心當代問題。政治事件被認為是重要的，但政治史的事實以與文化、社會和經濟運動相關的方式顯現出來。本書作者們認為，工業革命在重要性上不亞於拿破崙戰爭。他們相信，了解佛陀、孔子、牛頓、達爾文和愛因斯坦，比能夠歷數法蘭西諸王更具有重要意義。與此較寬廣的歷史觀相應，與古斯塔夫・阿道爾夫和惠靈頓公爵的軍事成就相比，本書把更多的篇幅留給約翰・洛克、卡爾・馬克思、約翰・斯圖爾特・穆勒、聖雄甘地、毛澤東和萊奧波德・桑戈爾的學說。如果說，這種敘述方法背後帶著某種哲學傾向的話，那麼它源於一種認識：即迄今人類的進步大多產生於智力的進步，以及對人權的尊重。

　　《世界文明史》第一版出版於一九五五年，第二版在一九五八年，第三版一九六四年，第四版在一九六九年，第五版在一九七四年，第六版在一九八二年，第七版在一九八六年。每一版都完整地收入愛德華・麥克諾爾・伯恩斯的《西方文明史》，非西方部分例外，它們在本書中得到較充分的介紹。《世界文明史》第六、七、八版分別收入了由西北大學的羅伯特・勒納和德州大學奧斯丁校區的米查姆修訂之《西方文明史》第九、十、十一版。在保留伯恩斯的獨特優點同時，《世界文明史》的各作者在利用當代學術成果的基礎上，把重點擴大到目前我們最關心的領域，包括古今人類社會中的居住條件、婦女的地位，和少數民族的處境。因此在最近幾版中，對中世紀、前近代、十九世紀與二十世紀初的資料，做了嚴謹的翻新工作。第八版引人注目的特徵有：在第一部分中，收入史前古人類學者的新發現、重新詮釋美索不達米亞的文明，並重新改寫希伯來史，強調他們對後世思想和行為影響之巨大；另外，在第七部分，對二次大戰以來歐洲各社會內部的複雜變化和國際關係做了審慎的分析。

　　本版自始至終都展現了大量變化，與它之前的三個版次一樣，本版具體得益於紐約大學的理查德・赫爾教授的貢獻。赫爾教授擴充了有關非洲的部分，使之與當前條件相應。他對非洲大陸的各個民族、主要文明及其現狀做了簡明而有裨益的敘述。

　　自《世界文明史》第七版開始，拉丁美洲諸社會得到更完備的描述，這一工作在第八版中進一步深化，包括根據近期的考古發現，對新大陸最早的文明做重新解釋。第八版還對南亞文明及印度次大陸諸國做了徹底修訂。為了更深入地了解關鍵性論題，放入當下流行的學術議題，以對當代中國與中國共產主

義革命變化中的特性提供全新的看法。

　　在準備本版過程中，作者們得到許多人的幫助，他們提出各種建議，這些人之中不僅有各個學科的專家，而且有使用本書的師生。特別感謝的有洛雷塔·史密斯（西北大學）、卡爾·佩特里（西北大學）、阿里勒納·沃林斯基（聖迭戈台地學院）、西摩·沙因貝格（加利福尼亞州立大學，在富勒頓）、威廉·哈里斯（哥倫比亞大學）、理查德·薩勒（芝加哥大學）、詹姆斯·斯坦利（哥倫比亞大學）、理查德·薩勒（芝加哥大學）、詹姆斯·斯坦利（摩迪聖經學院）、斯蒂芬·諾布爾（摩迪聖經學院）、理查德·諾蘭（馬塔圖克社區學院）、斯蒂芬·費羅諾和帕特里夏·埃伯雷（伊利諾伊大學）、A.N.加爾佩恩（匹茲堡大學）、馬丁·卡茨（艾伯塔大學）、羅納德·托比（伊利諾伊大學）、格特·文德爾伯恩（德國羅斯托克大學）、斯蒂芬·戴爾（俄亥俄州立大學）、詹姆斯·希恩（史丹福大學）、艾倫·文德爾伯恩（奧本大學）、詹姆斯·博伊登（德克薩斯大學）、彼得·海斯（西北大學）、喬治·羅布（西北大學）和迪埃納·科普蘭。如同在第五、六、七版那樣，W.W.諾頓公司的羅伯特·基歐是位認真負責的編輯、不可缺少的顧問，和忠實的合作者。他為此所做的、孜孜不倦的熱心工作，大大有助於修訂的完成。最後但並非最不重要的一點，我十分感謝我的妻子路易絲·康克林·拉爾夫，她就風格提出了建設性意見，並列印了手稿。

菲利普·李·拉爾夫

Contents
目錄

第五部｜法國大革命與工業革命後的世界

在深刻改變西方文明的型態方面，沒有一個事件可以與法國大革命和工業革命這兩個革命相媲美。「現代」歷史伴隨著它們而開始。十九世紀和二十世紀初的主要事件——中產階級自由主義和經濟成就的傳播、舊土地貴族的衰落、城市工人中階級意識的發展——都根源於這兩個革命。

法國大革命和工業革命大致在同一時期發生，受影響的人也有許多是相同的——儘管方式不同，程度各異。它們共同導致了專制主義、重商主義和莊園制的最後殘餘被推翻。它們共同引發了經濟個人主義和政治自由主義的理論和實踐。同時，它們也共同確保了階級意識的發展，導致在一八〇〇年後賦予歐洲歷史新活力的中產階級與勞工階級間的緊張局面達到頂點。

當然，每一次革命產生了它特有的結果。法國大革命鼓勵了民族主義及其不為人喜愛的義子——極權主義的發展。工業革命迫使一個新城市社會秩序的產生。不過，儘管它們各有其獨特貢獻，我們仍必須把兩者放在一起研究，並將它們視為十九和二十世紀初西方歷史的先驅。

這兩次革命並未馬上對亞洲人民產生影響。至於非洲，也要到歐洲民族國家建立過程完成之後，歐洲人才把整個非洲大陸置於其控制之下。但當時的中南美洲則成為一連串革命的舞臺，因為在那裡剛上演一場推翻西班牙和葡萄牙殖民統治的戲碼，並走上一個艱辛的民族國家建立歷程。拉丁美洲的政治革命從法國大革命，尤其是北美獨立戰爭中獲得了靈感。但與西歐和美國相對，很大程度上由於它們仍未受到工業革命的觸動，因此拉丁美洲各國缺少一群中產階級。雖然民族主義盛行一時，但自由主義和民主政治黯然無光。這樣一來，新興的拉丁美洲各國依然不穩定，存在著深深的社會鴻溝。

表5-1 法國大革命、工業革命及其後果

年代	政治	科學與工業	經濟與社會	藝術與文學
西元1760年		・詹姆斯・瓦特發明蒸汽機，西元1763年	・金-雅克・盧梭，《社會契約論》，西元1762年	
西元1770年	・美國獨立戰爭，西元1775～1783年 ・法國大革命開始，西元1789年 ・海地革命，西元1791～1803年 ・法國宣布成立共和國，西元1792年 ・恐怖統治，西元1793～1794年 ・坎波・佛米奧條約，西元1797年 ・拿破崙成為法國第一執政，西元1799年	・珍妮紡織機獲得專利，西元1770年 ・工廠制度的開始，1780年代 ・拉瓦鍚發現物質不滅定律，西元1789年 ・軋棉機發明，西元1793年 ・愛德華・詹納發現牛痘疫苗，西元1796年	・亞當・史密斯，《國富論》，西元1776年 ・傑利米・邊沁，《道德與立法原理》，西元1789年 ・功利主義，西元1790～1870年 ・湯瑪斯・佩恩，《人權論》，西元1791～1792年 ・湯瑪斯・馬爾薩斯，《人口原理》，西元1798年	・路德維希・馮・貝多芬，西元1770～1827年 ・伊曼紐爾・康德，《純粹理性批判》，西元1781年 ・約翰・馮・歌德，《浮士德》，西元1790～1808年 ・浪漫主義運動，西元1790～1850年 ・威廉・華滋華斯，《抒情民謠》，西元1798年
西元1800年	・呂內維爾和約，西元1801年 ・拿破崙宣布成為終身執政，西元1802年 ・拿破崙加冕為法國皇帝，西元1804年 ・大陸體系建立，西元1806年 ・普魯士哈斯堡王朝和史坦因改革，西元1808年 ・拉丁美洲革命，西元1808～1826年 ・拿破崙入侵俄國，西元1812年 ・維也納會議，西元1814～1815年 ・滑鐵盧戰役，西元1815年 ・英國「彼得盧慘案」，西元1819年 ・維羅納會議，西元1822年 ・門羅宣言，西元1823年	・路易・巴斯德，西元1822～1895年	・路易・布朗，西元1811～1882年 ・普魯士關稅同盟建立，西元1818年	・黑格爾，《精神現象學》，西元1807年 ・費希特，《對德意志民族的演講》，西元1808年 ・佛朗西斯科・戈雅，《處死暴動者》，西元1814年

（續下頁）

年代	政治	科學與工業	經濟與社會	藝術與文學
西元1825年	・俄國「十二月黨人」起義,西元1825年 ・希臘獨立,西元1829年 ・法國七月革命,西元1830年 ・「青年義大利」,西元1831年 ・英屬殖民地廢除奴隸制,西元1833年 ・英國濟貧法改革,西元1834年 ・英國憲章運動,西元1838～1848年 ・巴西佩德羅一世統治,西元1840～1889年 ・墨西哥～美國戰爭,西元1846～1848年 ・英國廢除穀物法,西元1846年 ・歐洲革命,西元1848年 ・卡爾·馬克思《共產黨宣言》,西元1848年 ・法國第二共和國,西元1848年 ・德意志法蘭克福議會,西元1848～1849年	・英國第一條鐵路,西元1825年	・腓特烈·恩格斯《工人階級現狀》,西元1844年 ・約翰·斯圖爾特·穆勒《政治經濟學原理》,西元1848年	・奧諾雷·德·巴爾札克《人間喜劇》,西元1829～1841年 ・歐仁·德拉克魯瓦《自由女神引導人民前進》,西元1830年 ・文學和藝術中的現實主義,西元1840～1870年 ・前拉斐爾兄弟會成立,西元1848年
西元1850年	・路易·拿破崙的統治,西元1851～1870年 ・克里米亞戰爭,西元1854～1856年 ・義大利統一,西元1858～1866年 ・美國內戰,西元1861～1865年 ・鄂圖·馮·俾斯麥執掌政權,西元1862年 ・馬克西米利安統治下的墨西哥,西元1863～1867年 ・第一國際,西元1864年 ・英國國會改革法案,西元1867年 ・普法戰爭,西元1870年 ・太平洋戰爭,西元1879～1883年	・發明縫紉機,1850年代 ・倫敦大博覽會,西元1851年 ・發明貝斯麥煉鋼法,西元1856年 ・查爾斯·達爾文《物種起源》,西元1859年 ・蘇伊士運河開鑿,西元1869年 ・美國聯合太平洋鐵路,西元1869年	・俄國解放農奴,西元1861年 ・卡爾·馬克思《資本論》,西元1867年 ・巴西解放奴隸,西元1871～1888年	・朱塞佩·威爾第《茶花女》,西元1853年 ・理查德·華格納《尼伯龍根之歌》,西元1854～1878年 ・查爾斯·狄更斯《艱難時世》,西元1854年 ・古斯塔夫·福樓拜《包法利夫人》,西元1857年 ・列夫·托爾斯泰《戰爭與和平》,西元1866～1869年 ・教皇庇護九世《謬見摘錄》,西元1869年

第二十五章

法國大革命
The French Revolution

　　就其權利而論，人類是天生自由平等的，而且一直如此。因而，公民的區別只能建立在公共效用的基礎上。國家本質上是所有主權之源；任何個人或任何團體所被賦予的權力都源自於國家。

——《人權宣言》，一七八九年

　　一七八九年，歐洲有五分之一的人口居住在法國。當時的歐洲人常會將他們的焦點放在本國之外，因此不論是不是法國人，大都把法國視爲歐洲文明的中心。因而，當一七八九年法國爆發了一場革命，便立即引起整個歐洲的關注，而這場革命從一開始就具有遠遠超出一國意義的重要性。不過，法國大革命之所以能吸引和困擾著人們，其原因一開始並不在於他們是法國人。革命的哲學觀念和政治實體都反映出，幾十年來占據歐洲人心靈的種種態度、關心和衝突。當革命者大聲鼓吹自由時，他們不僅說出了十八世紀啓蒙思想家的心聲，而且說出了一六八八年英國貴族階級和一七七六年美國革命者的心聲【1】。歐洲大陸的貴族小心守護並維護著他們古老的特權以免受君主的侵犯，專制政治則成爲他們的剋星。另外，歐陸的企業家從前曾對重商主義政策表示歡迎，但現在他們發現自己擴展獨立經濟的行爲也受到專制君主種種限制而蒙受損害，便因而感受到專制政治也成爲他們的剋星。在歐洲各地，君主、貴族和中產階級彼此互有衝突，雖然衝突的程度不一，令人不安的敵視行爲也不一樣，但同樣反映出人們普遍的不信任態度和對事的不確定感。

大革命的來臨

　　歷史學家不斷地在問：革命爲什麼會發生在一七八九年的法國呢？針對這一問題，他們或許永遠不可能得到完整的答案。至於那些親自參與這場革命的人，則相信自己是在進行一場反對專制獨裁的神聖鬥爭。不過，爲什麼路易十六的政府在他們看來，比在他曾祖那輩人心目中的路易十四政府還要專制呢？【2】

　　從各層面來探討，可以發現促成革命發生的原因有幾個重要因素。首先是特權的持續存在；在前文我們似乎已探討過這個問題，在十八世紀專制制度的君主眼中，這一直是一個令人煩惱的問題。各個地區和階級持續要求得到他們稱爲「自由」的東西——即不在國家干預的情況下處置自己事務的權利。在整個十八世紀期間，王室衰落與未能使貴族保持孤立和虛弱直接相關——即有效的管理制度衰落。到十八世紀八〇年代，管理者本身往往是貴族，他們隨時準備犧牲國家的利益來謀取其自身特權階層的利益。

　　正如我們看到的那樣，法國最有特權的法庭——高等法院，在路易十五統治初期重申了其特有的獨立地位。在那一整個世紀中，他們愈來愈堅持他們開始宣稱的所謂「憲法」權利——實際上就是其傳統上對於任何不合乎貴族成員利益的立法加以抵制的習慣。在耗資龐大的七年戰爭結束後，路易十六推行既

向社會其他成員也向貴族徵收新稅的政策時，高等法院成功地阻止了這一建議的實施，堅持他們享有免交任何重大賦稅的權利。十八世紀七〇年代中期，同樣的情形再次重演，當時路易十六的主要財政大臣安尼‧羅貝時‧雅克‧屠哥（一七二七至一七八一年）試圖透過推行一系列改革來減輕政府的債務負擔——包括削減宮廷與政府開支費用，廢除修路勞役（即強迫農民在王家公路上勞動）——而向土地所有者徵收少量稅收，以及廢除某些基爾特限制，並鼓勵製造業生產等。這些改革後來遭到了巴黎高等法院的堅決抵制【3】，其成員宣稱屠哥踐踏了他們古老的權利和特權——實際上也是如此，高等法院最終取得成功。

　　繼續強調特權的行為是導致革命爆發的第二個主要徵兆：組成法國社會的各個階級其內部以及彼此之間的敵對情緒愈來愈高漲。在羅馬公教——即所謂的第一階級——內部存在著緊張局勢。其統治者——主教、大主教和樞機（紅衣）主教與修道院院長——可說是全部都來自於貴族。這群人不足全國總人口的百分之一，但卻擁有全國百分之五至百分之十的地產，他們有著大筆大筆的收入，收入來自幾百年來各方對教會的捐贈，這些捐贈同時使教會成功地成為財產擁有者，且這些財產享有國家的免稅權。此外，教會對所有耕種的田地都有徵收什一稅的權利，徵收的稅平均在年收成的十分之一到十五分之一之間。從教產和什一稅中獲得的收入在教會各級人士之間並未得到平等的分配。教會中的高級僧侶們和主要的修道院院長拿走了絕大部分收入。教區的教士所得到的幾乎是微乎其微，他們與平民一樣貧苦。分配上的這種不平等不僅遭到教士，而且遭到繳交什一稅的農民憎恨，因為後者看到他們繳交的稅是被用以維持遙遠且傲慢的教會階級，而不是用在備受他們尊敬的教士生活。

　　法國的第二階級——即貴族階級——內部也有意見分歧。許多堅決的改革家本身來自貴族，但他們是穿袍貴族，這些人往往是透過購買才獲得一個可以授予貴族頭銜的行政或司法官職【4】（「長袍」一字所指的是地方官或法官所穿戴的長袍），同時他們也有了積聚大量地產和其他財富的機會。這集團中的有些人曾在革命中擔任傑出的角色，像是啟蒙運動的重要哲學家孟德斯鳩男爵、法學律師米拉波【5】、政治家拉斐特侯爵等有才幹之士，後者曾代表法國參加美國獨立戰爭。這些貴族中有些後來在法國大革命中扮演了重要作用。

　　與穿袍貴族這一集團相對的是「佩劍貴族」——或按他們自己樂於稱呼的那樣稱之為舊貴族，佩劍貴族的頭銜可追溯到中世紀時代的封建宗主國時期。他們視穿袍貴族為暴發戶。一般而言，他們與高級僧侶一起居於政府的領導地

位，但實際工作則由下屬執行。他們大都擁有龐大的田地，但多遠離他們的封地，他們居住在凡爾賽王宮中爲害政壇，很少有什麼輝煌的成就，他們的地產是由管家代爲管理，並向農民索取足夠的金錢供他們揮霍。一七八一年，他們成功地通過了一項法律，禁止把軍職出售給擁有貴族地位不到四代的人。他們之所以會這樣做，主要的目的在於他們認爲，即使他們不能預防貴族在總體上已處於退化墮落的局面，但至少可以確保軍隊仍是他們的禁臠。穿袍貴族和佩劍貴族間的緊張關係致使貴族分裂了，造成這集團自身常常矛盾不斷。這就使該階層無法團結在一起，只能成爲社會上一個消極的、具有潛在破壞力的力量。

　　與驕傲自大的貴族對城市中產階級的輕蔑相比，佩劍貴族對穿袍貴族的鄙視可說是無足輕重了。城市中產階級這一龐大的集團並非屬於同一類。位於這階級頂層的是政府官員、有才幹的專門職業者和大金融家、大商人。地位稍低的顯貴在第三階級中隨處可見。每個較大的企業家底下，就有幾十位小師傅，他們居住在自己的鋪子裡，因爲擁有那些店鋪，而與位於他們之下的藝匠和幫工有別。

　　在過去，對中等階層中富裕、有野心的成員來說，第三階級【6】上升爲貴族是有可能的。獲得或買到職位──這是穿袍貴族常見的途徑──或富裕金融家的女兒與貧窮貴族的兒子結婚，皆是地位上升最常用的方式。不過，到一七八〇年左右，在人口愈來愈多的城市中產階級看來，佩劍貴族正意圖關閉這一社會地位上升的途徑。假如這些第三階級的出身和地位並不會妨礙他們參與國家的政治生活，他們也就不會有那麼多不滿了。不管這些商人、製造商、銀行家或律師們能夠積聚到多少錢財，他們仍無法享有政治特權；另外，除了可以挑選少數職位低下的地方官外，他們甚至沒有投票權。唯有當中等階層實現了生活豐裕和獲得更大的自尊，否則其成員注定憎恨這種歧視。

　　然而，這種憎恨情緒雖然非常強烈，但它並不像某些史學家認爲的那樣，是革命的主要驅動力。這些史學家爭論說，具有自我意識的企業家中產階級，是在實現與自己經濟優勢地位相稱之政治權力願望的驅使下，掀起了革命。這一觀點忽略了一個事實──雖然貴族與上層中產階級之間的隔閡如此牢固，但這兩階層絕非無法逾越。貴族與工商業主之間的障礙並不比工商業主與工匠或農民之間的障礙大。這一理論還忽略了像是拉斐特這樣的貴族在革命第一階段所起的作用，忽略了中產階級革命者相較於工商業主更可能成爲律師這一事實。最爲重要的是，這一解釋未把農民對其領主──無論是君主領主、貴族領

主還是教士領主——的極端仇恨考慮在內。

前文已經談到專制主義政府是如何向農民施加愈來愈沉重的財政負擔。在這方面，十八世紀末的法國統治者比任何一位統治者，可說是有過之而無不及。這時無論充當佃農或幫工，耕種別人土地的農民，還是自己擁有地產的小農，一樣都受到多如牛毛的負擔所束縛：其中包括向教會繳納的什一稅和農產品稅，或是向地主借用設備的費用，諸如向地主借用磨坊、榨酒機等要繳納的使用費，以及土地易手時向貴族交納的費用。此外，農民還要負擔政府所徵收的過重直接稅（包括動產與不動產稅、人頭稅、所得稅，最初稅率為百分之五，但到十八世紀時，已高達百分之十至百分之十一）和間接稅[7]——其中最苛重的是鹽稅（在一段時間裡，政府獨占了鹽的生產；每個人每年被要求至少要從政府鹽廠裡購買七磅的鹽。這個情形導致鹽的價格往往比實際價格高出五十或六十倍）。另外還有其他一些沉重負擔：例如要求農民負擔公路維修的徭役和貴族專享的狩獵特權；狩獵特權幾百年來就被視為是其他階級無法分享的權利，而被認為是貴族的一個獨特標誌。

莊園習俗的殘餘不是農民不滿的唯一原因。在十八世紀期間，他們還面臨了愈來愈常圈圍公共土地而帶來的壓力。休耕的田地，以及那些偶爾才耕種的土地，被認為是「公共的」。這些土地是所有人都可以在上面放牧他們牲畜的地方。這些公有地在法國西部面積尤其廣大，對農民來說，是他們的重要資源。在那裡，農民除了享有放牧權外，他們還可在那裡撿拾柴禾和在收割後撿拾落穗。但現在國王的經濟顧問們宣稱這些共同的權利是阻礙農業改良的因素。地主們急於透過提高其地產的效率來增加他們的收入，因此他們就試圖圈圍這些公共土地，藉此剝奪農民愈來愈依賴的放牧權利。

革命發生的第三個原因在於知識分子方面。任何一個具有如此廣泛影響的事件都是以思想文化為背景發展起來的。雖然這些思想可能不會「導致」革命的產生，但它們卻扮演很重要的角色，尤其是在那些有教養的中產階級內部所盛行的不滿，這些思想在具體形式和實質內容方面起了至關緊要的作用[8]。洛克、伏爾泰、孟德斯鳩和孔多塞[9]的政治學說對心懷不滿的貴族和中產階級具有吸引力：伏爾泰是由於他對享有特權的教會和絕對君主制的深惡痛絕；孔多塞是出於他對進步的信念；洛克和孟德斯鳩則是由於他們主張維護私有財產權和倡導有限主權。孟德斯鳩的觀念尤其合乎貴族的胃口，他們把其制衡學說理解為對其傳統特權的維護——現在被提升到了「自由」的地位。高等法院和各省的三級會議或地方議會都是可以對王權進行制約的憲法團體。

　　在爭取政治認同和反對君主專制的鬥爭中，中產階級還對來自啓蒙思想家的理論支持表示歡迎。另一群自由主義思想家、經濟理論家也為這一鬥爭提供了燃料，這些人在法國被稱為重農主義者【10】，其中最具有影響力的成員是屠哥，他既是《百科全書》的作者，也是一位有經驗的財政管理人、監督官和王家大臣【11】。重農主義者的提案受到啓蒙運動觀念的影響，尤其是宇宙的運作受到機械論法則所支配的宇宙觀。他們爭辯說，財富的生產和分配應受到規則控制，而這規則就像物理法則那樣可以預測，而且最終能夠起有益的作用。然而，那些法則只有在農業和貿易擺脫了重商主義的種種規則之後才可以發揮出好的作用。例如，他們督促政府取消對穀物價格的限制，這種限制目的在使麵包價格保持低廉，然而可惜的是這目標未能實現。因為政府會希望透過供需法則來決定市場價格，如此就能鼓勵農民種植一些對他們更為有利的作物，當供應增加後，自然就會降低消費者的花費。

　　另一位思想家金·雅克·盧梭【12】（一七一二至一七七八年）的理論在塑造法國大革命者的思想和態度上，扮演了重要作用。盧梭有關政治學的重要著作有《論人類不平等的起源》（一七五三年）和《社會契約論》（一七六二年），後者在革命爆發前已出過了許多版。盧梭同意洛克的觀點，即社會起源於一種自然狀態。然而，與洛克不同的是，他視自然狀態為一種樂園，那裡衝突很少，也不太有機會發生，這是因為私有財產才剛產生，每個人都是平等的【13】。然而，最終在那裡產生了惡，這主要歸因於圍繞在財產權的爭吵，反過來又產生了社會和經濟不平等。因而，盧梭認為，為了確保普遍的安全，就需建立起一個公民社會，個人必須放棄其權利，並交給共同體。這一變化是透過一種社會契約的方式實現，每一個人都同意服從於大多數人的意志。在由此產生的國家中──在盧梭本人的想像中以小型機構為特徵──公民藉由契約而達到民主平等。

　　盧梭創建了一種與啓蒙運動時期其他政治理論家截然不同的主權觀念。對此，洛克及其追隨者爭辯說，只有一部分最高權力（主權）交給國家，餘者由人民自己保有【14】。盧梭則認為主權是不可分的，當公民社會組成時，所有最高權力都應該歸屬社會團體，他還更進一步宣稱，當每個人在根據社會契約來成為團體一員時，都應該放棄了自己的權利，並同意絕對服從共同意志。因而國家的主權在理論上是不受限制的。

　　盧梭的思想雖然具有很大的吸引力，但那些以其思想和行動控制著革命第一階段的人卻對他不怎麼感興趣。儘管他們可能同意盧梭反對世襲特權的觀

點，但他們如同堅定的個人主義者，不為從屬於普遍意志的論斷所動。盧梭對革命的影響在第二階段更重要，當時一個更民主、更激進的小集團一躍而成為領導者，先是領導人民建立民主制，隨後是一種新型的「民主專制」，這與盧梭的主權國家觀念相合。

　　促成革命的第四個重要因素是十八世紀七〇年代和八〇年代持續不斷以及不斷加深的財政危機，它更是革命急促發生的導火線，這種危機是由於長年以來在行政上短視和無能造成的。與這危機一起出現的，是在十八世紀大部分時間裡物價的普遍上漲；物價上漲雖然能提供資金進行投資，從而使法國經濟有所發展，但這也給農民和城市工匠、勞工帶來了困苦，因為他們發現自己的購買力大大下降了許多。在一七八〇年代末期，農作物歉收促使地主向依附他們的佃農榨取更多的稅收，以補償其急劇下降的收益；同時價格昂貴的麵包致使城市貧民產生了絕望情緒；這樣一來他們的處境更加惡化了。一七八八年，平常的法國家庭發現，他們必須將一半的收入用在購買麵包上，而麵包成為其主要糧食；次年，這一數字上升到了百分之八十。農作物歉收又導致人們對製造品的需求明顯下降；家庭除用於購買食物的錢外，沒有其他剩餘的錢了。農民無法再依賴家庭工業系統來填補家用，因為他們已經很少能接到訂購他們慣於在家中生產的紡織品和其他成品的訂單。不少農民離開農村來到城市，希望在那裡找到工作，結果卻發現那兒的失業現象比農村還嚴重許多。證據表示，從一七八七年到一七八九年間法國不少城鎮地區的失業率高達百分之五十。因為這種失業而引起的財政絕望情緒為人們的憤恨之火添加了燃料，把農民和城市工人變成了潛在的革命者。

　　國家的財政困難因稅收和開支制度的低效無能而進一步加劇。稅收數額不僅因社會地位而不同，也因地區而不同——比如，某些地區負擔的鹽稅比其他地區高。當時存在的各式各樣特例和免稅情況使得徵稅者更難完成任務。當時的稅收制度仍停留在包稅制階段，那些徵稅者在許多情況下被稱為包稅者，作為這個聯合組織的成員，他們通過向政府貸款而換得向人徵收稅款的權利，如此他們便能把所徵收的稅額和所貸款項之間的差額放入自己腰包。開支制度與稅收制度同樣沒有效率。代之而起的是一個中央代理機構，當時存在著數百家私人身分的會計人員，這使得政府無法準確了解其資產和負債情況。法國參加美國獨立戰爭後花費大增，這使其財政制度完全崩潰了。十八世紀八〇年代，僅就支付國債利息（四百萬里弗爾）的部分便花掉了國家預算的一半，但這與同時期英國政府的歲出情形相似。到了一七八八年，混亂的財政制度（或者可

說完全沒有制度），加上嚴重的社會緊張局面和君主的無能，把專制主義的法國帶到了政治災難的邊緣。

最後必須承認，法國大革命之所以會爆發，與當時在位的君主——路易十六的性格有很大的關係。十八世紀來自以民眾為基礎的政治運動和復甦的貴族菁英對中央集權權力的嚴重威脅，只有既有理政之才又具有個人決斷力和敏銳眼光的人，才有希望成功地治理國家。但路易十六並不具備其中的任何一個特質。在一七七四年登基時，他年僅二十歲，此時的他是一位心眼不壞但有點愚蠢且沒有效能的君主，他熱衷於個人的愛好——狩獵和製鎖——而忽視專制政治君主身分的職責。一七八九年七月十四日，當暴民衝向巴士底監獄時，他在日記中記到「平安無事」。在剛登基時，他很幸運，因為其主要的財政大臣是極為能幹的屠哥。但登基兩年後他解雇了屠哥的職務，且也不確實地實施屠哥提出的改革方案，結果把這一優勢也失去了[15]。屠哥的改革方案遭到了貴族的強烈反對。自那時起，國家政策沿著一條不穩定的道路前進，非國王所能控制，而是受到了自私廷臣的影響。皇后也同樣要為國王優柔寡斷的失政負責，奧地利專制女王瑪麗亞・特雷薩之女瑪麗・安東妮對此必須負很大責任。她愛慕虛榮，意志堅強，醉心於宮廷儀式和王宮密謀，招致改革者、知識分子和社會大眾的極大仇恨。當情況已十分清楚，她甚至會為一條鑽石項鏈而對一位教會的樞機主教偏袒有加，這使得她的名聲徹底敗壞了，讓兩人都成為宮廷取笑的對象。

舊制度的覆滅

法國大革命是因下述各種因素促成的：特權的繼續存在、廣泛和具有削弱性影響的社會緊張局面、與專制主義理論和實踐相逆的思想傳播，以及路易十六的無能。但革命之所以在一七八九年發生，是由於國王及其政府無力解決國家迫在眉睫的財政危機。一七八七年和一七八八年，國王的主要大臣查理・德・加隆和洛梅尼・德・布列恩試圖實施一系列財政改革，使得國家免於破產的危機，但他們遭遇到的不僅是貴族的反對，而且貴族還決心從君主那裡索取政府更多的讓步。為了彌補日益增多的虧空，財政大臣們建議徵收新稅，尤其是印花稅和向每年的農產品徵收直接稅。國王召集了一個權貴會議，希望勸使權貴們同意他的徵稅要求。然而，權貴們並不同意，並堅持認為，要徵收諸如印花稅這樣的普遍稅，首先應召開三級會議，由來自三個等級的代表參加的三級會議[16]，才有權認可新賦稅的計畫。

　　三級會議已有一個半世紀沒有召開了【17】。召集此會議在許多人看來是解決法國日益嚴重的財政問題的唯一辦法。無疑，力主召開三級會議的多數貴族是從短視和自私的動機出發的。不過，具有政治意識的人們是懷著不理智和極度的希望，才來同意召開此會議，認爲這一非比尋常的事件由於其奇特性可能會產生奇蹟，並使國家免於毀滅。然而，在集會前，便發生如何票決的問題。按傳統，在君主專制產生之前的時期，三級會議偶爾還會定期地召開，三個階級分開集會，每一階級的代表各自成爲一個表決單位來召開會議和投票。這表示著第一和第二階級可以聯合起來反對第三階級。但到了十八世紀後期，第三階級已獲得了舉足輕重的地位，不願再對這種安排表示容忍。因此，它們的領袖要求三個階級應該坐在一起，以個人的身分進行投票。更爲重要的是，這階層的人堅持認爲，第三階級的代表人數應比第一和第二階級多一倍。對此問題，路易十六懸而不決，但在一七八八年夏天，路易十六屈從於群衆的呼

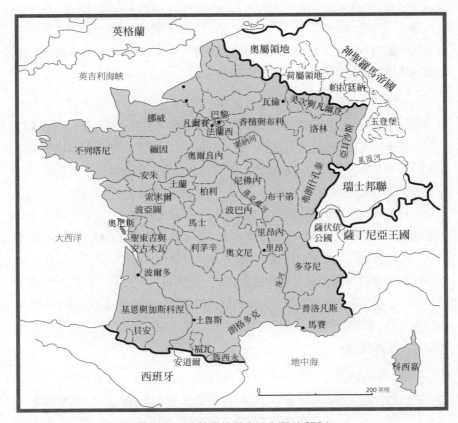

圖25-1　法蘭西的君主專制政治體制

聲，便決定於次年五月時召開三級會議。

在此後的幾個月時間裡，人們圍繞著「第三階級人數加倍」的問題進行了激烈爭論。國王最初反對這一改革，但在一七八八年十二月時表示接受。一開始時他並不願採取強硬立場，只是在選舉程序問題上持續搖擺不定，這使得他失去原本可以獲得的中產階級支持。一七八九年五月，三級會議在凡爾賽宮召開後不久，對國王的態度大為不滿的第三階級代表採取了革命性的一步：在六月十三日，第三階級離開三級會議，宣布自己成立國民會議。教士出生的埃馬紐埃爾·西野，是位激進的修道院長，更是最明確地鼓吹新秩序的人之一。一七八九年，他在其著名的小冊子中問道：「什麼是第三階級呢？」他所作出的回答——「一切」——正是第三階級本身在組建國民會議時所作出的答案。西野在這一問題上與其他大多數革命者不同，他以盧梭學說（民納論）為自己立論的根據，宣稱第三階級就是民族國家，作為民族國家，它具有至高無上的權威即主權。現在中產階級的律師和工商業者就是根據這一信條行事，而這些人正是第三階級的代表。六月二十日，當政府關閉會場，國民會議的代表被鎖在會議大廳門外時，平民和少數同情他們的貴族和教士就轉移到附近的一個室內網球場繼續舉行會議，並簽署了「網球場誓言」。

在那裡，在個性喜怒無常和鶴立獨行的貴族奧諾雷·加布里埃爾·里凱蒂（米拉波）伯爵和西野的領導下，他們鄭重地宣誓：國民會議在沒有為法國制定出一部憲法前絕不解散。此時是一七八九年六月二十日，這一網球場誓言是法國大革命的真正開端。三級會議以人民的名義宣稱有權重新改造政府，它所反對的不僅是路易十六的統治，並重申它有權行使國家的最高權力。六月二十七日，國王命令剩下的特權階層代表要參與國民會議，並與第三階級的人一起開會，這實際上承認了國民會議的合法性。倡導這種激烈變革的人不僅受到其領導人言詞的鼓舞，而且受到了前一年所出現的政治辯論之感染。在準備召開三級會議時，國王指示地方議會起草「陳情書」。會議代表們對於起草「陳情書」這件事情非常重視。而他們羅列的怨情——財政混亂；貴族和僧侶的特權；第三階級被排除在政治權力之外——成為國民會議在成立最初幾週進行激進改革的基礎。

法國大革命經歷了三個階段：第一階段自一七八九年六月至一七九二年八月。在這階段的大部分時間裡，法國的命運掌握在國民會議手中。總體說來，這一階段是溫和的，其行動受到了信奉自由主義的貴族和同樣信奉自由主義的第三階級成員所控制。不過，一七九二年夏天和秋天發生的三件大事顯示革命

將深入法國社會的心臟，根本地碰觸到法國的城市民眾，也觸及農民。

一七八九年暮春事件的消息迅速在法國各地傳播開來。有關政治危機性質問題的辯論在一剛開始，民眾就給予密切注意。然而，公眾關心這一問題不僅僅在於他們對政治改革有興趣，還包括對於經濟危機的注意。如我們在前文所看到的，經濟危機致使麵包價格上升到了天文數字，使得人們普遍相信，政府和貴族正在策畫一個政治密謀，企圖藉著製造物資短缺和物價高漲的局面來懲罰暴發戶般的第三階級。一七八九年六月後幾天，巴黎流傳著一個謠言，說國王正在準備進行反革命政變。巴黎的選民們（即第三階級中有選舉權的人）不僅擔心會出現反革命，而且還對巴黎貧民的行動心存畏懼，因為後者被貴族祕密徵集，在街道上列隊行進，並採用暴力來脅迫第三階級。這些選民是工廠師傅、工匠、店主、小商販，以及那些不久後被稱為無套褲漢——他們之所以獲得這一稱號，是因為他們沒有穿上層階級的馬褲——的人們。他們組織了一個臨時的市政府，建立了一支由志願者組成的民兵來維持秩序，他們決定要找尋武器，於是就在七月十四日向巴士底獄前進，因為在那一古老要塞中存放著槍枝和彈藥。巴士底獄建於中世紀，曾充當監獄多年，現在已不怎麼被使用了。然而，它是可恨的王權象徵。當人群要求監獄管理人提供他們武器時，管理者最初拖延行事，但隨後他因擔心群眾發起進攻，就下令開火，打死了九十八名攻擊者。群眾進行報復，占領了巴士底獄，並把監獄管理人處死。當時在要塞裡只關押著七名犯人——五名普通的刑事犯，二名神經錯亂者。當無套褲漢在巴黎建立革命市政府的同時，類似組織控制了法國各地的其他城市。這一連串事件——以攻陷巴士底獄引人注目——首次向人們展現了平民百姓在革命變遷中所起的作用。

農村的情形也每況愈下，農民受到了經濟困難的直接影響，因而在鄉村爆發了第二次民眾反叛。他們也擔心會出現一次君主和貴族的反革命。他們渴望地想知道凡爾賽宮的消息。當他們開始發現到革命或許無法解決他們的問題時，期待變成了恐懼。法國許多地區瀰漫著恐懼又不安的氣氛，農民在七月和八月陷入恐慌之中，即為「大恐慌」，他們武裝聚集以保護自己的家園。當不安的情緒逐漸加深之際，他們便將注意力集中在莊園，有時他們會開始焚毀莊園房屋，並把其中記載他們封建義務的文件一起燒掉，損毀修道院和主教的住所，謀殺某些試圖進行反抗的貴族。

民眾反叛的第三個例證出現在一七八九年十月，也是由經濟危機造成的。十月五日，有更多的婦女向凡爾賽宮前進，要求國王接見她們。她們對麵包價

格的上漲感到憤怒，而國王依然不願與國民會議合作的謠言更是火上澆油。國民會議接見了她們，但她們並不滿意，就群起衝破了王宮大門，要求國王回到巴黎去。次日下午國王屈服了。對起義者表示同情的國民衛隊率領群眾回到巴黎，走在隊伍最前列的是一位用刺刀挑著一塊麵包的士兵。

在上述所談的三個事件中，這些群眾起義對凡爾賽宮發生的政治事件進程產生了決定性影響。攻下巴士底獄促使國王和貴族把國民會議視為國家立法機構。「大恐慌」對在國民會議的辯論者同樣也激起了大的驚恐。八月四日，革命後殘餘的封建因子在很大程度上，一下子被消滅[18]——教會什一稅和修路徭役被正式廢除，貴族的狩獵特權也被取消了。雖然貴族並未交出其所有的權利，但「八月」的各種改革最後仍是消除了階級間的區別，並使所有法國公民在法律前一律平等。

在消除特權之後，國民會議把其注意力轉向起草一份自由憲章上。此就是一七八九年九月頒布的人權宣言[19]。這是一份典型的中產階層文件，宣布財產權與自由、安全和「反抗壓迫」權是一種天賦權利。言論自由、信仰自由和出版自由被宣布為神聖不可侵犯的。所有公民在法庭上都享有同等的待遇，不經過適當的法律程序，不得把任何人送入監獄或施加其他形式的處罰。主權被明確宣布是屬於人民，政府官員如果濫用人民交託給他們的權力就要被免職。

十月分國王返回巴黎，證實了改革已在如火如荼地進行，也確保了進一步的自由化正沿著國民會議中居多數的中產階級所制定的路線在推動。一七八九年十一月，國民會議決定沒收教會的土地，並以這些土地為擔保來發行紙幣；會議希望藉此解決國家的通貨膨脹經濟危機。次年七月，教會公民組織法制定了，規定所有主教和教士都應由人民選舉產生，並在政府的權力控制之下。神職人員的薪俸從國庫中支付，他們必須宣誓效忠於新憲法。教會的世俗化還涉及到與羅馬脫離部分關係。國民會議的目的是把法國天主教會變成一個真正意義上的國家機構，只在名義上順從於教廷。

社會上對這一教會革命的反應是很複雜的。由於教會在舊制度時期享有特權地位，因而為自己惹來了不少人的敵意，這些人憎恨它包庇與容忍教士的種種不軌行為，憎恨它擁有大量修道院地產。主教和其他地位較高的神職人員過去往往同時擁有數個教會職務，卻不好好履行其職司，而是過著與教會心靈生活完全不同的日子。教會自身享有免稅特權，但卻毫不遲疑地盡其所能向農民敲詐勒索。另外，它對國家教育制度的控制，致使它成為人們所攻擊的對象，

尤其是那些在啓蒙思想家的影響之下——如伏爾泰——轉而反對羅馬天主教信條的男男女女。另一方面，數世紀的實踐使教區教會和教士成爲當地一個極爲重要的機構。農民發現自己很難一下子改變原有的服從與尊敬的習慣。因而，教會公民組織法所體現的劇烈變革在法國某些鄉村地區遭遇到激烈反抗，最終使反革命的力量有所加強。

直至一七九一年國民會議才勉強完成了爲國家起草一部新憲法的初步工作【20】。最後定稿的憲法證明，富於表現力的第三階級中一群較富有的集團現在占據主導地位。政府轉而成爲一種有限君主制，最高權力實際上爲小康階層所壟斷。這個新政府是採用孟德斯鳩三權分立的觀念設立的。儘管所有公民擁有同樣的公民權，且在人權宣言中規定權利平等，但在新憲法中，將公民區分爲「積極公民」和「消極公民」，只有「積極公民」才有選舉權，所謂「積極公民」所指的是能夠繳交一定數額稅的人。法國大約一半成年男性構成後面這一類的「積極」公民。不過就連他們的政治權力也被褫奪了，因爲他們要先投票選出選舉人，而後者有更高的財產限制條件。這些選舉人反過來遴選各區官員和出席國民會議——或按人們今後所說的立法會議——的代表。國王被剝奪了他從前享有的對軍隊和地方政府的控制權。他的大臣不得出任立法會議代表，國王除了擁有延擱權，可以擱置「立法會議」所提出的法案權力外，他失去了對立法會議的所有權力【21】；實際上，就連否決權也可以用發表公告的形式予以勾銷。

與其憲法改革一樣，國民會議推行的經濟和政治變革同樣是富裕的平民掌權。爲了籌措資金，它出售了教會田地，但田地是大塊大塊地出售，能夠如願買到部分土地的農民爲數甚少。與農民的利益相對，國民會議著手圈圍公共土地以促進資本主義農業的發展。爲了鼓勵經濟企業的自由發展，基爾特和工會被宣布爲非法。爲了避免出現專制主義中央集權和貴族統治，地方政府被徹底地重組，法國被分成八十三個政區。自此所有城鎮都具有同樣形式的市政組織。所有地方官員都從當地選舉產生。這一重組和中央分權反映出一種信念——即必須讓人民享有個人自由，擺脫古老的特權。就其本身而論，這些措施像立法會議的其他所有工作所宣告的那樣，在革命的第一階段，「贏家」是中產階級中的上層階級。

一個新階段：激進革命

然而，他們的勝利並非沒有遇到挑戰。一七九二年夏天，革命進入了第

二個階段【22】，此階段持續了約兩年之久，此時溫和的中產階級領導人倒臺了，取而代之的是自稱代表一般平民百姓利益而進行統治的激進共和派，這代表孟德斯鳩的自由哲學被盧梭的激進思想所取代。在革命發展過程中，導致這種突發而急劇變化的原因主要有三：首先，具有政治意識的下層階級認為革命未給他們帶來好處，因而變得失望了。政府不加控制的自由企業經濟政策致使物價持續波動和不斷上漲。這尤其令巴黎那些在前些年就因經濟政策掀起變革的集團感到沮喪。城市中參加運動的人要求更廉價的麵包，其代言人則要求政府必須控制日趨上漲的通貨膨脹。他們的領導人在言語中還表露出群眾認為受到憲法欺騙的感覺。雖然他們在創建制度時起了主要作用，但他們發現自己在該制度中被剝奪了所有實際的權利。

革命方向之所以會發生變化的第二個主要理由，是因為在革命發生的前二年缺乏實際的全國性領導。路易十六仍像他在一七八九年之前那樣，是位軟弱、搖擺不定的君主。雖然他表面上表示願意與國民會議領導們進行合作，但本質上他仍是事件的受害者。他被迫支持他本身並不喜歡的措施，尤其是教會公民組織法。皇后與其兄弟——奧地利的利阿波二世——進行通信聯繫，密謀推翻革命，皇后對路易十六持同情態度。在瑪麗·安東妮的慫恿督促下，路易十六同意於一七九一年六月企圖逃離法國，希望以此集合起國外反革命活動的支持。王室成員設法避開了巴黎王宮衛隊的注意逃了出去，但在靠近邊境的瓦棱鎮被認了出來，並被帶回巴黎。儘管一七九一年憲法宣布法國實行君主制，但在瓦棱鎮事件後，立憲政體注定失敗，此時雅各賓派激烈分子和無產民眾已要求廢國王建共和。路易十六幾乎成為立法會議的囚犯。會議的領導權一直掌握在奧諾雷·加布里埃爾·里卡多——即米拉波伯爵之手，直至一七九一年去世為止。不過他並不是一位讓人滿意的領導人。米拉波是一位出色的演說家，具有政治家的眼光，但由於他不夠堅決，以及他出身於貴族和有貪汙受賄的惡名而不為許多革命者所信任。儘管他支持建立強有力的君主立憲制，但他也未得到國王的信任。雖然他有如此多的缺點，但在溫和立憲主義者中他仍不失為一位最強有力的領導人，因為該集團一般說來是無法抓住機會的。

事態急劇逆轉的第三個重要原因是，一七九二年後法國不得不與歐洲其他大部分國家陷於交戰狀態之中。自革命一開始，由於革命的緊張局勢，歐洲各地的人們就被迫表明自己在衝突中的立場。緊接著一七八九年之後的幾年時間裡，法國大革命得到了關心政治的知識分子、工商業人士和藝匠的熱情支持。英國詩人威廉·華茲華斯對其後革命的進程感到失望和灰心，但在他回憶起

一七八九年最初的狂喜之情時這樣說道：「在黎明那刻仍然活著實在是件幸運的事。……」大陸上有許多詩人和哲學家也持有類似看法，德國哲學家戈特弗里德‧馮‧赫爾德就曾說，法國大革命是自宗教改革以來最重要的歷史事件。英國的政治社團曾自鳴得意，並非常不準確地把法國大革命視爲是英國一六八八年光榮革命的法國翻版，因而宣稱忠於這一新革命的原則。在低地國家，一個「愛國」團體組織了罷工運動，並密謀掀起反對寡頭政治的革命。而在日耳曼西部的政治革命派和義大利的反教權主義者，他們對可能出現的法國入侵局面表示歡迎，把此視爲在其祖國實現激進變革的一個手段。

其他人從一開始就反對革命的進程。流亡貴族在逃離法國後到了日耳曼和其他地方去尋求王族的支持，他們盡其所能地挑起反革命情感。這些流亡者痛苦的叫嚷，再加上路易十六及其家人的悲慘遭遇，激起了歐洲捍衛專制主義和特權者的同情（如果說不是馬上得到他們的積極支持的話）。一七九〇年，埃德蒙‧柏克（一七二九至一七九七年）出版了《法國大革命的評論》一書，堅定希望英國同胞採用緩慢步驟，來調整自己的自由形式。柏克是一位輝格黨政治家，他同情美國革命，卻把法國大革命視爲破壞社會秩序的一種邪惡犯罪。他爭辯說，在像他們那樣重塑政府之後，法國人就背離了人的本性，也背離了歷史。人們並不像人權宣言堅持認爲的那樣，是被賦予一系列客觀權利的憲法上抽象物。權利——還有義務——是每個人所出生的那個國家獨特的歷史產物。那些歷史把人們與過去連結在一起，並使他們對現在以及未來負有責任。因而每個民族都必須依自己國家的環境歷史和性格塑造自己，他們沒有權利在不參照過去、不關注未來的情況下重建其國家及種種制度；柏克堅稱法國人就是這樣。他們未能對傳統和習慣予以適當的尊重，這就毀壞了由世世代代國家歷史所編織的法國文明的珍貴組織結構。

柏克的一本著名小冊子描繪了一幅羅曼蒂克和非常不準確的有關法國國王和皇后的畫面，激起了人們對反革命事業的同情。然而，假如不久之後法國大革命沒有顯露出將會對國際穩定以及大國的個人野心造成威脅，那麼這種同情是否會轉變爲積極行動是個很值得懷疑的問題。在一七九二年，正是這種威脅導致了戰爭，致使整個大陸在一個世代的時間裡都處於武裝之中。這種戰爭狀態對這一時期歐洲政治和社會態度的形成產生了最重要的影響。一旦有一個國家向法國宣戰，它的國民就不再能毫不考慮後果地對革命表示同情。那些繼續支持革命的人——藝匠和小商人階層中有許多人是如此——因其信仰受到了迫害和懲罰。比如，在英國如果被發現攜帶一本湯瑪斯‧佩恩爲回應柏克《法國

大革命的評論》而創作的親革命作品《人權論》（一七九一至一七九二年），就足以成為被逮捕入獄的罪狀。隨著革命由早期溫和性質演變為劇烈暴力行為，企業主和商界人士急忙改變他們幾年前的那種激進情感。反對革命的法國戰爭逐漸被認為是有關民族存亡的大事；為了確保國內的安全，愛國主義不僅要懲罰法國人，而且要懲罰法國人的思想。

歐洲各國最早對法國大革命此一事件，公開表示關注的國家是奧地利和普魯士。這兩個國家並不急於宣戰；在當時他們的興趣主要在於他們二國要如何瓜分波蘭。儘管如此，它們於一七九一年八月共同發表了庇爾尼茨宣言【23】，宣稱恢復秩序和法國國王的權利是一項有關「歐洲所有君主的共同利益」的大事。此時領導法國政府的是溫和的吉戎特派——他們之所以會獲得這樣一個名稱，是因為他們之中有許多人來自商業集中的波爾多【24】吉戎特區。他們害怕會在法國失去政治支持，就稱庇爾尼茨宣言對法國國家安全構成威脅，希望戰爭熱情能夠使全體法國人團結起來，從而使他們能夠繼續掌權。來自法國國內外保皇主義者的活動反過來有助於他們計謀的實施，因為保皇主義者的密謀和言語可以被用來作為進一步威脅的表證，儘管實際上把此當成威脅的表證並不太合適。不過，一七九二年四月二十日，國民會議利用此宣言向奧地利和普魯士宣戰。

法國各種不同的政治派別幾乎都歡迎戰爭的到來【25】。吉戎特派希望他們的侵略策略能夠強化人民對其統治的支持。反革命派為奧地利和普魯士的介入歡呼，並把它當成消滅一七八九年以來所發生事情的第一步。極端主義者希望法軍在戰爭之初會遭受挫折，導致吉戎特派和君主制喪失威望，從而加速在法國建立一個更激進的政權，加速人民軍隊和革命理想在歐洲各地的勝利。正如激進分子所希望的那樣，法軍遭受了嚴重挫折。一七九二年八月，奧地利和普魯士聯軍越過了邊界，大有占領巴黎之勢。法國首都為憤怒和失望情緒所籠罩。聯軍統帥發表公告，如果法人傷害國王，將毀掉巴黎，這公告讓法人普遍相信，軍事的挫敗是由於國王及其保守的追隨者與敵人勾結、叛國投敵所造成。八月十日，在激進分子的組織領導下，巴黎發生了騷亂，人們襲擊了王宮，殺死了國王的衛兵，迫使國王到國民會議的會議廳避難。與此同時，激進分子奪取了巴黎市政府，而以他們控制下的革命公社取代。公社的力量足以與國民會議抗衡，他們要求會議剝奪國王的職權，把他及其家人送入監獄，後者按照要求行事。此後革命進入了第二個階段，也是更加激烈的階段。

自八月十日開始，國家的領導權落入第三階級中具有平等主義思想的派別

手中。這些新領導人自稱雅各賓派【26】,取名於他們過去所屬的一個政治俱樂部;其大本營在巴黎,會員遍布整個法國。與吉戎特派一樣,雅各賓派的成員大都是中產階級、專門職業者和工商業人士,儘管隨著它的發展,已有愈來愈多的手工業者加入了這一派別。然而,他們在政治哲學上與吉戎特派有別——吉戎特派代表上層中產階級,吉戎特派大聲疾呼捍衛自由,但所說的自由不過是在不受國家規章限制的情況下,追求自身經濟利益的自由。由於他們的政治基礎是在省,主要的人物都來自各省區的大城,因而他們傾向於不信任巴黎人,並對公社的極端主義行為感到震驚。與他們相反,雅各賓派則是公社的策畫者。他們言詞激烈地倡導平等,支持消除仍然存在的公民和政治區別,贊同普選制和國家賙濟窮人計畫。雅各賓派與吉戎特派的區別還在於前者是一個組織緊密的政黨。因此,他們與吉戎特派的另一個不同,在於他們能夠為了捍衛他們的計畫和領導權採取斷然且冷酷無情的行動和決策【27】。在立法會議上,雅各賓派中有一部分人常常坐在會場的左上方,因而在政治上被稱為山岳派【28】,他們後來逐漸在會議的各項決議中起了主導作用,並在法國政壇占據統治地位。

雅各賓派採取最早的行動之一是舉行全民普選,選出一個國民公會,負責起草和執行一部新共和憲法。在其後三年中,國民公會成為國家卓有成效的統治機構。它是在一七九二年九月經由選舉產生的,此時適值法國戰爭失敗與各地的騷動,不安情況達到了新的顛峰。巴黎愛國群眾在聽到關於被囚禁的政治犯密謀逃跑後的傳言,當即作出了反應——把他們拖到匆匆成立的特別法庭前進行審判,判處他們死刑並當即執行。此即所謂的九月大屠殺。在不到一個星期的時間裡,一千多名被認定是革命敵人被殺死。里昂、奧爾良和法國其他城市也出現了類似的騷亂。

新當選的國民公會議員在九月召開會議時,其成員比先前國民會議的成員要激進得多了。國民公會的領導們要求廢除君主制並處死路易十六。九月二十一日,公會宣布廢除君主政體,改共和法國為共和國。十二月,它把國王提交法庭審判。一七九三年一月,路易十六以些微的差距被判處死刑【29】。這位法國專制主義偉大傳統的繼承人被稱為「公民路易・卡佩」,勇敢地面對死亡,在斷頭臺上被斬首。斷頭臺這種可怕的機械斬首工具成為革命狂熱的象徵【30】。

與此同時,國民公會把注意力集中在進一步推行國內改革上。其後三年,它最重要的成就包括在法國殖民地中廢除了奴隸制、廢除因債務囚禁人制度、

實行十進的度量衡制、取消長子繼承制度，這樣財產不再由長子單獨繼承，而是將財產平均分配給所有直系後繼者。國民公會還對國民會議的法令進行補充——廢除了莊園制的遺毒，並爲平民在經濟上飛黃騰達提供了更大的自由。革命敵人的財產被充公，以供政府和下層人民使用【31】。大地產被分割成小塊，以低廉的價格出售給較貧窮的公民。之前一直允諾給貴族的特權喪失補償金現在被斷然取消。爲了阻止生活費用的上升，便以法律限制糧食和其他必需品的價格，阻止了物價上漲，並威脅說要把那靠剝削窮人牟取利潤的商人送上斷頭臺【32】。此外還有針對宗教的改革措施，國民公會試圖廢除基督教，想以理性崇拜取而代之。從這一目的出發，它制定了新的曆法，以共和國誕生之日（一七九二年九月二十二日）爲一年之首【33】，並重新畫分月分以消除基督教的星期日、聖誕節與復活節，並把一年分爲每個月三十天，多出來的五天作爲假日，並把一週七天改爲十天。後來，這一理性崇拜被一種崇拜最高存在的自然神宗教和另一個崇奉靈魂不滅的信仰所取代。最後，在一七九四年，公會採取一明智的措施，宣布信仰純屬個人的事，宗教因而與國家相分離，任何信仰只要不敵視政府就可以允許存在。

　　國民公會的領導階層在推行這種政治革命的同時，於改組軍隊方面也取得驚人的成功。一七九三年二月，英國、荷蘭、西班牙和奧地利都參加了對法作戰。英國加入戰團既出於戰略因素也出於經濟因素。英國人擔心法國人在侵入低地國家後會橫越海峽進軍英倫三島；他們還擔心法國的擴張會對英國自身日益增加的全球經濟霸權構成嚴重威脅。這些國家結成了反法聯盟，雖然他們結盟的目的只是爲了遏制這一令人迷亂和可怕的革命現象，但無論如何聯盟都是一支強大的力量。爲了與反法聯盟對抗，法國組建了一支在那些年間讓它贏得一次又一次勝利的軍隊。一七九三年八月，由國民公會通過全國皆兵法，使革命政府徵召所有能拿得動武器的男性公民入伍，這讓法國到一七九四年有八十萬大軍。在年輕而缺乏經驗的軍官統領下，十四支倉促組建的軍隊開往戰場。雖然他們缺乏訓練和紀律，但他們以臨時組織、機動靈活性、勇敢和士氣作爲補充（然而，就海軍而言，技術是具有至關緊要的意義，法國的海軍從未達到能與英國海軍抗衡的程度）。在一七九三年至一七九四年這段期間，法國軍隊占領了低地國家、萊因河左岸的土地、西班牙部分地區、瑞士和薩伏依。一七九六年，他們侵入並占領了義大利重要地區，粉碎了集結起來反對法國的聯盟。

　　然而，這些成就的取得並不是不用付出代價的。爲了確保成功，法國統治

者訴諸接下來逐漸被稱爲「恐怖」的血腥專制手段。雖然國民公會於一七九三年成功地起草了一部以男子普選制爲基礎的新民主憲法，但由於戰時緊急狀態而推遲實施。實際上，國民公會成員年復一年地延長它自己的統治期限，同時把其職權漸漸地委託給一個由十二位領導人組成的集團，此團體稱爲公共安全委員會（簡稱公安委員會）。這時候，溫和的吉戎特派已失去在公會內的所有影響。政權完全落入雅各賓派之手。雅各賓派繼續宣稱自己是盧梭的信徒以及是人們利益的捍衛者，並辯稱他們這種「民主專政」是按照盧梭的主權國家和人民意志學說進行的。

　　公安委員會中最重要的成員有金・保羅・馬拉、喬治・雅克・丹敦和馬克西米連・羅伯斯比。馬拉（一七四三至一七九三年）受過醫師正規教育，到一七八九年他在那一行業已享有很高的名聲，而被蘇格蘭的聖安德魯斯大學授予名譽學位。幾乎從革命一開始，他就代表一般百姓的利益行事。他對立法會議中持溫和立場的同僚們的看法，幾乎全部反對，包括法國應按英國的模式建構其政府的觀念，因爲他認爲英國政府具有寡頭制性質。不久他就成爲受迫害的對象，因而不得不躲避到不衛生的地下水道和地下室中。但即使這樣他也沒有放棄喚起群眾捍衛自己權利的努力。由於長期處於易受感染的骯髒環境中，他染上了慢性皮膚病，痛苦難忍，只有經常淋浴才能得到緩和。一七九三年，當他正在以洗浴來緩解痛苦時，被夏洛特・科黛刺穿了心臟，這位年輕婦女是個狂熱的吉戎特派分子。相反地，丹敦（一七五九至一七九四年）在革命進行了三年後才開始顯露頭角；但與馬拉一樣，他也把活動集中在發動群眾起來反叛上。一七九三年他當選爲公安委員會的委員後，在推行恐怖統治方面做了許多工作。但隨著時間的流逝，他對殘酷無情的行爲已感到厭倦，並顯示出妥協傾向，這就給委員會中反對他的人機會。一七九四年四月，丹敦被送上了斷頭臺【34】。據說他在走上斷頭臺時這樣說道：「請把我的頭展示於民；他們不是每天都能看到這種樣子的。」

　　最著名、或許也當屬最偉大的極端主義領導人是馬克西米連・羅伯斯比（一七五八至一七九四年）。他出生在一個號稱是愛爾蘭人後裔的家庭，受過法律訓練，作爲一名律師，且很快就取得了一定的成就。一七八二年他被任命爲刑事法官，但因不能容忍強制執行死刑，不久之後即辭職他去。羅伯斯比生性敏感而有些膽小羞怯，不是一位能幹的行政管理者，但他以對原則的狂熱獻身精神彌補了天分上的缺陷。他相信盧梭哲學思想中主張拯救全人類的偉大希望，爲了把這一學說付諸實施，他不惜使用一切手段，不管這樣會讓他自己和

其他人付出什麼樣的代價。他對於這種信條所懷有的強烈忠誠，同時這樣的信條能夠鼓動群眾，最後使他贏得了一批追隨者。確實，公眾是如此地推崇他，以至於直到他生命的盡頭都允許他穿舊時代的馬褲、絲襪和戴撲粉的假髮。一七九一年他被認可為雅各賓俱樂部的聖哲。後來他成為國民公會的副主席和公安委員會的一個成員。雖然他在發起「恐怖」統治中只起過微弱或根本沒有作用，但他無疑對恐怖統治規模的擴大要負責任。事實上他逐漸證實冷酷無情是革命進程中一個必要的、因而是值得讚美的手段。在他執政的最後六週，在巴黎至少有一千兩百八十五顆頭從斷頭臺上滾落。

　　恐怖統治的年代是法國進行無情專政的年代。在面臨來自外來敵人壓力的同時，公安委員會還得面臨來自國內政治右翼和左翼的胡亂破壞。一七九三年六月，在法國西部的汶地省爆發了保皇黨的反革命事件。該地區的農民仍普遍效忠於教會和國王。政府企圖徵召士兵到革命軍隊，把人民鬱積已久的憤恨激發成公開的反叛。到夏天，那裡的農民力量在貴族的領導下，打著保衛天主教大軍的旗號，對國民公會構成了嚴重威脅。與此同時，吉戎特派逃亡者在里昂、波爾多和馬賽等大城市搧動叛亂。國民會議的中央分權政策所帶來的是令公安委員會痛苦的惡果。同一時期，「國民會議」面臨了比他們還要激進的革命黨人冷嘲熱諷的批評。這群激進的好戰分子被稱為「忿激派」【35】，是以新聞記者雅各·亞伯爾為領袖，他們威脅不僅要顛覆政府，而且要透過其極端主義十字軍來毀滅國家本身。公安委員會決定要不惜一切代價來維持法國的穩定，於是派遣特派員到農村地區去鎮壓國家之敵。在恐怖時期，自一七九三年九月到一七九四年七月，根據最可靠的估計，在法國全境被處死的人高達兩萬以上【36】。受害者並非全都貴族。任何顯露出對共和國構成威脅跡象的人，不論他屬於哪一社會階級或經濟階級，都有遭到懲處的危險。被殺的農民和勞工遠比貴族要多【37】。被處死的人中包括瑪麗·安東尼亞（卡佩寡婦）。當後來人們問西野神父，在恐怖時期他是如何區別自己與別人，他很冷漠地回答說：「我活了下來。」

　　關於公安委員會，我們應當指出下面三點：首先，它扭轉了形成立法會議改革特徵的非中央集權化趨勢；為了在戰時便於統治，它組織了一個聯合執政小組，控制「國民會議」中負責軍事和法國發亂地區代表。除了派它自己的特派員去平定外省的騷亂外，公安委員會出版了一份《法律公報》，向所有公民公告將頒布和應當遵守什麼樣的法律。它還以「特派官員」取代了地方官員（其中一些仍具有保王情緒），這些特派官員的任務是募集軍隊和激發愛國狂

熱。當這些特派官員表現得過度熱衷於獨立行事時，他們反過來被「國民代理人」取代，後者受到的指示是直接向委員會匯報。其次，透過支持那些在經濟上不夠強大的部門利益，公安委員會大大延緩了法國工業改造的步伐。政府通過幫助農民、小手工業者和店主獲得財產的政策，在這「第二次」革命時期，政府鼓勵保護一個當即效忠於共和主義原則，但不可避免地反對法國經濟進行大規模資本主義改造的階級。第三，公安委員會無疑達到了拯救法國，使之避免敗在歐洲反法聯盟手中的目的。至於為了換取法國得救而付出如此多的人員損失是否值得的問題，或許是歷史學家——事實上還有所有富有思想的人——永遠也不可能得出最後答案的一個問題。

儘管公安委員會能夠挽救法國，卻無力拯救自身。它未能控制住通貨膨脹，從而失去了那些平民的支持，也正是平民的不滿，進而幫助國民公會重新獲得權力。一連串對外戰爭的勝利使愈來愈多人更加確信，委員會實在沒有理由要求人們繼續作出自我犧牲，以及堅稱有必要繼續實施恐怖政策【38】。到一七九四年，委員會實際上已沒有任何盟友。七月二十七日（按新曆法為熱月九日），羅伯斯比試圖在公會講壇上講演時被其敵人轟了下來，在絕望中他試圖召集忠誠的雅各賓派成員保護他和進行反對國民公會的行動。在這個密謀進行的當中，羅伯斯比被國民公會的軍隊發現，他企圖自殺，但未能成功。次日，他與他的二十一位同夥一起被當成國家公敵送上了斷頭臺。從羅伯斯比失勢到國民公會解散（一七九五年十月）的這段時間被稱為「熱月反動」。現在公會中僅存的領導人都是那些溫和派的同情者【39】，他們隨著時間的流逝變得愈來愈保守。逐漸地，革命又一次反映出較富有的中產階級利益。激進分子的許多極端主義作法被廢除。最高限價法和有關懲治「嫌疑犯」的法律都被取消。政治犯得到釋放，雅各賓派的黨羽被迫躲了起來，公安委員會也失去了其絕對權力。新的局勢使教士、保王黨人和其他流亡者有可能從國外回來，這增加了他們對保守主義趨向的影響。

一七九五年，國民公會制定一部新的憲法，它實際上正式表明了中產階層的勝利，它恢復了間接選舉與財產限制。該憲法授予所有有讀寫能力的男性成年公民有選舉權。但只允許他們可以選出選舉人，由選舉人再選出立法機構的成員【40】。想要成為一位選舉人，必須是年滿二十五歲以上的成年人，且擁有一座農莊或年收入至少相當於一百天工資收入。這樣，憲法的起草者就能確保政府的權威實際上是來自於擁有相當多財產的公民之手。由於恢復君主制是不可能的——以免舊的貴族重新回來掌權——因此，行政權力就授予一個由立

法機構遴選的五人委員會來執行，這委員會被稱爲督政府【41】，這五個人是由五百人議會提名，由元老院選出。新憲法不僅包括一個權利法案，而且還有一個有關公民義務的宣言。在宣言中有一條特別引人注目的是，它要求人們牢牢記住：「整個社會秩序正是建立在……維護財產之上。」

對於督政府的統治，史學家對這段時期的評價並不太好，一般會把它當成是一個不景氣、玩世不恭的時期。那群利用戰爭機會牟取私利而使自己地位上升到顯要位置的暴發戶、投機商和奸商並不特別吸引人，不過他們都成中產階級的新成員。他們被譏諷爲浮華、庸俗的「時髦尤物」──穿著過於講究的男子和穿著過於暴露的女子。不論他們是如何急切地以過分放縱的方式來補償自己在前幾年中的過分節制，他們是絕不願意讓革命的主要成果付諸東流的。儘管他們沒有解決令所有革命政府頭痛的通貨膨脹和生活費用飛漲問題，但要消除左派人士的威脅並不算難事【42】。一七九六年，激進的「格拉古」──巴貝夫【43】──組織一個「平等者陰謀」的激進小團體，展開了一場廢除私有財產和議會政府的鬥爭，企圖成立一個「民主的」獨裁政府，但督政府輕易地壓制了他與他的追隨者，被逮捕者如不是被處死、就是被流放。

要消除來自右翼的威脅並不那麼容易。一七九七年三月的選舉──這是法國成爲共和國以來第一次舉行的自由選舉──選出來的是大批君主立憲制論者，這些帶有王黨色彩的人回到了政府議事機構之中。讓某些主要政治家感到驚恐，包括投下同意票、同意處死路易十六的人在內，他們因而向拿破崙求助。在軍隊的支持下，督政府的左派人士宣布春天選舉的大部分結果無效，並取消保王黨人的議員資格。然而，它的這一大膽舉措並不能結束國家在政治上的不穩定狀態。其後兩年間出現了一連串流產的起義和清洗活動，同時國家仍受到嚴重通貨膨脹的困擾。督政府成員們感到絕望了。這一次他們召來了年輕能幹的將領拿破崙‧波拿巴（一七六九至一八二一年）前來救駕。

拿破崙在一七九三年首次取得軍事勝利，即從保皇黨人和英國軍隊手中收復了土倫。這一勝利使他在年方二十四歲時就由上尉被提升爲準將。儘管他在羅伯斯比倒臺後被當成恐怖分子抓了起來，但隨後得到了督政府政治家保羅‧巴拉斯子爵的庇護。一七九五年十月四日（新曆爲葡月十三日），國會規定第一次選出來的五百人會議及元老院議員中的三分之二成員是今後國會中的當然議員，不需改選，這種干預選舉自由的行動，經由王黨分子的搧動，在巴黎引起嚴重騷動，這使得拿破崙在接受國會指示後，發射了「葡萄彈」從而拯救了國民公會，使之免遭反對新憲法者的攻擊，也粉碎了王黨的示威運動，從此這

個立憲共和國就開始依賴軍隊。這爲拿破崙帶來了更大的社會聲譽，也更受督政府的感激。自那時起，他在義大利取得了一連串勝利，最終迫使奧地利退出戰爭。而後，他襲擊了英國在埃及和近東的殖民地，試圖作爲打擊法國這一宿敵的行動。雖然他一開始時在陸地上取得了成功，但在一七九八年，法國艦隊於阿布克灣敗在英國海軍上將霍雷肖‧納爾遜之手後，他發現自己被英國人困住了。又經過一年戰鬥，拿破崙仍未能在北非取得決定性的勝利。

就在這時，督政府要他回國的命令到了。拿破崙將他的軍隊祕密地留在埃及，隨後突然地出現在巴黎。之前他已同意與督政府的主要成員，也就是第三階級的原革命領導者西野一同舉行一場政變。因爲拿破崙正是西野與幾個文人集團（督政府中的一些人）極力在找尋的人物：一位強大、深得人心的領導者，但他並不是一位國王。因此在一七九九年十一月九日（霧月十八日），拿破崙被宣布爲「臨時執政」。西野曾以第三階級的名義宣布革命開始，事實上現在卻以獨裁方式宣告反革命的開始：「信任自下獲得，權威自上得到。」西野正是用這些話宣告了革命時期的結束，此即「霧月（二月）政變」【44】。

拿破崙與歐洲

在西方歷史上，很少有人能夠像拿破崙對法國十五年來的統治那樣吸引住全世界的關注。同時很少有人能夠像他那樣不僅在自己的國家，而且在整個歐洲，被當成神話繼續存在於人們的意識中。毋庸置疑，拿破崙取得成功的部分原因在於他從不試圖掩蓋自己非紳士的出身。儘管他出生在科西嘉的一個來自熱那亞、擁有貴族稱號但不甚顯赫的家庭之中，但他養成了野心家的粗魯風度，且脾氣暴躁，玩牌時常常會作弊，不顧上流社會的規範，盡其可能地索取，總之他並不能算是一位紳士。就這樣，他對獲勝的中產階級歐洲新公民具有吸引力。在崇拜他的人的心目中，他仍是一位「小小的下士」，他沒有貴族的特權，靠自己登上了權力的頂峰。

不過這個神話也建立在此一事實上──拿破崙具有無可爭辯的才能。他在法國上學，在巴黎軍事學院受過訓，擁有一種與啓蒙學說非常切合的思想──創造性、想像力和迅速理解新事物的能力，他認爲世界是可由自己的心意來塑造的。他主要的興趣是歷史、法律和數學。作爲領導者，他的特長展現於，他有理解財政、法律或軍事計畫、行政管理的能力，並隨後掌握計畫的每一細節；他擁有和所有領導統御有關的能力，具有鼓舞、迷惑別人的能力、甚至能使那些反對他的人都想追隨他；他之所以能擁有這些能力在於他相信自己是命

定的法國救世主。這個信念一直糾纏著他，最終導致拿破崙毀滅。但高度的自信恰恰是法國政府缺少的。拿破崙既相信自己，也相信法國。後面這一信念是此時法國急需的藥劑，拿破崙則能給它使之活力煥發的劑量。

在一七九九年到一八○四年間，拿破崙以第一執政的名義進行統治，但實際上是獨裁者。法國又一次制定了一部新憲法。儘管它聲稱授予所有成年男子普選權，但還是藉由現在人們所熟知的間接選舉手段而使政治權力掌握在企業家和專門職業者手中。拿破崙意識到，自己的統治如果具有人民政府的外貌，就可使其統治具有更堅實的基礎，它的權威也就會更大，因而採取了此後常見的專制獨裁措施的手法——公民投票，以此確保自己擁有人民所託付的權力。投票者被要求批准新憲法，並大聲宣布了表決結果：三百○一萬一千一百○七票贊同，一千五百六十七票反對。

儘管憲法提供了一個立法機構，但它既不能提出法律，也無權進行討論，只能進行同意與否的表決。第一執政利用國務會議（是新政府主要權力機構）起草他的法律；但事實上政府是建立在個人權威基礎上。拿破崙無意廢除革命時所實施的各種主要平等主義改革。他重申廢除地產、特權和地方自由，藉此也重申了能人政治即「職業開放，唯才是問」的觀念。此外，透過各行政區的中央集權化，他取得了近代法國政府均未能取得的成就，建立一個井然有序、總體說來是一個公正的稅收制度。在他的計畫中，透過廢除從前授予貴族和教士的免稅權，透過對徵收工作進行集中管理，使他可以合理地編製開支預算，不同項目的經費不再被混用，所有經費集中在國庫統一編定，接近為一種預算形式，因此對政府的赤字有清楚的了解。他用這種方法減輕了困擾許多屆政府的螺旋式上升通貨膨脹問題。拿破崙樂於制止革命前幾年的非中央集權化趨勢，使他成為波旁王朝專制主義政策的信徒，也使他成為平等主義改革前輩的崇拜者。他以中央任命的「郡長」和「副郡長」取代了當選的官員和一七八九年設立的地方政府。郡長的行政責任由巴黎決定，地方政府的政策也由巴黎制定。

拿破崙最重大的成就是完成了革命時期開始的教育改革和法律改革。他下令在每個大城市設立高中，並在巴黎設立一個培訓教師的師範學校。作為這些變革的補充，他把軍事學校和技術學校置於國家控制之下，並創立一所帝國大學負責監督整個教育體系。幾乎是與他的所有改革一樣，這一改革被證明對中產階級特別有利；一八一○年頒布的新法典也是如此。這一新法典被稱為拿破崙法典【45】，它反映了貫穿一七八九年以來歷次憲法變動的兩個原則：統一

性和個人主義。這法典使法國的法律整齊畫一，並宣布昔日的特權和習俗一去不復返，使所有法國公民都享有同樣民權。法典還透過強調個人對財產的權利，准許以新的方法起草契約、租約和組建股份公司，並透過再一次禁止工會活動，來嘉惠具有個人主義思想的企業家和工商業主。

　　為了完成他的這些改革，拿破崙盡可能地網羅最有才幹的人為自己所用，而不論他們屬於哪一派別。他允許各種政治背景的人結束流亡生活回國。與他共同執掌督政府的還有兩位督政官——名義上和他共同執政，但沒有實權——其中一個是恐怖時期的弒君犯，一個是舊制度時期的官僚。他的警政部長曾是一位激進的共和派，外交部長塔列朗則是一位機會主義者，出身於貴族【46】。這種政治妥協透過一八〇一年與教皇訂立的協議而進一步加強。這一政教協議把國家和教會聯繫在一起。雖然從前反對教會的雅各賓派對這一協議大感不滿，但一向持現實主義立場的拿破崙認為，與教會妥協是實現國內和諧

圖25-2　法蘭西：一七八九年後各省大變動

和國際團結所不可缺少的。根據政教協議，教皇享有罷免法國主教和懲罰法國教士的權力，但梵蒂岡同意不再要求歸還過去被沒收的教會土地。這些土地從此無可爭議地保留在城鄉新中產階級之手。但國家保證教士可以得到他們的收入以作為補償。政教協議並未廢除革命所確立的信仰自由原則。得到國家資助的不僅有羅馬天主教教士，還有新教神職人員。

拿破崙與教皇達成的政教協議，為他贏得那些擔心法國會成為一個無神論國家的保守分子的支持。反過來，為了向雅各賓派成員證明他仍是革命之子，他於一八〇四年率軍侵入獨立的巴登公國，逮捕了波旁家族的親戚昂吉安公爵並將他處死，所使用的藉口是公爵企圖暗殺他（三年前他曾以同樣的藉口流放了一百多名雅各賓派成員，但並未引起長久的政治迴響）。拿破崙尋找平衡的政策為他贏得了愈來愈大的聲望。一八〇二年，法國人經由另一次公民投票認可他為終身執政。一八〇四年，他仿照從前專制制度的做法，由教皇庇護七世在巴黎聖母院舉行加冕典禮成為皇帝，號稱拿破崙一世。

在法國之外的歐洲各國都非常吃驚地關注著拿破崙這一現象，有的羨慕，有的擔心。一七九二年以來它們就陸續與法國作戰，希望能夠維持歐洲的安寧。現在歐洲安寧將要面臨的最大威脅。這一遏制法國人的戰爭的細節非常複雜，但與我們正在追溯的思想、制度和社會模式並無直接關聯。指出以下這點就夠了，自一七九二到一七九五年，法國是在與歐洲強國所組成的一個聯盟──主要是奧地利、普魯士和英國──進行作戰。一七九五年，法國突破了第一次反法聯盟，普魯士因財政枯竭以及與奧地利有嫌隙而退出聯盟，但是奧地利、英國仍繼續與法國作戰。一七九七年，奧地利在義大利北部被拿破崙擊敗，也退出了戰團；雙方簽訂坎波-佛米奧和約，在條約中奧地利同意把奧屬尼德蘭──即比利時地區──割讓給法國，並承認拿破崙一世的兄弟波拿巴在義大利建立的內阿爾卑斯共和國【47】，也同意法國據有萊因河左岸──巴塞爾至安德那克。

到了一七九八年，只剩下英國孤身與法國作戰。該年它組成了第二次反法聯盟【48】，這一次是與俄國和奧地利聯合。戰爭的結果與第一次反法聯盟沒有多大區別。俄國和奧地利未能把法國人逐出義大利，法國人也未能打破英國在海上的優勢。到了一八〇一年，聯盟分崩離析，俄國則在兩年前就已經退出。法國與奧地利簽訂的呂內維爾和約確認了坎波-佛米奧和約的條款；此外，拿破崙在低地國家、瑞士、義大利和皮埃蒙領土上建立的巴達維亞共和國、赫維提克共和國、內阿卑斯共和國和利吉里亞共和國也得到了正式的承

認。奧地利還默許對日耳曼地區的版圖作重新畫分，其結果是法國控制下的各個獨立國家合併成了萊因同盟。次年，無力獨自作戰的英國也與法國達成了協議【49】，把除了千里達和錫蘭以外，其他自法國手中奪取的所有海外殖民地歸還給法國，此時第二次同盟徹底瓦解了。

在拿破崙統治時期，中歐各地區出現了一場革命。這次革命是一次徹底的政治重組，它是在法國人建立自己帝國的同時，也把法國大革命的主要信念——平等主義改革——強加在法國境外的土地上。此時除了巴爾幹以外的整個歐洲大陸，都掌握在拿破崙的手中，受到影響最大的地區有義大利（現在被稱為義大利王國，指的是羅馬以北的大部分地區）、日耳曼地區（萊因同盟，包括新組建的威斯特法利亞王國，代表了神聖羅馬帝國正式永遠消失）、達爾馬提亞（伊利里亞各省）和荷蘭（比利時被直接併入了帝國版圖）。拿破崙在所有這些地區都引入了經過精心組織和深思熟慮的行政管理制度，以任人唯賢觀念、法律面前人人平等和廢除舊特權和習俗為基礎。拿破崙在帝國推行的改革計畫反映出他對於一些原則的應用，而就是這些原則形塑了後革命時期的法國。莊園法庭被廢除，教會法庭被禁止。各省組成一個龐大的官僚政治網絡，可以直接與巴黎聯繫。法律被編纂為法典，稅收制度被現代化，在所有地方，個人都有自由從事他選定的行業。在這一龐大的霸權國家中，被否定的一個自由是實行自治，即所有政治決策都要由巴黎——也就是由拿破崙——來決定。

這些變革對身歷其中者的影響顯然是巨大的。在那些從前由小王公和小暴君治理的公國——例如拼湊成日耳曼的各邦或者壓制性的那不勒斯王國，改革提供了更有效率、更少腐敗的政府，建立了更為平等的稅收結構，結束了習慣上的特權，因而受到了大多數居民的歡迎。從前深受經濟限制之苦的工商業人士和專門職業者很快察覺到，他們有了某些從事商業和其他活動的自由。不過拿破崙的存在並不完全是福澤。各附屬小邦要分擔維持皇帝的戰爭核心集團的重負。稅收和人力的徵用，以及供養占領它們國家的軍隊的負擔，不斷地提醒日耳曼人、義大利人和荷蘭人，改革的代價是非常昂貴的。變革也沒有自與當地傳統相合的方式進行設計。當有人向拿破崙抱怨他的法典與荷蘭實際的做法有牴觸時，他傲慢地反詰說：「羅馬人把其法律給了他們的盟友，為什麼法國不能讓它的法律用於荷蘭呢？」拿破崙的傲慢無禮在一八○四年他加冕為皇帝時表現得更具有象徵意義；正是這種作風致使德國作曲家路德維希・馮・貝多芬拿回了他原本準備獻給拿破崙的《英雄交響曲》，並說道：「現在他也將要僅僅為了自己的野心而踐踏所有人的權利。」

　　拿破崙引進激進政治和行政變革的動機絕非出於利他目的。他知道，要保護他那廣袤的屬地，必須建立一個有效率的政府以及為他的軍隊合理地徵收和使用資金。然而，在與英國的耶拿戰役中失利後，他最大膽的一個嘗試，即禁止英國的任何貨物輸入到歐洲大陸，但事實證明這是失敗的。這一「大陸政策」建立於一八○六年【50】，它是在拿破崙與英國持續進行的經濟戰中的一種戰略手段。它的目的是摧毀英國的經濟和英國的所有商務活動——從經濟上餓死它、拖垮它、從而迫使它投降【51】。大陸政策的失敗有多種原因，最重要的一個原因在於，英國在整個戰爭期間一直保有制海權。一八○七年，英國開始實施對大陸的海上封鎖，有效打擊了拿破崙的體系。當帝國盡其可能地從陸路運送物資而避開英國的封鎖時，英國也成功地與南美建立了生機勃勃的貿易。內部關稅是這一體系失靈的另一原因，拿破崙無力勸說各個地區都加入一個免除關稅的關稅同盟。結果歐洲依然分成各個經濟陣營，彼此以關稅互防，並在爭奪大陸不能生產或不能製造的物品時互有摩擦。大陸體系失敗的最後一個原因是，大陸比英國遭受的損失要大，因為隨著失業率的上升，各港口貿易陷入停滯狀態，各製造業中心開始怨聲載道。

　　大陸政策是拿破崙的第一個嚴重錯誤。這也是他最終失敗的原因之一。拿破崙失敗的第二個原因是他日趨增長的野心和愈來愈強烈的自大意識。他的目標是按照羅馬帝國的模式建立一個統一的歐洲。他的帝國象徵——反映在繪畫、建築和家具，以及服裝設計上——刻意以羅馬為榜樣。不過，拿破崙的羅馬無疑是帝制、王朝的羅馬。他為紀念他所取得的勝利而豎立的凱旋柱和凱旋門讓人聯想到羅馬皇帝浮華的紀念物。他讓其兄弟姐妹成為他新創立王國的君主，而拿破崙自己則從巴黎進行控制，據說當時他的母親坐在宮廷裡、扭動著雙手、不安地自言自語：如果能永遠這樣該多好，他以無嗣的名義與第一個妻子約瑟芬皇后離了婚，而與享有很高聲望的哈布斯堡王族的女性結婚，以確保他能夠有一位具有皇家血統的繼承人。就連崇拜他的人也開始懷疑拿破崙帝國是否只是一個比十八世紀君主制更大、更有效率，因而最終更危險的專制主義。一八○五年戰爭再起，俄國人、奧地利人、普魯士人與英國人聯手試圖遏制法國。但它們沒有取得什麼成效。拿破崙的軍事優勢致使歐陸上的三個盟友遭到失敗。

　　作為英國的堅強盟友，葡萄牙始終拒絕加入大陸政策。一八○八年，拿破崙侵入西班牙，作為他征服葡萄牙的第一步。拿破崙決心把伊比利半島納入其大陸政策之中。儘管他曾在一開始時允諾西班牙年邁體衰的國王查理五世，將

把葡萄牙部分領土割讓給西班牙，但後來他出爾反爾，推翻了查理五世，並將他的兄弟約瑟夫・波拿巴扶上王位。隨後拿破崙把一連串改革強加在西班牙人頭上，這些改革與他在歐洲其他地方推行的改革相似。但他沒有考慮到兩個後來導致他在西班牙失敗的因素：阿瑟・韋萊斯利爵士（一七六九至一八五二年，後封爲威靈頓公爵）率英軍入西班牙、葡萄牙與法軍作戰，以及西班牙人民的堅決反抗。西班牙人對拿破崙干預教會事務尤其感到憤恨，積極反對他取消宗教裁判所和廢除眾多修道院的做法。他們與英軍攜手，爲了把拿破崙從其祖國驅逐出去作出了殊死努力，他們往往採取游擊戰手段，這爲拿破崙帶來了極大的困擾和牽制。儘管拿破崙曾經本人親自指揮戰事，但也只能取得暫時的勝利。戰役一直拖到一八一三年，法國軍隊終於被趕了回去。這是第一次，西班牙戰役證明了拿破崙是可以被打敗的。因此，這一次的戰役有助於提高人們反拿破崙的勇氣，並鼓勵其他地區人民的抗法鬥爭。

拿破崙倒臺的第二階段開始於他與俄國聯盟的破裂。作爲一個農業國家，拿破崙的大陸政策使俄國不能用其剩餘的農產品換取英國的製造品，因而出現了嚴重的經濟危機。結果沙皇亞歷山大開始向英國發出建立貿易聯繫的信號，並忽視或躲避巴黎的抗議。一八一一年，拿破崙再也無法容忍這種明目張膽地破壞大陸政策的行爲了。因而他徵集一支六十萬人（其中只有三分之一是法國本土人）的大軍，並於一八一二年春天出發，前去討伐沙皇。這一計畫以災難告終。俄國人沒有進行抵抗，而是將法軍一步步引到其國家的腹地。他們允許拿破崙占領其古都莫斯科，但在他進城的當夜，一場來路不明的大火在城中燃起，入侵軍隊只好以克里姆林宮被熏黑的牆壁爲棲身之地。拿破崙本以爲沙皇最終會投降，就在廢墟中滯留了一個多月，最後於十月二十二日決定班師回國。這一滯留是一個致命的錯誤。早在他抵達邊境之前，他的部隊已面臨了俄國可怕的冬天，河流泛濫、大雪覆地，無邊無際的泥濘延緩了部隊行進的步伐。除罹受嚴寒、疾病、饑饉之苦外，哥薩克騎兵突然從風雪中殺了出來，向筋疲力竭的拿破崙軍隊發起攻擊。每一天早晨都可看到在前夜營火旁遺留下的屍體。十二月十三日，幾千名殘餘士兵越過邊界進入了德國——此爲一度被驕傲地稱爲「大軍」的一小部分。在拿破崙的俄國冒險中，將近三十萬人喪生。

在俄國戰役的這場災難以前，拿破崙的軍隊已經取得一連串的軍事勝利。一八〇五年的奧斯特里茨戰役，法國大敗奧地利與俄國聯軍，這一戰役似乎成爲拿破崙屢戰屢勝、永不失敗的象徵。其後幾年間，拿破崙接連不斷地取得軍事勝利——一八〇六年在耶拿和奧斯塔特之役擊敗了普魯士，一八〇七年在

佛里德蘭擊敗俄國，一八○九年在瓦格拉姆再敗奧地利——愈來愈多的歐洲人認爲，除了默認拿破崙龐大的大陸體系外別無選擇。一八○五年，強大的英國海軍在特拉法粉碎了法國的海上力量，但當時拿破崙的敵人和朋友都認爲這只不過是暫時遏制了拿破崙的野心而已。

然而，拿破崙從俄國敗退後，反拿破崙力量又重新燃起了希望。普魯士、俄國、奧地利和英國懷著他們最終可以成功地擊敗這位皇帝的信念重新開始發起攻擊。這一場所謂的解放戰爭其大部分戰役是在日耳曼境內進行。一八一三年十月，戰爭達到了頂點，此時在萊比錫附近展開一次著名的戰役，這場戰役後來稱爲「諸民族之戰」，在這次戰役中，聯軍大敗法軍，決定了拿破崙偉大帝國的命運。同時，聯軍也在低地國家和義大利取得重大勝利。到一八一四年年初，他們已經越過萊因河進入法國。受到由毫無戰鬥經驗的年輕新兵組成的軍隊之累，拿破崙撤退到巴黎。儘管他接連不斷地遭到挫折，他仍號召法國人民進一步地進行抵抗。三月二十一日，俄國沙皇亞歷山大一世和普魯士國王腓特烈·威廉三世成功地進軍巴黎。拿破崙被迫無條件遜位，並被流放到義大利附近的厄爾巴島【52】。

在不到一年的時間，他再一次踏上法國土地。在此期間，反法聯盟恢復了波旁王朝，以路易十六的兄弟路易十八爲國王【53】。在法國人眼中，任何統治者與拿破崙相比都要稍遜一籌。路易十八才能平庸，遠遠無法塡補拿破崙走後留下的龐大眞空。拿破崙從厄爾巴島逃回後，所到之處，受到農民和以前士兵的歡迎。法國人再一次志願集結在其前皇帝周圍。當他到達巴黎時，他已得到足夠的支持，致使路易十八聞風而逃。反法聯盟正在維也納召開如何與法國人締結和約的會議，他們聽到拿破崙回來的消息十分震驚。匆忙之間組建了一支軍隊，前去迎戰那位正率領軍隊以其典型的大膽進攻方式向低地國家推進的拿破崙。雙方於一八一五年六月十八日在比利時的滑鐵盧交戰，拿破崙遭到最後一次失敗。這位曾經不可一世、權力極大的皇帝被運送到南大西洋荒涼的聖赫勒拿島，在那裡過著孤寂的流亡生活，靠寫自娛的回憶錄度日，直到一八二一年去世。

拿破崙給後人留下了豐厚的遺產。他進行的行政和法律改革在他倒臺後依然存在。拿破崙法典不僅在法國適用，而且爲低地國家、普魯士和日耳曼其他各邦所使用。他統治時期引入的種種制度——中央集權的官僚制度、警察和教育制度——在十九世紀歐洲的許多地區成爲政府機器和社會的一個組成部分。

要想弄清法國大革命和拿破崙時代對西方文明的更大影響，我們必須追溯

它所培育的那些後來在十九世紀歐洲和美國歷史中發揮作用的思想和制度。自由——在世上採取行動時只對自己，而不是對其他人負責的權利——觀念是那些造就法國大革命的人所珍視的，這一觀念也依然體現在它所產生的改革上。平等——理性法律公平地適用於所有人（不論其出身或地位如何）——的觀念也是如此。這一時代產生的第三個遺產是民族自豪感，當法國人民看見公民軍隊為了保護剛獲得的自由免受攻擊而奮戰時，民族自豪感開始在法國人心中萌芽。三個概念——自由、平等和民族性——現在不再僅僅是思想：作為法律，作為一種新的行為方式，它們植根於歐洲社會的中心。

維也納協議

一八一四年歐洲列強舉行了維也納會議，為歐洲擬就一份永久的和平協議，以實現保障國際安寧的目的，它決定了歐洲的命運。然而，在此同時，它們也為自己的國家提出領土要求，儘管這種要求有帶來衝突甚至戰爭的危險。雖然會議的重大決策是由大國的代表作出的，但幾乎歐洲所有國家都派代表出席了該次會議。到會的君主最主要為以下六位：俄國沙皇、奧地利皇帝、普魯士、丹麥、巴伐利亞和符騰堡的國王。英國代表是卡斯爾累勛爵和威靈頓公爵。法國代表是深奧莫測的陰謀家塔列朗，他曾出任路易十六的主教、拿破崙宮廷的外交大臣，現在則準備為反動事業效力。

在維也納會議上起主要作用的是沙皇亞歷山大一世（一八〇一至一八二五年）和奧地利外交官克萊門斯‧馮‧梅特涅（一七七三至一八五九年）。

這位精力充沛但令人難以捉摸的沙皇在談判中扮演了主導的角色，因為在拿破崙失敗後，俄國成為歐洲大陸上最強大的國家。他在凱薩琳大帝的宮廷中長大，從一位法國激進派老師那裡得到了盧梭思想的教育，同時又從具有軍事頭腦的父親沙皇保羅那裡學到了專制主義的權威觀念。一八〇一年，他承襲其被暗殺的父親之帝位出任沙皇。在此後二十年間，他一心想成為歐洲最具自由民主思想的君主，而攪亂了同時代君主們的清夢。拿破崙在俄國戰役中被擊敗後，亞歷山大的思想愈來愈往神祕主義的方向發展。他自認為負有把歐洲所有統治者轉化成為基督教的正義與和平理想而服務的使命。但他有關致力於「自由」和「啟蒙」方面滔滔不絕的言詞，反而嚇壞了保守主義者，以致後者懷疑他企圖把其權力擴展到歐洲各地。他被指責為與雅各賓派密謀，準備以無所不能的俄國取代無所不能的法國。

　　維也納會議上最有影響的人物是梅特涅。他出生於萊因河流域的科布倫茨，父親曾是奧地利駐日耳曼三個小邦中的大使。梅特涅在斯特拉斯堡大學求學期間，目睹了與法國大革命爆發相關的群眾暴力行為，並因此終生憎恨政治改革。在一八○七年，拿破崙與亞歷山大結盟後，他曾採取各種手段從中挑撥離間，並參與安排拿破崙與奧地利公主瑪麗·路易絲的婚禮。梅特涅曾公開宣稱自己崇拜蜘蛛，說它「總是忙著把自己的房屋營造在世界上最為乾淨的地方」。在維也納會議上，每一個關鍵時刻，他總是企圖把國際事務安排得井然有序，使之符合他的外交設計。困擾他的兩件大事是憎恨政治與社會變革，以及對俄國的恐懼。尤其是，他擔心沙皇會為了實現俄國在歐洲的優勢地位而挑起革命。出於這一考慮，他贊成對戰敗的法國訂立溫和的條款，並一度打算支持拿破崙復位為法國皇帝，條件是處在哈布斯堡君主政體的保護和封爵下復位。

　　指導維也納會議的基本思想是正統原則。這一原則是由塔列朗發明的，他提出所謂「神聖的正統原則」目的在於保護法國，使法國不會受到勝利者的極度懲罰。但後來為梅特涅採納，作為一般復古政策的解釋。正統，意味著革命前在歐洲進行統治的王朝應恢復其統治，每一個國家應在本質上重新獲得它在一七八九年時所擁有的領土。根據此一原則，路易十八被承認為法國「正統的」君主，波旁家族在西班牙和兩西西里王國的復辟也得到確認。法國被迫交給戰勝國七億法郎的賠償金，但其邊界本質上仍與一七八九年時一樣。

　　然而，為了確保法國人之後不會再度越過其邊界，便沿著法國東境設立了堅固的屏障。一七九五年，被法國征服的荷蘭聯邦恢復為一個世襲君王國，名為尼德蘭王國，以奧蘭治家族為其世襲統治王朝。從前是奧屬尼德蘭的比利時被納入尼德蘭王國的版圖，希望能夠成為阻止法國未來擴張的有力力量。出於同樣的原因，日耳曼地區的萊因河左岸割讓給普魯士，奧地利在義大利北部的建立更是一個主要力量。

　　不過，正統原則並未擴展到日耳曼各公國。大國不顧一七八九年前就已經存在的各小邦統治者的請求——想組成一個大一統國家——決定把此處小邦的數目由三百個減至三十九個，並同意保留拿破崙時重畫的邊境，把它們合併成為一個鬆散的日耳曼邦聯，奧地利則成為其名義上的主席。出於對俄國的擔心，歐洲其他國家同意維持原有的巴伐利亞、符騰堡和薩克森三國，以其為抵禦俄國的堡壘。但在同時，沙皇亞歷山大一世要求把十八世紀九○年代被俄、普、奧瓜分，實際上已經消失的波蘭重建為一個君主立憲制王國，而他自己想

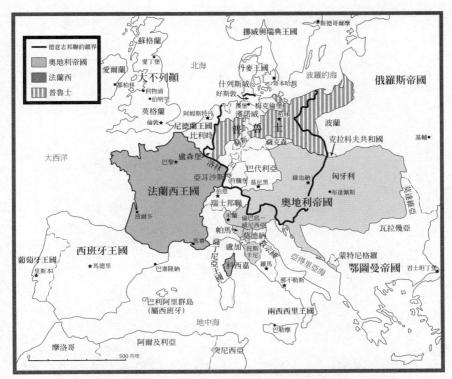

圖25-3　一八一五年維也納會議後的歐洲

出任這個國家的立憲君主。普魯士準備同意這一計畫，但條件是允許它吞併薩克森以補償它放棄原本占領波蘭的土地。領土擴張的貪欲迅速損害了在這些談判中作為指導原則的正統性。梅特涅對奧地利面臨的來自普魯士和俄國的雙重壓力感到驚恐【54】，於是與塔列朗和卡斯爾累結盟，後二者私下都同意，如有必要就與俄國和普魯士交戰，以防他們損害其波蘭-薩克森交易。最終達成一項妥協，允許波蘭的主要部分歸屬俄國（指原本拿破崙大公爵國的領土），但並未使波蘭獲得統一；薩克森的一部分歸屬普魯士，這使普魯士增加薩克森與萊因河流域。英國像其他獲勝國家一樣急於為其經年戰爭獲得補償，就把從前主要處在法國統治下的南美與南非領地和錫蘭島收歸己有，從而進一步擴大了其商業帝國的面積。

　　表現在維也納會議條約中的正統性，成為形塑十八世紀外交的平衡與穩定原則。專制時代產生了致力於這些原則的國際國家體系。參加維也納會議的外交家們，在解決戰後的歐洲問題時，將此原則奉為圭臬，從而確保這種國家體系能夠成為他們留給十九世紀後人的遺產。

第二十六章

工業革命

The Industrial Revolution

上天賦予人類光榮的職司，令他以聰明才智大大提高自然資源的生產，並以盡可能少的勞動支出把自然資源製造成舒適、雅緻之物——這無可否認的地位構成了我們工廠制度的基礎。

——安德魯・伍爾，《製造業的哲學》

在西方文明發展歷程中，工業領域出現過多次革命，無疑地，以後還會有更多。技術發生迅速變革的時期往往被稱為革命，這是有道理的。但從歷史上看只有一次工業革命。這次革命發生在一七八○年之後的一百年間，它是由農村經濟、手工業經濟步入一個由城市的、機器驅動的製造業為主導的經濟的第一個突破性進展。

說這是歐洲的一場革命，並非信口開河。儘管十八世紀中葉的歐洲依然是一個農業居主導地位的大陸，儘管歐洲多數人仍然是文盲、沒有文化的人，並注定要在其出生地附近有限的範圍內過著貧困潦倒的生活——儘管存在著這些情況，儘管人們因此會認為歐洲是一個「不發達」的地區，但實際情況當然並不是如此。歐洲的零售商和貿易商是以世界上最先進的製造業主和商人著稱。統治者依賴他們提供資材以維持國家經濟，包括貿易活動的繁榮與陸海軍事活動的勝利，都有賴這一階級成員的資助。反過來，這些人在多數情況下也獲得了統治者的了解：他們擁有的財產，無論投資於土地還是商業，都應完全屬於他們。代之以原來不成文的、公認的慣例，當統治者將這種理解訴諸文字、訂立契約，有助於讓零售商、銀行家、貿易商和企業家感覺到自己是生活在一個穩定、合理和可預測的世界之中。既然他們相信世界是這種樣子，他們就充滿自信、懷抱著促進自身和國家繁榮的希望活動於這個世界之中。只有在十八世紀的歐洲才能見到這種景況和這一階級之人；只有通過這一階級的活動，工業革命才得以發生。

如果沒有一個能夠容納他們的商品且不斷擴大的市場，這些資本家也不可能繁榮起來。歐洲存在著這樣的市場，這就進一步說明了何以正是在這裡發生了工業革命。自十七世紀初以來，海外商業的開拓和擴展為歐洲的商業開闢了新的領地。印度、非洲、南北美洲都被納入歐洲商業發展的格局之中。殖民地和商業屬地按歐洲人的要求建立起其經濟型態，就連新興的美洲也無力宣布自己在經濟上是獨立的。無論歐洲設計出什麼樣的商業和工業計畫，它們都不得不盡量適應歐洲的需要。

確保工業革命在歐洲發生的第三個因素，是十八世紀時整個西歐人口的增長。日益增長的人口，再加上海外擴張，為製造品提供了日益廣闊的市場。它也提供了一個非常適宜的——最後是過剩的——勞動力蓄水池，使勞工和童工不論在家或在工廠都在製造那些產品。

促使歷史學家對「革命性」工業變化下定義，與兩個重要事實有關：首先，在工業革命之前存在著一個繁榮的商業階級、日益擴大的市場和日益增多

的人口，這表明我們下文準備分析的變化有其重要的前提。比如，我們在前文已經注意到，十七、十八世紀期間的家庭生產制把農業區域改造成相當大規模的工業地區。其次，工業革命並非在歐洲同時同步發生。它首先於十八世紀後期在英格蘭發生，由一個地區逐漸擴展到另一個地區，由一個國家逐漸擴展到另一個國家，在歐洲蔓延開來。與可以用十年爲單位衡量的法國大革命不同，工業革命的發生至少橫跨了一個世紀。

英國工業革命

正是在英國，工業革命首次爆發了。從物資充裕這方面來說，英國的經濟比任何其他的國家都還要進步。簡單來說：在英國爲生活而掙扎的人比其他國家要少；爲了日益擴大的市場出售他們所生產的剩餘產品的人比其他國家要多；同時，有更多人有足夠的錢去購買市場上供應的物品。英國工人的工資待遇雖然很低，但他們的生活水準比歐洲大陸上的工人要高。他們吃的是白麵包而不是黑麵包，定期也吃一些肉。由於用於購買食物的錢僅爲他們收入的一小部分，因而他們偶爾可以用錢購買一些用品，而不是在家裡自己製造。

這種愈益充裕的另一個證據，是十八世紀後半期英國國會通過很多有關圈占農田的法案——圈地法規[1]。把田地、牧場和荒地用柵欄圈圍成大片土地，由富裕的地主私人所有，土地所有權由他們個人進行管理。這種情況大大提高土地和勞力的生產力，意味著可用愈益增加的食品來供應愈益增加的城市人口，代表著勞力因此被解放出來，可從事其他行業。此外，英國經濟富裕的另一標誌是它的剩餘資本的供應日益增多。這些資本從土地投資或商業投資中獲得，爲投資發展新型經濟產業提供了助力。倫敦此時已是世界貿易的主要中心，並充當起原物料、資本和工業製品周轉的大本營。僅葡萄牙一國每週就把五萬鎊黃金從巴西運到倫敦。這樣英國資本家手頭就有足夠的金錢去承擔和維持一場工業革命。

但是革命需要的不僅僅是金錢，它還需要一種能夠鼓勵人們投資於實業的心態；這種投資雖然有風險，但有可能從中獲得巨額利潤。相較於歐洲大陸，英國人更把追逐財富視爲有價值的人生目的。自文藝復興時期以來，歐洲大陸的貴族養成了「紳士般」舉止的觀念，在這部分上是爲了嚴守界限，防止社會下層的侵犯。與歐洲大陸的貴族相比，英國貴族的特權較少，他們從未對爲生存而掙錢的人表示蔑視；一旦有機會，他們也不羞於親自從事賺錢的行業。他們比歐洲大陸的貴族有更多機會來進行投資和投機活動，他們爭先恐後地把其

土地圈圍起來，反映了他們對進取的資本主義的贊同。在貴族階層之下，城市商業界人士與鄉村士族之間的分野更小。工業革命早期的企業家先驅大都出身於小鄉紳或自耕農階層。這種出身的人認為可以靠自己的才能晉身到社會和經濟的上層階級，而其程度在歐洲大陸是聞所未聞。

十八世紀的英國社會中絕非沒有勢利行為：貴族領主看不起銀行家，銀行家看不起手工藝匠。但是領主也可能會減弱他們對別人的鄙視態度，如果其祖父的出身是帳房先生。銀行家如果發現這位工藝匠的發明能給雙方帶來財富，他也樂於貸款給後者。作為一個民族，英國人並不擔心做生意，他們敬重那些明智、現實、在財政方面取得成功的人。魯賓遜是丹爾·迪福的著名小說《魯賓遜飄流記》（一七一九年出版）中的主人翁，這位荒島上的企業家是他們的模範之一。魯賓遜利用其智慧駕馭自然，成為繁榮經濟的貴族，他的勝利完全沒有因為這是世俗的勝利而受到輕視。資本主義的辯護者，同時也是經濟學家的亞當·史密斯宣稱「督促我們前進的是我們的虛榮心」。史密斯更指出，人類的虛榮心是來自於上帝的賜予。一個人想要表現自己現世成就的欲望，給國家帶來了繁榮。

英國在十八世紀的繁榮建立在它不斷擴大的商品市場上，英國人的消費量非常大。到十八世紀中葉，每年推出的時裝樣式不僅吸引了非常富裕的人，還有人數日益增多的中產階級顧客。倫敦一位企業主這樣說：「人類的天性難以被滿足，但是，正是人類天性中對於時尚的需求以及追求新奇的渴望帶來了商業活動。」英國面積狹小，為一島國，這樣的地理條件促進了全國性國內市場的發展，並滿足了國內不斷增長的需求。與歐陸各國不同，英國國內沒有通行稅和關稅制度，這意味著貨物可自由地流通到能夠獲取更高價格的地點。交通運輸體系的不斷改善進一步促進了這種自由流通。就在工業革命開始前不久，英國國會透過法令，以每年遞增百分之四十的速度出資興建大道；在同一時期，還興修運河，並進一步開掘港口、疏浚可通航的水道。不同於法國政府，其行動遲緩的重商主義冒險活動常常阻礙了經濟發展。英國國會則認為，幫助企業主的最有效辦法就是協助他們自救。

英國議員們有充分理由去增加英國的經濟財富。有些議員自己本身即是實業家，其他人則大量投資於商業貿易活動，因此，他們熱心地以立法手段鼓勵興建運河、建立銀行和圈圍公地。因為他們的這些主張，整個十八世紀以來，英國外交政策的制定都是以他們的商業需要為出發點。十八世紀的每一次重大戰爭結束後，英國都從對方手中掠奪其海外領地。與此同時，英國深入到那

些迄今尚未被開發的地區，像是印度和南美，以尋找新的潛在市場和資源。一七五九年，英國總出口量中，有超過三分之一是到了殖民地；到一七八四年，如果把新獨立的美利堅合眾國包括在內，那麼這一數字增加到了二分之一。英國擁有一支龐大的商船隊，能夠把貨物運往世界各個地區，其海軍也完全有力量對商船提供保護。到一七八〇年，英國的市場，加上它的艦隊和它的世界貿易中心地位，結合在一起產生了一種龐大得足以導致工業革命的潛能。

　　英國企業家和技師對這一難以抗拒的衝動做出了回應，他們改革棉織品的生產方法。雖然十八世紀時，英國生產的棉織品比毛織品要少，但到了一七六〇年，棉花工業也有了很大發展，不再是初期的工業。為了促進羊毛產品的銷售，英國國會實行高關稅以禁止東印度棉花的輸入，不過這反過來刺激了國內棉花製造業的發展。因而，當革命開始爆發時，它首先是在一個已完全成熟的行業中發生。不過，假如沒有發明某種能夠提高紡紗質量，並同時能大幅度提高紡紗數量的機器，那麼這項重要的突破就不會發生。飛梭[2]的發明大大提高了紡織的速度，然而這使得前期紡紗過程所遇到的瓶頸變得愈加明顯了。不過，由於發明了一系列比較簡單的機械裝置而將此問題解決了。其中最重要的是，一七六七年，木匠兼手織機織布工詹姆斯·哈格里夫斯發明的珍妮紡紗機（一七七〇年獲得專利），以發明者的妻子命名的珍妮紡紗機，是一架能同時紡十六根紗線的複合手搖紡紗機。然而它紡出的紗線不夠結實，不能用作棉布的經線。一七六九年，一位名叫理查·阿克萊特的理髮師發明了水力紡紗機，至此經線和緯線才可以大量生產。這一發明，再加上騾機（走錠紡紗機）解決了迄今妨礙紡織業提高產量的問題。走錠精紗機是一七七九年由塞繆爾·克朗普頓發明的，它把珍妮機與水力機的優點結合在一起。它們大大增加了機械相對於手紡車的優勢。珍妮機的紡紗量為手紡車的六到二十四倍，而到十八世紀末，走錠精紗機為手紡機紡紗量的二百到三百倍。同樣重要的是，就強度和適宜程度而言，紗線的質量都有所提高。

　　當這些機器得到廣泛使用，工業革命就加速進行了。由於棉花比羊毛線要結實，棉花適合走錠精紗機和珍妮機；棉花纖維也較耐得住早期簡陋粗糙機器的粗暴對待。此外，棉花的供應是可以擴大的，羊毛則不然。一七九三年美國人伊萊·惠特尼發明的軋棉機可以用機械把棉籽由棉花中分離出去，從而使棉花的價格進一步降低。這一發明很快就傳遍整個美國南部，使美國的奴隸制大農場經濟急劇復甦，同時意味著棉花供應能夠滿足不斷增長的需求。

　　工業革命初期的發明多是小型機器，早期的機器價格低廉，紡織工在家裡

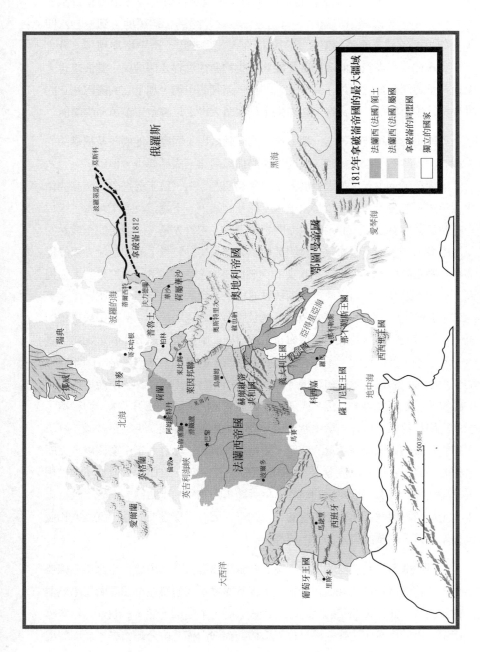

圖26-1 一八一二年拿破崙帝國的最大疆域

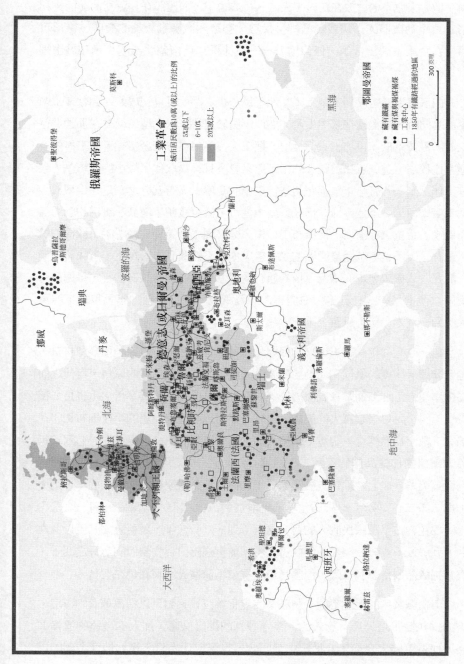

圖26-2　工業革命

也能繼續工作。但隨著機器體積的增大——像水力紡紗機及自動織布機，機器漸漸地愈來愈不適於放在紡紗工人的狹小農舍中，而應設在靠近河流並能夠利用水力驅動機器的作坊或工廠裡。最終，隨著蒸汽驅動設備的發明，廠房可以建在企業主認為合適的任何地方——往往是在英格蘭北部的小鎮和城市裡【3】。

　　由家庭工業過渡到工廠工業當然不是一夜之間就可以完成的。棉紗在工廠生產的同時，仍繼續在家中生產。然而，由於建造一家大型工廠並在那裡進行生產所需費用低，再加上人們發現，把工人都集中在一個廠房裡，其工作效率通常比較高，這就意味著較大的工廠愈來愈多且最後取代了較小的作坊——家庭工作。到一八五一年，棉花製造行業中的受僱工人有五分之三是在中型或大型工廠中做工。不過，織布仍在家庭中進行，直至發明了廉價、實用的動力織布機後，企業主才深信，把織布工作由家庭移到工廠能夠省錢。手工織機的織工或許是英國工業革命最明顯的受害者，他們不願改到工廠謀生，意味著他們只能在收入愈來愈少的情況下按其原有方式工作——到一八三〇年，每週只有區區六便士。一八一五年，他們有二十五萬人；到一八五〇年，只剩下四萬人；到一八六〇年，只有三千人。

　　自一七八〇年代起，英國的棉織品充斥了世界市場。這是一種輕型材質，適合非洲、印度的氣候和北美比較溫暖的地帶。這是很便宜的原料，可使之前從未享受過可洗滌的貼身衣服之舒適的數以百萬計的人購買享用。這也是一種優質原料，足以引起富人的興趣，去試著穿穿以前從未穿過的平紋細布和印花棉布。數字自然就會說明這不斷擴大的工業所引起的革命性變化。一七六〇年英國出口的棉織品價值不到二十五萬英鎊；到一八〇〇年，它的出口額超過五百萬英鎊。一七六〇年，英國進口了二百五十萬磅原棉；一七八七年，則增加為二千二百萬磅；一八三七年，更增加到三億六千六百萬磅。到一八〇〇年，棉花約占全國國民收入的百分之五；到一八一二年，為百分之七至百分之八。到一八一五年，棉織品出口占大不列顛全國出口貨物價值的百分之四十。儘管棉織品價格急劇下降，但因為市場規模迅速擴大，利潤仍在增長。

　　與紡織業中的變化不同，製鐵業的變化並沒有大到足以稱為革命的程度。不過這些變化是最具有意義的。英國豐富的煤炭供應，加上其發達的運輸網絡，使得英國人自從十八世紀中葉開始，以煤取代木材，作為熔煉金屬的燃料。且經過一連串的發明，使得燃料儲存成為可能，也開始出現更優質的鐵以及種類更加繁多的鐵製品。十八世紀末的戰爭年代裡，為了製造工廠機械、農

業工具和五金製品，人們對鐵的需求迅速升高；十九世紀三○、四○年代開始興修鐵路時，對鐵的需求更是急劇增大。一八一四年，英國出口五十七點一萬噸的鐵；一八五二年，在世界總出口量近二百萬噸中，英國占一百零三萬六千噸——比世界其他國家生產的總和還要多。

由於對煤需求的增加，便需要開採愈來愈深的煤層。一七一二年，湯瑪斯‧紐科門發明了一種簡單卻能有效地在礦井抽水的蒸汽機，這大大方便了煤的開採。但這機器浪費燃料和動力，因而雖對礦業具有價值，卻在其他行業使用較少。一七六三年，格拉斯哥大學中有一位名叫詹姆斯‧瓦特的科學儀器技師，被要求去修理紐科門蒸汽機的模型。在進行這一工作時，瓦特突然想到一個辦法：由於這種機械浪費的熱能過多，如果在蒸汽機上加一個單獨的壓縮蒸汽室（凝結室），以此消除冷卻汽缸的必要性，就可以大幅改善紐科門蒸汽機。一七六九年，他為第一臺安裝有這種裝置（凝結器）的蒸汽機申請到了專利。瓦特的經商能力無法與他的發明天才相比，他承認他「寧願面對一門裝滿砲彈的槍，也不願去解決一筆有爭議的帳目或去進行一場商業協議」。結果，當他試圖把其機器推銷上市場時，他因此陷入債務問題。伯明罕一位富有的五金器具製造商馬休‧博爾頓解救了他[4]。兩人組織一個合夥事業，由他提供資金協助瓦特的昂貴試驗。到一八○○年，該公司共售出二百八十九臺蒸汽機給工廠和礦廠使用。不過，蒸汽機取代水成為工業中主要動力的速度並不快；到了一八五○年，毛織業中三分之一以上的動力、棉織業中八分之一以上的動力仍是由水提供的。儘管如此，毫無疑問地，如果沒有蒸汽機，就不會有我們前述的那種大規模的工業擴張[5]。

在工業革命的一百年之間，其他工業部門也出現了深刻變革，那些變革有很多是由於紡織業的發展而引起的。比如，化學工業發展出新的染色和漂白方法，並改良了肥皂和玻璃製造方法。此外，產品的產量普遍不斷地增加，因為製造業飛速發展而帶來的利潤增加了人們對更新的、更複雜產品的需求。像製陶業和五金器具之類的工業部門為了滿足需求而進一步擴大，逐步採取了在很多時候削減成本、加快生產進度的方法。

要全面了解英國工業革命的本質，絕不可忽視下述兩個重要因素：首先，工業革命雖然是一場引人注目的革命，但它是在二、三代人的時間裡，以不同的速度在不同的工業中發生的。在這段時間，有些人就像他的祖父、祖母那樣是在家中工作。舊的工具和舊的方法並未即刻為新工具和新方法所取代，同時人們也沒有在一夕之間就離開鄉村而到城市裡。其次，革命是在非常有限的技

術和理論基礎上完成的，革命的產物往往是因應需要而產生的。除化學工業外，改革並不是由科學研究引起的，它完全是根據經驗而非依科學原理所產生的實驗性產物──在某些情況中比創造性的修修補補好不了多少。這樣說並不是要貶低阿克萊特、哈格里夫斯、瓦特之類人士的成就，然而，它是想表示，英國這個在各個層次上都缺乏一種全國性教育體系的國家，爲何能夠發生這樣一場革命。這些評論的目的也不在於貶斥變革所代表的重大意義。然而，不僅是對英國人而言，甚至是對全球居民來說，從其改造生活的方式來看，在英國發生的變革確實是一次革命。這場革命是透過對顯然永不滿足的市場需求做出回應，在法國革命的同時，英國也進行了一場與法國革命同樣深刻、有長遠影響的改革。

歐洲大陸上的工業革命

　　工業革命逐漸在歐洲大陸爆發，但大約在一八三〇年之前，這場革命是不具有任何重要意義的。如前文所述，十八世紀時，法國和日耳曼的製造業都聚集在毗鄰原料產地、或靠近市場的地區，而傳統上對特定技術的重視導致它們發展爲工業中心。法國的法蘭德斯和諾曼地與日耳曼的薩克森爲呢絨生產中心；瑞士、日耳曼南部和諾曼地爲棉製品中心；瓦倫尼亞（比利時的列日城周圍地區）、馬恩河谷和日耳曼的西里西亞爲鐵製品中心。不過，由於各種不同的原因，這些地區未能出現像十八世紀晚期的英國出現的那種突破。在它們了解到英國在經濟上的領先地位，與它從中獲得的龐大經濟收益之後，它們也無法仿效英國的成功。歐洲大陸工業化速度遲緩的原因很多。像是英國的交通運輸系統非常發達，法國和日耳曼則不是如此。法國面積比英國大得多，但它的河流不易通航，港口離工業地區很遙遠。中歐則是分裂成許多小公國，每個小公國都各有自己的一套通行稅和關稅，致使原料或工業製品的運輸在超過相當距離後就不符合利潤考量了。而法國本身的管理制度也不利於船運業的順利發展。此外，大陸原料儲藏不像英國那麼豐富。法國、低地國家和日耳曼須進口羊毛。歐洲缺少充當新型工業能源的豐富燃料，當時尙未找到主要的煤層，可能是遍地的木材妨礙了開採煤礦的探險活動。

　　在歐洲大陸上，社會和經濟階級間的距離與區別遠比英國大。在法國和日耳曼，財富不像在英吉利海峽對岸那樣，對社會階級間的界線有著削弱的作用。在法國大革命之前，大陸貴族對於是否投資於商業活動猶豫不決，他們認爲這會損毀其社會地位。在某些國家，法律禁止貴族從事商業活動。大革命之

後，理論上法國中產階級可以沿著社會和經濟階梯爬升到他們夢想的高度，但實際顯露出來的是，他們大部分都甘願用剛好的錢去維持一個不大不小的企業。中產階級的動機既是經濟的，在同等程度上也是社會的：目的在確保家庭的延續，而不是生產愈來愈多的商品。而且，在歐洲大陸不像在英國有那樣足夠的資本。在法國，農業資本制度的遲緩發展，是因為在經濟上堅持要保留小農土地所有制。這再次限制了可供工業投資和製造品花費的資本。一八一五年之後，法國和日耳曼也不具有像英國那樣高度發展的企業精神，這種企業精神讓英國人常把競爭對手逼入絕境。大陸企業家因戰爭的關係全都筋疲力竭，並擔心戰爭會帶來分裂；大陸的企業家們遠不像英國人那樣總是樂於繼續進行生產，並在同樣的規模上銷售這些產品。【6】

　　然而，當英國在工業上處於領先地位時，歐洲大陸並非完全處在毫無動靜的狀態。在一七八〇年代，機械化的速度加快，可惜的是法國大革命及戰爭隨之而來，中斷了本來可能會有的發展與成長。在法國、日耳曼和義大利境內所進行的戰爭毀壞了工廠和機器。儘管為了滿足戰爭的需要製鐵業有所發展，但技術上依然如故。由於英國對法國商船的破壞和拿破崙的大陸政策，使商業受到了重創。歐洲最有利於工業進步的革命性變化，或許當屬廢除了從前對資本和勞工流動的限制；比如，商業基爾特被廢除了，歐洲大陸各地的關稅障礙減少了。但總體說來，革命和拿破崙戰爭顯然妨礙了歐洲大陸的工業發展，卻加速了英國的工業成長。

　　一八一五年以後，諸多因素的結合產生了有益於歐洲大陸工業化的氣氛。不僅在歐洲各地，甚至連在那些愈來愈仰賴製造品進口的大陸，比如拉丁美洲，人口都在繼續增長。一八〇〇至一八五〇年間，歐洲多數國家的人口增加了一倍【7】，這意味著歐洲大陸將有愈來愈多的生產者和消費者。人口進一步增長並不必然意味著進一步的工業化。比如，對愛爾蘭來說，由於那裡缺乏其他必要的因素，因此，人口的增長只是意味著食物的減少。但是在那些已經具有牢固商業和工業基礎的國家，比如法國和日耳曼地區，人口的增加確實刺激人們採用曾使英國發生改變的技術和生產方法。

　　在拿破崙戰爭期間及戰爭之後，西歐的交通運輸系統有所改善，在當時所有的公路均有排水設施，路面都鋪上碎石，而道路的改善促成較快的驛車運輸。從一八三〇至一八四七年間，奧地利帝國的公路增加了三萬英里以上；在同一時期，比利時的公路網幾乎擴大了一倍；除了公路以外，法國開挖了二千英里的運河。一八三〇年後工業化速度愈來愈快的美國，公路長度則由一八〇

〇年的二萬一千英里增加到一八五六年的十七萬英里。當這些進展與十九世紀四〇年代所引進的鐵路運輸結合起來時，帶來了整個西方國家市場的增長，也因此鼓勵它們引進有助於滿足新需求的生產方法。然而，鐵路對地區性製造業的影響並非一直是正面的。顯然地，鐵路是把製成品由產區運到更廣為分散市場的一個方法。但它們也帶來了競爭，具體表現為外地商品流入對當地工業的挑戰。巴黎東南部第戎地區的例子就能說明這個問題。隨著鐵路的到來，那裡的啤酒製造商和葡萄酒釀造者一度擴大貿易；但是，最終因為鐵路使更長途的啤酒和葡萄酒販運成為可能（由亞爾薩斯和法國南部運來），他們失去了這項生意。

在工業化過程中，歐洲大陸各國政府比英國政府起了更直接的作用。拿破崙把法國和法蘭西帝國機構合理化的措施——國家的干預——引進了歐洲。他的法典保障了契約自由，促進了股份組織企業的建立，也鼓勵了其他國家的統治者為其商業擴張提供類似的框架。在普魯士，私人資本的缺乏致使該國政府不得不經營大部分礦山。除了英國，歐洲各國的鐵路建設無不得到了國家的資助。同樣地，在私人企業方面，歐洲大陸比英國更關心如何以人為刺激引發工業改變。因此，第一家股份組織的投資銀行在比利時創立——法國興業銀行，該機構的目的在於促進預備資金的升值以進行工商業投資。歐洲人還樂於由國家建立教育體系，該體系的主要目的之一是培養一批受過良好教育，能夠幫助提高工業技術的菁英。英國幾乎全憑機緣生產東西，歐洲人則是開始有目的的複製。

歐洲大陸直到培養出自己的技術人員後，才不再依賴英國的專門技能。但是即使在一八一五年以後，歐洲大陸以及美國的工業化步伐仍遠比英國慢得多，因為英國不樂於看到自己的生產方法為別人所盜用。英國工業家認為，防止技術外流是他們的愛國職責，儘管他們很樂於到歐洲搜羅人才：馬休‧博爾頓從維也納和瑞典引進技術工人。歐洲大陸實業家同樣辯稱，促使他們與英國人競爭的不是利潤而是愛國主義。日耳曼一家公司致函馬休‧博爾頓：「我們建造工廠的理由，實際上就是你反對建造的理由，那就是愛國熱忱。」一八二五年前，英國工匠被禁止移居國外；一八四二年之前，許多創新的機器不得出口。然而，法律並未阻止有創造性的技師、企業家及其特別技術的流動；十九世紀前半期，許多英國人在歐洲和美國傳授他們靠自學得到的東西來賺取錢財。其中有一位是威廉‧科克利爾，他在英國作為一位木匠開始其事業。革命戰爭期間，他和他的兒子在歐洲大陸建造棉紡設備。一八一七年，他

們購買了前列日主教的宅第，把它變成一家生產機器和蒸汽機的工廠。不過，儘管存在著像科克利爾這樣的企業家，或是像威斯特伐利亞的弗里茨・哈考科這樣的歐陸人士，十九世紀二○、三○年代，他們在歐洲各地製造、銷售蒸汽機，但是，因為普遍缺乏大批的歐洲技師、專家和企業主，無疑地阻礙了法國、日耳曼及其他地區工業的迅速發展。

　　歐洲紡織工業的發展受到拿破崙戰爭的影響。由於英國的封鎖，對歐洲大陸的棉花供應被打斷了，但是軍事方面對呢絨的更大需求意味著呢絨業比棉紡業發展得更為迅速。到一八二○年，用機器紡羊毛在大陸已司空見慣；然而，織羊毛大多仍靠手工完成。羊毛生產的區域中心位於法國的蘭斯地區與亞爾薩斯（現今的比利時）日耳曼的薩克森和西里西亞。所有這些地區至少在某一方面都具備了地區經濟體系發展與成長所必需的各種要素：運輸體系、資源、市場、技術與勞力供應。由於手工價格低廉，機械化進程受到阻礙；造成這種遲緩的其他重要原因還來自於英國的市場十分龐大，歐洲大陸的企業往往需要仰賴生產某些不在英國製造的特定產品才能獲得利潤，但是這些產品的商業市場卻不大、較不具有廣泛的吸引力。由於同樣的情況，棉紡織業也受到了阻礙，因此，法國的機械化首先出現在絲織業和棉花工業中，它們開始生產較細緻特別的產品──比如蕾絲。傳統上，個人聲望會讓人聯想到奢侈品的製造，這可以追溯到路易十四統治時期；這一傳統促使企業家投資於紡織業時，寧願放棄具有廣大市場的產品，只希望他們的產品不會遇到英國產品的競爭。儘管如此，法國仍是歐洲大陸最大的棉製品生產國，其後是比利時和日耳曼萊因河流域──薩克森、西里西亞和巴伐利亞。

　　歐洲大陸在重工業方面的狀況與紡織業非常相似，在普遍抗拒變革的氣氛下，以漸進的方式取得技術革新採用方面的進步。不過，由於變化發生的時間晚於英國，當時市場上正因為工業化與城市化導致對各種貨物的需求不斷增加。十九世紀中葉，鋼管時常被使用於城市中的鐵製煤氣管道、水管和下水道；金屬機器現在取代了更早的木造結構。結果在歐洲大陸，製鐵業領先於紡織業，與此相伴的是，在可能的煤產區煤炭生產的發展。然而，煤礦稀少；在萊因河地區，木柴仍被用以生產鐵，這造成當時的企業家如果有別的辦法，就不願廣泛地使用蒸汽機，因為蒸汽機太浪費燃料了。在法國，甚至到了一八四四年，水力機器在製鐵業使用的程度比蒸汽機還要廣。到了十九世紀前半期，阻礙歐洲大陸重工業發展的另一問題出現了。英國的競爭迫使歐洲大陸機器製造廠商搶到什麼訂單就去生產什麼，廠方對各種的需求都要滿足，意味

著工廠無法專門生產單一種產品，導致生產過程無法標準化，因此無法享受到合理化與專業化帶來的大規模產量。

鐵路的到來

大約到一八四〇年，歐洲大陸各國，和在某種程度上的美國，正逐步沿著英國走過的工業化道路前進，生產的產品遠比過去還要多，但沒有什麼東西可以充當其引人注目的領導者。在此後的十年間，鐵路的到來將改變這一狀況。儘管英國並未失去它的領先地位，但鐵路系統在世界各個地區的延伸普遍刺激了西方的經濟，使得歐洲大陸和美國以非常迅速及劇烈的方式向前發展，成為英國人名副其實的競爭者。

鐵路是為了滿足兩個需要產生的：首先是為了讓企業主能使他的貨物盡可能快速與便宜地運到遠方。前面我們談過，一八三〇年之前運輸體系有了改善，但是重型原料的運送——尤其是煤——仍是一個問題。具有意義的是，第一條現代化鐵路於一八二五年在英國建成，是一條由斯托克頓的達拉姆煤田通往沿海的達林頓【8】的鐵路。在一八〇〇年之前，有軌道路——與馬拉煤車所走的道路並行的車道——早就在礦坑入口及其附近被使用，用以短途運煤【9】。斯托克頓至達林頓鐵路是這種礦區軌道設備的邏輯觀念延伸，它是為了滿足工業化不斷擴展所引發的交通運輸需要而設計的。第一個以蒸汽引擎推動火車在軌道上行駛的主要設計者為喬治·史蒂芬遜，他是一位十七歲才學會識字、白手起家的工程師。他說服英格蘭北部一群投資者，讓他們認識到蒸汽牽引的優點，並獲得全面授權以實行他的計畫。斯托克頓至達林頓線的火車時速為十五英里，為人類當時所能達到的最快行駛速度。

此外，鐵路的出現還不僅僅是為了滿足純粹的工業需要：更明確地說，它是為了滿足資本家投資需要。像那些在紡織業中賺到可觀財富的英國人，當他們在支付完工人的工資，並把相當數量的資本投入工廠之後仍有剩餘利潤的話，他們就會希望利用手頭的剩餘利潤再進一步獲得還不錯且可靠的收益。這時，鐵路就成了解決他們那一問題的好辦法。儘管這並不像他們希望的那樣可靠，但事實證明鐵路投資能夠遠遠滿足資本家的需求。一八三〇年，當利物浦到曼徹斯特線的軌道出現第一條結合客運、貨運的業務時，把鐵路系統擴展到歐洲各地、美洲及其他地區的計畫馬上就被提出了，並開始籌措資金。一八三〇年，全世界鐵路總長度不過幾十英里。到了一八四〇年，超過了四千五百英里；一八五〇年，超過了二萬三千英里。英國承包商湯瑪斯·布拉西在義大

利、加拿大、阿根廷、印度和澳大利亞興修鐵路，他是這類承包商中最有名的一位，但絕非唯一的一位。

興修鐵路熱潮普遍加快了工業化的進程，它不僅大大增加了對煤和各式各樣的重型產品——鐵軌、火車頭、車廂、信號燈和道岔——的需求，而且使貨物更快地由工廠運達銷售地，從而縮短貨物銷售的時間。銷售速度加快反過來意味著資本投資能更快地獲得收益，而賺來的錢又可以再去投資，生產更多的貨物。最後，因為鐵路空前廣泛地開闢了世界市場，鐵路狂潮促使大量設備產品的生產，確保了西方工業化的迅速完成。

興修一條鐵路的規模要比建造一座工廠大得多，鐵路建設所需的投資是任何個人都無力獨自承擔的。在英國，一家工廠價值在二萬到二十萬英鎊之間；一八三〇到一八五三年間建成的二十七條較重要的鐵路線平均費用為二百萬英鎊。一家工廠使用的勞動力平均在五十到三百人之間；一條鐵路在建成之後需要的勞動力平均是二千五百人。由於鐵路要穿過許多大地主的私有土地，而這些地主自然而然都會盡可能多提出補償要求，因而設計一條有效率和節省資金的路線就成為一件複雜、耗時的事。企業家和承包商必須關心的不僅是買到築路權而已，為了車站與換車廠的空間而必須破壞大部分的現存城區所帶來的問題，也是他們要應付的難題。他們在選擇路線時，還要盡可能避開山嶺、河谷這些需要建造費用高昂的隧道、涵渠和堤道的地方。鐵路建造者冒的風險非常大，因為多數路線都是用分包的方式，以固定的價格轉給經驗不足的承包商建造。而且只要有一段時間的惡劣天氣就會延誤工期，以致鐵路建造者如果能在工程完工後拿到原承包價的百分之二十五就算幸運了。在修建倫敦到伯明罕線的三十位主要承包商中，就有十個人徹底破產了。

如果說承包商業務的特點是不確定，那麼建造工人則以筋疲力竭的勞動為特徵。英國的「挖土工」是一群引人注目的工人，他們不僅在英國各地修建鐵路，而且也在世界各地進行這種工作。這個名詞源自「航海者」，本指十八世紀英國開挖運河的建築工人。挖土工完成的工作量非常驚人。由於火車車輪與鐵軌之間摩擦力甚少，因而它能輕而易舉地運載沉重的貨物。但當火車不得不爬坡或下坡時，缺少摩擦力就不再是優點了，因為它就會有滑落的危險。這樣就需要較為平坦的路基，因而就需要工人去建造那些使路基平坦的隧道、涵洞和堤防。挖土工人們結隊工作，隨著鐵路發展的路線在鄉間各地移動。他們是一群幹粗活的工人，住在臨時搭建的帳篷裡，往往和不是他妻子的女人在一起。愛爾蘭挖土工尤為粗魯。一八四五年，蘇格蘭當地居民立牌警告，假如愛

爾蘭挖土工不在一週之內「全數離開蘇格蘭」的話，他們就會被「我們用武力和鐵棒木棍」驅趕而走。

挖土工們獲得了非比尋常的偉大成就。在十九世紀中葉，英國和世界其他許多地區，鐵路的建造幾乎完全是在不藉助機器的情況下修築完成的。從倫敦至伯明罕線的助理工程師在計算這一工程的巨大工作量時斷定，工程的勞動量相當於把二百五十億立方公尺的土和石頭在地上沿一公尺高鋪開。他把這個工程與修建金字塔相比擬；在他看來，修建金字塔的土石工程為一百六十億噸左右。但建造金字塔用了二十多萬人，花二十年建成，建造倫敦到伯明罕鐵路卻僅用了二萬人，用不到五年的時間完成。折換成單一個人計算，一位挖土工每天平均要挖走二十噸的土塊。鐵路幾乎是建築在龐大挖土工的精力、體力和汗水之上。

一八五〇年後的工業化

從一八五〇至一八七〇年這二十年間，英國依然是西方的工業巨人。但法國、日耳曼、比利時和美國已具備了挑戰者的地位。在製鐵業方面，英國在這些年的發展速度不如法國或日耳曼快（英國年增長率為百分之五點二，法國為百分之六點七，日耳曼為百分之十點二）。但是在一八七〇年，英國的生鐵產量仍占世界總產量的一半，為美國的三點五倍，德國的四倍多，法國的五倍多。一八五二至一八六一年間，美國的棉錠數由五百五十萬增至一千一百五十萬，歐洲各國雖沒有了如此耀眼的成績，但也有很重要的發展；儘管如此，一八六一年，英國生產的紗錠仍有三千一百萬個，相比之下法國僅有五百五十萬個，德國有二百萬個，瑞士有一百三十萬個，奧地利有一百八十萬個。

歐洲取得的多數成就來自於某些領域的不斷革新，而這些領域對於工業的永續成長具有可觀的重要性。鐵路發展帶來交通運輸體系的改善，促進了貨物自由流動的增加。國際貨幣聯盟的建立，以及國際航路上的種種限制被取消，諸如多瑙河的水運。普魯士的關稅同盟是一個在日耳曼內部實行自由貿易的組織；它成立於一八一八年，在其後二十年間發展成為一個除奧地利外包括日耳曼多數小邦的同盟。在自由貿易的同時，也進一步撤銷了限制性規章制度，以消除對自由貿易和商業經營的障礙。一八五九年，奧地利廢除了基爾特和組合團體對手工生產的限制；到一八六〇年代中葉，日耳曼大部分地區也採取了類似措施。反對高利貸的法律大都不再具有效力，英國、荷蘭、比利時和日耳曼許多地區在這一時期正式廢止了這類法律。一八五〇年代，普魯士邦聯放棄

了有關採礦的政府條例，允許企業家自由開採他們認為合適的資源。一八四九年，加利福尼亞金礦開始作業後，貨幣供應大大增長，從而使信貸緩解，刺激了投資銀行的加速組建。

歐洲生產活動持續發展的進一步原因是原物料貿易的增長，自澳大利亞輸入的羊毛和皮革消除了在美國因南北戰爭爆發和美國聯邦對美國南部實施封鎖而造成的棉花短缺的窘境。此外，其他輸入品——來自太平洋的鳥糞肥料，來自非洲的植物油，來自西班牙的硫化鐵礦類（硫化物）——刺激了食品生產的規模，增加了肥皂、蠟燭和紡織業製成品的產量。最後，新煤產地的發現——尤其是法國的加來海峽地區和德國的魯爾河谷——產生了引人注目的影響。一八五〇到一八六九年間，法國的煤產量由四百四十萬噸上升到了一千三百三十萬噸；在同一時期，德國的煤產量由四百二十萬噸上升到了二千三百七十萬噸。

十九世紀中葉之後，東歐和南歐工業化的速度比西歐要慢得多。其中一部分原因是由於東歐許多地區在歐洲大陸經濟中扮演了漸趨專門化的角色，向西方提供食品和農業原料。對東歐農產品不斷增長的需求導致農業的發展在東歐成為一個主要的資本制度產業。在企業主對其生產運作實行合理化措施以使之更有效率、因而更有利可圖時，企業們家了解到自己處處受到了過時的農奴制經濟實行的阻礙，因為這一制度不允許勞動力流動，因而不利於有效率農業勞動力的形成。到一八五〇年，東歐和南歐多數地區廢除了農奴制。一八六〇年代，波蘭和俄國也廢除了農奴制。

工業相對於農業依然居次要地位，然而，這一事實並不意味著東歐沒有重要的工業區。到一八八〇年代，奧地利波希米亞省的棉花工業雇傭的工人人數超過了薩克森地區的棉花工業的工人人數。在捷克斯洛伐克地區，十八世紀發展起來的紡織業繼續興盛繁榮。到一八三〇年代，捷克出現了以機器為動力的棉織廠和製鐵廠。在俄國，生產粗紡織品——主要是亞麻布——的工廠工業以莫斯科為中心發展起來。十九世紀中葉，英國出口的機器中有百分之二十四由俄國所購買，俄國以此裝備自己的工廠。到一八六〇年代，俄國工業部門中的許多工人仍是農奴——礦井的雇用勞動力中約有百分之四十為農奴。至一八六〇年，在俄國有超過八十萬人從事於製造業，然而，他們大多數不是在工廠而是在非常小的作坊中進行勞動，那些作坊平均雇傭的工人數為四十名左右。

到一八七〇年，歐洲絕不是一個完全工業化的大陸。法國有百分之五十的勞動力仍在農莊中，一八六〇年代，在英國各產業部門中，以農業工人人數最

多。歐洲大陸的延伸部分——西班牙、義大利南部、東歐——幾乎沒有受到工業革命的觸動。而在工業化國家，許多工作仍在小作坊或家中完成。不過，如果說歐洲完全沒有工業化，它卻又是全球工業最發達的地區——而這絕非偶然。為了維持其世界生產者的地位，歐洲——尤其是英國——立意不讓其他任何地區有機會參與競爭。歐洲利用其經濟力量——以及必要時運用其軍事力量——以確保世界仍分化為製造品生產者（歐洲本身）與不可或缺的原物料供應者（其他地區）。這種安排往往適用於世界上那些以供應原物料為主的地區，這些原物料支持了歐洲的經濟。美國南部的棉花種植者、加勒比海的蔗糖生產者和烏克蘭的小麥栽種者——他們都滿足於工業化西方做出的安排。至於對這種安排表現出不滿的國家——比如，埃及在一八三〇年代試圖建立自己的紡織工業——不久就被武力強迫就範。西歐人認為自己有權充當世界的工業領袖；一有必要，他們就會藉助軍隊讓別人理解他們的使命。

第二十七章

工業化的結果：城市化和階級意識（一八〇〇至一八五〇年）

Consequences of Industrialization: Urbanization and Class Consciousness (1800-1850)

　　科學之於現代，恰如藝術之於古代世界，是一種特別的技能。在現代人的心目中，實用取代了美。不過正確說來，曼徹斯特就像雅典，是人類的一項偉大成就。

——班哲明·迪斯雷利，《科寧斯比》

　　工業革命在西方經濟和技術史上不僅僅是一個重要事件，它先在英國，隨後在歐洲大陸和美國，最後遍及世界各個地方，重塑人們的生活型態。透過擴大生產規模，工業革命帶來了工廠制度，促使成千上萬人從農村和小型城鎮移入城市。一旦到了城市，人們都必須盡快學會一種新的生活方式：如果他們是第一代城市勞工，就要訓練自己按工廠的汽笛聲作息並生活在貧民窟；如果他們是企業家及其妻室，則要學會掌握管理勞動力，並在社區中獲得令人尊敬的社會地位。工業化和城市化教給人們的一項特別東西是階級意識。直到此時，人們才開始在前所未有的程度上察覺到自己是從屬於某個具有自身利益的特定階級，且其利益與其他階級的利益相對立。

　　以下我們將細究十九世紀前半葉社會與文化變遷的幅度。在進入主題之前，首先簡略地敘述一下那些在工業化開始後依然留在農村的大多數人的狀況。由於工業革命發端於英國，我們注意的焦點自然在該國身上；不過，隨著工業化在歐洲其他國家的發展，英國人建立的模式在很大程度上被歐洲其他國家所複製。

農村居民

　　在敘述工業化和城市化發展所產生的那些引人注目的情況時，我們不應該忽略這一事實：在一八五〇年，歐洲人口仍以農民占絕大多數。就英國而言，到了一八三〇年，除少數人居住在城鎮外，社會的其他方面基本上仍保持著農村特色。在法國和義大利，百分之六十的人口住在鄉村；在普魯士，住在農村的人口超過百分之七十；西班牙超過百分之九十；俄羅斯則超過百分之九十五。引發城市騷亂的人口壓力同樣在農村造成嚴重的災難。以農業為主的國家，其人口增長程度與處在工業化過程中的國家幾乎相同。一八〇〇年，歐洲的總人口據估計為二億〇五百萬人，一八五〇年時，上升為二億七千四百萬人，一八七〇年時，更增至三億二千萬人。在英國，因為生活水準相對較高，其人口由一千六百萬人上升到二千七百萬人。同一時期，在具有農村特點的愛爾蘭，儘管饑荒不時發生，其人口也從五百五十萬人上升到八百萬人；俄國則從三千九百萬人上升到六千萬人。

　　這種人口持續迅速增長的原因至今尚未十分清楚。有人曾這樣認為，在工業化的各郡中的家庭，父母都希望讓家裡有更多的掙工資者，因而導致人口增長，不過這種解釋現在已為學者們否定，因為具有農村特徵的各郡同樣也出現了人口增長的傾向。導致人口持續增長的一個因素，也許是細菌的週期性效力

使某些致命性疾病的毒性下降，或是醫藥衛生的進步使疾病得到控制。霍亂因為公共衛生改革的推行而受到抑制，天花則因為一七九六年後採用了愛德華‧詹納的牛痘接種技術而逐漸銷聲匿跡，這二者無疑促成了人口增長。此外，政府在管理與改善居民生活條件方面的能力與意願的增加，對死亡率的下降產生了直接影響。而且在這一時期，商業革命使人們可以得到廉價而富有高營養價值的食物——最著名的是馬鈴薯，又可以透過鐵路以便宜的方式運輸食物，意味著歐洲人不會再像昔日那樣罹受營養不良之苦，同時不再像從前那樣易於染上疾病。另一種可能合理的解釋是結婚年齡的下降導致出生率提高。因為農奴制的衰落，農民傾向於在比較年輕的時候建立家庭。某一個地區在一個世代中相對較小的人口擴張意味著下一世代人口的迅速增長。隨著人口增長，有生育能力的年輕人增加得更快，因而使整個人口的出生率大大增加。

　　無論人口增加的原因到底是什麼，歐洲農村地區較貧窮的居民，其處境依然非常淒涼。人口過度增長導致失業，緊接而來的就是貧困。成千上萬的小塊田產所有者，其勞動所得如果說可以餬口，那也只是勉強維持而已。農民仍靠人力進行播種、收割，一旦那年收成不好，農村地區的情況就急劇惡化。整個家庭的平均飲食量，在「豐年」時僅兩、三磅麵包而已，總熱量在三千卡左右。因此，飢餓——往往近乎饑荒——仍像流行病一樣經常發生。結果，對歐洲許多地區的許多農村居民而言，生活水準——倘若人們可以用這個名詞稱呼這一狀況——在十九世紀上半葉實際上是處於下降的局面，雖然這種下降不足以逆轉人口增長的總趨勢。一些國家的政府試圖以立法手段提高結婚年齡，來解決人口壓力和相關的貧窮問題。在日耳曼西部和南部的一些小邦國以及奧地利，法律禁止人們在三十歲之前結婚，同時申請結婚者還必須證明自己有能力養家才行。各國政府不遺餘力地鼓勵人民向外移民，以緩解人口擁擠狀況；多數移民遷居到美洲。英格蘭向外移民的人數由一八三〇年的五萬七千人增至一八四〇年的九萬人，一八五〇年更增至二十八萬人。十九世紀初葉，一八四六年的馬鈴薯嚴重歉收之前——該年愛爾蘭有近四分之三英畝的馬鈴薯田毫無收成，愛爾蘭共有一百五十多萬人離鄉背井。馬鈴薯歉收之後，移民的涓涓細流便匯成一條大河。

　　即便此類政策能夠有效地遏制住人口的增長——總體來說，它們並未能起到這種作用，它們仍無法避免不斷擴張的農業資本制度對農村造成的壓力。這種變化的速度在歐洲各國不盡相同，英格蘭、普魯士變化的速度最快。各地的土地經營者決定以一種投資的方式來從事大規模耕種，以滿足人們對食物需求

的不斷增加，他們帶來的一連串變化注定會影響農業勞工的生活。首先，土地必須成為可以轉讓的商品，不再讓其所有權被古老習俗綁住而變得模糊——譬如，以公地來說，社群中的貧苦成員傳統上均享有某種使用或耕種它的權利。其次，土地必須掌握在擁有足夠資本的投資者手中，因為他們會對土地進行改造，使之成為一種有利可圖的投資。土地必須被圈圍起來——按普魯士的說法是「管理」，如此就會像我們看到的那樣，對土地進行適當地追肥和灌溉；如果是把它們當成牧場使用，就要對牲畜的繁殖予以科學改良，這樣就不必擔心牲畜因與低劣種雜交而退化。最後，社會上必須存在著能夠按資本家的要求而工作的流動性農業勞工。不論是由於傳統權利還是奴役制度，他們不能被「束縛在」某一特定的土地上，這些人必須可以自由地到雇主指定的田地，為任何一位地主的土地創造其最大利潤。

土地擁有者提出的這些要求造成了混亂和困苦。在蘇格蘭，佃農從他們從前所承租耕種的土地上被驅趕出去，以便讓這塊地成為更有利可圖的綿羊牧場。在日耳曼地區，被一八○七年的改革政府所解放的農奴，被迫必須交還三分之一到二分之一的土地以贖回自由；那些能保留一小塊土地的農民，在多數情況下也不得不把土地賣給大地主。當然，地主並非均為殘酷無情之輩。英國最富有地主中的「模範」改革者在採行資本制度競爭的同時，並未背棄其傳統責任，他們為勞工和佃農修建房屋，並為他們提供學校和教堂。在東歐，一些普魯士地主（容克）是虔誠的教徒，他們認為自己既對市場負有義務，也對佃農負有責任。

歐洲不同地區農業變遷的速度取決於不同地區政府的性質。那些贊同新資本主義刺激的政府透過法令促使並確定土地的轉讓、重組，他們鼓勵消除小農場，支持發展規模較大、更有效能的生產單位。在英格蘭，除荒地外，上千英畝的莊園土地占全國總面積的一半以上。西班牙的情況與此不同，農業資本制度的命運隨著繼承政權的政治方針而時常變動：一八二○年自由黨上臺執政後通過了鼓勵自由交換土地的法律；一八二三年專制王朝復辟後卻廢止了該立法。俄國是十九世紀上半葉受農業變化影響較少的幾個國家之一，該國地主擁有的土地極為龐大，有一些最大的地主擁有的土地在五十萬英畝以上。一八六○年代解放農奴的法令公布之前，地主要求佃農們每週要為他們勞動好幾天。

歐洲的農奴制度將一代又一代數以千計的人民及其子女束縛在特定莊園，杜絕了土地成為一種可交換商品的可能，因而妨礙了農業企業的發展。在法國，儘管大革命廢除了莊園制度，但並未發生劇烈的大規模資本農場運動。小

耕農經營團體是雅各賓派民主黨的直接受益者，他們人數眾多，仍持續在自己擁有的小農場上工作。事實上，在一八四○年代，法國遭受的農業問題仍比歐洲其他國家少；與日耳曼和英國相比，法國由鄉村向城市和海外的移民較少：這些事實證明，法國農村的下層中產階級在依靠土地謀取生存方面取得了普遍的成功。這些人滿足於按舊有方式耕種田地，他們反對農業革新，實際上是普遍反對革新；儘管他們尊敬大革命，但他們是歐洲社會中最保守的一群。

雖然農村人口孤立於城市中心之外，但他們發現自己直接受到了工業革命的影響。工廠的出現導致農村工業衰落，隨之而至的是他們失去了這一重要的收入，尤其是在冬季。此外，通訊網絡的改善不僅使鄉村居民對外地發生的事件與機會更爲敏感，也使政府有可能在前所未有的程度上干涉他們的生活。中央政府現在發現，從農民手中徵稅或招募農家子弟入伍比以前更加容易了。

農村居民利用斷斷續續的暴力行爲，來對抗這些干涉他們生活方式的粗暴手段。一八二○年代後期，英格蘭南部的小農們聯合燒毀倉庫和戶外乾草堆，以此抗議打穀機的引進，這種機械是新式農業資本制度的象徵。他們頭戴面具，或者採取其他辦法僞裝自己，在神祕首領「斯文上尉」的旗號下，乘著夜間發動襲擊。他們在進行突擊之前，會先以匿名的方式進行威脅，比如肯特郡一個大農場主就曾收到下述警告信：「拆掉你的打穀機，不然〔當心〕著火。我們是一群五千人的團體〔人數被過分誇大了〕，擋也擋不住的。」另外在十九世紀三○至四○年代，在愛爾蘭、西里西亞和加利西亞也出現了大規模的農村騷動；事實上，歐洲大陸各地此時都發生了小規模的騷動。然而，這些各個國家的支持平均地權者並沒有形成一股團結的政治力量。正如他們與城市居民間所存在的利益衝突，這些擁有土地的地主、承租土地的佃戶、耕種土地的勞工彼此間的利益也並不一致。

城市化與生活水準

如果說一八○○至一八五○年之間，農村人口在歐洲總人口中仍居大多數，那麼城市的發展無疑可說是這一時期社會史中最重要的因素之一。一旦蒸汽機的使用把大批男男女女和兒童都集中到工廠工作，城市的數量和規模就開始增大。蒸汽機使企業家的工廠不再像以往依賴水力發電，而讓他們能將生產中心設在大城市裡。城市的交通運輸比鄉村要便利，因而可以用較低的花費輸入原物料及輸出產品。同樣，城市裡容易招到勞工，這些工人都希望能在城市裡找到比農業勞工更穩定、收入更高的工作——但往往事實不是如此。然而，

十九世紀初期，工業化並不是城市發展的唯一原因，人口的普遍增長再加上工業化，才是合力促成城市以驚人速度發展的因素。

　　一八三一至一八四一年的十年間，倫敦的人口增加了十三萬，曼徹斯特則增加了七萬。一八四一至一八四六年間，巴黎人口增加十二萬。一八二七至一八四七年間，維也納增加了十二萬五千人，成為一個擁有四十萬人口的城市。一八一五至一八四八年間，柏林增加了十八萬人，也成為一個人口眾多的城市。這些城市與其他迅速成長的城市中心引發的第一個問題就是人口的過度膨脹，但是城市建設的速度遠遠落後於人口增長的速度。以維也納為例，在一八四七年前的二十年間，它的人口增加了百分之四十二，但住房卻僅僅增加百分之十一點五。無論老城市還是新興城市，這些較大的城市裡都有一個共通的問題，城市裡的勞工大都是居住在臨時租的房子裡，其家人則被留在農村。最貧困的勞工居住條件極為惡劣，住房裡通常連照明和排水設施也沒有，幾乎所有的歐洲城市情況都是如此。

　　城市人口過度擁擠，對居住在其中的居民健康無疑是一個威脅。中產階級移居到盡可能遠離疾病和工廠煙霧的地方，而讓最貧窮的社會成員孤處一隅，使之成為踐踏勞工階級生活的疾病的犧牲品。在沒有適當的汙水處理設施和乾淨用水的地區，霍亂、傷寒、結核病是來自大自然的殺手，同時這些地方還瀰漫著從工廠、鐵路和家庭用的煙囪冒出的煙霧。哈德斯菲爾德是英國的一個製造業城鎮──絕不是該國最糟糕的城市中心，一個地方委員會受命調查這裡的生活環境，其報告中宣稱，該城有一大片地區沒有鋪設光滑堅硬的道路、缺乏下水道或排水設施，「垃圾、碎肉、剩菜和各種汙穢物被丟棄在地面上，任其發酵腐爛發臭；各種臭水坑幾乎從未流動過；毗鄰地區的住所情況之惡劣是無法言語。因而，一旦疾病發生，全城人民的健康就會受到威脅。」歷屆政府逐漸採取了一些措施，力圖使這些疾病危害的程度有所減輕；他們這麼做，也可能僅僅是為了避免傳染病的蔓延。政府通過了立法，要求拆除城市中條件最差的貧民窟，並透過建立供水和排水系統，來改善城市的衛生狀況。但到了一八五〇年，這些計畫才要剛開始實施。巴黎可能是歐洲的城市中供水系統最好的城市，但其所提供的水只能讓每位市民平均每年上兩次澡堂。在倫敦，人類排泄物留在二十五萬個家庭汙水坑中，無人集中處理。在曼徹斯特，只有不到三分之一的住家擁有類似廁所的設施。

　　城市居民的這些生活狀況是過去幾十年間史學家辯論的重要依據。問題在於：工業革命發生的前半個世紀中，歐洲人的生活水準是上升還是下降了？

「樂觀者」認爲，勞工分享了從一八〇〇年以來，歐洲生活水準普遍提高所帶來的好處。樂觀者的另一論調則認爲，不論勞工於一八〇〇年後在高速工業化過程中被迫承受多麼大的痛苦，在社會從「起飛期」步入到「經濟持續增長期」的階段時，這些代價都是必要、而且值得的。生活水準的犧牲是資本原始積累所必需的，這樣才能確保經濟發展，並在最後達到一種人類文明前所未有的普遍高度繁榮。其他歷史學家則堅稱，上述分析會導致人們忽視男女勞工和童工在爲未來經濟史學家的抽象分析提供統計學「基礎」時，所遭受的生理和心理上的痛苦。

由於缺乏有關薪資水準、工作時間和生活費用的可靠證據，這場辯論受到了局限，無法深入進行。新型工廠中的一些技術勞工與古老行業中的一些工匠並沒有受到工業化太大的影響，他們似乎從略爲提升的工資和略爲下降的生活費用中獲得了好處。但是地域性的變數，尤其是各國對勞工需求的時常變動，致使工資較低的非技術勞工，不管是在英格蘭還是在歐洲大陸，都只能過著一種沒有保障的生活。在英國的紡織勞工，假如他們能夠得到像是充分就業的保障，其收入理論上就足以支持一個家庭的生活。然而瑞士的情形並非如此，在那裡紡織工從事同樣的工作只能得到養家餬口所需收入的一半。而薩克森的情況更不一樣，在那裡大多數人顯然只能靠貧困補助金或慈善救濟團體爲生。這些年來，勞工階級生活最令人沮喪的特點之一就是不穩定。這是由於經濟蕭條時常發生，一旦出現這種情況，勞工就會有好幾個星期沒有工作，同時也沒有類似失業保險之類的制度幫助他們維持生存。一八四〇年代初期，英國工業城市中有半數的勞工沒有工作。一八四〇年，巴黎有八萬五千人是依靠救濟金勉強爲生。一八四四年，依據西里西亞這個受經濟蕭條影響特別嚴重的地區的報告，四萬名公民之中有三萬人需要救濟。此外，我們不應忽視那些技藝被機器取代的人的窘況——手搖織機工就是最明顯的例子。英國的一個製造業城市——波爾頓，在一八四二年時，該地的手搖織機工每週工資不到三先令，但是依據專家評估，五口之家一週至少需要有二十先令的收入，才能避免生活於貧窮線之下。在如此低下的薪資水準下，勞工不被餓死就算是幸運的事了。由於勞工必須把其收入的百分之六十五用在購買基本食品上，因而在十九世紀初，他們的平均食肉量下降到了每年四十磅左右。

這些數字證明了樂觀主義者所歸納的證據事實上是不足的。任何數字都統計不出城市工廠生活施加在勞工身上的負擔。假定技術勞工每週可以掙到三十先令，他們的生活也不見得會「更好些」，因爲他們必須遵守工廠的紀律，必

須在強加於他們身上的生活條件下生活。一八五〇年，生活在英國六十個最大城鎮，總共三百多萬名男女勞工和童工中，只有不到二分之一的人是土生土長的當地人。儘管他們移居的地方大都離其出生地不遠，但由此產生的心理上的距離感卻極大。在我們得出十九世紀初期的城市生活水準有所提高的結論之前，必須先將這些無法量化、難以推估的因素與易於計量的證據一起考慮。然而，不管在城市生活是令人愉快還是如入地獄般，對數目急劇增多的人口來說，這也是一種生活。一旦我們細究這種生活，我們就可以更清楚地了解到工業化和城市化對那些最先置身其中的人的全面性影響。

城市中產階級的生活

就其收入和職業而論，這一時期脫穎而出的城市中產階級絕非一個具有相同特徵的團體。中產階級廣義上包含了商業鉅子以及地位較謙遜的小店主，因此有必要對他們再作區分。此一中產階級所涵蓋的範圍十分廣泛，包括了工業家族，像是英國的庇爾家族（他們以棉花起家），以及較晚的德國克虜伯家族（經營鋼鐵起家）。中產階級也包括金融家，比如國際知名的羅特席爾德家族，同時按財富多寡和權力大小來排序，還有歐洲各主要貨幣市場──倫敦、布魯塞爾、巴黎、柏林──的銀行家和資本家。企業主也是其中之一，像是湯瑪斯・布拉西──英國鐵路大王，約翰・威爾金森──英國鋼鐵巨頭，他本人死後就葬在一具鐵棺中，以及技術人員，比如曾設計了「大西方號」輪船的工程師伊桑巴德・金德姆・布魯內爾。中產階級之中還包括官僚，隨著政府開始對工業化的速度和方向進行控制調節，並採取措施以減輕工業化對社會、經濟帶來的不良結果之後，對官僚的需求便日益增多。那些已經在確立的行業中任職的專業人員也在中產階級之列──尤其是法律這一行，像律師已經開始利用其專業知識為工業家服務。中產階級還包括一大群人數眾多的經理、職員，他們是工業和金融業持續發展必不可少的角色，以及一支人數同樣眾多的零售商、小店主，他們是向人口不斷膨脹的城市中產階級提供日常所需的人物。最後，中產階級還包括所有那些過著與上述各類型的人類似生活的家庭。

在一、兩代人的時間裡，階層內部的互相流動是可能的；但是，想從勞工階級躋身於中產階級之列就不是那麼常見了。獲得成就的中產階級大都來自其家庭原本就是中產階級，像是農場主、技術工匠或專業人員的後代，但是這些人如果沒有受過教育，就幾乎不可能向更高的社會階層流動。至於對勞工的後代來說，即使接受教育並不是一件完全不可能的事，但它可說是一種非常昂

貴、奢侈的享受。經由法國大革命完成的一個目標——用人唯才，但是這往往意味著，中產階級的年輕一代必須通過考試才可以謀得中產階級的工作。考試制度是政府官僚內部晉升的重要途徑。

如果說勞工階級能夠躋身於中產階級者並不多，那麼中產階級躍身成為擁有土地的貴族階層也是相當困難。歐洲大陸的情況尤其明顯，那裡貴族和平民間的區分，傳統上一直較為顯著。在英國，這種流動較為容易。出身於中產階級上層富有家庭的孩子，假如他們有機會進入貴族學校和大學就讀（偶爾有這種情況），同時倘若他們離開工商界而在政界取得成功，那麼他們就有可能改變自己的社會地位。威廉·格拉德斯通是一位利物浦商人之子，他先經由私人的寄宿學校——伊頓公學——接受限制甚嚴的貴族教育，之後進入牛津大學深造，並透過婚姻關係與格倫維爾這一貴族家族結成了親戚，最後出任英國首相。不過，格拉德斯通在英國仍屬一個例外，而英國相對於歐洲大陸而言也是一個例外。當時社會的流動通常不會有如此引人注目的程度。

不過，歐洲的中產階級可以用下面這種信念勉勵自己——透過發揮自己的才智、勤奮工作和對工作的獻身精神，是有可能取得成就的。英國人塞繆爾·斯邁爾斯在教導人如何成功的著作《自立》一書中，宣傳了對中產階級彌足珍貴的信念：「自立精神是一個人真正成長的來源。」接著又說：「它在很多人的生活中表現出來，是構成民族活力和力量的真正源泉。」然而，斯邁爾斯雖然宣稱任何人只要盡力都能提升工作職位、個人利益，但實際上只有少數的一些人能獲得成功，對絕大多數人來說，這一信條只不過是一種神話而已。

中產階級獻身於家族、家庭的觀念，反映出他們對目標的嚴肅態度。在英國、法國和日耳曼的某些地區，家族制度確實具有重要地位，因為在此制度下，兒子、女婿、侄子和表兄弟都有可能成為家族企業中未來接班人物。不過，對家族的崇敬經常會讓人忽略現實考慮，而把家族視為不可侵犯的信仰中的一部分。中產階級出身的父親們遠離商業活動和塵世混亂，藏身於堅固宅院之中，置身於華麗家具陳設所帶來的全然舒適感裡，每晚回到家裡享受其勞動一天的成果。在一個家庭裡，生活是被等級制度、禮儀制度所規範，在此制度下，丈夫和父親是一家之主。他的妻子被稱為他的終身伴侶，在極少數的情況下，在中產階級內部——尤其是在法國，妻子可能被視為店主或其丈夫的商業助手。不過，更為常見的是，中產階級的妻子常被其配偶視為高級僕人，她們的職司就是理家，讓家庭保持和諧，發揮其應有作用。她們掌管家裡的帳目，安排僕人——通常是兩、三個女僕——從事各種勞動。在維多利亞時期的英

國，中產階級婦女被稱為「家中天使」，她們對子女負有道德教育的責任。然而，她們每天最多也只花兩、三個小時的時間在孩子身上。通常在入學之前，孩子們都由保母和女家庭教師照顧。大部分的中產階級婦女會將她們一天的時間消磨在與他們相似家庭的婦女交往上。「拜見」、「會客」這類一系列優雅的社交習俗，開始在歐洲中產階級社會中建立。人們並不指望婦女充實其心智，也不指望她們成為丈夫的知識伴侶。相反地，常鼓勵她們對知識只要略懂即可，對她們而言，教育一般來說只包括讀書、寫字，並掌握一些零散的算術、地理、歷史、外語方面的知識，再上一點繪畫、水彩畫、歌唱或鋼琴課程即可。

一八三七年登上英國王位的維多利亞女王，她絞盡腦汁地想讓其莊嚴的——偶爾幾乎是冷淡無情的——公共形象反映出中產階級女性特有的美德，像是道德上的廉潔、對家庭事務的盡責。在她的宮廷裡洋溢著一種優雅得體的感覺，充滿了一種中產階級的價值，這與其叔父喬治四世的宮廷形成了截然對比；喬治四世肉欲、放蕩的生活方式形成上一代上流社會的風潮。儘管維多利亞性情傲慢，但她盡力抑制自己的壞脾氣，並且尊敬她的大臣，服從她那熱心公益事業、極受人尊重的丈夫——薩克斯－科堡的艾伯特親王。她是一位成功的女王，因為她體現了中產階級最珍貴的特色，似乎成為中產階級成功的縮影，而中產階級的思想習慣後來逐漸被稱為「維多利亞方式」。

中產階級妻子被灌輸這樣的信條——她們只能在一個領域裡比自己的丈夫優秀。在中產階級的婚姻中，妻子是「更好的一半」，因為她被認為是純潔的——她是一位貞潔的處女，未受到家庭之外世事的煩擾，當然也從未受到過任何性欲的觸動，而後者是其丈夫（在道德上自然比她遜色）的特質。妻子的職責就是激發丈夫的「高級的本性」，因此她們絕不應該對丈夫的性衝動行為有著同樣強烈的性欲反應；對她們來說，這種情欲被認定是不能存在的，也不被允許的。如果她是一位多情的人，有強烈的情欲，同時會在私人日記裡將自己的幻想寫出來，這並不會令人驚異，因為許多中產階級的婦女都是如此，因此她會發現，自己很難沒有一種犯罪感，因為她被認為是非常純潔的人，不應該體驗那種歡樂。在中產階級中，避孕並非常見之舉。其結果就是，對婦女來說，兩性結合直接導致不斷地懷孕（維多利亞有九個孩子，她稱生育是婚姻的「陰影部分」）。

社會期待中產階級妻子能透過對家庭和家族的愛來說服她們的丈夫，以其他東西取代追求較低級本能的舉止——這是大自然不幸加諸於男人身上的。倘

若她們無法做到這一點，那麼她們必須在往後的餘生中，不得有怨言地接受這一失敗的事實。妻子之所以常會失敗，很明顯的是原因在於，十九世紀時賣淫這行業在城市裡興盛一時。在歐洲所有城市中，都可以公開召妓女。在十九世紀中葉，維也納境內的妓女據估計大約有一萬五千人；在巴黎，賣淫是一種具有營業執照的商業行為，因此當時在這城市中有妓女五萬人；而倫敦則有八萬名的妓女。在一八五〇年代的倫敦新聞報導把人數眾多的下層社會中的妓女和其追隨者作了如下分類：一類是在其「寄宿房舍」之外的地方做生意的妓女，她們由名聲不好的中間人管理，而這些中間人由其名字——「騙人錢財的薩爾」、「酗酒成性的盧」——就可以看出他們屬於哪一類人。另一類是各種皮條客、男妓、老鴇及「靠情婦過活的男子」，他們導致妓女的生活與奴隸沒有多少差別。第三類是為數較少的「首席演員」，她們受到了富有上層的中產階級情人保護，在後者資助下能夠過著奢華的生活，並進入較受人尊重的上流社會。小仲馬的小說《茶花女》及威爾第的歌劇《茶花女》（本意「迷途之人」），其中的女主人翁都是以這類婦女為原型的。

假如一位中產階級妻子屈服於「非婦道的欲望」支配，而有了情人且被人發現，她所能得到的就是被所在的社會徹底拋棄。法律容許丈夫不忠，而且任何時候都尊重他對自己妻子人身及其財產的權利。但法律對「不忠」的妻子是會迅速採取行動，授予丈夫任何他希望得到的權利，諸如離婚、財產和監護權，以補償他個人因其「有違本性」配偶的行為而遭受的個人損失和窘困處境。

中產階級的家庭禮儀有助於維繫這種階級制度。每日三餐由僕人烹調，並由他們送到每個人面前，僕人這樣的角色不斷地提醒人們家庭裡的社會地位，就餐時父親都要坐在餐桌上主位。家庭旅遊是十九世紀中產階級特有的行為。幸虧有了鐵路，到山區或海濱的兩、三個星期短途旅行，即使對中等程度的家庭也是可以負擔的。投資者興修大型豪華旅館，給它們取上富麗堂皇、吸引人的名字，比如「宮殿」、「迷人海灘」、「精品」，並向中產階級提供與在家中一樣舒適、安逸的住所，以吸引他們前往。

住宅和家具是中產階級極為看重的物質保障。堅固牢靠的建築物，飾以重彩，向人昭示著居住其間的人的財力和社會威望。在各省的城市中，它們往往是以獨棟「別墅」的方式存在。在倫敦、巴黎、柏林或維也納，也有可能是一排排五、六層的住宅樓房，或更大的公寓。不論外形如何，它們都建得很牢固，可維持很長時間。房間裡自然是充斥著家具、藝術品、地毯和各種牆飾

物。椅子、桌子、衣櫥和沙發可能是不同時代的產物，但不管怎樣，它們都恰如其分地飾以邊角、鍍金或其他飾物。房間面積的大小、家具講究的程度和僕人數目的多少，自然完全視主人的收入而定。一位銀行職員不可能像一位銀行經理生活得那麼優雅，不過兩者非常有可能都遵照同樣的生活標準、追求同樣的生活品質。雖然他們在物質生活方式上有所不同，但是這種遵照與追求，有利於把他們連結爲同一個階級。

歐洲中產階級不希望面對城市成功發展後所帶來的令人不愉快的副產品。中產階級的成員設法住在遠離景觀不好與有臭味的地方，這些地方都是工業化的產物。他們住的地區通常在城市的西部，以免因爲盛行西風而受到工業汙染；他們住的地區，是能讓他們遠離擁擠的庇護所——中產階級要爲城市擁擠負主要責任。當這些中產階級成員騎乘交通工具進入城市中心時，他們都非常注意路線的選擇，他們選擇經過兩側設有豪華商場的大道，或者穿過比街道要高的鐵路路堤，因爲那些街道充滿著單調乏味以及勞工階級。中產階級雖然不願意去看他們不願看到的景象，但他們並不能轉身離城市而去。中產階級的人們對城市稱讚不已，視之爲自己的獨特創造物和利潤之源泉；他們甚至稱讚城市的煙霧——視它爲一種繁榮的象徵，只要他們自己不必日日夜夜呼吸到它即可。就大部分情況而言，正是他們管理著城市事務。同時，也是他們爲新興工業城市提供了他們引以自豪的建築標幟：市政廳、股票交易所、歌劇院。這些都是工業時代的大教堂，它們宣告著中產階級的勝利。

城市勞工階級的生活

與中產階級一樣，勞工階級內部也分爲許多集團和類別，其區分的標準是技術、工資和工作場所。勞工階級包括已有百年歷史手工藝業的技術勞工，比如吹玻璃工藝和家具工藝。勞工階級還包括在新興工業技術中同樣有技能的機械工。製造織布機的男工和看管這些機器的女工和童工也在勞工階級之列。此外，一起在礦山、採石場勞動的男工、女工和童工也屬於勞工階級。勞工階級更包括成千上萬從事非技術工作的勞動人口，像是碼頭勞工、煤炭搬運工、清潔工等等。勞工經驗的性質自然會因他們的工作場所、居住地點、尤其是收入多寡的不同而有所差異。一位有編織技藝的勞工的生活與一位開鑿溝渠者的生活大相逕庭，前者有能力購買食物，找到合適的住處，穿戴也是以合乎禮儀爲目的；至於後者，常要爲了維持自己和全家人的生活而終日忙個不停，腦子裡想的只是下一餐在哪裡。

　　假如非技術勞工至少能讓他們的孩子或他們自己受到初等教育，那他們就有可能進到技術勞工行列。不過，對許多家長而言，教育仍被認爲是一種奢侈行爲，特別是因爲在當時，孩子在年紀很小的時候就必須工作掙錢，爲家裡增添一點微薄的收入。當時也出現了由技術勞工到非技術勞工的流動，技術革新——像是動力織布機的引進——迫使高收入的勞工淪爲非技術勞工以及成爲赤貧。勞工階級內部進一步的區分是由下述事實造成的，儘管每年都有非常多的人們和兒童到工廠工作，然而，大多數的勞工仍在作坊或家中勞動。以下我們所談的不是一八〇〇到一八五〇年間歐洲一般勞工階級的經歷，我們在下文要描述的是最典型的英國勞工階級生活，因爲這些英國勞工在十九世紀前半葉直接受到工業化的衝擊。而歐洲大陸的勞工大多只在一八五〇到一九〇〇年間經歷了急速城市化這一艱辛困苦的過程。

　　對大部分的勞工而言，工業城市的生活，用較好一點的說詞是不舒適，以最壞的說法是無法忍受的凄慘。勞工及其家人生活在無法滿足他們日常所需的房子裡。在較老舊的城市中，原本給一個家庭住的公寓被分割成一間間的房間，一家人往往只能擠在一個房間裡。在新興的製造業中心，一排排矮小的房子，緊鄰在排放黑煙的工廠旁，這些房子幾乎是背對背建造起來的，因而根本沒有任何通風的空間和種植花草的地方。不論是新住宅或是舊公寓，建築物的質感都非常粗糙。屋主對舊房子不聞不問，任由它們殘破荒廢；新房子也是用廉價建材建造完成的，因此往往不到幾年就破舊不堪。供水往往來自於戶外的水龍頭，由好幾家人共同使用，而且鄰接在水龍頭旁的就是戶外公共廁所。擁擠是很正常的事，一個八口之家往往擠在兩間房間，最多是三間房間之中。一八四〇年代的一份報導中提到，在利茲——英國北部的編織業中心，「普通」勞工的住宅通常不超過一百五十平方英呎，而且在大多數情況下，那些房子裡「從早到晚都擠滿了人，幾乎令人窒息」。一八五〇年後，政府開始拆除城市中某些情況最差的貧民窟，許多勞工階級的人發現，城市「改善」意味著讓他們搬到枯燥乏味的「典型」廉價公寓之中，那裡的生活福利設施與整齊畫一的兵營沒什麼不一樣；或者是讓他們從一個破爛的建築物搬到另一個同樣破爛的建築物，根據城市的清理計畫——十九世紀稱之爲「通風」，政府要替換掉一幢幢古老、過於擁擠的房子，以更衛生、且對屋主來說更有利可圖的鐵路調車場住屋來取代。

　　勞工階級妻子和母親的生活是十分艱辛的。由於缺乏廉價的避孕工具，再加上認爲使用這些工具是不合乎道德的，結果使她們在生育期的大部分時間裡

都不斷地懷孕，以致身體健康受到損害，生活負擔也變得更沉重。丈夫通常會把每週工資的一部分交由妻子支配，她們就必須用這樣一點微薄的收入來維持全家人的吃、穿、住等開支。妻子的日常工作就是不斷地循環在做飯、洗衣、採買、打掃衛生上，她們被局限於一個狹小的範圍之內，手邊也沒有足夠的錢。主婦們不能夠像在農村那樣，靠在園子裡種些蔬菜以供家用；反過來，她們要到市場上買些便宜的食物，這些食物往往已經過期或近乎腐爛，或者摻混了對人體有害的雜物。比如，牛奶裡摻上甲醛以防止牛奶變質，砂糖裡摻上搗碎的米，可可裡摻上無雜質的褐土。然而，當婦女不得不外出工作，而沒有足夠的時間去完成仍要由她們所承擔的家務事時，她們的問題就更複雜了。

十九世紀時，受僱於工廠的婦女和兒童與日俱增，不過他們更多是在家裡或在小作坊——後來被稱為「血汗工廠」——中做工。在這些工廠裡，她們掙到的工資低得可憐；工資的多少不是按工作時間計算，而是按件計算，比如縫一件襯衣或糊一個火柴盒付多少報酬。至此為止，絕大多數未婚年輕女工從事的工作是家庭僕人。這一職業往往孤立無助，不時有人會落入男主人及其兒子設下的陷阱，被迫與他們發生性關係。

西歐的勞工階級女性的性行為被認為在某種方式上與中產階級婦女不一樣。人口統計數據證明，一七五〇至一八五〇年間，私生子人數有急劇上升的趨勢。比如，在德國的法蘭克福，十八世紀初期私生子所占比例僅為百分之二，一八五〇年時已達百分之二十五。在法國的波爾多市，一八四〇年登記出生的孩子中有三分之一是非婚生子。私生子所占比例增加的原因我們很難弄清。在德國，私生子現象可能是由於法律禁止窮人結婚造成的。可以肯定的是，社會流動性的增加意味著家庭紐帶的削弱、父母親監督的放鬆，同時也代表人們更有機會去過一種無拘無束的生活。當然，這並不是說勞工階級婦女的性生活都很不檢點。在前工業化村落中，婚前的交往是公開被允許的行為，但是由於社會控制是主宰鄉村生活的主要方式，因此婚前交往幾乎總是婚姻的前奏曲。而在那些人們彼此互不熟悉的工業城鎮，這種社會控制往往不存在。此外，工業化初期經濟上的不確定性，意味著年輕工人找到工作後再結婚的期望通常難以實現。同樣由於這種經濟不確定性，有些勞工階級出身的年輕女子充當了妓女——通常是臨時性地。城市生活裡人們的互不熟悉成為助長賣淫此一行業的催化劑。中產階級男子往往準備等到自己有能力負擔房子和家具後再結婚——房子和家具必須能夠反映出他們希望達到的社會地位，因此在這之前，他們會尋找下層社會女性來滿足其性欲。階級意識鼓勵他們把勞工階級婦女

——不論她們是不是妓女——視爲唾手可得的獵物，認爲她們天性愚鈍，缺乏教養，在各個方面都低於他們打算並最後與之結婚的中產階級「淑女」。

新興城市可以說是孤寂之地，對於在陌生環境中苦苦掙扎的勞工階級來說尤其如此。如有可能，他們會住在離其業已適應城市生活的親戚不遠的地方，因爲他們指望後者能夠幫助他們這些新來的人適應一種與舊有習慣迥然不同的生活方式。在許多城市中，勞工階級通常會與和自己從事相同行業的人住在同一區——比如織工聚居在一個地方，礦工聚居在另一個地方，並藉此獲得某種歸屬感。

對勞工而言，按照工廠的需要調整自己的生活，與接受城市生活方式一樣困難。工廠制度強調的是標準、規格而不是個人工作模式，因而使技術勞工失去了從前對自己所擁有手藝的那種自豪感。許多勞工發現他們失去了基爾特制和學徒制所提供的可靠保護，這些制度將他們的先輩束縛在特定行業或特定地域中，而在十九世紀上半葉，被法國、德國和英國宣布爲非法的或乾脆制定法律來取締。在工廠裡，工作時間很長，一八五〇年之前，每天工作時間通常爲十二到十四小時。工作環境是骯髒且危險的，編織工廠中依然沒有通風設施，以至於勞工的肺部吸入了不少細小塵埃。此外，機器上沒有防護措施，這對童工來說是特別危險；這些童工身材較瘦弱，且被認爲較靈敏，因此他們通常是受僱於清掃轉動的機器下面或周圍的空間。此外，產品生產的過程通常不利於身體健康。比如，生產上釉陶瓷時所使用的毒鉛，對該行業的勞工來說就是一種長期存在的危險。一八四〇年代，英國醫師的調查報告認爲，工作時間過長，工作環境過於惡劣，給勞工——尤其是年輕勞工——的身體健康造成嚴重傷害。脊髓彎曲和其他部位的骨骼畸形，都是因爲長時間以不自然的姿勢站在機器旁邊超負荷勞動造成的。因此，靜脈曲張和駝背在當時是常見的現象。一位醫生擔心地說，他相信「從我親眼所目睹的情況來看，工廠制度已經造成了大批的民衆身體發生了畸形」。此外，工廠發生的狀況同樣也在礦山發生，一八四一年，英國礦山雇用了五萬名童工和年輕的勞工，童工被雇用在地下軌道或礦井中搬運煤礦，更年幼者則被安排去管理控制礦井通風的門，這個工作常常要長達十二個小時。由於工作時間過長，他們往往在上班時打瞌睡，就會危及所有勞工的安全。婦女——有時是孕婦——被雇用於拖煤和承擔其他費力的井底工作。肺病——常被稱爲「黑色唾液」——與眼部感染是對在礦井工作的人的生命和肢體隨時存在的威脅，更不必說煤礦區中的瓦斯氣體，更是持續存在的危險因子。

　　與這種外在的工作環境一樣令人不適的是，第一代的工廠勞工所需要的心理調整。在工業化之前的勞工每天必須長時間工作，然而他們所得到的報酬往往很少。不過，至少在某種程度上，他們可以自由支配自己的勞動時間和勞動方式，他們隨時都可以從自己的家庭工作坊到自己的小菜園去，然後再回來工作。但是在工廠裡，所有「人手」都必須學習聽從工廠的哨音。爲了提高效率，工廠要求所有受僱者必須在同一時間開始和結束工作。大部分的勞工都沒有時間概念；有鐘錶者更是寥寥無幾。沒有一個人能夠習慣機器無情的節奏。爲了增加產量，工廠制度鼓勵把生產過程區分爲一個又一個的特別工序，每道工序都必須在規定時間內完成，這項革新顚覆了勞工按自己的步驟完成一項工作的習慣。而女工和童工的雇用是讓人更加不安的改變。在工業化之前的社會中，婦女和兒童像男子一樣也要工作，但多半是在家裡一起工作。在工業城鎮，婦女和兒童時常被雇用來替代男子：因爲他們的工資比男人少，而且他們也被認爲容易管理。這一情況產生後，傳統家庭生活的型態遭到嚴重的破壞，人們不得不忍受進一步與傳統分離。難怪勞工們會開始把機器本身視爲一個暴君，認爲是它改變了他們的生活，把他們變成工業的奴隸。一八四〇年代的一首英國激進勞工階級歌曲就表現了這種情緖：「有位殘忍無情的國王；／超出了詩人的想像；／一位暴君自天而降，白人奴隸都熟知，／此無情的國王就是蒸汽機。」

　　勞工階級中的人們在面對自己生活秩序的激烈變化時，有各種不同的反應。有些人企圖藉由喝酒當作「逃出曼徹斯特的最佳捷徑」（在一八五〇年，曼徹斯特有一千二百家酒吧）。有更多的人企圖建立另一個社群，這個社群能夠讓他們遠離其生活的街道或工作的工廠，雖然這是一個漫長且令人沮喪的過程。不過，到了十九世紀中葉，他們的經歷開始使他們意識到，他們是屬於一個與中產階級不同、且對立的集團，而正是中產階級把一種新的生活方式強加在他們身上。

中產階級的世界觀

　　中產階級對工業社會產生之時所引起的各種社會問題並非毫不知情。儘管他們自信地認爲世界一直在進步──且是處在他們的擺布之下，但是中產階級依然受到種種不確定因素所困擾。雖然他們對自身的能力總是充滿堅定的信心，但是，當他們的才能可能最後被證明與持續的繁榮毫無關係時，這無疑地讓他們的自信蒙上陰影。而且當他們在面臨破產時，或是在面對經濟危機下的

蕭條景象時，自信心就會消失殆盡。那些靠著自己努力而出人頭地的人可能成為另一些人野心的犧牲品。如何調和自己的富裕與成千上萬受剝削勞工的貧困，對中產階級來說，不是一件容易的事。然而，讓貧窮的歐洲社會從舊生活方式解脫，並走進新生活方式，這卻是中產階級的責任。因此，對於那些願意承擔責任的人來說，了解到這一點就足以使他們心懷憂慮而信心動搖。沒有人能夠肯定工廠制度與城市化最終會引發什麼結果。各種不同官方委員會的報告，以及企圖搧動社會的報社記者所著意渲染的文章，它們提供的證據使人聯想到，城市生活已經繁衍出一個下層社會，在這個下層社會中的人們寧可過著一種雜亂和可恥的生活，而不願意腳踏實地地工作。法國小說家開始把裁縫工當成一種隱喻，來描寫他們認為的大部分巴黎人所過的城市生活的普遍狀況。在公眾——中產階級——的心目中，貧窮與犯罪總是連接在一起的，最後甚至貧窮本身開始被界定為犯罪。所有的這一切努力，都是為了在城市勞動貧窮人口下，讓中產階級的富足合理化、使中產階級的優越地位合法化。

為了幫助自己建構這一合宜的世界觀，新興工業的中產階級成員便引用了許多政治經濟學家的理論學說。重點是，工廠老闆或銀行家不太可能閱讀過這些理論家的著作。然而，他們可能會不經意地從通俗雜誌上讀到這些理論家的觀點，或者參與了關於經濟學家推論的討論。由於這些推論、觀點非常符合他們自身的利益，使他們逐漸熟悉進而能夠頭頭是道地談論這些觀念，使這些學者理論儼然成為他們自己的觀點。

前文已經敘述，經濟學家亞當·史密斯的觀念——自由放任的經濟政策——是如何激勵中產階級尊重私人企業[1]。大體而言，啟蒙思想早已尊崇個人主義美德。比如，約翰·洛克就稱讚人們所具有的理性能夠讓他們以自我利益為基礎做出明智的選擇。第二代經濟學家們進一步發揚光大了這種觀點，特別是英國的湯瑪斯·馬爾薩斯（一七六六至一八三四年）和大衛·李嘉圖（一七二二至一八二三年），他們著作中的觀念對那些希望能自由地重構本國經濟的工商人士而言，極具吸引力。這些經濟學家的主要論點可概括如下：

1. 經濟私有化。每個人都有權使用他承襲而來或透過任何合法手段獲得的財產，來為自己謀取最大的利益。任何人只要在不妨礙他人的相同權利下，都有權利去做自己願意做的事。

2. 自由放任。政府的功能應當減少到只需要維持公共安全的最低限度上。政府的權責應該縮減為一個有節制的警察角色，只要維持秩序，保護人民財產和生命安全即可，但是絕不可干預經濟運作過程。

3.服從自然法則。如同在宇宙各個領域一樣，經濟領域中也存在著永恆的法則，例如供需法則、報酬遞減法則，諸如此類。人們必須承認和尊重這些法則，不可用人為的方法加以限制，否則就會產生不堪設想的後果。

4.契約自由。任何個人都擁有與他人談判、簽訂對自己最有利契約的權利。尤其是在勞工和雇主之間具有對於工資與工作時間討價還價的自由，這種自由不應受到法律或工會集體力量的阻礙。

5.自由競爭與自由貿易。競爭的目的是維持低廉價格，淘汰低效率的生產者，以及生產合乎大眾需要的產品來確保最高生產目標。因此，壟斷專賣不應出現，也不能為了維護不適企業的利益而立法限定價格。另外，為了迫使各國都生產最適於生產的商品，保護性關稅應當一律廢除。自由的國際貿易也有助於維持貨物價格的降低。

實業家自然對這些如此符合他們的願望和企圖的理論表示歡迎。但是，基於馬爾薩斯和李嘉圖對社會內部存在著相互衝突利益的看法，他們對中產階級的世界觀做了更進一步貢獻。馬爾薩斯在一七九八年第一次出版其引起爭論的《人口論》【2】，他認為，人類的幸福與財富受到大自然的絕對控制。由於人們具有一種強烈的、不知滿足的性欲，因而會出現人口增加速度超出食物供應速度的自然趨勢（人口是以幾何方式增加的，而食物則以算術比例方式增加）。當然，戰爭、饑荒、瘟疫和罪惡等因素會對人口增長起著強有力的節制作用，但在這些因素有效地發揮作用時，它們同時加劇人類生活的悲劇命運。由此可見，貧窮和痛苦是人類無法避免的。即使透過將所有財富平均分配的法律，窮人的生活狀況也只能暫時得到改善，因為他們很快又會養出更大的一家人，結果是使他們的狀況與從前一樣糟糕。在第二版《人口論》中，馬爾薩斯主要用「道德」方式抑制人口，即鼓吹晚婚，將此視為一種減輕人口壓力的辦法，但他依然強調人口增加率會有超過糧食生產的危險。

馬爾薩斯的論點允許中產階級默許舊社會的崩壞，而舊社會中長久存在著一些照顧窮人的措施和慣例。比如，英國的鄉村教區官員們曾建立了失業救濟金和工資補貼制度，幫助勞工及其家庭在失業時度過難關。這一嘗試並未能避免貧困，且愈來愈遭到納稅人的反對。現在馬爾薩斯告訴納稅人，這種幫助窮人的計畫對富人和窮人都造成了損害。他認為所謂救濟窮人，就是將金錢與食物從社會上比較有生產能力的人轉移給那些低生產能力的人。馬爾薩斯把濟貧責任由社會轉移到個人頭上，將濟貧責任訴諸中產階級的幫助，然而中產階級

卻巴不得完全拋開救助城市失業者的包袱。

馬爾薩斯的論點對英國經濟學家李嘉圖的學說【3】的形成起了很大作用。在李嘉圖【4】看來，工資應維持在剛好足以讓勞工「維持生活和延續其後代的生存，既不增加也不減少」的水準上。李嘉圖將此視爲鐵一樣的定律，是不可被否決的【5】。假如工資暫時高於勞工維持基本生存需要的水準之上時，人們將受此鼓舞，早早結婚並生育更多的孩子，人口增加從而加劇就業競爭，致使工資很快就會降到之前的水準。李嘉圖在提出工資法則的同時還提出了地租法則。他認爲，地租是由最貧瘠耕地上的生產成本來決定。與此相應，隨著鄉村人口的增加、更多的土地得到開墾，以及較肥沃一點的土地要求繳交較多的地租時，社會總收益日益增加的部分就會被地主吞沒【6】。

就這樣，一位理論家再次向中產階級提供一個十分有用的觀點，有助於他們界定和捍衛自己在新型社會秩序中的地位。工資法則提供給雇主們一項有用的武器以對付勞工提高工資的要求。地租法則則表示，中產階級反對地主繼續掌有土地收益權的鬥爭是正當的：一個階級如果不是靠自己的辛勤勞動，而只是靠其收取地租者的角色獲取收入，那麼該階級就是以犧牲社會其他人爲代價，不正直地謀取好處，這種利潤理應削減。

然而，一旦中產階級開始以這種方式爭論問題時，他們便背叛了自己所信奉的自由放任主義。商人和企業家強烈反對政府干預，認爲這會剝奪他們盡己所能的賺錢機會，然而，現在他們卻準備讓政府插足經濟領域，來阻止已獲利的地主藉此財產謀得他們可以獲得的利益。如何爲這種明顯的自相矛盾辯解呢？英國人傑利米‧邊沁（一七四八至一八三二年）所創立的學說包含了上述問題的答案。邊沁無疑是最具影響力的中產階級辯護者之一。在其一七八九年出版的主要著作《道德和立法原理》一書中，他強烈反對十八世紀的觀念——十八世紀的人們相信，能夠在人類各種利益自然和諧的基礎上建立起某種令人滿意的社會秩序——人們根本上都是自私自利之輩。邊沁相信，一個穩定、有益的社會是不可能在不藉助一群利己主義自我的情況下而完成。一個社會想要完全發揮其功用，就需要有一種組織原則，此原則既承認人類本質上是自私自利的，又強迫他們要爲社會大多數人的福祉，至少犧牲自己的部分利益。這種被稱爲功利主義的原則宣稱，任何制度、習俗、法律之優劣，都必須根據它們對社會效用的程度來衡量。一個對社會有用的法律，是能讓最大多數人獲得最大幸福的法律。倘若一條法律通過了這一檢驗，就應把它列入法律全書保留下來；不然，無論它多麼神聖、莊嚴，都應當即予以廢除。一位自利者會接受這

一社會準則，因爲他理解到，從長遠角度看，如果死抱住那些似乎對他有益，但是會產生重大不幸、對別人也對自己不利的混亂法律不放，結果只會對自己造成嚴重危害。

這一哲學在哪些方面對工業中產階級特別具有吸引力呢？首先，它承認個人的重要性。社會整體的利益不過是生活在其中的那些自利的自我之利益的總和。每一個人最清楚自己的利益是什麼，因而應盡可能地讓他們不受任何拘束，以他們自己認爲最有利的方式追求這些利益。只有在其個人的行爲與最大多數人的利益——幸福——發生衝突時，才應加以控制。企業家們可以把這一信條視爲他們推進工業化進程的許可證，因爲他們辯稱工業化顯然會爲世上大多數人帶來幸福。在此同時，邊沁的學說可用來證明那些導致工業化產生的必要變化是正當的。英國的工廠老闆可能會問，選舉制度否認不斷增加的工業城市的代表權，而這種陳腐過時的選舉制度能夠產生最大的幸福嗎？顯然不會。那就請國會改革自身吧，以增加製造業利益在國會立法過程中的分量。

因而，功利主義是一種可以從兩個方面加以利用的信條——既有利於自由放任，也有利於政府干預。中產階級則採取同時讓這兩方面馬上實現的措施。邊沁的功利主義爲中產階級的許多干預主義改革提供了理論根據，比如英國修改後的濟貧法，和法國擴大的教育體系，這些均是在一八一五至一八四八年取得的進展【7】。在此同時，功利主義與馬爾薩斯和李嘉圖的理論結合在一起，加強了那些商人的地位，這些商人相信不受限制的個人主義帶來了工業革命的勝利。對這種個人主義加以限制，就會危及工業化的進一步發展，因而也就危及最大多數人的最大幸福。

中產階級堅信著工業化和工廠制度給所有人——不僅僅是給中產階級自身——帶來好處。如下文所示，有些人對此不予贊同，比如，有些人施加壓力要求就勞工工資和工時制定規章。但資本家聲稱國家干預對工業化福利的分配有所妨礙，進而也會不利於普遍幸福的增長。他們引用了英國經濟學家納索·西尼爾【8】的觀點作爲佐證。西尼爾宣稱，任何工業企業的利潤都是在每天最後一小時的勞動中獲得的。因此他認爲，減少勞動時間，不僅是消除利潤，也是迫使工廠關門、勞工受餓。中產階級成員之所以相信西尼爾的話，是因爲這顯然對他們有利。此外，由於他們投資興建的工廠是如此陌生和未知，以至於難以證明西尼爾觀點的對錯。他們心中的這種不確定使他們相信這些學說，這些學說提供給他們最大的慰藉，也鼓勵他們把自己從事的事業視爲對其同胞有益的事業。

　　如同在英國一樣，法國政治經濟學家和哲學家也向新興中產階級提供了一種合乎他們要求的世界觀。克洛德・德・聖西門子爵（一七六○至一八二五年）【9】倡導對社會進行烏托邦式的改組，但他同時也鼓吹「工業主義」與「工業家」（他創造的兩個新名詞）的信條。聖西門的追隨者包括法國工業企業以及標準化、集中制金融體系的主要倡導者。

　　比聖西門具有更廣泛影響力的是實證主義哲學家奧古斯特・孔德（一七九八至一八五七年）。與功利主義一樣，孔德哲學理論堅持認為所有真理都來自於經驗，或是對物質世界的觀察。孔德反對形上學，認為它一無所用；他認為沒有一個人能夠知道事物隱藏的本質——事件為什麼會發生，或者什麼是生存的終極意義和目的。人們能夠知道的只是事件是如何發生的、控制它們發生的定律，以及它們之間的相互關係。孔德認為唯一具有現行價值的知識是「實證的」或科學的知識，因此孔德的學說被稱為實證主義。孔德認為，人類具有對社會進行科學分析並預測其未來的能力，且已經達到了某個程度，以致不久就能使歐洲步入一個「實證的」社會，該社會不是根據信仰而是根據事實組建的。然而，這樣的成就不是一件簡單的事；「實證」的態度和組織機構不經過一番鬥爭是不可能取代歐洲剛剛跨越的「形上學」階段。孔德把世界歷史畫分為三個循序漸進的階段【10】（「形上學」階段之前是「神學」階段），並宣稱如果沒有經過工業化的騷動痛苦，就不可能達到最高階段，這樣他就確保了中產階段在即將到來的更美好世界中的領導地位。

中產階級世界觀的早期批評者

　　中產階級的世界觀並不是沒有受到挑戰。許多作家悲嘆社會分裂，他們認為這是工業革命的後果。另外有些人則對唯物主義和偽善提出批判，認為這是中產階級的標誌。蘇格蘭人湯瑪斯・卡萊爾（一七九五至一八八一年）雖然是法國大革命的捍衛者，也相信應當有一個新工業貴族（「工業的新首領」），但是他卻對功利主義者的學說嗤之以鼻。卡萊爾認為，他們的所作所為只不過是為新興中產階級的貪婪和貪得無厭提供了藉口。英國小說家查爾斯・狄更斯（一八一二至一八七○年）對中產階級進行了同樣嚴厲的批判。他在小說《孤雛淚》、《艱難時世》和《董貝父子》中，表現出對遭受新富階級壓迫的工廠勞工們的同情。法國的費利西泰・拉梅內神父（一七八二至一八五四年）雖然鼓吹尊重私有財產，但是對自利行為發起攻擊。在其《人民之書》中，他認為世上「小人物」在生活方面分享到的東西實在少得可憐。奧諾雷・德・巴爾扎

克（一七九九至一八五〇年）在其《人間喜劇》中揭露了中產階級的愚蠢、貪婪和卑鄙無恥。古斯塔夫·福樓拜（一八二一至一八八〇年）在其最著名的小說《包法利夫人》中，描述了婦女眼中的資產階級生活，是平庸以及無可改變的。

對早期工業化批評最激烈的當推英國哲學家和經濟學家約翰·斯圖亞特·米勒（一八〇六至一八七三年）。米勒的父親詹姆斯·米勒是邊沁的忠實信徒，小米勒成年後最初也是一位功利主義者，但在人生早期發生的一場嚴重心理危機，迫使他調整對古典經濟學說的認同態度。首先，他不認為經濟法則具有普遍性。雖然他承認存在著某種無可置疑的法則支配著生產，但他堅持認為，社會為了大眾的利益可以調整財富的分配，使之對社會大多數人有利。其次，他鼓吹徹底背離自由放任信條。米勒贊成在某些情況下可以透過立法來縮短工作時間，同時還認為國家可以通過徵收遺產稅、課徵額外獲得的土地增值收入等基本措施，以便對財富進行重新分配【11】。在其《政治經濟學原理》第四編中，他不贊成「工資鐵律」的理論，力促廢除工資制度，並且希望出現一個生產者互助合作的社會，使勞工能擁有自己的工廠，由他們挑選負責人來管理工廠。不過米勒是一位極端的個人主義者，絕不是一位社會主義者。他不信任政府，他倡導生產者合作體社會的真正原因不在於擴大勞工的權力，而是讓他們得到其勞動成果。一八五九年，米勒撰寫了《論自由》一書，抨擊他所說的「多數人的暴政」。該書被許多人認為是捍衛個人自由的經典之作。他毫不妥協地捍衛個人自由，就像反對國家控制的威脅一樣，意在反對中產階級的一致性。米勒寫道：「假如所有人持有同一種觀點，唯有一個人持有相反意見，那麼人們讓那個人沉默下來並不比那個人（假如他有權力）讓人們沉默下來更為正當。」米勒的這些觀點對一個決心按照刻板行為模式和處事準則限度自身的社會，尤其不具有吸引力。

藝術家在其繪畫和雕塑中也攻擊了工業社會的價值觀。十九世紀歐洲中產階級鍾愛的藝術品，是以某種方式講述一個故事，最好是具有某種啟示的作品。美是作品外在的裝飾，只有在具有豐富的內涵、從而顯示出作品收藏者的富有之時，美才讓人讚賞。此外，美或許是一種易於為人理解，如果可能的話帶給人慰藉的道德主義。一八五一年，萬國工業博覽會在倫敦水晶宮舉行，以慶祝工業主義的勝利。博覽會上最受人矚目的展品之一是美國雕塑家海勒姆·鮑爾斯創作的《希臘奴隸》。這作品描繪的是一位年輕女基督徒被剝光衣服站在一位東方統治者面前，並由他按照標價任意觀賞。這件作品滿足了維多利亞

時代男性崇拜者的淫穢之心，同時他們也從這樣的作品中獲益———一件描繪女子對擄獲者的輕蔑態度的作品。

　　某些對中產階級持最激烈批評的藝術家，在指責中產階級矯揉造作的同時，也反映出中產階級對藝術的迷戀——當藝術被中產階級視為一種道德。以畫家一詩人但丁・加布里爾埃・羅塞蒂（一八二八至一八八二年）為首的一群英國男女畫家，他們自稱為拉斐爾前派，這些人決心用藝術表現出他們對當代價值觀的蔑視。他們之所以稱自己為拉斐爾前派，是為了表示他們對文藝復興早期藝術家的技巧——據稱是未被腐敗的藝術品味汙染的技巧——的仰慕。該派代表人物的作品在散發其反叛的天性之外，還摻雜了某種程度的多愁善感，這讓他們對社會的抗議帶有傳統的虔誠性，且無害於社會。法國人珍一弗朗索瓦・米勒（一八一四至一八七五年）的作品在某種程度上，也可以說是如此。他的《拿鋤頭幹活的男子》對農民生活作了赤裸而尖銳的陳述；而其作品《晚鐘》則把這種陳述轉化為一種感傷。然而，無論在英國還是法國，某些最有才華的畫家向中產階級熱愛的許多價值觀都提出了嚴厲的質詢。古斯塔夫・庫爾貝（一八一九至一八七七年）和奧諾雷・多米埃（一八○八至一八七九年）都對法國勞工階級的困境表示同情，他們把城鄉不幸的場景與資產階級惟妙惟肖的漫畫形象相互對照。尤其是多米埃，他是一位擅長諷刺社會與政治邪惡的藝術家，對低級官吏的腐敗和富人虛假的虔誠極盡嘲弄之能事。多米埃和庫爾貝表現這種觀點的作品大都遭到了猛烈的抨擊。

　　這些作家和藝術家雖然對工業革命及中產階級的價值觀做出了批判，但是也未提出具體的激進改革方案。如果說他們反對唯物論的中產階級勝利，那麼他們也會反對完全民主制的觀念。卡萊爾透過比較今日與美好的過去，來批判現今的種種現象。在這一點，他與最敢於批判新興中產階級社會者之一的英國人威廉・科貝特（一七六三至一八三五年）十分相像。科貝特在他主辦的《政治報》中既反對工業化的影響，也反對工業化本身。他的宣傳反映了多數批評家在提出下一個問題時不得不面對的兩難境地：假如工業化在其進展過程中給社會和經濟帶來了巨大苦痛，那麼這是否意味著我們應當回到雖然可能更有保障，但同樣往往是艱辛、總是受到很大約束的前工業社會生活中去呢？

　　在一段時期，有一小群思想家對上述問題回答一個響亮的「不」。他們認為已經無法回到舊時代、也無法恢復舊有的生活方式，但是社會可以同時變得既工業化又富有人性。這些激進的思想家往往具有明顯的烏托邦主義特徵。其中最有說服力的兩位是英國人羅伯特・歐文（一七七一至一八五八年）和法國

人夏爾・傅立葉（一七七二至一八三七年）。歐文是蘇格蘭新蘭納克一家大紡織廠的老闆，他反對中產階級的信念——爲了塑造社會和經濟組織，謀利動機是被允許的。他在自己的工廠裡實行改革[12]，爲勞工提供免費的教育、建立社會保障制度，進而鼓吹以各種合作社區爲基礎對社會進行普遍重組，合作社區只須根據勞工的實際工作時間付給他們報酬。傅立葉主張對社會實行更廣泛、深刻的變革，包括廢除工資制度以及男女之間完全平等[13]。歐文和傅立葉的眾多追隨者曾按照他們的原則建立一個理想主義社區來生活，試圖藉此避開當代世界的混亂。一段時間後這些嘗試都以失敗告終，投身這些運動的人成爲領導無方的犧牲品；在法國傅立葉分子的公社中，他們還因爲傅立葉革命性的性別觀念，而受到道德敗壞的指控。

一八四○年代經濟蕭條一再出現，造成了可怕的後果。在這一時期出現了烏托邦氣息不那麼濃厚的激進學說。法國政治家和記者路易・布朗（一八一一至一八八二年）與同時代許多批評家一樣，反對新興工業社會的競爭，尤其反對對勞工階級的剝削。他建議發起一場授予所有男性公民選舉權的運動，以讓勞工階級的男性擁有管理國家的權利。勞工階級在取得勝利後，就可以把政府改造爲「窮人的銀行家」，並組織「生產協會」——實際上是一種由勞工治理的作坊制度——給所有人提供工作和保障。一旦這些協會建立起來，私人企業就會在競爭中萎縮，隨之萎縮的是國家，因爲它不再有任何存在的必要了。如下文所示，這些作坊在一八四八年革命時曾在巴黎短暫存在過。另一位法國人普魯東（一八○九至一八六五年）譴責雇主以犧牲雇員利益爲代價謀取利潤。他也提議建立新型機構，認爲可以使之以對勞工更公平的價格生產產品，這種價格完全建立在勞工生產任一特定產品時投入的勞動數量上。

上文討論的這些作家和思想家——無論是中產階級工業世界的捍衛者還是反對者——的學說，基於下述兩個原因，在歷史上都具有重要意義。首先，他們的思想有助於人們更能有效地理解法國大革命和工業革命之後出現的新型社會秩序，以及他們作爲一個階級的成員在這一新秩序中可能發揮的作用。其次，這些思想本身有助於激發具體的政治、社會和經濟變化，引發具體的事件。下面兩章我們將考察這些變化和事件。

第二十八章

自由主義的興起
（一八一五至一八七〇年）
The Rise of Liberalism (1815-1870)

總體來說，法國希望能夠在君主立憲制下將秩序和自由再度結合。

——弗朗索瓦・基佐，「關於國家狀況的演講」，一八三一年

十九世紀的歐洲歷史在很大的程度上是由自由主義和民族主義這兩股力量交互作用構成的。自由主義在法國和英國勢力最為強大，這兩個國家的中產階級支持一連串能夠反映他們的關注焦點和利益的信條。在他們看來，自由主義意味著：（1）一個有效率、且願意承認商業和工業發展價值的政府；（2）一個藉由在立法過程中給予他們直接代表權來保護他們利益的政府──最可能是一個君主立憲制政府，絕對不是一個民主制政府；（3）奉行和平與自由貿易的對外政策；以及（4）對個人主義和古典經濟學信條的一種信仰。

許多歐洲其他國家的中產階級分享著這些信條和假說，並且不遺餘力地推行具體的自由改革，更取得了某方面的成功。但對他們而言，一個同樣重要、且通常更立即的任務，就是要實現某種形式的國家統一。德國、義大利、波蘭和奧地利帝國的中產階級，雖然他們奮勇獻身於自由主義，但他們深信，如果他們能夠把圍繞在周圍的各個公國合併成一個具有活力的「現代」民族國家，就會大大地增進實現其自由目標的機會。在本章中，我們將探討自由主義的現象，這主要是因為它影響了法國和英國的命運。在下一章，我們將描述自由主義是如何與民族主義結合並重新塑造中歐的歷史。

保守派的反動（一八一五至一八三〇年）

拿破崙戰爭之後，那些受到驚嚇的專制統治者急切要在國內外恢復原有的秩序，紛紛採取各種保守政策，因此在維也納會議後的另一現象為保守主義的興起。自由主義的發展，部分上是對這種反動的反應。在一八一五年後大約十五年的時間裡，大部分歐洲國家的政府都盡其所能地遏止中產階級自由主義的發展。然而，在多數情形下，他們的壓制政策只不過使自由主義者更加堅定地去追求勝利。各國政府主要關心的問題是，如何使歐洲避免再現在過去二十五年所經歷的那種革命動盪。

一八一五年拿破崙在滑鐵盧遭遇決定性的失敗之後，列強重申了維也納會議的精神，希望它們的努力能夠產生持久穩定的「歐洲協調」。為進一步確保革命動盪的終止與現狀的永久維持，他們組成四國同盟──英國、奧地利、普魯士和俄國；該同盟在一八一八年法國加入之後變成了五國同盟【1】。該同盟的成員國保證相互合作，並以武力鎮壓任何企圖推翻合法政府或者改變國際疆界的動亂。與此同時，個性中具有神祕性且當時居於優勢地位的俄國沙皇亞歷山大，勸說這些盟國成員與他一起宣布成立另一個同盟──「神聖同盟」，這個同盟將致力於正義、基督的博愛、慈悲原則與和平事業。第二個同盟所產生

的唯一後果就是，歐洲領導者對亞歷山大的意圖困惑不解[2]，他是一位自由派——甚至像梅特涅所擔心的那樣是一個雅各賓派——還是一位值得信賴的保守派呢？不過，在包括亞歷山大政府的各個神聖同盟國以嚴酷的壓制政策鎮壓了各地的自由派起義後，這個疑惑就被消除了。

在那不勒斯和西班牙兩地出現了對反動政府的攻擊反抗，使得同盟各國於一八二〇年匆匆地在奧地利的特拉波舉行了會議。此時出現一個由青年自由派組成的祕密兄弟會，它的成員中有很多是年輕的軍官，這些人成為起義的先鋒。這個組織起源於義大利，他們自稱為燒炭黨人。他們是一支活躍地與反動勢力進行對抗的力量，其影響在一八二〇年代初期遍及歐洲各地。無論是在那不勒斯還是在西班牙，他們都成功地迫使國王宣誓建立以一七八九至一七九一年的法國自由憲法為模式的憲法[3]。在特拉波的會議中，奧地利、普魯士和俄國在面對這些威脅國際秩序和專制主義時做出的對策是，各國保證要相互幫助，以武力去鎮壓革命。法國和英國拒絕做出這種保證，其原因並不是因為它們反對鎮壓革命，而在於它們不想使自己受制於具體的國際條約，而削弱自己的行動自由。然而，在俄國和普魯士的同意下，梅特涅以監禁和流放為手段鎮壓了燒炭黨的反抗者。

兩年以後，一八二二年，神聖同盟在維洛納再度召開會議。這次會議討論的主題是如何應付不斷威脅西班牙穩定的自由主義，和在南美的西班牙殖民地爆發的一連串革命運動，以及在近東發生的騷亂。最後決定，為了解決西班牙問題，由法國在一八二三年向伊比利半島派遣一支多達二十萬人的大軍。法國軍隊輕而易舉地消滅了西班牙的自由主義者，西班牙的自由主義者反對國王斐迪南七世欲削弱代議制政府的企圖。法國幫助斐迪南恢復其隨自己意願進行統治的權威，他們雖然在西班牙取得成功，但是這些維護現狀者卻未能撲滅中美和南美殖民地爭取獨立和自由主義的運動。一八二三年，美國總統詹姆斯·門羅發表了「門羅宣言」，宣稱歐洲國家所有想要嘗試干涉新世界事務的行為，都將被他的政府看成是不友好的舉動。不過，這項宣言如果沒有英國海軍的支持，終將是一紙空文而已。英國樂於承認南美各共和國的獨立，因為作為新獨立國家的它們正準備與英國，而不是西班牙開展貿易。正因如此，英國利用它的海軍阻止西班牙採取行動保護它那正在消亡的帝國。

在近東，一位名叫亞歷山大·萊普西朗蒂的希臘軍人，試圖在混淆不清的自由主義原則下，鼓勵建立一個希臘「帝國」。為此，他率領一群追隨他的武裝軍人，投入反對土耳其人的戰鬥中，當時希臘為土耳其所統治。儘管萊普西

朗蒂很快就失敗了，但他發起的運動卻持續下去。五年以後，運動的目標縮小到爭取希臘獨立這一更爲可行的方向。出於地中海海軍戰略的考慮，英法俄三國海軍聯合進行干預以支持希臘獨立，再加上俄軍侵入巴爾幹，使得這一次起義獲得了成功[4]。起義的成功昭示著維洛納會議以後世局變化的程度。梅特涅和其他保守派在建立同盟時的主要目標──對歐洲列強來說，維護現狀──無法實現。尤其發現英國是不可信賴的。一八二○年代後期，自由主義運動在那裡取得了長足的進展。

自由主義運動在西歐取得的成果（一八一五至一八三二年）

在經歷了一段與歐洲大陸相同的反動時代之後，英國的自由主義者也取得了自己的成果。自一七八三年小威廉·皮特出任第一大臣以來，保守派的托利黨在政治上的優勢地位幾乎從未中斷過。儘管小威廉·皮特是以某種改革者的面目開始其政治生涯的，但是法國大革命把他及其他托利黨同伴變成了忠誠捍衛現狀者。托利黨的政治對手輝格黨，在法國大革命和拿破崙戰爭期間的漫長歲月中，某種程度上對法國發揮了安撫的作用。但是輝格黨與托利黨一樣反對民主觀念，也同樣堅持自己對於其財產所帶來的收益具有權利。

當英國在一八一五年以後因爲經濟蕭條和隨之而來的失業而發生暴動時[5]，統治階層對英國政府採取的壓制措施普遍表示支持。政府利用暗中監視的方式搜尋不利於煽動民眾分子的證據。在情況尤其嚴重的工業化北方城市中，中產階級和勞工階級中的激進分子利用普遍的不安分情緒，迫使政府接受增加他們在國會中代表席位的要求。在曼徹斯特，有八萬名群眾在聖彼得廣場舉行示威行動，要求進行政治改革[6]，卻遭到了士兵的槍擊；結果造成十一人死亡，四百多人受傷，其中包括一百一十三名婦女。這一屠殺後來被英國的激進分子稱爲「彼得盧屠殺」：即英國國內的滑鐵盧。這是政府第一次對改革訴求採取嚴酷的壓制措施。另一項措施是一八一九年由國會通過的所謂《六項法案》。該法令把「煽動性和褻瀆的」文字視爲違法，對報紙加重課徵印花稅，允許進入私人住宅搜索武器，並限制人們公開集會的權利。

不過，在短得讓人吃驚的時間內，英國的政治領導人一反往日反對一切新事物的態度，表現出一種要使他們的國家免於爆發革命的妥協能力。外交大臣喬治·坎寧和棉花商之子、內務大臣羅伯特·庇爾，都對具有英國自由思想的資本制度企業家的利益非常敏感。在他們的領導下，政府撤消了對無法妥協的五國同盟所承擔的義務；而坎寧更是率先承認了南美新成立的各共和國。在國

內，同樣的這批政治家開始使雜亂無效率的英國法律走向條理化；比如，他們廢除了大約一百種罪行的死刑規定。不過坎寧還是未能廢除穀物法，因爲這項法規影響到土地貴族的利益，但他使該法規變得寬鬆了。穀物法對從國外進口的廉價穀物課以重稅，這對英國地主有利，卻傷害了製造商的利益，因爲後者爲了讓工人有能力購買更昂貴的麵包，不得不對他們支付更高的工資。托利黨在本質上依然是保守的，不過在這個黨之中有些「自由化分子」採取了激烈的措施，甚至廢除了那些禁止不信國教的新教徒【7】（新教各派中的非英國國教的成員——浸禮會、公理會和衛理公會派教徒）和羅馬天主教徒充分參與公共政治生活的法令【8】。

下議院的代表制度嚴重傾向土地貴族利益，保守派分子不願意做的事就是對這一國會制度進行改革。在這一問題上，身爲國會中的多數黨，托利黨人的立場非常明確，在基本上他們依然以維護現狀爲己任。不過信奉自由主義的中產階級成員卻爭論說，這一改革是絕對需要的，因爲只有這樣他們才能在制定英國政策的過程中，扮演持續不斷和積極的角色，以讓英國政策與本身利益相一致。確實，在有關國會改革的辯論中，「利益」是關鍵性詞語。幾百年來，國會一直代表了土地擁有者這個英國主要財產階層的利益。下議院中大約有三分之二的議員若不是直接由國家中最富有的土地所有者中提名，就是間接地因他們的庇護而當選。選舉下議院議員的許多選區是由土地所有者控制的，他們利用自己在當地的經濟實力——或者在許多情形下，直接進行賄賂，迫使候選人支持他們的利益。這些就是「衰敗的」或「口袋」選區，之所以會這麼稱呼它們，是因爲這些衰敗的城鎮被認爲是控制它們的人的囊中之物。贊同這種制度的那些人辯稱，選舉政治本身就是腐敗的，各選區所代表的數量不均等，或者只有很少很少的人（大約百分之一）具有選舉權，而這些情況都不重要。他們宣稱，重要的是根據這一模式選出的國會，能很好地照顧到國家總體的利益，而這種利益在他們眼中等同於土地財產利益。

當然，新興工業的中產階級並不同意土地所有者的這些論點。例如，他們堅持認爲穀物法並非與國家最大的利益相一致（假如他們是傑利米‧邊沁學說的追隨者，他們會這樣辯稱：穀物法並未能導致「最大多數人的最大幸福」）。反過來，穀物法使穀物維持昂貴的價格，只對地主有利，但對所有其他人並不利。因而，中產階級的成員說，必須對國會進行改革，使它不僅代表地主的利益，而且還代表英格蘭工業化地區的利益。因此有一點是很重要的，即信奉自由主義的中產階級並非基於民主制而鼓吹改革。正在崛起的勞工

階級中有些領導者確實提出這樣的觀點——而且，接下來我們將會看到，在一八三二年改革法案通過以後，他們仍舊這樣做。然而，大多數贊同改革的人宣稱，中產階級在國會中除了代表自己利益外，同時他們也能夠代表勞工階級爭取他們的利益。改革者們之所以持這一看法，是因為他們相信這一點，也因為他們害怕勞工階級代表，更因為他們意識到，贊同勞工階級在國會中擁有自己的直接代表會嚇退那些較為膽小的改革者，而毀掉他們的整個運動。

在歐洲大陸自由主義改革者的範例激勵下[9]，與國內中產階級和工匠激進派的雄辯和組織才能的刺激下，改革運動在一八三〇年後愈演愈烈。它的氣勢甚猛，足以撼動托利黨的地位而給輝格黨鼓足了勇氣，後者在格雷勳爵的領導下，提出了一項修改這個國家古老選舉結構的法案，使改革成為一個黨派爭論的問題。政府明顯被這個修改法案嚇壞了。革命如果在英國出現的話，它將是現在正對政府產生威脅的中產階級工業家和新興勞工階級中的領導階層工匠／商人聯盟的結果。在伯明罕，一位名叫湯瑪斯・阿特伍德的中產階級銀行家組織了一個「中下層人民政治聯盟」。到一八三〇年七月，在格拉斯哥、曼徹斯特、利物浦、謝菲爾德、蘭開夏和考文垂也出現了類似的組織，其中有些更決心與軍隊和警察發生流血衝突。中產階級店家表示他們決心抗稅，如有必要還將組成一支國民衛隊。雪上加霜的是，國家此時還爆發了霍亂，如果沒有一場公開革命的話，此時的英國似乎也處在嚴重大動亂的邊緣。國王威廉四世焦急地致函格雷勳爵，指出「礦工、製造商、運煤船船員和勞工」似乎準備採取某種形式的公開反叛[10]。由於意識到勞工階級與中產階級可能結盟所帶來的嚴重危機，政府再次採取應變措施，就像一八二〇年代那樣——國王冊封足夠的新貴族，改變上院的正反兩方人數比率。

然而，一八三二年的改革法案並未放棄根據利益來確定代表的觀念，也沒有試圖創建平等的選區[11]。選民人數雖有所增加，但是仍只占總人口的百分之三。選舉權是根據選民所擁有財產數量的所得稅和擁有財產的時間來確定的。舉例來說，在選舉權方面，各郡中，一個人如果擁有租期六十年的土地並每年繳納租金至少十磅，就可具有投票權。換句話說，選舉權授予了中產階級，而授予勞工階級的則極少。或許比擴大選民人數更重要的是，改革法案中依地區與階級重新分配議員席位的計畫。一百四十三個議會席次被重新分配[12]，大多數在南部農村的代表權轉給工業革命後在北方新產生的工業城市[13]，使得諸如曼徹斯特、利茲和伯明罕等城市及其周圍地區有了代表權，從而增加了工業中產階級的政治權力[14]。儘管法案是變革的產物，且其本

身隨之引發了變化，但它仍被視爲一項保守的措施。儘管它多少削弱了土地貴族的政治力量，但絕沒有摧毀這種政治力量。此外，它保留了根據利益確定代表的觀念。信奉自由主義的工業中產階級被允許加入土地貴族的寡頭政府而成爲資淺的國會議員，至於土地貴族的寡頭政府統治英國已有好幾百年，現在他們至少還要再統治一個世代。

在這一時期，引進自由主義政治改革的努力並不局限於英國。在世界另一邊的俄國，一八二五年沙皇亞歷山大死後，一批軍官起來反抗，他們希望說服有著自由主義觀念的康士坦丁——亞歷山大的弟弟——繼承王位，並制定一部憲法，建立君主立憲政體。然而這一意圖以失敗告終，因爲康士坦丁不願涉及此一叛亂，奪取其三弟——合法繼承人——尼古拉的權力。這批軍官因其起義的月分爲十二月，因而被稱作十二月黨人，他們出身於貴族家庭，是俄國菁英部隊的成員。他們接受過西方的薰陶，拿破崙戰爭時期，由於在國外作戰而汲取了啓蒙運動的觀念和法國大革命的思想，進而產生了新的生活體驗。就政治立場來說，從君主立憲派到雅各賓式的共和派，他們之中各類型的人都有。他們失敗的原因不僅在於沙皇的壓制，也在於他們無力爭取到農民出身的基層士兵的廣泛支持。由於尼古拉一世（一八二五至一八五五年在位）在叛亂中即位，他沿襲了亞歷山大所採取的極爲專制獨裁的統治方式，創建了內廷「第三廳」，這是一個政治警察機構（即祕密警察制度），目的在阻止其他內亂的出現。尼古拉公開宣稱要以建立一個「東正教、專制和俄國民族主義」的國家爲目標，這直接意味著，他是上帝在軍隊中的代表，而他的臣民只能像聽話的步兵那樣努力向前。不過，即使是在尼古拉統治時期——或許是歐洲最爲穩固的保守時期，此時的俄國也出現了現代化的徵兆。官僚的政治組織不再像以往那樣依賴於貴族，變得愈來愈中央集權化和愈來愈有效率。一八三二年對法律進行了系統性的編纂。在歐洲對俄國穀物需求的刺激下，地產進行了重組以使生產更有效率；爲了把這些穀物運到歐洲市場，鐵路也修建起來。

拿破崙失敗後，法國的波旁王朝復辟，使獨裁專制一度威脅法國自由主義革命和拿破崙時代的遺產。法國上層的中產階級對各大國於一八一四年達成，並在隔年維也納會議批准的對法國國內事務的處理方案普遍表示滿意。路易十八是一位聰明卻任性妄爲的人，他在剛剛繼承法國王位後，便「頒布」了一部「合乎憲法的章程」【15】。雖然他在理論上拒絕否認自己擁有絕對權力，但在實踐上，路易十八非常樂於支持法國中產階級自由主義者所期望的那些原則：法律平等、任人唯賢，以及選舉權只限於擁有財產者的兩院制國會政府

【16】。不過，透過對選舉權加以年齡和財產的限制，致使一七八九年以後出生的大多數人無法直接參與法國的政治活動。路易十八的憲章在某種程度上分裂了法國，最終導致不穩定【17】。

一八二四年路易十八駕崩，由其弟查理十世【18】（一八二四至一八三〇年在位）繼位。查理十世被認爲是三十多年來，最頑固的反革命領袖與誠實而堅定的反動主義者，他曾經宣稱只有他和拉斐特自一七八九年以來沒有改變過立場——拉斐特仍是一位自由主義者，查理則是一位熱心的君主派。他曾以自己的政策向人們表明，他是自由主義、現代化和拿破崙時代革命遺產的敵人。根據他的指示，國會於一八二五年以投票通過賠償法，贊成籌得巨款來補償那些在革命期間土地被國家沒收的貴族逃亡者的權益。教會恢復對教育的控制權，被允許重新行使傳統上它在法國學校中授課的權利。上層中產階級者的力量，因在國家不斷進步的工業經濟中發揮了作用而得到加強，他們領導了一次暴動，反對查理的保守政策。一八三〇年三月，在銀行家的領導下，法國衆議院通過了一項對政府不信任的法案【19】。查理利用憲法授予他的權力解散了國會，要求舉行新一輪國會選舉【20】。但經改選的國會仍反對王室，使得查理用自己的名義頒布了一系列法令，即「七月法令」，作進一步報復，其主要內容爲：（1）再次解散新選出來的國會，而此國會尚未召開任何一次會議；（2）對新聞界嚴加審查，箝制輿論和出版；（3）對選舉權作進一步限制，將中產階級幾乎完全排除在外；（4）要求舉行九月的國會改選。

查理採取這些措施所得到的回報是革命。在共和派——工人、工匠、學生和作家等等——的領導下，巴黎人再次走上街頭。三天來，他們在街道上倉卒堆起障礙物，公然與軍隊和警察展開對峙，不過警察和軍隊都不願意向人群開槍。查理察覺到進一步抵抗是徒勞無益，便宣布退位了。那些走上街頭的民主共和分子和工人、學生要求建立一個真正的共和國【21】。但是那些掌握權力的人——銀行家、商人和實業家——根本不想這麼做，他們反過來把奧爾良公爵路易‧菲利普（一八三〇至一八四八年）推舉爲法國人的——而非法蘭西的——國王，菲利普曾在一七八九年參加了大革命，並允諾遵守一八一四年的憲法，建立一個君主立憲政體，該憲法特別符合自由派的需求。選舉權擴大了，擁有選舉權的男性公民從十萬增加到二十萬人。但選舉權仍是以財產所有權爲基礎。這一變化的主要受益者是中產階級成員，一八三〇年革命主要滿足的正是他們的利益。

在一八三〇年夏天，歐洲其他國家也出現了革命熱潮。如前文所述，英國

的中產階級和勞工階級激進分子在法國人的鼓舞下提出了自己的自由主義改革綱領。在比利時，一場結合自由主義和民族情感的革命推翻了比利時與荷蘭所組成的聯邦，而此聯邦爲維也納會議的決定【22】。一八三一年，比利時在歐洲列強同意下，薩克森－科堡的利奧波德國王——未來英國的維多利亞女王的舅舅——繼任比利時國王（爲利阿坡一世），從而加強該國的政治結構，進而鞏固了它的獨立。中產階級又一次如願以償地建立了與其自由主義和實業目標相符合的君主立憲制【23】。不過在波蘭的自由派民族主義者卻沒有這樣的好運，當時他們要推翻其統治者俄國沙皇尼古拉一世——根據一八一五年維也納會議的決定，俄國沙皇得以把其君權擴展到波蘭。但是西歐列強此時正忙著應付西歐的事務，只給予波蘭口頭的支持，並沒有進行干涉；因此，俄國軍隊得以敉平波蘭自由派起義者的叛亂，使得波蘭被併入沙皇帝國。

　　自由主義力量在西班牙也獲得了更大成功。在那裡，中產階級自由主義的力量與斐迪南國王遺孀——瑪麗亞·克里斯蒂娜皇后——確保其女兒伊莎貝拉王位的企圖相結合。儘管她不是自由主義者，但是她準備藉著贏得城市中產階級菁英的好感，來幫助她戰勝其已故丈夫之弟——反動的唐·卡洛斯。在所謂的卡洛斯戰爭（一八三四至一八四〇年）中，自由派從伊莎貝拉二世（一八三三至一八六八年）那裡得到一部能保證他們在立法機構享有重要發言權的憲法，但該憲法卻沒有給予更加激進的下層中產階級和工匠階層選舉權。然而，到十九世紀中期，中產階級對這些激進派的擔憂，使得他們默許了一個實際上是專制獨裁，但並不直接威脅其自身經濟利益的政府。

法國和英國的自由主義（一八三〇至一八四八年）

　　法國的一八三〇年革命和英國的一八三二年國會改革，代表了這兩個國家貴族勢力的衰落。然而，貴族及其支持者並不會在一夜之間就失去其在政治上的積極角色。舉例來說，帕麥斯頓勳爵是十九世紀中期英國最具影響力的首相之一，也是歐洲最有權威的仲裁者之一。但是，英法兩國的立法機構再也不可能置中產階級的特別利益於不顧了。自此以後，立法機構中來自這一階級的代表數量已經足夠可以讓他們成功地推出符合自由主義信念的方案。

　　一八三二年後選出的第一屆英國議會所取得的主要成就之一，就是通過一項有關貧民問題的新法律。依照一五九八年在伊麗莎白一世統治時期通過的濟貧法，英格蘭的每個教區都負有照顧自己區域內貧民的責任，不論是透過建立貧民院提供食宿，或者成立失業救濟金制度，另外並配合當地的公共就業計

畫。儘管這一制度無法消除貧困帶來的社會衰弱，但它的確提供了某種保障，使貧民免於遭受眞正的挨餓。到了一八三○年，這一制度走向解體，因爲人口的增長與經濟的蕭條使英國出現有史以來最大規模的失業潮，各教區必須透過徵稅來提供救濟金，這給它們造成了相當大的壓力。此外，工業化也使得許多家庭成員必須遠離家鄉到另一個地方去尋找工作，但是現行法律只向那些在本地出生的申請救濟者提供幫助。舊的法律也無法與自由主義的效率觀念相協調。因此新國會便於一八三四年著手修改濟貧法。新濟貧法是由傑利米・邊沁之前的私人祕書埃德溫・查德威克起草的，它明確地反映了中產階級自由主義者對於如何達到「最大多數人最大幸福」的看法，國會幾乎毫無異議地一致通過這一法律。按照該法，失業救濟金必須立刻停止發放，而那些無法自助的人必須被限制在貧民救濟所中工作，以賺取生活費。但是救濟所的工作條件十分惡劣，以至於他們只能選擇離開那裡，到外面隨便找一份能夠找到的工作，且不管這工作的工資是多麼微薄；或者是接受朋友和親屬所能夠給予的任何施捨。各個教區將被合併在一起，並組成一個更有效的濟貧單位；該濟貧法將由設在倫敦的中央委員會負責實施。此一新立法的制定是出於自由主義的信念——貧窮是個人的錯誤，也源自於自由主義的推論——資本主義雖然缺乏調節，卻能夠向所有眞正想工作的人提供足夠的工作機會。一八四○年代初期的經濟蕭條證明後面這個推論是錯誤的，並粉碎了這些並不高明的立法者自以爲是的計畫。失業救濟金制度又一次被建立起來，稅金再次增加。不過，新濟貧法的失敗並沒有動搖自由主義的信念：貧困終究是個人的問題，而不是制度的問題。

比新濟貧法更能體現英國中產階級政治力量的是一八四六年穀物法的廢除，這是中產階級最大的成就。此法案儘管在一八二○年代修訂過，但是麵包的價格依然居高不下，迫使雇主不得不支付工人較高的工資讓他們能夠填飽肚子。不僅如此，在中產階級看來，穀物法象徵著一種毫無根據的古老特權與一無所用的社會秩序：即土地貴族。因此，取消穀物法是一場組織嚴密且毫不容情的運動。反穀物法同盟是由中產階級工業家及其支持者所組成的一個組織【24】，它在英格蘭北部各地舉行大規模集會，遊說國會議員，最後設法說服當時的首相羅伯特・庇爾相信他們的目標一定會實現。此外，愛爾蘭的馬鈴薯歉收也幫了他們的忙，後者所造成的災難證明結束對農產品進口的種種限制是有必要的。庇爾冒著托利黨——此時人們逐漸稱托利黨爲保守黨——分裂的危險，也同意廢除穀物法，這一舉動本身就顯示出中產階級的力量及其對自由貿易理念的信仰。

　　這一時期的立法還反映出中產階級所關心的其他問題，在有些情況中，也直接與自由主義的放任主義相衝突。很多城市中產階級的成員承認其對基督教教義的忠誠，尤其是虔信人類都有一個靈魂，大家必須努力擺脫原罪以獲得最終得救。這種相信每個人都有能力自救的信念與更早的喀爾文教義預定論的「選民」說相矛盾，卻與中產階級中更為普遍的觀念相切合——個人主義的重要性以及個人對自身福祉的責任。由此引發了一連串立法政策，例如：英國各殖民地奴隸貿易的廢除【25】（一八三三年）以及一連串工廠法的通過，包括限制童工的工作時間，一八四七年通過在某些行業中實行十小時工作制的法律【26】。威廉·威爾伯福斯終其一生都在為被奴役的黑人作強有力的代言人，沙夫茨伯里勳爵不遺餘力地為禁止在礦山使用童工和女工而奮鬥，這些福音派人士都堅持認為，當人的靈魂被禁錮在像是大農場奴隸或工廠工人那樣過度勞累的軀體中時，他們是無法得到上帝的拯救。其他有些人支持他們的說法，並直接主張，讓人一天工作長達十至十二小時是很不人道，而且完全沒有必要。

　　宗教論爭也影響到了教育改革。一八七〇年之前，英國沒有國家教育的綜合性體系。一八三〇年代以後，國家對教育的支持是以政府對英國聖公會所管理的學校進行資助的形式出現。然而，任何推動這種贊助的行動，都遭到中產階級反對者的強烈反抗，他們認為這種舉動不過是英國國教企圖擴大它對年輕人的影響罷了。這樣使得中產階級自由主義者覺得支持改革的論據非常混亂。古典經濟學的論調與其他偏見和信念產生衝突時，便會立刻把人們同時引到各種不同的方向上。他們的這種不確定性反映了，沒有人有把握能夠在這個充滿新困難和新觀念的世界上指出正確的方向。

　　在路易·菲利普統治時期的法國並沒有發生像英國那樣鮮明的改革事件。首先，法國工業化發展的速度不像英國那樣快，因而沒有產生像英國那樣急需迫使英國立法機構進行立法改革的種種嚴重衝突。其次，法國也沒有發生任何其他事情，可以與英格蘭北部的製造業中心城市發展時所引發的問題相提並論。儘管下議院中有來自上層中產階級的代表，但他們一般是銀行家和商人，而不是工業家、製造者。在法國，雖然某些人十分擁護自由貿易的觀念，但他們還是不像英國的同行那樣，對此觀念有著普遍興趣，這是因為英國處在世界製造商第一把交椅的地位，使他們成為那一事業上既得利益的所有者。在法國政府由主要政治家弗朗索瓦·基佐（一七八七至一八七四年）所領導的那一段時期，法國人擴大了其教育體系，由此鞏固了他們對能人政治或任人唯賢這一自由主義原則的信仰。法國在一八三三年通過的一項法案，規定在每一個村莊

都要設立小學。窮人的孩子可以得到免費受教育機會，其他的孩子也只要付相當低廉的學費便能受到教育。此外，在較大的城鎮還要設立工商業專科職業培訓學校，各大區（省）則要設立師範學校。結果，法國中小學學生的數量由一八三一年二百萬人左右增加到了一八四六年的三百二十五萬名左右。除此之外，路易・菲利普統治時期並沒有獲得多少具有持續重要性的成就。基佐愈來愈成為維持現狀的擁護者。他辯稱，人人都有進入中產階級上層社會的機會，從而在經濟和政治權力上達到一定的地位。基佐對那些批評他自滿的人所作出的忠告是：「讓你自己去發財吧。」政客們按他的忠告行事，他們從對巴黎進行現代化計畫和擴建鐵路系統計畫中找到貪汙發財的好機會。路易・菲利普並沒有採取什麼政策來匡正他的統治特色──死氣沉沉和貪汙腐敗。儘管他在一七八九年革命的初期階段曾扮演過次要角色，但他並不是一個革命者。他不具備拿破崙那樣的輝煌成就和魅力，他只是一位大腹便便、凡事愛小題大作的平庸之輩，因此很容易就成為對手的諷刺對象。對大多數人來說，他只不過是一位典型的取得成功的財閥。他以資產階級的傳統方式積聚一筆財產，宣稱自己會這麼做是為了供養他的五個兒子和三個女兒。他樂於與銀行家、商人一起相處，儘管他試圖為自己建立人民之友這一美譽。根據謠言，他在停下來與店主握手時，手戴的是一副特別的髒手套，而在與富人共飲時，則戴上白色的小山羊皮手套。路易・菲利普無法超越其庸俗乏味的公眾形象。德國詩人海因里希・海涅報導說，法國的年輕人「渴望做出一番大事業」，並「嘲笑」國王所體現出來的「吝嗇小氣和赤裸裸的自私行為」。

與此同時，法國和英國中產階級中的較低階層和勞工階級中的激進成員皆對自己鬥爭的結果變得愈來愈不滿。他們曾經幫助──如果說不是推動的話──自由主義勢力在一八三○年和一八三二年取得勝利。在英國，他們很快就了解到，國會改革法並沒有增加多少他們參政的機會。他們一度把其精力用在工聯主義事業上，認為工業而非政治的行動能使他們擺脫目前遭受的經濟困境。

自本世紀初以來，工會組織一直是好戰工人的目標之一。十九世紀最早的工人鬥爭首先出現在英國，後來在歐洲大陸也出現了，他們往往採取激烈的方式，目的在於反對機器的引進。在某些情況中，他們襲擊工廠，搗毀機器，因為他們認為機器取代了熟練工人，是造成工人大量失業的罪魁禍首。在英國，暴亂者被稱為「盧得派」，該詞得名於「內德・盧得」，他是該運動具有傳奇色彩的領導者。在其他情況中，工聯主義者敵視那些拒絕參加工會以反對廠主

的工人，對他們的敵意甚至高過對機器的敵意。不過，在一八五〇年以前，歐洲任何地方的工會都沒有能力把自身建設成爲一個能有效與資方討價還價的代理人。英國的工會也只是接近這一目標，並未達到目標。在英國，工匠與技術工人於一八二〇年代中期組成了「友好協會」與合作社，友好協會實際上是一種互助和保險組織，合作社則是一種透過消除生產者與消費者之間中間商的方法以降低物價的公共商店。到一八三一年，英國共有大約五百家合作社，計有大約二萬名會員。這些組織鼓勵了工會的平行發展，後者在一八三〇年代初發展到了其早期權力和效率的頂峰。「全國保護勞工協會」在北方的紡織和煤礦工業中建立了大約一百五十個地方性分會；建築工會在全國約有三萬名成員。一八三四年，倫敦的一群工匠組成了一個更具激進潛能的新組織，即「英國和愛爾蘭全國工人聯合總會」。該聯合總會的領導人宣稱，只有在透過總罷工使國家陷於癱瘓後，工人才能夠迫使統治階級給予他們一個過得去的生活。在這時候，政府決定解散工會。一八三四年，六位聯合總會的成員被控舉行祕密宣誓（工會本身並不是非法）而被判處流放（即強迫遷移至充當英國刑罰場所的殖民地——澳大利亞）。隨後，雇主要求他們雇請的工人簽署文件，保證不參加工會，藉此防止工會組織的進一步發展。

「英國和愛爾蘭全國工人聯合總會」失敗後，英國的激進民主改革者把精力由工會轉移到政治活動上[27]，其目的是要透過制定「人民憲章」迫使一點都不想進行改革的政府進一步推行政治改革。人民憲章由憲章主義者委員會成員在全國各地到處宣傳，有數百萬人在上面簽了名。文件如人們所知，包括六項要求：成年男子普選權、祕密投票制、廢除下議院議員的財產資格限制、每年舉行國會選舉、付給下議院議員薪俸，以及選區平等。

憲章運動進行地時好時壞。在某些地區，運動的力量須仰賴其經濟條件：憲章運動隨著失業問題和經濟蕭條而傳播開來。領導人在運動的目的與手段上產生爭議：憲章運動意味著工業的重組還是指回到前工業化社會中？爲了實現憲章運動的目標，僅僅採取請願的形式，還是必要時採取暴力的手段？舉例來說，家具木工師出身的憲章主義者威廉・洛維特，他像其他中產階級的成員那樣，十分相信能自我改善。他提倡建立一個由受過教育的工人所組成的工會，以便工人從國家日益進步的工業財富中得到自己應得的一份。另一方面，憲章主義者費格斯・奧康納則向工人階層中那些更爲貧窮與絕望的人發出呼籲。他極力反對工業化，建議重新分配農村土地以安置窮人。圍繞著憲章運動目標所產生的這些對立和分歧說明了勞工階級內部思想的混亂，表示他們作爲一支獨

立政治力量的意識剛剛開始形成。隨著事件的發展，憲章主義者所提出的大部分問題都得到了答案。一八四八年，因為受到在歐洲大陸各地爆發的革命鼓舞下，憲章運動領導人計畫在倫敦舉行一次大規模遊行示威以表現他們的力量。他們召集了五十萬名工人，向國會遞交了一個有六百萬人簽名，要求實現人民憲章六點要求的請願書。面對再次的公開階級衝突，警察和正規軍特遣隊在年事已高的威靈頓公爵指揮下，決心要平息事端維持秩序。然而，由於下雨，當天實際只有不到五萬人參與遊行前往國會。這次的憲章運動由於天氣不好、組織不善，以及許多遊行者不願與全副武裝的警察發生衝突等原因，便草草結束了。十九世紀中葉以後，技術工人境況的日益改善使得憲章運動終於土崩瓦解。

在法國，激進派的搧動產生了與英國迥然不同的結果。一八三〇年在街頭設置路障的那些人，很快地就對他們曾甘心冒生命風險的自由主義產生了厭煩。他們心中念及的，或許可說是他們心中的神話，是法蘭西第一共和國那段時間——如果不是其「恐怖專制」的話，這是一個在國內取得成就，外交上獲得勝利的時期。他們反對君主立憲制，對國會政府，特別是對由上層中產階級新貴控制的國會政府毫無興趣。一旦有必要，他們準備採取武力來實現自己的目標。這些人以日益工業化的巴黎為中心，大部分成員不是作家、學生就是工人領袖。他們祕密集會，研究激進主義理論家格拉古·巴貝夫的作品，並成功地不斷給路易·菲利普的中產階級自由主義政府製造麻煩。巴貝夫的社會主義著作《平等派的密謀》寫於大革命時期，此書被他們奉為聖經。他們的主要代言人是社會主義者奧古斯特·布朗基（一八〇五至一八八一年）。布朗基抨擊中產階級對工人的剝削，並協助組織祕密團體，此祕密團體是為了成為最後起義的工具。激進分子在新聞界開展了幾次最為成功的鬥爭。版畫家奧諾雷·多米埃因為繪製諷刺路易·菲利普的漫畫而數次被送進監獄，但是他們同樣在大街上進行鬥爭。政府在一八三四年宣布激進政治組織為非法組織以作為報復。為了抗議政府的這一舉動，里昂和巴黎發生了騷動：在兩天的時間裡，政府的軍隊就屠殺了數百名的起義者，逮捕了大約二千名共和派領導者。一八三五年，在發生了一起企圖暗殺路易·菲利普的事件後，政府通過了新聞檢查法，禁止出版一些侮辱國王的文章；而且在未經政府同意，禁止印刷任何繪畫和諷刺作品。

這些鎮壓的手段只不過增加了民眾對路易·菲利普統治的不滿。國會中具有革新觀念的成員奉勸基佐要擴大選舉權，讓因為缺少財富而無法享受這一權

利的專業人士擁有選舉權，不用說，這些人都是普遍信守自由主義原則的人。基佐很不明智地拒絕了，就這樣他把那些溫和派分子推到更爲激進的共和派陣營之中。到一八四七年，反對派中的各個派別都對目前的政府感到非常不滿意，這種不滿足以在法國掀起一場聲勢浩大的抗議活動。在種種政治宴會上，浪漫詩人阿爾方斯・德・拉馬丁（一七九〇至一八六九年）這類的共和主義者，和路易・布朗這類的社會主義共和派都鼓吹進行激進的改革，儘管不是徹底的革命。由於國王表達出來的意願與此相反，反對派宣布在一八四八年二月二十二日舉行一次大型群眾集會。二月二十一日，政府企圖禁止這次集會但爲時已晚。在隨後的兩天之內，群眾、工人、學生在街頭發生騷動，與政府對立，最後迫使路易・菲利普退位，擴大人們要求建立共和國的呼聲【28】。

法國一八四八年革命

　　法國的二月革命是一種催化劑，正如我們將在下文看到的，它在隨後的幾個月時間裡，促成了歐洲許多地區的起義活動。在此同時，一個由十人組成的臨時政府在巴黎成立，其中七個人——包括拉馬丁在內——是走中間溫和路線的共和黨人，另外三個人——包括布朗在內——是屬於社會主義者。中產階級共和主義者和激進社會主義者之間的分歧，一度因爲兩者共同反對路易・菲利普政府的立場而被遮掩住，現在兩者的分歧逐漸浮現，並以幾種獨特的方式形成了此後幾個月的政治事件【29】。身爲作家的布朗，極力督促建立「國家工廠」，現在更是堅持此一制度【30】。在他看來，國家工廠必須按行業組成生產合作社，如有必要就對這些工人進行職業培訓，讓他們去工作，就業時付給他們每天二法郎的工資，失業時則給他們一筆數量較少的生活費。相反地，政府雖然建立了稱爲工廠的機構，但是它實際上不過是在巴黎及其周圍地區所實施的一項公共工程計畫，因爲這一地區的經濟條件使失業現象變得非常普遍。在最初的計畫中，只要在城市招收一萬或一萬二千人從事市政工程，但是，隨著建築業的失業率達到百分之六十五、紡織業和縫紉業的失業率達到百分之五十一，工人們便開始湧向政府辦的所謂的工廠，四月分時有高達六萬六千人湧入政府的工廠，六月時則更高達十二萬人。

　　與此同時，許多激進主義作家、組織者和政治運動家都被吸引到巴黎。臨時政府取消了對成立政治俱樂部和傳播政治作品所作的種種限制。因此，幾個星期內就出現了一百七十種新雜誌和二百多家俱樂部；以社會主義者奧古斯特・布朗基爲首的俱樂部號稱擁有三千名左右的會員。自稱代表歐洲各國受壓

迫者──憲章主義者、匈牙利人和波蘭人──的代表團在該城市中自由地活動，吸引人們注意（假如說不是贏得追隨者的話），造成局勢進一步緊張，從而讓愈來愈多的中產階級成員相信，為了防止進一步騷亂的爆發，應當採取嚴厲的措施，而四月底的選舉結果使他們進一步堅信這一點。在巴黎激進分子的壓力下，臨時政府曾宣布實行成年男子普選制，以此方式來產生國民制憲會議。然而普選制的實行並不能確保激進派獲勝，因為只有少數激進社會主義者被選進國會。國會中最大的集團是「真正」的或溫和派的共和黨人和保皇派──而後面這一集團又分裂成波旁王朝支持者和奧爾良王朝路易‧菲利普的支持者兩派。新當選國會之普遍保守的特點加強了那些主張壓制社會主義者的力量。因此，它便自然而然地使社會主義者再次相信，就像一七九○年代那樣，一場潛在的激進革命被膽怯且只顧自身利益的中產階級出賣了。

到這年春末，大多數議員相信，國家工廠制度早已失敗，它既是一種難以承受的財政負擔，也對社會秩序構成嚴重威脅。五月底，為了阻止所有在巴黎居住不滿六個月的人加入工廠，第一步便把所有十八至二十五歲的人遣送到軍隊，工廠停止招收新成員，國會決定將它封閉。成千上萬名工人失去了國家所資助的工作，這表示他們失去了生存的最好機會。因此在絕望之下，這群勞工及其支持者再次在巴黎街頭設置障礙物。在六月二十三日至二十六日的四天時間裡，他們遭遇政府軍的阻撓，在一場明知最後是毫無希望的軍事戰鬥中，為保護自己而戰[31]。軍隊中有一部分人是從非常願意幫助鎮壓城市勞工階級的鄉下招募來的。巴黎的起義者究竟是在為一個陷於困境的階級的成員戰鬥呢？還是僅僅為處於飢餓邊緣的男女們進行戰鬥？這是歷史學家仍在爭議的一個問題。當這場大規模的流血戰停息後，從統治者追捕起義者的殘酷程度可以看出，他們把這場騷動視為一次嚴重的革命威脅。大約三千人被殺，一萬二千多人被捕，其中大多數被遣送到阿爾及利亞的勞改營。

「六月起義」過後，法國政府很快就恢復了全國秩序。國會中包括了大批對共和國趕到厭惡的議員，他們卻要面臨一個起草共和憲法的任務。因而，國民制憲會議的議員們立即安排總統選舉，希望出現一個強有力的領袖能夠幫助他們制服異端分子。總統候選人共有四位：溫和共和派的代表拉馬丁；曾在「六月起義」時指揮部隊鎮壓起義的路易‧歐仁‧卡芬雅克將軍；社會主義者亞歷山大‧奧古斯特‧勒德律─羅蘭；以及拿破崙皇帝之侄路易‧拿破崙‧波拿巴。拿破崙得到的選票是其他三位候選人總和的兩倍以上。

這位令人大吃一驚的暴發戶路易‧拿破崙[32]，自從拿破崙家族遭復

辟王室驅逐後，他的一生有大部分時間是在流亡中度過的。他於一八三○年革命後回到法國，幾年後又因企圖搧動一次地方起義而被送入監獄【33】。一八四六年，他逃往英國，並得到英法兩國反動分子的資助。一八四八年夏天，他覺得法國局勢已變得讓他可以安然返回，而再度回到法國。事實上，他在這裡得到了所有階層的歡迎。此時的保守派正在尋找一位救世主來保護其財產免受激進分子的劫掠。他在《消滅貧困》一書中所提出的令人目眩的富國方針，以及他與路易・布朗和無政府主義者皮埃爾・蒲魯東有書信聯繫這一事實，使得無產階級的工人們非常相信他。在這兩個派別之外還有許多愛國者和英雄崇拜者，在他們看來，拿破崙就是光榮與偉大的象徵【34】。對許多人來說，這位科西嘉人之侄就是應該贏得如此輝煌的勝利。正如一位老農夫所說：「我的鼻子在莫斯科都凍僵過，我怎麼能不將票投給這位紳士呢？」

路易・拿破崙夢想著像他叔父那樣建功立業，因而不再僅僅滿足於充當法國總統。他幾乎從一上任，就開始利用已經掌握的權力去實現獲得更多權力的欲望。例如：為了爭取天主教徒的支持，他在一八五○年通過「教育法」，允許天主教會重新控制學校，且在一八四九年派遠征軍到羅馬，去恢復教皇在一八四八年革命戰爭中被暫時剝奪的權力。他引入老年保險計畫，制定鼓勵工商業的法律，以此拉攏勞工階級和中產階級。一八五一年，他聲稱需要採取特別措施來保護民眾權益，因而宣布暫時實行獨裁，並要求人民授權他起草一部新憲法。在一八五一年十二月二十一日舉行的全民公投中，他獲得壓倒性的多數（七百五十萬對六十四萬），同意授予他按自己的意願頒布憲法的權力。新憲法於一八五二年一月生效，它只在名義上保存共和，實際上已經使總統成為獨裁者【35】。一年以後，路易・拿破崙下令再次舉行全民公投，結果百分之九十五以上的選票同意建立法蘭西第二帝國，並授予他法國人皇帝、拿破崙三世【36】的稱號【37】。

一八四八年的法國大革命有什麼重要性？它在中產階級自由主義歷史上的政治影響又具有什麼重要意義？我們探討的主題是什麼？有兩點我們需要特別注意。首先，我們必須承認信奉自由主義的中產階級具有關鍵性的角色。在路易・菲利普統治下，中產階級愈來愈察覺到自己和自己的特殊利益受到忽視。由於擁有選舉權的人極為有限，他們在無法直接表達自己政治意見的情形下，紛紛轉向左翼，與激進派結成同盟，激進派若單靠自身或許不可能有機會獲得永久的成功。不過，路易・菲利普剛退位，信奉自由主義的中產階級便開始擔心，「成功」之後會不會馬上跟著出現災難。就這樣他們再次轉向，這次是

轉向右翼，發現自己面對的是一位神祕但並不是完全沒有吸引力的路易‧拿破崙。而後者極其敏銳地學到了一八四八年革命的第一個教訓，在法國，任何政府如果不迎合中產階級的利益就不可能生存下去。透過幫助中產階級實現其自由主義的經濟目標，皇帝使他們忘記了他是如何嚴重地踐踏其各種政治自由。

不過一八四八年也證明，法國現在出現了另一個政府冒著危險所忽略的因素──階級意識，這時可能還不是一個正確的術語。如果說十九世紀中葉的歐洲中產階級比以往任何時候都更接近權力中心，那麼工人也開始從邊緣地帶迅速移向權力中心。如有必要，他們的街上障礙物可以被摧毀，他們的要求可以被忽略，但這些將只會使國家面臨愈來愈大的危險。因而，中產階級自由主義者要想繼續不斷地發展下去，就不僅要對勞工階級的要求提供保證，而且在一些措施上也要能夠照顧到他們的利益。

一八五○年後法國和英國的自由主義

拿破崙三世察覺到，公共輿論現在在國家事務的管理上扮演著至關重要的角色。他工作努力，並成功地讓法蘭西人民接受了他的帝國。他辯稱立法議會只會製造階級對立、分裂國家，他將利用擁有的權力把過去幾十年來無法團結的國家重新團結起來。法國人在歷經最近的種種政治磨難後渴求恢復秩序，因而心甘情願地接受了拿破崙三世推銷的東西。拿破崙三世以其叔父的那部憲法為藍本制定其憲法。議會由所有成年男子普選產生，事實上它幾乎沒有任何權力。它的作用不過是批准參政院按照皇帝旨意起草的立法。選舉由政府操縱，以確保當選者為政治上可操控的代表。皇帝獨攬財政、軍隊和外交大權。法國只在下述意義上是民主政治：它的人民被定期賦予一個機會，透過選舉來表達他們對拿破崙制度的認可。

為了回報法國人民給予他的幾乎絕對的權力，拿破崙三世給了法國人似乎是他們想要的東西。就中產階級而言，他提供了許多賺錢機會。動產投資機構是一種投資銀行體制，它透過向公眾出售其股份，並把其收入用於資助各種實業計畫而促進了工業的發展。一八六三年，有限責任法的通過向股票持有人作出保證，無論他們投資的公司負債多少，他們所失去的都不會超過其股票的票面價值，從而鼓勵了投資的進一步發展。國家擁有的鐵路擴展到全國各地，由於鐵路建設需要煤、鐵，因而進一步刺激了工業的發展[38]。法國經濟看上去如此繁榮，以致拿破崙準備隨英國之後，爭取實現兩國間的國際自由貿易。一八六○年，法國與英國簽訂了一項自由貿易條約。此時，他也從政府中拿出

四千萬法郎的基金，作爲預防法國公司在與英國進行工業競爭時可能遭受的任何損失，但是這些基金從未完全用完，這一事實證明了，法國的製造商現在有了充分根基足以對付英國的競爭。中產階級對拿破崙所推行的制度顯然非常滿意，這種滿意的程度提供了衡量和評估一八五〇年以後法國自由主義狀態的尺度。但是此時的法國再也沒有新聞自由，大學受到了政治性的控制，政治反對派受到了壓制，這些事實對大多數人來說似乎沒有多大的關係。自由主義如果存在的話，只是一種能夠選擇自己經濟方式的自由。

儘管拿破崙三世努力迎合中產階級，但是他也沒有因此失去工人的好感和支持。他鼓勵興建醫院，並實施免費醫療服務計畫。更重要的是，他允許——如果說不是鼓勵的話——工會繼續存在，並於一八六四年提出承認有組織的罷工爲合法行動的立法。最後，就像吸引中產階級那樣，他同樣對勞工階級具有吸引力，讓他們相信他是使法國重新成爲世界頭號強國的迷人象徵——如果說不是英雄象徵的話。皇宮裡的各種活動以及美貌動人的皇后歐仁妮的一舉一動都受到了廣泛宣傳。此外，對巴黎的重建工程他也不遺餘力，使這個城市成爲擁有廣闊林蔭大道和寬敞露天場所的地方。這些重建工作獲得了精心策畫，以便爲帝國之劇場提供適宜的舞臺——同時也減少了無產階級在狹窄的街道上成功設置路障的可能性。

然而，在拿破崙三世看來，要想達到輝煌的成就，就要實行一種進取性的外交政策。儘管在統治初期，他宣稱自己贊成自由主義的核心信條——國際和平，但是不久之後他就讓國家處於戰爭狀態：先是介入克里米亞戰爭反對俄國；接著是在義大利；隨後是在墨西哥，在那裡他試圖幫助另一個帝國的建立；最後也是最具災難性的，就是與普魯士的戰爭。這些冒險活動的詳情是我們在下一章將要論述的部分內容，這裡只要指出一點就足夠了：拿破崙三世的外交政策清楚地反映出他——以及追隨他的其他法國人——如何使第一次法國革命（法國大革命）的自由主義遺產屈從於這次革命的遺產：民族光榮【39】。

在此同時，英國的自由主義傳統又是什麼呢？英國自由主義的發展進程因爲勞工階級內部的變化而有所改變。到了這一時期，工業化已開始培養並維持一個人數漸增的工人「貴族」階層，他們具有特殊技能，同時社會日益增加對他們的需求，使他們能夠向雇主提出較高的、能夠保障他們舒適生活的工資標準。這些工人——大都集中在建築、機械工程和紡織工業——背離了好鬥激進主義的傳統，這項傳統以所謂飢餓的四〇年代爲特色。他們在自由主義經濟制

度內獲得了成功，自由主義經濟制度是中產階級強加於英國頭上的，現在工人「貴族」階層則準備把許多自由主義的、中產階級的原則變為自身的原則。他們相信藉由合作社或工會可以實現自助，而這些合作社和工會的主要功能是積累資金用作老年年金和失業保險。他們相信教育是讓人飛黃騰達的工具，他們並資助他們建立的或以他們的名義建立的技工訓練機構習藝所或其他類似機構。

不過，當工人貴族逐漸滿足於自己有能力在資本主義制度內過一種體面的生活時，他們也對阻止他們直接參與任何行政事務的政治制度愈來愈不滿。儘管有些人是以民主主義者的身分要求擴大選舉權，但是同樣有許多人是以中產階級在一八三二年呼籲改革時所持的理由來提出這一點要求。他們是一些負有責任感的工人，對國家的忠誠是毋庸置疑。就其本身而論，他們是一個有誠意的「利益集團」，與中產階級一樣理應享有投票權，理應在國會中有自己的直接代表。他們爭取政治權利的鬥爭得到許多中產階級改革家的支持，後者把土地貴族社會與舊秩序聯繫在一起，他們依然對全國性機構的特權地位感到憤怒。比如：許多中產階級都是不信英格蘭國教的人，然而他們仍被迫納稅以支持教會的存在，而教會中的教職人員主要都是貴族子弟。除非他們的子女簽署表示信奉聖公會的條款，否則他們就沒有資格進入國內歷史悠久的大學——牛津大學和劍橋大學。

中產階級反對派與勞工階級的領袖一起組建一個改革聯盟，在全國進行一場運動，主要訴求為通過新的改革法案以及建立一個能夠照顧其利益的下議院。儘管這絕非什麼革命，但是這些改革者以其行動清楚地向世人表明，他們決心為自己的事業奮鬥到底。一八六〇年代英國政治家面臨的局面與一八四八年基佐在法國面臨的局面沒有什麼不同：中產階級、下層中產階級和技術工人因對現狀不滿，要求進行改革。然而，與基佐不同的是，英國保守黨（以前的托利黨）和自由黨（以前的輝格黨）的領導人準備做出讓步，他們認為如果不這樣做就會產生危險。一旦理解到確有必要，下院的保守黨領袖，也就是未來的首相本傑明‧迪斯雷利便抓住這一改革問題不放，以此來打擊自由黨。一八六七年，他設法讓國會通過了一項比其政治對手的任何提議都要具有深遠影響的法案。該法案規定，所有能夠支付至少十英鎊的地方稅或租金者，或在城市裡居住一年以上的男子（一般說來，這是指技術工人），都可獲得選舉權；在農村地區，凡能在一年內繳納不少於十二英鎊地租的佃農均可獲得選舉權。這樣一來，有選舉權的人數擴大了一倍。國會席位像一八三二年那樣重新

被畫分，以減少南部鄉村地區的議席來增加北部工業城市的議席席位。「有責任心」的勞工階級被認為有資格參加國家事務。在此後的二十年中，勞工階級毫無異議地接受了自己的學徒身分，並跟隨中產階級做事，以此表露出自己的感激之情。

　　一八六七年國會改革法通過之後的大約十年時間，是英國自由主義的鼎盛時期。工人貴族促成教育法的通過，它等於確保了所有人都有接受初等教育的權利，同時還有罷工法以及一系列旨在改善大城市裡生活條件措施的法案；不過確定政府調性的還是中產階級。在迪斯雷利和其對手——自由黨領袖威廉・格拉德斯通——的領導下，並在新近獲得選舉權的技術工人的配合下，英國為其自由主義原則——自由貿易、代議制而非民主制政府——取得的勝利和國家普遍的繁榮歡慶不已。

第二十九章

民族主義與民族國家的建立
（一八一五至一八七〇年）

Nationalism and Nation-building (1815-1870)

當前的問題，首要的任務……就是維護日耳曼民族的生存和延續。

——約翰・費希特，《對日耳曼民族的講演》

今日之重大問題不是由講演和多數人的決策——一八四八年和一八四九年犯下的就是這種錯誤——而是由血和鐵決定的。

——鄂圖・馮・俾斯麥演講，一八六二年

如果可以把十九世紀英國和法國的歷史放在中產階級自由主義這一整體背景下進行研究，那麼對同一時期歐洲其餘的地區歷史，則應從自由主義、民族主義和國族建立來加以綜合理解。我們應該將民族主義界定為一種根源於更寬闊的歷史、地理和語言或文化環境的情感，它的特徵表現在一群人對自己所屬團體的歸屬感，以及對傳統的認同感，不同的團體各有其傳統。民族國家的建立就是民族主義在政治上的實現，即把情感轉化為權力。

十九世紀英國和法國的人們不但擁有自由思想，而且也懷著民族情感。一八五〇年英國首相帕麥斯頓勛爵宣布，世界上任何一個角落的英國公民，都要像羅馬帝國的公民聲明「我是羅馬公民」那樣，稱自己是英國公民，並要使用任何必要的武力力量保護自己的國家免受外國人的侵犯，他的話回應了英國人對祖國權力的驕傲。一八四〇年，法國人慶祝法蘭西第一帝國皇帝拿破崙的遺骨從聖赫勒拿島移葬到巴黎一處精心設計的聖地，以重新體驗勝利的感覺，勝利已經是他們國家傳統的一部分。帕麥斯頓的誇耀與拿破崙的遺骨均為英國人和法國人民族國家傳統和民族情感的支柱。

十九世紀，歐洲其他地區的民族主義（國家主義），與英國和法國相比，將成為一種更明顯的對比。英國和法國以其特有的地理、文化和政治實體已經存在了好幾百年，其他地區由於共同的傳統和歷史責任沒有那麼清楚明確，因而有助於自我界定的政治實體並不存在。東普魯士人和威尼西亞人之所以能毫不費力地意識到自己，是因為歷史已經賦予他們這種認同感。但是，在一般情況之外，歷史沒有賦予日耳曼人或義大利人民族認同感。在他們以謹慎的方式以此措辭界定自己之後，這些措辭才開始具有政治現實意義。

民族主義與國族建立並不一定與自由主義相對立。實際上，民族主義對特定民眾成就的稱讚，超過對擁有世界主義觀念的貴族菁英分子的讚揚，反映了自由主義對傳統特權的厭惡。然而自由主義較容易去迎接未來，民族主義傾向於讚美過去——如果不是尊敬的話。而且，自由主義堅持個人主義的價值和重要性，而民族國家的建立者則回應，為達到他們當務之急的任務，可能需要犧牲每個公民某種程度的自由。民族國家之所以能夠成功地建立，依賴的是歐洲國家在一八一五年之後半個世紀中所取得的國際力量均勢。新興國家的出現——統一的義大利和德意志——會對這種均勢原則做某些調整。但是，國家間的調解讓步仍然是可能的，只有一些小型衝突破壞了維也納會議後所實現的和平與穩定。

浪漫主義與民族主義

我們在前一章已經談到，民族主義在某部分來說是法國大革命的產物。它與被稱爲「浪漫主義」的知性運動密切相關[1]。浪漫主義一詞意義極爲廣泛，不加以分析根本無法下定義。或許浪漫主義就和其他東西一樣，它代表了一種對十八世紀啓蒙運動崇尚理性主義的反抗。十八世紀依賴的是理性，而浪漫主義者則信奉情感。十八世紀認爲人的心智是一塊空白的板子，透過把對外界世界的感知印在這塊板子上而獲得知識。浪漫主義者也相信感官經驗的重要性，但是他們堅持認爲，天生的敏感性（感覺）——它構成一個人自身的獨特性——是遺傳的，一出生就存在於心智之中。在浪漫主義者看來，知識產生於天生的感受與外界的認知。因此，浪漫主義強調個人主義以及個別創造力，個別創造力源自於獨特個性和外在經驗的互動。在此同時，藉由強調觀念的繼承，浪漫主義也稱讚過去，而這種稱讚把它與民族主義連接在一起，對民族主義的興起十分有幫助。

浪漫主義和民族主義都認爲過去應該發揮其功能，以過去當成了解現在、策畫未來的一個手段。在德國，這一觀念受到最熱烈的歡迎，得到最完全的發揚。德國最早和最具影響的浪漫主義者之一是約翰・馮・赫德（一七四四至一八○三年）。赫德是一位新教的牧師和神學家，熱衷於過去的文化，一七八○年代，他在一部篇幅很大的著作《人類歷史哲學的思想》中開始發表自己的感想。赫德追溯了歐洲自希臘時期經由文藝復興以來所發生的革新，他相信所有眞正的文化或文明都必須在本土的根上發芽茁壯，必須植根於民族大眾的生活，而不是建立在一個虛僞的上層階級國際生活上。一個文明要是無法持續表現出其獨特的歷史特徵——即「民族精神」，就是不完美的文明。赫德並不主張某一民族精神優於或劣於另一民族精神，不過他堅持認爲，每個民族都有其獨特的特性，因此每個民族都必須對其自身獨特的傳統表示忠誠。他的歷史哲學與啓蒙運動思想家不同，啓蒙運動思想家認爲所有民族多少都應該以同樣的方式回應人類的境況，而朝向同一文明發展，赫德打破了啓蒙思想家在這方面的看法，他並堅持反對歷史的價值僅存在於藉由典範所進行的教導上。

赫德思想上的繼承人，像是保守的德國浪漫主義者腓特烈・施萊格爾（一七七二至一八二九年）和腓特烈・馮・薩維尼（一七七九至一八六一年），他們譴責鼓吹將民主主義、自由主義的觀念——這二種觀念對德國來說是「外來的」——移植到德國文化土壤上的做法。他們認爲，根據歷史的教導，機構必須有機地進化——「有機」一詞是政治浪漫主義者愛用的一個詞，

同時適當的法律是歷史發展的產物，而不僅僅是從普遍的第一法則中演繹而來。這一觀念並非德國浪漫主義者所特有，英國浪漫主義詩人和哲學家塞繆爾·泰勒·柯勒律治（一七七二至一八三四年）反對建立功利主義國家，而贊同讓古代制度、國家教會在塑造社會的過程中發揮更大的作用；法國保守主義者夏托布里昂（一七六八至一八四八年）在一八〇二年出版的論著《基督教之真諦》中，提出了非常相似的論點。他宣稱，過去——尤其是過去的宗教經驗——與現在交織在一起，唯有破壞一個民族社會的組織，過去與現在才可能分開。

社會和國家有機進化學說在德國形上學家喬治·威廉·黑格爾（一七七〇至一八三一年）的論著中得到最充分的闡述【2】。黑格爾在柏林大學任教哲學課程多年，他從進化的觀點來描述歷史。他認為，當社會和政治制度發展成熟，達到目的後，就會被其他制度取代；然而新的從來不會完全取代舊的，因為變化的模式是「辯證的」。當新制度向舊制度挑戰時，他們之間就會產生一個衝突，這時舊制度不會被消滅，而是與新的融合在一起，由此產生了一個「綜合」——一個新機構，這個綜合是一個既適應現在又保留過去某些成分的社會重整。舉例來說，黑格爾期望，目前日耳曼地區的分裂狀態會促使統一觀念的產生，進而必然會創造出一個日耳曼的民族國家。黑格爾不喜歡像盧梭、霍布斯之類的哲學家常常倡導的自然國家理論。他認為，人們應該一直生活在某種社會下，才能使每個人民的利益完全與社會利益相結合成為一體，因為國家制度本身是一種自然的歷史演變的有機體；此外，他認為只有在這種受到法律和習俗保護而免遭個人破壞的制度內，人們才能享受到自由，因此國家不一定要尊重個人的權利。在黑格爾看來，這種自由不是指不注意限制，而是指不注意社會混亂。

浪漫主義者所表達的這些有關歷史和歷史發展的理論，與同一時期產生的民族主義觀念直接聯繫在一起。法國大革命提供了一個國家可以達到什麼程度的典範。國家鼓勵法國人提高自己的公民程度，也允許他們能夠忍受來自歐洲其他國家的攻擊。在吸取法國大革命的歷史教訓並運用浪漫主義的理論之後，特別是日耳曼民族，他們被喚起了掌握自己歷史命運的意識，助長了國家主義的高潮。哲學家費希特（一七六二至一八一四年）就是這種覺醒的例證。年輕的費希特是耶拿大學的教授，費希特最先提出個人內在精神的重要性——自身精神世界的創造者。他完全拋棄了民族感情，而十分贊同法國大革命，並將它當成人類精神的解放者。不過，當法國人征服了日耳曼許多地方之後，費希特

的態度便發生了戲劇性的轉變。他採取赫德對於民族性的看法——重要的不再是個人精神，而是整個民族的心靈，它表現在習俗、傳統和歷史中。一八〇八年，費希特發表一系列有關《對日耳曼民族的演說》的演講，他宣稱，所存在的日耳曼精神不僅是眾多民族精神之一，而且還優於其他民族精神，雖然世界尚未感受到這種精神，但是他預言世界很快就會感受到。儘管費希特的演講被柏林的法國軍事指揮官認為學術性太強，而未予審查，但它充分表達了一種情感，這種情感有助於普魯士人自覺的集結，並成為在政治上的國民把法國人驅逐出去。

民族主義是從浪漫主義的歷史發展和歷史命運觀點中衍生出來，並以各種形式表現。格林兄弟在日耳曼各地旅行，研究當地方言，並搜集民間故事而共同編成《格林童話》（一八一二年出版），出版後的《格林童話》便成了民族遺產的一部分。詩人腓特烈‧席勒（一七五九至一八〇五年）在創作的戲劇《威廉‧泰爾》（一八〇四年出版）中，主人翁是一位反抗奧地利統治的瑞士英雄，該劇成為重振日耳曼民族意識的口號。在英國，沃爾特‧司各脫爵士（一七七一至一八三二年）在他的許多小說中重述了廣為流傳的蘇格蘭歷史[3]。詩人威廉‧華茲華斯[4]（一七七〇至一八五〇年）在他的文集中，盡力表現英國人民的純樸和美德，例如：他的《抒情歌謠集》（一七九八年）。歐洲各國都盡力地整理他們的歷史文物、古蹟，就像一八一九年創立的德意志歷史紀念館要出版《德意志歷史文獻匯編》那樣；因此，法蘭西文獻學院於一八二一年成立、英國公共檔案局於一八三八年成立。新古典主義風格以大衛（一七四八至一八二五年）的繪畫為代表，拿破崙並利用此風格以提高自己的形象。十九世紀初的法國，新古典主義風格讓位給像歐仁‧德拉克魯瓦（一七九八至一八六三年）那樣的狂暴浪漫主義畫風[5]。德拉克魯瓦的作品《自由女神領導人民》（一八三〇年）不僅是自由宣言，而且還宣告了法蘭西民族的勇氣。儘管晚了三十年左右，在音樂方面，一八一五年以後，同樣也反映出民族主題。朱塞佩‧威爾第（一八一三至一九〇一年）的許多歌劇，比如：《唐卡洛》中包含了一種信仰——即義大利精神可以復興的音樂宣言。理查德‧華格納（一八一三至一八八三年）的歌劇——特別是那些根據日耳曼史詩《尼伯龍根之歌》所創作的歌劇，力圖喚起對北歐神靈神話的尊崇，提高對祂們虔誠的程度。雖然建築師們發現，他們很難完全不受十八世紀新古典主義風格所影響，仍然試圖在設計上再現一種「民族」風格。一八三六年，英國國會大廈毀於一場大火之後，查爾斯‧巴里爵士受命承擔重新設計的工作，他企圖以哥德式的外觀來包裝筆直、對稱的古典式設計風格，以承認國家對其自身

歷史的義務【6】。所有這些創造性活動都是藝術家和作家熱烈地響應浪漫主義運動後的自然結果。不過，政治家們很快就意識到如何讓歷史的浪漫主義爲他們的民族主義目的服務，他們懂得如何把一件個人藝術品——不管是一幅畫、一首歌、一齣戲劇還是一座建築物——轉化爲民族的象徵。同時，當他們認爲有用時，就毫不猶豫地支持這種轉變。

儘管浪漫主義和民族主義同樣鍾情於過去，但是浪漫主義者未必是民族主義者。事實上，浪漫主義在稱讚本質，尤其是對個人的創造力加以讚美時，能很明顯地表現出其國際性。浪漫主義者宣稱，意識到本質並不是藉由思想，而是經由感覺。同時他們重視那些構成本質的元素，那些元素看起來像是隨機產生，而不是理性秩序下的產物。不論是作爲一朵花還是一座山脈，浪漫主義者歡迎大自然直接對感覺造成印象。他們宣稱，有權根據個人對自然的反應，自由地闡釋自然與人生，而不是按照它可能反映的一系列整體理性規誡進行解釋。英國詩人珀西·雪萊【7】（一七九二至一八二二年）、德國詩人海因里希·海涅【8】（一七九七至一八五六年）、法國小說家維克多·雨果【9】（一八〇二至一八八五年）和西班牙畫家弗郎西斯科·哥雅（一七四六至一八二八年）——他們全爲浪漫主義運動中最具代表性的人物，在他們的作品中表現了對人類個人經驗的關注，這一關注超越了民族的界限。浪漫主義者相信，人類的經驗與任何一國的傳統或民族精神無關，而是超越了自然。英國畫家威廉·布萊克（一七五七至一八二七年）和特納（一七七五至一八五一年），儘管他們的作品經常反映出英國性，但是，藉由記錄自然根本要素的交流，他們的作品已經超越了民族主義。

浪漫主義者是國際主義者，因爲他們擁有擺脫任何邊界的自由——形上學或政治的邊界，那種邊界容易限制個人發揮他或她潛在的能力。浪漫主義者鼓勵婦女們發表自己的見解，英國女作家瑪麗·沃爾斯通克萊夫特（一七五九至一七九七年）創作了《爲女權辯護》；德·斯塔爾夫人（一七六六至一八一七年）是一位流亡者，在大革命時期由法國逃到德國，其作品《論德國》充滿了浪漫主義氣息；喬治·桑（一八〇四至一八七六年）以其小說和生活宣稱自己歸順激進個人主義——這些女性作品表達了浪漫主義隨時準備與過去及其假設和陳規決裂的決心，假如過去的這一切阻礙了個體表現。

浪漫主義者——作爲獨特性的崇拜者——崇拜「天才」。天才具有一種無法予以分析的精神，他們創造自己的規則（當然，赫德稱整個民族中的這些特定天才爲民族性）。而且絕不能任由人類的精神受到國家規定所束縛，受到任

何社會習俗所阻擾，而致使人類無法享有其最珍貴的財富——即自由。

自由和自我認同問題是浪漫主義運動中兩位偉人作品的主題。作曲家路德維希‧貝多芬【10】（一七七〇至一八二七年）與作家約翰‧沃爾夫岡‧歌德（一七四九至一八三二年）。貝多芬作品中最值得注意的特徵是其獨特性和個人性。他的第五號交響曲達到交響樂邏輯發展的巔峰；第六號交響曲是對大自然的讚美；第七號交響曲是酒神狄奧尼索斯的狂歡曲；第八號交響曲是十八世紀交響曲精神的愉快表現。貝多芬晚年受到耳聾的折磨，作為一個具有不凡力量的人，這似乎促使他下決心要藉由音樂發聲。五首鋼琴奏鳴曲、五首弦樂四重奏、第九號交響曲以及被稱為「莊嚴的彌撒曲」的偉大彌撒曲成為他最後的遺產。這些樂曲讓聽者心生敬畏，主要不在於它們與眾不同的形式或者十分講究調和、對稱的感覺，而在於它們表達了個人無窮盡的意志和力量。

歌德獻身於個人自由理想的部分原因在於，他出生並成長於帝國的自由城市法蘭克福。法蘭克福是一個國際中心，是一個向來自所有地方的學術思想敞開大門的商業城市。就他生長的環境而言，歌德不像其他的德國浪漫主義者那樣，受到特殊神寵論者和民族主義者的影響。不過，歌德自己的「天才」促使他先學習法律，然後學醫，接著攻讀美術和自然科學。一七七五年，他在年輕的威瑪公爵朝廷中任職。威瑪是日耳曼一個人口不到五十萬的極小公國，這個小公國是一個國際性的社會，在這方面與法蘭克福十分相似。此外，歌德還深受赫德的影響，因此發表了許多具有浪漫主義思想的著作，包括十分流行的小說《少年維特的煩惱》，這部小說表現了歌德早年的心神不定和多愁善感。在他中年時期，歌德早期作品中那些幾乎是過度敏感的特點，被那種尋找同樣自由但更為有秩序的新精神所取代。該風格源於他在義大利的經歷，以及他對古希臘羅馬人的研究。一七九〇年，歌德發表了他的最大力作《浮士德》的第一部分，《浮士德》是一部詩劇，完成於一八三二年，他去世的前一年，劇作重新詮釋一則關於一個德國男人將他的靈魂賣給撒旦以換取廣博知識的日耳曼傳說，它反映了浪漫主義對精神束縛的反感，也表達出歌德對於人類膽識的認同，當人類在面對自己對於無盡無窮知識的渴望以及自己的成就時，人性中的這種勇氣更是重要。

浪漫主義和民族主義在十九世紀的歐洲歷史上有著許多關聯性，正如我們剛剛提到的，特別是它們對人們思想上所產生的影響。在某些地方，比如：英國，它們看來似乎是各行其道；而在另一些地方，比如：德國，它們又融合在一起，德國本身的歷史就處在浪漫主義和民族主義歷史的中心。

民族主義與民族國家的建立（一八○○至一八四五年）

　　法國對普魯士恥辱性的占領【11】，以及在費希特的演講中對民族命運愈來愈強烈的意識，激勵部分的普魯士知識分子和政治改革家們要求再次使他們的國家回到昔日在歐洲列強的地位。自從腓特烈大帝進行積極擴張取得成就之後，長達半個世紀，普魯士不求進取、無所作為，因而在一八○六年慘敗給法國。然而，不同於日耳曼各個邦國直接加入萊因同盟【12】與法國結盟，獨立的普魯士王國則是有意地迴避法國的「汙染」，為此它只好不情願地加入大陸體系，否則它就得自絕於國際事務之外。

　　普魯士的主要任務是重建其軍隊，因為只有靠軍事力量，它才能與拿破崙對抗。現在這項任務落在兩位將軍身上——格哈特・沙恩霍斯特和奧古斯特・格尼辛，他們從法國大革命中學到了一課，改革要以國族建立為基礎：男人們如果相信戰爭對他們有某種直接的利害關係，他們就會成為更有效能的戰士。最後普魯士以普遍兵役制為基礎重建一支國家軍隊，將整個國家納入防禦體系裡，並形成前所未有的「普魯士」自覺。軍官招募和晉升的依據是功績而非出身，儘管大多數人仍來自容克（貴族）階級。這種與傳統決裂的做法鼓勵了普魯士中產階段更積極、更熱心地致力於國家事務。儘管年邁或無能的軍官社會地位較高，均被調離指揮地位；位於柏林的皇家候補軍官學校的訓練也現代化了。

　　這些改革說明了，自由主義渴望現代化的願望可以與民族主義相結合，在同一時期，普魯士首相海因里希・腓特烈・卡爾・馮・史坦因男爵（一七五七至一八三一年）及其繼承人卡爾・奧古斯特・馮・哈登堡親王（一七五○至一八二二年）推行類似的變革。史坦因並非普魯士人，最初他並不是想建立一個普魯士民族國家，而是想利用各種不同方式把日耳曼各公國聯合起來。他讀過黑格爾和費希特的著作，相信一個國家必須設法讓他的公民在各方面認識到自己對國家利益的義務，然而，如果不先讓人們了解到忠誠不僅是義務而且還是報償，那麼就會扼殺人們對國家的義務感。因此，史坦因為了使個人能提高其社會地位，致力於廢除在當時仍構成普魯士特徵的社會階級制度【13】。一八○八年頒布的「市政府」法令，目的在提高日耳曼中產階級的公民意識，這也是自由主義者和民族主義者的另一個共同目標。市鎮居民今後便能選出自己的市政議員，至於地方司法和防禦工作則持續由柏林中央政府管理：其他的事務，包括金融在內，都由各地區自行管理。教育在國族建立上扮演一個重要的角色，學校是灌輸國家責任觀念的理想機構，普魯士改革者在意識到這點

後，擴大了初級和中級教育設施。一八一〇年成立的柏林大學，聘用了像費希特和薩維尼這樣忠誠的民族主義者為教員，正是這種體現了新精神的制度為普魯士最終戰勝法國做出了貢獻。

一八一五到一八五〇年間，普魯士的歷史是一段持續鬥爭的歷史，一八〇六年後，普魯士領導日耳曼地區的三十九個邦爭取建立獨立的民族國家，同時這也是一段成功地向奧地利的統治進行挑戰的歷史。普魯士在這方面最重要的勝利是建立了關稅同盟【14】。到一八四〇年代，同盟成員幾乎包括了奧地利之外日耳曼地區所有的邦國，這個關稅同盟向製造商提供了一個人口幾乎達三千四百萬的龐大市場。但是經濟學家腓特烈·李斯特（一七八九至一八四六年）的著作刺激民族主義者對自由主義經濟學家的國際主義做了反彈。李斯特認為，自由貿易也許適合英國，但它並不適合普魯士這樣的國家。他爭辯道，經濟學不是一門可以應用於各個地方的抽象科學，而是一門必須以個別國家特定經濟為基礎的學科。日耳曼的經驗——因而普魯士的經驗是——不要自由貿易，而是要高額關稅。普魯士只有在保護主義體系的庇護之下，才能擁有足以與外國相互競爭的工廠與產品，並以此確保本身的經濟體系健全。

在一八三〇年代初改變英國和法國政治容貌的事件——在這兩個國家後來都發生了革命與自由主義改革，同樣也在日耳曼發生了。自由主義者既討厭普魯士的民族主義，也厭惡奧地利的保守主義。他們希望能避免受到過去日耳曼政治上各邦獨立自主原則的糾纏，或者在這一地區擁有主導地位的奧地利或普魯士的控制，以實現日耳曼的統一和自由。學生社團——學生聯盟【15】——在拿破崙戰爭之後已遍布全日耳曼地區。三百年前，馬丁·路德曾在瓦特堡宣布他著名的九十五條論證【16】。一八一七年，在這個具有歷史意義的地方，這群現代新教徒們——學生聯盟——舉行了一次全國性的會議，他們以「統一和自由的神聖事業」為名義進行遊行，在熊熊的烈火堆前焚燒了反動作家的著作。學生聯盟一度遭到梅特涅的鎮壓【17】，但是在一八二〇年代後期重新興起，並對一八三〇年的法國七月革命表示歡迎。一些小型的起義在布倫斯威克、薩克森和海塞－卡塞爾爆發，這些地區不得人心的統治者被更同情改革的王室取代。一八三二年在法國邊界城市——昂巴克——舉行了一個全德節日慶典，二萬五千名男女烤著拉斐特【18】並譴責神聖同盟。梅特涅又一次把一系列壓制性改革強加在日耳曼邦聯頭上，有效地制止了抗議活動，令自由主義者的抱負受到挫折。

普魯士由於上一代人史坦因和哈登堡推行的改革而避免了革命。一八四〇

年，腓特烈·威廉四世（一八四〇至一八六一年）繼承了普魯士的王位。表面上他獻身於自由主義原則，放寬新聞檢查制度，鼓勵透過省級議會參與中央政府。然而，不久這位君主的個性便清楚地表現出來，他並不是自由主義者，而具有浪漫民族主義者的個性，是一位相信君權神授的君主。一八四四年，他鎮壓了數千名西里西亞紡織工人的抗議活動，這些工人主要是抗議英國的紗和棉產品的進口使他們陷入失業與貧困。他更進一步聲明自己反對自由主義信仰的核心學說——立憲制度。一八四七年，當普魯士自由主義者要求在近期召開的議會進行控制立法和預算事務時，國王設法讓他們的提議被否決。隨後，腓特烈·威廉四世將他的注意力轉向能使普魯士在日耳曼邦聯中發揮更大作用的計畫。但是這一項計畫還未來得及在國會上討論，便於一八四八年的革命運動中被推翻了。下面我們將看到，這場運動就像在西歐所造成的影響那樣席捲中歐，儘管最後產生的結果是不同的。

民族情感能夠促使普魯士人團結合作，同時也分化著奧地利帝國內的各種不同民族。帝國人民生活在三個主要地理區域——奧地利、波希米亞和匈牙利，成了一個人數眾多、擁有不同種族和語言的國家：日耳曼人、捷克人、馬札兒人、波蘭人、斯洛伐克人、塞爾維亞人和義大利人。在帝國內，有些地方只有一個民族；其他地區則是各民族彼此比鄰而居——如果說不上是和睦相處的話。奧地利帝國試圖透過一個統治王朝——哈布斯堡家族，和一個據稱是仁慈的官僚機構，把這些民族團結在一起。但是這個方法愈來愈難以滿足各個不同種族的需要，因為在一八一五年後，一種民族的文化精神——如果不是國家的民族精神——正不斷地茁壯。在帝國所屬的波蘭領土上，世世代代的貴族們都認為他們是波蘭人，帝國政府利用農奴反抗其莊園主人的情緒，鼓勵發起階級戰爭用以預防種族戰爭，成功地遏制了民族情緒。不過，在帝國境內的其他地方，這個手段並不那麼有用。在匈牙利，民族主義者在文化和政治上表達他們的訴求，一八二七年，匈牙利的布達佩斯建立了一家國立戲院，一年前，在布達佩斯，馬札兒語取代拉丁語成為政府的官方語言，同一時期，發生了一場政治運動，訴求為尋求匈牙利的獨立與建立議會政府，主持運動的領導者是最令人畏懼的激進民族主義者勞約什·科蘇特（一八〇二至一八四九年）。

東歐分布最為廣泛的文化民族主義運動是泛斯拉夫主義。斯拉夫人包括俄羅斯人、波蘭人、捷克人、斯洛維尼亞人、克羅埃西亞人、塞爾維亞人和保加利亞人。在一八四八年以前，泛斯拉夫主義運動幾乎可以說是一場文化運動，它因為普遍的反西方情緒而聚集起來，但是當特殊的語言或傳統

問題出現時，產生在他們之間的爭執使他們逐漸分化。這些分化基本上並沒有減輕泛斯拉夫主義的影響，但是它卻成為奧地利帝國另一個讓人頭疼的問題。這一運動的文學作品——例如：歷史學家弗郎西斯·帕拉茨基（一七九八至一八七六年）的《波希米亞人史》[19] 和波蘭革命家亞當·密茨凱維奇[20]（一七九八至一八五五年）的詩歌——促長了他們想要擺脫外來統治的欲望。在俄國，斯拉夫化主義曾遭到傾向西化的亞歷山大一世壓制，然而，在他去世後，那種認為俄國人民擁有特定民族精神的觀點愈來愈獲得廣泛認同。

　　一八四八年之前的數年間，還有兩個民族主義運動正逐漸成熟起來：一個在義大利，另一個在愛爾蘭。十九世紀初，義大利是一個有許多國家林立的半島，多數的國家是貧窮且缺乏有效管理。一八一五年之後，奧地利在義大利北方的占領地倫巴第和威尼西亞建立了一個當時在半島上最有效率的政府，由性格內向、充滿幻想但富於革新思想的撒丁尼亞國王查理·亞伯特（一八三一至一八四九年）所領導。在半島的另一端是兩西西里王國和教皇國，兩西西里王國由同樣具有蒙昧主義觀點的波旁王朝統治者——佛朗西斯一世（一八二五至一八三○年）及其子斐迪南二世（一八三○至一八五九年）所統治，教皇國由教皇格列哥里十六世（一八三一至一八四六年）所統治。一八三○年在摩德納、巴馬和波隆那發生了民眾起義，但是就推行當地自由主義改革，或是把各個看似毫無聯繫的小邦結成一個國家之統一事業而言，這些起義都沒有造成持久的影響。在拿破崙戰爭結束後的混亂時期形成的各泛義大利組織中，民族主義主張最鮮明的是義大利燒炭黨[21]。朱塞佩·馬志尼（一八○五至一八七二年）曾經是該黨的成員之一，在一八三一年他創建了一個名為青年義大利黨的組織，致力於義大利半島的統一事業。一八三四年，馬志尼從瑞士向撒丁尼亞王國發起宣傳攻勢，希望義大利其他地區能加入他的行動，但是他這次的行動完全不成功。此後馬志尼滿足於為義大利民族主義和共和主義進行宣傳鼓吹，吸引了一批專心致志的追隨者，特別是在英國的自由主義者。然而，義大利的自由主義者不信任他，儘管他們也希望能看到一個統一的義大利，但作為「善良的」自由主義者和中產階級成員，他們對馬志尼堅持的共和制感到不安，而希望把現存的各公國合併為某種君主立憲制國家。

　　如果說義大利的民族主義在這一時期是中產階級自由主義的現象，那麼愛爾蘭爭取取消與英國合併的運動並非主流[22]。該運動的領導人是丹尼爾·奧康內爾（一七七五至一八四七年），這次運動從愛爾蘭農民中得到很大的支持。奧康內爾之所以具有如此顯著的成就，是因為愛爾蘭天主教徒幾百年來一

直受到英國新教徒統治之苦，使得所有愛爾蘭人對英格蘭人都心懷敵意。在一八〇一年正式合併前後，英國人強加於愛爾蘭的外來統治，只帶來貧窮和迫害。奧康內爾發起的取消合併運動，其目的是希望能夠與英國統治階層談判達成某種溫和的協議。與他相比，他的追隨者所要求的則更爲激進。然而，無論是被愛爾蘭人稱爲「解放者」的奧康內爾的分離主義，還是其追隨者所依循的更爲名副其實的民族主義，這兩者的願望均未能實現。與中歐的民族主義運動不同，愛爾蘭的民族主義運動面對的是一個更強大、更堅決的對手——英國，因而愛爾蘭在歷經一個世紀的磨難後才取得勝利。

民族主義、自由主義和革命（一八四八年）

從兩個主題出發，就可以輕而易舉地了解中歐一八四八年革命的歷史：首先是各民族爲自己所主張擁有的自主權而鬥爭，尤其是奧地利帝國內的各個民族【23】；其次是日耳曼境內自由主義和民族主義力量之間的爭執。

法國二月革命的消息迅速向東傳播開來。三月底奧地利帝國分裂。匈牙利也趁機成立了自由政府，在科蘇特領導下，僅與哈布斯堡王朝保持最爲微弱的關係，並準備起草自己的憲法【24】。在維也納，工人和學生仿效巴黎的抗議者，築起街道障礙物並進攻帝國宮殿。這次的政治混亂動搖了梅特涅這位擁有豐富經驗的老手所組成的政府，他發現這一次的壓力太大，因而被迫下臺喬裝逃到英國。哈布斯堡皇帝斐迪南一世的個性十分軟弱，一旦梅特涅把他拋下不顧，他就只好屈服於波希米亞民族主義者的要求，並同意這個王國擁有自己的憲法，使匈牙利得到較大程度的自治。在南方，義大利人發起對奧地利控制的米蘭、那不勒斯、威尼西亞和倫巴底的抗爭，薩丁尼亞王國的查理・阿爾貝特國王的軍隊在這些地方大敗奧地利人。

迫使奧地利屈服的民族情感，又成功地使帝國獲得補償。正如在中歐顯示出來的，民族主義自相矛盾的地方在於，一旦文化居主要地位的民族宣稱自己是一個獨立或半獨立的國家，那麼在這個新國家境內的其他文化，則又成爲少數民族者，因此這些少數民族就會學習他們，也以非常激烈地方式抱怨他們在這新制度內所處的地位是如何低下。在波希米亞發生的事件正是這種情況，在該地，捷克人是主要的人口群，他們大都是反日耳曼思想者，因而拒絕派代表出席一八四八年五月在法蘭克福召開的全日耳曼的代表大會，此代表大會的目的在於爲統一的日耳曼草擬憲法【25】。他們反過來在布拉格召集成立了一個斯拉夫人同盟，代表成員大多來自原奧匈帝國境內，且他們馬上認清一件事

情，一個統一的日耳曼的建立對於他們的政治和文化自治權所構成的威脅，比奧地利帝國帶來的威脅更大。然而，在波希米亞境內的其他日耳曼少數民族自然渴望參加這個能夠讓其同胞更緊密團結的會議，因而對波希米亞政府拒絕參加非常不滿。由此產生的敵意使奧地利人更容易利用布拉格在一八四八年五月發生的暴動，奧地利政府再度征服這座城市，解散了斯拉夫人會議，收回已允許的政治讓步，重申對波希米亞的控制權。儘管在維也納三月革命後，在奧地利產生了一個自由派政府，但該政府由於經濟和政治的因素，在防止整個帝國的分崩離析上，所下的苦心並不比之前的政府小【26】。因此，當義大利統一聯盟內部的爭吵減弱了他們對奧地利人的共同立場時，奧地利很快就重新把倫巴底和威尼西亞納入自己的版圖。

匈牙利的民族主義和反民族主義運動為奧地利的恢復主權地位創造了有利的條件。最重要的是，科蘇特的激進黨派是一個馬扎兒民族主義黨，當此黨派掌權後，就於一八四九年初將首都從靠近奧地利邊境的普雷斯堡遷移至布達佩斯，並再次宣布馬札兒語為國家的官方語言。他們的行動觸怒了匈牙利境內各個少數民族，特別是克羅埃西亞人，因為克羅埃西亞人在革命前，就已經在奧地利統治之下享有某種程度的自由【27】。克羅埃西亞人組織了一支起義軍隊，發動了一場內戰。奧地利再次利用民族主義挑起分裂，任命克羅埃西亞反叛者約瑟夫・馮・耶拉西克為反馬扎兒軍隊的指揮官。在這一時期，維也納的自由主義者也開始意識到——但是已經太遲了，下一個或許就輪到他們了。在這方面他們的感覺是對的，因為在奧地利帝國內，革命形勢急轉直下。儘管十月在維也納爆發了第二次起義，但不久，革命也被鎮壓下去。效忠於皇帝的軍隊從波希米亞出發襲擊維也納，十月三十一日，自由派政府停止抵抗【28】。

一旦帝國政府重申自己的權威，它就會不遺餘力地徹底鎮壓民族主義思潮。奧地利的大臣們意識到，儘管在戰術上數次處於優勢地位，但民族主義運動仍普遍破壞帝國的政治和經濟統一。奧地利首相費利克斯・馮・施瓦爾岑貝格親王和內務大臣亞歷山大・巴赫是民族國家建立者，共同把國家再次集中在一個統一的政治體系之內，匈牙利和波希米亞不再享有分治的權利。作為總體改革運動的一部分，農民團體從農奴制下獲得解放，各個民族的農民獲准保有自由，只是必須效忠皇帝。法律也得到改革，目的也是為了一致性。鐵路和道路也修築起來，使整個帝國連結在一起。透過關稅方式來提高外國產品價格以排斥外國製造成品，使經濟民族主義得到鼓勵，同時在帝國境內實行自由貿易，刺激了國內工業的發展。在完成所有這些旨在消滅分離主義運動的措施

後，奧地利政府透過強有力的國家建設行動確保它的優勢。

在普魯士，革命經歷了一個與奧地利相似的方式。三月，國王腓特烈·威廉四世發現自己不得不屈服於一個普選的立法會議的要求，允許普魯士人選出制憲會議。當時會議中的與會者對普魯士境內波蘭少數民族的困境表現出特別的同情，並對俄羅斯人持敵視態度，其中激進的國會議員視俄羅斯人爲他們在中歐散布開明政治觀念的主要威脅者。然而，當與會者對波蘭民族主義的同情擴大到允許他們成立一個普屬波蘭自治政府時，引發了日耳曼境內少數民族類似的情緒，如同發生在奧地利帝國的情形。在普屬波蘭的大城市波森，日耳曼人起來反抗新成立的波蘭政府。毋庸置疑，駐防的普魯士軍隊站在日耳曼人這邊，並幫助他們推翻新政府。現在很清楚，政權掌握在軍隊手中，軍隊雖自格奈舍瑙和沙恩霍斯特時代就已經職業化，但是仍然由容克階級控制。柏林激進派的國會議員們豈是武裝軍事當局的對手，因此普魯士革命如同它驟然爆發一樣迅速告終。

同時，在法蘭克福，日耳曼人進行了一場爲這些革命年代的中歐歷史提供第二個主題的辯論：自由主義對民族主義。從日耳曼和奧地利各地選出的代表參加了法蘭克福議會。代表大都來自職業人員階層——教授、律師、官員，他們是一群普遍致力於中產階級自由主義的人。許多人認爲他們的任務與一七八九年法國制憲議會的任務相像：爲自由、統一的日耳曼起擬一部憲法。然而，法國制憲議會的召開是建立在法國這個民族國家業已存在這個簡單而又極爲重要的事實之上，法國召開議會是要賦予這個國家新的型態和新的方向。但是，此時的日耳曼仍實行中央集權，且尚待重新塑造，那裡存在著一個可以被駕馭——如果必要的話——也可以被篡權的政府。相比之下，法蘭克福議會除了會議本身的言論外，沒有其他東西可作依恃。議會議員是一群有思想、有頭腦的中產階級自由分子，他們堅信一個自由主義—民族主義的德意志國會能依據抽象的理論原則組成。

議會幾乎從一開始就陷入民族問題之中而無法自拔。代表們問道，哪些人是日耳曼人？多數代表同意，可以依據語言、文化和地理來區分日耳曼人，認爲自己必須參與現在正在法蘭克福進行的事業的所有人也都是日耳曼人，至於將要組成的德意志民族國家，他們認爲必須盡可能把「日耳曼人」包括在內【29】，這一觀點後來逐漸被稱爲「大德意志」。然而，大德意志派發現自己遭到應屬於自己陣營的其他民族主義者的反對，因而處於進退兩難的窘境。正如之前談過的，波希米亞的捷克人並不希望成爲大德意志的一部分。最後，大

德意志派決定，在之前起草憲法的這一國家應包括匈牙利之外的所有奧地利領土。這一決定意味著他們的新國家王冠順理成章地歸屬哈布斯堡皇帝。就在這一時期，「小德意志」的呼聲開始響了起來。普魯士民族主義優於日耳曼民族主義，他們爭辯，普魯士民族主義應該把奧地利排除在外，王冠應屬於普魯士的腓特烈‧威廉國王。

一八四八年秋天，奧地利和波蘭發生的事件考驗著議會的自由主義。當帝國軍隊摧毀了捷克和匈牙利的反叛勢力時，或者當普魯士的容克們推翻了波蘭自治政府時，自由主義者發現他們被迫對這些事件歡呼，他們被迫支持鎮壓少數民族，不然他們將無法有一個新德意志。但是，他們不僅要為日耳曼民族主義歡呼，也要為反自由的獨裁主義歡呼。而且最令議會難堪的是，它發現自己不得不在普魯士軍隊庇護下。由於人們抗議議會打算放棄敘列斯威，允許此地為丹麥人所兼併，使得法蘭克福爆發動亂。敘列斯威是屬於丹麥的一個公國，這是一個特別的地方，部分為日耳曼人，但大部分是屬於丹麥人，而且在一八四八年三月為丹麥所合併。因此在法蘭克福方面，除了要求普魯士收回敘列斯威外別無他法，普魯士則表示拒絕。不久後此地出現騷亂，議會再次請求普魯士提供幫助，這次普魯士接受了。

雖然淪落到從屬的地位，法蘭克福議會代表們仍於一八四九年春天制定出一部憲法。這次奧地利擔心普魯士的反對，決定不再干預法蘭克福議會。結果小德意志派不戰而勝，並提議以普魯士的腓特烈‧威廉四世為君主，實行君主立憲制。腓特烈‧威廉對此心動不已，但是他不想得罪奧地利，因而以憲法過於自由，且君權神授的國王不能自人民選出的議會取得皇冠為藉口，加以拒絕。不過腓特烈還是很想要這個位子，但是要以他自己的方式【30】。當普魯士國王拒絕皇冠後，德境的民族統一運動便告破滅，代表們感到失望，不再抱有幻想，只得回家。他們之中有許多人確信一件事：自由主義和民族主義的雙重目標是不可能同時實現的。而拒絕放棄這一目標的代表們就移居美國，他們認為那兒已經實現了這一目標。那些留在歐洲的代表安慰自己說，目標實現一半總比沒實現好，並犧牲其自由主義目標以換取民族主義目標。

一位日耳曼流亡者，因為一八四八年革命而對未來抱有希望，此人就是年輕的卡爾‧馬克思（一八一八至一八八三年），他因持有激進觀念與從事激進活動而被迫移居英國。與他的朋友也是合作夥伴的恩格斯（一八二〇至一八九五年）一樣，馬克思出身於一個中產階級家庭。他自柏林大學畢業後【31】，在一八四二年，他找到了一份工作，充當《萊因報》的編輯，希望利

用這個位置來對他愈來愈感到厭倦的社會進行改革。然而，他的激進做法不久就使他與出版商發生了矛盾。他先移居巴黎，後至布魯塞爾，在布魯塞爾他希望能幫助創辦共產主義同盟團體，這是一個宣稱其目標為推翻中產階級的團體。在巴黎的時候，馬克思與恩格斯就已經建立深厚的關係。一八四〇年代後期，他們一起提出一種革命變化理論，這一理論於一八四八年歐洲大陸革命風起雲湧之際，應同盟團體的要求由馬克思出版，題為《共產主義宣言》。

在《共產主義宣言》中，馬克思強調一種歷史理論，歷史理論吸收了許多德國哲學家黑格爾的思想[32]。前文已經談過，黑格爾認為，思想是歷史的原動，各種思想處在不斷的衝突中，而思想間的衝突反過來又導致它們最終的融合，這代表了人類歷史的一個進步。馬克思採納了這一特別的進步史觀，黑格爾從思想方面理解衝突和解決方法（一種辯證邏輯），馬克思則從經濟力量方面——即唯物主義方面來解釋歷史——來理解。他辯稱，社會在任何時候都不過是那些擁有生產資料並控制物質財富分配的政治集權的反映。隨著歷史的發展，生產資料也發生了變化。封建主義和莊園制度被資本主義征服。而馬克思宣稱，資本主義反過來將會被社會主義征服。然而，那一過程首先涉及資本主義經濟力量將集中在人數愈來愈少的中產階級成員（資本家）之手中，緊接著是相應人數愈來愈多、地位日趨下降的勞工階級（無產者）的反抗。一旦無產者透過革命推翻了資產者（這最終注定會實現），社會將得到解放。在此之前會先出現一個「無產階級專政」的過渡時期，以清除資本主義社會的最後殘留痕跡，根據辯證邏輯的結果，最後將產生一個真正沒有階級的文明[33]。

馬克思認為，《共產主義宣言》並不只是另一種理論。他宣稱，無產階級合作就能夠有意識地參與他所描述的革命過程——通過自己的努力能夠真正地推進歷史，而一八四八年所發生的革命正是那一過程的一部分，這一說法有助於解釋這一文獻的最終吸引力。馬克思和恩格斯的著作在當時並沒有立即引發一場無產階級革命，《共產主義宣言》剛剛出版時沒有多少人注意過它。事實上，儘管《共產主義宣言》在其著名的宣言中號召無產階級團結起來，但是馬克思和恩格斯認為這一目標不可能馬上實現。然而，與十九世紀三〇和四〇年代的任何其他政治思想家相比，馬克思和恩格斯使工人對自己作為人的價值潛能，以及其在歷史進程中的至關重要作用有了更清楚的認識。

民族國家的建立（一八五〇至一八七〇年）

一八五〇至一八七〇年這二十年的時間，是西方世界建立民族國家的時

期。在主要的建國領導者中，沒有一個人比在普魯士統治下完成德意志統一的鄂圖・馮・俾斯麥【34】（一八一五至一八九八年）取得的成就更大。俾斯麥出身於容克階級，一八四八至一八四九年革命運動期間，他極力擁護神授君主而首次在政治舞臺上亮相。不過，實際上，他既不是自由主義者也不是民族主義者，他只不過是一位普魯士人。當他推行國內改革時，並不是因為他支持某一特定集團的「權利」，而是因為他認為他的政策會造就一個更統一、更強大的普魯士，當他運用手腕把日耳曼各邦集結在普魯士統治之下時，這並不是因為要實現大德意志計畫，而是因為他相信某種形式的統合是幾乎不可避免的。而如果統合無可避免，必定要按照普魯士的指示來完成。他以身為現實主義者自傲，後來逐漸被稱為現實主義——意思為講究現實政治——的一流實踐家。俾斯麥很快就意識到自己對權力的崇拜，他曾考慮謀個軍職——就他出身於容克貴族而言，這想法毫不令人奇怪。他一度致函給皇帝威廉一世來表達他的遺憾：現在的他不得不埋首於桌前，無法在前線為國家效勞。但是不管他身兼何職，他都企圖充當指揮。他宣稱「我要以自己聽起來悅耳的方式奏曲，否則就根本不要做」，「榮譽，對領導軍隊的渴望……我承認我無法擺脫這些激情」。他認為這種激情對一個要承擔締造日耳曼命運重任的人來說是具有價值的。

一八六二年俾斯麥出任普魯士的宰相，執掌大權。他與國會中的自由主義多數派發生了衝突，後者不顧國王的壓力，自一八五九年起就反對增加國家的軍事開支。這一多數派是根據一八五〇年腓特烈・威廉四世在國會垮臺後批准的普魯士新憲法所選舉出的國會議員【35】。國會分成上下兩院，下院經由普選產生，然而，選票是根據一個人的納稅能力來分配，那些能夠繳納全國三分之一稅收的人，負責選出三分之一的議員，一位大地主或企業家擁有百倍於一位窮人的投票權。然而，與國王的預期相反，根據這一憲法出現的自由主義多數者妨礙了君主及其顧問計畫的實施。為了打破這一僵局，一八六一年繼其兄腓特烈・威廉四世出任國王的威廉一世便召俾斯麥出來掌管政府。自由派豈是俾斯麥的對手，當他們拒絕徵稅時，他就以其他的方式來課徵，他聲稱憲法不論主旨何在，絕不是用來顛覆國家的。當自由主義者爭辯，普魯士為日耳曼其他各邦樹立了一個壞榜樣時，俾斯麥便回答，普魯士不是因為其自由主義而受到人們的羨慕，而是因為其實力。

不論日耳曼人——或者歐洲其他國家——是不是欽羨普魯士的實力，他們不久就發現自己不得不正視它。俾斯麥僅僅用短短的八年時間就建成一個後來

被稱爲德意志帝國的國家。俾斯麥能夠不失時機地利用國際上任何有利於自己的形勢，然而卻對他的行動所涉及的意識和道德內涵並不特別關注，這有利於他完成其壯舉。此外，他也善於利用那些原本在控制之外的事態發展，以形成對他行動的助力。第一個例子是一八五四至一八五六年間進行的克里米亞戰爭，它發生在俾斯麥掌權之前。戰爭爆發之因在於，土耳其認爲俄國的要求有損土耳其帝國的完整，這使得俄國和土耳其這對歐洲宿敵之間的敵對情緒日益加劇。俄國入侵摩爾維亞和瓦拉幾亞（後爲羅馬尼亞）地區【36】，長期不斷的政治腐敗使得鄂圖曼土耳其帝國毫無抵抗能力而成爲俄國的囊中之物。一八五四年，法國、英國進軍俄國的克里米亞半島【37】以插手援助土耳其，薩丁尼亞王國不久也加入英法聯盟【38】。這一爭端後來擴大到應由誰來保護耶路撒冷的基督教徒，使之免受土耳其人的侵犯【39】，這個問題從英國決定要阻止強大的俄國在近東出現而更趨尖銳。聯軍最終取得勝利，主要歸功於英國對俄國的封鎖。戰後和約使俄國遭受一次嚴重挫折，它在巴爾幹半島的影響力急劇下降【40】。摩爾維亞和瓦拉幾亞合併成了羅馬尼亞，成爲塞爾維亞之外另一個獲准自治的公國。奧地利的軍事資源在俄國侵占摩爾維亞和瓦拉幾亞期間受到重創，因而拒絕出兵援助俄國，而使它失去了昔日強大的盟友【41】。俄國和奧地利的實力受到克里米亞戰爭的影響而減弱，在一八六○年代成爲俾斯麥利用的有利條件。

　　爲了把日耳曼諸公國統一在一個由普魯士支配下的聯盟，俾斯麥首先著手消除奧地利在日耳曼邦聯中的領導地位。爲了達到這一目的，他初步計畫便是挑起丹麥積怨已久的什列斯威和荷爾斯坦兩地轄屬權問題的爭論。這兩個公國的居民爲日耳曼人和丹麥人【42】，其地位十分特殊。自一八一五年起荷爾斯坦即加入日耳曼邦聯，但是兩公國都必須視丹麥國王爲大君。由於丹麥國王企圖吞併它們，引起二地居民的抵抗，因此在一八六四年，俾斯麥便邀請奧地利共同參與對丹麥作戰。在經過短期戰爭之後【43】，丹麥國王被迫放棄對什列斯威和荷爾斯坦的所有主張，奧地利和普魯士取得了勝利。隨後的事情則按俾斯麥所期望的那樣進展：戰勝國爲瓜分戰利品而發生了爭執【44】。最後於一八六六年，普奧宣戰演變爲一場被稱爲「七週戰爭」的衝突，結果普魯士輕而易舉地獲得戰爭的勝利。奧地利被迫放棄對什列斯威和荷爾斯坦的主權要求，並將威尼西亞割給義大利，同時也同意解散日耳曼邦聯。戰後，俾斯麥立即採取措施統一美因河以北的日耳曼各邦，便於一八六七年合併成立北日耳曼邦聯，以此孤立了奧地利。

　　為了贏得對邦聯的控制，俾斯麥樂於把自己變成一位民主派人士。他知道，如果要建立一個以普魯士為首的強有力的聯盟，他需要採取一個任何一位日耳曼政治家至今仍未善加利用的方法：讓選區內的每一位選民都站在自己這邊。俾斯麥十分欣賞拿破崙三世利用公民投票的方式來加強自己政權的做法，他知道，大多數日耳曼人並不是資本制度自由主義的熱情支持者，也不是他們自己小公國的官僚，更不是奧地利哈布斯堡王朝的積極擁護者。他為邦聯設計的憲法中規定，必須成立兩個議院：上院即參議院，代表聯盟內的各邦，儘管各邦地位並不平等；下院為帝國議會，由男子普選產生，實際上為普魯士所控制。此外，北日耳曼各邦雖都保有其政府，但是軍權則控制在邦聯政府手中，以普魯士國王為統帥。不出他的預料，不必說容克貴族，自由派中產階級也同樣對此大感震驚和沮喪。俾斯麥這樣做的目的就是要利用民眾的支持來加強中央政府的力量，以對抗地主和資本家的利益。

　　俾斯麥完成德意志統一的最後一步是在一八七○至一八七一年的普法戰爭。他希望與法國的衝突能夠激發起巴伐利亞、符騰堡，以及其他仍處在邦聯之外的南方各邦的日耳曼民族主義精神。俾斯麥利用霍亨索倫家族（普魯士的統治家族）成員【45】可能繼承西班牙王位問題來引發外交風波，努力挑起法國與日耳曼間的誤解。威廉國王同意在普魯士度假地埃姆斯會見法國大使，討論西班牙王位繼承問題。威廉電告俾斯麥，法國要求他以霍亨索倫家族首長的身分，保證該家族將永遠放棄西班牙王位繼承人之事被他拒絕，俾斯麥認為這是一個採取行動的時機，他便向報界透露這一消息，故意讓世人產生威廉國王羞辱了法國大使的印象——實際上威廉並未這麼做。法國從零零散散的報導中獲悉在埃姆斯發生的事情後，當即做出了反應：向普魯士宣戰。俾斯麥也公布了他所謂的法國圖謀萊因河地區的證據。雙方宣戰後，日耳曼南部各邦認為普魯士是遭受侵略的一方，便與它站在同一條陣線上，戰火迅速燃起。法軍根本不是訓練有素、裝備優良的普軍對手，歐洲其他國家也沒有向法國提供援助。本來最有可能助法國一臂之力的奧地利，也因為它仍未從普奧的七週戰爭中恢復元氣而未給予法國實際的幫助，而且在這一時期，在奧地利政府中取得影響地位的馬扎兒人正巴不得出現一個強大的普魯士，因為普魯士力量的不斷增強就意味著奧地利力量的不斷削弱，而作為一個日耳曼地區的大國，奧地利愈是衰弱，代表著馬扎兒人取得支配地位的要求就愈容易實現。於是兩種民族主義思想再次發生衝突。戰爭自七月開始到九月結束，最後以法軍失敗和拿破崙三世在法國的色當被俘告終。

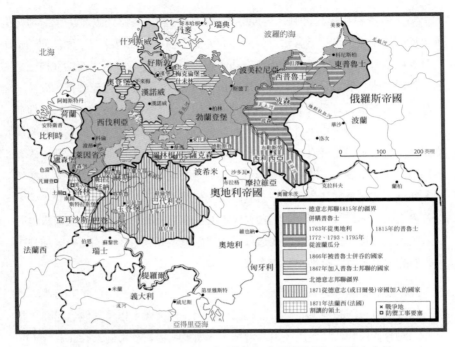

圖29-1　一七四○～一八七一年德意志（或日爾曼）帝國走向統一

　　法蘭西帝國政府崩潰後，巴黎的反抗力量繼續抗擊日耳曼人至一八七一年冬季【46】。在此同時，俾斯麥著手實現他爲之廢寢忘食的工作──德意志統一。一八七一年一月十八日，德意志帝國於凡爾賽宮的鏡廳宣布成立。除奧地利外，所有之前已併入普魯士的各邦都宣布效忠威廉一世，之後他便被稱爲皇帝。四個月後，法國和德國在法蘭克福簽訂和約，法國將邊境地區的亞爾薩斯割讓給這一新帝國，並同意賠償五十億法郎，由此向世人宣布俾斯麥在民族國家建立方面所取得的巨大成就。

　　在義大利統一中，也發生了與導致德意志統一類似的事件。一八四八年之前的義大利，實際上是一個由各小邦國拼湊成的地區。其中最重要的獨立公國，有北部的薩丁尼亞王國、中部的教皇國和南部的兩西西里王國，前倫巴底共和國和威尼西亞共和國則被奧地利所占據，至於哈布斯堡王朝的附庸則控制著托斯卡納、巴馬和摩德納。當一八四八年的革命浪潮掃過義大利半島時，統治們一個接一個地准許進行民主改革。薩丁尼亞的查理‧阿爾貝特向臣民保證實行公民自由，並准許建立議會政府，使其在推行改革方面凌駕其他的統治者。然而，很快就發現，義大利人既是自由主義者，同樣也是民族主義者。而

且擁有浪漫主義思想的愛國者們多年來一直都夢想著「復興」，就是使義大利恢復在羅馬時代和文藝復興時期享有的那種光榮領導地位。爲了實現這一目標，人們一致贊成應把義大利統一爲一個國家，只是對於新政府應該採取什麼形式則意見不一：青年的理想主義者們追隨馬志尼的教導，致力於共和政體；具有宗教思想的愛國者們則認爲，最現實可行的辦法是在教皇領導下成立義大利聯邦；大部分的溫和民族主義者鼓吹以薩丁尼亞王國爲基礎建立君主立憲的政體。第三個派別的目標，在精明的薩丁尼亞貴族卡米洛·迪·加富爾伯爵（一八一〇至一八六一年）的領導下逐步確定成型。一八五〇年，加富爾被任命爲薩丁尼亞的商業和農業大臣，一八五二年被任命爲首相。

　　義大利半島統一運動的第一步，就是把奧地利人驅逐出去。一八四八年，在哈布斯堡王朝管轄的地區內，開始出現起義組織，薩丁尼亞並派一支軍隊來援助起義軍，但是這次運動以失敗告終。從那時候起，加富爾成爲統一運動的新領袖，他轉而採取雖不是那麼大膽卻更現實的方法【47】。一八五八年，他與拿破崙三世在法國東境的普倫比埃舉行了祕密會談，爲義大利統一戰爭做準備。拿破崙三世同意合作以驅逐奧地利人，但是必須將薩伏依和尼斯割讓給法國作爲法國參戰的代價。一八五九年，與奧地利的戰爭正式爆發，法義聯軍一度進展得非常順利。然而，在征服倫巴底後，拿破崙三世突然撤兵，因爲他擔心最後的失敗，也害怕對加富爾政府的幫助會在國內引起天主教徒的反感，因爲加富爾政府是一個公然反教權主義的政府。在遭到盟友背棄後，薩丁尼亞無力獨自將奧地利人逐出威尼西亞。儘管如此，此次戰役收穫仍非常大，薩丁尼亞除了兼併倫巴底外，還透過各種途徑獲得了托斯卡納、巴馬、摩德納等公國，以及教皇國的北部地區。此時薩丁尼亞王國的面積已經比它原有的面積還大了一倍多，成爲義大利半島上最強大的邦國。

　　統一義大利的第二步是征服兩西西里島上的王國。該王國由義大利人民十分痛恨的波旁家族成員法朗西斯二世所統治。一八六〇年五月，一位具有傳奇性的冒險家朱塞佩·加里波底（一八〇七至一八八二年）率領一支一千人的「紅衫軍」，將義大利同胞從被壓迫中解救出來。短短三個月內，他征服了西西里島，隨後率領他的部隊到那不勒斯以幫助該地區人民的起義行動。到了十一月，整個法朗西斯二世的王國都落入加里波底之手。本來加里波底打算把該地區變爲一個獨立的共和國，但最後還是被說服，將它交給薩丁尼亞王國。這使得義大利半島的大部分地區都歸屬於單一的統治者，即薩丁尼亞王國的國王維多·伊曼紐爾二世，一八六一年三月十七日，他便即位爲義大利國王。但是此時威尼西亞仍掌握在奧地利手中，直到一八六六年奧地利在七週戰爭中失

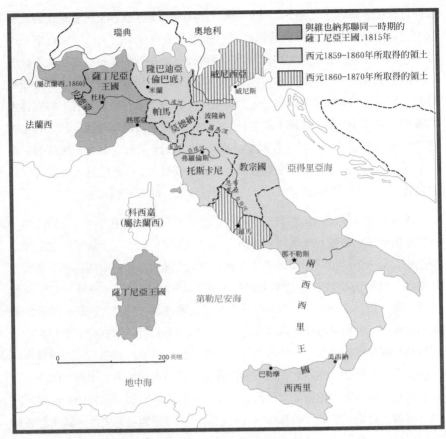

圖29-2 義大利的統一

敗後，普魯士才迫使奧地利把它割讓給義大利。現在，義大利的統一運動有待
完成的最後一步就是收復羅馬。不朽之城——羅馬——由於拿破崙三世給予教
皇的軍事保護，使得它仍能繼續抵抗義大利的征服。但是在一八七〇年，普法
戰爭爆發後，拿破崙三世被迫撤回其軍隊。於是在一八七〇年九月，拿破崙三
世被俘，義大利士兵便進軍占領羅馬，次年七月，羅馬便成為義大利的首都。

　　占領羅馬使得義大利國王陷入與羅馬教廷的衝突之中。一八四六年，教皇
庇護九世即位之初，就實行了一系列「現代」改革：煤氣燈、鐵路和種牛痘。
不過，他就像他的反動派前輩格列哥里十六世一樣，繼續以世俗君主的方式統
治著教皇國，對自由主義和民族主義均持敵對態度。毫不令人疑惑地，當義大
利軍隊開進羅馬，想進行統一運動時，教廷對此統一運動表現出敵意。一八七
〇年，當義大利軍隊占領羅馬後，義大利政府曾做出努力，企圖解決國家和教

廷之間的問題。一八七一年，義大利議會通過教廷保障法【48】，意在把教皇的地位界定為一個有統治地位的君王。教皇庇護九世當下即譴責教廷保障法，他認為這一法規涉及有關教皇的爭論問題，只有藉由他本人參與的國際協議才可以解決此問題。從此之後，他便在梵蒂岡閉門不出，拒絕與一個以如此羞辱態度對待基督在塵世代理人的政府交往。他的繼任者繼續過著這種自我禁閉的生活，直到一九二九年，義大利政府與庇護十一世達成一系列協議後，才解決了爭端。

美國在它的歷史上並非一開始就是民主國家，而且只有少數幾位國家領導者是真正具有民主理想的人。憲法的草創者對民眾的統治並不感興趣，美國創始者的主要目標是建立一個共和政體，以促進穩定和保護人民私有財產免受大多數人平等傾向的侵犯，他們絕不是想建立一個以人民為主的體制。基於這一原因，在政府各部門間採用抑制與平衡方法，設立總統選舉團遴選總統，創建了權力很大的司法機構，並授權一些州議會選舉參議員。

在根據一七八七年的憲法建立一個更牢固統一的新政府之後，民主觀念在美國開始為人接受，因此在立國之初便有兩大政黨：聯邦同盟黨、民主共和黨。一八〇一年以前，大權一直握在聯邦同盟黨手中，這是一個由大地主和成功商人資本家所組成的黨派。一八〇〇年，民主共和黨的湯瑪斯‧傑佛遜（一七四三至一八二六年）當選為總統【49】，民主共和黨便在一八〇一年獲得政權，儘管這一事件常被稱為傑佛遜革命，傑佛遜並被認為是群眾和下層政治力量的擁護者，但是持這種看法也有離題的危險。因為從各方面看來，傑佛遜是極力地反對毫無限制的多數權威，他與民主毫無關係。他心中的理想政治體制是一種「道德與天才」的貴族政治，在該體制下，尊重個人自由成為指導原則。

不過，傑佛遜運動具有民主特徵的目標，是不可否認的。運動的領袖們對於特權，無論是來自天生的還是來自財富的特權，都極力反對，他們努力爭取廢除國教。此外，他們還領導了一場要求在聯邦憲法中加入人權法案的運動，而這一要求之所以能夠成為事實，幾乎完全歸功於他們。儘管他們熱衷於分權原則，實際上，他們相信人民代表享有至高無上的權威，並對行政和司法部門增加自己權力的企圖表示憎恨。

到一八二〇年，這些觀念以更直接、更有力的術語表現出來。城市中的民眾愈來愈意識到自己在政治上的重要性，也開始要求他們應有的利益。從事農業的老南方（原十三州殖民地的南部）的控制地位已經衰落了。由於購買路易

斯安那（一八〇三年自法國購買的一片龐大地區）以及西北地區（紐約州西部和俄亥俄州）持續的拓殖，出現了一個新邊疆。那裡的生活以粗獷的自由為特徵，因此，階級分野在那裡毫無立足之地。在生存競爭中，苦幹實幹和聰明才智比出身和教育還重要。結果，最後在其領袖安德魯·傑克遜（一七六七至一八四五年）影響下，一種新的民主精神便以平等原則成型了。傑克遜派的民主黨人把自由主義信條改造成更為激進的綱領。他們認為所有人（不包括奴隸、美國印第安人和婦女）在政治上一律平等，不僅在權利上，而且在特權上也一律平等。他們非常熱心地主張所有男性白種人都應享有參政權；所有的政府官員都應由選舉產生，而非指派；並時常替換執掌政權的人——這一原則目的在讓更多的民主黨政治家能進入聯邦政府。在美國領土迅速擴張時期，這些民主信念有助於在國內激發團結精神。

隨著美國在西部繼續獲得更多的土地（其中最有名的一次，一八四六年在西南部征服墨西哥的土地），它面臨的不僅是如何把那些地區及其移民與這國家相結合的問題，此外還存在著如何消化十九世紀上半葉從歐洲來到美洲的成千上萬名移民的問題。這些移民大都來自蘇格蘭和英格蘭，因為對他們來說，適應這一個新國度並不算困難，他們都是說著同樣的語言。對其他人來說，問題就大多了。信奉不同宗教——羅馬天主教——的愛爾蘭人就是如此，他們在一八四〇年代大量移入美國（大約有一半的人口移入）；至於對來自日耳曼及歐洲大陸其他地區的移民來說，他們存在的是語言障礙。美國對其移民的政策，是以反對成立任何脫離其公民主體的外國民族主義飛地[50]為原則。雖然允許出版其他國家語文的報紙，同時移民有去自己選定的教堂或社會集會的自由，但是英語仍是公立學校、警察、法庭和政府使用的語言。在這想要得到一份工作，學會一點英語幾乎是一定要的。透過這種方式，美國鼓勵移民拋棄其「外國」習慣，對接納他們的這個國家承擔義務。

如果說美國有飛地，那一定是存在於南方，該地的奴隸制度[51]以及大農場主對英國經濟的依賴，造就了兩個界限分明的少數族群，因此，如果不靠戰爭的發生，族群間的界線就無法消弭，任何一個族群都不可能被同化。十九世紀期間，出於經濟和人道主義方面的考量，西方世界中有許多地區的奴隸制被廢除了。南方大農場主持續堅持說，沒有奴隸制度他們就會破產。他們對人道主義者的答覆是，他們這麼做依據的是種族優劣理論，以及他們自認為身為樂於行善的慈善家所擁有的聲望。這些南方代言人的立場逐漸讓北方感到厭倦，愈來愈無法讓北方人信服。在美國向西擴張之時，南北之間圍繞著新成立

的州為「自由州」還是「蓄奴州」問題，展開了拉鋸戰【52】。北方人所關注的並非黑人的福利問題，當時北方正處於加速進行工業化時期，因此那裡的資本家們要求實行保護性關稅，用來幫助他們的企業發展。南方人則因自由貿易而受惠，因為他們希望以進口英國商品來換取向英國蘭開夏的製造商出售棉花。

　　一八六一年，美國內戰即將爆發。這場戰爭與其說是和解放奴隸的議題相關，倒不如說是圍繞著是否要維護美國各州和各地區的統一【53】。亞伯拉罕・林肯總統試圖採用戰爭手段來維護美國的統一。歐洲各國政府雖然沒有正式承認南部邦聯，然而大都同情南方人的事業。此外，它們希望美國的分裂能夠為它們的製造商打開市場，就像西班牙帝國的解體被證明對歐洲的商業是有利的一樣。然而，一八六五年北方人的勝利，確保了美國能成為一個國家繼續發展。憲法第十四條修正案特別規定，所有人都是美國的公民而非某一州或地區的公民；它還宣布，各州不經任何正當的法律程序，任何公民都不得被剝奪生命、自由或財產，這樣一來，它就確立了「合法訴訟程序」應由民族國家來界定，而不是由州或地區政府來界定。

　　美國內戰結束後，國家在北方私人企業的領導下走上經濟方面的統一。作為民族國家建立者，一八六九年橫貫大陸的聯合太平洋鐵路的最後建成是北方勝利的象徵。在歐洲和美國，民族國家的建立都有助於確保資本制度的持續擴張。自由主義者曾提供一股普遍風氣與一連串看法，這些意見有利於一個鼓勵工業化的政府。民族國家的建立反過來產生了必要的經濟單位──它們必須具備足以提供經濟持續發展所需的資源；此外，它們要非常有自信，如此才能夠與英國巨人進行競爭。

拉丁美洲的革命與民族國家建立

　　與在歐洲造成劇變和導致英屬北美十三州殖民地獨立的那些革命潮流一樣，另一股革命潮流也把西半球的西屬殖民地和葡屬殖民地變成一群新國家。雖然拉丁美洲的居民有很多的冤屈怨言，但是只有在上層階級──那些人受到的壓迫性統治是最少的──覺得自己有足夠強大的力量來反抗王家權力機構後，革命才爆發了。數量最多的克里奧爾人或殖民地白人，對自己被排除在政府或教會最高和最顯要的職位之外感到十分生氣，這些職位是專門留給在西班牙出生的貴族來擔任。這使得他們感覺自己被剝奪了基本的財富、才智，與理應享有的特權。

　　拉丁美洲的革命深深受惠於同時代歐洲和北美的發展，它們的革命目標、宣言、口號及其物資援助均對拉丁美洲有極大的影響。歐洲啓蒙運動時期的自由主義觀念也深深地影響整個美洲少數受過教育者的心智。這一菁英集團的成員成爲伏爾泰、盧梭和湯瑪斯・傑佛遜的熱情崇拜者。美國獨立戰爭不但以它所證實的原則，也以它取得的成功而受到人們的歡呼，儘管它面對的是明顯優於自己的強敵。幾年後，法國大革命向人們提供了另一個具有說服力的實例——推翻專制統治，法國大革命使西班牙和葡萄牙完全忙於歐洲事務，給這個新世界提供一個向這二個國家的統治者挑戰的難得機會。革命領導者也立刻臆斷，新建立的美利堅合眾國可以成爲他們爲自己的國家努力爭取自由的例子。阿根廷的一位愛國者崇拜地誦念著「高貴而偉大的華盛頓」的名字。西蒙・博利瓦爾是拉丁美洲革命英雄中最著名的一位，他稱讚北美人是「人類歷史上獨一無二的」。

　　美國與美國以南的地區之間存在著很大的不同，這些差異有助於說明，爲什麼拉丁美洲的革命沒有達到革命倡導者的崇高理想。也許兩者之間最顯著的差別在於，拉丁美洲殖民地是由歐洲最不先進的國家之一建立的。西班牙的經濟制度已經是過時的，其政治是專制獨裁且腐敗的；西班牙天主教會明顯充滿著不寬容和迷信行爲，該教會被政府當作鎮壓的工具，西班牙宗教裁判所更以其狂熱而惡名昭彰；在發現美洲前夕，西班牙最有事業心的居民——摩爾人和猶太人——已經被逐出這一國家。直到十七世紀，英國才開始在新世界殖民地的開拓上占據優勢，因爲那時候英國中產階級的勢力已經非常穩固，能夠阻撓專制政府的建立；不同於之前壟斷宗教權威的單一教會，現在的英國基督教徒已經分裂爲彼此競爭的各教派支派，在這些教派中，沒有一個能強大到把自己的意志強加在別人身上；此外，該國還成爲其他國家受到迫害的教徒庇護的避難所——尤其是休京拉教徒，這些教徒中有不少是商人和藝匠，他們隨身帶著他們的進取心和技術，爲英國的知識寶庫添加了一份爲數不少的財富。早在十七世紀結束之前，這一「蕞爾小島」就成爲歐洲最先進的國家。當西班牙的殖民者將中世紀的慣例制度和機構帶到它的殖民地時，那些由英國的殖民者帶去的卻是現代世界的觀念，他們相信教育、機會均等，並以野心和才智解決人類的問題，這些觀點幫助北美發展成爲一個自由的、富有活力的社會，相形之下，中美洲和南美洲則成爲一個靜止、半封建的社會。

　　其次，南美大陸的地理和人文環境與北美形成了鮮明對比。到處都有殖民地的葡萄牙和西班牙帝國，其居民包括各個不同的種族，每一殖民地內部也都

存在著嚴重分歧。英國所屬北美殖民地的拓殖方式促使殖民者之間形成一種團結意識，後來成為加拿大和美國的地區包括了幾千萬英畝實際上無人居住的土地，土著居民人數極少且散布在廣大的土地上，因此非常容易就可以把他們驅離或者消滅。在拉丁美洲，印第安人數量比較多，同時他們的文明程度通常也比較高，因此能夠更為成功地抵抗白種人的侵襲。所以，西班牙人對殖民地的政策是使土著居民皈依基督教，而不是把他們趕盡殺絕，這一政策與印第安人也應當受到剝削和壓迫的看法並無不協調之處。在革命爆發之際，西屬各殖民地的居民中有百分之四十五是印第安人，百分之三十是梅斯蒂索人（印第安人與歐洲人後裔的混血），百分之二十是白人，另有百分之五是黑人。在巴西，有半數的居民為黑人，四分之一為白人，其餘者為印第安人和馬麥盧可人（為葡萄牙語，相當於西班牙語的mestizos）。就整個南美大陸而言，非白種人與白種人之比為四比一，但後者不遺餘力地為爭取保持統治地位而鬥爭。

第三，經濟和社會結構不利於進步變革，無法為任何無畏的革命性計畫提供堅實的基礎。在拉丁美洲各地，經濟都處於非常原始的狀態。新西班牙或墨西哥的總督管轄區（包括德克薩斯、新墨西哥、亞利桑那和加利福尼亞在內）是人口最多的殖民地，但是此地每人平均年收入大約僅在二十美金左右，在拉丁美洲其他地區——除了普拉特河地區（布宜諾斯艾利斯）之外，生活水準就更低了。經濟發展使得大筆財富流入掌握土地和其他物質資源的極少數人手中——西班牙人和富裕的克里奧爾人，而下層人民——印第安人、黑人，還有少部分的梅斯蒂索人——卻貧困不堪。大多數人不僅生活貧困，而且缺乏知識，受過教育的人不到總人口的百分之十。

最後，在拉丁美洲蔓延開來的爭取獨立運動，在經過十五年來的一連串武裝衝突後，終告完成——不是僅僅經由一場革命戰爭完成的。曾激發人們想像力的自由和民主曙光，在這一段持久且異常艱苦的戰役中被消耗殆盡。而那些憑藉著戰場上的功績而獲得極高聲望和權力的軍事領導人，現在擁有比革命理想主義者或政治理論家更大的影響力。

一八〇八年，殖民地的動盪終於演變成真正的革命火花。西班牙軟弱的波旁王朝國王查理四世與其子斐迪南之間發生了一場爭執，拿破崙逼迫他們二人統統遜位，並讓自己的兄弟約瑟夫登上西班牙王位。有關這些粗暴行為的消息傳到殖民地後，殖民地居民普遍感到憤慨。剛開始，殖民地只是表達他們對法國的憤怒，但是後來他們漸漸意識到這是擺脫所有外國壓迫者的一個機會。社會的騷動與不安逐漸轉向對西班牙統治的不滿，緊接著一場獨立與革命戰爭就

爆發了。

在西班牙各個較大殖民地中，第一個宣布獨立的是委內瑞拉，這裡的革命型態已發展多年了。一八○六年，性情暴躁的克里奧爾人佛朗西斯科‧德‧米蘭達企圖在外國人的幫助下向他的祖國發動遠征，並從西班牙手中奪回控制權，他得到美國和英國的援助，不過所獲得的進展只是在委內瑞拉領土上取得一個暫時的立足點。五年後，來自許多省的代表參加了革命大會，便宣布委內瑞拉為一個獨立的共和國。在獲知革命者的這些活動後，米蘭達這時急忙從英國前來參加這一革命事業，並被任命為愛國軍隊總司令，他發動了一場戰役以征服該國其他地區，但是突然發生了一場地震，使他的種種努力化為泡影，這場地震襲擊了革命黨人控制的省分，導致二萬人喪生，這場不幸事件使他的軍隊遭受挫折。在這同時，西班牙政府派遣神職人員來到這裡，告訴這裡的人民，大災難是上帝對他們造反的罪過所給予的懲罰。愛國軍隊瓦解了，他們的指揮官被逮捕並被關入了大牢。

米蘭達失敗之後，委內瑞拉的革命便交給米蘭達昔日的朋友西蒙‧玻利瓦爾來完成。玻利瓦爾是一位富裕的克里奧爾牧場經營者，他最後轉向指責米蘭達，說他背叛了革命，並且應該對他自己被西班牙人俘獲之事負一部分責任。玻利瓦爾是一位名副其實的愛國者，但是他十分地自我且狂熱。他狂怒、野蠻地與西班牙人作戰，使委內瑞拉的衝突變成了一場嚴重的內戰。當革命事業看起來似乎毫無希望時，他去了哥倫比亞，參加那裡的反叛武裝革命。一八一三年，他回到委內瑞拉，並奪取了加拉加斯。一八一四年一月，委內瑞拉第二共和國宣告成立，玻利瓦爾為國家元首，號稱「解放者」。新政府僅僅存在六個月就被西班牙人傾覆了，其創立者逃往牙買加，並在那裡待了三年。一八一七年，他開始在委內瑞拉重建一支力量更為強大的愛國軍隊，兩年後，在來自大不列顛的四千名追求財富的士兵幫助下，他對哥倫比亞進行了一場引人注意的突襲行動。他給予西班牙及其合作者一場決定性的挫敗，並於一八一九年八月十日宣告哥倫比亞共和國成立。三個月後，哥倫比亞共和國的新憲法頒布了，其中包括委內瑞拉，而玻利瓦爾順理成章地成為總統。此後，這位偉大的解放者致力於解放仍處在西班牙統治之下的南美大陸北部其他地區。到一八二一年，他消滅了委內瑞拉的保皇主義者的軍隊。同時，他非常能幹的手下安東尼奧‧德‧蘇克雷中尉開始進行解放厄瓜多的事業，並在一八二二年與西班牙軍隊的戰鬥中取得輝煌勝利，從而確保了該國的獨立。不久之後，玻利瓦爾抵達基多，說服厄瓜多革命者與哥倫比亞和委內瑞拉合併，組成一個大哥倫比亞共和國。

圖29-3　約西元一八〇〇獨立前的拉丁美洲

　　在北部發生這些事件的同時，南部的獨立運動也如火如荼地展開了。早在
一七九〇年，布宜諾斯艾利斯的港口商人就與西班牙、英國發展了一種有利的
貿易關係，其中與英國的貿易關係更為有利可圖。他們長久以來一直希望能夠
擺脫西班牙政府推行的壟斷貿易限制性政策，希望能夠自由地從事商業冒險活
動。在拿破崙戰爭期間，他們的這種要求得到英國政府的鼓勵。一八一〇年，

布宜諾斯艾利斯的一群克里奧爾人推翻了約瑟夫・波拿巴的總督政府，並任命一個最高治國委員會，此委員會是以斐迪南七世的名義進行統治。正當城市的克里奧爾人忙於爭辯，他們應當沿著獨立方向往前走多遠，和應該建立一個什麼樣的政府才能最合乎他們的利益時，來自各省的代表在一八一六年聚集在圖庫曼，宣布他們要完全從母國獨立出來。只是，之後發生在首都與農村各省之間的敵對，卻阻礙了革命的進程。

至少有一位阿根廷人意識到，這種內部的爭執只會導致最後的失敗。這個人就是何塞・聖馬丁，他是阿根廷最偉大，但是卻是最不受到尊敬的民族英雄。他從十一歲時就在西班牙軍隊中服役，並且曾在半島戰役中與法國入侵者作戰。西班牙對拿破崙俯首稱臣後，他便回到自己的國家。他不理會地方上的責備，決定要藉著襲擊祕魯的保皇分子，來為阿根廷革命目標指出一條積極的方向——祕魯是保皇分子在南美大陸的主要據點。他被任命為安地斯山脈東側庫約省的省長，他計畫要在那裡組織並裝備一支軍隊入侵智利，然後以智利為基地向祕魯發動攻勢。在準備過程中，他得到了一位愛爾蘭後裔的智利革命者伯爾納多・奧希金斯的幫助。到一八一七年，這支勇敢的遠征隊已經準備就緒，翻過了構成大陸分界線的岩石山坡，侵略者進入智利，在聖地牙哥附近與保皇分子相遇，大敗後者，取得空前的勝利。智利人深表感激，願意讓聖馬丁當一位獨裁者，但是聖馬丁謝絕了他們的好意，堅持把此位置授予他的智利合作者奧希金斯。隨後，聖馬丁把注意力轉向侵襲祕魯的計畫上。遠征軍從一八二〇年九月開始行動，在不到一年的時間，這位令人敬畏的愛國者就進入利馬，發表了獨立宣言，為自己起了一個祕魯新政府「護國公」的稱號。雖然他相信只有建立君主制才能在這個動亂不已的國度中實現穩定，但是他自己並無政治野心。他缺少玻利瓦爾那樣完美的政治理念和演說技巧，並被證明是一位固執、且不太成功的獨裁者，因而與其支持者關係疏遠。他將征服祕魯的工作留給狂熱的極左派共和分子玻利瓦爾——諷刺的是，玻利瓦爾在氣質上比保皇分子聖馬丁還要具有君王特徵。這位解放者在利馬受到過分稱讚，他為祕魯制定一部憲法，宣布該國為一共和國，但讓終身制總統享有全部權力。此後不久，東南方的部分地區自立為一個獨立國家，取國名為玻利維亞以紀念這位解放者。一八二六年，玻利瓦爾為這一新成立的共和國制定了一個與祕魯憲法一樣專制的憲法，他的朋友德・蘇克雷將軍成為玻利維亞的第一任總統。在此同時，聖馬丁認為自己作為一個革命者的使命已經完成，而且他對於遭到祕魯人和阿根廷人的明顯反對感到痛苦，於是他把自己放逐到歐洲，一八五〇年在那裡去世。

　　巴西由殖民地的從屬地位變成國家的演變過程是獨特的──至少在拉丁美洲的年史紀錄上是如此，與其他殖民地相比，它走的是一條不那麼暴力的道路，或許是因爲巴西比其他地區還要落後。這地區的人口中有三分之二是奴隸，中產階級的人數很少，也沒有任何一個值得一提的城市，學校非常罕見，能讀寫的人幾乎不到總人口的十分之一。但是伴隨著獨立運動而來的是重大的經濟發展，而不是削弱國力的衝突，同時這一經濟成長在革命過後仍持續很長一段時間。巴西是拉丁美洲唯一一個以君主政治體制──而不是共和國──保持穩定的國家，更值得注目的是，它不僅從葡萄牙分離出來之前就被認定爲是一合法的君主國，而且它實際上比它的宗主國還強大，其宗主國葡萄牙因戰爭而力量枯竭，看上去就像其殖民地的附庸。

　　在巴西，革命的動力來自拿破崙戰爭。當拿破崙的軍隊在一八○七年把葡萄牙統治者趕出里斯本後，他們就遠渡重洋前往巴西，一八○八年三月抵達里約熱內盧。攝政王約翰親王發現殖民地是如此落後，深深感到懊惱，便立刻投入一項改革和改善計畫，這一計畫所需資金大都由英國投資者供應。英國之前早已控制了其盟國葡萄牙的經濟，現在則渴望壟斷巴西的經濟發展並從中獲取好處。約翰親王建立了學校、學院、醫院、一家圖書館、一家藝術博物館和一家銀行。他重新整頓殖民地的管理，提倡新的農業方法，並取消了對殖民地製造業的限制。雖然他的妻子卡洛塔因爲其毫不隱瞞的專制野心以及肆無忌憚的淫蕩作風，而惹惱了巴西人，但是約翰親王仍贏得人民的愛戴和尊敬。一八一六年，他那神經錯亂的母親瑪利亞一世去世後，他繼承了葡萄牙的王位，成爲國王約翰六世，此時他遇到了更多的困難。五年後，他很不情願地回到葡萄牙，由他的長子佩德羅任巴西攝政。

　　離開巴西之後，約翰六世發現自己無法有效地管理葡萄牙，他被捲入了反動者與自由立憲主義者之間的衝突。何塞·博尼法西奧在已經開演的巴西舞臺上扮演一個重要角色，他是位卓越的礦物學家，曾在年輕的攝政王佩德羅爭取獨立運動的事業中應徵入伍。當里斯本當局命令佩德羅回到葡萄牙去「完成他的教育」時，他拒絕服從。一八二二年九月，他宣布巴西獨立，一個月後，他被推舉爲皇帝。儘管他的統治在一開始時呈現出一副興盛繁榮的景象，但是不久就碰上了麻煩。佩德羅接受了一八二四年的憲法，使他成爲一位受到限制的君主。但是，他流放了曾對他的登基立下功勞的自由主義者何塞·博尼法西奧；而且他因爲未能阻止烏拉圭宣布獨立，因而傷害了巴西人的民族榮譽，烏拉圭在一八一六年被他的父親併入巴西；此外，他對妻子的不忠造成許多醜

聞；他更愚蠢地在巴西派和葡萄牙派之間製造分裂，並表現出自己較偏向後者。佩德羅發現自己受到新聞界的批評，以及受到在國內有主導作用的公民和軍隊的反對後，就宣布遜位，並於一八三一年離開了巴西。對巴西來說非常幸運的是，他的兒子佩德羅二世證明是十九世紀所有統治中最能幹者之一。

　　一八二六年，所有南美國家都已經擺脫歐洲人的統治。烏拉圭在一八二八年以前仍是巴西的一個省，阿根廷直到一八五三年才解決了布宜諾斯艾利斯與其他農業各省的統一問題。與此同時，拉丁美洲的另一部分正在爲獨立目標而奮鬥。就是新西班牙的總督管轄區，包括墨西哥、中美洲、西印度群島部分地區以及現屬美國的原西班牙統治區。海地島是最先升起反叛大旗的地方，在十八世紀期間，它變成法國的一個殖民地——而且是法國最有利可圖的殖民地，然而，海地人的不滿像一座隨時會爆發的火山。海地的人口結構可以分爲三個階級：位於最上層的是幾千名白人，大都是法國大農場主和官員；位於最底層的是五十萬名受到悲慘剝削的黑人奴隸；位居中間的是穆拉托人【54】，他們彼此分裂、互相敵對，既被白人看不起也被黑人看不起。一七九一年，杜桑‧盧維杜爾成爲黑人的領袖，他雖然是一位奴隸，但同時也是一位非洲國王的孫子。在法國大革命廢除各殖民地奴隸制政策的影響下，他率領黑人進行了曠日持久的反對奴隸主起義運動。在某種意義上，他可以說是二十世紀游擊隊領導人的先驅。他的部下是一支組織鬆散的非正規力量，由於武器裝備貧乏，他們採取的是一種打了就跑的戰術。十年後，他們控制了全島。杜桑頒布了一個憲法，實行專斷統治。

　　當拿破崙確立了他在法國的統治地位後，他下定決心結束這位出身低微的造反者的統治。他公開表示絕不把「一個肩章放在一位黑人的肩上」，他派遣一支由他的妹夫勒‧克勒克將軍指揮的大軍，前去推翻杜桑政府。法軍用了將近兩年的時間以及軍事上的背信棄義，才完成此一任務：勒‧克勒克通知杜桑，「杜桑最眞誠的朋友」邀請這位具有四分之一黑人血統的領袖到他的營地進行談判。隨後，他擄獲這位黑人，給他戴上鐐銬並用船送往法國監獄。奴隸們對這一背叛行爲非常憤怒，再次反叛起義，並在同樣有能力的新領導人率領下很快地迫使法國人撤離。一八〇三年，海地宣布成立一個獨立王國。很不幸，獨立並未帶給海地人任何好處，島內各個敵對派別之間不斷地權力鬥爭使人民依舊處於水深火熱之中。

　　拉丁美洲中幾乎沒有任何一個地方的革命像在墨西哥發生的革命那樣令人如此沮喪。在這裡，克里奧爾人不像在南美洲某些地區那樣構成一個強有力的

階級，而且許多人害怕反叛會喚起印第安人和貧窮的梅斯蒂索人的熱情，而危及他們自己的地位。然而，反叛最後還是於一八一○年在農業省分爆發了，領導者是一名克里奧爾人——伊達爾戈神父。伊達爾戈是一位貧窮農民的兒子，他受過良好的教育，爲聖尼古拉學院的院長，但是他是盧梭的狂熱崇拜者，據稱他曾對聖母瑪莉亞懷孕之事和教皇的權威提出過質疑。他最初的計畫是率領印第安人起義，反叛在西班牙出生的貴族，但是當密謀曝光後，他轉而攻擊政府本身，他占領瓜納華托和瓜達拉哈拉二座重要城鎮，隨後率領八萬人進軍墨西哥城，最後他失敗被俘，受到宗教裁判所的審訊，並被槍殺。他的追隨者之一——出身於梅斯蒂索人的何塞·莫雷洛斯，又堅持使革命運動持續四年，並企圖建立一個獨立政府，然而他也像伊達爾戈一樣，最後落入保皇分子之手，並被處死。革命的命運此後掌握在奧古斯丁·德·伊圖爾維德之手，伊圖爾維德是一位富裕的梅斯蒂索地主之子，爲一位詭計多端的冒險家和唯利是圖的職業軍人，迄今他一直站在保皇分子那邊，且譴責伊達爾戈爲「目無法紀的暴徒」；但是當他發現加入愛國者行列是進一步實現自己野心的一個機會時，他公開表示擁護獨立和種族平等，以此贏得巨大的支持，一八二一年九月，他不戰而勝地率軍進入墨西哥城；他誘使墨西哥國會任命他爲獨立墨西哥帝國的皇帝，稱自己爲奧古斯丁一世；他的嚴酷統治激起了反抗，並在一八二三年，當他失去軍隊的支持後，被迫過著流亡生活。一年後，除了羅馬天主教被立爲國教之外，墨西哥採取了一個與美國憲法類似的共和憲法。

在大約半個世紀的時間裡，或者偶爾是整整一百年的時間裡，拉丁美洲各個新共和國在無政府和專制之間搖擺不定。隨著獨立的到來，政治和社會緊張局勢絲毫沒有鬆懈下來：聯邦主義者反對強有力的中央政府；自由主義反教權者反對保守的天主教；純樸的農牧業內陸反對沿海城市；同時極少數擁有財產的人反對沒有財產的大多數人。革命的目的在於使有財產的階級擺脫外來的控制，而不是改革畸形的、不公平的社會結構，這種結構在新政權下其實沒有任何改變。建立在奴隸勞動或半奴役制基礎上的大農場制度，過去在拉丁美洲各地幾乎是普遍存在的現象，現在此種制度不僅壓迫專制、更欠缺效率。由於可以使用廉價勞動力，地主對引進新型經過改良的耕作方法都興趣缺缺。結果土地不能產生足夠的資本以促進工業發展，所短缺的資金大部分由外國投資者提供，起初主要是英國、後來爲北美。由於土地是構成財富的主要來源，而現在土地掌握在極少數人的手中，因而要求重新分配土地的中下層人民起義經常發生。這類起義震驚了受到威脅的寡頭政治，也遭到外來投資者的反對，因此很快就被鎮壓了。當外國銀行和公司透過其投資而主導這些新興國家的經濟時，

當地權貴認為如果他們處在依附地位或許會得到更多的利益，但是銀根緊張程度卻不會比殖民地時期輕。

拉丁美洲各國草擬的憲法往往都以美國憲法為藍本，但是它們並沒有反映出本身的政治現實，而且往往在實施的同時就被漠視了。發展民主制度的嘗試在根深柢固的考迪羅【55】傳統面前失敗了──考迪羅是一位強有力的領導人，他的力量源自於自身的個性魅力及其追隨者的忠誠，而非來自任何外在的法律規範。這一「強人」崇拜在革命戰爭中獲得了動力，並導致後來的專斷獨裁，直到今日仍阻礙著政治的進程。巴拉圭是一個極端的實例，它從未有過民選政府；至於玻利維亞，在獨立後的最初一百年間，來來往往的主要執政者就有四十多位，有六位總統於任職時被暗殺；哥倫比亞的歷史也很獨特，它在獨立後的一個世紀中，有兩次被武力推翻的紀錄；鄰邦委內瑞拉，革命經常出現，以致其經濟發展陷入停滯，只有在「馬背上的人」胡安・維森特・戈麥斯登基後的二十六年統治時間裡，該國才出現了暫時的安定。拉丁美洲各國之間戰爭不斷，這也擾亂了正常的憲政政府。巴西、阿根廷和智利──三個敵對的大國──試圖併吞較小的烏拉圭、巴拉圭和玻利維亞；烏拉圭對抗阿根廷的鬥爭持續了十四年（一八三八至一八五二年）；最著名的是太平洋戰爭（一八七九至一八八三年），在這次戰爭中，智利擊敗了祕魯和玻利維亞聯軍，吞併了祕魯東南部的三個省以及剝奪玻利維亞的唯一出海口，而獲得了一個盛產銷酸鹽的地區，這次交易導致的敵意從未完全消除過；所有戰爭中最為殘酷的一次是一八六四至一八七〇年間的戰爭，巴拉圭反抗巴西、烏拉圭和阿根廷的聯合進攻長達六年，巴拉圭幾乎戰鬥到最後一個人，該國半數以上的人口死於這場戰爭。

在阿根廷，一個有效率中央政府的建立工作包括與西部各省進行的長期戰鬥，西部各省的居民擔心會受到來自布宜諾斯艾利斯的地主和商人利益的統治。阿根廷中部到烏拉圭是一片廣闊的無樹大草原，即是著名的彭巴草原，它是西部蠻荒的代表，是高喬人的領地。高喬人是野馬和野牛的主人，他們以其原始的生活方式和桀驁不馴的獨立精神著稱。這些大膽勇敢的畜牧者是一種混血種族，他們不依靠任何外部援助，也不受任何有組織政府所統治，他們自立於大草原上，直到十九世紀中葉，才被納入中央權威的管轄範圍內。最後他們被迫順應城市文明的壓力，以民眾英雄的形象現身、以粗獷邊境民主制的典範出現。惡名昭彰的暴君胡安・曼努埃爾・德・羅薩斯，以高喬人領袖的身分開始其事業，代表省的利益反對首都。但是當他在聯邦主義支持者的幫助下，於

一八二九年當上布宜諾斯艾利斯總督後，便透過利用大眾對上層階級的仇恨，以掌權長達二十三年之久。儘管他頒布了一些有益的措施，他看起來仍像是一位變態的獨裁者，常利用刺探、拷打和囚禁來打擊反對他的人。一八六二年，德·羅薩斯被推翻，一年後，阿根廷採用一部持續時間比拉丁美洲任何國家都要久的憲法。

十九世紀期間，有些拉丁美洲人在政治成熟性和經濟生存力方面有了引人注目的進步。進步最顯著的地方是所謂「南部錐狀地區」，在那裡的阿根廷、智利和烏拉圭受到來自國外投資者和移民的幫助。阿根廷的人口由一八七〇年的二百萬增加到一九〇〇年的四百萬人左右，其所增長的人口中有一半是來自義大利、西班牙、法國、德意志和大不列顛各島的移民。同樣地，透過移民，烏拉圭這個小國有了相對同種的居民，主要是西班牙人和義大利人。智利儘管在兩年內（一八二七至一八二八年）受到五次革命的震盪，但是其政治穩定程度比鄰國更快實現：一位名叫迭戈·波塔萊斯的成功商人在奪取政權後，於一八三三年爲該國制定一部憲法，這部憲法一直延用到一九二五年；波塔萊斯是一位較爲仁慈但保守的獨裁者，他保護地主、礦工和商人的利益，並立天主教爲國教；在他的礦產資源得到開發後，智利逐漸繁榮起來：一八三二年此地發現了銀，到一八五〇年，銅產量上已領先於世界，而它的硝酸鹽生產在一八八〇至一八九〇年間增加了三倍。

與南美洲南部錐狀地區形成對比的是安地斯山區共和國——祕魯、玻利維亞和厄瓜多。在那裡，有一群少數梅斯蒂索階級的人把一大群印第安人置於臣屬地位。這些國家在政治、經濟和文化上依然很落後，受到一個接著一個考迪羅的壓迫和高壓統治。

兩個拉丁美洲國家在十九世紀經歷了在許多方面都算特殊的經驗：一個是巴西，另一個是墨西哥。正如前述，巴西異常迅速地由一個很原始的地區發展成爲一個成功的國家，它也特殊地長期處在君主制的統治之下。佩德羅一世統治時期頒行的一八二四年憲法，在往後的六十五年間一直保有效力，該憲法是一個溫和自由主義的證據，它保障言論、新聞和宗教自由，並爲立法會議作準備，但是它允許國王對大臣的行爲可以不用負任何責任。佩德羅二世登基時才十五歲，在位共四十九年（一八四〇至一八八九年）；他受過良好教育（他懂十四種外語）、游歷甚廣、個性寬宏大量、贊成世界主義和進步觀點，他對待憲法的態度比他的父親要認眞得多；在他明智的領導下，南美洲這一疆域最大、人口最多的國家雖然經濟仍處在原始的耕地經濟，卻贏得了國際尊重和良

好的信譽。佩德羅二世最引人注目的成就之一是解放奴隸，在他繼位之初，奴隸構成巴西半數以上的人口，他花了將近二十年的時間（一八七一至一八八八年）才完成這一任務，但是這卻也使農場主對皇帝有滿腔仇恨。在一八六四至一八七〇年的巴拉圭戰爭期間，軍隊的影響力提升了，因此，當軍隊拋去他們原先支持的對象，轉而支持一個要求建立共和國的政治派別時，一場不流血的政變在一八八九年結束了君主制，而這位給予巴西迄今所知是最好的統治的當政者，被迫流亡國外，軍事領導人當即解散國會，並在一八九一年任命一個律師委員會為巴西共和國起草一部新憲法。

與巴西一樣，墨西哥也在君主制與共和制之間搖擺不定，該國是拉丁美洲少數幾個梅斯蒂索人和印第安人在決定政治發展道路方面扮演積極作用的國家之一。在一八三三至一八五五年間，治理墨西哥的是安東尼奧·洛佩斯·德·聖安娜，此人是克里奧爾人後裔中一位狡猾的騙子，他以在德克薩斯糾紛和隨後的戰爭中所扮演的角色在美國著稱。儘管他擁有總統頭銜，但是他卻是在一個教士、軍人寡頭集團的支持下實行獨裁統治。聖安娜刻毒殘酷、狡猾奸詐且權欲薰心，是「個人至上主義」的具體體現，被視為拉丁美洲國家的詛咒。德克薩斯事務的處理不當，以及在一八四六至一八四八年的戰爭中，將墨西哥的北美領土給了美國，凡此種種皆顯示出聖安娜的無能，這也使他終於被推翻了。打破這一僵局的是一位完完全全的印第安人，名叫貝尼托·胡亞雷斯，他後來被稱為墨西哥的「亞伯拉罕·林肯」。

胡亞雷斯並非出生於一個小木屋，而是一個用泥石磚造的山區房子中，在獲得法律知識之後，便努力爭取並當選為墨西哥一州的州長，他能幹而公正，很快就贏得民眾的支持。作為聯合政府中的領導成員之一，他提出一項目的在消除教士和軍人特權的計畫，實行政教分離，把教會財產分配給人民，這些改革措施被收入在一八五七年採用的新憲法中。一八五七年新憲法頒布後，出現的是一場血腥的內戰，即所謂改革戰爭，從一八五八年持續到一八六一年，在自由派和神職人員的保守派之間進行。戰爭以胡亞雷斯及其追隨者大獲全勝作結束，但是帶來的卻是作為憲法補充條款的更激烈的反教士法：宗教修會受到壓制、教會財產被國有化、實行世俗婚禮。自由派的勝利並沒有結束這個國家的動亂磨難，政府急需錢財，就把沒收教會的部分土地出售給世俗地主，民只是在一個剝削者與另一個剝削者之間轉移而已，其處境並未得到改善。戰爭嚴重破壞了國家的經濟條件，以至於不得不暫緩支付外債，這給了狡猾的拿破崙三世一個干預的藉口。一八六二年，他派遣一支法國軍隊到達維拉克魯斯，這

支部隊最後攻進墨西哥城，占領了政府；與此同時，由墨西哥保守派組成的一個大會假裝把墨西哥帝位「授予」奧地利的馬克西米利安大公，而這位大公其實早已被拿破崙三世挑選爲他的傀儡統治者。

身爲墨西哥皇帝，馬克西米利安是個悲慘的失敗者。儘管他爲人和善，是位理想主義者，對其多數新臣民的處境表示同情，但是他缺乏政治經驗，更受到其野心勃勃的妻子所控制；由於他尖銳地批評教會與軍隊的腐敗以及無所作爲，而得罪了保守派；與此同時，胡亞雷斯的追隨者從一開始就不信任他。然而，他倒臺的主要原因是歐洲權力鬥爭的變化：一八六六年後，奧普戰爭使拿破崙三世無力繼續給予馬克西米安軍事支持，普魯士在普奧戰爭中獲勝，而成爲法國的危險對手，因而不久之後，法國皇帝從墨西哥撤出他的軍隊。當然，他被迫撤軍的部分原因是美國政府不斷抗議法國違反了門羅主義，但是即使沒有這些抗議，法國撤軍的決定也不可能延遲太久。

由於缺少了法國的軍事支持，馬克西米利安在墨西哥的帝國迅速崩潰，胡亞雷斯的自由派軍隊很快就包圍並俘虜了他，經軍事法庭審訊後，馬克西米利安被行刑隊處決了。胡亞雷斯很快地被選爲總統，並於一八七一年再次當選，但是，次年死神就降臨到他的頭上，使他只來得及完成其目標的一小部分──他的目標是讓墨西哥成爲一個現代進步的國家。他大規模削減軍隊人數，消除政府中的浪費和奢侈現象，並著手採取措施實行大範圍的公開教育計畫。但是這些措施根本還是來不及解決國家所面臨的難題，因爲二十年的內戰所造成的創傷是不可能在一夜之間治癒彌合的。國家的債務繼續增加，經濟活動陷於蕭條，國家看來幾乎瀕臨崩潰。一八七七年，胡亞雷斯政府的繼承人被推翻，取而代之的是一個專制政府，它注定要掌權三十餘年。新統治者名叫波菲利奧‧迪亞斯，其父親是一位克里奧爾人，母親爲印第安人。他本來是胡亞雷斯的學生和追隨者，但是當胡亞雷斯於一八七一年再度當選總統時，他與其導師斷絕了關係。之後他力求實現他的個人野心，並按照他自己的設想用鐵腕重建墨西哥。

在迪亞斯統治下，墨西哥呈現出繁榮景象：對外貿易增加了六倍以上；鐵路里程由四十英里增加到一萬六千英里；礦產量達到空前的地步；走私現象大大減少；國家預算實現了平衡；廢除了各州間的關稅，以有利於工商業的發展。迪亞斯被西奧多‧羅斯福和德皇威廉二世這樣舉世聞名的人物稱爲偉大的政治家。不令人奇怪地，墨西哥如此引人注目的經濟進步是以引進外國資本獲得的，而這些外國資本是透過把國家的自然資源抵押給外國投資者的條款取得

的。與此同時，迪亞斯的獨裁統治嚴重踐踏了憲法，他操縱了選舉機器，毫不留情地消滅所有反對者。當實業階級靠股票分成和利息過著奢華的生活時，下層階級則飽受空前嚴重的痛苦。工業勞工和礦工們受到慘無人道的剝削，當他們膽敢進行有組織的反抗或罷工時，迪亞斯就派遣軍隊前去鎮壓，以維護進行投資的外國資本家的利益。有限地分配公開土地並不是要幫助小農，而是擴大富人的地產規模。到迪亞斯統治結束時，半數以上的人口居住在大莊園中，所有的公共村莊幾乎完全消失，百分之九十五的農業人口沒有土地。儘管奴隸制被廢除了，但取而代之的是勞役償債制或農奴制，這一制度壓迫的程度在某種程序上比奴隸制還要嚴重，因爲在物價不斷上漲的同時工資卻被壓得很低。一九一一年，迪亞斯政府終於垮臺，這位年邁的考迪羅逃到了法國。此時，墨西哥共和國發生消除三十年惡果的革命條件已經成熟。

第六部 | 西方成為世界的中心

一八七○到一九四五年之間，西方於全球事務中位居中心位置。西歐和美國在工業上具有優勢地位，擁有一種有史以來比任何國家或帝國都要大的組合力量。不過，與世界主宰地位相伴的，絕非任何世界普遍的秩序感。西方國家的經濟實力一方面使它們有能力去統治地球上較不發達的地區，另一方面也令它們擔心，它們之中的任何一個會壓倒其他的。舊有的權力平衡體系旨在確保沒有一個國家可以以鄰國為代價，取得壓倒性的優勢以維持和平，這種體系由於遍布全球的經濟競爭而處於崩潰邊緣。與此同時，在各個國家，受到社會動亂威脅的地主階級和中產階級力圖平息那些日趨高漲要他們在政治上做出讓步的喧囂，導致內部關係日趨緊張。這一時期，一九一四和一九三九年，在國際和國內雙重的壓力下，世界大戰兩度爆發。西方各國彼此競爭和估計錯誤所引發的戰爭及其後果，嚴重削弱了國家的力量，使它們從此不再是世界命運的唯一主宰者。

面臨西方擴張狂潮，東亞各國做出不同的反應。中國處在一個衰敗不堪的王朝統治之下，因臣民反叛而國力枯竭，因此在幾十年裡，這個國家淪落到經濟依附地位；至於日本，卻在被迫結束孤立狀態後，展現出新的活力。兩國都把西方文明的某些成分納入自身的文化模式之中。日本的大領主在起草一八八九年的憲法時，認為建立一個內閣政府是適宜的；中國辛亥革命的領導人把「民主」變為其口號之一。

但在一八七○至一九四五年間，達到高潮的最有力趨勢無疑是民族主義。新興國家在歐洲和拉丁美洲尤其呈倍數似的增多，中東和東亞人民為了把握自己的命運而進行英勇的鬥爭。非洲人民為了爭取獨立進行持久的抗爭，儘管臭名昭彰的奴隸貿易逐漸結束了，但西方主要國家取得的政治和技術優勢，被它們用以加強對四分五裂的非洲資源進行控制。

表6-1　西方成為世界的中心

年代	東亞	非洲
西元 1800年		・英國占領開普殖民地，西元1795年 ・尼日河三角洲的自治自足體系，約1800年 ・東非貿易的擴張，西元1800~1875年 ・桑吉巴的賽義德蘇丹，西元1805~1856年 ・塞拉利昂建立，西元1808年 ・利比亞建立，西元1821年
西元 1825年	・中英鴉片戰爭，西元1839~1842年	・英國在沿海各國建立領事館，西元1830~1860年 ・非洲大陸內地的探險，西元1830~1875年 ・奴隸貿易的衰落，西元1840~1863年
西元 1850年	・太平天國，西元1851~1864年 ・日本開國，西元1854年 ・孫中山，西元1866~1925年 ・明治維新，西元1867~1868年 ・日本封建制的結束，西元1871年	・開鑿蘇伊士運河，西元1869年
西元 1875年	・日本採用憲法，西元1889年 ・中日甲午戰爭，西元1894~1895年	・祖魯帝國的崩潰，西元1879年 ・英國侵入埃及，西元1882年 ・柏林會議，西元1884年，西非問題舉行 ・在南非德蘭士瓦發現威特斯特蘭德金礦，西元1886年 ・歐洲人拓殖羅得西亞，西元1890年 ・布爾戰爭，西元1899~1900年
西元 1900年	・義和團起義，西元1900年 ・日俄戰爭，西元1904~1905年 ・中國辛亥革命，西元1911年	・撒哈拉以南非洲非自願奴役制的終結，西元1900~1910年

表6-2 西方成為世界的中心

年代	政治	科學與工業	經濟與社會	藝術與文學
西元1870年代	·巴黎公社，西元1871年 ·德國文化鬥爭，西元1872年 ·三皇同盟，西元1873年 ·法蘭西第三共和憲法，西元1875年 ·第一國際結束，西元1876年 ·柏林會議，西元1878年	·第一臺商用發電機，西元1870年 ·貝爾克里斯特——湯馬斯煉鋼法，西元1870年代 ·疾病的細菌學說，西元1875年 ·電話的發明，西元1876年		·印象主義藝術流派，西元1870～1900年
西元1880年代	·三國同盟，西元1882年 ·有關帝國主義的柏林會議，西元1885年 ·第二國際的建立，西元1889年		·金融資本主義的發展，西元1880年代 ·德國社會福利立法，西元1882～1884年	·埃米爾·左拉，《萌芽》，西元1885年
西元1890年代	·泛斯拉夫主義，西元1890～1914年 ·德雷福斯事件，西元1894～1899年 ·美西戰爭，西元1898年 ·布爾戰爭，西元1899～1902年	·X射線的發現，西元1895年 ·瑪麗·居禮發現鐳，西元1898年 ·無線電報的發明，西元1899年	·《謝爾曼反托拉斯法》，美國，西元1890年 ·梅利納關稅，西元1892年	·亨利克·易卜生，《赫達的饒舌者》，西元1890年 ·保羅·塞尚，《玩紙牌者》，西元1890～1892年 ·蕭伯納，《愉快的戲劇集》與《不愉快的戲劇集》，西元1898年
西元1900年代	·列寧，《怎麼辦？》，西元1902年 ·日俄戰爭，西元1904～1905年 ·俄國革命，西元1905年 ·三國協約，西元1907年 ·波斯尼亞危機，西元1908年 ·青年土耳其黨人起義，西元1908年	·第一次飛機飛行，西元1903年 ·伊萬·巴甫洛夫獲得生理學諾貝爾獎，西元1904年 ·愛因斯坦提出相對論學說，西元1905～1910年 ·福特T型汽車，西元1908年	·婦女爭取選舉權運動，英國，西元1900年 ·社會福利立法，法國，1904～1910年 ·社會福利立法，英國，1906～1912年	·西格蒙德·佛洛伊德，《夢的解析》，西元1900年 ·立體主義藝術流派，西元1905～1930年
西元1910年代	·巴爾幹戰爭，西元1912～1913年 ·第一次世界大戰，西元1914～1918年 ·俄國十月革命，西元1917年 ·凡爾賽和約，西元1919年 ·德國社會主義革命，西元1919年			·馬塞爾·普魯斯特，《追憶似水年華》，西元1913～1918年 ·奧斯瓦爾德·斯本格勒，《西方的沒落》，西元1918年 ·包豪斯建築學校的建立，西元1919年

（續下頁）

年代	政治	科學與工業	經濟與社會	藝術與文學
西元1920年代	・國際聯盟，西元1920～1946年 ・蘇俄新經濟政策，西元1921年 ・墨索里尼進軍羅馬，西元1922年 ・希特勒啤酒館暴動，西元1923年 ・蘇聯新憲法，西元1924年 ・羅加諾公約，西元1925年		・德國通貨膨脹，西元1920年代 ・經濟大蕭條，西元1929年	・「迷惘的一代」作者們，西元1920～1930年 ・超現實主義與達達主義，西元1920年代 ・路德維希・維根斯坦，《邏輯哲學論》，西元1921年 ・T.S艾略特，《荒原》，西元1922年 ・詹姆斯・喬伊斯，《尤利西斯》，西元1922年
西元1930年代	・希特勒出任德國總理，西元1933年 ・美國新政的實行，西元1933～1940年 ・義大利征服衣索比亞，西元1935～1936年 ・羅馬柏林軸心，西元1936年 ・西班牙內戰，西元1936～1939年 ・德國併吞奧地利，西元1938年 ・慕尼黑會議，西元1938年 ・蘇德互不侵犯協定，西元1939年 ・第二次世界大戰，西元1939～1941年	・發現病毒、磺胺藥和青黴素，西元1930年代 ・世界經濟大會，1933年 ・國家重整軍備計畫，西元1936年 ・發生核裂變，西元1939年	・凱恩斯，《就業、利息和貨幣通論》，西元1936年	・新現實主義藝術流派，西元1930年代
西元1940年代	・美國參戰，西元1941年 ・盟軍進入諾曼地，西元1944年 ・在長崎和廣島投擲原子彈，西元1945年 ・聯合國建立，西元1945年	・第一次原子彈試驗，西元1945年		・尚・保羅・沙特，《存在與虛無》，西元1943年

第三十章

國際工業化的發展和競爭
（一八七〇到一九一四年）

The Progress of International Industrialization and Competition
(1870-1914)

我們已經為自己奪取了陽光下的一塊土地。我目前的任務是確保這塊陽光下的土地無可爭議地保留在我們手中……

——德皇威廉二世演講，一九〇一年

　　如果此刻大多數歷史學家談論一八七〇年之後出現的第二次工業革命，他們便會對這一術語做出限制。無論在技術和範圍上有多麼大的改變——這些改變是值得注意的，且意義深遠，但它們都不能與構成第一次革命——即與工業革命特徵的那些變化相提並論。無論如何，我們都有充足的理由，把工業發展和進步的第二個時期與第一個時期區別開來。成功地建立民族國家就意味著，一八七〇至一九一四年這段期間所發生的事情，突然變成具有國際性政治和經濟競爭的特徵，在對亞洲和非洲進行帝國主義爭奪，成為這些民族國家擴展其勢力的顛峰期。由於這時期各國已逐漸工業化，雖然英國在這一時期仍未讓出其工業霸主的地位，但在面臨德國和美國不斷對那日趨下降的領導地位提出強有力和堅決的挑戰時，卻無法取得任何真正的圓滿結果。新的技術，尤其是在金屬、化學、電力領域各方面發展出來的，更導致新產品的出現。人口的增多和生活水準的改善引發對產品需求的增加，這又反過來增加產量。為了增加產量而要求進行重大改組，以尋求能更自由地提供資本，確保更有效率的勞動力出現。正由於這些改變使工業化的第二階段與第一階段有所區別，這使得我們要單獨地對它做一描述。不過我們應該知道，這些變化不僅是由工業革命第一階段造就的那些經濟條件所造成，更由前述那些更普遍的政治、社會和文化環境所造成。在分析工業化的發展上，我們將討論在三個主要領域內的變化：技術、生產的範圍和規模，以及資本主義體系的重組。最後，我們將審查十九世紀後期的帝國主義現象，並思考一下哪一程度上可歸因於不斷加劇的經濟和工業競爭。

新技術

　　這個時期最重要的技術革新之一是促使鋼大量生產。鋼與鐵相比，最大的優勢是，鋼含碳量低，硬度大，展延性、可塑性強和強度高。鋼能保持刀口尖端鋒利，鐵則不能；鋼在使用上比鐵更容易，因為鐵易折的特色，使它如果要被用在工業上，幾乎都必須加以鑄造（即注入鑄模）。另外，由於鋼的體積和它的重量、強度成一定的比例，因而更適合充當建築材料。幾百年來，工匠們就對它的優點有深刻的了解[1]。但在鋼能夠被廉價、大量地生產之前，這些優點仍只能停留在理論上，而非實踐中。工業革命初期，兩項發明在某種程度上降低了煉鋼的費用，並增加了產量——十八世紀英格蘭發明的坩堝技術。據稱只要將少量的鐵石加熱到一定沸點後，就可去掉雜質，減少碳含量，使碳合乎比例地平均分布於整個成品之中。儘管每個坩堝並不大，且一般平均只能生

產大約四十五至六十英磅的礦石，但灌注在一起卻可生產出重達數噸的鋼鑄塊。一個世紀後，一八四〇年代初期，有兩位德國人在生產鐵時，改以攪煉法來製造鋼。雖然用這種方法生產出來的鋼，不似用坩堝生產出來的那麼堅硬，但卻大大降低了成本。

然而，一直要到貝塞麥以及西門子—馬丁煉鋼法發明以後，鋼的產量與價值才開始與鐵相匹敵。在一八五〇年代，一位名叫亨利‧貝塞麥的英國人發明了著名的「貝塞麥煉鋼法」。他發現，將空氣注入鼓風爐中熔化的鐵水裡，可於很短的時間內，從鐵礦石中取得比用坩堝法或攪煉法更大量的鋼，且含碳成分更低，這使鋼鐵的價格降到從前的七分之一不到。不過，貝塞麥很快就發現他的「轉爐」含有相當大量的磷，然而，任何一種金屬只要有一點點的磷含量就會無法使用。解決這問題的辦法之一就是採用不含磷的赤鐵礦，但大部分的歐洲國家赤鐵礦蘊藏量並不豐富，根本不敷使用，這種方法是無法長期使用的。德國發明家佛里德里克和威廉‧西門子也受到同樣問題的困擾，他們的熔爐是利用廢氣來增加溫度【2】。直到後來，法國人皮埃爾‧馬丁發現，採用廢鐵作爲混合物可以適當地使它脫碳，之後西門子熔爐才可用於鋼的商業生產。然而，直到一八七〇年代後期，貝塞麥和西門子—馬丁煉鋼法的去磷問題才得以解決。此解決方法非常簡單，由兩位英國人所發現：一位是名叫悉尼‧吉爾克里斯特‧湯馬斯的職員，一位是他的侄子——化學家悉尼‧吉爾克里斯特。他們將石灰石投入熔解的鐵水中與磷混合，這樣磷就能從混合物中析取出來。他們還重新排列了轉化爐，以防止爐渣侵蝕爐壁，而使析出的磷重回到熔鐵中。

這三種方法徹底改革了鋼業的生產。儘管鐵的使用沒有馬上結束，但鋼卻很快地超越了鐵。例如，至一八九〇年時，英國的造船工業已用鋼取代鐵。會造成這結果的原因之一，是因西門子—馬丁煉鋼法特別適合生產用於造船業的鋼板，該方法在這個以造船工業爲其主要的英國鋼鐵業中占居主要的支配地位。由於貝塞麥煉鋼法能在更大的機器設備中生產出更廉價的鋼鐵，因而逐漸在歐洲大陸和美洲被推廣開來。當時的德國因種種因素使鋼的產量大大增加【3】：到一九〇一年，德國轉化爐年平均產量爲三萬四千噸；相較之下，英國的產量爲二萬一千七百五十噸。到一九一四年，德國的鋼產量爲英國的兩倍，美國則爲德國的兩倍。

第二個同樣重要的技術發展，是我們在工業、商業部門和日常生活中均可使用的電。電的特別優越性，起於它是一種可以很便利地進行長距離輸送的能

源，且可以轉換成其他形式的能源——例如熱能和光能。當然，儘管早在第一次工業革命之前就發現電的存在，但如果沒有十九世紀期間一連串的發明，電還是不可能廣泛地被人使用。其中最重要的一項發明是義大利人亞歷山德羅‧伏特在一八〇〇年發明了化學電池；英國人麥克‧法拉第（一七九一～一八六七）在一八三一年發現了電磁感應，一八六六年發明了電磁發電機，可以使電能轉變成機械能，一八七〇年發明了第一臺商用直接通電的發電機，以及在一八八〇年代發明了生產高伏特交流電的交流發電機和變壓器。這些發明意味著到十九世紀末期，人們已經可以從較大型的發電站進行較長距離的電流輸送。人們也可以用水生產出電能——因此費用較低廉，並把電輸送到需要的地方。

一旦電力能被輸送到它的目的地，即轉換成其他能源，並被多方面地加以利用，家庭很快成為電力的主要使用者之一【4】。一八七九年，湯瑪斯‧愛迪生【5】發明的白熾燈絲燈泡——或稱電燈，在這方面是值得注意的。當單一的家庭能接收到並轉換成光的電力時，代表著消費者對電有進一步的需求，使電力工業能更進一步獲得發展。此外，工業領域對電力的需求也在增加當中。電動機不久就開始成為地鐵、有軌電車或纜車索道的驅動力，到最後更使用在長距離的鐵路運輸上。在化學工業和冶金工業領域上，電力使新技術得以出現。最重要的是，電促進了工廠改變其工作方式。笨重的蒸汽機代表必須將設備和機器固定在某處，而電動機則意味著，把較輕便的電動工具遷移——往往用手即可——到特定的工作場所放置。結果，工廠的體制上有了非常大的靈活性。較小的工作坊也獲得好處，他們已能適應以電為動力的發動機和工具，取代以蒸汽作動力所不能行的。

鋼鐵業和電力僅是技術變革最重要領域中的兩個。化學工業也因鹼和有機化合物製造技術的發展，成為關注的焦點。不只是鹼的需求，對肥皂和紡織品的需求亦增，這也同時帶動需要大量漂白劑的造紙術產生變革。英國人較廣泛使用的一種既過時、且昂貴和耗費成本的方法，到了一八八〇年之後，被一位名叫歐內斯特‧索爾維的比利時人改良之新方法取代。結果，德國人再度在製鹼與硫酸生產方面迅速超越英國，硫酸是利用索爾維法生產出的一種可回收之副產品，它可廣泛地使用在肥料生產、石油提煉和鐵、鋼及紡織品的生產。在有機化合物的領域中，由於對合成染料的需求，引發進一步發明的動力。儘管英國和法國在這個領域中是成功的開拓者，但到了一九〇〇年，德國人又再次後來居上，在該行業中占據主導地位。在世紀的交替，德國的公司在這方面已

控制了世界大約百分之九十的市場。

　　日益增長的工業需要越來越多的動力供應，這種要求不僅導致之前所述的電力生產發展，也促使蒸汽機設計的改進和馬力的增強。在這個領域中，最有價值的發明是蒸汽渦輪機【6】的出現，它讓蒸汽機以從前絕不可能達到的速度運轉。而內燃機【7】也在這一時期出現了。它們的主要優點在於它們的效能，而它們的出現造成動力革命；換句話說，它們能夠自動地提供動力，不必像蒸汽機那樣需要利用人力來添加燃料以產生動力。當液體燃料可以被使用——石油和用石油提煉出來的汽油，尤其是在大約一九〇〇年左右，在俄國、婆羅洲和德州發現油田後，這種燃料的生產便逐漸增加，使得內燃機對蒸汽機造成嚴重威脅，並有取而代之的趨勢。到一九一四年，大部分海軍艦隊像民用輪船那樣，燃料由用煤轉爲用油。然而，在一九一四年之前，汽車和飛機仍處在未發展階段的狀態，對工業界的影響微乎其微。

變革的範圍和規模

　　在談論這些因技術革新而造成的改變時，我們應當先了解它們發生的背景——確實某些部分也是一種結果，即西方世界不斷增長的人口，和大多數人生活水準的普遍提高。從一八七〇年普法戰爭後，到一九一四年第一次世界大戰期間，幾乎每個國家的人口都出現空前的增加情勢，歐洲的人口由二億九千五百萬增加到四億五千萬人。不過，在工業較發達的西歐竟出現出生率下降的情況，這是因爲在那兒有越來越多的中產階級和勞動階級將適婚年齡延後，且限制孩子的出生數量。此外，由於受到種族優越感的影響，使他們十分確信孩子處於一個相當不錯的生存機會中。此時的人口之所以有所增長，主要原因是嬰兒死亡率的急劇下降，而這歸功於生活環境與衛生的改善、營養和醫學的進步，使得諸如霍亂、斑疹、傷寒之類的疾病被確實地消滅【8】。至於中歐和東歐，人口增長的速度最快，是因出生率不似西歐般有顯著地下降。此外，農業機械化增加了土地的生產，工廠擴大就業機會，使人民不必再像從前那樣，必須依靠土地才能生活，因此在工業資源豐富的國家，人口也增加了好幾倍。一八八一至一九一一年間，各國人口增加數也不同，英國的人口由三千四百九十萬增加到了四千五百二十萬，法國從三千七百四十萬人增至三千九百一十萬；但同一時期，德國的人口則從四千五百二十萬增至六千四百九十萬，俄國由九千四百萬增至約一億二千九百萬人。

　　死亡率的日漸下降是持續繁榮的一個標誌。當然，在城市和鄉村中，仍存

在著許多生活非常困苦的居民——像是打零工者、失業者，以及那些在逐漸落沒的工、商業中工作的人，他們通常都居住在貧民區，他們的工作環境和工作條件也都非常惡劣。由於通貨緊縮和較高的工資，使那些技術熟練的工人及他們的家庭收入確實有所增長，但增加率遠不及大部分的中產階級。他們也無法避免讓如此眾多無需特別訓練的工人陷入生活困境的失業困擾中，不過憑心而論，儘管存在這些問題，但卻有更多的人享受到比從前更高的生活水準，因爲工業革命帶來更多的社會與物質利益的享受，更高的生活水準引發增加消費品供應的需求。

製造品消耗量的增加絕不是一成不變的，而且在城市和工業化地區，這些東西的消耗量均高於農村。然而，即使在農村，傳統的節儉美德也受到挑戰，有位農場經營者與他的妻子乘坐火車到城裡的途中，看到他們作夢也不曾想過的商品，因此，他們很快就決定要用自己的積蓄來購買。爲了適應新興、大量的中產階級消費者，百貨公司和連鎖店爲他們的商品作設計和宣傳廣告，使購物更加方便、更具吸引力。在大塊玻璃櫥窗背後，陳列著形形色色的商品，並誘惑人們前往購買；定期的低價銷售刺激平民百姓前去購買「廉價品」；商品目錄和賒購制度使顧客能不出門就可在家花錢消費。結果，造成爲了滿足這一急劇擴大的消費市場需求，商品生產的規模大大增長。自行車、鐘錶、器具和家具——這些商品以及其他數量繁多的商品不僅大量生產，而且採用新型材料（廉價的鋼材）和新式技術（電力）製造。這些產品的設計有許多是根據婦女愈來愈必須擔負起家庭採購的責任而設計的，因而商品是以直接取悅婦女的方式進行製作，或者將對象轉向由婦女負責照料的孩子們。腳踏縫紉機——第一種家用機器，就是一個典型的例子。美國人伊薩克・辛格（一八一一～一八七五）在一八五〇年代曾研製出踩踏板和筆直針，他既是一位發明家也是一位企業家。他是廣告促銷業的先驅者，鼓勵人們用分期付款的方式購買貨物，並培訓未來的家庭女裁縫們。

然而，縫紉機帶來的變化遠比家庭主婦們縫紉習慣的變化要大得多。這些機器價格不高，重量輕且容易安裝、容易操作。小工廠雇主們可以購置幾臺，用非常低廉的工資雇用一些年輕婦女來工作，這些雇主們經由縫製一些價廉的成衣，回應這個不斷增長的市場需求，以獲取利潤。這僅是十九世紀後半期製造業規模發生變化的方式之一，此變化由需求和技術共同促成。縫紉機還導致其他有助於降低製衣成本的新工具發明問世，像是釘鈕機、花邊機、皮革縫綴機。在一八五〇年時，手工製作一雙鞋須花一個鞋匠十個小時，到了十九世紀

末，幾位鞋匠透過機器，幾小時內就可生產出十雙鞋。在金屬加工業領域，硬刀品的鋼能迅速切割圖案，使得價格降低，促進各種廉價金屬產品的製造——例如廚房用具。在紡織業，經過改良的發動機將走綻精紡機和織布機的速度提高了一倍。重工業方面，蒸汽的運行比以往男職工所做的更精準與快速。然此款新設備價格高昂，唯大公司得以發展，且在有利的過程中，它們擴張得更龐大。

在所有的歐洲國家和美國，工廠都是以擴張和兼併為主要模式。德國的情況尤其如此，該地的鋼鐵工業中有幾近百分之七十五的雇用工人是在千人以上的工廠內工作，百分之九十以上的電器設備是在擁有五十人以上的從業員工的工廠製造。由此可知，機器設備是可以從兩個方向改變製造業的規模：在製衣工業，企業家可以使用價格低廉的機器來成立一個小工廠進行謀利；在鋼鐵鑄造廠，新設備的成本把微不足道的競爭者逼入絕境，結果使這些鋼鐵鑄造廠規模變得愈來愈大。

對工人而言，製造業規模的擴大產生重要且令人擔憂的後果，最明顯的是這些工人需要重新學習技術，這迫使他們不得不讓擁有舊技能的自己去適應新機器。在這種適應的過程中，往往會導致收入減少或名譽受損，亦或是兩者同時喪失。機器操作大都不需要熟練的技能，一位受訓者只要用大約一週的時間就可以「學會」一門手藝。那些原本以擁有某種特殊技能而自豪，並按這種技能收取報酬的工人，現在不得不面對下述事實：工業變化不僅迫使他們重新學習，而且還強迫他們明白，他們的新「技能」實在沒有什麼值得炫耀的地方——如果他們可以這麼說的話。舉例來說，當機器本身能夠十分精確地切割金屬製品時，「鉗工」的手藝就不再那麼被需要了。即使工人們並未被迫進行重新學習，以適應生產規模擴大的事實，但他們至少也需要適應工廠改組，和科學化、理性化的管理。在那些以手工方式進行加工原料，並決定產品最後價格的工作場所中，採用降低成本的機械化，會產生一連串令人無所適從的變化。在鋼鐵工業中，電力起重機配合著巨大的磁石一起使用，不僅加快搬運重物的速度，也讓工人們承受可能產生的任何變化。

第二個影響——甚至是較重要的，就是持續不斷地要求更高的效率。作業的規模愈大，杜絕浪費就變得愈顯重要。如果每天僅生產五十雙鞋子，那麼，每生產十雙鞋子浪費一分鐘之事是不會引人注意的。但如果每天生產數百雙鞋子，那麼從管理的角度來看，如何減少那一分鐘的損失就是關鍵了。至於那些將要投資在新機器上的工廠，老闆們了解，當他們在進行投資時，成本增加就

表示將須增加產量以增進利潤。而使用較老舊機器的工廠，老闆們也發現，自己能與現代化工廠競爭的唯一方式，就是從生產力較低的設備中，盡己所能地榨取到他們所需的最大利益。然而無論是在什麼環境下，工人們都被迫必須生產愈來愈多的產品。這種追求效率造成的結果之一，就是重新調整工資結構。在此時期之前，儘管工資問題一直存在於勞資雙方中間，且有相當嚴重的爭執，但資方和勞工看來都樂於在「直接按每天的工作獲取相應的報酬」的範圍內進行討價還價，對於何謂「直接地」，自然說法不一。但個人工作表現的水準通常是按常例設定的，工人在一天工作時間內的生產力是他們被期待能製造多少物品的決定性因素。然而，自一八七〇年以來，期待和生產程序開始發生變化。在十九世紀的最後二十五年裡，週期性的經濟蕭條導致利潤低於工資，因此工廠老闆們堅持要從雇員身上獲得更大的個人生產力。這表示按照平常的速度工作再也無法滿足老闆的需求了，工人們被要求按照老闆們認為他們所能發揮之潛能，盡可能地多多進行生產。

但是，誰能來判斷這種潛能是否行得通呢？這一問題在那些年間，給勞資關係帶來麻煩。雇主們為了增加產量，採用更精密、準確的工具，這也讓他們愈來愈確信工人的產值可以用精密的方法測量出來。研究工人效率和所謂勞動科學管理的最重要理論家是美國人泰勒（一八五六～一九一五）。泰勒提出三步制，藉以「科學」地計算工人的生產能力。他認為，這個制度為確定工資等級提供了精確的方法。首先，他對工人在工作時的動作進行觀察、計時和分析，以確定完成一個特定的任務需要花費多少時間；其次，他計算出這些動作的勞動成本；第三，他建立一種要求所有工人都要普遍遵守的「規範」或標準，這些規範無一例外地比原始條件所行的規範要高。

為了慫恿工人接受這些增加產量的標準，泰勒極力主張所有的工廠老闆都採用計件工資制（即根據工人生產的實際產量來支付報酬），而不是計時或計日工資制，計件工資制在歐洲和美國的許多工廠中愈來愈能被接受並採用。至少在理論上，工人們對這個方法也不排斥，因為他們知道自己有機會根據自己的實際產量來直接獲得報酬，因此，他們唯一的希望是能從產量的增加中使自己報酬提升。但當他們得知，除非他們生產的東西符合預定的標準——在他們看來是不切實際的，否則工資是不會增加的，對此，他們表示強調地反對。他們認為，這個新的工資制是根據速度最快的工人效率來制定的。儘管這些工人們明白，如果他們同意採用新的付酬制就有可能掙到更多的錢，但他們對於這種侵入性地控制其工作節奏的管理方式表示憤恨。儘管工人們反對，科學管理

方法仍傳遍整個工業化的西方世界。在英國、美國和歐洲大陸，尤其是在工程方面的行業，工廠一個接一個地對這一新福音表示贊同。即便它不能完全成功地將「效率」引入工作場所，在管理方面仍逐步使作業程序趨向合理化。會計部門得以發展，並被要求須密切注意生產和分配所有環節上出現的成本問題，這些改革只不過是爭取更大效率之總體趨勢的一個反應。生產規模的擴大，導致需要盡可能減少耗損，同時為求最大利益，也須消除非必要操作與低效能習慣。

新資本主義

不斷增長的生產範圍，和要求提高效率的壓力相呼應，到了十九世紀末，資本主義的組織協會開始進行調整。至此，大部分公司、工廠都是小型的，或多屬於中型；現在，隨著公司、工廠的發展，以及對資本需求的增加，這些公司開始進行合併。在這一世紀中，大部分國家所頒布的有限責任法皆在鼓勵此種合併的進行。「有限責任」意味著在一個特定的公司裡，持有股票的個人在該公司破產時，只對他或她所持有的股金負有責任。一旦投資者獲得這種方式的保障，就有數以千計的中產階級者認為，對公司的投資是一種既安全又可靠的方法；且對他們來說，這是一個大有可為的賺錢方式。因此，一個持有股權「靠股息生活」的階層出現了，這階層之所以能持續成長，全歸因於政府利用立法通過，來表示樂於鼓勵資本主義的發展，以及資本主義商人擴大其工業實體，以滿足日益增加的需求願望。於是愈來愈多的公司合併在一起。在合併的過程中，公司的管理逐漸擺脫家族創業的模式，而是由以公司為基礎的董事會來進行直接控制。那些投資興建工廠的銀行家和金融家們所住的城市，往往離他們所投資興建的工廠很遠，但他們對這些公司的影響愈來愈大。這些人往往不是用自己的錢來進行投資，而是利用客戶的錢來為自己進行投資；他們擁有的權力是促進或阻止某一行業發展的動力，且能促進一種非個人「金融」資本的形成。

大型公司組織為企業兼併的普及提供了便利性條件。有的企業——像煉鋼工業——實行的是縱向聯合，一經合併後，就失去原本的企業名稱，形成一個負責控制的公司。鋼鐵公司為了維護持續不斷的生產需要，自己擁有煤礦和鐵礦，以確保自己能得到廉價的原物料供應。同類的鋼鐵公司往往會去操控那些以鋼生產他們產品的公司，像是造船廠或鐵路工廠。現在他們不僅擁有現成的原料存貨，還擁有一個現成的成品市場——鋼板、鐵軌，任何需要使用這些

鋼鐵產品的市場。不過，這種縱向聯合只有透過金融機構獲得投資所需的資金後，才有可能實現。

第二種公司組織的形式是一種橫向聯合，即卡特爾。這類型的組織是把生產同類產品的公司一個個組合起來，因此，它在本質上並不是公司型態，其目的是在控制、競爭——如果不是消滅的話，這是因爲產品相同，就可訂出同樣的定價。由於最初投資的資本額與成本的關係，因此，參與煤炭和鋼鐵生產的公司尤其適合組成卡特爾。因爲興建、設備一座鋼鐵工廠，並備有員工的費用甚高，因而這類型的公司數量非常少；也正因爲它們數量極少，才非常容易組成這種聯合體。在德國，卡特爾類型的組織特別強大【9】，在法國則較薄弱，這是因爲在法國的重工業並不如德國多。同時，在法國，傳統的小型家庭企業已根深柢固，他們長期以來反對利用降價形式和普遍性的企業內部福利形式來競爭。英國也出現了一些卡特爾的組織，但在英國仍一如往昔地支持自由貿易政策，這意味著公司難以維持固定的價格。如果這些公司不能借助關稅政策來排擠那些國外實行廉價政策的競爭者，他們將如何實行壟斷呢？德國已經在一八七九年放棄了自由貿易政策，並鼓勵企業組成卡特爾；在美國，卡特爾被稱爲托拉斯【10】，同樣地出現在南北戰爭後，儘管並非立即實行此組織，但這也代表美國放棄了自由貿易政策。而英國直到進入二十世紀，仍死抓住自由貿易政策不放。

卡特爾的辯護者聲稱，消除競爭能夠帶來更穩定的價格，和連續不間斷的就業機會。他們還指出，卡特爾幾乎總是降低生產成本。然而，反對者質疑那些降低的成本，究竟會在更低的價格中表現出來，抑或是股東們更高的利潤中體現出來。美國人對卡特爾批評的聲浪更高。在那裡，所謂的企業領袖們，其中最引人矚目的是金融家摩根（一八三七～一九一三）被攻擊爲新型的封建貴族。一八九〇年，美國國會通過了《謝爾曼反托拉斯法》，對企業兼併活動予以抑制。然而，直到希歐多爾·羅斯福當政時期（一九〇一～一九〇九年在位）採取解散托拉斯的法律行動之前，這項法案對緩和兼併過程並未產生極大的影響，因而工業和銀行業的壟斷控制有增無減。

十九世紀末期，在西方其他地區，政府和大型公司趨向發展出更緊密、現實可行的關係，這與早期政府對工業家採取的自由放任做法相反。這種新型的合夥關係一個最明顯表現方式是——商人和金融家成爲國家官員。在伯明罕，製造業者約瑟夫·張伯倫出任英國的殖民地大臣；德國銀行家伯恩哈特·登伯格成爲德國殖民地的事務大臣；法國人查理斯·約納爾本來是蘇伊士運河公司

和聖艾蒂安鋼鐵工廠的總裁，後來成為阿爾及利亞總督；義大利北部的實業家居利歐‧普里尼迪從一九〇一到一九〇三年是該國的外交大臣。政府和企業的相互關係就像卡特爾和聯合企業的發展一樣，都是資本主義制度下的自然發展產物，這一制度正如其捍衛者所稱，給社會上的所有階級普遍帶來好處。

國際競爭：英國與德國

在我們之前對整個時期進行考察後發現，英國和德國陷入工業競爭之中。到了一九一四年，美國和德國在很多領域內的生產活動都超越了英國。然而，對英國人來說，德國帶來的挑戰對他們來說更為重要。英國在和德國進行工業競爭時，促使國際政治聯盟在十九世紀末重新調整。英國採取的方法是，聯合其宿敵法國一起對抗德國。當它發現自己已捲入一場和德國爭奪海上優勢的競賽時，便下決心，絕不可讓自己在這一領域輸給後起之秀——讓自己多年來享有的優勢地位就這樣被奪走。

德國人在超越英國方面到底獲得什麼程度的成就呢？一九一四年並不代表英國工商業鼎盛時代的結束。德國的貿易額在世紀之交，並未超過英國的百分之六十。這是因為在企業上，英國比德國更加成熟，在其經濟中，服務業的發展速度比製造業更快；因而在英國，大部分的勞動力已轉向商品的分配和銷售方面，而非全然向著製造業。如果說，從一八七〇至一九一三年之間，英國的製造品產量僅僅多出一倍，那德國在同期則增加了六倍，會造成這結果的部分原因就在此。但我們也不能因此就認為，德國工業的所有領域、部門都處在高效率的運轉之中，而且均為現代化設備和擁有非常先進的技術。因為與每一座最新型的化學工廠和蓬勃發展的鋼鐵工廠相比，此地仍有許多較小的工廠，這些小工廠的製造規模甚至小於家庭規模。然而，儘管如此，對英國而言，德國是一個最大的威脅，儼然已成為一個事實。甚至在一八七〇年之前，德國就不再為英國製造商提供一個現成的市場，德國人已能製造並提供自己的需要。一八七〇年之後，德國開始向世界其他地區出口他們的製造品。德國商人利用各種方法，企圖打進那些被英國人認為的原有市場，在澳大利亞、南非、中國和英國本土推銷德國貨。在有機化學製品和電器產品的領域上，德國商品的全球銷售額遠勝過英國商品。

解釋德國如何取得領先，或許更應了解與看重為何英國無法與它抗衡的原因？首先在於，英國是世界上第一個工業化國家，因而開始時受到種種阻礙。工業革命後，英國人把大量資本投入較老舊的工廠和設備上，因此，現在他們

不願意進入新的領域或開發研究新的方法。舉例來說，在製造（強）鹼方面，索爾維製作法問世前，英國人建了許多使用早期低效率方法的製造工廠去製作，但在此製作法問世後，他們發現自己陷入不得不沿用舊有方法的困境中。因為英國製造商已不願意投入大量的資金來進行技術更新，只得試圖透過削減成本和提高工作效率的辦法，使他們的鹼在市場上具備競爭力。但是，當一八九〇年代，各種生產上的障礙都獲得更進一步的改善，並被採納後，英國不僅無法趕上德國和美國的增產步伐，產量也處於下降當中。這種困境也出現在鋼鐵製造業，英國同樣受到優先進入工業化問題的阻礙。由於英國是最早進入工業化的國家，在十九世紀早期和中期，它的製造業中心是依當時的生產規模而設立。問題是，製造業工廠需要一大片靠近交通線的土地，以適應鋼鐵廠的需要，而英國工業城市的規劃十分擁擠、狹窄不堪，不可能建造像德國或美國那樣的大工廠。結果，到了一九〇〇年，英國最大的鋼鐵廠規模已不似德國一般的工廠大；甚至連英國為其他製造業所興建的工廠規模，也僅相當於其主要競爭對手的三分之一。由於德國的工廠極大，而這些工廠代表的是一種更大的投資，因而管理這些工廠的人都會盡其所能地確保這些工廠有高生產效率。因此，他們對設計進行合理改造，使零件標準化的程度，在工廠規模較小的英國人看來根本是沒有必要的。因為較小型的工廠通常只傾向接受小批量、更專門的訂單，因而無須鼓勵標準化。儘管英國的某些企業──尤其是鋼鐵業──到一九一四年完成了標準化模式，但在其他行業中，仍屬例外而非常規的。

　　英國在工業上的領先地位，使它的城市地區無法成長，反而到了將被淘汰的局面，從而限制了它們的發展。同時，他們在工業上的領先地位也使其態度逐漸僵化──由於他們如此快速地走在世界的前端，英國人變得自滿。這一事實清楚地反應在他們對教育的態度上。如果說，第一次工業革命的成就，例如蒸汽機、珍妮紡紗機，可稱為具有創造性改進的成果；那麼，第二次工業革命的成就則是，科學和技術緊密地、富有成效地結合在一起的產物。因此，成就的取得必須依靠普遍擁有讀寫能力的勞動者、受過訓練的機械工團體、以科學知識為基礎的技術人員，和受過高等教育且富有創造性的科學家。德國正在培養這些核心人員，英國則不然。英國在一八七〇年才有一個公共初級教育體系的成立【11】，不過，在經過十年之後，這個教育體系才變為義務教育。在德國，義務教育自十八世紀就開始了。英國統治階級認為，讓勞工階級接受教育的主要目的是便於控制：不是要教會男孩或女孩讀寫能力，而是要讓這些勞工階級者接受他們在這個社會結構中的特定位置。儘管德國的初級教育在許多方面也具有專制性質，但實際上，它起步較早，且與中等教育直接相連，故轉為

鼓勵學生能力的發展方向；因此在這一方面，德國教育遠比英國更具有效能。此外，當英國在初級教育落後德國的同時，其在科技實驗室和訓練中心的發展亦進展緩慢。在德國，此時國家已建立了一套複雜的技術研究機構網絡；至於英國，在第一次世界大戰前，幾乎沒有任何研究機構網絡。

這種缺乏的主要原因便是自滿。英國認為——這是錯誤的，實際經驗和在職訓練就能夠擁有應對變革必須具備的技能。此外，英國上層的中產階級堅信，教育的目的不是成就創造性的技術人員，而是成就一位「紳士」。那些在第一次工業革命中發財致富的企業家父親們，把子女送到私立學校和歷史悠久的牛津大學與劍橋大學接受「紳士」教育——主要是接受希臘文和拉丁文教育。那些子女原本可以把其創造性才能引向科學和技術領域發展，現在卻只能選擇從政，或者在帝國或國內的官僚機構中服務，造成具有創造性的技術人員或有活力的企業家範圍被束縛住。因此，無論是與德國還是與美國相比，在英國有興趣從事工業發展，甚至願意投資愈來愈多大量資本的人，都比前述兩國要少得多。這是因為對英國人來說，把資金投資到海外，要比承擔復興國內各種企業的任務更為容易。英國人依賴過去實務經驗的態度，妨礙他們對新事物應抱持懷疑的精神，使他們無法持續不斷地奮起迎接德國的挑戰。

國際競爭：帝國主義

英國和德國之間的競爭，只不過是十九世紀最後幾十年間那些激烈的國際競爭之一。隨著各國致力於工業化的同時，他們也在努力尋找市場，因而往往導致各個國家間的直接對立。各國相互競爭的結果之一是，除了英國之外，自由貿易的信條被所有國家拋棄了。正如前文所述，德國在一八七九年拒絕採取低關稅政策【12】；奧地利和俄國早在這之前就已經這麼做了；西班牙則先後在一八七七與一八九一年，制定了新進口稅稅率。而法國在一八九二年通過的《梅利納關稅法》，則是把二十年來逐漸放棄自由貿易的措施完全屏棄。儘管各國都試圖用這種方式把自己與其他國家隔絕開來，但國際經濟的發展卻是要求各國相互關聯，因為此時全球性的製造業、貿易和金融體系正在持續不斷地增長和發展。西歐和美國普遍採用金本位制，這意味著，文明世界可以很方便地按照共同的衡量標準相互兌換貨幣，該標準就是——國際黃金價格。舉例來說，此後需要從美國進口商品的國家，他們並不需要直接向美國出售商品；它可以向南美或任何地方出售它們的商品，然後再用出售後收回的貨幣換取黃金，接著再從美國購買所需的物品。

　　幾乎所有的歐洲國家都依賴大量的原物料供應來維持其工業生產率，因而進口的物品常常比出口的還要多。爲了避免由此可能產生日益增加的赤字，它們仰賴「無形」出口，像是航運、保險，以及倚靠借貸或投資來獲得利息收入。英國在這些領域的出口量遠遠多於其他任何國家，倫敦是世界的貨幣市場，尋求貸款者首先會把目標轉向此地，然後才會考慮其他地方。因此到了一九一四年，英國的海外投資已高達二百億美元，相形之下，法國爲八十七億美元，德國爲六十億美元。英國商人的船隊則運載著每個貿易國的製成產品和原料。正由於其「無形」出口的量，才使英國在歐洲其他國家被迫實行關稅保護政策時，依然信守自由貿易的信條。

　　主要的經濟大國在爭奪世界各國市場的競爭中，不僅影響它們彼此之間的相互關係，而且影響著這些經濟大國與經濟不發達國家的關係，前者愈來愈依賴後者爲它們提供原料和市場的供應者。這些經濟不發達的國家，有些地區，例如印度和中國，都是古老帝國的所在地；其他地區，像中部非洲，儘管地理上的範圍並沒有那麼龐大，但在此地一樣有著複雜的文化。無論這些土生土長的文明屬於何種性質，現代科學和技術與有系統地雇用此地的勞動力，以及金融和立法機構的侵入，將給它們帶來巨大的混亂。這些地區雖然被拉進世界的經濟中，但它們並沒有像西方的發達國家那樣能從中獲得好處。當地工業──諸如印度的紡織業──根本無法與曼徹斯特工廠製造的產品競爭。非洲牧民和獵人的生活習慣被歐洲牧場主人和礦工的活動打亂了，那些靠充當船工或車夫維持生活的人現在因西方國家建造鐵路而失掉生計。或許他仍相信會有其他新的工作，但這些工作必須按西方的方式去做，被西方經濟的要求支配著，並受到西方經濟混亂的威脅。由此可知，這些剛剛興起的世界工人正替原西方資本主義霸權之下，全球未有熟練技術的工人承擔著，成爲一群受勞役的人。

　　在注意到這一全球背景之後，我們就能更準確地推斷十九世紀後期帝國主義的歷史──歐洲列強所征服的地區，主要是集中在非洲和亞洲大陸這兩大塊陸地。帝國主義絕不是一種新的現象。在十八世紀，法國就已經入侵阿爾及利亞，英國則進入印度【13】。至於其他未受到西方列強直接統治的地區，這些列強國家往往也會施加強而有力的作用力來間接影響此地區【14】，並協助當地政府的政策制定來支配它們的活動。像西方列強從一八三四年「打開」中國的大門起，它們在名義上仍讓中國人自己治理國家，但實際上，卻是在確保任何中國事務都必須在對它們非常有利的情況下進行，並將中國放在它的「勢力範圍」【15】之內。像英國就以這種方式把其「非正式」的帝國版圖擴展到南

美、非洲、南亞和東亞。

隨著國際爭端的增多，歐洲列強間愈來愈頻繁的接觸，以及愈來愈強有力地控制未發展的國家和領地的政府和與經濟。法國的政治家們支持帝國主義，把它當作恢復民族威望和榮譽的工具，以此挽回在一八七〇至一八七一年的普法戰爭中敗給德國人的羞辱。另一方面，英國則提高警覺地注意著德國和法國不斷加快的工業化步伐，害怕自己會失去現存和潛在的世界性市場。德國是一個新進且剛剛統一為現代化的國家，它把海外帝國視為一個「國家的」領地和進入列強「俱樂部」的途徑。在這一時期，社會達爾文主義者充斥著整個世界，他們傲慢地曲解達爾文的進化論和適者生存學說，目的在促使征服似乎較無發展且在技術上較落後的社會時更具合理性，並認為自己擁有開化其他落後民族的使命。

十八世紀後期和十九世紀這段期間，西方各種令人震驚的發明恰好為帝國主義提供了工具。鋼鐵製的蒸汽船自一八五〇年代在非洲被廣泛使用，這種蒸汽船提供了更快速、更廉價的交通工具，它可以裝載很多未經加工的農作物和沉重的礦石。從利物浦到開普敦的航行時間，由平均需要三個月的時間縮短到三週。在蒸汽動力出現後，風帆動力迅速落伍。同樣地，航行於河流、湖泊的蒸汽船克服了非洲內陸的交通問題。海底通訊電纜似乎也使非洲與歐洲間的距離更接近了。到一八八五年，西非和南非與歐洲的倫敦和巴黎間有了通訊聯繫。在醫藥上，奎寧使用之後，瘧疾的威脅大大降低了，歐洲人可以大膽地進入熱帶雨林。在軍事技術方面，到一八七八年，非洲完成由前裝式的來福槍到可以迅速射擊的後膛槍的技術改造。在一八八四年，歐洲軍隊由於正式採用馬克沁機槍而獲得更大的優勢；馬克沁機槍是現代機關槍的一個原型，它能夠在一秒鐘內射出十一發子彈。這些及其他發明和科學的突破，使帝國主義的征服和資源剝削比過去更容易得到，也更加可行了。

十九世紀晚期所謂新帝國主義【16】的範圍、程度和長期後果引起了一場爭論，這場爭論多半圍繞著起因進行著。一群有影響力的社會評論家和歷史學家認為，如果經濟因素並不完全是帝國主義的起因，也應該是主要的因素。早在一九〇二年，英國社會改革家和理論家霍布森【17】（一八五八～一九四〇）就譴責說，「爭奪非洲」是由西歐各地一小群極端富裕且有權勢的金融家們之經濟利益造成的。至於帝國主義，則是由剩餘資本累積而成的，目的在幫助這些資本家尋找投資管道【18】。霍布森指出，非洲的殖民化並沒有給納稅人帶來多少經濟上的好處，因為他們的政府是按照國際資本家的指示，派遣軍

隊前去進行征服和占領的行動。如果說這些行動會帶來什麼好處，那好處也僅僅流向富豪們，因為他們冒險活動的目的在，使自己離開經濟蕭條、不景氣的西歐，去尋找比在國內投資能獲得更高的回報。霍布森對此做個總結說，十九世紀後期的帝國主義是「國家生活裡一種讓人墮落的選擇」，它是從根本上迎合「自私自利的攫取欲和暴力統治欲」。

霍布森的分析給俄國共產黨人和未來的革命領袖弗拉基米爾‧列寧（一八七○～一九二四）一個啟發，讓他對帝國主義進行更具影響力的評論。列寧贊同霍布森把帝國主義當成一種經濟現象的觀點，但與霍布森不同的是，他把這一現象看作是資本主義制度內所必需，且不可避免的階段。他於一九一六年流亡於瑞士時寫成的論文〈帝國主義：資本主義制度的最後階段〉一文中，明確地聲明了這一點。列寧辯稱，資本主義是從自由競爭以及由競爭發展而來的壟斷，導致資本家們在國內的盈利降低，迫使他們將所有的剩餘資本拿到海外進行投資。因為壟斷的存在，才能使資本主義制度前進到最後的發展階段，成為帝國主義。但這些投資者企圖透過提高工人工資來擴大國內市場這一替代方法，只會進一步降低利潤。如此一來，帝國主義就成為工業資本主義內部矛盾的產物。

雖然多數的歷史學家都同意，經濟壓力是產生帝國主義的一個重要原因，卻不贊成忽視其他他們認為同樣重要的任何因素分析。不過，如果經濟分析看來似乎合理時，他們仍願承認經濟的作用：以英國為例，在總價值為四十億英鎊的海外投資中，約有一半的資金是常在帝國內部流通的。在所有的西歐國家中，對原物料的需求便使得殖民地成為必要的投資，並讓政府相信，帝國主義是一種值得去執行的策略。不過，當人們把下述事實視為一個因素時，這種經濟解釋就會變得站不住腳了。一般而言，殖民地市場都太過貧窮，無力滿足歐洲製造商的需求；非洲這塊受到最大「爭奪」的大陸，對投資者來說也是十分窮困的，並沒有太多的利潤可以謀取。一九一四年以前，德國對德屬殖民地的投資僅挪用手中一小部分的資本；而法國也僅有五分之一投入在非洲的殖民地[19]；確實，相較之下，法國投資到俄國的資本，實際上比投資到它其他所有殖民地的數量還要多。它之所以會如此進行，目的是希望能穩固與俄國的友好關係，並能結成聯盟一起對抗德國[20]。隨著大西洋奴隸貿易的衰落和蘇伊士運河的修成，撒哈拉和林波波河之間的非洲相對於全球經濟體系來說，更容易成為邊緣地區。確實，英國、歐洲和美國的企業和金融利益集團對於在非洲進行土地征服活動並沒有產生多大的興趣，對此地擁有極大熱心的倡導者是

記者、傳教士、軍事領導人和政治家。

　　負責帝國建設的管理者，基於政治與經濟的雙重考量而制訂其政策，而這也是形塑民族國家的必然結果。國家安全和維持全體的權力均衡，一直以來都是政治家們思考和計畫的中心問題。隨著鄂圖曼帝國的衰亡，大國在東地中海的利益也隨之增長。在一八七八年的柏林會議[21]上，法國得到英國和德國的保證，可以不受約束地插手突尼西亞事務的許諾，但必須默許英國併吞塞浦路斯作為補償條件。這種諒解給此一原則注入了新生命，即對某一地區的領土要求，必須以別的地方作為讓步來補償。

　　英國會在一八八○年代統治埃及，有很大的程度是因為它擔心衰微的鄂圖曼帝國之廣大土地會落入俄人之手，並在近東引發事端。一八七五年，英國購買了蘇伊士運河公司[22]百分四十四的股票，除了將該水道視為帝國生命線的主要部分，更將之視為通往東方的戰略生命線。這條運河是在法國工程師費迪南‧德‧勒塞普的指揮下進行修建工作。工程從一八五九年開始動工，到一八六九年才完工，法國人希望能夠利用它向東方進行商業擴張。英國之所以能獲得這麼多的股份，是因為當時揮霍無度的埃及總督赫迪夫[23]正面臨破產的危機，英國趁機從他的手中購買下來。一八八二年，當埃及的民族主義反叛者抗議英國繼續插手埃及的內政事務時，亞歷山卓港也發生排外暴動，這讓英國人宣稱他們是在毫無選擇的情況下，只得派遣海軍砲擊亞歷山卓港，並把埃及統治者置於其保護的羽翼底下，從此英國正式占領埃及。一八七九年，法國開始在西非和赤道非洲進行擴張。英國人則繼續留在埃及，並積極支持埃及對尼羅河上游領土的要求，這令法國人憂心忡忡，因為他們愈來愈擔心英國會把整個非洲大陸納入自己的政治版圖之下。為了扭轉這嚴重的政治失衡局面，法國向英國提出挑戰，於一八九八年，雙方的軍隊在蘇丹的法紹達相遇，戰爭似乎一觸即發，法國差點就與英國正面交戰。所幸英國與法國攤牌，才使戰爭得以避免[24]。

　　大國圍繞著埃及、蘇伊士運河和蘇丹所進行的權力鬥爭，與其所制定的「帝國政策」若說是一項長期計畫，還不如說是對特定的殖民地政治和經濟形勢，做出一連串具體、且是自發性的反應。那些決策者們常常會發現，不僅是由於國際競爭的要求，還因為探險者和企業家個人的行動，使他們不得不放棄自己原來的雄心；當探險家和企業家對那時尚不為人所知的領土提出宣示時，國內政府就必須給予承認和保護。

　　無論這個官方政策是經過仔細地研究後制訂的，還是隨便發表出來的，我

們仍必須從官方政策以外的觀念來了解帝國主義。一位法國外交官曾描述一位具活動力的英國帝國主義冒險家塞西爾‧羅得斯為「一位用理想鑄就的力量」；我們同樣可以用這句話來描述帝國主義。把帝國主義當成一種理想，它激盪著像英國傳教士大衛‧李文斯頓【25】那樣的探險者，他相信若他的國家征服了非洲，就能結束東非的奴隸貿易，並且「把黑人家庭帶進各民族的大家庭中」。英國詩人和小說家拉迪亞德‧吉卜林（一八六五～一九三六）撰文提到「白人的負擔」時，認為白人擔負著教化那些居住在，多數歐洲人認為是地球上「野蠻」和「落後」地區的「半惡魔半孩童」的種族之使命。不過在許多人看來，侵入非洲和亞洲叢林的一個正當理由，就是要與奴隸貿易、饑荒、汙穢和文盲戰鬥。

　　將帝國主義當成一種信念對歐洲國內的政府是同樣有用的。因為當人們慶祝國家在海外戰爭的勝利時，民眾就會被慫恿忘記國內的各種艱難。愛國主義原是由民族國家建立產生的，但那時並未吸引大家的眼光，直到一八八七年，德國歷史學家海因里希‧特賴奇克發表的種種論點，才被激發起來。特賴奇克認為，「建立殖民地的推動力已成為一個大國十分重要的問題」，此話的涵義非常清楚，一個國家沒有殖民地就不能稱之為大國。一些持半官方立場的協會──德意志殖民地研究會、法屬非洲委員會、皇家殖民學會，都是代表帝國來進行宣傳，報紙也是如此，在這裡，我們可以看到它們把生動描述海外征服的故事視為是引起轟動，能吸引新近學會識字顧客的一種方法。

　　帝國主義的競爭集中在非洲。在一八七五年，這塊大陸已有百分之十一是位處歐洲人的控制之下；到了一九○二年，則高達百分之九十在歐洲人掌控中。德國人從東面向內地推進，法國人則從西面向內地擴展。葡萄牙人則是計畫把其長久以來位於西部殖民地安哥拉和同樣位於東部的莫三比克連接起來。在十九世紀後半期，殖民運動最初的那段期間，最活躍的歐洲列強是由比利時國王利阿波二世（一八六五～一九○九）所領導的一個私人資助的集團。由於利阿波二世十分熱衷於非洲發展，因而與英國出生的美國新聞記者【26】和探險家斯坦利合作，再聯合一群金融家，在一八七八年於布魯塞爾成立國際剛果協會，此集團純屬私人企業組織，比利時政府並沒有介入，斯坦利是協會的代表，他回非洲後，與當地酋長談判商定對剛果河盆地進行商業性開發。對於利阿波的活動，英國人並不感到擔心，因為他們認為，比利時是歐洲的一個小國，而且經濟上提倡自由貿易，政治上奉行中立政策，而法國則不然。一八八二年，英國向法國人提出對剛果河河口地區土地的要求，理由是根據

四百年前與非洲人達成的協議，該地屬於葡萄牙。英國之所以會對法國有此要求是爲了既得利益，它決定要防止當時奉行保護主義政策的法國，可能會控制面積廣袤的剛果河盆地和河流體系。

在一八八五年，大部分歐洲國家和美國均派代表，於柏林召開一次會議，企圖爲帝國主義瓜分非洲的遊戲制定某種共同遵守的基本規則，此會議對非洲的命運有極大的影響。首先，剛果被公開宣布爲一個在利阿波託管統治下的自由邦（很快就成爲眾所周知保護「落後」民族的一種手段之濫觴）；其次，一個歐洲國家控制了非洲海岸之後，就可以宣布同樣對沿海附近的那一大片內陸地區擁有優先權與基本權利。然而，這種權利必須透過所謂「實際」占領，即

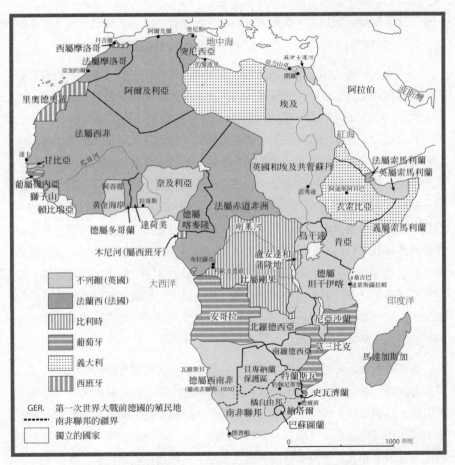

圖30-1　第一次世界大戰前夕對非洲的殖民主義

派遣軍隊駐守，或者派行政官員進駐，才能繼續保有，占領後該國必須通知他國。於是，一場激烈的爭奪從一八八五年開始了！到了一九○○年，非洲已被歐洲列強瓜分了。法國已經前進到西非的蘇丹，且於此時加速他們的軍事征服活動。英國人、葡萄牙人和德國人則是由一群獲得特許的私人公司從事活動，他們在雇用和裝備帝國主義軍隊方面更為慎重些。但由於受到非洲國家的激烈反抗，因此這些國家無論是進行軍事征服，或建立有效的行政管理，都必須付出極高的代價，且困難重重。到了一八九七年，事情變得十分明朗，單靠這些公司是無法迅速推進的，因而英國人和法國人組建了自己的軍隊。伴隨著占領而來的是對本地勞動力的剝削，歐洲人引誘當地酋長和他們簽訂協議，允許用比奴隸還要好一點的條件來雇用當地男女勞動者，這些非洲人往往被迫住在遠離其家庭的有牆大院裡。他們深受現行各種習俗的危害，卻未曾試圖建立任何一種新文明制度以取代之。在剛果，阿拉伯奴隸貿易受到了壓制，取而代之的是一種強迫勞動制，部落的土地被沒收，反叛者遭到殘酷鎮壓。

　　一八八五年後，領土瓜分熱潮進一步加溫。葡萄牙人擴大增加對舊有的殖民地安哥拉和莫三比克的控制範圍。義大利人侵入索馬利蘭和厄立特里亞。他們企圖進而控制衣索比亞，但被一支有八萬人的衣索比亞軍隊擊退【27】，這是非洲人對白人反擊所取得的第一次重大勝利。德國加入這場殖民的爭奪戰時間較晚，俾斯麥不願意捲入一場他認為無論是對帝國在政治和經濟上都沒有好處的事業。然而，最後德國人發現，任由其他列強瓜分這塊大陸，對他們來說是一種難以彌補的損失，而且，此時的海外發展又得到威廉二世的熱烈支持。因此，德國在德屬東非、非洲西海岸的喀麥隆和多哥，以及德屬西南非洲類似沙漠地區等建立自己的殖民地。他們希望，有朝一日可以打通喀麥隆至德屬東非，將它們連在一起。法國人控制了西非大片地區【28】，並在紅海控制了吉布提港。為了實現打通東西非洲的目標，在法紹達，法國冒著向英國挑戰的危險決定採取行動。因為這一計畫與英國統治埃及的需要以及貫通非洲大陸南北的計畫發生了衝突。

　　新帝國主義主要是歐洲列強之間及它們與非洲各國間舊的合作機制崩潰的結果。此外，非洲有一些王國和共和國也在從事帝國主義的擴張，尤其是馬達加斯加、衣索比亞、馬特貝勒蘭、賴比瑞亞、德蘭士瓦，和西非大草原上薩莫里‧圖雷和埃爾哈及‧烏瑪爾的伊斯蘭帝國。這些非洲國家中，有不少部分都對歐洲帝國主義者進行英勇抵抗，但最後除了衣索比亞和賴比瑞亞外都喪失了獨立地位。

　　塞西爾・羅得斯（一八五三～一九〇二）是英國企業家和建立帝國的夢想家，他在一八九〇年擔任開普敦殖民地總理之前與擔任此職位之後，都有一種想法——要建立一條從開普敦至開羅的鐵路和電訊網絡。羅得斯相信，盎格魯撒克遜文明是極為優越的，他的夢想是希望能沿著整個大陸建立一系列的英屬邦國，這些邦國在政治上實行自治，不過在經濟和文化上，則是依從大不列顛及其延伸出去的帝國。但他的計畫在東部受德意志人和比利時人的阻礙，在南部則受到兩個共和國——德蘭士瓦和奧倫治自由邦的阻礙，而無法實現。這兩邦的居民是說阿非利卡語的後裔，他們均為移居南非的原荷蘭移民、法國移民和德意志移民的子孫。這些布爾人——荷蘭語為「農夫」之意（即舊荷蘭的殖民者）——對那些講英語較世俗和城市化取向的入侵者十分猜疑，因此，為了確保自己原本的生活方式和宗教信仰，大舉北遷，此即所謂的「大遷徙」；在一八三〇年代後期，他們為了避免被這些說英語的人入侵，便離開開普敦殖民地。

　　直到一八八六年之前，英國早已忽略了這二個所謂集體移居的共和國【29】。但在一八八六年，發生了很大的變化，德蘭士瓦發現了數量龐大的黃金，致使湧入許多英國人。鐵路線延伸到富藏黃金的威特沃特斯蘭德，當地以務農為生的阿非利卡人熱烈歡迎外來的資本和技術；布爾人卻厭惡授予講英語的礦工主與經濟實力相應的政治權力，這些布爾人希望能得到德國的支持，以確保他們的獨立地位，這讓英國人害怕德蘭士瓦會透過莫三比克或德屬西南非洲獲得自己的入海口。到一八八九年，德蘭士瓦年黃金產量占世界總產量的百分二十五，這些黃金大都從由英國控制的海港以船運往倫敦，用以維持英鎊在世界貿易和金融中為主要貨幣的地位。很明顯地，由英國人自己所擁有的礦產公司來要求建立新的政治秩序，而這剛好與採礦工業和城市工業的資本主義之需要更加切合。羅得斯把德蘭士瓦視為對英國在南部非洲霸權的一個威脅，因此在倫敦的英國殖民局默許下，他密謀推翻保羅・克魯格在比陀利亞的政府。一八九五年，他派遣一支由詹姆森統領的非正規志願軍，前往德蘭士瓦突襲約翰尼斯堡，此即所謂的「詹姆森突擊」。但這一突擊行動，在他們尚未找到機會與講英語的團體聯合起來，就被布爾人擊敗，遭到被俘獲的命運。詹姆森的入侵行動在政治上可說是完全失敗，而且立即招到國際輿論的譴責，指責英國擾亂愛好和平、力量弱小的鄰邦，使羅得斯在一八九六年底被迫辭去開普敦殖民地首相之職。不過，此時英國人依然企圖按計畫，要將整個南非置於其統治之下，因而當外交壓力無法產生他們期望的效果時，便在一八九九年爆發戰爭【30】。戰爭並沒有按英國的計畫進行，因為在戰爭中，布爾人證明自己

是個不屈不撓、頑固的戰士。在苦戰三年後雙方休戰，又花了好幾個月的時間，英國人採取某些殘忍的政策，像是建立拘留營和焚毀農莊之後，才使充滿鬥志的共和國分子就範。戰爭的結果是英國在國際上喪失了它的威信，以及使英、德敵對情況更加嚴重，德國皇帝曾公開表示同情布爾人的奮鬥。

整個十九世紀，英國都在設法擴大被它視為極有價值的帝國屬地——印度的占有【31】。一八五七年，印度當地軍隊和大陸上其他對政府不滿的人員發起的大規模起義，英國稱為「印度兵變」；此兵變證明了以商業為動機的東印度公司之「非正式」統治失去了效力。這次兵變實際上是印度當地人對外國統治進行一次更深且更嚴重的挑戰。戰亂平定之後，由英國王室政府治理這塊次大陸【32】。此時，王室政府決定透過印度上層階級來實行統治，且不再像過去那樣視他們為敵。儘管在英國資助的學校裡仍繼續使用英語進行教學，但過去無法容忍的印度習俗此時得到了認可，王公及其官僚成為攝政者，被納入整個政府的機構。到十九世紀末，一個西方化的階級但也是忠實的印度文官和商人階層出現了，他們受到英國人的培訓，不過，這群人對教導他們的老師並無義務感。後來這個團體在二十世紀中期，成為領導印度人向英國在印度的統治提出挑戰的民族主義運動。英國在印度的目標是促進秩序和穩定，文官人員能公平無偏見地掌管司法工作；他們促使公共與環境衛生狀況改善，但具有諷刺意味的是，這個改變卻讓國家的人口增長到無法掌控的地步。絕大部分印度人依然極度貧窮，他們在許多情況下是進口廉價製造品的受害者，因為這些物品正嚴重地威脅著本地工業的生存，這也證明英國為了自己的利益，蓄意要犧牲這塊殖民地的經濟繁榮。

大帝國主義的類型在全世界各個地方都不同。在由白人移民治理的地區，引入了自治的辦法，希望藉此防止背叛產生，預防再次出現像美國革命的情況發生。因此，澳大利亞在一八五○年代便獲准自治，紐西蘭則是在一八七六年獲准的。一八六七年，一個擁有自己的聯邦政府和立法機關的加拿大自治領建立了。

至於在世界其他地區，西方國家急於想在那些能獲得經濟或戰略回報的地方插上他們的旗幟。英國、法國、德國和荷蘭全都成立了東印度公司，到一九○○年荷蘭全面獲得霸權。中國被迫簽訂了一連串不平等的商業條約而使自己受害：掠奪中國的國家中，有它的近鄰——日本，它是唯一得以在十九世紀實現現代化的非西方國家。美國玩弄的是兩面的遊戲——當西半球那些落後不發達國家面臨到歐洲的威脅時，它就充當其捍衛者；然而，一旦找到機會，美國

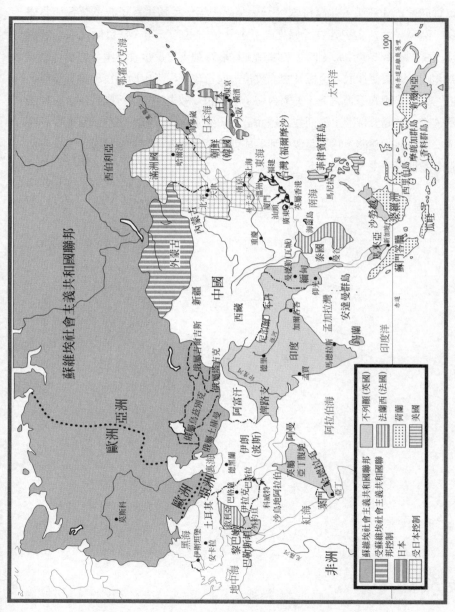

圖30-2 一九四○年九月一日強權與帝國主義在亞洲

人就會「非正式地」或正式地掠奪它們。十九世紀末，西班牙無法對加勒比海和太平洋各殖民地繼續有效的控制，因而為反叛者提供了起義的機會。就在他們準備採取行動時，美國插手保護它的投資和海上安全。一八九八年，它捏造口實向西班牙宣戰，並贏得戰爭【33】。同一年，美國併吞了波多黎各和菲律賓、關島，並在古巴建立「保護國」【34】。一九〇三年，當哥倫比亞的殖民地巴拿馬威脅要發生叛亂時，美國馬上採取行動支持反叛者，承認巴拿馬為一共和國，隨後便採取「金援外交」政策，向新政府租借土地開挖巴拿馬運河，把它置於美國的保護之下。美國對聖多明各和夏威夷的干涉行動表明，它和西歐國家一樣屬於帝國主義列強。總而言之，到十九世紀末，這些國家把世界連成一個空前的整體，它們藉取得那些成就的軍事和經濟力量意味著，至少它們暫時是世界的主人。

第三十一章

中產階級受到挑戰
The Middle Class Challenged

突襲的時代,少數自覺的人率領不自覺的大眾進行革命的時代,已成為歷史。凡須徹底改組社會組織之處,大眾本身必須加入,也已明白自己為何進行鬥爭,獻出自己的身心是為什麼。

——腓特烈·恩格斯,《馬克思〈1848—1850年的法蘭西階級鬥爭〉序言》

　　十九世紀末，資本主義持續不斷的擴張，使得中產階級的人們相信，他們是推動人類進步不可或缺的力量。然而，在此之際，這個信念受到某方面的挑戰。在每一個情況下，這些挑戰都向接近中產階級思想意識核心的假設提出懷疑。社會主義學說首次廣受人們的歡迎，它宣稱資本主義是對社會造成威脅，而不是為人類帶來利益。新的科學理論——尤其是進化論——宣稱，進步的關鍵不在於人類精心設計的計畫，而是一種機遇與機會。心理學家發現，人類本質的不合理最終也會使樂觀的人處於無助狀態中。繪畫、詩歌和音樂領域也經歷了一場革命，促成這一革命的人物認為，藝術是為藝術而生存，其目的並不在於陶冶中產階級公眾的情操。各式各樣的知識和文化領域中的潮流合為一體，便對下述觀念形成威脅——社會如要迅速地發展，只有在中產階級的支持、贊助下，依循著中產階級的道德訓誡和經濟規則所設定的方針前進，並將其信仰寄託於持續不斷的物質進步上。

社會主義的挑戰

　　十九世紀下半葉的社會主義發展史，在很大程度上是其最著名的社會主義宣傳家和理論家——卡爾・馬克思（一八一八～一八八三）的個人傳記。馬克思既是一位社會思想家，又是一位政治領導者。在某些時候，他是理論支配著行動；而在另些時候，政治事件使他修改他的學說。不過，他自始至終都是社會主義運動的核心人物。他的道德熱情，就像他在學術上的天分一樣豐富，勾畫出社會主義運動的發展歷程。他之所以能有如此深遠的影響，主要是由兩個值得我們深思的原因所造成：首先，雖然馬克思是一位德國人，但自一八四九年起至去世為止，便一直在英國倫敦過著流亡生活【1】，因而遠離歐洲大陸社會主義的主流，而英國之所以能對社會主義者採取容忍的態度，是因它對這一學說具有相對的免疫力。其次，馬克思不是一位能夠讓別人樂於對他表示信任的領導人。他的反社會本性部分源自於窮困的生活。所幸，他忠實的朋友和合作者腓特烈・恩格斯【2】願意在金錢等方面支助他，再加上馬克思充當政治記者獲取的不定期微薄收入——他一度是《紐約論壇》的撰稿人（有些稿件以一件五元美金的價格賣出），他及其家人才得以勉強維持生活。

　　在一八五〇至一八六〇年代間，馬克思著力對資本主義的經濟做出決定性的分析，撰寫了他的政治經濟學巨著——《資本論》，該書第一卷於一八六七年出版。在馬克思的早期思想和作品中，《資本論》的論點在很大的程度深深受到唯心主義辯證法和經濟唯物主義的影響，《資本論》正是藉助於這二者寫

成的。如同我們所看到的，此書是以馬克思早期的著作和思想為主體引導出來的。在該書中，馬克思總結概括了他和恩格斯在先前發表論文中所闡述的觀點，並詳細描述資本主義制度內部生產、交換和分配各環節的運轉過程。他認為，在資本主義制度下，勞動者得不到他們理應獲得的收益。馬克思提出，所有產品的價值都取決於生產該項產品時必須有的勞動力。然而，雇用工人們所獲得的工資卻遠遠低於他們所創造的產品價值。雇用勞動的價值與工人工資之間的差額即為剩餘價值，這部分常被資本家所擁有。依據馬克思的看法，資本家占有的部分遠遠大於產品價值中他應當得到的部分，即是所謂的勞動者價值學說，馬克思的勞動者價值理論，與李嘉圖【3】和其他一些古典經濟學家的看法多少有些相似，而他對於工人階級在資本主義制度下受壓迫、剝削的論點，即是以這種勞動價值理論為依據。由於工人不得不靠出賣其勞動力為生，因而他們變得與市場上的商品沒有什麼區別。

只要資本家拒絕支付給雇用工人與其勞動價值更相等的工資，那麼這些雇用工人便依舊處在被剝削的狀態。馬克思宣稱，在資本主義的制度下，只有工人階級即無產階級創造的財富高於自己享用的部分。因而資產階級所擁有的生產資料，便能夠占有原本屬於勞動工人的收入，因此他們非常希望維持現狀，這使得他們希望藉由政治、法律和社會制度，把無產階級永遠固定在受雇用、受剝削的地位上。

馬克思預言，資本主義制度終將自取滅亡。他認為，隨著時間的推移，市場競爭將會迫使愈來愈大的工業和金融業聯合團體出現。隨著小型企業主——小資產階級——被比它更強大的組合壓榨，便會造成該階層成員加入無產階級（即勞工階級）之中，直至社會變得像一座龐大的金字塔，這群廣大的勞動階級位於金字塔的底部，而位於金字塔頂端的人成為最主要的一群，他們是少數有影響力的資本者。馬克思宣稱，無產階級在此時此刻就會舉行革命戰勝資本家。

資本主義在受到工人的致命打擊推翻之後，緊接著來的是社會主義階段。此時只是達到另一理想社會——共產主義——的過渡時期。社會主義階段的特徵是無產階級專政，按實際完成的工作來支付酬勞（即工酬相當），國家（政府）擁有所有生產、分配和交換的工具，且歸國家經營。緊接著社會主義而來的則是共產主義，那是歷史進化的目標。共產主義會帶來一個無階級的社會，到了那時，便沒有人能夠憑著擁有某項東西而生存，所有人都要為生活而工作。國家將被無產階級者用革命的手段加以摧毀，不復存在，這名詞將成為被

放置在博物館的古代遺物──「與青銅斧和紡車一併陳列在博物館之中」。取代國家的是自願組成的社團，它們掌握生產資料，提供社會必需品。但是，共產主義的本質是按需求支付報酬，所以工資制度將被廢除，社會中的每一個成員都各盡所能，各取所需，並從社會總財富中獲得自己需要的財富。

在《資本論》發行後的十年間，它被譯成了英文、法文、俄文和義大利文（馬克思原本是用德文寫成）。這一著作之所以能夠產生如此廣泛的吸引力，引起人們如此大的注意，是因為它對必然性持有一種非常吸引人的堅定態度，以及一種強有力的戰鬥精神。雖然馬克思在《資本論》中作了許多至今未發生的斷言，但那些無論是出身於中產階級還是無產階級的人們，在該書問世後不久就能讀到它，這些人用書中的斷言對比自己熟知資本主義世界的社會主義者提出批評，這些人很輕易地就接受了馬克思的推斷。在他們看來，馬克思似乎是根據他們自身的經驗，來創立一門客觀的社會科學。對那些反對資產階級創造之世界力量逐漸壯大的社會主義者來說，《資本論》成為他們實現聯合的理論要點。它一度為國際工人協會注入活力，該組織是大不列顛和歐洲大陸工人的組織成立於一八六四年的倫敦，通常簡稱為「國際」。這一組織公開宣稱自己的目的是實現國際無產階級的聯盟，推翻資本主義制度和廢除私有財產制。馬克思發表協會成立宣言，宣稱工人階級如果想要永遠擺脫工業的奴役，就必須奪取政治上的權力。在此之前，各種不同的困難皆會妨礙一個激進的工人組織形成。首先，他們害怕會受到官方的迫害；其次，歐洲各國工業化發展並不規律，這就意味著，這個國家的工人對其他國家工人特別困苦的生活一無所知。最後，一八五○年後出現了普遍繁榮的景象，致使工人中的技術者──以及具有較強參政意識的工人──放棄了革命目標，轉而追求更直接的短期目標，與資產階級政治家們達成妥協，德國社會主義者對俾斯麥的態度即為例證。然而在此同時，還是有一群具有獻身精神的激進社會主義者，他們暫時未受到這些因素的制約，促成了第一個國際性工人組織的建立。

馬克思直接掌控著國際工人協會前進的方向，他努力把溫和派從國際的委員會中排除在外，並譴責德國社會主義者與其領袖拉薩爾【4】（一八二五～一八六四）未能實際反對俾斯麥。馬克思認為，社會主義者的職責不是與國家處在合作的階段，而是要徹底推翻它。與此同時，馬克思與俄國無政府主義者米樹爾‧巴枯寧【5】（一八一四～一八七六）的理論作鬥爭，根據社會主義的觀點，社會災難是資本主義造成的。巴枯寧向這一觀點提出挑戰，認為國家是造成問題的元兇，因此，號召人們透過孤立的恐怖主義行動直接消滅國家，以

暴力推翻政府。由於他的理想社會是由各個地方共同體組成一個鬆散的聯邦，因此，他反對在國際工人協會內部實行集中化管理，主張實行各國工人組織聯邦制的自治團體，在他的新社會計畫中，有生產工具公有制、廢除剩餘價值，及各取所值。在馬克思看來，這些個人主義概念所代表的是要恢復原始形式的反叛，雖具有英雄主義特徵，但不會帶來任何實際成果，因為他認為國家的消亡是需要等待的，這與巴枯寧用恐怖主義、暗殺、暴動的方式不同。經過幾年的鬥爭，馬克思終於在一八七二年促使第一國際把巴枯寧清理出去。在一八六〇年代的那段時間，第一國際曾興盛一時。各國分散的工會組織都被說服加入統一的行動，透過不斷地灌輸革命觀念，在國會選舉和工廠中施加各種壓力，至少可以為工人爭取到更高的工資和更短的工作時間。在馬克思的指導下，第一國際成為一個具有高度組織、控制嚴密的機構，在這方面遠比從前任何社會主義組織有成效。

然而到了一八七六年，第一國際瓦解了。儘管馬克思作為一位權力主義者的領導人物，具有多方面的才能，但第一國際自始至終不得不應付促使它創立的各種問題。此外，各國社會主義組織對追逐自身眼前利益的願望愈來愈強，這與馬克思堅持由一個中心來控制國際的主張，顯然有所衝突，凡此種種均成為削弱第一國際的力量。或許一八七〇年普法戰爭爆發後，色當之役（一八七〇年九月二日）拿破崙三世被俘，法國戰敗，與爾後在巴黎發生一連串的事件（指巴黎公社的行動），皆成為導致它解散的原因。

拿破崙三世垮臺後，法國人建立起一個大體說來較為保守的新共和國【6】，成立於一八七一年三月，法國新政府試圖解除巴黎國民自衛隊的武裝，因此，國民會議通過停發他們薪餉的決議，如此一來，更引起自衛隊強烈的不滿。該自衛隊是由政治立場較激進的公民志願組成，它拒絕服從命令，宣布實行自治，罷免新政府成員，並成立一個革命委員會——巴黎公社，成為法國真正的政府。這一運動常常被描述成一群危險的激進分子，目的在破壞法律和秩序的反叛行為，但實際上並非如此。不過，公社中的大多數都類似在法國大革命中的雅各賓派，成員大都來自中產階級下層——有極端的共和主義分子、激烈的工人、無政府主義者與第一國際分子。他們並不提倡廢除私有財產，而是要求更廣泛地分配私有產業。然而，他們對法蘭西銀行中存款的審慎態度，可是資產階級中任何金融家所渴望的。他們最激進的政治行動僅僅具有象徵意義——推倒旺多姆廣場上拿破崙一世的雕像。這一運動之所以產生，是因為人們對法國在普法戰爭中的失敗感到不滿，與感受到巴黎在其後遭到長時間圍困的

那段時間物資不足的困擾，令他們覺得精疲力盡。此外，首都居民還擔心農村人士會控制中央政府，而對城市群眾不利。在四月和五月這段時間，經過幾週毫無意義的爭論後，衝突終於演變成一場血腥的內戰【7】。在五月二十四日，公社分子殺掉了大約六十名人質，其中包括巴黎大主教；五月二十八日，巴黎終告陷落，政府殺死的人數估計約有數千人之多，它所設立的軍事法庭處決了二十六人。另有好幾千人被判處監禁，或被流放到太平洋上的新喀里多尼亞島。

當中產階級的歐洲十分震撼地誤解法國出現了第二個「恐怖時代」——巴黎公社在法國重現時，馬克思以第一國際的名義高度讚揚公社人員的勇氣，他撰文認為，公社人員進行了他過去預言的階級戰爭之第一場戰鬥。在題名為《法蘭西內戰》（一八七一）的小冊子中，馬克思宣稱巴黎公社是工人階級通向解放之路所必經的一種過渡性政府形式的樣板。然而，第一國際中有很多較不激進的成員被嚇壞了，並對此感到心神不寧。這是因為他們不僅僅擔心巴黎公社的事件本身，而且還因為擔憂身為國際工人協會的成員會遭到報復——這一組織竟公開讚揚在中產階級眼中與殺人犯沒多大區別的人們。在一八七二年，馬克思承認失敗，因而把第一國際的總部遷到美國，因為此地遠離國際的各項事務，也遠離了開始紛至沓來關於馬克思領導有誤的批評。因此在一八七六年，第一國際正式解散。

儘管第一國際失敗瓦解了，但社會主義在一種理論和綱領下仍繼續發展。一八七五年，德國社會民主黨成立；一八七九年，在比利時出現了一個社會主義政黨；在法國，儘管巴黎公社造成種種災難，但在一九〇五年還是成立了一個社會主義性質的政黨。在英國，儘管曾進行多次圍繞著社會主義問題的論戰，但還是沒有任何自稱社會主義的政黨出現。至於一九〇一年工黨成立時，它是與較不激進的非社會主義社團結合在一起，而且，各種社會主義社團在工黨的執行委員會中都有其代表。在歐洲其他次要的地區——西班牙、義大利和俄國，社會主義取得的進展較少。這些國家普遍缺乏工業化，而且國民教育落後，凡此種種阻礙工人階級意識的成長，也阻礙作為這種意識政治表現的社會主義發展。

在第一次世界大戰前的這段期間，社會主義者圍繞著下列問題，即為了實現徹底的社會變革，社會主義應遵循什麼樣的道路，有時不斷地進行非常激烈的辯論。一派被稱為「純粹主義派」，馬克思在去世之前一直是該派的領導人，他們是嚴格的馬克思主義遵守者。這些社會主義者認為，社會主義者在爭

取實現提高工資、縮短工時和失業保險這些短期目標時，應避免與其他政黨聯合，他們非常堅持要實施無產階級專政。他們宣稱，資產階級會以愛國主義和民族主義為手段收買無產階級者，從而無限期地延遲革命的到來。另一派為「修正主義者」則不然（大部分國家的共產黨皆屬此派），他們主張以和平、漸進的方式來實現社會主義，他們所著重的是目前的改善。因此，敦促其追隨者充分利用他們之中不少有選舉權機會的人，投票選舉社會主義者候選人來進行議會鬥爭。他們認為，一旦那些候選人當選，就可在不久的將來幫助勞工謀得更美好的生活。社會主義學說可以說是在宣告，要進行一場以世界為範圍的無產階級反對資產階級的鬥爭，但能成為拒絕下述機會的任何理由嗎？——即通過投票箱就可取得真正的進程，為工人及其家庭帶來更美好的生活。

　　儘管「純粹主義派」做出種種努力來阻止修正主義者的行動，但修正主義仍傳播開來。在德國，最具雄辯能力的修正主義代言人是愛德華‧伯恩斯坦（一八五〇～一九三二）。伯恩斯坦為德國社會民主黨成員和德國國會議員，是第一批向馬克思在《資本論》中所作的預言提出質疑的人之一。一八九九年，他出版了《進化的社會主義》一書，這本書所設的主題就如同其書名，認為對歐洲多數工人而言，從一八五〇年以來，他們的生活水準便普遍有所提升，不過，中產階級下層人員並沒有表露出，希望把自己的利益與無產階級的利益聯繫起來的跡象。在此同時，選舉權的不斷擴大，意味著工人有了利用選票實現改革的絕佳機會。指導未來的綱領不是革命，而是民主的社會改良。伯恩斯坦在德國最直言不諱的論敵是社會主義者卡爾‧考茨基（一八五四～一九三八）。考茨基是位正統的馬克思主義者，他警告，與政府合作會導致無產階級整體腐敗墮落，並喪失鬥志。在法國，「純粹主義派」于勒‧蓋德（一八四五～一九二二）與眾議院中的社會黨領袖金‧饒勒斯之間也發生了同樣的論戰。蓋德認為，社會主義政黨的首要任務是發展無產階級的階級意識，金‧饒勒斯則是鼓吹修正主義道路者。無論在德國還是法國，修正主義者在人數上都比「純粹主義派」要多。英國的情況尤其是如此，在那裡是費邊社會主義者【8】——費邊派一詞的由來是，他們仿效羅馬將領費邊（即法比烏斯），採取拖延策略的戰術而得，他們宣傳所謂的「漸進主義的必然性」。工黨的領袖人物大都否定革命是必須存在的，並反對階級鬥爭，他們相信英國會透過國會民主制的方式（藉由立法來改革）逐漸演變成社會主義。該派著名人士有社會問題研究者悉尼‧韋伯（一八五九～一九四七）和碧翠絲‧韋伯（一八五八～一九四三）、小說家威爾斯（一八六六～一九四六）和劇作家喬治‧伯納德‧蕭伯納（一八五六～一九五〇）。

修正主義持續不斷地獲得勝利，導致其對手加強了攻擊性，後者日益提倡以武力爲方法來實現自己的目的。雖然他們從未設法說服大多數的工人階級皈依其學說，但他們的鬥爭仍吸引了越來越多的追隨者。當社會改良沒有如願地快速到來時，有些原本支持修正主義的人感到失望了。同時，在歐洲許多地區，對工人來說，工資上漲的幅度追趕不上物價的上漲，結果勞工階級中的某些人曾經體驗過的相對繁榮景象消失了，人們產生一種挫折感，因而轉向尋求採取更激烈的手段。德國人集合在激進社會主義者羅莎・盧森堡和卡爾・李卜克內西的身邊；在法國，當改良派社會主義的領袖亞歷山大・米勒蘭同意在一個非社會主義政府中擔任內閣成員後，一個新的革命性社會主義政黨不再承認他的黨員身分。一八八九年，第二國際成立。一九〇六年，它在召開的一次會議上，要求所屬各政黨把摧毀資產階級秩序、摧毀捍衛資產階級利益的國家機器作爲自己的目標。

這種好戰的情緒鼓勵人們接受無政府主義和工團主義的教義。無政府主義者鼓吹以武力推翻資本主義，但他們與社會主義者不同在於，他們痛恨一切國家機器，和反對任何以武力爲基礎的政府。社會主義者則認爲，在馬克思承諾的共產主義理想時代到來之前，國家仍一直是實現最終目的之必要手段。無政府主義者反對政府的存在，力求立即廢除國家機器，他們認爲，國家機器不論掌握在誰的手中都會導致專制。被馬克思從第一國際中驅逐出去的巴枯寧，就是無政府主義最有名的宣傳鼓動家。就像無政府主義那樣，工團主義是工業革命產生的另一個激烈的政治哲學，他們既要求廢除資本主義，又要廢除國家而將社會改組爲生產工人的工團。它與社會主義一樣提倡生產資料公有制，但它把占有和管理生產資料的職責交給生產者工團，而不是交給國家。像煉鋼廠是由鋼鐵業的工人所擁有和管理，煤礦歸採礦業的工人，以此類推。這些產業工團將取代國家，每一工團取代政府各自管理自己所屬團員的生產活動。

法國人對工團主義的反應最爲積極。一九〇二年之後，一個名爲勞工總聯盟的組織決心在法國政治合法的憲法組織之外，尋找解決經濟問題的方法。工團主義最有影響的代言人是喬治・索雷爾（一八四七～一九二二）。索雷爾是法國人，他在一九〇八年出版的《論暴力》一書中談到，應當讓工人相信，一場能夠導致資產階級文明覆滅的無產者總罷工是可能來到的。索雷爾承認總罷工或許只是一個神話，不過即使是神話，它對於那些以摧毀社會爲宗旨，並爲此不惜使用暴力手段的人而言，依然是一件強大的武器。

因而，在第一次世界大戰之前，社會主義運動並不是一股統一的力量。

「純粹主義派」與「修正主義者」之間的爭吵，使它分裂爲很多個派別，無政府主義和工團主義各種更激進的主張又向它提出挑戰。社會主義者雖然立意實現各國工人階級的國際性大團結，但他們沒有看到在法國、德國和英國裡，民族主義和帝國主義對勞工階級可能產生的吸引力。儘管社會主義內部存在著分裂，並有種種弱點，但從歐洲的中產階級來看，社會主義依然是他們持續繁榮的具體威脅。資本主義提供資產者取得權利的工具。社會主義攻擊資本主義，也代表攻擊資本主義制度的直接受益人。雖然社會主義者大都不贊成使用暴力，但中產階級成員仍把暴力行動歸罪於那些被隨便貼上「社會主義」標籤、無組織的反資本主義團體。一八八六年芝加哥乾草市場工會【9】成員騷動，一八八七年倫敦特拉法加廣場工會成員騷亂，一八九四年刺殺法國總統薩迪‧卡爾諾事件，一九○○年刺殺義大利國王亨伯特之舉，一九○一年刺殺美國總統威廉‧麥金萊事件，以及一九○○年後，歐洲和美國各地日益頻繁的事件發生、與暴力程度不斷增加的罷工——凡此種種，均被中產階級成員們視爲一場規模更大的運動組成部分，該運動的公開目標是剝奪中產階級的經濟、政治和社會保障。

科學和哲學的挑戰

當社會主義向中產階級的自信心提出挑戰時，科學和哲學也從另一方面發出威脅。鑑於科學技術曾協力促成工業化的誕生，並且使其持續發展，因而科學可能是暗中破壞而不是支持的工具這一特性，就讓人覺得難以理解了。這並不是說，科學放棄了充當解決人類問題的工具，而是對持續發展的技術提供極爲緊要的幫助角色。例如，在醫學領域出現了引人矚目的進步，尤其在生物學方面成就更大。法國人路易‧巴斯德（一八二二～一八九五）證明，各種生命形式無論多麼微小，都能由生物來繁殖，這對過去的自然發生理論做了劃時代的攻擊，並建立了細菌學基礎。在那之前，根據自然衍生說理論（無生源學），人們通常假定微生物及其他微小的有機體，都源於水或其他腐爛的蔬菜和動物的身體。藉由找出微生物之源頭，巴斯德的發現爲公共保健和衛生領域的重大改善開闢了道路：其中具有重要意義的是，透過以巴斯德的名字來命名的消毒方法，這可使食物免受令人作嘔的細菌的侵蝕。巴斯德還和德國人羅伯特‧科赫（一八四三～一九一○）有一個更大的發現——細菌不像一般認爲的那樣「是疾病的結果」，而「是疾病的原因」，因而有了「疾病細菌說」確立【10】。此外，一八九五年德國人威廉‧馮‧欒琴發現X射線，和一八九八年波

蘭科學家瑪麗・居禮發現鐳元素，這不僅改變了有關能源本質的概念，而且使人聯想到把它用於醫學途徑。這些發現再加上在細胞學說、麻醉劑和抗菌劑領域同樣意義重大的發現，促使受過教育的公眾相信科學是人類的朋友。它們還進一步強化了人們的信念，即宇宙是可以預測的，它的本質是不受時間影響的，為永恆的，以及一種時間的流逝沒有帶來根本變化的感覺。

與這一個和諧的宇宙在心理上可靠的堡壘相逆，生物科學家提出了進化論這一爆炸性學說。我們已經知道，有機體學說至少可以追溯到生活在西元前六世紀的阿薩曼達那個時代，而且，這學說被更為古典古代的許多偉大思想家所接受。我們也知道，十八世紀時，科學家布豐【11】和林奈【12】都曾再次提起這一學說。但這些人都無法提出足夠的證據來證明，或對進化過程如何發生這一點做出解釋。第一位對此進化學說提出有系統假說的人，是法國生物學家金・拉馬克（一七四四～一八二九）。拉馬克於一八〇九年提出一個假說，其主要原理是後天特徵的遺傳性。他認為，生活環境的變化會引起動物生活習性的變化，而生活習性的變化又會導致器官的退化，造成結構上的改變。而身體結構、器官的這些變化，是能夠遺傳給後世子孫的，且連續經過好幾代之後，在日積月累的情況下，便會出現一個新的物種。雖然拉馬克的後繼者並未發現任何細微的證據來證實這一假說，但是，此假設卻左右了生物學思想長達五十多年。

英國博物學家查爾斯・達爾文（一八〇九～一八八二）提出一種更令人信服、更合乎科學的有機體進化論假說。達爾文出身於英國中產階級，是一個小鎮內科醫生的兒子，他原本是在愛丁堡大學學醫，不久旋即退學，改於劍橋大學攻讀神學。在劍橋大學的這段期間，他把大部分時間用在研讀博物學史上。一八三一年，他獲得一個在政府資助下，準備在做環球科學考察的英國皇家「獵犬號」探勘船上，擔任義務博物研究員的職位，開始環遊世界的研究工作。這趟旅程持續了將近五年之久，為達爾文提供一個無可比擬的良機，讓他能夠親歷豐富多彩的動物生活。他也注意到棲息在島嶼上的動物，與其附近大陸上有著血緣關係的同一物種之間的差異。同時，他也注意到，同一地區內繁衍的生物與已絕種的同類物種化石之間的近似點。這為他日後畢生從事的研究工作做了一次極有意義的準備。環球考察結束後，他談到馬爾薩斯的大作《人口論》，更被其論點所吸引【13】。馬爾薩斯認為，在整個自然界中，出生率遠遠超過其所能夠生存下來的機會，因此，弱者必定會在爭奪食物的競爭中被淘汰。這觀念讓達爾文認為可適用於全生物界。在經過二十多年的謹慎研究

後，終於在一八五九年出版了《物種起源》，公布自己觀察研究的成果，以及他的假說。

達爾文的學說是一種自然淘汰（即天擇說）學說。他認為，自然或環境會在各種不同的物種中，挑選那些應該生存並得到繁衍的後代。達爾文指出：首先，每一個物種的母體所生的後代遠比能夠生存下來的多，因而，在那些後代間，就會發生為了爭奪食物、棲息處、溫暖，和其他生活必需條件時的鬥爭。在這場生存之爭中，由於「差異」因素的作用，即沒有絕對相同的兩個後代，某些個體居於優越條件，有些個體生來就比其他個體強壯（即有些天生是強者，有些天生是弱者）；某些個體長著比自己的其他兄弟姊妹較長的角，或較尖的爪子，或者牠們身上具有較特殊的顏色，而成為與周圍的環境混為一體的保護色，從而躲過敵人的襲擊。這正使其成為居於優勢地位的物種，且為其同輩中的「最適者」，而能夠繼續存在下來，其他的動物則在還無法生存到能夠繁殖後代之前，就被淘汰了。達爾文把變異和自然淘汰視為新的物種起源的主要因素。換句話說，他認為，在生存競爭中占有優勢的個體，通過無數次的傳宗接代後，把牠們各自承襲下來的變異特徵傳給後代子孫；至於在生存競爭中，處於不利地位的物種不斷淘汰，最後也將產生一種新的物種。達爾文不僅把其進化學說應用於動、植物上，而且也應用在人類身上。一八七一年，達爾文在其第二部巨著《人類的由來》中，強調人類源自於較低等的動物，試圖說明，人類起源於某種類似猿的祖先，該種猿早已絕跡很久了，但牠非常可能是生存下來的類人猿和人類的共同祖先。

達爾文的學說後來又有一些博物學家加以闡述和予以完善。德國的奧古斯特‧魏斯曼（一八三四～一九一四）明確否定後天特徵是能夠遺傳的觀念。他通過數次實驗證明，身體細胞和生殖細胞是迥然不同的，前者的改變不可能對後者產生影響。因而，他得出的結論是：唯一能夠遺傳給後代的，是那些自始至終存在於母體生殖質內的性質。一九〇一年，荷蘭植物學家胡戈‧德‧佛里斯（一八四八～一九三五）發表了著名的突變學說，該學說是根據達爾文的假設，和奧地利僧侶喬治‧孟德爾（一八二二～一八八四）發現的遺傳規律為主要基礎，不過，大都是以孟德爾學說為主。德‧佛里斯斷定，進化並不像達爾文所說的那樣源於輕微的變異，而是源於重大的變化或突變產生的結果，這種重大變化多多少少是按確定的比例出現在後代子孫之中。當這種突變在特定環境中利於生存時，這種突變的物種便會很自然地在生存競爭中獲得勝利。這些物種的後代不僅承襲了這些特性，而且還隨時會出現新的突變體，其中有些甚

至比其母體更適於生存。這樣，經過有限次數的傳宗接代繁殖，一個新物種就可能產生。德・佛里斯的突變學說修改了達爾文假說中的一個主要缺點。按照達爾文的進化說，進化源於變異，而這種變異是非常微小，所以，由變異產生出新物種需要一段非常久的時間。而德・佛里斯則使人們認為，進化是可由突然躍進達成的。

當然，這一新學說所隱含的暗示，對那些在當時還一直相信宇宙是井然有序，或把《聖經》的說法全當真的人，造成極大的不安。此時的宗教受到前所未有的挑戰和威脅，這是因為地質學和生物學的許多發現，都與基督教的說法格格不入。就後者而言，想把達爾文的宇宙根據與《聖經・創世紀》第一章的說法協調起來，就是一個相當棘手的任務，不過，這一任務雖然棘手、麻煩，但並非不可超越。因為除了信奉正統派基督教的人之外，這一時期已有愈來愈多的人意識到，應將《聖經》視為擁有神話、傳說、歷史，和極為重要的道德真理的複合體。學者們也使用世俗文獻的考證方法來考證《聖經》，像德國神學家大衛・弗里德里希・施特勞斯（一八○八～一八七四）和法國歷史學家埃內斯特・勒南（一八三二～一八九二）在其著作中，運用科學方法來否定上帝的真實性，開始懷疑《聖經》中有關歷史記載的準確性，並著手探究《聖經》記述中前後不一致之處【14】。更對《聖經》的多位作者具有人類種種缺點的觀點，為他們懷有的種種企圖進行辯護。然而，他們對《聖經》所做的探究得出很敏感的評論，且有助於讓人們了解到，他們並不是因為達爾文堅稱，這世界和世界上的各種生命都是經過幾百萬年的進化過程才創造出來的，而不是《聖經》上所說的上帝經過六天的時間創造出來，就放棄自己的基督教信仰。然而，在達爾文明確表述的觀點中，有一個令基督教更難處理的觀點，即自然並不是一個單調，或一點都沒變化的和諧體，而是處在持續不斷，且是在沒有明確方向的爭鬥之中。支配宇宙的是偶然性而不是秩序，世上萬事萬物都並非固定不變、完美無缺的，它們都處於不斷變動之中。界定好壞的標準只能依它們生存能力的大小而定。物種中的「最好者」一類是那些能夠戰勝其較弱小的對手者。突然間，宇宙變成一個充滿嚴厲、殘酷和不協調的場所，在前達爾文時期的人們具有的肯定性被剝奪消失；對仁慈的主的信念，這時也變得更難以維繫下去。

達爾文學說（演化論）最強有力的捍衛者，是哲學家湯馬斯・亨利・赫胥黎（一八二五～一八九五），他是那些不能把科學與對上帝的信仰協調起來的哲學家中之一。雖然他並不否決有一種超自然力量存在的可能性，但他斷言，

「沒有任何證據能證明存在著神學家所說的，上帝之類本質是存在的」。因此，他把基督教說成是「異教與猶太教中某些精華與最壞因素之結合體，實際上是由西方世界的某些人與生俱來的性格鑄造而成的」。赫胥黎的大部分哲學都包含在其所創造的「不可知論」一詞中，以表達他對古代諾斯替教教徒信仰那種武斷教條式態度的蔑視。正如赫胥黎所述，不可知論是一個用來表示，上帝的存在與否，與其神性和宇宙最終極，在本質上都是不可知的學說，但這並非是無神論的主張，只是宣稱人類永遠也無法知道上帝是否存在，與宇宙是否是由一個機器所控制，或受有目的之支配。他相當服膺達爾文，爲他贏得一個「達爾文的獵犬」的稱呼，他的大作《人類在大自然的地位》，與達爾文的《物種原始》同具影響力。一八六〇年，赫胥黎與牛津主教塞繆爾·威爾伯福斯進行了一場著名的辯論。這位主教做了取笑達爾文的錯誤舉動，他問在場的觀衆，哪一位願意把自己的先祖，不管是其祖父血系還是祖母世系，追溯到猿猴那裡。赫胥黎反駁說，唯一令人感到難爲情的，不是擁有一個猿猴這樣的祖先，而是一位像主教那樣的祖先——濫用自己的才智輕視人類這樣嚴肅的問題。赫胥黎的這番言論贏得長時間的喝采，這表明在公開討論中，已可在很大程度上向正統的宗教信仰提出挑戰了。

西歐和美國的中產階級由於進化論的宗教內涵而變得無所適從，他們從那些運用達爾文思想來分析社會的人的作品中，獲得某些安慰，這些思想家被稱爲社會達爾文主義者。他們認爲，西方文明顯而易見的「成功」是其特別適合的結果。他們誇耀，白種人已證明自己是優於黑人的：非猶太人優於猶太人【15】；富人優於窮人；大英帝國優於它所控制的各個屬地。如果說，在自然界是優勝劣敗的競爭地，那社會也是如此，勝利永遠屬於那些透過征服其他人而表明自己適於生存的種族或民族，這便成爲新帝國主義的理論基礎。

儘管赫伯特·斯賓塞（一八二〇～一九〇三）從未那樣赤裸裸地表述他的思想，但這位英國哲學家極爲推崇競爭美德，其方式令其他人易於效仿。斯賓塞以進化論爲其哲學依據，並堅持認爲，進化論是一種放諸於四海皆準的普遍法則。他深受達爾文《物種起源》的影響，並用「適者生存」這一詞句來充實自然淘汰的學說。斯賓塞主張，不僅物種和個體要按照進化原理來改變，就行星、太陽系、風俗習慣、社會制度、宗教信仰和道德觀念，也一樣要按照進化原理發展而變化。宇宙間的萬物都要經歷起源、發展、衰退和滅亡的循環，當一個循環結束後，新的循環便重新開始，就這樣周而復始，沒有止盡。斯賓塞雖然持有此一觀點，但他並非機械論者，他認爲在演化的背後有一種超自然的

力量存在，只是此力量不在科學探討的範圍內。作爲一位政治哲學家，斯賓塞極力主張個人主義，並爲其辯護。他指斥集體主義是原始社會的殘餘，是社會進化最早階段的特性。斯賓塞辯稱，在這個時期，個人從國家那裡可以得到任何所謂的幫助，不僅會導致其自身的頹廢，也會引起整個社會的墮落退化。

如果說，社會達爾文主義者能藉由隱喻，將西方文明當成「最適者」，而在當今世界生存下來，並擁有生物學上的優越地位這一觀念，讓某些人釋疑的話，人類學家——本質上屬於全新學科的創立者，他是從本質和文化兩方面來研究人和社會，則提出了相反的看法，他們認爲，不能把任何文化視爲「優」於其他文化。任何一個社會都是它自己特定環境作用下的產物，每一社會各有其特別的風俗習慣，因此，不能冒冒失失地說這些文化是「好」或「壞」，只能根據它們有助於促進社會生存的程度，來區分出成功或不成功。這種文化「相對主義」的觀點，是英格蘭人類學家詹姆斯·弗雷澤（一八五四～一九四一）頗具影響的著作《金枝》中的論題。在這一著作中，他展現出基督教與原始人生活實踐和風俗習慣之間的關係。基督教多多少少有一種只不過是對一個社會進行闡述的意味，它顯然無法對解釋問題的迫切需要做出反應，因此，宗教與巫術只是一牆之隔而已。

德國哲學家弗里德里希·尼采（一八四四～一九○○）的著作更直接向基督教提出挑戰，而他對進化的觀念亦有決定性的影響。尼采不是一位科學家，他對物質的本質或宗教眞理問題均不感興趣。他本質上是位浪漫詩人，以頌揚生存鬥爭，爲他自己一生的軟弱與悲慘生活求得補償的詩人。他出生於一八四四年，是一位路德教派牧師的兒子，曾在萊比錫和波昂接受古典文學教育，二十五歲時在巴塞爾大學擔任哲學教授。十年後，由於神經痛一再發作，使他不得不退休。此後十年，他都是在痛苦中度過的，從這一處療養地搬到另一個療養地做療養，就這樣漫無目的地移動，但始終無法尋求能減輕病痛的方法。如果我們願相信他所說的話，那麼，他每年有二百天的日子是在苦痛中度過的。一八八八年，他陷入無可救藥的瘋狂狀態之中，如此一直持續到一九○○年去世爲止。

尼采的哲學思想包含在《查拉圖斯特拉如是說》【16】、《道德譜系》和《權力意志》之類的著作中。他的主要觀念就像將「自然淘汰」應用於動、植物中一樣，應允許將它毫無阻礙地適用於人類社會。不過，他沒有接受以達爾文學說爲依據的決定論世界觀爲最後的依據——馬克思主義也是如此。他強調人類意志戰勝外在環境的可能性，認爲這樣一種勝利最終能夠產生一個超人種

族——所謂超人種族不僅是指體形上的巨大，且應該指其道德、勇氣與堅強的性格，及人格的力量都超出一般人。那些缺乏道德勇氣，無能且怯懦的弱者，他們既無力量也無勇氣，爲期望能在宇宙間謀得一席之地而進行高貴的鬥爭，因此，就應該讓他們在鬥爭中被消滅。然而，在這類自然淘汰過程運轉前，首先必須先清除所有宗教障礙，如此方能使自然淘汰原則運用在人類社會。因而，尼采號召要推翻基督教和猶太教在道德上至高無上的地位。他認爲，這兩種宗教都是東方崇拜，鼓吹奴隸，並稱頌受暴政統治者的德行。它們將那些理應視爲邪惡的道德品質視爲德行——卑躬屈膝、不抵抗行爲、勞其筋骨的苦行，和憐憫軟弱無能之輩。對這些德行的推崇，將使在生存鬥爭中不適應者被保留下來，無法及時遭到淘汰，使他們把其蛻化的血液灌輸到全種族的血脈之中，將他們的劣質血液傳給後代。

當科學家們與哲學家在繼續探索各種不同的進化理論，與有時理論是相互矛盾的內涵同時，還暗中破壞人類在本質上優於其他動物，這樣令人寬慰的觀念。俄國心理學家伊萬・巴甫洛夫（一八四九～一九三六）經過辛勤研究，最終發現了條件反射現象。雖然他是利用動物做實驗發現的，但他堅持認爲，他的結論同樣適用於人類。這是一種通過人爲刺激產生自然反應的行爲方式。巴甫洛夫表示，如果每次在搖鈴之後立即餵狗，最後狗就會單獨對鈴聲做出反應，就像牠看到食物似的，只要聽到鈴聲，就算不給食物，也會絲毫不差地像看到或聞到食物一樣分泌唾液。這種發現讓人得出這樣的結論：條件反射是人類行爲中的重要因素，從而鼓勵心理學家集中精力進行心理實驗，以此成爲了解人類心靈的不二法門。此一實驗指出環境、訓練、教育的重大影響力，也說明控制環境可以使有機體的生物發出特定反應，此對社會科學家有重大意義。

巴甫洛夫的追隨者們開創了一種生理心理學，被稱爲行爲主義。行爲主義試圖把人視爲純粹的生理有機體來加以研究——把人的所有行爲都歸結爲一連串生理反應，而將思想、意識之類的觀念，當作含糊不清和毫無意義的術語而屏棄不用。對行爲主義派人士來說，除了肌肉、神經及各種腺體和內臟器官的反應之外，其他任何東西都是不重要的。他們認爲沒有所謂的獨立精神行動，所有人的一舉一動都是生理現象。思想在本質上是一種自言自語的方式。每一種複雜的情感和觀念，都僅僅是由環境中某些刺激引起的一連串生理反應，這些就是巴甫洛夫的追隨者對人的行爲所提出的極端機械解釋。

二十世紀初出現了另一個重要的心理學派，即精神分析學派，它是由奧地利的猶太籍醫師西格蒙德・佛洛伊德（一八五六～一九三九）創立的。該學派

主要是用人的潛意識或無意識的心性來解釋人類的行為。佛洛伊德承認有意識的心靈（即自我），但他聲稱，潛意識（即本我）是人與生俱來的一種欲望，這些欲望能在行為中獲得滿足與快樂，因此在決定個人行為時，占有更重要的部分。他認為，人類完全是一種自私自利的動物，是受到權力、自我保衛和性的基本欲望所驅使，這些欲望過於強烈，以致於無法抑制，但只要社會（超我，即是所謂的「良心」）把無節制地發洩這些基本欲望視為罪孽，它們通常就處於潛意識狀態，成為一種永遠受到壓制的欲望，一直縈繞在人們心際。不過，這些欲望很少能被消除，也不是完全潛藏在內心深處，而是會轉成夢魘表現出來，或在記憶喪失時，或在恐懼、困窘和其他各種反常行為中表現出來。佛洛伊德認為，大部分精神錯亂與神經失常，都是由自然的基本欲望與某種不幸的環境強加抑制之間發生激烈衝突引起的，因為這些被壓抑的欲望成為各種形態反常行為的根源。佛洛伊德希望透過其潛意識理論，在廣泛制約人類行為的非理性因素之上，強加一個可以預測的模式。他也強調，人們像動物一樣屈從於本能、刺激和反射，對此人們充其量最多只能運用極其微弱的控制。因而，他對規律的尋找仍然與行為主義者的探究一樣。

　　在各種不同的科學和哲學挑戰面前，負有維護傳統信仰使命的各種社會機構感受到巨大壓力。新教過去在進行反對羅馬天主教的競爭時，是以人們在尋求理解上帝時只須藉助於《聖經》，只須訴諸自覺的良知，而不須藉助任何其他東西或教廷，這樣的信仰為依據。因而，當《聖經》在考證和批評的衝擊下，便會使他們的信仰受到挑戰，而讓他們的信仰基礎大為動搖，這時他們就沒有什麼權威信條能支持自己了。在這情況下，新教集團漸漸被分為三派，有些人——基督教基本教義者，像是路德教派、喀爾文教派、美以美教派與浸信會——選擇的辦法，是全然漠視科學成就和哲學成果的寓意，依然相信《聖經》的字面涵義。有些人則寧願同意美國實用主義哲學家（查爾斯・皮爾斯、威廉・詹姆斯）的觀點，即個人神靈的信仰如果能為自己帶來心靈寧靜和精神滿足，那麼該信仰就是真實的，因此他們鼓吹人道宗教和倫理文化。對實用主義者而言，任何能夠取得有用實際結果的就是真理。另有些新教徒強調的是宗教的「美」而非「真」，他們從建立傳教團和在窮人中傳教這樣的宗教活動中求得慰藉，免受宗教懷疑的困擾。這一「社會福音」的許多追隨者也是「現代主義者」，愛人如己乃是他們最高的倫理口號。他們決心接受基督倫理教義的同時，也放棄了對神蹟、原罪和道成肉身之類教條的信仰。

　　羅馬天主教會根據其傳統的教條論斷不得不支持其追隨者，以應對現代世

界的挑戰。一八六四年，教皇庇護九世頒發了《謬見摘錄》敕令，譴責在他看來認為是「謬見」的各種宗教和哲學的主要觀點，這些謬見包括唯物主義、自由思想和「信教無差別論」，後者指的是那種把所有宗教等同視之的觀念。《謬見摘錄》被批評家指斥為一場「對抗文明的十字軍」。正當繼續熱烈討論《謬見摘錄》之際，在一八六九年，庇護九世在梵蒂岡召集了一次教會公會，這是天主教改革以來第一次召開的會議。該次梵蒂岡公會中，最引人注目的聲明是「教皇無謬誤論」。根據這一教條，教皇以一貫正確的權威，作為所有基督徒的「牧師和神學家」身分發表談話時，他在處理所有有關信仰和道德的事務方面，都是沒有謬誤的。儘管這一教條受到那些虔誠的天主教徒普遍接受，但在許多場合也激起抗議浪潮。一些天主教國家——包括法國、西班牙和義大利在內——的政府公開駁斥這一論調。一八七八年，庇護九世去世，由李奧十三世繼位，羅馬天主教會出現了一個更寬鬆、和諧的氣氛。新教皇隨時準備承認，在現代文明中既有「惡」也有「善」。他在梵蒂岡增設了一個處理科學事務的幕僚機構，開放資料館和天文臺。然而，李奧十三世在政治領域的「自由主義」和「反教會主義」方面，並未做出任何讓步。他只是準備敦促資本家和雇主們在承認有組織勞工的權利時，應抱持較寬大的態度。

　　科學和哲學的種種挑戰給生活在十九世紀末的人們究竟帶來了什麼影響，實在很難有精確的論定。毋庸置疑，成千上萬的人整天忙於處理日常事務，並未受到進化論的擾亂，他們依然樂於相信過去所相信的。可以肯定的是，對中產階級的大多數成員而言，科學哲學的挑戰在某種程度上也許不能算真正的挑戰，「真正」的挑戰是社會主義的挑戰，社會主義是對其生存的威脅。達爾文主義、相對主義、唯物主義和行為主義雖然也「在空氣中」，而且確實給呼吸這種空氣的那些人帶來一些麻煩，但它們對人類意識的衝擊，在程度上遠遜於社會主義。因為人們可以暫時不去思考自己的起源和終極命運的問題，卻不可不思考日常生計問題。但不管怎樣，我們一直在討論的這些變革最初仍具有深遠意義。達爾文學說算不上是複雜的理論，完全可以流傳開來廣為人知。如果說，在過去受教育的人們既無時間也無興趣去閱讀《物種起源》的內容，但雜誌和報紙會將《物種起源》的內容做詳細介紹，因此，當他們在閱讀雜誌和報紙時，便會清楚了解其中意涵。那些涵義所引發的不確定性，將使人們對資本主義擴張持有的那種樂觀情緒有所減弱。

　　即使從未閱讀過亞瑟·叔本華[17]（一七八八～一八六〇）著作的人，可能也會同意他的斷言，即把這個世界指責為弱肉強食的證人，因為所有生命

體都有「意志」，它將導致弱肉強食，讓這個世界成為最壞的一個。然而，這些人委任於這一世界的種種方式，卻使他們無法接受叔本華開出的特殊藥方：逃到像東方苦修者般的個人苦行和自我犧牲裡去。就像英國詩人馬休‧阿諾德那樣，易受影響的人們會覺得自己被困在一個與「黑暗的荒原」沒有差異的世界中，這裡「沒有歡樂，沒有愛情，沒有信仰，沒有和平，也沒有解除痛苦之術」。

文學藝術的挑戰

一八五〇年之後，為數不多的藝術家和大批作家像其前輩一樣，著眼於批判工業社會的種種弊端，繼續向中產階級的世界觀提出挑戰。然而，在十九世紀即將結束之際，這些批評家面臨的重要問題之一是閱聽人的問題：不僅是「說什麼」的問題，而且是「向誰說」的問題。十八世紀中葉之前，受眾者主要是貴族。一七五〇至一八七〇年之間，閱聽人為貴族和中產階級上層分子。此時，由於總人口中的識字人數不斷增加，潛在的受眾者在人數上也大大增多。一八五〇年，歐洲有近一半的人口不識字。在其後幾十年中，歐洲各國一個接一個地建立起國家資助的初級和中級教育制度——部分是試圖為公民提供一個改變其社會身分的機會；部分是要把這作為實行社會控制的手段和預防機制，防止工人階級建立起自己的學校；部分則是為了適應科學技術不斷更新的需要。英國在一八七〇年、瑞士在一八七四年、義大利在一八七七年分別建立了初等教育制度。法國在一八七八至一八八一年間擴大其現存的教育體制。一八七一年後，德意志以普魯士的教育為模式建立起國家教育體制。到一九〇〇年，英國、法國、比利時、荷蘭、斯堪的納維亞和德意志有將近百分之八十五的人具有閱讀能力。然而在其他地區，識字率較低，僅在百分之三十到六十之間。

在識字率極高的那些國家裡，資本主義出版家們，像是英國的阿爾弗雷德‧哈姆斯沃斯、美國的威廉‧倫道夫‧赫爾斯特都加速為剛剛獲得閱讀能力的大眾服務。在一段時間裡，中產階級的讀者已經擁有提供迎合他們趣味，與反應他們觀點的各種報紙。到一八五〇年，倫敦《泰晤士報》讀者超過五萬人，而法國的 Presse 和 Siecle 發行量約七萬份。到了一九九〇年，其他報紙則把注意力轉向一個不同的大眾市場——那些新近有閱讀能力的人，並藉由一些帶有引起轟動的報刊雜誌和下流通俗連載小說來吸引他們。

這些新的發展鼓勵作家和藝術家們愈來愈疏遠那種在他們看來是粗俗下

流、唯物主義的文化。他們贊同十九世紀中期作家們的觀點，他們強調的，即文學、藝術的目的不是迎合時尚或者感情用事；然而，與其前輩相比，這些作家和藝術家走得更遠，他們宣稱不管怎樣，藝術不必忙著向那些證明自己不願聽從道德說教的普羅大眾鼓吹道德寓意。這一世代的藝術家和作家們認爲，一個人欣賞一幅畫或閱讀一首詩，並不是爲了得到區分善惡的訓練，而是爲了弄清楚什麼是永恆的眞和美——即爲藝術本身來欣賞藝術。他們對爭取更多的聽眾和觀眾並不太感興趣，因爲他們普遍看不起這些聽眾和觀眾的鑑賞水準，而只在自己的圈子裡進行溝通、交流。他們這種不僅希望在生活上，而且希望在思想上遠離社會的自我意識，都反應在其作品中。在一八五〇年時，儘管他們對作品並不羨慕或並不同意作品的主旨，但任何一位受過教育的人都可以閱讀狄更斯的小說，或欣賞、理解杜米埃的一幅畫作。然而到一九〇〇年，藝術走向專業化，不易爲群眾接受，藝術家不再關心公眾的反應，而是在於滿足自己的表現，創作的目的不再是爲了與群眾共賞。人們發現，想要去理解保羅・塞尚的一幅畫或保羅・瓦萊里的一首詩，要比過去難多了，更別說欣賞它們。藝術家和公眾停止用同樣的語言進行交流，這一事實與達爾文、尼采、巴甫洛夫和佛洛伊德的觀念混在一起，進一步加劇西方文化的混亂和破碎。

在十九世紀即將結束之前，藝術家與社會之間的這一新型態的關係，在表面上並未讓人感覺出來。到了十九世紀末，居主導地位的藝術思潮，是後來逐漸被稱爲現實主義的藝術，此時古典主義已衰竭，浪漫主義也告退潮。現實主義藝術家們主要是當代社會的批評家，在其進行社會改革狂熱的驅使下，他們在其作品中描寫人類社會的不公平現象，指責工業社會利欲薰心的背景。與浪漫主義一樣，現實主義證實人類有可能實現自由，儘管現實主義者比浪漫主義者更強調阻止實現人類自由的各種障礙，但這兩者的目的都在爲創造更美好的世界而努力，只是用的手段不同。現實主義與浪漫主義最明顯的區別在於，現實主義明確地反對多愁善感，和過度地感情用事、無病呻吟，而是著重於科學和哲學所暴露的事實；此外，他們藉用了自然科學領域的生存競爭概念，並在描寫人類生存狀況時，試圖著重在描寫人類艱辛的一面，指出個人爲克服其環境的險困而做的奮鬥。他們往往堅稱其筆下人物是遺傳、環境或自身野蠻本性的犧牲品，是其動物的祖先遺傳下來的獸性所形成的，而非個人責任所爲。

現實主義作爲一種文學運動，最早出現在法國。其主要領導者包括奧諾雷・德・巴爾札克【18】和古斯塔夫・福樓拜【19】，他們的作品，如前文所述，包含一種對現代生活枯燥乏味、貪得無厭的尖銳抨擊。巴爾札克善於揭發

人類行爲的隱私，與暴露那表面上看來像是高尚，但實際上卻是腐敗的社會。另一位法國人埃米爾·左拉（一八四○～一九○二）經常被稱爲一位自然主義者而非現實主義者，這是因爲他用準確、科學的方法來表達大自然的事實，並不帶任何個人哲學色彩地表述他樂於表現的觀念。自然主義與現實主義的不同之處通常被認爲，前者屛棄了道德價值。然而，左拉確實持有明確的道德觀，他早年貧窮、悲慘的生活使他對平民百姓深具同情，同時更熱心地追求社會公正。雖然在他的小說中，把人性描寫成軟弱、易於墮落和有犯罪傾向，但左拉並未因此失去打造一個更美好社會，並使它獲得改善的希望。他的小說多涉及酗酒、貧窮和疾病等社會問題。

現實主義在英國的維多利亞時代也是大放光彩的，在英國人查爾斯·狄更斯（一八一二～一八七○）的作品中，現實主義被一種傷感情緒所覆蓋【20】。狄更斯可說是下層人士的發言者，他精於描寫工業社會的各種災難，但其小說無一例外地以大團圓告終。這表明，狄更斯從內心裡就一直不希望──此爲非現實主義──看到邪惡壓倒正義的局面。然而，後來的小說家湯馬斯·哈代（一八四○～一九二八）的作品，卻沒有狄更斯作品典型特徵的這種矛盾情感。在其著名的小說，像《歸鄉記》（一八七八）、《無名的裘德》（一八九六）和《黛絲姑娘》（一八九一）中，哈代表達了這樣一種信念──認爲人類是無情命運的玩物。就他而言，宇宙固然是美麗的，但絕非友善的，而個人與自然之間的鬥爭，幾乎是一場無法取勝的悲慘戰爭。如果說眞的有上帝存在，那祂往往只是漠視自己的信徒像密密麻麻的螞蟻一樣，無助地爬向苦難和死亡的道路，但並不會插手幫助。不過，哈代對人類只是在本質上持憐憫態度，他並不把人視爲墮落的生靈，而視爲廣袤宇宙中，非自己所能控制的各種力量的犧牲品。

格哈特·霍普特曼（一八六二～一九四六）是一位德國的社會劇作家，他作品的中心主題是對人類的同情，其寫作的題材大都描寫工人階級與資產階級間的衝突。雖然他自稱是一位自然主義者，但霍普特曼像現實主義作家那樣關心人類的苦難。他的劇作深受達爾文思想的影響，強調決定論和環境的作用。霍普特曼最著名的作品可能當屬《紡織工人》（一八九二），它描寫了一八四○年代西里西亞紡織工人的苦難。毫無疑問地，在所有條頓民族的現實主義和自然主義作家中，最出類拔萃的當推出生於挪威的亨利·易卜生（一八二八～一九○六）。他的早期作品由於語言的生澀，未能受到好評。他在年紀尚輕的時候就決定離開祖國，首先定居於義大利，後來移居德國，直至一八九一年才

回到挪威定居。易卜生作品的最大特點在於，激烈反對暴政，及尖銳抨擊社會上愚昧無知的現象。在《野鴨》、《玩偶之家》、《赫達的饒舌者》和《人民公敵》這類作品中，易卜生毫不留情面地諷刺了所謂人類社交生活中的種種禮俗與制度，並敏銳地指出這種生活對婦女的壓制尤為強烈。他對暴政和虛偽嗤之以鼻，討厭多數人的統治，並對這統治方式表示極為不信任。易卜生貶斥民主政治，認為民主政治是讓那些寡廉鮮恥的領袖登臺執政的制度，這些人為拉到讓自己長期執政的選票，往往不惜採用各種手段。他借《人民公敵》中的一個角色之口說：「少數或許是對的——多數卻總是錯的」，就可知其性格。

　　俄羅斯文學在現實主義時代也有一段鼎盛的風光，不過，在這個時期的俄國小說主題既包涵浪漫主義，也有理想主義的本質，兩者並無特別的界線。在十九世紀晚期，俄國有三位卓越小說家，分別為伊凡·屠格涅夫（一八一八～一八八三）、菲奧多·杜斯妥也夫斯基（一八二一～一八八一）和李奧·托爾斯泰（一八二八～一九一〇）。在這三位大作家之前還有一位傑出作家，即是亞歷山大·普希金（一七九九～一八三七），其才華與他們相比毫不遜色。自一八二〇年起，到十七年後，他死於一場決鬥的這段時間，普希金的文學成就十分出色，為自己奠定成為俄國最偉大作家之一的地位。雖然他的早期作品具有浪漫主義風格，但其敘事詩《尤金·奧涅金》帶有現實主義傾向。

　　屠格涅夫一生中有很長時間是在法國度過的，他是第一位為西歐所熟悉的俄國小說家。他的主要作品《父與子》是以低沉、憂鬱的風格，來描寫老一代與年輕一代的衝突。小說中的主人翁是一位虛無主義者（nihilist，該詞由屠格涅夫首先使用），他深信整個社會秩序中都沒有任何值得保留的東西。杜斯妥也夫斯基本人的遭遇，就像他在小說中所塑造的任何一位人物一樣，完全具有悲劇性。在他二十八歲時，被指控參加革命活動，因而被放逐到西伯利亞，並在那兒度過四年恐怖的囚犯生活。至於他的晚年更是受到貧窮、家庭糾紛和癲癇病發作的折磨。作為一位小說家，他喜歡描寫人性的黑暗面，探討那些因自己野蠻情感，和在生活中受到那種令人難以忍受的自私心理驅使下做出種種可恥行為的人們，發掘他們內心深處的種種苦楚，與受到的痛苦。杜斯妥也夫斯基是一位心理分析大師，他善於以一種近乎病態的激情去研究變態心理的動機，同時他也深富同情心。因此，在他的小說中瀰漫著一種深廣的憐憫之心，處處流露出一種具有神祕色彩的信念，即認為人的靈魂只有歷經苦痛的磨難才能得到淨化。他最著名的作品為《罪與罰》和《卡拉馬佐夫兄弟》。

　　托爾斯泰出身貴族，不過，他極力倡導儉樸無華的農民生活，他是一位擁

有共產主義色彩的無政府主義者；與《罪與罰》的作者相比，他的宿命論思想似乎要淡薄一些。不過，其小說《戰爭與和平》一書，是一部描寫拿破崙入侵時期，俄羅斯社會生活情況的光輝史詩，在此他深刻地闡述了這樣一個主題思想，即當無法解除強大的自然力所給予的束縛時，個人便只能聽從命運的支配。至於另一本著作《安娜・卡列尼娜》，是一部對追求一己私欲過程時所潛藏的悲劇探究，隨著年齡的增長，托爾斯泰愈來愈熱心於社會福音的鼓吹，變成一個社會福音傳布者。在諸如《克羅采奏鳴曲》和《復活》之類小說中，托爾斯泰譴責文明社會的大部分陳規陋習，並勸人們要放棄自私和貪婪，主張人們應該自食其力，靠自己辛勤的勞動謀生，並養成一種安於貧窮、謙恭和不抵抗的美德。爲實現此理想，他便將所有財產轉讓給他的妻子，自己則過著農民的簡樸生活。他在晚年期間致力於抨擊戰爭、死刑之類的罪惡現象，爲受政治迫害的人進行辯護。

所有現實主義和自然主義文學巨擘們的作品，無論它們之間有多大差異，但在它們之間還是有兩點是相同的：第一，它們都對當代中產階級社會做了尖銳的道義批判；第二，它們都是用直接、具有說明力的語言風格寫成的，只要中產階級的成員們願意讀與聽，就可以理解這些作品的涵義。這兩個特徵在之前已經討論過的現實主義畫家庫貝、杜米埃【21】，以及雕塑大師奧古斯特・羅丹（一八四○～一九一七）的作品中，都同樣適用。這些作品的風格和寓意不難爲人理解，也不易爲人忽視。儘管現實主義的藝術家攻擊公眾膚淺和麻木，但這些藝術家們仍渴望能向民眾發表他們的作品。當一八七○年代繪畫領域出現印象主義思潮時，這是現實主義藝術傳統首次出現具有重要意義的突破。在這一轉折點上，藝術家開始與公眾疏遠，把其眼光轉向其他地方。印象主義藝術產生於法國的一群年輕藝術家之中，因爲他們的畫作被傳統的法國皇家學院舉辦的年度藝術展覽會拒於門外。批評家們稱呼他們爲「印象主義派」時，具有一種嘲諷意味，因爲他們認爲這些畫家們所畫的，是他們所見到的，是感官的直接印象，因此，他們並未經過審慎研究與分析才來描繪他們要描述的景象。由於印象派作品具有隱祕與個人的性質，讓「印象主義」這一稱呼實際上變得非常合適，他們進行繪畫創作的目的是爲了愉悅自身，實現他們作爲藝術家的潛能。

在某種意義上，印象派畫家也是現實派畫家，因爲他們要描繪的只是他所目睹的物體，同時，他們非常重視如何用科學的方法來解釋大自然。只是印象主義畫家採用的技巧，與較早的現實主義畫家迥然不同。他們描繪的景象並不

是仔細研究與謹慎分析之後才獲得的。相反地，他們描繪的只是感覺中的瞬間
印象，並讓觀眾以自己的思維去填補其中的細節。這樣一來，往往會使作品在
乍看之下，有一種非常不自然的感覺——人物形象通常都是扭曲變形的；用幾
個重要的部分來表現整個物體；此外，還會有一小塊一小塊的顏色不協調地並
列塗在畫面上。印象派畫家認為，光線是決定物體外形的主要因素，因而離開
畫室走到森林和田野間，試圖捕捉隨著陽光和陰影的每一次瞬間變動，而產生
一種稍縱即逝的改變。他們從近代科學知識了解到，光是由太陽光譜中可為
人所見的七種原色融合而成的。因而，他們決定幾乎完全只使用這些原色。例
如，他們把純藍和純黃色的色塊並排塗在畫布上，以反應自然界的綠色，不
過，是要由觀眾自己的眼睛去調合它們，以達到表現自然界郁郁蔥蔥的效果；
因此，他們有些畫近看時像是顏色的斑點，看不出所以然，只有在遠看才會逐
漸出現自然景象，如山、樹、房屋的輪廓。

　　印象主義與現實主義還有另一個重大區別。在這些新風格的繪畫作品中，
藝術家的主題尚存超然的地位，他們的繪畫不是要喚起觀眾的同情，或向觀眾
教導什麼，他們的繪畫是為了展示，僅僅作為繪畫所具有的價值和重要意義。
藝術家們這樣做，並不是有意要把觀眾排擠掉。然而，觀眾想要了解這些畫
作，必須站在創作這些畫作的藝術家角度上，才能理解它們。印象派畫家中最
有名的，可能要算法國人克勞德‧莫內（一八四〇～一九二六）和奧古斯特‧
雷諾瓦（一八四一～一九一九）。莫內可能要算是新的風景繪畫技巧的主要代
表人物。從傳統意義上而言，他的畫作沒有任何結構或構思，因為他並不是實
際使用描繪的方式，來表現懸崖峭壁、樹木、山脈和田野的輪廓，而是巧妙地
運用聯想方式。莫內對光線的問題特別感興趣，他會在日出時帶著一些畫布走
出畫室，以便描繪同一物體十多種瞬間的形象。據說，他有一幅代表作中，
「光就是畫中唯一重要的人物」。至於雷諾瓦的創作題材與其他人相比則較廣
泛，他繪畫的主題不僅包括風景，而且還包括人物肖像和現代生活的景象。他
最著名的作品是以粉紅色和乳白色的裸女體像著稱，這些畫由於公開表露性感
而對中產階級構成另一種威脅。

　　印象主義畫家的作品明確體現出的自由，鼓勵其他畫家去追尋新的表現手
法和不同的創作目的。表現主義畫家開始轉向攻擊印象主義畫家，這些畫家頗
為不滿印象派畫風的不重形式，因而攻擊他們過於關注對自然瞬間狀態的描
繪，而對其意義無動於衷，漠不關心。不過，他們所說的「意義」，並不是重
回到「教諭」涵義上，應該是藝術的基本目標、形式與方法。相反地，與印象

主義畫家一樣，他們仍認為繪畫應體現出藝術家個人的獨特氣質。在此，他們再次把藝術視為藝術家的個人私事，使之進一步遠離大眾。奠定表現主義畫派基礎的藝術家是保羅‧塞尚（一八三九～一九〇六），他現在已被認為是世界上最偉大的藝術家之一。塞尚出生在法國南部，他力圖表現他認為印象主義畫家忽略的自然界中之秩序感，為了達到這一目的，他把物體描繪為一系列平面，每一平面都用顏色變化來表現。在用這種方法把物體的形式與顏色對應起來時，塞尚也開始把物體的各種形式變成這些幾何形對應體，希望藉此表現出存在本身的基本形式。他把形態扭曲成幾何形式，直至抽象變成現實。塞尚透過這一切向世人昭示，一個畫家有權這樣根據個人的洞察力再創自然。

　　藝術成為一種個人的表現形式，是所謂後印象主義時期另外兩位畫家的特徵。這兩人即為法國人保羅‧高更（一八四八～一九〇三）和荷蘭人文森‧梵谷（一八五三～一八九〇）。他們的方法都具有革命性，且都以其生活和藝術向十九世紀傳統的價值觀念勇敢地提出挑戰【22】。由於對文明帶來的繁瑣禮儀和虛偽表示厭倦，高更便逃到南太平洋群島上（塔希提島），在那裡有著強烈的色彩、大膽的光影和當地藝術傳統，這些都影響了他的繪畫風格。因此，在這裡，他把歲月花在用濃郁的暖色，描繪一個未經破壞的原始社會上。梵谷對其同胞所受的苦難深表同情，致使他試著去做貧窮礦工家庭的牧師，這種強烈的憐憫之心無疑也是促使他發瘋直至最後自殺身亡的原因之一。像《星夜》等是他傾盡全力之作，在畫作中，其濃濃的情感似乎要溢出畫布。

　　一九〇〇年到第一次世界大戰之間，藝術經歷了更劇烈的革命性發展。亨利‧馬蒂斯（一八六九～一九五四）大量使用塞尚的扭曲變形手法，並逐漸發展出一種徹底揚棄固有審美觀念的畫風，從而又一次宣布畫家有權根據自己的審美觀進行藝術創造。這一畫風後來由帕布羅‧畢卡索（一八八一～一九七三）發揚光大，他在第一次世界大戰之前，對此做出最強烈的響應。畢卡索是西班牙加泰羅尼亞人，一九〇三年到巴黎，並創立了立體畫派的繪畫風格。該畫派之所以得名，是因為他試圖把塞尚對幾何形式的迷戀推向極致【23】。立體畫派既受到塞尚，也受到非洲雕刻作品的影響。他不僅把物體扭曲失真，而且在某種情況下把它們進行肢解。藝術家可以把一個人物的各部分分解，而且還可以不按其自然形態給予重新組合。這一創作的目的是要表達對傳統形式觀念的反叛——最終是要完全放棄把藝術作為一種具象的矯揉造作、表現浮華的形式的觀念。

　　藝術領域中，反叛中產階級的獨立宣言，最主要是由畫家們發表的，但

在文學和音樂領域也出現了。在法國，一群自稱象徵主義派作家的作品，尤其是以保羅・魏爾蘭（一八四四～一八九六）、亞瑟・藍波（一八五四～一八九一）、斯特凡・馬拉美（一八四二～一八九八）和保羅・瓦萊里（一八七一～一九四五）的詩歌為主，這些作品都是試圖在強調現實存在的同時，進一步強化藝術作品的個人色彩，這令人在某些方面聯想到印象主義、表現主義和立體主義畫派。在音樂領域也出現與浪漫主義傳統的斷裂，整個十九世紀的音樂界仍處在浪漫主義之中，並持續到二十世紀，在羅伯特・舒曼【24】（一八一〇～一八五六）、費利克斯・孟德爾頌【25】（一八〇九～一九四七）和弗蘭茨・李斯特【26】（一八一一～一八八六）這些作曲家的作品中，都可顯示出浪漫主義的影響。後期浪漫主義劇作家理查・華格納（一八一三～一八八三）就已非常自由地使用和聲，而放棄一成不變的旋律形式，他將動作、旁白、音樂與布景效果混合一體，結果使音樂不再屈從於形式的專斷，而是關注個人情感的表露，這產生一種與傳統歌劇不盡相同的東西。這一時期，在奧地利人理查・史特勞斯（一八六四～一九四九）和法國人克勞德・德布西【27】（一八六二～一九一八）的作品中，音樂朝著強烈個性化的方向進一步發展。史特勞斯的歌劇《玫瑰騎士》（一九一一）雖然在外在形式上，仍依據十八世紀晚期情節的常規，但它以音樂形式表現了劇中人物內心的真實感受，比從前任何時期的歌劇都更直接地表現那些現實。和印象主義者一樣，史特勞斯和德布西都決心傳達出藝術氛圍。德布西的鋼琴曲及其管弦樂《大海》是印象主義者關注聯想而非規範化結構的音樂表現。

　　無論是在繪畫、文學、音樂領域，還是在戲劇領域，藝術家們都試圖避開公眾，找到一個能夠了解、進而表現那些最接近其自我意識的東西。他們直截了當、有意為之地對傳統形式和內涵的屏棄，表明他們對世界上籠統的種種問題之鄙視，更重要的是，對這些問題完全缺乏興趣。他們自我強加的隔離，其作用就是增加了一種世界支離破碎的普遍感覺，即世界上雖然物質很繁榮，卻陷入與自身的戰爭之中。

第三十二章

尋求穩定（一八七○到一九一四年）

The Search For Stability (1870-1914)

啊！肆意鎮壓，專制肆虐，一小撮衣服上飾著金邊的人以踐踏國家為樂，在維護國家利益之欺世盜名和褻瀆神靈的藉口下，扼殺尋求真理和正義的呼聲，以此為特徵的習慣勢力……令人何等地憤慨！

——埃米爾·左拉，《我控訴》

　　一八七〇至一九一四年間，歐洲各大國都在力圖維持國內外的穩定，持續不斷的工業化有助於這一目標的實現。儘管出現週期性的貿易蕭條，但至少直到一九〇〇年，幾乎社會各階級人們愈來愈能享受到普遍繁榮。繁榮反過來有助於產生穩定，促使許多國家能夠建立起社會福利制度，讓工人及其家庭受益，從而獲得他們在政治上的忠誠。

　　在此同時，各種因素的一起作用，使得西方世界想要達到普遍穩定的願望，最後變成天方夜譚。首先，為創造一個像現代德國和義大利這樣戲劇性創建的國家，便要在其形成過程中埋下衝突的種子。其次，儘管大多數西歐國家的公民都能間接參與治理國家，並分享到某些受到保護的權利，但對於圍繞著像是這樣的安排有無政治作用問題時，便會繼續展開激烈的爭論。在法國，君主主義者威脅著共和國；在德國，民主主義者和實行帝國主義者與官僚主義的寡頭政治進行鬥爭；在俄國，自由主義者奮起反對沙皇的專制統治；而在整個歐洲，社會主義都在向中產階級的政治力量挑戰。

　　國內的緊張情勢還是由階級組織和意識的改變所導致的。十九世紀後半期的歐洲發生最戲劇性的職業變化之一，就是中下層「白領」官僚階級的迅速發展，這些人受僱於商業、工業部門，和不斷擴張的政府部門。郵局、鐵路、警察局，和各種負責實施各式各樣社會福利和保險計畫的部門，均需要愈來愈多的僱員。例如，在德國，到一九一四年共有二百多萬名白領僱員在私人企業中工作，另有二百萬中低階層的公務員出現。這一新階層的成員特別希望的是，能畫分出一條把自己與熟練技術的「工人貴族」明確區分開來的界線，後者可能與他們賺取同樣多的薪水，但在白領階層眼中，這些藍領階級是他們地位低下的一個標誌。然而，如我們已經看到的，那些工人「貴族」時常會發現，隨著技術的變化，使他們的技能也變得過時了，結果他們比從前更樂於與那些非熟練工人兄弟站在一起反對中產階級。

　　這一時期歐洲不穩定的另一個重要原因，是隨著它們為建立帝國進行擴張，而在各國之間出現的國際衝突。各國結成同盟成為同盟諸國，這是因為他們希望權力聯盟間的相互均勢力量，能夠維持歐洲自一八一五年以來的國際穩定，並且能因此避免重大戰爭的發生。然而，事實的發展往往無法如人所願，結盟只不過導致緊張局勢進一步加劇，並在最後造成普遍性世界衝突。

德國：尋求帝國的統一

德意志帝國剛剛建立之後的幾年裡，俾斯麥特別渴望能在普魯士的領導下實現帝國的統一【1】。在這一方面，普魯士聯邦在經濟和軍事上的優勢地位，以及帝國從前得以建立的組織結構，都讓它獲得助力。不過，在當時的德意志帝國是屬於聯邦政體，所有未賦予中央政府控制的權力，均留歸各邦所有。各邦均有決定與執掌著各自形式的政府、公共教育、公路與警察，以及其他地方機構的主權。法律的實施主要也掌握在各邦政府的手中，並非直接由帝國運用其法律來反對個人。然而，儘管各邦表面上實行自治，但它們實際上是從屬於帝國，從屬於皇帝本人，也就是普魯士國王威廉一世。人們曾這樣描述德意志帝國，說它是「由一頭獅子、六隻狐狸和二十隻老鼠」組成。「獅子」指的是普魯士，它通過皇帝和首相行使權力，帝國實行的不是由大臣對普選產生之立法機構負責的內閣制，相反地，大臣必須對首相負責，而宰相僅僅須對皇帝負責而已，任免權在皇帝的手中，由他決定。威廉並不僅僅是名義上的國家領袖，這位皇帝並非有名無實，他掌管帝國的軍政與外交大權，因此，他在陸海軍、對外關係，以及帝國法律的發布和實施上，都被賦予廣泛的權力，但在內政上，他的權力受到較多的限制。此外，如果帝國的海岸或領土遭到攻擊時，他有權馬上宣戰。而且作為普魯士國王，他在帝國國會【2】的上院或聯邦參議院中控制著普魯士的代表，擁有上院中三分之一的選票，掌握足夠多的投票權以否決所提交的任何議案。聯邦參議院議長負責控制和監督聯邦行政事務，他也由普魯士國王任命的普魯士首相兼任。

然而，議會並不是橡皮圖章。帝國國庫的款項安排必須交由下院，即帝國議會投票表決批准才行；國會由成年男子投票普選產生，其成員主要是中產階級。然而，帝國議會的實際權力卻非常小。儘管議會可以否決皇帝及其大臣的提案，但它自己不能提出動議。因此，儘管俾斯麥時常發現，他會因立法機構的不合作態度而暫時陷入困境，但最終仍能如願以償。俾斯麥的目標是希望能在普魯士的領導下，實現德意志的統一。統一的德國本質上是保守的、反社會主義的，雖然它未必反對社會福利計畫；但它實行貿易保護主義，以此維護德國企業家的利益；對外則奉行反法政策，堅決反對來自其宿敵的任何威脅。

為了實現帝國的統一，德意志帝國也遭遇到內政上重大的事件，即與教會發生糾紛，因此，俾斯麥發動的第一個戰役是反對羅馬天主教會。這場鬥爭被稱為「文化鬥爭」，始於一八七二年，在得到知識分子中自由派的支持，俾斯麥便發起此運動。俾斯麥這樣做的動機，幾乎完全是出於民族主義的因素。他

認為天主教會的某些活動，對帝國的權威和穩定構成威脅。首先，他對天主教教士繼續支持南德意志的各邦爭權運動心存憤怒，對他們支持阿爾薩斯人和波蘭人也非常不滿。其次，他對於近來有人鼓吹教皇有干涉世俗事務的權力，和一八七〇年頒布的教皇無謬誤論教諭大感震驚[3]。基於以上這些因素，他決心打擊天主教在德國的勢力和影響力，使之不至於成為影響國家和地方政治專務的重要因素。他使用的武器是在一八七二至一八七五年間頒布的一系列法律和敕令，目的在削減教會的獨立權力[4]。然而，俾斯麥發動的戰役結果並未達到所預期的。因為天主教徒在德國占有相當的人數，他們組成一個天主教中央黨的政黨，這些天主教中央黨便以受迫害的教士名義，向選民進行十分有成效的宣傳，並為他們請命，同時，鼓吹對中上層階級有吸引力的經濟政策，使其漸漸成為德國最大的政黨，結果在一八七四年的帝國議會選舉中贏得四分之一的席位。此外，俾斯麥發現社會民主黨人與天主教中央黨組成聯盟，這將使整個下院淪於他們手中，令他深感不安；而且，俾斯麥察覺到自己推行的其他綱領需要得到天主教的支持，便逐漸放寬態度，且在一八七八年態度較溫和的教皇利奧十三世當選時，把握機會與梵蒂岡達成和解，並與天主教中央黨結成聯盟。到一八八六年，幾乎所有反教會的立法都被取消或不予執行，天主教在此又恢復其地位。

在一八七八年組成新的政治聯盟後，俾斯麥把其攻擊的重點轉向德國的社會主義：在他心目中，現在社會主義遠比天主教對帝國更具有直接的威脅。在拉薩爾的繼承者，改革派政治家威廉·里卜克內西（一八二九～一九〇〇）的領導下，社會民主黨[5]正擴大吸引大批追隨者。俾斯麥對巴黎公社記憶猶新，認為社會主義就是無政府主義[6]，這便成為他力圖實現的帝國穩定和統一的直接挑戰。他把一八六〇年代因需要社會主義者的支持，而討好他們的做法拋在一邊，此時俾斯麥似乎已決心要消滅他們。他這樣做的動機，不僅在於他個人對社會主義威脅的認識，而且還在於他仍然需要爭取那些因採取保護關稅政策時，已經爭取過來的工業家之支持。一八七八年，精神失常的極端分子兩度企圖謀殺德皇，均未成功。儘管這個事件與社會主義者關係甚微，但俾斯麥還是以此為藉口，解散帝國議會，舉行國會大選，並頒布取消工人集會和出版權利的立法。議會還通過法律，授權政府把社會主義者驅逐出各主要城市，後來柏林、布雷斯勞和萊比錫等城市都採取類似行動。根據這些法律，一八九〇年後，儘管單一社會主義候選人仍被選入聯邦議會，但社會民主黨實際上是被取締了。

　　俾斯麥是一位相當精明的政治家，他絕不相信單憑鎮壓手段就能消滅社會主義。因此，在一八八○年代，他提出一系列的社會改革法案。準備竊取部分社會主義者的計畫，藉由採納他們的部分立法綱領成爲自己的計畫。在帝國議會的一次演講中，他坦率地說，他實行工人疾病和養老保險的目的，就是要讓「這些紳士們（指社會民主黨黨員）徒然地唱唱高調」。此外，他還懷有軍事目的，希望能把德國的無產階級變成軍人，因此，他便希望通過在某種程度上的保護措施，防止工廠過度勞動，使工人體質下降，而使他們成爲實際上有戰鬥力的士兵。一八八三至一八八四年，俾斯麥的社會立法綱領，隨著正式通過有關工人疾病保險和事故保險的法律開始。此後他又頒布了其他法律，規定對工廠實行嚴格監督，對僱傭婦女和兒童進行限制，規定最高工作時數，建立公共就業機構，並在一八八九年，對那些因年老喪失勞動能力者實行保險，此經費由勞資雙方分攤，政府補貼。到一八九○年，除了失業保險外，德國以立法的方式，通過所有爲後來西方多數國家熟知的社會立法事項。

　　就在那一年，這位鐵血宰相被年輕皇帝威廉二世（一八八八～一九一八年在位）解除了職務；威廉二世承襲的是在位不到一年的父皇腓特烈三世的位子。從一定程度上講，俾斯麥的失權是由於這兩位君王個性衝突所造成。威廉的父親曾說自己的兒子「傾向於對自己評價最高」；威廉的家庭老師注意到他「自認爲無所不知——用不著去學任何東西」。在這一時期，對皇族的狂熱崇拜，已成爲國家強加在公民身上的愛國主義教義的一個組成部分，這種盲目崇拜進一步促使威廉的傲慢與自大更加劇。不過，年輕皇帝與其首相之間的不和，除了個性差異外，還有實質性的問題，包括前者欲抑制社會主義者的活動和聲望的各種政策。俾斯麥被解職的另一個原因是，威廉堅持認爲，過去十年的反社會主義立法取得的成就幾乎微乎其微；同時，他誤認爲，社會主義會對他獨掌政權和建立一個更加統一、穩定和強大的帝國的決心，做出積極的反應，因此，他決定不支持俾斯麥繼續壓抑社會主義的措施。然而幾年之後，威廉轉而執行一條依靠容克（地主）、軍事將領和企業家的政策，並在其整個統治過程中，一直向他們示好。例如，他執行一種農業保護政策，目的即是在向容克們示好。此外，他還提出一個龐大的重整海軍計畫，目的也在拉攏軍事將領和工業家。與此同時，儘管他決心解除對社會民主黨的禁令，但還是盡其所能地消除其日益增長的力量。

　　國立學校應該通過強調愛國主義和虔誠的美德，告知學生社會主義的危險。除非是軍隊預備役的軍官，不然要進入成爲一位公務員是不可能的；而

且，不管是哪一個有影響的機構都不會向社會主義者以及猶太人開放。威廉從俾斯麥的文獻中竊取一頁，授權擴大更早時期的社會保險計畫，希望通過並執行他們一直在鼓吹的某些改革運動，來抑制人們對社會民主黨的興趣。但威廉堅決反對把任何有深遠意義的政治參與，擴展到有權勢的工業、軍事和農業階層之外。因此，在威廉二世治理下的國家十分有成效，步上軌道，但不民主。除了利奧・馮・卡普利維伯爵是位軍官外，威廉的總理都是平民身分的公務員【7】。這一事實突顯出他使國家政府盡可能遠離民主控制的決心。

這些政策遭到愈來愈多的反對，導致社會民主黨在選舉中取得愈來愈引人注意的勝利，社會民主黨的勢力轉盛。一九一二年，該黨獲得三分之一的選票，共有一百一十人──按單個計算為最大的集團──進入帝國議會中，成為最大的政黨。由於威廉決心忽視帝國議會，而且它又無力解決黨內純粹主義者與修正主義者之間的理論衝突，因而使社會民主黨的發展受到阻礙。該黨仍然聲稱自己專心致力於社會主義的純粹主義者原則（指奉行正統的馬克思主義）。但是追隨者的日益增多，促使它踏入漸進式修正主義的立法道路。儘管它在帝國國會中是一個大黨團，但除非和非改良主義的中間黨派結成聯盟，不然，社會民主黨就不可能在國會中成為多數黨【8】。到一九一四年，德國的政壇陷入僵局，大多數的德國人對自己在政治上的無權地位深表不滿。這一國家內部之所以免於出現憲政危機，是因為發生極為嚴重的國際性危機，即第一次世界大戰。

法國：紛爭不息的第三共和國

雖然一八七○年的法國不像德意志帝國那樣，是一個新建的國家，但它是一個急須重新統一，並專心致力於一套共同的政治目標的國家。在過去一百年的歷史中，留給它的是各個不同黨派的紛爭與社會的衝突，造成這個國家四分五裂。一八七○年法國發生的衝突具有意識型態而不是社會趨向，這不僅僅是法國昔日政治動盪不安的結果，而且是其工業化速度緩慢的反應。保皇黨派分裂為支持波旁王朝和支持奧爾良王朝者，這些人擁戴的不是路易十八的後裔，就是路易・菲利普的後代。拿破崙主義者力圖尋找在政治上挽救拿破崙三世之子和繼承人路易・拿破崙。共和派仍銘記著他們革命先輩取得的短暫勝利。社會主義者祈求瘟疫降臨在除了他們之外的所有政治黨派者身上。這種深刻分裂造成的結果是，直至一八七五年，法國才有了一部能據以運轉的憲法。

拿破崙三世的帝國崩潰之後，到新憲法草擬之前，法國成立了一個臨時政

府，由它有系統地治理這個國家。一八七一年二月，它進行了國民制憲大會選舉，結果約有五百名保守派分子當選，而共和黨員大約只有二百名當選。選舉結束之後，很快發生巴黎公社事件，這使國內的保守者政治觀點進一步得到加強。然而，顯而易見的保守派雖然是勝利者，但其內部缺乏團結，因為此時的保守黨員對應該由波旁家族還是奧爾良家族的成員出任國王的問題，產生意見不一的爭執，他們之間的不和，使得政體懸而不決長達四年之久。這一僵局最後在一八七五年通過了一系列基本法律，且僅以一票之優勢，確定共和體制為政府的型態，宣布法國為共和國，第三共和正式開始。根據這些法律成立一個議會，議會下院由成年男子普選產生，共有六百名左右的議員，為眾議院；上院以間接方式產生，為參議院。此外，還成立一個內閣，由總理負責，另有一個總統。儘管一開始時，總理和總統的相對權限並沒有區分開來，但兩年內，法國就宣布以總理為對眾議院負責的政府首腦。共和國初期有一位總統馬利‧埃德美‧麥克馬洪元帥[9]，他在一八七七年試圖解除與他不和的共和黨總理西蒙的職務，而另指派布洛葉公爵組閣，雖然後者得到眾議院多數人的支持。但當新的選舉進行時，麥克馬洪的政策遭到強烈的批評。從此以後，第三共和的總理是對眾議院負責，總統則成為有名無實的名義上領袖。然而，憲政問題的這一解決方案卻未能帶來政治穩定，因為總理無權解散議會，這意味著眾議院議員可以透過表決，隨意解除總理及其部長們的職務，卻不會有被迫重新舉行選舉的風險。如果在表決中失敗，總理及其同僚只有辭職一條路可走，這種方式造就出一個不穩定的內閣。結果，自一八七〇到一九一四年法國共出現不下五十屆的內閣。第三共和儘管在憲法上存在著種種缺陷，卻勉強維持到一九四〇年，比一七八九年以來任何法國政治體系都要長壽。它之所以能夠如此緜長，很大程度歸因於法國的其他制度——例如家庭、司法和警察等等的穩定性。法國男子和婦女願意將其儲蓄投資於國債，而不是對他們來說似乎較不保險的工業企業，這是第三共和具有穩定性的一個證明。

在一八七五年以後的歲月裡，起初被視為危險的激進派，加以防備的共和派，向人們證明他們普遍說來是溫和的。不過，反對他們的人不少，因此，像是軍隊、羅馬天主教會和貴族家族中，那些心存不滿的保守派和集權主義支持者，在進行密謀的目的是要推翻合法憲政當局。歷屆共和政府的當權者把大量時間用在捍衛國家、防止這些反動的激進分子上。一八八〇年代後期，一位名叫喬治‧布朗熱（一八三七～一八九一）的將軍在他周圍集結了一批反對派的追隨者，他們不僅包括拿破崙主義者、保守派和貴族，而且還包括一些對其命運不滿的工人們。他們和布朗熱一樣相信，發起一場對德復仇的戰爭將會消除

一切困難麻煩。由於這位將軍自己猶疑不定，在關鍵時刻退縮逃往國外，結果使具有威脅的政變一事無成。但這一未遂政變表明了人們對現狀的不滿，像拿破崙三世那樣，布朗熱向由不再抱有幻想的公民所組成之各種集團發出呼籲，允諾要立竿見影地解決各種痼疾。

十九世紀晚期困擾共和國分裂的另一個標誌，是極端保守分子為了幫助實現目標而掀起的反猶運動。事實上，某些猶太銀行家近來捲入與政客勾結的醜聞中，因而保守派指責政府貪汙、腐敗，猶太人在很大程度上難辭其咎。反猶太主義記者愛德華・德呂蒙【10】（一八四四～一九一七）堅稱「軍隊中的猶太人」正在損害國家利益。一八八九年，他與一些人建立反猶聯盟。這個醜惡且熱烈的反猶運動為著名的德雷福斯事件提供了背景。一八九四年，一位猶太裔砲兵上尉阿爾弗雷德・德雷福斯上尉（一八五九～一九三五）被一批保守派軍官指控向德國間諜出售軍事機密。德雷福斯經過軍事法庭的審判，被認定有罪，結果判終身監禁於加勒比海中，法屬幾內亞岸外一個幽靈般的犯人營魔鬼島。起初，人們接受這一判決，認為這是一個叛國者應有的懲罰。但是到一八九七年，新任情報處長喬治・皮卡特少校宣布他的看法，他認為判定德雷福斯有罪所依據的文件是偽造的【11】。因而掀起一場要求重新審理該案的運動，然國防部斷然拒絕，法國境內引起喧然大波，輿論譁然，軍方遭到嚴厲的指責。於是，整個法國很快就分裂為德雷福斯的支持者和反對者兩派。支持德雷福斯的人包括激進的共和派、社會主義者、具有自由思想、人道主義同情者，以及像埃米爾・左拉和安納托爾・法朗士這樣的著名作家。反德雷福斯派包括保皇黨派、教士、反猶分子、軍國主義者和人數相當多的保守工人，以及極端的民族主義者。一份羅馬天主教的報紙堅持認為，問題不在於德雷福斯是否有罪，而在於猶太人和不信基督教者不是法國的祕密主人。在一八九年，因為有行政命令盧貝總統的特赦——德雷福斯最後獲得自由，不過仍被判為有罪；六年後，最高法院澄清他所有的罪名，軍職得到恢復，立即被提升為少校，並獲榮譽軍團徽章。

德雷福斯事件提供共和派一個他們一直都缺乏的，據以消除激進反對派陰謀的堅實基礎。第三共和從建立開始，政策就一直帶有反教會色彩，而其領導者認為有野心的教會，能運用政治與社會影響力，對共和政府造成威脅，因此，共和政府領袖選擇的辦法是，有效地摧毀法國羅馬天主教會的政治勢力，以此來打擊他們的敵人。這場運動中表現出來的反教權主義，也許部分是物質第一主義時代和法國共和派長期以來對教會制度不信任的產物，然而，它的主

要原因是我們已經看到的，推動俾斯麥開展「文化鬥爭」【12】的民族主義。

第三共和絕大多數的領袖都敵視教會，對教會抱敵對態度。由於天主教統治集團亦到處幫助君主主義者，因此，教會聖職人員、君主主義者、軍國主義者和反猶分子密謀在德雷福斯事件中，打擊共和政府的聲譽，只是最終的結果是他們自己始料未及的，從此他們一蹶不振，保守派勢力遭到瓦解，而天主教勢力大受削落。一九〇一年政府頒布一連串法令，其中最著名的是《結社法案》，禁止未經國家批准的宗教團體存在；接著又頒布另一項法令，禁止宗教團體的成員在公立或私立學校教書。最後，在一九〇五年，法律規定政教分離，禁止從公共基金中提撥資助教士。取消自一八〇一年宗教條約以來，各宗教教徒首次享有的平等權利，與所建立的政教關係。

在這些年間，共和派除了遭受右翼的壓力，還得承受來自左翼的壓力。像在德國一樣，社會主義在法國也形成一股政治力量。然而，在法國，共和派對社會主義壓力的反應與俾斯麥的迥然不同。法國不存在反社會主義的立法，甚至還在一八八一年通過一項廢止「言論罪」的法令，在很大程度上擴大了出版言論自由。同一年，另一項法令允許公共集會無須事先得到官方機構的許可。但是，如果說政府並未曾有鎮壓的嘗試，那麼也幾乎不存在明顯的社會改革。共和國中最大的單一政黨——激進黨或激進社會黨，實際上是代表小店主和小資產利益的政黨。激進黨人願意建立和維持民主政體的義務教育體系，但他們對像德國那樣著手進行頒布新立法的要求，則反應較冷淡，因此，這時期通過的法律，即一九〇四年規定的十小時工作制，和一九一〇年的老年救濟金法律，這些只是在社會主義者的壓力下，才勉強得以通過。結果，社會主義者和其他工人們愈來愈相信，議會民主一文不值，如果說社會在進步的話，那麼也只有通過產業工人的直接行動——即罷工，才能取得。

這種態度由於與前述分裂德國社會民主黨的爭論相同——修正主義與正統派之間的爭論，而得到強化。正統派稱修正主義為「機會主義」，當時社會主義者亞歷山大·米勒蘭在一八九九年參加勒內·瓦爾德·盧梭（一八四六～一九〇四）總理的非社會主義內閣。米勒蘭堅持認為，他的合作有助於法國政治因德雷福斯事件而帶來的創傷。反對他的人則指責說，這種合作是一種出賣。他們的繼承者抓住歷屆議會那些少數偶然被通過的極其溫和之立法，來證明他們的觀點。對這種日益增長的不滿情緒反應在一九一四年之前的數年中，罷工浪潮席捲全國，其中包括一九〇九年的郵電工人罷工，和一九一〇年教師和鐵路工人的罷工。政府進行干涉，無情地鎮壓了這些運動。一九一〇年後，

圍繞著社會主義者所反對的問題是，將兵役期從兩年擴大到三年之事，以及所得稅制的問題，為此展開了爭論，壓力隨之增強——社會主義者對此表示贊成，視為資助因軍費增加而受到威脅的社會計畫中的一種途徑。到一九一四年，儘管不是處在革命的邊緣，第三共和似乎已經四分五裂，因為此時它正遭受激進派右翼的威脅和左翼的挑戰，且此起彼伏。

英國：從溫和到好鬥

在一九一四年之前的半個世紀中，最令英國人引以自豪的是，他們相信自己有一個理性、有條理，與切實可行的政府體制。在保守黨的推動下，通過了一八六七年第二次改革法案，使得選舉權擴大到三分之一以上的英國成年男子【13】，幾乎將選舉權賦予城鎮中所有的工業工人。此後兩大主要政黨【14】——自由黨和保守黨彼此間競相採取新的立法，旨在為愈來愈多的人提供更充裕、更健康的生活機會。法律承認工會的合法性（指在一八七四至一八七五年之間通過的一連串法令）、允許不信國教者能完全參與古老劍橋大學和牛津大學的生活、第一次為全體兒童提供初級教育（一八七○年教育法的頒布），並且幫助整個居住城市一大片地區的清理和重建等工作。而這種種事蹟都是在這時期兩位著名的政治領袖家——保守黨的班傑明‧迪斯雷利（一八○四～一八八一）和自由黨的威廉‧格蘭斯敦（一八○九～一八九八）——當政時所通過的各項法律之中。一八八四年，自由黨將選舉權進一步擴大，設立一個郡區和城市的投票標準，使在郡鄉有房子或年付十鎊房租者皆可投票。這使所有農民都有投票權，讓四分之三以上的成年男子有了選舉機會，第一次授予農業工人選舉權。與先前規定祕密投票的法案一起，這一選舉改革法使英國更加接近代議制的民主政治。

格蘭斯敦和迪斯雷利是兩位完全不同的人。前者是一個虔誠的英國國教徒，非常熱衷於進行個人道德改革，以致甘冒斷送自己政治生命的危險，來與妓女進行接觸，希望能勸她們改變目前的生活方式。他以他的道德信念為基礎，來設計他的政治綱領——例如，他長期以來推行的愛爾蘭自治運動就是具體事例之一，雖然這一運動最終以失敗告終。迪斯雷利是一個改宗的猶太人和流行小說家，是一位實用主義者，他樂於承認，在某種程度上，政策是機會主義者的遊戲，當他成為首相並慶祝時，高興地宣稱最後還是攀爬到「滑不溜的竿子頂端」。他認為，格蘭斯敦的道德說教只是一種姿態，宣稱他並不在意他對手的袖套上是否額外多出一顆星，只要他不堅持說那是上帝放上去的就可

以。然而，迪斯雷利注意到英國「容易受到迷惑和中產階級的管制」，有關這方面迪斯雷斯或許是對的，政治家應優先注意到此點。

儘管格蘭斯敦和迪斯雷利之間存在著這種個性差異，不過，他們領導下的政黨都是由一個小的統治階級，像是來自土地集團或中產階級上層的人物來管理的。作為連續幾屆政府內閣的成員，他們發現到自己對國會，尤其是對下院負有責任，而且還以國王的名義，行使最高立法權與行政權。作為一位內閣大臣，他們的任務正是設法強迫下院接受他們的法案，但他們也承認下院為民選合法代表，享有最高權力，一旦提交的法案遭到下院的否決，內閣就必須總辭，或者解散議會，重新舉行選舉，以此作為測驗投票人的方式。這一「內閣制」意味著，內閣保有管理公共事務的所有責任，但也要遵從代表人民意願的下院來行事。由此產生一個普遍穩定的政府：儘管政府應對議會做出應答，但議會想把這屆內閣政府趕下臺時也要考慮再三，因為他知道內閣可能會舉行全國大選，以求得人民的支持。（欠缺這個特徵，使法國第三共和成為一系列時日不長的政府。）然而，政治上的穩定不僅靠內閣制來擔保。由於保守黨和自由黨的領導者大部分來自類似的社會和經濟階層，因此在這些年間，並沒有多少機會能進行暴力變革。一個黨可能支持某一特別的事業、目標——例如，保守黨支持帝國主義，自由黨則支持愛爾蘭自治。但兩黨普遍同意採納由那些背景、性格相似的人，制訂一些既不激進也不反動的政策。這一溫和政策很符合選民的脾胃，他們樂於服從那些其領導地位因英國普遍繁榮這一無可爭辯的事實，而得到確保的政治家。

然而，並不是人人都感到滿意。儘管當時的英國已非常繁榮，但這種繁榮的好處並沒有擴展到缺乏技術的人身上——如碼頭工人、運輸工人等。因此，這些團體便組織工會提出他們的要求，在一八九〇年代，這些活動產生了反動，因而出現反工會團體的雇主協會，和一連串限制工會罷工權利的法規【15】。工人們反過來給予反擊，他們此時認為組成一個有組織的政黨是有其必要性的，因此，便與中產階級當中的社會主義團體聯合起來，成立一個工黨【16】。工黨成立於一九〇一年，五年後的大選中，他們在下院獲得二十九席的席次。一九〇六年上臺的自由黨人對來自左翼的這種壓力非常敏感，因而就在他們當政時期推行了一系列改革，希望藉此能使那些沒有什麼社會保障的人們能夠維持最起碼的生活水準。疾病、事故保險、老年保險和失業保險計畫被採納了，在某些工業部門規定了最低工資額，同時成立幫助失業的男子和婦女尋找新工作的勞工服務機構。有關罷工限制和工會為了政治目的進行籌款的權

利也放寬了。

這類立法得以實施，主要是靠大衛‧勞合‧喬治（一八六三～一九四五）。勞合‧喬治是一位來自威爾士的激進律師，政治既得利益集團中有不少人對他恨之入骨。他曾在首相赫伯特‧阿斯奎斯（一八五二～一九二八）的自由黨內閣中擔任財政大臣，與另一位年輕的自由黨人溫斯頓‧邱吉爾（一八七四～一九六五）共同制定了一些法案，這些法案既是他自己對政治哲學的反應，也是對工人階級不斷增長的政治力量之現實回應。為了支付實施這些法案衍生出的費用，如建立更龐大的海軍以對付德國而迅速發展出來的海軍費用，勞合‧喬治於一九○九年提出一項預算案，即「人民的預算」，其中包括徵收累進所得稅和繼承稅，主要目的是使稅收轉嫁到較富裕的納稅人身上。他的提案激怒了上院的貴族議員們，宣稱要否決該預算案，但這一做法卻有悖於憲法傳統。阿斯奎斯進行反擊，威脅要增加足夠支持勞合‧喬治預算案的新上院議員（有爵位的貴族）人數，以確保法案的通過【17】。上院最終只好屈服，此危機最後導致在一九一一年議會通過一項法案，規定上院不能否決下院已經通過的立法，這使下院終於成為英國真正的立法機構。

這場憲法衝突激起的怨恨情緒非常強烈，自稱是上院辯護者的人，吵嚷著威脅要對這個僅僅習慣於紳士般辯論的議會採取行動。然而，在這些年間，憤憤不平的威脅絕不限於國會之中。整個英國，人們幾乎可以說是在無政府主義的氣氛中展開辯論，且把溫和謙讓等拋在一邊。出現這種持續騷動不安的原因有很多，儘管自由黨實行改革，但在一九○○年以後，實際工資的下降導致工人階級一直保持著旺盛的鬥志，並在一九一一和一九一二年掀起一連串異乎尋常的罷工。自由黨準備承認愛爾蘭自治的計畫，這使得在北部（額爾斯特地區）的新教徒等少數民族各郡引起恐慌【18】，使他們急切地武裝和訓練起民團，這又預示著內戰即將來臨。

一九一四年以前，也許英國最令人感到震驚、感到意外和富有戰鬥性的反叛，是爭取婦女選舉權運動。進行這場運動的中產階級婦女，比她們的母輩享有更多的自由機會。當時有關放寬離婚限制和允許已婚婦女支配自己財產的法律已經通過了，而且，也有一些大學開始授予婦女學位。避孕器具，以及主張男女平等者捍衛其使用權的宣傳，開始導致中產階級改變對性生活的態度。也許是由於她們已經爭取到，並獲得這些成果，使得許多婦女感到缺乏選舉權是一個尖銳的問題。儘管這場運動由中產階級婦女發動，但很快就吸引來自工人階級和貴族階層的一些婦女。一九○○年以後，抗議的騷動達到頂點；在埃

米琳‧潘克赫斯特（一八五八～一九二八）、她的女兒克里斯塔貝爾（一八八〇～一九五八）、西爾維亞（一八八二～一九六〇），及其他人的領導下，爭取選舉權的女鬥士們將其訴求訴諸暴力手段；在一九〇三年，潘克赫斯特更是積極地成立「婦女社會與政治聯合會」，目的在使國人開始嚴肅看待她們的信念。婦女們下定決心要爭得政治權利，她們來到下院訪客室的美術館，亂砸亂塗在博物館中的繪畫；她們還闖進男性專享的高爾夫球場，在草坪上以酸性化學原料書寫「請投婦女一票」；此外，她們還破壞政治集會、焚燒政客們的住宅、砸碎百貨公司的櫥窗，這使得政府使用鎮壓手段加以反擊。那些因參加破壞性活動而被捕的婦女們，在獄中進行絕食抗爭，看守者便用木製的或金屬鉗子撬開她們的嘴巴，將管子插進她們的喉嚨進行灌食。絕食抗議的人威脅以死抗爭，並爲自身的目標獻身時，政府通過在憲法上含糊不清的《貓與鼠法案》（一九一三），它批准釋放在押犯人，使她們不再絕食，不過一旦她們恢復健康便重新逮捕她們。直到第一次世界大戰結束後，這場運動仍未達到目的；但是，在很大程度上，由於婦女對戰爭努力做出貢獻，使得英國在戰後終於進行改革。

假如一九一四年時，戰爭沒有爆發，那麼，英國的好鬥情緒會不會導致某種普遍的衝突，至今仍是歷史學家爭論不休的一個問題。不過，我們有充分理由這麼說，大戰爆發前數年間國民的情緒，與一八七〇年代的情況迥然不同。與其他歐洲國家一樣，對自身及溫和十分自信的英國正在被證明也是動盪下的犧牲品。

俄國：通向革命之路

在戰前的年代，俄國是歐洲各國中唯一從不穩定情勢轉變爲騷動的國家。二十世紀初期的俄國革命運動有著爲數眾多的先驅，十九世紀期間，不滿現狀的浪潮已爆發多次。革命運動的部分原因是由於俄國在克里米亞戰爭中失敗，因此，在一八五〇到一八六〇年間爆發了多次有威脅性的暴動，這些暴動促使在一八五五年上臺的沙皇亞歷山大二世解放農奴、使軍隊近代化、改革司法制度，以及允許地方自治政府。

一八六一年頒布了法令，授予大約二千二百萬農奴擁有合法的權利，且經批准，至少把分給他們耕種的土地一部分授予他們。但是，俄國農民的生活方式並沒有得到很大的改善。大地主設法將絕大多數肥沃的土地留給自己，剛剛獲得解放的農奴所面對的是，必須爲獲得的土地支付款項給國家（國家反過來

用這筆錢償付原地產主）。這筆費用的負擔，再加上留給農民的土地往往非常貧瘠，而且土地面積也不足以養家活口，同時他們沒有適宜的牧場、水和森林，就意味著他被迫要成為農業工人，重新回到昔日的雇主那兒工作，充當他們的雇工，使他們成為「政治的農奴」。

一八七四年的軍事改革目的在擴大軍隊的成員，因而把所有男性都包括在內，並不僅僅只有農民而已。軍事服役靠抽籤決定，服役期從二十五年減少為六年，應徵入伍者能接受正規教育，體罰也被廢除。

俄國的司法制度在那時之前一直是祕密，且非常腐敗，並與維持司法不平等的苛刻階級制度連接在一起。改革它的目的是使法庭首次獨立於中央政府之外，讓所有俄國人在法律面前一律平等；並在大多數刑事案件的審判中，引進陪審團制度。這比從前只有書面形式證據的審判更具效力，因為現在已允許提供口頭證詞，和過去的審判相比較為公開。起源於地方治安推事，層層上報等級的法院制度提供了上訴權。

組織於一八六一年的地方政府機構把責任交給農村公社。村社的官員有權分配土地、徵收賦稅，還可以限制居民移入或遷出他們的社區，國家利用這一規定來確保農民無法逃避現在作為自由人應當承擔的稅務負擔。村社之上是區委員會，它授權管理自己的法庭和賦稅徵收。一八六四年，由間接選舉產生的地方性議會被授權來管理地方福利和教育計畫的實施，處理地方財政、教育、醫藥、農產、交通等問題。

地方性議會雖然只具有溫和的改革主義色彩，但它提供了進行政治問題辯論的講堂；同時，隨著教育機會的擴大，也鼓勵中產階級身分的俄國人自認為國家正朝著某種形式的自由化發展。然而，政府對它正在走的道路愈來愈感到擔心，並要求中止改革，而以鎮壓取而代之。到一八七五年，檢查制度的實施不僅擴大到地方性議會，它被禁止討論一切重大的政治問題，而且擴大到新聞出版界和學校。毋庸置疑，鎮壓的必然結果是人們愈發不滿，愈發活躍地從事顛覆活動。俄國中產階級和不滿現狀的學生們私底下就空想社會主義、自由主義的議會制，而與泛斯拉夫主義展開辯論。愈來愈多人對沙皇政府所支持的政策採取反對的態度，他們自稱是虛無主義者，這些人透過宣揚各種激進思想，蔑視傳統習俗與道德風尚，來發洩心中對現行制度的不滿。此外，有部分的虛無主義者支持無政府主義者巴枯寧的信條。這個恐怖主義者認為，暗殺沙皇是消除鎮壓的唯一解決方法。一八八一年，他們的目的達到了：亞歷山大二世被炸死。

十九世紀後期，俄國最重要的激進政治勢力是一個龐大而鬆散地聯繫在一起的團體，他們自稱爲民粹派。這群人相信，儘管他們的國家必須西方化，但在西方化的過程中，是不能按照其他國家的模式來做。他們宣稱要建立一個全新的俄國，但那個新俄國要以古老的村社制度爲基礎來建立，因爲這種制度有他們所忽視的集體經濟之特點，這是他們所希望建立的社會主義社會的楷模。民粹派主要發端於中產階級，其追隨者大都是年輕的學生；追隨者中大約百分之十五是婦女，在那一時期，這占了一個相當大的比例。他們建立祕密組織，密謀通過恐怖手段和起義推翻沙皇統治。他們把生命奉獻給「人民」（其名稱正源於此），試圖盡可能生活在一般勞動者之中，以了解和表達民眾的意願。民粹派在歷史上的重要性不在於它取得的成就——那一點成就微不足道，而在於它對未來所做的承諾。民粹主義運動代表著俄國有組織的革命運動之開始，是思想和行動的溫床，隨著時間過去引發普遍革命。民粹主義者在馬克思的《資本論》譯成俄文之前就已經閱讀它；他們檢驗並修正了他的思想，以及十九世紀其他主要革命家的思想，以便建立一套適合俄國特殊國情的理論體系。

然而，民粹派和無政府主義者的活動引起一場對整個改革政策浪潮的強烈反應。亞歷山大三世（一八八一～一八九四年在位）進行統治的理論基礎在於，俄國與西歐毫無共同之處，數百年以來，他的臣民是在受到專制主義和神祕信仰的教育下長大，如果沒有這些，他們將徹底迷失自己。他相信西方人的觀念，像是理性主義和個人主義會逐漸損害到俄國民眾順從的信念，從而使國家陷於無政府主義與違法亂紀泛濫等諸如此類的狀態。因此，把西方的制度植入俄國的土壤中，是不可能有開花結果的一日，只會產生可怕的後果。亞歷山大三世以這些理論爲指導原則，採取保守的高壓政策，實行的是嚴厲鎮壓的統治。他盡可能想盡各種辦法來限制地方議會的權力，強化祕密警察的權力，把村社交由國家遴選的富裕貴族管理。這些政策在他的兒子尼古拉二世（一八九四～一九一七年在位）統治時期仍持續著，儘管尼古拉本人比亞歷山大要無能軟弱得多，其統治在某種程度上也沒有那麼嚴厲，而且在某種形式上也略爲寬鬆。不過，兩位沙皇都是俄羅斯化的狂熱支持者，他們運用報復的手段來加強自己的權勢。這種俄羅斯化與不少國家存在的民族主義運動相類似，卻更加冷酷無情，其目的是把大俄羅斯或俄羅斯自己的語言、宗教和文化擴大到沙皇統治下的所有臣民身上，藉此使統治他們的問題變得簡單化。俄羅斯化的主要對象是波蘭人、芬蘭人和猶太人，因爲他們被認爲是對俄國的穩定最具危險性的民族。俄羅斯化意味著鎮壓：芬蘭人自己的憲法被廢除了；波蘭人不

得不用俄文的翻譯本來研讀學習自己的文學；沙皇政府的高級官員縱容對猶太人進行滅絕性屠殺。

然而，儘管存在著這些企圖使俄國背離西方的因素，俄國仍比以前任何時候都被緊緊地拉進歐洲的軌道。這是因爲這一國家正在實行工業化，而且是利用西方的資本進行工業化。在一八九○年代，謝爾蓋·維特伯爵（一八四九～一九一五）擔任沙皇的首席大臣時，在俄國實行金本位制的經濟政策，從而使俄國的貨幣更易兌換，吸收大量的外國資本。公路和電纜線路也鋪設起來，西伯利亞大鐵路也開始興建。在一八八○至一九一三年間，出口和進口分別增長了七倍和五倍。此外，俄國的作家和音樂家更爲豐富世界文化做出重要貢獻，如之前我們已經看到的托爾斯泰、屠格涅夫和杜斯妥也夫斯基有卓越成就以外，彼得·柴可夫斯基（一八四○～一八九三）和尼古拉·林姆斯基·高沙可夫（一八四四～一九○八）的音樂作品表現出獨特的俄國氣質和傳統，被認爲是對當代一流音樂寶庫的重要補充。

隨著西化而來的是出現了一個新的工資階級，俄國工人大都是從農村召募來的。上文已經敘述過，各種規定使得人們想從村社遷移出來一事並非不可能，但至少是非常困難的；而且在城市長期居住下來的話，就意味著要放棄對土地的所有權利要求。結果，農民出身的工廠工人大都只是暫時離開村莊，到農忙時就回去參加農業勞動。因而這些工人不容易學好一門手藝，只好被迫去承擔沒有技術的工作，這讓他們的所得工資收入少得可憐。他們居住在大都是臨時性的工房裡，必須以步行方式往返工廠上下班；工廠裡的工作環境既不安全，也對人身健康有危害，與英國工業化初期工廠的情況非常相像，紡織廠每日平均工作時間在十二至十四小時之間。由鄉村到城市生活這種突然且惡劣、極端的轉變，給俄國工人帶來的是極度不滿和一種好鬥的階級意識，因此，他們用罷工來對工作環境與條件惡劣的抗議次數也增多了。

階級意識增強導致新的政黨出現。中產階級工商業主、專門職業人員與有企業精神的地主，在一九○三年聯合組建了立憲民主黨，其綱領包括建立一個由全國選舉產生的議會，以制定和推行進一步實現自由化和西方化雙重目標的政策。與此同時，兩個在本質上主要由工人階級組成的政治黨派——社會革命黨和社會民主黨，開始鼓吹以更激進的方式解決俄國獨裁專制問題。社會革命黨人源於七○年代民粹黨中的恐怖主義分子組織，他們對受到土地購買和承擔高額地租農民的悲慘處境非常關注，認爲農民是國家的根本希望，因此應在村社範圍內，讓農民享有平等的土地所有權，增強村社與大地主進行長期競爭的

能力。社會民主黨人是馬克思主義者，他們自視爲西方人，認爲其運動是國際工人運動的一部分。他們重視工業的無產階級，認爲城市工人是革命的中堅分子。一九○三年，由於在革命戰略問題和黨的性質上出現嚴重分歧，社會民主黨領導層內部出現分裂。其中取得多數的一派（他們因而自稱爲布爾什維克，即「多數派」）贊成由積極的革命者組成高度中央集權的政黨，反對在革命後建立過渡性資產階級政府的主張，堅持認爲應在革命成功後立即建立社會主義統治。孟什維克（少數派）的地位與歐洲其他修正主義社會黨人非常相像，不久就設法重新奪回對黨的領導權。然而，分裂出來的小黨布爾什維克派依然存在，其領導者是一位年輕而忠誠的革命家弗拉基米爾・烏里揚諾夫（一八七○～一九二四），筆名爲列寧。

列寧出身於中產階級家庭，他的父親曾任學校校長和低階公務員。由於從事激進的活動，後來因受到他的兄長參與密謀刺殺亞歷山大三世被處死後，在校從事激烈活動而被卡贊大學開除。作爲政治犯，列寧在西伯利亞度過三個年頭（從一八九五至一八九七年）；一九○○到一九一七年，他流亡西歐。列寧在下述事實中，表現出他作爲一位理論家和政治活動家的熱情和才能，即使他流亡國外，仍然擁有社會民主黨的領袖地位。列寧繼續宣傳馬克思主義的教義，並持續進行階級鬥爭的學說。他的專著《怎麼辦？》（一九○二）猛烈抨擊了修正主義者被慫恿與較不激進的政黨進行合作之觀點。革命要做到什麼程度呢？列寧論辯說，下一步的任務是透過一個有組織紀律的政黨宣傳家，藉由精英集團盡快地「製造」出革命。列寧和他的追隨者把俄國的革命傳統與西方的馬克思主義融合在一起，並透過賦予一種立即可以成爲可能的感覺，而在俄國促成革命最終的爆發，幾乎是不可避免的形勢。

然而，當革命在一九○五年眞正到來時，就連布爾什維克派也感到吃驚。它突如其來地來到，是因爲在一九○四年爆發的日俄戰爭中，俄國軍隊遭受重創。俄國和日本在中國的滿洲和朝鮮產生利益衝突，這一事實正是引起戰爭的直接起因。在陸上和海上，日本人均證明自己的國家強於俄國人；隨著沙皇的陸軍和海軍失敗報告不斷急傳過來，俄國人民產生一種前所未有的看法，他們完全看透專制統治的低效無能。

正如俄國在克里米亞戰爭中的失敗引發了改革運動般，在那之前一直避免與革命者聯合的中產階級成員，現在也參與其中，並一起鼓吹改革。激進工人在每一座重要的城市組織罷工，並舉行遊行示威。一九○五年一月二十二日，在一位名叫加蓬的東正教教士率領下，二萬名工人及其家屬前往多宮聖彼得堡

向沙皇申訴他們的冤屈。示威者受到侍衛隊的阻擋，與武裝部隊起了衝突，許多人被槍擊身亡，這一天在日後被稱為「血腥的星期日」，造成七十人死亡、二百四十人受傷的慘劇。到一九○五年秋季，發生史無前例的大罷工運動，幾乎所有城市的人都參加抗議罷工浪潮。商家把店關起來，工廠的主人讓工廠停止運轉，律師拒絕出庭辯護，甚至連僕人和廚師也逃離富裕的雇主家，全俄陷入一片混亂之中。沙皇尼古拉很快就清楚地發現，政府必須做出讓步。十月三十日，他發布著名的「十月宣言」，信誓旦旦地要保護個人自由，允諾授予人們在選舉國民會議時，有比較自由的投票權。並揚言此後在未經國民議會的准許，不得廢除任何法律，且未經國民議會通過，各種法律均為無效，這是革命運動的高潮。此後兩年間，尼古拉頒布了一系列法令，取消他在「十月宣言」中做出的大多數承諾。他剝奪了國民會議的許多權力，規定國民會議以階級為基礎，由若干選舉團間接選舉產生。在此之後，該立法機構的多數成員幾乎成為順從沙皇者。

這場推行重大政治改革的運動之所以失敗，原因很多。首先，俄國軍隊仍然忠於其總司令。結果，一九○五年日俄戰爭結束後，沙皇手中有一支龐大的軍隊可供調遣，在必要時可以用他們來撲滅革命火焰。因此，在一九○五年九月樸資茅斯條約簽訂後，俄軍便遣調回來。

更重要的一個原因是，革命黨內部出現分裂。十月宣言頒布後，大批資產者受到激進派的巨大威脅，因而心存恐懼，便公開聲稱，他們認為革命的速度進行得太快，應該到此為止。他們完全撤回對革命的支持，這些人便是日後的十月黨人。更為激進的商人和專門職業人員組織起立憲民主黨，他們堅持認為必須繼續進行反抗，直到迫使沙皇建立起以英國政府為樣板的新政府為止。這一具有致命影響的分裂導致中產階級在政治上失去作用，最後連工人隊伍內部也出現不滿，利用總罷工作為對抗政府的工具也以災難告終。

但是，一九○五年的俄國革命運動並不是徹底的失敗。沙皇採取的殘酷報復措施使許多人認清了，他們的政府並非像他們之前所相信的那樣，是一個開明仁慈的專制獨裁政體，而是一個頑固和野蠻殘忍的暴政。起義展現出工人階級領袖有左右俄國命運的能力。總罷工被證明是一個非常有價值的革命工具，像工人委員會便是如此，這個委員會是由工廠基層群眾選舉產生，在某些地區一度充當唯一有效政府。此外，一九○五年起義使沙皇某些較有遠見的顧問相信，保守主義的最後防線是不夠安全的，且絕不可靠。結果便制定出一些目的在安撫動亂階級的妥協性改革措施。其中最重要的改革之一，是由內閣首席大

臣彼得・斯托雷平（一八六二～一九一一）在一九〇六至一九一一年間推出的農村改革計畫。該計畫的內容包括將五百萬英畝的皇家土地以一定價格轉讓給農民；允許農民離開村社成為獨立的農戶；取消農民尚未支付的購買土地分期付款餘額等。此外，還頒布法令准許組織工會，規定減少工作時間（在大多數情況下，每天工作時間不得超過十個小時），並且建立疾病和意外事故保險制度。不過，有些自由主義分子希望俄國能仿照西方模式發展為一個進步國家，當然後來被證明這希望是一個幻想，因為沙皇依舊是頑固的專制君主。農民能夠買得起出售土地的人寥寥無幾。由於生活費用不斷上漲，工人們感到其微薄的收入難以維持生計，一場新的革命條件成熟了，只等待有利的火種來點燃它。

尋求穩定：西方其他國家的情況

概括說來，就如同之前我們研究過的，我們發現在二十世紀初期，其他歐洲國家也發現，維持內部穩定是一件非常困難的事。義大利背負著人口急劇增長、迫切需要工業化，以及相對繁榮的北方工業城市與貧窮的南方農業城市之間顯著差別等問題。隨著人口增長，農民移入大城市的潮流也在不斷發展，使得在城市中幾乎無法找到工作。為創造工作機會和推動工業化，政府經過大宗軍事裝備的訂貨，和著手進行鐵路建設的雄心計畫，直截了當地對經濟進行干預。到第一次世界大戰爆發時，義大利工業產量在國民經濟中的分額已上升到百分之二十五。

這些進步在很大程度上是實施喬萬尼・喬利蒂（一八四二～一九二八）制訂的各項政策之結果。在一九〇〇到一九一四年的整個階段，喬利蒂擔任十四年的首相。然而，在他促進工業化的努力下，加大了北方與南方之間的差距。喬利蒂相信他稱之為「革新」的政策，並認為政黨政治是漫無目的的機會主義策略，因此，他允許對推動經濟的福利或增強政治意識沒有興趣的大地主、教會以及黑手黨（在西西里島）繼續控制南方，以換取南方的政治家對其工業發展計畫的支持。因此，當義大利北方的文盲率降低到百分之十一左右時，南方的文盲人口仍高達百分之九十。由於閉口不談處於困境的南方經濟狀況，「革新」使國家喪失發展它所急需的國內商品市場機會。

為了爭取社會主義者對他計畫的支持，喬利蒂設法透過一些立法，例如使工會合法化、改善工廠的工作條件、實際進行將選舉權擴大到三十歲以上的所有男子等，使選民增加到六百萬人以上。但是，試圖滿足左翼的做法，使義大

利社會中較保守的勢力感到不悅，他們對一八九六年米蘭的麵包騷動、一九〇〇年激進分子暗殺亨伯特國王，以及一九〇二和一九〇四年大罷工等事件記憶猶新。同時，如同歐洲其他國家的社會主義者，義大利的社會主義者也因策略問題而出現分裂。改良派與激進派進行競爭，他們組織起勞工會──即具有革命觀點的地方工會委員會，在一九一二年於富於戰鬥性的左翼接管社會黨時支持過。

民族主義者的願望仍舊是東歐的一個主要問題，十九世紀奧地利最主要的問題在於，它是由多種民族組成的帝國。一八六七年試圖做出一個解決奧地利帝國境內民族紛爭問題的決定，那是把帝國一分為二【19】──多瑙河以西為奧地利帝國，以東為匈牙利王國。這個二元帝國兩邊地位平等，各有各的憲法、議會和內閣，彼此互不干涉對方的事務。但在共同的事務上，如外交、軍政和財務方面，則設立若干共同部門來加以處理，並設立某種國家議會，輪流在維也納和布達佩斯舉行會議，以共同監督外交、軍政、財務事務。儘管如此，兩部分仍以一個哈布斯堡君主為元首。然而，這種解決辦法只讓日耳曼人和匈牙利人得到妥協，卻未能安撫帝國內最主要的少數民族──斯拉夫人，而無法消弭民族分歧。

在這個二元帝國的奧地利組成成分，不僅生活著說德語的大多數人，而且還包括捷克人、斯洛伐克人、斯洛維尼亞人，以及盧特尼西亞人等，這些民族有的聚居在同一地區，有的則分散各地，成為一種特別的景象。其中主要民族為日耳曼人、匈牙利的馬扎兒人。從十九世紀初，這些民族受到民族精神的鼓動，而有政治覺醒，紛紛要求改革，使政府不得不向這些民族做出讓步，以換取安寧，不過，順從它們的願望又要得罪人口占多數的日耳曼人，這一民族的威脅對其支配地位的任何動向，具有相當大的影響力。在一八九〇年代，為了安撫捷克人，政府曾要求在日耳曼人和捷克人混居地區的所有官員要同時說兩種語言，這一政策激怒了日耳曼人，他們發動激烈的示威運動，要求維持其文化的優越地位，政府被迫讓步。不過，官僚政府渴望國家工業支持，它發現為了能夠推行必要的經濟和財政措施，建立一個更現代化和適合不同帝國選民需要的舞臺是不可少的。出於這一目的，奧地利人在一九〇七年實行了成年男子普選制（但在匈牙利，直到一九一四年，有投票權的人口還不到全人口的四分之一），希望新近獲得選舉權的農民能對皇帝表現出忠誠，而不是對任一個特定的民族表現忠誠。然而，由於新選舉法仍然規定，每一個少數民族在議會中的代表名額，這些立法加強了各民族在立法機構中的力量，鼓勵它們要求更多

的自治權利。

在二元帝國中，匈牙利的主要問題是它提出把匈牙利軍團從帝國軍隊中分離出來，允許他們使用代表自己身分的徽章，並要求使用自己民族的語言來進行指揮。皇帝佛朗西斯・約瑟夫否決了這些要求，並提出在帝國境內實行成年男子普選制進行威脅；馬扎兒人確實看到，這一舉動將會使他們在匈牙利的支配地位受到挑戰，就像日耳曼人對奧地利一樣。由此出現的某種平衡，構成中央政府為了維持岌岌可危的現狀而孤注一擲，不間斷地進行挑撥離間的一部分。

在東南歐，民族主義的宣傳進一步促使早已處於分崩離析狀態的鄂圖曼帝國崩潰。一八二九年以前，整個巴爾幹半島——為愛琴海、黑海和亞得里亞海環繞——處在土耳其帝國的控制之下；但在其後的八十五年間，在此半島的土耳其帝國逐漸被肢解了。這是由於在某些情況下，敵對的歐洲列強，尤其是俄國和奧地利，正在逐步蠶食它的一些領土，但一般來說，主要的原因還是由於蘇丹的基督教子民進行民族革命的緣故。一八二九年俄土戰爭結束時，鄂圖曼帝國被迫承認希臘獨立，並允許塞爾維亞和後來成為羅馬尼亞的那些省分有各自的自治權。隨著時間的推移，反對鄂圖曼帝國統治的不滿情緒擴散到巴爾幹半島其他地區。一八七五到一八七六年，在波士尼亞、赫塞哥維納和保加利亞的斯拉夫人爆發反對土耳其的統治，不過，蘇丹對它們進行有效且殘酷的鎮壓。俄國在得到蘇丹屠殺基督教徒的消息後，便有了藉口，重新開始它長期以來一直在進行的爭取巴爾幹控制權的戰爭。在第二次俄土戰爭（一八七七～一八七八）中，沙皇的軍隊獲得壓倒性的勝利，兩國簽訂了《聖斯特法諾條約》，結束了這場戰爭。它規定，蘇丹必須割讓君士坦丁堡及其周圍殘餘部分的歐洲所有領土[20]。在這關鍵時刻，列強進行干涉。奧地利和英國對俄國控制近東如此廣袤的地區尤其表示反對——英國認為，這會使俄國有機會滲透到地中海，從而危及其「帝國生命線」；奧國認為，此條約讓斯拉夫民族獲得太多，可能會促使奧國境內斯拉夫民族的騷亂。因此，在一八七八年，列強於柏林召開會議，會議中決定把比薩拉比亞割讓給俄國、色薩利割讓給希臘，波士尼亞和赫塞哥維納則轉由奧地利控制。七年後，從柏林會議獲得某種程度自治權的保加利亞人，又從土耳其獲得東魯美尼亞省；在一九〇八年，他們建立了獨立的保加利亞王國。

就在最後一次失去領土的時候（即保加利亞獲得獨立的那年），土耳其本身也被捲入民族主義的浪潮之中。有一段時間，土耳其境內較開明的人士對蘇

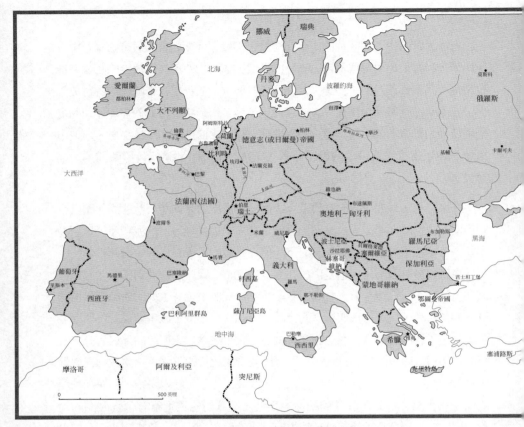

圖32-1　一八七八年柏林會議後的歐洲

丹政府的軟弱無能感到愈來愈不滿。尤其是那些曾在歐洲留學過的人相信，他們的國家如想要發憤圖強，就必須透過引進西方的科學思想、愛國主義和民主政治才行。他們自己組建一個社會團組織，即以青年土耳其黨著稱，在一九○八年迫使蘇丹建立立憲政府。次年，面對反對勢力的漸起時，他們廢黜了在位蘇丹阿卜杜爾‧哈米德二世（一八七六～一九○九年在位），將其弟穆罕默德五世（一九○九～一九一八年在位）扶爲有名無實的君主，讓他作一個傀儡皇帝。國家的實際權力則交由向選舉產生的議會負責之首相和大臣手中。很不幸地，這場革命並不意味著鄂圖曼帝國境內非土耳其臣民自由權利的增加；相反地，青年土耳其黨發動一場強大的運動，目的在將蘇丹的所有基督教臣民鄂圖曼化。同時，由於革命前和革命中的騷動不安，爲土耳其進一步被肢解的命運鋪平了通路。一九○八年，奧地利吞併了柏林會議僅允許其管理的波士尼亞和

赫塞哥維納省分；一九一一年，義大利爲了征服的黎波里，而向土耳其宣戰。

　　在一九一四年之前的數十年裡，西方各主要國家中，美國所經歷的內部動亂或許是最小的。內戰曾使美國精疲力盡，直到十九世紀末，其疆界的長期擴張爲那些不滿於自己目前命運的人提供了機會。但是，美國在某種程度上也感受到，那種對歐洲穩定造成困難的壓力。雖然內戰結束了，但有關種族主義的複雜道德問題，依然阻礙著真正治癒國家戰爭創傷的所有努力。嚴重的經濟危機，尤其是一八九○年代的那次經濟蕭條，造成的是農產品價格的暴跌和工廠的倒閉，使得不論在農村或城市的人民倍感痛苦，並使他們對資本主義冒險家充滿仇恨，這些人似乎爲了自己賺錢的目的，甚至可以犧牲整個國家的利益。許多人愈來愈相信，限制貨幣的供應是導致蕭條的主因，因此他們要求發行紙幣和增加銀幣供應，而這種要求便成爲美鈔黨和民粹黨綱領的主要內容，這兩黨吸引了大量的追隨者，他們發起徵收所得稅和鐵路、電報電話線路國有

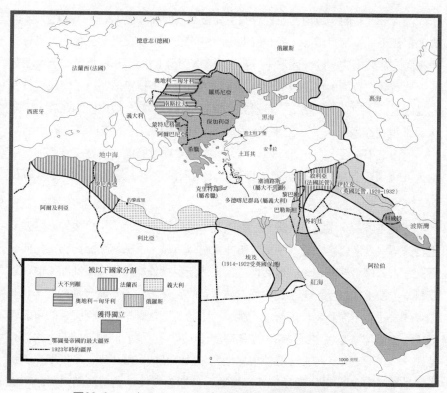

圖32-2　一六八三～一九二三年鄂圖曼帝國遭列強分割圖

化的運動。改良派社會主義得到溫和的馬克思主義社會黨領袖尤金·德布斯（一八五五～一九二六）的支持，但它未能訴諸那些缺乏階級意識的美國工人，因為後者仍然懷抱經濟復甦之夢。更為激進的是世界工業的工人聯盟成員，該聯盟是一個以組織起非技術工人和移民工人為宗旨的總工會。由於世界工業的工人聯盟被認為是在外國的煽動下建立起來，因此政府和工業管理機構都對它採取鎮壓措施。進步運動則具有美國改良主義溫和色彩的一般特徵，它對美國中產階級中那些暢所欲言的少數人非常有吸引力，並得到他們的支持：這些人仇視私人經濟實力的增強和城市「有權勢者」的政治腐敗，但這種仇視被其對民主政治的進程和持續進步可能性的信心所抵消。他們之中許多人的思想具體體現在西奧多·羅斯福總統（一八五八～一九二九）和伍德羅·威爾遜總統（一八五八～一九二四）的政綱之中。第一次世界大戰爆發後出現的各種現實阻止了該運動的發展。

國際競爭：通向第一次世界大戰之路

　　儘管一九一四年以前西方世界的主要特徵為內部動盪不安，但是絕大多數人們對和平進步抱有信心。在一個世紀的時間裡，除了克里米亞戰爭，沒有發生多國的武裝衝突，歐洲國家──甚至專制統治下的俄國──逐步向著大多數人一致贊同的有價值民主目標發展。確實，動盪、不穩定被認為是向民主發展的必經過程，而且，其結果不是過於熱情就是過於延宕。最重要的在於，工業化看來正在為所有人──至少是西方世界中的所有人──提供更高的生活水準。因而毫不奇怪，在一九一四年八月大戰就要爆發的前夕，外交家們都發狂地大耍權術手腕之際，告訴他們世界正走向崩潰之事，是令人感到難以置信的。

　　想要了解第一次世界大戰來臨的關鍵，就須對一八七〇年以後的國際外交進行分析。歐洲以建立權力平衡之事非常引以為傲，這種均勢能夠防止任何一個國家占據威脅普遍和平的優勢地位。在俾斯麥擔任總理的這段期間，他在外交舞臺上演奏了這一均勢主題的變奏曲，目的在保證法國不能發動對在一八七〇年的普法戰爭勝利者德國報復的戰爭。由於法國企圖單獨進行戰爭的可能性極小，因而俾斯麥決定透過藉由讓德國與法國所有可能的同盟者結盟，來孤立法國。一八七三年，俾斯麥設法與奧地利和俄國結成同盟，即三帝同盟，但這一同盟並不穩固，很快就瓦解了。接著，俾斯麥與奧地利重新結成更為牢固的新同盟，即兩國同盟【21】。一八八二年義大利加入，該聯盟擴大為三國同

盟【22】。義大利人之所以加入，是出於對法國人的害怕與憤怒，他們對法國占領突尼西亞（一八八一）之事感到非常不滿，認為那塊土地本應歸義大利所有。另外，義大利的政治家們仍與羅馬天主教會發生爭執，他們唯恐法國支持教皇的人在其國內占上風，會派軍隊保護教皇。同時，三帝同盟又重新恢復，儘管該同盟正式存在的時間僅六年（一八八一～一八八七），但直到一八九〇年，德國仍設法通過規定一國在另一國發動戰爭時，保持中立的再保證條約（一八八七），以維持與俄國的友誼。

因此，在玩弄十多年外交手腕之後，俾斯麥實現了他的抱負。到一八八二年，法國幾乎失去獲得任何強大朋友援助的可能性，奧地利、義大利與德國結成三國同盟，俄羅斯在經過三年之後，又重新回到俾斯麥的陣營之中。唯一可能幫助法國的國家只有英國，但對於歐洲大陸的事務，英國這時又恢復堅持「光榮孤立」的傳統政策。所以，就復仇戰爭的威脅而言，德國已經沒什麼可擔心的。從俾斯麥複雜的結盟結構看來，他已達到建立該結構的目的——即維持和平。但是，這一結盟體系具有兩個重要性，在俾斯麥的手中它維持和平，在缺乏外交能力的人手中，它不是財富而成了一筆債務，一八九〇年以後的情況就是如此。

一八九〇到一九〇七年期間，由於在全球出現爭奪貿易機會和領土的現象，使歐洲國家相互間變得愈來愈猜疑。這種國際間普遍不安的狀況導致一個外交革命的產生，使俾斯麥締造的結盟體系崩潰，並產生對德國構成威脅的新國際外交組合。德國仍然得到奧地利的支持，但它失去俄國和義大利的友誼，而英國也決定放棄其孤立政策，而與俄國和法國訂立協約。這種均勢的變化產生極其重要的結果，這促使德國人相信，他們受到敵人的包圍，因而應當盡一切力量維持與奧匈的忠誠。

這場外交革命的第一個重要成果是，俄國、法國和英國三國協約的形成。德國的威廉二世對俄國在巴爾幹的野心深表擔心，因而在一八九〇年俾斯麥離職後，於一八九〇年三月在內閣會議中決定，拒絕與俄國續簽再保證條約。兩國關係逐漸冷淡，導致俄國主動與法國發展政治關係，儘管俄、法在思想和政治制度上十分不同，但在戰略和經濟上卻有利害關係。一八九四年兩國簽訂的祕密軍事條約中規定，如果一方遭受德國或者是受到在德國支持下的奧地利或義大利的進攻時，另一方將予以援助。俄法兩國結盟後，法國與英國又簽訂友好的協約。在十九世紀最後的二十年期間，英國人與法國人在殖民地和貿易問題上，像是在蘇丹【23】，經常出現爭端。然而，到了一九〇四年，出於對德

國的擔憂，使法國消除與英國的分歧，在該年與英國簽訂協約【24】。這不是一個正式的聯盟，而是一項友好協議，涉及許多主題的友好協定。三國協約達成的最後一步是，一九○七年英俄達成相互諒解，簽訂一項共同協議【25】。這也不是一個正式的聯盟，但兩國通過締結協約可以在亞洲達成協調它們的野心，並表現出一旦爆發戰爭雙方成為盟友的願望。

這樣，到了一九○七年時，歐洲列強分別加入兩大敵對的集團，即包括德國、義大利和奧匈在內的三國同盟，與包括英國、法國和俄國在內的三國協約。然而，新的兩大集團內部並非全站在同一陣線上。義大利和奧地利雖然結成同盟，但在亞得里亞海沿岸地區的領土安排上，存在著非常不痛快的衝突——尤其在的里雅斯特的問題上，奧地利人控制著該城市，義大利人則宣稱它是義大利未收復的領土。此外，義大利人還對北非的部分地區存有覬覦之心。一八九○年代，在「再復興運動」的英雄佛朗切斯科·克里斯皮擔任首相期間，義大利人企圖在衣索比亞建立保護國，但一八九六年在阿杜瓦慘遭災難性失敗。這時，義大利人又打起北非的黎波里的主意，他們相信，如果他們支持法國對摩洛哥的要求，那麼要想將的黎波里掌握在手，就只要對付土耳其，如此一來容易多了。協約國內部也因英、俄的不和，同樣存在著明顯的緊張關係，英國把俄國控制達達尼爾海峽越益強烈的決心，視為是它通向東方生命線的威脅。

國際關係普遍脆弱的情況，肯定是第一次世界大戰爆發的重要原因之一，然而它並不是唯一的原因。近年有些學者，其中最著名的是德國歷史學家弗里茨·費希爾，發起一場辯論，他們堅持認為，第一次世界大戰爆發的主要原因在於德國內部產生一個追逐強權的欲望，它是以歐洲其他國家的利益為代價而強加進行的擴張——這種擴張的目的不僅是為了獲得德皇所說的「顯著的地位」，而且竭盡全力地使其他任何人僅能充當配角。持該看法的學者撰文反駁各個國家對戰爭都負有責任的觀點，認為德國商業的迅速擴張、它的煤鋼工業、造船業和海運業的突出發展，是其擴張意圖的外在表現。德國資本家投資興修柏林至巴格達的鐵路，該鐵路是德國「向東推進」計畫的一個有機組成部分。與此同時，德國人掀起一場聲勢浩大的擴大海軍力量運動，使工業資本家特別高興，因為他們可以從建造新艦中大獲其利；同時，他們那些被排斥在以貴族為基礎的陸軍大門之外的兒輩們，控制著海軍軍官團。與海軍建設相伴產生的是刺耳而有效的宣傳攻勢，這場宣傳戰史無前例，由海軍大臣阿爾弗雷德上將主導，並得到整個「海軍聯盟」的一致贊同，該組織竭力鼓吹德國海軍應

與英國的海軍力量並駕齊驅。

其他學者認爲，德國固然準備好發動先發制人的戰爭，但德國忽視了下面的事實，即許多德國工業家不希望戰爭的發生，因爲他們在俄國和法國的經濟部門均有大量投資。這些學者進一步爭辯，僅僅從德國方面看待戰爭爆發問題是錯誤的。例如，他們堅持認爲，英國、俄國和法國建立友善關係，目的在於自己帝國主義政策的需要，而不僅僅是對德國咄咄逼人野心的反應。

的確，軍國主義精神超出德國的邊界，因爲歐洲各主要國家都在著手使其大型「戰爭機器」運轉。在一八七〇年之後，除了英國之外的每一個主要列強都在進行普遍徵兵制與軍事訓練。塞爾維亞和羅馬尼亞這兩個對奧匈帝國構成眞正威脅的國家，各自擁有四十萬人以上的軍隊。一九一三年，俄國著手進行擴軍五十萬的計畫，使其軍隊總人數超過二百萬，與德國軍隊的規模大抵相當。一個接著一個的國家跟隨著德國的腳步，建立了參謀總部，按照一位歷史學家的說法，這一機構是「十九世紀最大的軍事發明」。爲了處理大規模軍隊的供應和部署問題，政府不得不建立一組高級計畫人員和專業軍事參謀人員，這些人愈來愈能引起向其匯報的文職政治家們的注意。參謀總部尤其忙碌，它需要處理徵兵、動員、鋪設戰略鐵路線等問題，而所有這些複雜的技術問題均需要高水準的專家。

對大規模軍隊的依賴促使人們重視全國性的出生率、公共健康和文化水準。法國對一八七〇年後人口出生率的下降感到驚恐不安，因爲這預示著它將漸漸降低把一支世界級現代化軍隊送上戰場的能力。如果出生率反應的是一個國家軍事力量的遠景，那麼，應徵年齡內公民的物質生活水準則是一個亟需關切的問題，這問題促使保健和住房的改革。布爾戰爭後，英國的一份「身體健康惡化」報告表示，在諸如曼徹斯特這樣的工業城市，一萬一千名志願者中，有多達八千人因不適合服役而不能入伍，軍事和文職計畫人員對此均深感不安。當然，採用愈來愈複雜的武器，是需要人們掌握技術細節，與此相連的是，軍士和應徵者不具備閱讀和計算能力，就不能發揮尖端武器的作用。新的軍隊必須是有文化的軍隊。

把戰爭當作治病良方的想法，助長了軍國主義在歐洲各地的普遍流行。法國歷史學家歐內斯特・勒南爲證明武裝衝突的正義性，把戰爭說成是進步的某種條件，是「防止一個國家昏睡過去的刺激劑」。中產階級公民渴望證明自己像貴族一樣，可以爲了國家承擔一切，故吵嚷不休，把會議室當成鄉村別墅一樣，變成宣洩民族熱情的場所。人們開始愈來愈常談到「正義的」戰爭問題。

英國政治家大衛‧勞合‧喬治把一九一二年對抗土耳其人的巴爾幹聯盟之形成，稱讚為「擴大了自由的疆界」。

在前文我們已經看到，在歐洲所有主要國家中，左翼與右翼政治力量之間的衝突會對國內安定構成威脅。革命與反革命概念來來去去，激發一種情緒的高漲，即宣布衝突是不可避免的。溫斯頓‧邱吉爾在某戰爭結束後寫道：「一個人幾乎可以認為世界希望罹受苦難，各地的人們自然都膽敢這麼做了。」

民族主義也助長了軍國主義情緒。二十世紀才一開始，塞爾維亞便開始夢想將其控制範圍擴大到，據說在種族和文化上與自己國民類似的所有民族和文化的人民身上。這些民族中有一些居住在當時仍為土耳其省分的波士尼亞和赫塞哥維納，另有一些包括居住在奧匈帝國南部的克羅維亞人和斯洛維尼亞人。在一九○八年，奧地利突然吞併波士尼亞和赫塞哥維納後，塞爾維亞的民族運動完全針對哈布斯堡帝國。它採取的方式是挑起奧地利境內斯拉夫人的不滿，以期拉攏他們，企圖誘使他們脫離奧國，並將居住的土地與塞爾維亞合併。結果在塞爾維亞出現一連串破壞奧匈二元帝國安寧與完整的危險密謀。塞爾維亞民族主義者的許多活動都曾得到俄國泛斯拉夫主義者的幫助和煽動。泛斯拉夫運動的理論基礎是，居住在東歐的所有斯拉夫人在文化上屬於同一個民族，因而構成一個大家庭。因此它爭辯道，作為最強大的斯拉夫國家的俄國，應成為在巴爾幹半島上較小的民族保護者，並加以指導。泛斯拉夫主義不只是少數狂熱的民族主義者一廂情願的思想感情，還是俄國政府官方政策的一部分，這便能進一步說明俄國為什麼每次在塞爾維亞和奧地利的爭吵中，都採取咄咄逼人的立場，並對其邊界人民的事務加以干預。

所有這些因素——國內不安寧、國際性軍國主義，與外交不穩定和民族主義——結合起來，就導致一九○五到一九一三年之間一連串危機的產生。與其說它們是國際敵對的原因，不如說是戰爭的徵兆。只不過，每一個事件都播下猜疑和怨恨的種子，使得戰爭發生的可能性愈來愈大。在某些事件中，戰爭之所以能夠避免，乃是因為發生衝突時，有一方一時太軟弱而無力進行抵抗，結果便產生一種恥辱感、不滿鬱結在心頭，一有機會便會爆發出來。在摩洛哥爭端問題上產生了兩次危機，德國和法國都想控制摩洛哥，一九○五和一九一一年兩強已到了戰爭的邊緣。每一次爭端都得到解決，但次次都留下不尋常的猜疑與仇恨。

除了摩洛哥問題上的兩次衝突外，在近東也爆發了兩次危機。第一次是一九○八波士尼亞危機。在一八七八年柏林會議上，兩個土屬省分波士尼亞

和赫塞哥維納被交由奧地利進行管理，儘管實際主權仍屬鄂圖曼帝國，但已由奧地利進行行政控制。塞爾維亞也希望得到這片領土，因爲如此塞爾維亞王國的領土可以增加一倍，並延伸到遙遠的亞得里亞海。如上所述，一九〇八年十月奧地利完全違反柏林條約，突然併吞這兩省。塞爾維亞人怒火中燒，向俄國求援。沙俄政府以戰爭威脅，但後來柏林向聖彼得堡發出措辭強烈的言論，表明它支持奧地利的強硬立場。由於俄國尚未從對日戰爭中完全恢復，同時國內麻煩不斷，俄國的干涉推遲了，但這不等於放棄，沙皇政府決心將來絕不再受到恥辱。

巴爾幹戰爭導致東歐國家間的仇恨更爲劇烈。一九一二年，塞爾維亞、保加利亞、蒙特內哥羅 和希臘等國，在俄國的鼓動下結成巴爾幹聯盟，目的在征服土屬馬其頓省。一九一二年十月戰爭開始，在不到兩個月的時間內，土耳其人的抵抗就徹底瓦解，隨後出現戰利品如何分配的問題。在戰前密約中曾經許諾過，塞爾維亞除了能得到馬其頓的部分土地外，還可得到阿爾巴尼亞。但此時的奧地利擔心會增強塞爾維亞的實力，便對和會進行干涉，把阿爾巴尼亞變成一個獨立國家。對於塞爾維亞人來說，這件事實在令他們難以忍受，在他們看來，在向西擴張的過程中，必然處處會受到哈布斯堡政府的阻礙。從這時起，塞爾維亞和毗鄰的波士尼亞省的反奧宣傳變得空前激烈起來。

一九一四年六月二十八日，一位塞爾維亞的同情者刺殺了奧地利大公佛朗西斯·斐迪南，正是這一事件導致衝突的發生，隨後長達四年的戰爭，給西方世界造成難以估量的影響。然而，第一次世界大戰期間或以後發生的種種變化，不是戰爭本身的結果，而如前所述，是戰爭爆發之前年代那些壓力和力量作用的結果；處於盛期的歐洲實力受到該實力釋放出來，並證明被它所無法控制的力量之挑戰。

第三十三章

西方衝擊下的中國、日本和非洲（一八〇〇到一九一四年）

China, Japan, and Africa under the Impact of the West (1800-1914)

其實天朝德威遠被，萬國來王，種種貴重之物，梯航畢集，無所不有。爾之正使等所親見，然從不貴奇巧，並無更需爾國治辦物件。

——一七九三年清朝皇帝乾隆給英王喬治三世的敕令

在十九世紀期間，西方最先進的國家憑藉工業革命帶來的強大威力，經由直接干預的方法，在歷史上第一次有了足夠的實力，去改變東亞和非洲各國的命運。從此以後，在這一時期影響這些國家的主要問題，是因西方擴張所帶來必然的調整而產生變化。文化現象則隸屬於政治目標，且國際關係具有至關重要的地位。由於中國、日本和非洲國家在面對不斷變化的世界局勢，做出完全不同的反應，因而這些國家之間的對比變得與以前截然不同。

帝國主義與中國革命

對中國而言，不幸的是，當正想尋求商業交往的歐洲人之強大壓力降臨時，正好也受到國內種種問題的困擾，帝國政府開始顯現出衰微的徵兆。清王朝已經治理中國將近一百五十年，並自視為文明的中心。在這種心理狀態的影響下，使得中國官員未能很快認識到與外界進行接觸的種種好處與利益，仍自得意滿地推定，是否打開一點國門，允許外國人前來經商的決定權在他們手中。滿清貴族和輔佐他們的中國士大夫官員所受的是傳統的思想教育，他們認定商業是一種令人鄙視的行業，不值得他們插手。前來中國的西方人，特別是為經商這唯一目的而來的西方人，他們被認為是社會中地位卑微的階層而備受輕視，這些人得以強制實現自己願望的權力直到晚期才得到被承認。滿清政府的政策是要避開西方商販的汙染，具體做法是與他們保持安全的距離，只允許他們與中國商人接觸，而不允許政府官員進行接觸。與此同時，政府希望透過徵收從它恩准的任何商業活動的稅賦中獲取利益，從上到下的各級官僚也從授予洋商特權中索取佣金。

在十九世紀初，儘管西方在對華貿易上已經有了相當大的比例，但這貿易繼續受到許多苛刻限制條件的束縛，這些條件既對外國商人不利，也對中國人不利。除了葡萄牙在澳門的居留地外，唯一獲准經商的口岸是廣州（根據一七五七年的敕令開放），它位於帝國的南端，與帝都北京一南一北遙遙相對。蠶絲和茶葉是中國最主要的輸出品，這些物品要經過至少五百英里的陸地長途運輸才能到達：因為擔心有逃漏貨物稅的情況產生，故若使用船運輸茶葉和絲則屬於違法之舉。廣州的商業交易活動受到外國人稱為「戶部」的滿清官員嚴密監督，且均須透過一個叫作「公行」的中國商人行會才得以進行。雖然公行商人壟斷對外貿易，但他們要繳納稅收，並受到許許多多官員的「壓榨」，還要對與他們打交道的外國商人之行為負責。大約自十八世紀中葉開始，一種名為「保安商賈」的制度開始實施，並著手制定規則，所有前來的外

國船滯留在中國期間，都要受到公行某一成員的監督。而且，只有在規定的交易季節（冬季數月），外國商人才能前來廣州，其活動也受到嚴格的限制。他們不得攜家帶眷，不得乘坐轎子，也不能雇用中國僕人。至少從理論上講，他們被限制在一個特定的專闢「夷館」地區活動，不得向政府官員提出任何要求，除非以「公行」商人為中介。

廣州貿易對中國人和對外國人帶來些許好處，下述事實即為證據：儘管這種貿易受到種種讓人頭痛的限制，儘管對它評估的稅額一再波動，但貿易仍在不斷擴大。外國人對北京政府固定的稅率表往往毫不知情。公行的商人在戶部的壓力下，傾向於盡其可能地漫天要價，而戶部反過來不得不滿足其他各種官僚的貪婪要求，並撈回他在謀求這一肥缺時必要的花費。外國商人如果感覺受到過於嚴重的欺詐，自然也會以中斷所有貿易的方法來進行威脅。實際上，中國商人和外國商人在廣州建立了非常穩定的關係，大宗交易有時是在信譽的基礎下進行。雙方僅靠口頭協議，藉助於一種被稱為「混雜中英語的語言方式」，就可達成這種交易【1】。

隨著西方貿易額的增加，摩擦也增加。兩個在本質上截然不同的文明正在相互接觸，西方人和中國人的司法觀念與法律程序之間存在著巨大的分歧。西方人認為中國人下述觀點是野蠻的，即中國人認為罪過應由團體而非個人承擔，且是採用拷打方式獲得供狀。這樣一來，雙方在對罪犯的拘押和懲罰問題上產生了誤解。或許更嚴重的是，貿易的性質開始朝著不利於中國的方向變化。在初期，中國出口的貨物——茶葉、絲和少量的棉布，遠遠超出進口品的價值；由此產生的差額可用白銀補償給中國商人。西方商人較喜歡此種以貨物交換的交易模式，但他們卻很難找到他們可提供且中國人有相當可觀需求的日用品。

最後，鴉片貿易成為改變貿易平衡的一個方法。中國人早在古時候就有將鴉片作為藥品和麻醉劑使用的習慣，然而在十七世紀，吸食鴉片卻與吸菸一起傳進中國。一七二九年，皇帝頒布敕令，試圖禁止吸食鴉片，但並未成功；而且，從海外進口鴉片進一步加劇了這一問題。到一八二九年，每年用船運來的鴉片大約有四百萬英磅以上。由於鴉片貿易要用通貨貨幣立即支付，因此，鴉片的進口改變了之前的貿易平衡，整個情況變得對中國十分不利。隨著白銀流出國外，銀價開始上漲，這就為不得不用銅錢換取白銀來繳納租稅的農民帶來莫大痛苦；而且，由於鴉片貿易是不合法的行為，它中飽了走私者的口袋和與他們共謀的官吏私囊，卻沒有給國家帶來任何財政收入。一八三四年，當英屬

東印度公司被迫完全放棄它的貿易職能，並將對外貿易之門向所有人敞開時，中國的局勢卻變得比過去更嚴苛。隨著英國商業活動的不斷擴展，其國內就產生與中國政府建立正常外交關係的要求。為了實現這一目標，英國開始便做了一次嘗試，但失敗了。一七九二年，喬治‧馬戛爾尼勛爵受英屬東印度公司委派，乘坐一艘海軍艦船到中國。他代表英政府成為「朝貢使」，在北京接受觀見，但他向中國皇帝乾隆要求欲建立永久、固定性的外交關係，遭到乾隆皇帝的拒絕。乾隆在致英國國王的答覆信中稱：「天朝擁有萬物，琛贐來庭，不貴其物，惟貴其誠。」圍繞著鴉片問題，清朝官員展開激烈爭論。有人曾提議把鴉片貿易合法化，但這提議隨即就遭到否決。最後帝國的政府決定採取嚴格的禁菸政策，並指派一位能幹且富有經驗的行政官員林則徐為欽差大臣，前去查禁鴉片。林則徐向公行施加壓力，並直接向英國商人發出呼籲。一八三九年，他致函英國女王維多利亞，督促她禁止生產和銷售鴉片。但當他發現勸說起不了作用後，遂採用較激烈的手段。他中斷與外國的所有貿易，封鎖廣州港，直至英國船主交出二萬箱走私鴉片為止。

英國對阻斷貿易本就心生怒火，沒收鴉片之舉更使這把火達到沸點，終於引發了一八三九至一八四二年的中英戰爭。這一衝突被合情合理地稱為「鴉片戰爭」，這是中國國際地位的一個轉折點。雖然衝突局限於廣州附近的沿海地區和長江下游口岸，但戰爭對減少商業來往受限制的解放起了一個頭，並標誌著中國屈服於西方列強強加給它的各種條件之開端。根據一八四二年的南京條約（次年附加了補充條款），中國政府把香港島割讓給英國，答應賠款，並償付被沒收的箱裝鴉片損失；此外，還同意給予英國最惠國待遇，享受今後可能准予其他國家的任何特權。除了廣州之外，另有四個通商口岸對外開放，公行的壟斷被廢除，准予外國人在條約規定的口岸享有居住權。其他國家也都密切關注著戰爭的進行，並且很快跟隨英國的腳步，要求簽訂授予它們類似特權的條約。一八四四年，美國專使凱萊布‧庫欣（顧盛）與中國達成的協約，除了授權在中國土地上興建醫院、教堂和墓地外，還特別包括「領事裁判權」，這准許被控告有罪的外國人在中國犯罪，能不受中國法庭受審，而享有在各國駐華領事法庭受審的權利。這些最初的條約並沒有提到鴉片貿易，但規定中國對進、出口貨物所徵收的關稅應當「統一」和「適中」。這種規定的說法，可以詮釋為在還沒有經過西方商業強國的同意，中國政府無權提高關稅。因而，到一八四四年，中國背上了「不平等條約」的重負，失去對其關稅的控制，對外國人的審判權也受到限制。

　　鴉片戰爭的結果是增強了摩擦，而不是消除摩擦。推究其責，大都應歸咎於外國人，他們利用中國政府的軟弱和腐敗來擴大自己的利益。領事裁判權為人濫用，被擴展到受僱於外國人的中國僕人身上，而外國列強對自己認定為犯罪的國民處罰也非常輕。葡萄牙與其他一些國家的船從事「護航」活動，名義上是保護沿海船業免遭海盜劫掠，實際上是向合法商人進行敲詐勒索。十九世紀中葉，歐洲和美國另一項應當受到譴責的行徑是，招募華人的契約勞工到新大陸的農場工作，其條件與昔日的非洲奴隸貿易非常類似。另一方面，西方人抱怨中國人逃避條約的精神，與條約的內容，便在廣州設立的外國人聚居地嘗試引起騷亂，因為廣州人把條約有關條款理解為，只准外國人在城市圍牆以外的地方居住。西方人在新開放的貿易口岸遇到的麻煩較少，當地人渴望把生意從貿易壟斷剛剛被打破的廣州吸引過來。在上海，外國人蜂擁而至的結果便是建立了「公開租界」——由英國人和美國人共同管治，與另一單獨、類似的法國租界。

　　在與中國人的所有爭執中，西方人擁有軍事力量雄厚的優勢，因此當機會來臨時，它們會毫不猶豫地使用這種力量。一度，壓力僅用於地區上，用於發生難以對付事件的特定地區。然而，在一八五八年，英國人和法國人攜手採取不利於北京政府的大規模敵對行動。由於各國代表在天津（北京的外港）談判，之後對取道去北京的路線產生分歧，因而英國人和法國人溯河而上，進逼北京，迫使滿清皇帝向滿洲逃亡，並燒毀了滿人美侖美奐的夏宮——圓明園。一八五八至一八六○年的戰爭（即第二次鴉片戰爭）使中國的門戶向西方開放地比以往更大。天津條約和北京條約在已獲准通商的口岸之外，另外增加了十一個口岸，並授予外國人在中國境內各地區有自由旅行的權利，長江對外開放，並使鴉片貿易合法化，更允諾在中國文獻中不再稱英國人為「蠻夷」，規定從此以後官方往來的文書要用英語書寫。在法國人的堅持下，中國政府被迫承認「基督教諄諄教誨善行」，承擔起保護傳教士及其財產的責任。顯而易見，基督教美德不受鴉片貿易的觸犯，而此貿易被以條約的形式合法化，且要繳納關稅。

　　就在西方列強加強對華貿易的控制，以及在中國沿海城市安插其代理人的時候，中國內部產生一些動盪，造成一場浩劫，發生推翻該王朝的危險。這些動盪中最著名和幾近成功的一次是，在一八五○年發生了一個持續十年以上的太平天國起義。運動的發起人是洪秀全，他是廣東省一位非漢族的種族集團（客家）的一員。洪秀全曾三度參加省裡的科舉考試，但皆落榜，因此對清政

府產生一種仇恨心理。逐漸地，他的怨恨與他負有一個神聖使命需要去完成的信念混合在一起。在此構想中，他提出一個雄心勃勃的計畫：他要讓中國在政治和經濟上實現現代化，同時要創建一個平等、集體主義，和以神學爲指導的社會。洪秀全曾在廣州一個浸禮會的傳教士那裡接受短暫指導，在生了一場病和出現一連串他解釋爲萬能上帝的聖顯（天啓）幻覺之後，他著手從事勸導其同胞信奉眞神的工作。洪秀全的宗教在意識型態上大都來自基督教，但帶有一些特殊的變化。他把基督尊爲長兄，把自己描述爲「天主和耶穌之弟」。他還把西方的上帝與中國人在初周時期崇拜的上帝等同視之，因而相信他所宣傳的基督教教義，實際上是在促使中國人回到自己最初的信仰中，他把道教、佛教和祭祖視爲過度崇拜。但太平天國引起官方的注意是因爲，最初其門徒褻瀆廟宇的狂熱。最後，洪秀全認爲他的使命就是率領「拜上帝會」掀起推翻滿洲人統治，並創建「太平天國」的運動。因而太平天國運動既是一場反對清廷的起義，又是一場宗教聖戰。

太平天國起義發生於中國最南部，叛亂向北擴散開來，在他們北上的途中不斷擴大勢力。到一八五○年，洪秀全已有二萬名信衆，包括一個女權隊。這運動極富激情，在思想上持激進觀點，具有烏托邦理想，在某些方面預示了二十世紀中國的共產主義革命。一八五三年，太平天國領導人占領了南京，並以此爲首都長達十一年之久，從而使富饒的長江流域完全脫離北京政府的控制，並推行一套激進的改革綱領。洪秀全進行清教徒般的統治，他宣布抽菸、喝酒、嫖妓，甚至跳舞都是非法。他引入了新的以《聖經》而不是四書五經爲基礎的考試制度；他容許婦女從政，不過，最烏托邦的改革嘗試是以下這項法律，要求在所有家庭間平均分配土地，消除男子與婦女間在財產權利上的所有區別，把剩餘糧食存入公共糧倉，從而創建一個農業共產主義社會，這讓人想到南美印加人的制度。

儘管太平軍於一八五三年前進到了離天津不到十二英里的地方，且叛亂在中國的十八個省分中也已蔓延了十四個省，但由於各種原因，運動最後失敗了。洪秀全變得愈來愈專斷和自我放縱，並經常與其副手發生衝突。他的改革從未延伸至他所控制的地區，而且也未完全實施。由於起義者採取的是詆毀並拋棄儒教舉動，尤其是當他們對大地主的財產造成威脅，便招致士紳貴族的敵對；而他們的特性也使他們與平常百姓格格不入，因而得不到農民的廣泛支持，這與一百年後的共產黨完全不同，共產黨則是靠農民的廣泛支持來奪取政權。此外，太平軍也沒有讓自己與反對清王朝的其他運動相結盟。導致他們失

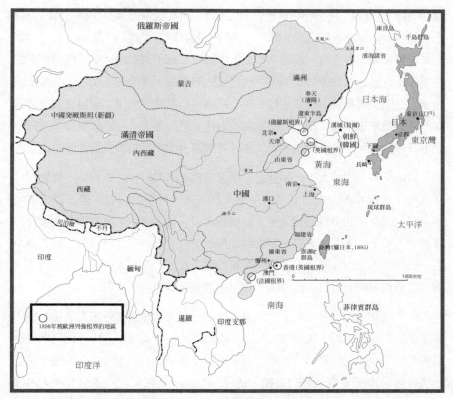

圖33-1　十九世紀時的中國與日本

敗最具決定性的因素可能是，太平軍無法獲得插手中國事務的外國勢力支持。由於太平天國的教義與基督教教義有所聯繫，因此，有些居住在中國的新教徒起初以同情態度看待太平天國運動，但不久他們就發現，太平軍的勝利對基督教傳教團並沒有好處。洪秀全顯然認爲所有居住在中國的基督教徒都應認可他的權威，因爲他的啓示比《聖經》上描述的任何啓示都要親近得多；同時，叛亂領導人們變得愈來愈狂熱。此時西方各國政府關心的是，如何保持他們在華的特權，因此，現在他們已成功地向帝國朝廷提出他們的要求，並能獲得滿足，這讓它們更傾向於希望中國是一個軟弱無能且唯命是從的政權，而非一個建立在革命基礎上的政權。

　　雖然西方列強沒有正式介入對太平天國的戰爭，但它們幫助滿清政府鎮壓起義——即使英法軍隊在自己於一八五八至一八六〇年間，與北京政府處於交戰之際。考慮到中國事務的混亂狀態，那麼，有一位軍事英雄弗里德里克‧沃

德在清廷中任職之事就不足為奇了。沃德是來自美國麻薩諸塞州薩萊姆的一位商船船長，他違背本國政府的意願，同時不顧英國海軍當局的抗議，自行招募一支志願兵團保衛上海。沃德將軍加入中國籍，為了表彰他所率「常勝軍」的功績，皇帝諭旨為他樹碑立傳，世代祭奉他的英靈。沃德的後繼者中最傑出的是一位英國人查爾斯‧戈登少校。與此同時，有些能幹的漢人來自文職士紳階層而非職業軍事階層，這些人前來解救窮途末路的滿人，並在鎮壓太平天國中立下汗馬功勞。一八六四年，中、法、英聯軍占領了太平軍的最後堡壘南京。

消滅洪秀全的「太平天國運動」並沒有為中國的現世帶來和平，直到相當久之後，西南和西北的回亂才被平息。在長達十三年的太平天國不調和戰爭中，有三分之二的省分遭到蹂躪，整個國家陷入貧困之中，死於戰爭、屠殺和饑荒的人不下二千萬。滿清王朝之所以得以生存下去，是在其漢族臣民的努力下，和外國列強的恩賜下，才得以苟延殘喘下去。另外，太平天國毀滅長江流域藏書樓和學院的做法，為中國知識遺產帶來難以彌合的創傷。

一八六九至一九一一年的中國史，就是一個王朝在隨著外來力量和制度的影響做出調整的同時，試圖重組其力量的歷史。一七九三年，馬戛爾尼勛爵在出使北京失敗之後所寫的日記中，對中國的評價依然非常中肯：「中華帝國是一艘陳舊、古怪、第一流的軍艦，最近一百五十年來，它幸運地有一連串能幹、充滿活力的軍官不遺餘力地使之漂浮在水面上。」但小人掌舵時，它會慢慢地隨波逐流，直到「猛烈地撞上岸而粉身碎骨」。儘管中國不乏能幹且充滿才智的個人，但其效能因帝王的軟弱領導而受到阻礙。接連兩位年幼的皇帝登基導致攝政成為必要，這就使權力掌握在一位有能力、意志堅強、鋪張揮霍，且詭計多端的滿族婦女手中，她即是慈禧太后。慈禧綽號「老佛爺」，她自一八六一到一九〇八年去世之前一直主宰著朝政，期間她交替使用支持和中斷改革的策略。

甚至在十九世紀危機降臨之前，儒家學者就開始批評中國的制度、教育體系、對婦女的壓迫，和社會中其他不平等的現象。在一八一〇至一八二〇年間完成的一部強有力的諷刺小說，則一反男性統治，把男子描繪成裹足、咬耳根和承擔家務勞動的人。政府在面對太平天國起義和與西方列強交戰時顯示出來的軟弱無能，使人們進一步要求改組現行制度。官方在這方向的努力雖然不足以挽救政權，但就它要克服的困難而言，是名副其實和雄心勃勃的。在一個「自強」運動中，提出國際法，以及西方科學技術的研究，因此從戊戌時期，便開始譯西書、設學校，遣送留學生。在建立現代化軍隊上，陸軍在以德、日

爲典範下得到擴建；海軍則以英、法爲典範，並使軍事學院在天津建成，兵工廠和製船廠均陸陸續續建造起來。中國學生被允許去法國、德國和英國留學。在一八七〇年代，政府派遣了一百二十名男孩到美國康乃迪克州的哈特福上學，並在美國家庭中生活。儘管這一教育實驗在一八八一年中止了，但它證明中國人能夠迅速從西方導師那兒學到東西，至少在一個部門。在自舊金山啓航之前，中國男孩在美國大棒球賽中曾擊敗了加利福尼亞奧克蘭的一支球隊。

從太平天國起義的混亂年代中，產生了對中國海關業務的改組和統一管理。當北京政府的權威無法起作用時，曾經一度做出由外國人在上海從事徵收關稅的臨時安排。後來，這種安排成爲永久化，並擴展到所有對外通商口岸。海關稅務司的高級官員全都由外國人擔任，外國大使負責提名，由北京政府任命；此外，還達成下列諒解，即只要英國在中國的對外貿易中占據主導地位，海關總稅務司一職就一直由英國國民擔任。這樣，以外國人爲雇員的海關稅務司成了中國政府的一個部門，總部設在北京，作爲一個不受省級區劃限制的機構，可自行運作。雖然外國監察起了頗有成效的作用，但它卻提醒人們政府處於依附地位。

在十九世紀最後的二十五年裡，中國的軟弱進一步表現在它喪失了周邊的一些領土上。到一八六〇年，它正式宣布放棄對阿穆爾河（即黑龍江）和烏蘇里江以外地區所有領土的權利，從而允許俄國可以環繞在東北之上，並控制朝鮮以北的亞洲整個海岸線。法國透過外交和軍事的雙重壓力，這種壓力在一八八四至一八八五年的小規模戰爭達到最高點，獲得除了獨立的暹羅國以外的整個印度支那的保護國地位。一名英國探險家在中國西南邊陲省分——雲南被殺害，這事件導致英國提出對上緬甸的主權要求（一八八六），中國被迫屈服放棄對這地方的主權；日本政府強行要求對琉球群島的宗主權（一八八一）。葡萄牙人也不甘落後，它於一八八七年迫使中國正式把他們占據已有三百年之久的澳門割讓給它們。然而，使中國蒙受最大的恥辱是在一八九四至一八九五年的中日甲午戰爭之後。日本這一剛剛從封建主義和與世隔絕狀態崛起的國家，只用了八個月時間就把這天朝帝國打敗了，這場戰爭以令世人震驚的方式顯示出中國的無能。此後不久，五大列強——俄國、英國、法國、德國和日本——在一八九六至一八九八年間進行了一場「瓜分中國的爭奪」的運動，結果中國本土大部分被瓜分的地區成爲各個國家的「勢力範圍」。勢力範圍的界定並不是那麼涇渭分明，而是模糊不清的，通常是從一個租界口岸向外擴散延伸[2]。它們在理論上並沒有損害中國的主權，但總體說

來，瓜分使中國成為各大強國的經濟附庸。

　　與西方愈來愈頻繁的接觸，既激起中國人對外國入侵者的仇恨，也引來對外國的妒忌和羨慕。儘管中國大部分地區仍是未受工業革命影響的農業地區，但這種革命的成果在對外通商口岸中十分清晰可見，在那裡，銀行業、貿易和製造業主展現出全部的活力。反對現有權力結構的知識分子，對西方的制度及其對中國的適用性持矛盾態度。這些知識分子中最能幹的要屬康有為（一八五八～一九二七），他希望在保留君主制的同時，使這君主處在一個企圖實現開明目標的憲法制約下，即是希望能實行開明的君主立憲制，並改善行政與教育制度。康有為是一位充滿活力，且有獨創精神的思想家，具有某些非常先進的思想。他宣稱男女天生平等，號召世界上八億婦女團結起來，一起來結束自己的附屬地位。他希望與現狀妥協，並推行溫和的改革，夢想中國不僅能夠在其他國家中抬起頭來，而且民族國家能夠透過聯邦政府的方式，達到世界最終的統一。在他的烏托邦構想中，私人財產和家庭將消失在由共通的語言和同一種族連結在一起的「大同」之中。在一短暫時期，史稱「百日維新」（一八九八年六月至九月），年輕的皇帝光緒帝在康有為的指導下頒布了一系列敕令，號召在貿易、工業和農業領域進行全面改革，建立一種提供西方學問和職業培訓的教育體系，並建立一支現代陸軍和海軍。然而，由於慈禧太后發動政變，並迫使皇帝隱退，這一革新努力以失敗告終。康有為逃亡國外，躲避被捕和被殺頭的命運。

　　在自由主義改革被粉碎之後，滿清朝廷現在企圖透過支持與認同排外運動來加強自己的立場。此時排外運動達到最高點，尤其是在沒有受過教育者與沒有地位的人之間。有些婦女組織也出現了，其中之一是「紅燈照」。最可怕的是「義和團」，即一般所熟知的拳師。義和團招募的成員主要來自農民，其口號是「扶清滅洋」，在他們的一首歌中唱到，天不下雨，是因為「教堂遮蔽了天空」。一九○○年六月，當慈禧太后宣布發動把外國人趕到海上的戰役之後，義和團的拳師在山東和毗鄰的東北方省分發起凶暴的進攻。義和團的目標是針對基督教徒和洋人，而不是朝廷，這拳師運動同時也是國內嚴重不滿的表露，這種不滿因中國北部嚴重的旱災而進一步加劇。與幾十年前的太平天國叛亂類似，它激起了激烈的情感，尤其是在青年人之中：它藐視權威，且以下述簡單的信念鼓舞其追隨者——即消除可憎的「惡魔」，就會為社會帶來神奇般的再生。鑑於慈禧太后鼓勵運動，以及對西方人的仇恨，在關鍵地區並沒有太多人傷亡是很奇怪的。另一方面，在中國其他地區，各省地方當局常對慈禧太

后的指示置之不理，他們還是試圖維持秩序和保護外國僑民。因而義和團運動既不是一場革命，也不是一次真正反對西方的戰爭；但西方列強採取了聯合行動，以迅速、強硬地方式進行鎮壓行動，並縱容其士兵在天津和北京肆無忌憚地大肆洗劫；在首都北京，八國聯軍占領此地後造成的破壞，比義和團嚴重得多了。然而，西方列強的政府原可以輕而易舉地廢除滿清王朝，但是此時它們卻決定支持它，以此換取它做出保證在將來會循規蹈矩。根據和解條約（即一九〇一年的辛丑議定書），中國要支付相當於帝國歲入二倍的巨額賠款；賠款要用黃金分四十年內付清，利息為百分之四；政府要懲罰某些官員；科舉考試和武器進口暫時中止；准許西方列強在北京地區保持軍隊組織。

　　為了挽救王朝免於覆滅，部分也是為了回應外國的壓力，滿族統治者在一九一〇至一九一一年間做出了最後的努力，他們拋出一系列改革措施，強調鐵路建設、軍隊現代化、公共教育，和政治結構自由化。一九〇五年，作為建立現代教育制度的準備，古老的科舉考試被正式廢除。政府宣布逐步過渡到擁有選舉產生的議會的立憲政權；作為實施這一綱領的第一步，於一九〇九年在各省建立了諮議局，以為省議會做準備。雖然這些省議會並不是由民主選舉產生，但其中包括了許多急於加速變革進程、大聲疾呼的個人；面對他們的要求，政府決定在次年召開國民會議，以此為權宜之計。一九一〇年，國民會議的半數代表是直接由皇帝的攝政者指定的。儘管如此，他們仍開始攻擊政府，並要求進行更迅速的改革。

　　然而，清政府在二十世紀前十年企圖推行的現代化進程，卻導致各省起而反對中央政府。興修鐵路和建立有效率軍隊的倡議，最初是交由各省去辦理的，即是由各省透過讓省內有錢人認購公債的辦法，來籌措必要的資金。在一九〇九年，北京政府卻將整個計畫控制在自己手中；部分是因為擔心地方分權會使帝國權威受到威脅，部分則是因為各省管理不當和貪汙受賄，使得資金正逐步被侵吞殆盡。政府的決定必然意味著要徵稅，和向外國資本家尋求貸款；各省投資者在獲悉他們購買的公債將不按實際價值賠償時非常生氣。鐵路風潮只是眾多把反清情緒推向公開反叛的因素之一。一九一一年秋天，由於國會請願失敗，正好當時的中國各地廣泛爆發暴力事件，十月在漢口俄租借地的一個炸彈爆炸事件，讓長江流域各城市皆引發了普遍的起義行動。在此過程中，因起事者多為士兵與下級軍官，因而將反叛的帝國駐軍統領黎元洪推出作為都督，把其命運與革命者連接在一起。

　　中國的革命分子由於一九一一年的自發起義後，便站在反清鬥爭的前列，

不過，這並不意味著他們擁有同樣的綱領和策略。自由主義領導人以康有爲爲首，他們仍抱持著實現有限制君主制的理想不放。如果清廷願意廢除專制，他們樂於讓它繼續存在下去。不過，有一個更爲激進的團體希望徹底廢除君主制，而把中國變爲一個共和國。激進分子中，最主要的人物是孫逸仙醫師（一八六六～一九二五），他出生在廣州附近的一個農民家庭。在廣州所在的廣東省曾出現過太平天國的領導人，和其他數不清的反清義士。在其兄長的引薦和資助下，孫逸仙先生曾赴夏威夷接受西方教育，並在那裡受洗信入基督教。回到中國後，他主要是跟隨新教傳教會的醫師攻讀醫學，並在香港取得醫學學位證書。一八九五年，他參加了一次失敗的革命，僥倖得以逃生。此後孫逸仙遊歷各地，他曾居住在美國，訪問過英國和歐洲大陸。在這期間他研究了西方的制度，並相信可以把它們移置到中國來，並把其畢生精力用在掀起國內外中國人反清的戰鬥上。在中國，他透過一個祕密的組織——「同盟會」來推行他的工作；該會在一九一一年辛亥革命爆發前，吸引了各式各樣對清政府不滿的人士。孫逸仙醫生的領導地位，藉由他與宋氏家族的聯姻得到更大的支持。該家族有些人後來在中華民國共和國中占居重要地位。「查理」・宋（宋耀如）是一位具冒險精神的水手和商人，也是該家族財富的創立者。他先是在波士頓爲一家中國公司做事，後來在北卡羅來納州接受教育，並信入基督教，成爲一名傳教士。回到中國後，他先是印製《聖經》分發，後轉而生產麵條，並由此致富。孫逸仙不僅得到宋家的祕密資助，還娶了宋耀如的女兒宋慶齡爲妻。

　　袁世凱是一位能幹的官僚，他曾成功地改組北洋軍，但清廷因此對他十分不滿，在一九一一年危機中，他受命出來挽救危局。他對局勢有非常精明的了解，因而採取在帝國政府和革命力量之間保持平衡的策略。袁世凱對改革一直持歡迎的態度，但對激進變革的要求並不贊同。不過，他的能力爲人公認，因而成爲滿清政府的最後一線希望，同時，對四分五裂的自由主義者和革命黨人也同樣具有吸引力，因爲後者感覺到需要一位有力的領導人。康有爲的卓有才幹的弟子——梁啓超就宣稱，中國需要一位克倫威爾式的人物來結束混亂狀態。袁世凱受命平息叛亂，卻避免與反叛分子進行決戰，表現出隨時準備妥協的跡象。一九一一年十一月，他被北京的國會選爲內閣總理，同時被清廷任命爲同一職務【3】（內閣總理大臣）。而在同一時期，孫中山領導的同盟會正獲得南方各省的支持，並在十二月立南京爲首都。孫中山當時正流亡國外，他於聖誕節抵達上海。在被南京的各省代表聯合會推舉爲共和國的臨時大總統之後，孫中山致電袁世凱，懇請他出任總統。袁世凱得到三方的授權，力量進一

步增長。他發覺到革命已是不可逆轉，就奉勸皇室交出權力，作爲交換的是，對皇室做出極其寬厚的安排【4】。一九一二年二月十二日，年幼的皇帝溥儀遜位，授權袁世凱組建一個臨時共和政府。同月，設在南京的臨時參議院正式批准袁世凱爲臨時大總統，並計畫於十二月舉行全國大選。孫中山同盟會的後繼者國民黨，極力爲此進行活動，這令袁世凱非常震驚。袁世凱把激進派別視爲空想，和對他自己權威的威脅。一九一三年四月，國會在北京集會制定憲法，袁世凱脅迫與會代表選舉他爲總統，任期五年。隨後他解散國民黨（在不足法定人數的情況下），把其代表逐出國會，孫中山逃亡到日本。自一九一四年直到兩年後他去世，袁世凱以他爲了帝國而組建的北洋軍爲後盾，以軍事獨裁者的身分對中國進行統治，並得到列強的外交承認。一九一三年國會召開時，袁世凱雖然不是一名基督教徒，卻請新教徒在教堂中爲中國祈禱。這一姿態得到美國總統威爾遜和國務卿布萊恩的盛讚，致使美國一家新教報刊把他比喻爲「使蠻族皈依基督教」的君士坦丁和查理大帝。西方各國政府對中國革命一直持非常冷淡的態度，但總體說來，他們對袁世凱持有好感，希望他能接管滿清政權，恢復中國秩序，以免妨害外人商務，因此透過一家國際銀行集團（五國銀行團）向他提供貸款【5】。西方列強樂於支持中國的一位「鐵腕人物」——只要中國本身依然處於軟弱狀態。俄國的密謀與蒙古民族主義者尋求外蒙古自治的情感結合在一起；西藏的反叛使英國得以把其影響擴展到當地；日本人則開始虎視眈眈地把目光對準山東半島。

　　袁世凱的統治雖然反動，但他的獨裁至少表示君主制在中國已經完全名聲掃地。袁世凱企圖建立一個新王朝（洪憲帝制），以此使其家族的統治永久化。但他的這舉動遭到出乎意料的反對，各列強國不同意他的計畫，而且東南部各省重新爆發反對他的起義行動。一九一六年，這位心力交竭的獨裁者突然死亡。他的死亡按照這個「永久」憲法，從理論上應該恢復共和政體。但北京的一個小集團繼續採取袁世凱的高壓手段，各省督撫則力圖使自己不受中央政府的管轄。由此看來，中國擺脫了滿族的統治，卻成爲貪婪無端的軍閥犧牲品。

日本演化爲一個現代化國家

　　自十七世紀初期以來，日本的德川幕府就全心全力地奉行封閉自守的孤立政策。這種政策在面對西方國家想在東亞擴大其貿易活動的時候，注定要崩潰。十九世紀中葉之前，歐洲列強曾多次試圖打開日本的貿易大門，但全遭到

失敗。美國政府最後決定以武力強行解決這一問題，事實上，部分歸因於英國正忙於中國事務，此外，也是因爲當時美國的貿易活動已經到達一個非常大規模的標誌。自從一八○○年以來，美國的捕鯨船和運茶葉的船在前往中國的路上，就取道日本水域；隨著蒸汽航運業的發展，設立爲船舶提供燃料和供應品的中繼站，就變得更加迫切了。

一八五三年七月，美國海軍准將佩里率領的以蒸汽爲動力的「黑色艦隊」駛入東京灣。他從華盛頓獲得的指示是，要讓日本政府做出如下承諾：保護遇到海難失事的美國船員；允許美國商船進港維修和添加燃料；並授予經商的權利。當海軍准將佩里於次年年初重返江戶時，他希望對他所率砲艦印象深刻的幕府將軍們，做出對美國人有利的答覆。然而，幕府將軍們的態度一直都沒有明顯表示，直到一八五八年時，美國總領事湯森·哈里斯在費盡心思與將軍周旋，達成一項商業協議後，才有了明顯的重大改變。哈里斯沒有以砲艦作爲自己討價還價的後盾，但他巧妙地以中國受到歐洲侵略的教訓爲實例，來說服日本人，威脅他們最好是能不加抵抗就答應美國的要求。《哈里斯條約》規定開放一些經商口岸，建立外交關係，對日本的關稅實行限制，並承認美國的領事裁判權。在美國之後，西方其他強國也從日本人那裡獲得授予類似特權的條約。中國的模式一時之間看來要在日本重現。但日本對西方影響的反應，產生的是使國家變得強大的結果，而不是像中國那樣幾近分裂。造成這一對比的原因是，日本人在從其最初的震盪中恢復過來後，成功地在不割裂其文化遺產的情況下，按照西方的標準更改其制度，並巧妙地適應使日本贏得國際社會的承認。

日本在鎖國政策結束後，造成的第一個重大影響是，使幕府制度遭到廢除，這就使政府有可能按照現代化路線來進行重組。「外大名」──尤其是四大藩：長州、薩摩、肥前和土佐的藩主──長久以來就一直在尋求機會，來謀取德川家族的統治地位。幕府屈從於西方列強的要求，正好給藩主們提供了這麼一個機會。在簽訂這些條約之前，幕府採取史無前例的步驟，即前往京都觀見天皇。這樣藩主就要求恢復天皇作爲統治者的合法地位，指責幕府軟弱無能地屈從於洋人的行徑，並提出「攘夷」的口號。重要大名的排外要求是由於「蠻夷」方面的直接行動所引發。一八六三年，在一位英國人被薩摩藩大名的手下殺死之後，英國的船艦砲轟該藩的首府。薩摩藩的藩主對此產生強烈印象，決定要建立一支像英國海軍那樣的海軍。一八六四年，英、法、荷、美四國艦隊聯合砲轟下關的行動，讓長州的封建領主受到類似的懲罰，並使他們在

思想上有所觸動。在非常短的時間裡，大封建地產上的關鍵人物就改變之前對外國人毫不妥協的仇視態度，並在同時，他們比過去任何時候都更堅決地要結束過時的雙重政治體制。

一八六七年，幕府被說服放棄特權，交還給天皇。他原本希望能夠保留大將軍的稱號，但當他被要求同時交出兵權時，便進行反抗了。然而，各強藩以天皇的名義行事，他們採取一致行動，迅速擊敗忠於幕府的軍隊，並把德川家族貶謫為平民，而不是打入冷宮。在廢除存在持續將近七百年的幕府制度後，天皇住所由京都遷至江戶，易名為東京，舊的將軍城堡則改為皇宮。這一連串事件構成現在眾所周知的明治維新。

明治維新開始時，睦仁天皇是一位年僅十五歲的青少年，這時他就證明自己是一位極其能幹的人，從物資上協助完成重組日本制度的任務。他在位時期，被稱為明治或「開明」時代（一八六八～一九一二），也正是在這時候，日本一躍成為一個現代強國。儘管如此，把日本的變革歸功於天皇的創新精神仍是一個錯誤。正如之前的各時期一樣，地位不太高的人提供強有力的領導階層，他們把帝位當成促進民族團結和批准他們綱領權威的象徵，並加以利用。可理解的是，政治上的領導人物主要來自封建社會和各個階層，儘管他們之中包括舊宮廷貴族的一些成員。不過他們雖出身於貴族，但他們很快就意識到，如果想沿著西方的路線取得真正的進步，那麼與過去決裂便在所難免。有一些大名自動自發在其所轄地區廢除封建制度，並督促其他大名以他們為榜樣；一八七一年，天皇正式廢除整個封建制度。世襲的封地回歸國家，並出於行政管理上的效果，由天皇畫分成縣；至於農民在理論上也變成自由的土地所有者，他們現在要繳納的是稅金，而不是封建地租。大名及其武士獲得年金的數量（後來改為一次付清），也少於他們從前每年得到的收入。

日本明治維新時期在政治、經濟和思想方面發生的決定性變化，足以構成一場革命。然而，這些變化並不是群眾運動，或任何來自社會底層劇烈動盪的結果，革命是由在上位者掌握方向，並由他精心控制。事實上，德川幕府已經統一了國家，並透過其綱紀向人民灌輸順從的習慣，這為維新領導人的開展工作提供了極大的方便。儘管大多數居民也深受變革的影響，但他們在變革中往往只扮演被動的角色。

在這一演變時期，日本知識分子受到樂觀精神的驅動。這種精神為明治維新帶來的巨大變化和調整提供一便利性。樂觀主義實際上普遍存在同時代的西方人心中，他們同意進步信條，並認為自己在物質上的進步和對世界上的影

響不斷擴大，都證明它是有實效的。在日本，擁護變革的人傾向於幾乎是毫無限制地接受西方對其自身的評價，並宣稱他們的社會缺乏西方的法律、教育體系、工業、技術和科學，因而是野蠻和半文明的。然而，很奇怪的是，日本的發言人在欣然地承認西方的優勢地位時，並未顯露出自卑情結；相反地，他們相信一個開明的日本能夠趕上西方，並在世界各國中贏得受人尊敬的地位。一種強烈的民族主義情感既是反對變革的保守派之驅動力，也是倡導變革者的驅動力。這與同時代的中國完全不同，在中國，該國政府做的是毫無希望的掙扎，改革者被迫起義或處在絕望之中；而具有進步思想的日本人則心滿意足地承受政府推行的一系列改革。為了倡導民族進步事業，由十位來自武士階級，但受過良好教育的團體，創建了一個「啟明」社，它定期舉行聚會，舉辦公開講座，並出版一份名為《啟明雜誌》的刊物。儘管這份雜誌在問世兩年後（一八七四～一八七六），就因苛嚴的新聞審查法出爐而被迫停辦，不過，這是因為該刊物刊載的文章涉及重要的政治、經濟、哲學、道德和科學問題，討論的話題包括從刑法中取消肉刑，到保護婦女權益（只差沒有發表兩性平等宣言）等，無所不在。即便在明治時期早期那段群情高漲的歲月裡，也有人提出不同意見；一位批評家譴責屈從政府的態度，斷言日本人變成一個過於馴服的民族。他以為，他們應當從西方借鑑的不是其制度和技能，而是個人主義。

　　儘管武士階層的許多成員為自己找到令他們十分滿意的職位，但就其整體而言，廢除封建主義讓他們遭遇到一次真正的犧牲。大名此時得到非常豐厚的經濟補償，並在新創建的貴族階級中有了自己的地位。而武士則發現自己被剝奪收入來源的同時，政府也禁止他們佩帶傳統的雙刀，被迫與平民百姓為伍。一八七七年，武士階層中鬱積的不滿情緒，終於演變成一場公開的叛亂。在這一實力考驗面前，政府獲得完全的勝利。新的招募軍隊由裝備現代武器的農民組成，他們很快就擊敗驕傲的武士。一八七七年的叛亂證明為「迅速消亡的封建社會的垂死掙扎」。

　　日本領導人在進行精心操縱的革命時，煞費苦心地鑽研西方所有主要國家的制度，並在略做修改後，將看來是各國制度的精華部分全都使用。在政治領域上，他們得出結論：應當引進立憲君主制原則。一項大膽但又含糊不清的政策聲明，即天皇的《五條誓文》（一八六八），暗示要建立一個「謹慎的國會」；但當起草一部憲法的計畫被通知時，可以非常明確地看到，任何讓步都是作為君主恩賜的禮品，而非出於對人民固有權利的承認。一個精心挑選的委員會起草了一份憲法，之後再由天皇宣布，此憲法以一八七一年的德意志帝國

憲法爲典範，並效法它。在憲法中規定成立一個兩院制國會，一個是貴族院（包括一些富裕納稅人的代表），一個是眾議院，其代表由有產階級選區選舉產生。除了對財政的控制受到限制外，國會被授予正常的立法權，同時，憲法中還包括一個權利法案。新政府儘管具有某些自由主義特徵，但其保守性特質是毋庸置疑的。具備投票資格的財產規定非常高，以致於大概只有百分之一的國民享有選舉權（不足五十萬人）。根據憲法，天皇的地位被認爲是神聖不可侵犯；他認爲，陸軍和海軍同時保有最高指揮權、指導外交事務，且能夠否決國會通過的議案；特別需要的是國會的信條控制在行政官員身上，而這些行政大臣是對天皇負責，不是對國會負責。由此可知，日本憲法並未眞正影響到傳統的權力結構。此外，雖有樞密院也有內閣，但這兩個機構都創建於憲法生效之前。（除了不對國會負責這一特徵之外）日本內閣的一個獨特之處在於，陸軍和海軍大臣可以不經過總理大臣而直接向天皇上奏。

儘管日本憲法包含了西方政治制度的若干重要特徵及術語，但政府在精神和功能上，仍類似於日本的傳統。這些傳統（它們更多是與儒家學說相近，而不是與西方政治概念相近）包括如下的基本觀念：如人類天生不平等，低劣者應當服從優等人，社會比個人更重要，人治優於法治，父家長制家族是國家和理想形態。政治改革僅僅被視爲達到目的的手段，並不必然導致大多數人的最大幸福，而是促進國家的效能、實力和威望。那些爲天皇獻計出策、制訂一八八九年憲法的人雖然受到國會各派系和公共輿論的壓力，卻無意交出其控制權。起領導作用的人爲數相當多，可能有一百人左右，主要是前大名和前武士，他們合在一起形成一股寡頭勢力。在明治維新開始時，他們年輕力壯，因而在整個明治時期及其後的時間裡，這群人一直具有影響力，最終被尊稱爲「元老」。他們在幕後靜悄悄地行事，做出重要決策。對日本來說，幸運的是，這些「元老」整體說來持有務實觀點，在判斷上溫和適度，同時具有高尚的品格。

儘管日本缺少民主傳統，維新政府具有獨裁特性，但憲法的頒布，幾乎從一開始就引發人們進一步對改革的要求。至少國會的成員有權批評大臣，同時要求擴大國會對內閣控制權的音量愈來愈高。政黨組織起來，在國會中引發保衛官僚政府者和鼓吹內閣制度者間的爭執。一八八一年出現的「自由」黨是由數年前土佐藩一名武士板垣創建的「政治科學研究社」發展而成。一八八二年，肥前藩的大隈伯爵發起成立了「改進」黨。這兩位「激進的」貴族如此行的部分動機無疑在於，他們對於下述事實的憤憤不平：官僚政府中的大部分職

位都由長州藩或薩摩藩的藩閥把持，他們自己成員分得的職位相對較少。雖然如此，政黨的出現有助於加強建立代議制政府的運動。

憲法生效後，日本政黨的性質和活動獨具特色，且並非完全有益。各黨強調的是人身攻擊，而不是具體綱領、自生自滅、互相融合，或以讓人迷惑不清的方式更換黨名。由於下述事實，政黨的效能受到削弱：缺乏廣泛的群眾基礎；政府對新聞和言論的檢查制度；每當政黨代言人變得讓人頭痛時，通常可以通過向他們提供庇護，或提供較低階層的政府職位方式，堵住他們的口。儘管有如此多的缺陷，政黨仍提供了獲得政治經驗的機會，並迫使官僚們向公眾解釋他們的政策，為這些政策進行辯護。在第一次世界大戰之前，爭取建立政黨內閣的運動取得很大的進展，即讓內閣對國會負責，並在一九二○年代重現活力。

建立立憲政府的試驗只是日本政治變革的一個方面。其首要目的是建立一支現代化、有戰鬥力的軍事力量，這一目的很快就達到了：建立一支以英國為典範的海軍，以及一支以德國為典範的陸軍；陸軍之所以以德國為模式，很大程度上是由於德軍在普法戰爭中顯示出引人注目的優勢。一八七三年開始實行的普遍兵役制並不是日本的發明（儘管徵召農民入伍在中國和日本自古有之，且這種軍隊在十六世紀的封建戰爭中起過作用），而是以歐洲現代國家為楷模。行政制度得到修改，新的司法和法典得到採納，這些法典可與西方國家的法典相媲美，並讓日本人能當之無愧地宣稱：他們在法治方面並不落後於西方。一八九四年，英國自願放棄在日本的領事裁判權；到一八九九年，其他歐洲列強都採取同樣的做法。不過，取消外國對日本海關關稅的管制權，則需要長一些的時間，雖如此在一九一一年也獲得了關稅自主權。自此以後，日本完全洗刷了「不平等條約」帶給它的恥辱。

明治時代經濟上的變化可能比政治上的變化更具有重要意義。在德川幕府封建時期，日本早已遠離一個純粹的農業國家階段：在一八六七年維新開始之前，城市經濟尤其是商業和資本主義經濟已經出現。當新政權企圖著手加強國家的實力，並確保西方化的好處時，它發起了一項追求發展工業和建立現代通訊體系的目標計畫。由於無法得能足夠、迅速實現該計畫的私人資本，又擔心大規模地向外國投資者借貸會危及日本的經濟獨立，政府便主動承擔修建鐵路、船塢、碼頭，鋪設電訊和電話線路，乃至興建製造工廠的項目，且在同時還以貸款和補貼的形式資助私人企業。而且，當時的日本並沒有那種阻礙政府參與經濟領域的自由放任傳統，公職人員則急於盡可能地向前邁進。然而，儘

管國家出於戰略和安全的因素，依然控制鐵路和通訊設施，但許多由國家扶植的企業最終轉歸私人。因而，在日本，經濟的進步導致資本家階級的發展，但這一階級並不完全與西方工業國家的類似階級一樣。新興資本家階級的成員，與著名政治家類似，大半來自舊的貴族階層，儘管其中不排除有些出身於資產階級的人——德川時期的放貸者和稻米商人。當大名放棄他們的封建特權時，曾獲得一筆作為補償的祿金。現在他們為這些資金找到有利可圖的投資場所，而頭腦比較靈活的武士也參與在工業發展中。

歷史上最著名的三井商社是日本最大的商業、金融和工業財團，它的發展形象說明了一個具有足夠智慧，能夠預見未來發展的武士家族取得的顯著成功。在德川時代初期，三井家族無視武士不得經商的偏見，他們決定不再馳騁疆場，轉而經商以獲得更可靠的收入。家業傳到三井八郎兵衛時，他們在京都開了一家店鋪（吳服店），在管理上顯然看見了現代科學推銷的技巧，他們大作廣告宣傳，並在雨天向顧客發送印有三井商標的紙傘。在十七世紀結束前（一六八〇），該家族在江戶開設了一家銀行。三井發自內心希望日本能打開對外貿易的大門，同時深信明治維新能夠成功：當新政府正在重建的時候，他大膽地把錢借給天皇及其屬下。三井家族還與占據政府重要職位的長州強藩建立關係，由此參與政府各方面的經濟計畫。三菱財團最大的競爭對手是三井財團，與三井一樣，這財團也是在武士領導下發展起來的。它與薩摩藩集團之間有著類似的業務往來。儘管日本工業化的速度非常快，但資本家仍非常少，同時，他們普遍與支配政府的藩閥有密切的往來。

十九世紀晚期和二十世紀初期，日本工業的發展在很多方面皆與西方經濟變革的典型模式有所區別。首先，日本工業發展的速度極為迅速，他們往往在一代人的時間裡，就生產出剩餘的工業品；同時，海外市場對國民經濟更是不可或缺。第二，工業革命傳入日本是在西方各國已經達到發達階段時輸入的，結果在這裡出現早期工業革命和晚期工業革命特徵交織在一起的特殊景象。婦女受僱到工廠上班，所得報酬很低，勞工之間缺乏組織或法律保障，工廠和礦井中的工作條件，與西方工業革命早期的情況相似。另一方面，政府介入實業領域和金融資本家的出現，在西歐和美國卻是剛露頭角的現象。但在日本，金融資本主義在很大程度已先於工業資本主義而形成，因為當時沒有時間用工業逐步機械化以創造財富的方式來積累資本。貴族、商人和銀行家族——本質上均為非生產性階層——的財富被吸引過來，加速工業進程，這些集團中福星高照者能夠支配採礦、加工之生產性工業，並在企業發展成熟時主宰分配。

日本工業發展的另一獨特性在於下述事實：雖然總產量迅速提高，重工業方面也興建了一些大型工廠，但多數工廠的規模仍很小。即使到了一九三○年代，當日本的工業勞動力人口達到六百萬這樣的大數目時，其中有幾乎四分之三的工人在僱傭工人少於一百名的小工廠內工作，大約有三分之二的人在僱傭工人不多於五人的廠裡工作。然而，小工廠通常並不獨立，這些小工廠都是受到大型金融機構的控制，這些機構在結構上類似於托拉斯，得以對整個生產領域實行壟斷。舉例來說，棉織廠和絲織廠的工人，與近代歐洲早期家庭手工業制度下的工人可能有點相似，儘管他們使用的是機器，而不是手工工具。此外，原材料供應與成品的分發銷售——尤其是在出口貿易中，是由一少數高度集中的機構來把持，而它們又控制著散布在全國各地的數百家小作坊。如此，這樣一種制度很自然把工人置於非常不利的地位上，而廉價勞動力的普遍過剩，使工人討價還價的地位進一步受到削弱。儘管大型城市有所發展，但大部分人仍靠務農為生，只是農田貧瘠，不足以養家餬口，因而這些家庭樂於讓家庭成員——尤其是女兒到店鋪中打工，以掙些工資，為家庭額外帶來一些微薄的收入。在小農和勞工這些受壓迫的階層與富裕的資本家之間，存在著一條鴻溝，這條鴻溝與舊封建等級制度下的上層和下層之間的鴻溝一樣大。

在日本出現經濟和政治體制變革的同時，還出現了廣泛的社會和文化變革。這些變革中，有一些是由於政府有意識地採取行動而促成的，其他則是人們未曾預料或不受歡迎的。為了推行西方化的計畫，建立一種公共教育體系顯然勢在必行。一八七一年成立了教育部，並對西方各國的教育措施進行審慎研究，同時在國家的資助下，學校迅速興建起來。日本是亞洲第一個引進義務教育制度的國家，它在這方面成就非凡，使得文盲幾乎不存在，即使社會中最貧困的階層也不見文盲。在高等教育的教學設置上，也有了突破性的進步，讓男生有受到學術以及技術、職業訓練的機會，女生則受到特別的、更有限的培訓。教育規劃極具挑戰性，中學和高等學校的課程非常嚴格。中國經典和儒家哲學的學習被保留下來，但除此之外——不算日本語言、文學和歷史，還增加了一種外語的學習，與西方科學技術科目的學習。然而，卻特別缺乏的是對創新思想的鼓勵。建立這一制度是為了服務於政府的需要，其主旨是要造就一個由效忠、能幹、守紀律的臣民所組成的民族，為此所有學生都要修習強調愛國主義的「修身課程」。不含自由主義和人道主義傳統的西方科學技術被拿來應用，使得社會科學研究幾乎完全被忽視了。因而，教育的重點不在於個人最充分的發展，而在於使個人能夠適應一個非常刻板的社會模式，且不會對它提出任何質疑。教育部對教師和教材實行嚴格的監督，目的在使學校成為灌輸思想

最強而有力的機構。

　　隨著一個識文斷字的廣大公眾的形成，文學創作也跟著蓬勃發展起來，其中有些文學作品便是爲了大量發行而創作的。儘管日本作家受到同時代西方文學的極大影響——這反應在其現實主義思潮上，但他們並不是一味模仿他人，而是創作出很有價值的作品。新聞成爲一種欣欣向榮的職業，一些水準較高的報紙應運而生。然而，日本新聞業的發展此時遇到重重阻力，最嚴重的是政府的獨斷專行，和反覆無常的新聞檢查。編輯們如果膽敢批評政府官員，或是在無意中發表官員們不想讓民眾知道的消息，就可能被罰款、蹲班房或被查封報社。具有重要意義的是，雖然面臨種種風險，但仍有相當數量的記者堅持發表獨立和批評性見解。

　　在順利地度過明治維新時期艱難歲月的過程中，日本人充分顯示出其活力、勇氣和才智。在保留自己獨特的民族遺產同時，他們在許多領域已經趕上西方國家。然而，成就並非全是完美的，種種無法輕易解決的社會問題出現了。雖然其工業實力不斷上升，但經濟領域是日本最難以預料的方向。科學知識的普及、衛生醫療條件的改善，以及工業革命的衝擊，使日本超過一個世紀中幾乎陷於停滯狀態的人口急劇增長。一八六七至一九一三年間，人口由約三千萬上升到五千多萬，此後人口增長的速度更快。日本缺乏足夠的耕地養活如此眾多的人口，即使採用最有效的耕作方法也無濟於事。雖然繁榮的對外貿易能夠解決糧食短缺的問題，可是想長期維持足夠的貿易額卻非常困難，而且製造業和商業帶來的利潤僅掌握在一小群人之手，這使得構成人口大多數的農民，在整個國民收入呈現增長之際並沒有得到改善。封建制廢除後，農民雖然變成自由的土地所有者，但其經濟處境並未有大的改善——他們承受的稅務負擔過重，不得不在大型地產主和資本家支配的現金交易市場上進行競爭；而且，其個人擁有的土地往往不足以供養全家，使得許多農民不得不另外租種一些田地來彌補自己之不足，造成日本農業出現一個顯著特徵，就是獨立農民下降爲佃農。此外，城市勞動者的境遇比貧窮的自由農還要差，日本也缺少一個強大能夠調整社會平衡的中產階級。與西方世界的革命不同，明治時代的革命本質上不是中產階級的運動，沒有摧毀那些在封建主義環境中養成其思想和看法的領導者權勢。

　　舊日本的基本處世態度和效忠思想留傳給了新日本，儘管它們套上一層相當不錯的僞裝，並與更有效的手段連在一起。而且，把忠誠不渝地對封建領主的效忠變成一種強烈的愛國主義，並不是一件難事，其中天皇充當民族團結的

象徵和共同獻身的目標。古老的傳說和神道教崇拜被重新炒作，用以激勵愛國主義情感，強化對日本獨特命運的信仰。如前文所述，一種有效能並在許多方面進步的教育體系，被用來爲這一目的服務。軍隊也成爲一種舉足輕重的教育機構，它大都由能識點字、質樸的農民構成，這些農民發現，在軍隊中服役比在小塊土地上辛勤耕作更合算，故從個人角度來說，更易產生一種滿足感。鄉土觀念、偏見和合於情理的不滿情緒，使農民易於受到狂熱分子的思想灌輸，後者宣稱日本優於其他國家，神聖的天皇絕無謬誤；同時，平民應從屬於軍人。然而，倡導建立獨裁或窮兵黷武統治的勢力一直受到反對。與外部世界持續日益擴大的交往，再加上對經濟迅速變革帶來令人擔憂的後果逐漸有所認識，引發一系列自由主義思想，這種思想勢將與保守主義勢力發生衝突。

明治時期日本與外部世界的關係，與其國內的發展密切相關，且受到後者的顯著影響。鑑於它在汲取西方國家技術時的靈活性，也鑑於工業化給國家造成的壓力，因而日本在現代化過程中奉行帝國主義政策就不足爲奇了。然而，隨著時間的推移，在日本政治家、商界和金融界領導人，以及知識分子之間對於應採取何種途徑發展國家利益，產生了意見分歧。保守派官僚普遍對國會制度不表贊成，他們有些人支持奉行對外侵略政策；其他人主要是對建立日本的經濟和金融實力感興趣，他們透過和平滲透方式，來攫取國外市場，及在國內建立一個繁榮、穩定的社會。雖然他們並非眞的主張實行民主制，但至少接受立憲政府的意思，急於在國際社會大家庭中，爲日本贏得一席榮耀的地位。對日本來說，幸運的是，在這一時期，溫和派擴張主義者雖然並非沒有對好戰派做出某些讓步，卻成功地抑制了後者。

日本在東亞的擴張幾乎不可避免地要以犧牲衰微的中華帝國爲代價。一八七六年，日本政府採取直接措施結束朝鮮的孤立狀態。朝鮮以「隱士王國」著稱，長期以來一直奉行與外部世界隔絕的政策，其閉關鎖國的程度比德川幕府統治下的日本還要嚴重。日本人以西方列強爲榜樣，與漢城政府達成一項協議，其中規定授予日本人領事裁判權和其他權利，朝鮮應打開對外交易的大門。此條約全然無視北京政府視此半島爲其屬國的事實，而是承認朝鮮爲一個獨立國家。實際上，清朝官員當時沒有，也顧不了要維護自己在朝鮮的權力要求，過了很長一段時間後才有所表示，他們試圖以相應採取密謀的方式，反對日本人恢復其對朝鮮的宗主國地位。這種舉措在兩國間引發一場衝突，此時朝鮮成了孕育戰爭的理想溫床。該王國儘管也有過輝煌的過去，但現在已淪落爲亞洲最落後的地區之一，政府腐敗不堪，官員掠奪成性，農民愚昧無知，處

境悲慘，總體說來，朝鮮的現狀與其國家詩一般的名字──朝鮮，意爲「朝霞靜謐之鄉」──截然相反。日本在朝鮮既具有經濟利益，也具有戰略利益，後者是因爲俄國獲得太平洋沿岸的濱海省分，這些地區正好位於朝鮮正北，與朝鮮毗鄰，同時俄國早就有心干預朝鮮多事的內政。適逢此時朝鮮爆發了一場叛亂，這就爲中國和日本各自出兵朝鮮提供了藉口，中日戰爭因而發生。

可以這麼說──情況也是如此，自一八九五年日本神速地戰勝中國開始，日本在亞洲的政策就是領土侵略。根據《下關條約》，日本不僅迫使中國承認朝鮮的獨立地位、向中國勒索大量戰爭賠款，而且還逼迫中國割讓臺灣、澎湖列島，和滿洲南端的突出部分──遼東半島。日本參與瓜分中國的行動，並在中國進行建立租界的行動，把臺灣對面的福建省變爲它的勢力範圍。當其領土擴張行動因俄帝國主義在朝鮮的推進而受到阻礙時，日本於一九〇四年進攻俄國，在海上和陸上均擊敗俄軍，吞併了薩哈林島（庫頁島）的南半部，獲得在滿洲的經濟利益。凡此種種只是日本擴張行徑的一部分，這些合在一起充分表明日本人非常善於汲取歐洲外交和權力政治的實際教訓。中日甲午戰爭結束後，在俄國、法國和德國的壓力下，日本被迫放棄對遼東半島的權力要求，理由是一個外來強國占領該地，會對北京政府的安全產生威脅。幾乎緊接著不久，俄國就透過與中國的一項同盟條約，確保中國拒絕日本之地區的控制，並把整個東北九省實際上變爲俄國的勢力範圍。日本政府在朝鮮和滿洲問題上做出了多番努力，以求與俄國達成諒解，但均因沙皇代理人魯莽行事和口是心非而受挫。儘管如此，一些有影響力的日本人認爲，與俄國開戰過於危險，應愼重從事；如果不是一九〇二年的英日同盟使日本獲得世界上最強大的海軍強國之友好支援，日本政府或許還不敢進攻俄國。英國十分希望看到日本取得一種實力地位，以遏止俄國在東亞的擴張。在日俄戰爭期間，很大程度上由於對俄國人一直以來使用狡詐和恫嚇的策略令人不滿，使得英國和美國國內同情日本的情緒占主導地位。西奧多・羅斯福總統對日本的同情，顯示在幫助俄日戰端的結束，雙方在美國新罕布夏州的樸資茅斯簽訂和約。

日本戰勝俄國一度看來恢復了權力平衡，不過，俄國受到一九〇五年革命的震盪，日本財政儲備也因戰爭而枯竭。兩國很快就同意在東北九省畫分各自的勢力範圍──當然，在表面上，它們宣稱無意損害中國的領土完整，但事實證明，權力平衡是無法長期維持下去的。一九一四年在歐洲爆發了第一次世界大戰，這迫使「西方」自亞洲「撤退」，而爲日本人提供一個鞏固和擴展自己地位的絕妙良機。

歐洲帝國主義擴張世紀中的非洲

到了十九世紀初期，廢除奴隸貿易的運動，在丹麥、英國、法國和美國的統治階層中，贏得愈來愈多的同情者。此時，正值海外貿易比上一世紀增加了四倍以上，且未呈現下降跡象之際。人道主義廢奴情緒在貴格會，尤其是以英國的最為高漲。而在經濟領域，英國商人和工業家愈來愈異口同聲地向重商主義提出疑問，且反過來倡導自由放任和自由貿易。大農場主人中有愈來愈多的人相信，雇用勞動者比奴隸勞動更加有效率。與此同時，工業革命傳統的人深信，若擁有銷往歐洲各國發展工業所需的熱帶地區原材料，尤其是礦產資源，能獲得更大的利潤。英國自從在美國獨立戰爭中遭到慘敗之後，對建立和維持殖民地的態度就愈來愈消極。在十九世紀的第一個十年，這些情緒促使奴隸貿易在法律上被禁止：一八○五年丹麥首開其端，隨後在一八○七年是英國和美國。自此英國在西非水域上的海軍護航艦就成為保護它的商人，試圖壓制海上的奴隸貿易行動。

在西非，奴隸貿易曾在那些自貿易中獲得好處的社會，促使專制和軍國主義制度的發展。在某些森林國家，權力已由長老、祭司和傳統的酋長手中，轉移到國王及其武將手中。在一四○○至一八四○年這段期間，非洲內部的奴隸交易發展迅速，奴隸制在許多社會中，由一種微不足道的制度轉變為社會的重要特徵。早在一六五○年，尤其是在西非、中非西部、東非沿海地區和衣索比亞，奴隸制成為社會、經濟和政治結構中的關鍵性因素。奴隸制變成一種獨特的生產方式，在十九世紀，隨著該制度成為一種農業生產方式，非洲奴隸制便為資本主義所利用。美國類型的大農場在達荷美、索拉托哈里發，和東非沿海的斯瓦希里城市國家中出現。有人辯稱由向海外出口奴隸過渡到出口農業商品的經濟行為，是導致在非洲地區出現更廣泛使用奴隸的因素。的確，到一八五○年，在許多大型市場城鎮中，非自由人幾乎占總人口的大多數。在整個十九世紀期間，供內部使用的奴役程度依然維持在很高的紀錄，尤其是在剛果河和林波波河之間地區。因而，大西洋和印度洋奴隸交易的終結，並不意味著內部奴隸貿易的衰落。

從傳教士和廢奴主義者的角度來看，非洲的生產能力因奴隸貿易而嚴重受損。因而，鼓勵農作、採礦和合法的貿易，刺激種植棉花、菸草、可可和其他農產品，既能有助於改善非洲的生活水準，同時又能充當歐洲工業原料來源的商品作物，現在就成為落在歐洲人身上一項義不容辭的責任。從非法奴隸商船上獲得解放的奴隸將被西化、基督教化，並被送回到「黑暗大陸」上。非洲

仍被認為是「白種人的墓地」，但人道主義者仍充滿信心地認定，被遣返回去的黑人已做好更充分的準備，以向其叢林中愚昧無知的兄弟傳播西方文明的成果。所有這些推斷或許都是好意，卻深深根植於奴隸貿易的全盛時期，因而出現在文化沙文主義之中。不過，作為對這種思潮的回應，一八○八年，英國人在非洲西北部大西洋沿岸的獅子山建立一個專門由獲釋奴隸組成的殖民地，一八二一年美國人在賴比瑞亞（非洲西部共和國），一八四九年法國人在加彭（非洲西南部的共和國）的自由市，也建立了類似的殖民地。

具有諷刺意味的是，大西洋奴隸貿易被宣布是非法，但這卻造成奴隸價格上漲的主因，隨之而來的則是奴隸貿易的規模增大。此外，伊萊·惠特尼於一七九五年發明的棉紡機，在美國南部大農場引起對奴隸的新需求。一八一○至一八七○年間，奴隸貿易額比整個十七世紀還要大。但奴隸的主要來源，則由黃金海岸經由剛果河移至安哥拉和莫三比克沿海和內地。雖然奴隸大都是由歐洲和美國的船舶運到美洲，但主要目的地是巴西和西屬古巴。不過，根據最後的分析，美國從一開始在整個奴隸貿易中所占的比例不足百分之六。非法奴隸交易的發展導致一八二○年後進行更嚴厲的查禁，美國加入反對奴隸貿易的海上查緝隊，促使該國合法商人大量來到非洲沿岸。一八五○至一八六二年間，美國商人主要來自麻薩諸塞州的塞萊姆，他們控制了西非橫跨大西洋的貿易；自一八四○年代後期起，大西洋奴隸貿易急劇下降；一八六三年林肯總統的解放奴隸宣言，和在古巴新近的反奴隸制法律，幾乎使這種交易終結。然而，奴隸繼續以船運到巴西，直到一八八八年奴隸制才被廢除。顯而易見，非洲奴隸貿易是人類歷史上規模最大的非自願移民，自六五○至一九○○年間，有三億以上的居民因此從非洲被遷移出去。

伴隨著奴隸貿易而來的是歐洲軍火貿易，這在西非沿海港口產生一個新型的階級，即非洲商人和混血商人。在其社會中，權力仰賴於個性和能力，而不是出身；在這些商人中，僅有少數變成十分富有的資本家，但大多數仍為小規模經營，由於資金不足，殖民地時期在歐洲人的競爭下日漸萎縮。

一八○○年後，大西洋奴隸貿易引起盛產棕櫚油的尼日河三角洲出現空前的政治發展和經濟擴展。地方酋長和非王室成員中實力雄厚的實業家，組成一種極為民主的船宅管理機構，它既是一種合作性貿易單位，又是一種地方行政機構。舊階級制的貝寧和奧約森林帝國已無法應付合法貿易，和充滿活力的商人階層所興起的挑戰，而逐漸衰微。阿散蒂和達荷美則通過從文化上同化奴隸，並組織他們在阿散蒂的金礦上，或在達荷美面積廣袤的種植園中，從事大

規模勞動的方法生存下去。

歐洲原來從事奴隸販運的國家面對奴隸貿易中止的形勢，也不得不痛苦地進行經濟調整。一八四三年後，英國人非常清楚地看到，特許公司缺乏維持舊的沿海要塞和庫房所需要的資金，使得英國國王勉強承擔起這些責任。荷蘭人和丹麥人未能根據貿易性質的不斷變化做出調整，使他們分別於一八五○和一八七二年，把其沿海設施轉讓給英國人。英國與非洲各當權者達成的協議，最初的目的在限制奴隸貿易，到了一八三○年代，則讓位給建立領事館保護歐洲人商業利益的條約，因此，英國領事們將擔負起把非洲內地的貨物暢通無阻地運到沿海口岸之歐洲人庫房的職責。可是，英國財政部在國內輿論的壓力下，拒絕承擔這些費用，因而領事們只好採取徵稅的辦法籌措必要的資金。不過，自一八六○年代開始，內地王國的酋長如果阻礙貿易的暢通，野心勃勃的領事們就會主動且毫不遲疑地派遣軍隊進行討伐。

這種干涉非洲政府事務的行動造成政治分裂的惡性循環。抗命不遵的酋長在與擁有優勢火砲的歐洲進行對抗時，蒙受了恥辱，並受到恫嚇，他們失去把邊遠省分控制在自己手中的能力。因此，一八六○年代的奧約、一八七四年後的阿散蒂，皆因這種局面帶來分崩離析傾向，使國家法律、秩序和安全受到破壞。由於奧約的經濟本來就因大西洋奴隸貿易的衰落而削弱，現在沿海棕櫚油交易的興起，更使之進一步陷於癱瘓。因此，作為內陸國家的貝寧和奧約發現，自己已無法與位於盛產棕櫚油的尼日河三角洲非洲貿易商行進行有效的競爭。自一八二一至一八九三年，奧約帝國受到的衝擊尤其強烈：先是憲法停止實施，隨後是富拉尼人的入侵，這次毀滅性的入侵把奧約富麗堂皇的首都夷為廢墟，最後是內戰的發生。到一八六五年，來自鄉村的難民開始湧入像伊巴丹這樣設有柵欄防護設施的村落，使之擴展成為雜亂無序的城市。幾乎在一夜之間，約魯巴人變成都市化的居民，統治權落入那些能夠提供保護的職業軍人之手。

一旦英國人對維持非洲敵對勢力間的平衡，產生舉足輕重的影響時，他們留在非洲就成為一個榮譽和義務的問題了。一八五四年在尼日河三角洲，他們流放了非洲有權勢的貿易國王達帕·佩普雷，其因在於他壟斷了有利可圖的棕櫚油貿易，損害英國僑民的利益。一八六一年，他們在拉格斯建立了一個領事館，從而開啟長達百年直接干預尼日貿易和政治的歷史。一八七四年，他們轟炸了阿散蒂帝國的首都，以懲罰國王關閉通往海岸的商道。在一八七四年之後，芳蒂人宣布此一「黃金海岸殖民地」為他們所擁有，準備按照西方民主模

式建立民族國家，但這一嘗試遭到英國人的鎮壓。與此類似，法國派駐塞內加爾的總督，自一八五四年以來，也對內地穆斯林各國的內部事務進行干預。

意味深長的是，這些好戰姿態通常不是由本國政府，而是由身在第一線的人——總督、領事，有時是商人自發產生的。在一八七五年之前，歐洲列強很少顯露出在非洲建立區域性帝國的動機，它們之中也沒有任何一個國家制定過自始至終皆一貫或堅定不移的非洲殖民政策。公共輿論方面，尤其是英國反對進行帝國主義冒險，其最大的原因是因為這種冒險費用昂貴，而且到非洲的人通常不是官員和實業家，而是科學家，他們都是接受私人資助，並對解決植物學、人種學或地理學問題感興趣；或是像大衛‧李文斯頓那樣的傳教士和醫師，他們到那裡的目的是根除國內奴隸制和國際奴隸貿易，並推廣現代醫學，以及鼓動當地人皈依基督教。

到一八七五年，非洲地理上的重大奧祕已經被解開了：尼日河的走向（一八三○）、尼羅河的源頭（一八六二）、吉力馬扎羅山和肯亞山（分別在一八四八和一八四九年被發現）的發現，以及剛果河中上游遼闊的盆地水系（一八六○年代）。歐洲探險家也與內地主要帝國進行直接接觸：阿散蒂（一八一七）、索科多哈里發國（一八二四）、邦約洛（一八七二）。到一八五○年代，奎寧被證明是減緩迄今仍具有致命危害的瘧疾發作時的特效藥。過去由於對瘧疾心存畏懼，因而白人不敢深入熱帶雨林地區，現在奎寧的使用，讓歐洲人不再因深入非洲大陸內地而付出生命代價，故有愈來愈多的歐洲人常深入非洲內地。

與西非一樣，在十九世紀前四分之三的時間裡，東非也出現貿易活動大規模復甦的情況，尤其是奴隸、丁香和象牙貿易。到一八○○年，位於現今肯亞和坦尚尼亞的非洲人就已開始組建遠距離的商隊和貿易網絡。過去物品是先漫無目的地由一個村社轉到另一個村社，最後才到達目的地。現在在這些小型社會中，掌握領導權的資格，由狩獵技術和求雨技能，轉變為組織貿易、達成商業協議蒐集歐洲出產的武器的本領。

阿曼的阿拉伯人在過去的一百年裡，忙於南阿拉伯半島的內部爭端，但到一八○五年他們重新團結在一起，決心重新奪取他們對東非沿海城鎮的權力。在賽義德蘇丹靈活多變的領導下，阿曼人的霸權獲得恢復，其首都由阿曼的馬斯喀特，遷至離東非海岸約二十英里的桑吉巴，這一土地肥沃、美麗如畫的島嶼上。在桑吉巴，賽義德蘇丹鼓勵發展大規模種植園經濟，種植丁香和椰子樹，由來自非洲大陸的奴隸充當勞力。印度人也被吸引到島上來，他們充當阿

拉伯和斯瓦希里商隊經營者的財政顧問和放債者。

由於在一八四〇年代奴隸來源充足，使得在現今的坦尚尼亞、馬拉威和莫三比克北部，出現嚴重的社會動盪和人口結構變化。成千上萬名恩格尼部落戰士由南非湧入這一地區，他們來到這個沒有打仗傳統，且毫不設防的當地村落後，往往以整個村社的人爲單位賣給阿拉伯人、斯瓦希里人，和其他非洲人奴隸販子作爲奴隸。

東非到十九世紀中葉，已成爲世界上最重要的象牙產地，和非法販賣奴隸的主要地區，被剝奪權力的俘虜被迫把大批象牙和犀牛牙抬到海邊。象牙以船運送到英國和印度，奴隸則被賣給桑吉巴島上的大農場主人，與附近出產甘蔗的毛里求斯和留尼汪島上的法國種植園地主或阿拉伯半島的酋長。

到了一八七〇年代，東非個人和村社已建立自己的貿易網絡，並武裝起來，以保護其經濟範圍。赫赫人利用普法戰爭後、歐洲軍火交易出現前增加的機會，將自己武裝起來，成了組織嚴密的鬥士。蒂普‧蒂卜和米蘭博這樣的企業家鼓勵自己擴展廣泛的貿易業務，並在爭奪內地資源方面戰勝阿拉伯人。然而，阿拉伯人既占有與印度和阿拉伯海外市場有商業聯繫之利器，又享有桑吉巴的經濟援助。

一八四三年，阿拉伯商人朝見位於維多利亞湖西北岸的布干達國國王。在此後十年間，他們把其業務擴展到維多利亞湖以西和坦干尼喀。他們無意於傳播伊斯蘭教，也不打算進行領土征服活動，他們唯一關心的是貿易。正因如此，他們往往受到東非各酋長的熱情接待，這些酋長想獲得武器和進口奢侈品，以提高其威望。

雖然東非內地社會陷入幾乎完全分崩離析的狀態，但賽義德蘇丹仍繼續在西印度洋建立一個廣袤的商業帝國。自肯亞的蒙巴薩到莫三比克，幾乎所有沿海的重要城市都處在賽義德商業支配之下。自十五世紀以來，斯瓦希里城市國家從未出現如此繁榮的景象，然而，這種繁榮是一種虛假繁榮，因爲其財富建立在剝削內地的基礎上。在桑吉巴，財富是靠販賣奴隸、丁香和象牙來獲得；而賽義德蘇丹提供的經濟穩定和安全情勢，吸引來自英國、法國和美國的航海家前來此地。這些國家均在這裡設立領事館，但只有英國領事館一直到一八五〇年之後仍存在。確實，對英國人來說，在一八六九年蘇伊士運河開通之後，西印度洋尤其是桑吉巴，在戰略上變得空前重要。

自一八二二年之後，英國人以英國海軍將保護蘇丹的合法貿易和合法政府

免受外國干涉爲交換條件，強迫賽義德蘇丹接受一連串限制奴隸貿易的法令。賽義德完成一項出色的買賣，並一直保持到一八五六年他本人在掌權半個多世紀後去世爲止。他去世後，英國人很快就把其帝國分裂爲兩部分，即馬斯喀特和桑吉巴，兩地分別由一位蘇丹進行統治。自此以後，野心勃勃的英國駐桑吉巴領事以禁止奴隸貿易爲藉口，進一步擴大他們對蘇丹國的控制。

在一八七〇年代，桑吉巴成爲歐洲人在非洲大陸進行傳教活動的跳板。英國、德國和法國的天主教和新教傳教士沿著幾十年前才由商隊踏出的小道前進，他們發現了坦尙尼亞境內的社會和政治均十分混亂，文明社會的組織結構幾乎被毀滅殆盡。不過，沿維多利亞湖西岸，高度中央集權的布干達王國嶄露頭角，一躍成爲東非最強大的國家。其國王或卡巴卡，既受到非洲人的尊敬，也受到歐洲人的尊敬。當時的布干達才剛由封建制發展到官僚制，且正推行帝國主義領土擴張政策。

在南非，進入十九世紀後，歐洲人在開普敦的統治權，由荷屬東印度公司轉移到英國國王手中。一六五二年，荷屬東印度公司在桌灣建立了一個補給站，爲其在荷蘭和爪哇之間航行的船隻進行補給。到一七五〇年，補給站發展爲某公司所有的大型殖民地，在此地不僅包括荷蘭移民和公司雇員，還包括法國休京教徒和德意志人。有些歐洲人與非洲土著人混居，形成一個被稱爲「好望角有色人種」的獨特種族。歐洲移民主要信奉喀爾文教派，他們多數在種族上處於自我隔絕狀態，教條地死抱住原教旨主義者對《聖經》的解釋不放。他們的宗教成爲種族隔離的理由，由於他們還未受到啓蒙運動和自由思潮的影響，因此觀點非常偏狹。此地的多數人是不識字的農場主和牧民，唯一的社會凝聚力是荷蘭歸正教會，及其牧師或說教神父。這些邊民是強烈的個人主義者，憎恨此公司自遙遠的開普敦實行統治。

一七九五年，爲了防止這裡落入拿破崙的海軍之手，英國人暫時占領開普敦。當時的荷蘭已處於法國的蹂躪之下，無力對近乎破產的荷屬東印度公司承擔責任。一八〇六年後，英國人永遠占領這裡，因此拿破崙戰爭結束後，英國人控制了世界上各主要通道。英國之所以會占領此地，主要是因爲開普敦殖民地從英國與印度的聯繫上來說，具有重要戰略價值，因此英國人把它占爲己有，至於位於非洲大陸南角的桌灣則提供了通往東方最優秀的港口。

英國在開普殖民地英國化的努力，遭到以荷蘭裔人爲主之殖民地人的強烈反對。因爲這些殖民地新來者（其中許多是英國國教會傳教士）持自由主義、世界主義和無種族區別的態度；而且，他們還對以英語取代南非通用的荷蘭語

爲官方語言，與引入由英國人任職的巡迴法庭（在這種法庭上，法官允許奴隸作證反對其主人）的做法表示不滿。一八三四年，奴隸制度被廢除，從此在法律上，非洲人和歐洲人具有同等的地位了。

次年，數千名被稱爲布爾人的荷蘭移民越過奧倫治河，浩浩蕩蕩地向被稱爲「威爾特」多草高原遷移，以此行動向這些法令表示抗議。這一「大遷徙」發展到顚峰之際，建立一系列種族主義自治共和國。然而，所謂的希望之鄉本來是一個雖在政治上四分五裂、但在文化上有親緣關係的班圖社會，近六百年來的休養生息之地。班圖人小且爲一群毫無防禦能力的群落，無法與裝備精良、意志堅決的外來者抗衡。實際上，這些班圖人面對的是三股以武力爲後盾的帝國主義力量聯合攻擊：追捕奴隸出售給開普殖民地的白人農場主之多種族集團；尋求可用於巴西甘蔗種植園來自莫三比克的奴隸之葡萄牙人；以及祖魯人和布爾人團夥。他們各自在尋求新的土地來牧養其畜群，並供養其不斷擴大的家庭。

英國人對布爾人和班圖人的政策一直處於搖擺不定。一八四八年，英國人粉碎了新興的布爾人共和國不到十年的獨立地位。他們對班圖人的政策，由不干涉和種族隔離，搖擺到親密合作和一體化。在其政策中唯一持續不變的因素是，防止布爾人獲得出海口，和使班圖人與布爾人間的爭執減到最小。

奧倫河以東的祖魯人和布爾人間的衝突使當地的索托人、恩格尼和恩德貝勒人遭到一場浩劫，他們被迫四散而去。一些難民聚集在一起，他們在現今的賴索托、史瓦濟蘭、波札那、尚比亞和辛巴威組建了中央集權的王國。其他難民，像恩格尼人，變成反對祖魯帝國主義擴張、自我防禦的鬥士，他們北移越過贊比西河進入坦尚尼亞。這些四處遊蕩的恩格尼（東非人這樣稱呼他們）在那裡造成社會分裂，其性質與幾十年前，祖魯人和布爾人在其原本位於南非的故土所造成的影響，完全一樣。一八七九年，英國人擊敗紀律高度嚴明，但裝備差的祖魯人，把此驕傲的帝國分割成十三個弱小的酋長國。祖魯帝國不復存在，但其民族主義和文化卻依然興盛。

在數百個非洲國家中，只有衣索比亞和利比亞成功地抗拒歐洲人的帝國主義征服。衣索比亞能夠倖存下來，很大程度上是由於它推行現代化計畫。自一八五〇年代以來，它就開始由將近四個世紀的與世隔絕狀態中崛起，到一八五五年，有一位來自紹阿王國的年輕軍人控制了近乎獨立的貢德爾王國、戈姆佳王國和提格雷王國，並在此過程中，把它們重新聯合在一起，成爲衣索比亞帝國。他取號西奧多二世，並從事行政改革，和創建一支現代國民軍隊，

奠定一個現代國家的基礎。他第一次嘗試把那範圍廣袤的教士封建地產置於政府的控制下，並通過建立由他自己任命的省長管轄的省區，削弱地方貴族的勢力。

孟尼利克二世（一八八九～一九一三年在位）把西奧多二世的事業發揚光大，他藉助義大利火器開創了一個帝國擴張的時代。到世紀之交，他在北方通過戰爭和外交手段征服加拉，在南方征服古拉蓋和卡法，在東方征服了穆斯林國家哈拉爾和索馬里占領的歐加登，在西方則把沃萊置於自己的統治之下。在一八九六年的阿杜瓦戰役中，孟尼利克的十萬精兵打敗義大利入侵者，這場戰役讓衣索比亞免遭被歐洲人征服的命運。從其位於阿比西尼亞高原的新都阿的斯阿貝巴可看出他的用心，他雇用歐洲高級技術人員興修公路和橋梁、醫院和學校，建立了郵政和電信網絡，與一個現代銀行系統及更有效率的文官制度。

然而，衣索比亞社會在本質上仍然是一個封建國家，其肥田沃土大都由王族和科普特基督教會內部的僧侶統治集團擁有。農民極少主動地進行開發，他們仍採用原始的耕作方法，這樣一來，食品生產會陷於停滯狀態。至於其政治制度也未能變得更加民主，政權仍牢牢掌握在保守的貴族小集團之手，直至一九七四年，一些信奉馬克思主義的人發動軍事政變後，才有所改變。但即便那時，權力只是由文職獨裁轉變為軍事獨裁，後者更是沒收教會的所有土地，並實行農業集體化。

利比亞自一八四七年以來一直享有獨立地位，它以美國為模式試圖實現現代化。但面臨長期的經濟停滯局面、高額的債務，以及英國人和法國人不斷蠶食其邊疆領土的現實現況，利比亞人於一九一二年訴諸美國來維持國家的生存。儘管利比亞變成美國的法人團體和金融機構的經濟附庸，但它能夠維護國家的主權，在很大程度上，應歸功於美裔利比亞人統治集團的精誠團結，而他們先祖是由美國回到非洲的。但很不幸地，占人口大多數的土著非洲人分享不到權力，因為利比亞從一開始就是一個由膚色統治集團來管理的國家，膚色在這裡成了社會地位和政治地位的標誌。直到一九八〇年，軍事政變粉碎了美裔利比亞人權力結構後，情況才有了根本的改變。

殖民時期大致始於一八七五年，止於一九七五年，其結果是使非洲完全進入世界經濟體系中。許多生產食物的農場主人和獵人被完全改變成商品作物生產者和珍貴礦石的開採者，這些商品作物和珍貴礦石被出口到西歐和北美的加工廠。這一過程使季節性遷移的人數大大增加，人離開農場和家庭，削弱社會結構。黑人由不太肥沃的西非稀樹草原，遷移到種植商品作物的農場和種植園

的沿海帶狀區域；至於在中南非洲，他們尋求在南非的威特沃特斯蘭德的礦井和北羅得西亞的銅礦裡，充當雇用勞動者，在此過程中，農業的自給自足遭到嚴重破壞。

各式各樣的傳統奴隸制都被廢除了。在法屬和葡屬非洲，取代奴隸制的是強迫勞動，而這種勞動方式往往更殘酷、更不人道。此外，奴隸制的廢除並不能根除非洲人對奴隸後裔根深柢固的偏見。

在各個地區，自由的非洲人都失去對土地使用和分配的支配權。在肯亞、南羅得西亞和南非，非洲人被趕到土地不太肥沃的土著保留地中，那裡土地地力因過度使用和被侵蝕而迅速耗盡。這些過度擁擠的保留地，變成爲歐洲人擁有的農場和礦井提供廉價勞動力的地方，而且，這些地區對土地和勞力的控制權，也由傳統的長老、首領和家族之長轉到殖民當局之手，這種轉移改變了基本的社會和政治關係。此外，由一夫多妻制過渡到一夫一妻制有助於親緣關係由擴大的家庭縮小爲核心家庭，這對社會化措施和傳統的支持網絡產生深遠的影響。

爲了增加稅收，殖民政府把礦井和肥沃農田特許給私人公司，這些地方的事務大都由英國、南非，後來爲美國資本控制。這種特許在法屬和比屬剛果、加彭和德屬喀麥隆和多哥蘭、葡屬安哥拉、南羅得西亞和史瓦濟蘭最常見。儘管殖民強國在國內一直有著地產自由保有權和代議制政府觀念，但在非洲，它們把龐大地塊收歸國有，只讓極少數西方化的貴族享有選舉權。物價受到控制，海外貿易則通過政府銷售委員會實行壟斷。

婦女的社會作用和經濟作用在殖民時期發生變化。在不信奉伊斯蘭教的農業地區，承擔大部分農業勞動的婦女，隨著田地所有權由家族轉歸到男性家長個人擁有，而失去對生產的權力。在提倡以男性爲中心的商品作物銷售機構出現後，更使婦女的地位進一步下降。不過在西非城鎮，有些婦女獲益於地方商業和外國進口商品零售業提供的新機會。至於其他移居城市地區的婦女，則因爲失去家庭的支持，爲了生存淪爲娼妓。

西方醫學和衛生保健方面的根本改善，雖大大降低嬰兒的死亡率，但呼吸疾病、消化性疾病和性病發病率仍高居不下，使人的平均壽命較低。儘管如此，在殖民時期，非洲出現史無前例的人口爆炸。不過，由於殖民地著重提供出口的商品作物生產，因而主要糧食的產量未能趕上人口增長的速度。到了一九二〇年代中葉，許多政府從帝國的其他地區，像是從荷屬印度尼西亞或從

北美進口糧食。

在殖民時期，交通通訊網絡有了重大發展，重新出現較和平穩定、安全的局面，這種形勢有助於基督教和伊斯蘭教進行爆炸性的傳播。

基督教傳教站提供醫療保健和西方教育，它們對尋求經濟和社會流動性的前奴隸和流浪者尤其具有吸引力。作爲回報，傳教團要求他們在世界觀和生活方式上，徹底重新定向。祖先崇拜衰落了，同時衰落的還有支撐這種崇拜的豐富雕刻藝術。一夫多妻制受到阻止，個人比團體得到更大的重視。非洲人在接受洗禮後，取了與其原來生活沒有任何關聯的基督教名字，皈依該教者被要求著西式服裝，使用其殖民主人使用的語言。早在十九世紀後半期，愈來愈多的非洲基督教徒與以歐洲人爲基礎的教會文化沙文主義統治決裂，成立自己的獨立組織。這些新的實體是基督教教義與土生土長的各種宇宙論和儀式綜合而成的。

伊斯蘭教在以往幾百年間，只局限在西非蘇丹和東非沿海的商業城鎮進行傳教，此時則向農村地區滲透。與基督教相比，伊斯蘭教對當地土生土長的種種社會和文化制度更具寬容性。與傳統的非洲信仰一樣，該教關注的也是公共的習慣和神靈力量，它容忍神靈和祖先崇拜，認爲這對維繫親緣結構和大家庭的福祉是十分重要的。然而，穆斯林不贊成具體派藝術，更關心的是絲織品、珠寶、皮革和音樂。與基督教和傳統宗教相比，伊斯蘭教讓婦女參加宗教儀式和出任教會領導的機會較小。與基督教一樣，伊斯蘭教贊成依父系繼承職位和財產。這兩種宗教都讓非洲人感受到新的、激進的時間和其量度概念，像是以天文學爲基礎的計時方法比按季節畫分時間要精確，而且規定了更有效率的人類活動次序。

第三十四章

第一次世界大戰
The First World War

然而，除非你與他們一同經受
地獄中災難深重的黑暗。
天國只是通向墓地之路，其世界
僅有顫動的火焰。

你聽不到他們的笑聲，你看到他們並不欣賞
我講的俏皮話，這些人值得
你落淚，你卻不值得他們歡笑。

——威爾弗雷德・歐文

在一九一四年發生的這場戰爭其實並非「第一次世界性的戰爭」，十九世紀初進行的那場反對拿破崙的戰爭，其實已擴展到歐洲以外的地區。然而，發生在一九一四至一九一八年間的這場戰爭，其衝擊力並不是以往任何一場戰爭所能匹敵，戰爭很快便發展成一場「人民戰爭」，因為此時平民百姓、士兵與水手都義無反顧地直接投入戰爭中。戰爭在革命中得出成果，同時也為未來播下新的、且更具致命性衝突的種子。戰爭在二十世紀大部分的時間內一直發生影響，延續至今的暴力時代確定了模式。

戰端初起

第一次世界大戰的直接導火線是奧地利大公佛朗西斯·斐迪南被刺殺事件。斐迪南（一八六三～一九一四）是一位性格突出，且具能力的奧匈帝國皇位繼承者，當時的在位君主佛朗西斯·約瑟夫（一八三〇～一九一六年，一八四八～一九一六年在位）已高齡八十四歲，隨時都可能辭世，因此斐迪南即位之日是指日可待的。因而，刺殺皇位繼承者完全被認為是對該國的一種攻擊。實際刺殺斐迪南的是一位名叫加夫利洛·普林西波的波士尼亞青年學生，他是塞爾維亞民族主義者的一個工具。雖然刺殺事件發生在波士尼亞的首都薩拉耶佛，但在刺殺行動之前，便在塞爾維亞的首都貝爾格勒進行祕密計畫。策畫者屬於一個祕密團體，該團體的正式名稱是統一會或死亡會，一般稱之為黑手會。他們之所以要暗殺斐迪南，是因為這位斐迪南大公支持一項重組哈布斯堡帝國的計畫，這項計畫決定建立一個三元帝國，以三元君主國取代原來的二元君主國【1】。在實際上已實行自治的有日耳曼人聚居的奧地利，以及馬扎兒人聚居的匈牙利，此外，帝國還包括由斯拉夫人居住的第三個半自治地區【2】。塞爾維亞極端民族主義分子反對這一計畫，他們擔心這計畫一旦實施，其遠親斯洛維尼亞人與克羅埃西亞人會甘願留在哈布斯堡王朝的統治下，繼續受命於該王朝的統治。因此，他們決定在斐迪南登基並具體實施這項計畫之前，把他暗殺掉。

事件發生後，奧地利人當下便確信，暗中支持這一暴力行動的是塞爾維亞政府，因為塞爾維亞境內的民族組織一直都仇奧。在等待了三個多星期之後，奧地利依據這項猜疑採取行動，他們認為這是壓制塞爾維亞的好機會，便抓住這次機會當成懲治塞爾維亞的好時機，要塞爾維亞為其犯的罪過付出昂貴的代價。不過奧匈帝國一直未採取行動，造成這個延擱的一個原因是，奧地利無力決定如何採取行動，另一個原因是奧地利政府不願在秋收結束前，動員其武裝

力量。一九一四年七月二十三日，在暗殺發生近一個月之後，奧地利政府向塞爾維亞人下最後通牒，希望在四十八小時內獲得滿意的答覆，通牒措辭嚴厲，提出十一項要求，包括：要求查禁所有反奧報刊、取締所有塞爾維亞祕密愛國社團、從其政府與軍隊中清除所有犯有反奧宣傳罪的人、接受與奧地利官員攜手取締反對哈布斯堡帝國的顛覆性活動、並懲處與暗殺有關的人。兩天過後，塞爾維亞政府做出答覆，在總共十一項要求中，無條件地接受其中五項，僅對一項表示斷然拒絕。塞爾維亞的答覆在歐洲引起很大的迴響，且德皇威廉二世也十分滿意，認為這個答覆並沒有引起戰爭的可能，然而奧地利人宣稱塞爾維亞的回覆無法令人滿意，便斷絕與塞爾維亞的外交關係，開始進行部分軍隊動員。塞爾維亞人本身也料到其答覆不會令奧地利人滿意，他們在做出答覆之前三個小時，就已向塞爾維亞軍隊發出動員令。

奧地利之所以會對塞爾維亞的答覆持毫不妥協的態度，實際上與刺殺斐迪南事件後，歐洲各國愈來愈強烈的好戰情緒有十分密切的關係——有幾位強國的統治者已表現出其明確的態度。早在七月十八日，俄國外交大臣謝爾蓋·沙左諾夫（一八六一～一九二七）就警告奧地利，俄國絕不會容許任何國家對塞爾維亞造成凌辱。七月二十四日，沙左諾夫向德國大使提出抗議：「我並不憎惡奧地利，而是輕視它。它正在尋找藉口吞併塞爾維亞，但這樣一來，俄國將會對它宣戰。」在這方面，俄國得到法國的支持，因而有此好戰態度。七月二十日，法國總統雷蒙·普恩加來訪問聖彼得堡，以增強俄國的「堅定」信心，他要俄國不要做出任何可能喪失三國協約威望的妥協。不過，普恩加來警告奧地利：「俄國人民是塞爾維亞人最真誠、熱情的朋友。俄國則擁有一個盟友，那就是法國。」

在這一至關緊要的時刻，德國的態度曖昧不明。雖然德國皇帝對刺殺斐迪南事件深感震驚和憤怒，但是德國政府在俄國的行動未引起它的警覺前，並未提出任何威脅，直到俄國的舉動造成恐慌之後才發出反制的威脅。然而，威廉二世和首相特奧爾巴特·馮·貝特曼·霍爾維格（一八五六～一九二一）都採取這樣一個前提：必須加速進行對塞爾維亞的嚴厲懲罰，他們希望用這樣的方式製造一個使各國列強面對並接受的既成事實。德國皇帝於六月三十日宣稱：「現在就應當採取行動，不然再也不會有這樣的機會了。必須教訓塞爾維亞人，這事絕不能拖延。」七月六日，貝特曼·霍爾維格向奧地利外交大臣做出承諾，但後者視這項保證為一張「空白支票」。奧地利政府被告知，德國皇帝將「根據條約規定的義務和兩國間長期的友誼，忠誠地支持奧地利」。德國顯

然是希望透過迅速對塞爾維亞的懲罰行動，在俄國及其盟國從暗殺的震撼中恢復過來以前，以及在俄國及其盟國進行外交和軍事動員之前，讓奧地利能夠消除來自塞爾維亞的真實威脅。

奧地利於一九一四年七月二十八日對塞爾維亞宣戰。這場衝突在一個短暫的、令人覺得焦慮的時期裡，尚有可能被控制住、局部化。但是，由於俄國的行動，這場衝突很快就變爲一場大規模的戰爭。七月二十四日，俄國政府決定以部分動員軍隊的方式，來回應奧地利針對塞爾維亞的任何軍事行動。然而，到了七月三十日，沙左諾夫和軍隊中的主戰派【3】說服沙皇尼古拉二世發布動員所有軍隊的命令，因爲他們認爲像俄國這樣地域遼闊的國家，需要相當長一段時間才能使其軍事機器動員起來並進入作戰狀態，此時全面動員的俄軍不僅用來對付奧地利，而且也用來對付德國。

此時再也無法逃避，不可能從這深淵中抽身。德國對俄國的備戰行動感到震驚，沙皇政府最近採取的行動使局勢變得更加緊張，因爲從德國軍方以及法國、俄國軍方看來，都認爲總動員意味著戰爭的發生。在德國政府得知沙皇的動員令已生效時，威廉二世的政府立刻向聖彼得堡發出最後通牒，要求在十二小時內停止動員。八月一日下午，德國駐俄大使要求會晤俄國外交大臣，他要求沙左諾夫對德國發出的最後通牒做出完滿的答覆。沙左諾夫答覆：動員不能停止，但是俄國願意繼續進行談判。德國駐俄大使又再三重複說出他的問題，並強調此項要求的拒絕答案將會帶來的可怕後果。沙左諾夫最後回答：「我不能給你任何其他的答覆了。」於是，駐俄大使將一份宣戰書遞交給俄國的外交大臣後，便突然淚如雨下，離開會見室。與此同時，德皇的大臣們還向法國發出最後通牒，要求法國領導人表明意圖。熱內·韋亞尼總理在八月一日做出答覆：法國將「依照其利益」行動，隨即法國、德國相繼命令軍隊總動員。八月三日，德國對法國宣戰。

這張不祥的時間表斷送了英國外交大臣愛德華·格雷爵士主張召開會議解決奧塞衝突的努力。或許，假如英國早點表明立場，宣布它已做好與法國、俄國攜手參戰的準備，這項宣布可能會迫使德國和奧地利退卻。然而，格雷爵士對他的國家有沒有參加戰爭的意願，並沒有足夠的把握，因此他無法做出這樣的承諾。雖然英法之間的非正式軍事會談中有規定：英國在戰爭爆發時，要派遣遠征軍至法國領土，但是英國民眾對此事一無所知。而且在國會中意見也不一致：保守黨總體來說是贊成參戰；處於執政黨位置的自由黨內部意見分歧；工黨則反對戰爭。

　　格雷爵士和內閣大臣赫伯特‧阿斯奎斯（一八五二～一九二八）都主張英國應該宣布參戰。德國入侵中立國比利時的行徑，對這兩位英國領導人來說是一件幸運的事，因為它使國會和民眾團結起來，贊成進行干預。在一八三九年，英國與其他強國曾經一起簽署了一項條約，以此保證比利時的中立地位。而且，英國在這一個多世紀以來所奉行的政策就是，確保英吉利海峽對面的低地國家不受任何歐洲大陸強國的控制。但是德國著名的「希利芬計畫」準備取道比利時進攻法國，因此，德國要求比利時政府允許德軍通過它的領土，並保證尊重比利時的獨立，和對其造成的任何財產損失都給予補償。當比利時拒絕德國此項要求時，德國的軍團便開始大批越過邊界，湧入比利時境內。英國外交大臣立刻前往國會提出意見，敦促英國應該團結起來捍衛國際公法和保護弱小國家。第二天，即一九一四年八月四日，內閣決定向柏林發出最後通牒，要求德國尊重比利時的中立地位，並在午夜前給予滿意的答覆。德國的大臣們僅僅以軍事上的必要性做答覆外，並未做任何其他答覆，他們辯稱德國軍隊應當以最快迅與最便利的路線到達法國，因為這是關係到德國生死存亡的大事。當時鐘敲響十二下的時候，英德兩國便進入戰爭狀態。

　　其他國家也很快捲入這場戰爭中。八月七日，門的內哥羅人加入其遠親塞爾維亞人一方對奧作戰，兩個星期之後，日本對德國宣戰，部分原因是因為它與英國的盟國關係[4]，但主要原因是出於它想奪取德國在遠東的屬地。八月一日，土耳其曾透過與德國談判而結盟，並在十月，土耳其開始砲擊俄國在黑海的港口。此時大部分有受結盟條約拘束的國家都參戰了，除了義大利以外，它雖然在法律意義上是屬於三國同盟的成員國之一，但此時它宣布中立，因為義大利人堅持認為，德國並不是在打一場防禦性戰爭，因此他們也沒有提供援助的義務。義大利的中立地位一直保持到一九一五年五月，在五月之後，它參加三國協約一方宣戰。

　　薩拉耶佛暗殺事件後五個星期的外交行動，也許可以用「失算的悲劇」這句話來表明其特點。由於戰爭造成如此巨大的災難，關於戰爭爆發直接責任的爭論一直延續至今，且往往充滿嚴苛的批評。最後的戰勝國——英國、法國、美國及其盟國——在戰爭結束時堅持認為，德國應該承擔這個責任，並將德國的戰爭「罪責」寫入戰後解決方案中。歷史學家在一九二〇年代和一九三〇年代對這個嚴苛的論斷提出挑戰，他們認為是所有的歐洲國家——建立結盟體系的國家——在一九一四年夏季決定命運的幾個星期裡，把世界推入衝突之中。最近歷史學家弗里茨‧費希爾堅持認為，由於威廉二世和貝特曼‧霍爾維格想

建立一個由德國人控制的中歐帝國，因此便竭其所能鼓動奧地利對塞爾維亞宣戰，雖然這兩個人都知道，這樣的戰事幾乎肯定會使俄國站在塞爾維亞一方、法國站在俄國一方參戰。但是德國的當權者辯稱戰爭是不可避免的，如果坐等俄國從對日戰爭中完全恢復過來，和法國軍隊依據三年兵役法而強大起來，必將招致失敗，因此，以當時的強大地位立即開戰是最好的選擇。實際上現在很清楚，貝特曼‧霍爾維格到一九一四年七月時仍屈從於這種宿命論。

戰爭的殘酷考驗

由於戰爭很快就需要得到所有人民的全力支持，各國領導人不得不將戰爭描繪成一場崇高的戰爭，而不能將它說成是帝國主義列強之間的一場廣泛爭執，或者是民族主義者的猜忌所導致的無法預料的結果。社會主義者的第二國際宣布工人們應當用總罷工來回答應徵入伍的號召。儘管沒有任何一個歐洲社會主義政黨對此做出回應，各國政府仍在擔心來自「下面」所進行的顛覆戰爭努力的運動，因此，企圖透過不停宣揚愛國主義來阻止任何此類運動。宣傳的威力不亞於機槍之類的武器，德國人對奉行中立的比利時的所作所為令人髮指：他們殺害平民人質、摧毀盧萬的古老圖書館，並在迪南殘殺了六百多名平民百姓。

一九一四年八月六日，英國的首相阿斯奎斯就宣稱，英國之所以介入這場大戰，是為了維護「弱小民族不應受到侵略成性的強大國家專制意志所毀滅的原則」。在英吉利海峽的對岸，法國總統普恩加來也立即向法國人做出承諾：法國參戰的目的只有一個，那就是在「維護世界上的自由、公正與理性」。後來，經過像威爾斯和吉爾伯特‧默里這些作家的作品，以及美國總統伍德羅‧威爾遜的聲明所做的宣傳，結果協約國的聖戰竟成為維護世界上民主制度的戰爭，是將人類從萬惡的軍國主義禍水中拯救出來的戰爭行動。在敵對的陣營裡，德皇的屬下正竭盡全力證明德國軍事行動是合理且具正當性。他們向德國人民表明：與協約國的戰爭是為了維護優越文化的聖戰，是一場保護祖國免受協約國的邪惡包圍政策傷害的戰爭。德國社會主義政治家被說服投票支持戰爭，其理由是德國對俄國開戰，將有助於將俄國人民從沙皇的枷鎖下解放出來。

第一次世界大戰愚弄了那些相信戰爭會很快就結束的軍事專家。暴露式的作戰行動不久就在西線停而不戰，且偃旗息鼓了——戰線從瑞士經法國直到北海，而在四年時間裡，戰爭都集中在這一帶。德國於一九〇五年採取由阿爾弗

雷德・馮・希利芬將軍（一八三三～一九一三）起草的計畫，即「希利芬計畫」，在戰爭開始時成功地打入法國。希利芬的戰略將戰爭分兩階段來打，先西線再東線，他要求奧地利要抵擋住俄國的西進，同時，德國對法國實施快速打擊方式，以逆時鐘的方式前進，從比利時攻入法國，逼使法國投降退出戰爭，然後，德國回過頭來，與奧地利一起進行擊敗俄國的主要任務。但是，德國的期望落空了，德軍的西進被阻止，當時德國軍隊已前進到離巴黎不到三十英里的地方。雙方進行了一連串側翼軍事行動後，便在分布廣泛的戰壕網中擴展戰線，發動將敵人從其戰線的陣地上趕走的進攻，只是收穫有限，因此雙方都在損失慘重下挖壕溝，並在壕溝布上倒刺的鐵絲網，駐守以戰，這便是所謂的壕溝戰。由於得到帶倒刺的鐵絲網和機關槍的保護——這兩種作戰用具和武器是首次在歐洲戰爭中較大範圍地使用，防禦者便占有優勢。坦克是具有打破僵局潛力的武器，但是直到一九一六年的索姆河戰役時，坦克才真正投入實戰中。可是由於坦克數量太少，再加上受到傳統約束的指揮官們對這種武器躊躇不前，並不敢放手使用它，結果坦克幾乎無法對戰局產生什麼影響，因此在這一次大戰中，主要武器為機關槍和大砲。儘管德國和協約國的飛行員間偶爾也發生「混戰」，但是飛機幾乎只用於偵查。德國曾派齊柏林型飛艇空襲倫敦，不過並沒有對倫敦造成重大破壞，因此，西線的濠溝戰一直持續到戰爭結束。戰爭的指揮者們不止一次試圖在世界其他地區開闢新的戰線來打破僵持局面。一九一五年，英國和法國在小亞細亞的加里波利登陸，希望在控制達達尼爾海峽後，能迫使土耳其退出戰爭，從而消除對蘇伊士運河與英屬中東地區的威脅。然而，這場另闢戰場的戰役對協約國來說是一場災難，但是就如同其他一些戰役一樣，它使作戰的中心發生轉移，擺脫了停止不動的戰壕戰。

　　常見的西線士兵生活不是整日無所事事、枯燥乏味，就是環境困苦、生活艱辛——連續幾個星期與一群人一起困在泥濘和寄生蟲肆虐的壕溝中，偶爾也會進行令人喪膽的戰鬥，而且經常處在大砲、機關槍、鐵絲網的夢魘之中，隨時會遭到槍砲彈、液體縱火劑和毒氣，以及爆炸砲頭的襲擊。雖然壕溝的環境令人恐懼，而且雙方進行的是一連串無休止又沒有重大收穫的戰鬥，但是大部分軍隊的士氣仍然非常沉著穩定。一九一七年，當法國士兵像咩咩亂叫的羊群一樣發起衝鋒時，他們之中有些人的確發生過譁變，士兵們不願讓軍官像驅趕羔羊一樣不斷讓他們去送死，譁變就是這種情緒的宣洩。

　　到一九一六年時，西線的戰爭看起來已陷入無休止的僵局之中，造成十分慘重的損失，因此，雙方企圖發動決定性攻勢，以求打破僵局。這年春天，德

軍將法國東方邊界附近不遠處的凡爾登堡壘作爲決戰地點，發動圍攻，但並未成功，此次戰役從一九一六年二月至該年十二月，死傷六十萬餘人。德軍承認這次軍事行動的目的並不是要攻占這座設防城市，因爲它知道法軍會竭盡全力保衛該城，因此，他們是要「耗盡法國所有具有作戰能力的男子」，但是德軍死傷人數與法軍不相上下。爲減緩凡爾登方面的壓力，英軍於一九一六年八月沿索姆河發動大規模的進攻。這場戰役從七月持續到十一月，戰爭空前激烈：德軍損失五十萬人，英軍損失四十萬人，法軍損失二十萬人。盟國軍隊跨過戰線向前推進了七英里，僅僅在戰役開打的第一天，英軍就死傷五萬七千人。

如此重大的傷亡一度造成作戰雙方中少數人的壓力，要求談判媾合，但是這個努力並沒有成功，因爲在那些握有決策權的軍政領導人心中，這場大殺戮的直接影響就是增強了他們爭取徹底勝利的決心。反過來，這種絕不妥協的立場亦導致領導層的變動：在英國，毫無效率的阿斯奎斯首相被勞合‧喬治取而代之，勞合‧喬治是一個無顧忌的熱心政治家，他在幕後支持許多英國戰前社會改革，如果說，勞合‧喬治在當時幾乎沒有什麼新的政策提出，但是他至少恰如其分地爲自己樹立一個充滿熱情的公眾人物形象。在法國，喬治‧克里蒙梭（一八四一～一九二九）出任總理一職，再次受命與軍方高級指揮官中日益增強的失敗主義態度相對抗。在德國，控制權逐漸落入保羅‧馮‧興登堡（一八四七～一九三四）和埃里希‧魯登道夫（一八六五～一九三七）等將領手中，這兩人還負責制定中歐盟國的整體軍事戰略。

隨著衝突的拖延，使得其他國家也陸續被捲入這場大戰：義大利遲至一九一五年的春天才加入戰爭中，不過它並未加入同盟國的陣營，而是被協約國收買，因爲義大利接受協約國的行賄，後者許諾它可獲得奧地利的領土，以及在亞得里亞海東岸的一大片土地；保加利亞於一九一五年九月加入中歐同盟國的陣營中；羅馬尼亞約在一年後加入協約國一方；但是，美國直到一九一七年四月才站在協約國一方對德宣戰，這才打破力量對比的平衡。美國之所以會參戰有非常多的原因，用伍德羅‧威爾遜總統的話說，就是「要爲民主事業而戰，使世界得到安寧，享有民主世界」，消滅獨裁制度和軍國主義，建立一個由各個國家組成的國際聯盟或社團，以取代舊的外交策略。不過，毫無疑問，美國做出參戰決定的主要原因，只不過是其政府對於保持國際力量平衡的關注態度。多年以來，美國外交界和軍方一直堅持這樣的基本理論：認爲美國政府的安全有賴於歐洲的力量均勢，絕不容許任何一個列強在歐洲建立霸權。只要英國強大到有足夠的力量來防止任何一個國家在歐洲取得霸權，那麼美國就能

高枕無憂。美國官員變得已經非常習慣於將英國海軍視為美國安全的盾牌，以至於他們很難想到要應付任何不同的局面。但是，德國不僅對英國海軍的優勢地位提出挑戰，而且還威脅要使英國人餓死、迫使這個民族投降，並在整個歐洲建立霸權，以控制整個歐洲。

促使美國參加第一次世界大戰的直接原因，是德軍所進行的U-艇或潛艇戰。一旦這場戰爭清楚地表現出將是一場消耗戰之後，德國人也認清，除非打破協約國對其海運的封鎖，否則將會被打敗【5】。一九一五年二月，德國政府宣布對開往英國港口的船隻，不論是否為中立國的船隻，將會在未收到警告的情況下，遭到魚雷攻擊。威爾遜總統對此事件發表公告予以答覆，宣稱：如果美國的生命財產受到任何損害，美國將迫使德國承擔「完全的責任」。這個警告並未發生大效果，僅僅讓德國暫時停止潛艇戰。德國確信潛水艇是他們最有力的武器之一，而且他們認為用潛艇對付英國的封鎖是理所當然的。德國還相信（在這點上它是正確的），英國得到美國客輪祕密運來的軍需物資，因此決定繼續擊沉這些船隻，但是這樣一來，德國的行為就侵犯了美國的中立。德國的大臣們於一九一七年二月一日宣布將發動一場無限制潛艇戰時，威爾遜總統立即與柏林政府斷絕外交關係。四月六日，威爾遜總統前往國會要求宣戰，得到批准。

美國參戰的直接結果是，數量不斷增加的軍需物資、食品以及後來的軍隊，由武裝護航的船隊橫渡大西洋平安運來。新造的船完全彌補了先前的損失，德國對付協約國最有效的武器——潛艇戰完全失效了。

大戰期間的革命

就在世界大戰進行期間，革命來臨了。在一九一四年前，俄國便已經因為國內種種衝突而國力受到嚴重削弱，此時它發現自己沒有能力承受曠日持久的戰爭所產生的額外負擔。在一個像俄國這樣實行專制統治的國家，戰爭的成功、努力與否，主要仰賴其統治者沙皇的決心和能力。從個性上說，沙皇尼古拉二世優柔寡斷、軟弱無力，他的個人私德雖佳，但毫無魄力。這位意志薄弱的沙皇正受到那位有著宗教狂熱的皇后雅麗珊德拉【6】影響，而她的精神導師拉斯普廷也影響著皇后，拉斯普廷是因為設法減輕了皇后那位患血友病兒子的痛苦，而贏得她的好感，並且運用他對皇后的影響力，使國家政策為他那自我膨脹的目標服務。事實證明，俄國的陸軍無力在戰場上取得持久的勝利。雖然俄國軍隊在南部戰線勉強將軍隊推進到加利西亞，並在那裡迎擊奧地利軍隊，

但是一九一四年在北方的坦嫩貝格和馬祖里湖地區曾遭到兩次慘重失敗的經驗，這二次戰役有將近二十五萬人的傷亡。在某些情況下，有時士兵在連槍都沒有的情況下，就被派往前線，前線的衣服供應十分不足，醫療設備缺乏，鐵路運輸系統已經癱瘓，因此不僅在軍隊中，連在人口密集的城市中，食物也很短缺。因此到一九一六年底，俄國抵禦外敵的能力已經徹底崩潰了。

　　與法國大革命不同，俄國革命採取的是循序漸次的激進化模式。革命開始於一九一七年三月，這階段的結果是迫使沙皇遜位。革命爆發的主要原因是，人們對於戰爭的進行深感不滿。一九一六年夏天，為了配合西線索姆河沿岸的戰役，俄國試圖採取重大攻勢，這一攻勢起初非常成功，但是由於交通癱瘓和軍火缺乏，不久就變成恥辱性的戰敗撤軍。除了軍事失利外，俄國國內通貨膨脹嚴重、物價居高不下，以及城市中食物和燃料不足，凡此種種都使城市居民產生暴動念頭。人們要求建立一個由選舉產生的、基礎深厚與能滿足人民慾望的政府，但是沙皇緊握權力不放，直至一九一七年三月八日，在首都彼得格勒出現女工和家庭主婦們為麵包而走上街頭舉行示威，後來群眾騷動人數愈來愈多，而口號也由「我們要麵包！」變成「打倒專制！」，要迫使沙皇遜位。（戰爭開始時，該城遺棄了所謂的日耳曼名稱聖彼得堡，更名彼得格勒。）受命前去鎮壓暴動的軍隊自動解散，轉而支持暴動者，從這一點也證明了軍隊和地方秩序的崩潰。沙皇被推翻後，政治權力轉由臨時政府執掌【7】。該政府由國會的領導人，與彼得格勒的工人代表組成，後者自稱「蘇維埃」，或政治委員會。除了亞歷山大·克倫斯基（一八八一至一九七〇年）這位社會革命黨的溫和成員外，政府的所有部長差不多都是走中間路線的資產階級自由主義者。他們希望仿照英國模式，把俄國獨裁專制改造成立憲君主制，依據這一目的，他們頒布了一項公民自由宣言，保障公民權、釋放數千名政治犯、著手制定計畫由成年男子普選方式來進行制憲國會的選舉。

　　由工人和士兵組成的蘇維埃力量愈來愈大，他們強烈要求進行社會改革、重分土地，與同盟國談判媾和，因為人民在長年累月的苦難與戰爭中已深感厭倦，因而只希望有和平和恢復正常生活的機會。不過，臨時政府的部長們堅持認為，國內變革的要求必須從屬於戰爭的成果，他們把這種努力界定為從前宣稱的帝國目標，因此，宣稱政府將尊重沙皇時期所訂的條約，並遵守「國際義務」，繼續與同盟國作戰，直到勝利為止。此外，他們辯稱，必須在立憲會議召開之後，才能進行根本的政治和經濟改革，這種種因素使他們喪失先機。由於臨時政府只有在蘇維埃的合作下，才能行使統治權，因而一九一七年夏天，

彼得格勒的臨時政府換領導者，由蘇維埃副主席克倫斯基出任政府總理，他組建了一個只勉強維持統治數個月的政府。與此同時——在克倫斯基擔任總理時，政局日趨惡劣，這一傾向使保守分子和自由黨人聯手採取敵對行動，其高潮就是俄軍總司令拉夫爾・科爾尼洛夫將軍率軍反對政府，他以消滅蘇維埃和社會主義為號召，這次政變以失敗告終，但是克倫斯基本人的地位也受到削弱【8】，其左翼的政治對手們指出，反革命行動這一事實表明克倫斯基領導上的無能，且他背離革命目標的意向。

一九一七年四月三日，一直在瑞士過著流亡生活的列寧（一八七〇至一九二四年）被德國人祕密送回俄國，德國人發現了列寧作為一位革命家所具有的潛在能力，認為送他回到俄國後，將有助於抵制臨時政府，能在俄國作一個麻煩製造者，對德國而言具有有利的價值，他們正確地推斷，列寧反對俄國參戰，將進一步削弱東線協約國軍隊的力量。一九一七年整個春天和夏天，當克倫斯基正在努力維持政府的團結時，列寧則率領布爾什維克黨員走上一條更大膽的道路，譴責資產階級的所有戰爭政策，斷然拒絕與他們進行任何合作。他以「和平！土地！麵包」來吸引人民的支持，不久就成為範圍廣泛的工人、士兵和農民暴動的領袖，在這一時刻，與其他任何政黨不同，布爾什維克黨明確代表了人民的需要。科爾尼洛夫政變失敗後，列寧決心從克倫斯基那裡奪取政權，在十一月七日全俄蘇維埃代表大會召開前，他一直耐心等待時機。前一天，即十一月六日，一場以彼得格勒為中心，由列寧的盟友李昂・托洛斯基【9】（一八七九至一九四〇年）領導的政變，成功地推翻了臨時政府。

列寧當即著手頒布法令，這些法令將賦予布爾什維克黨口號「和平、麵包和土地」實質內容。他們把內閣稱為「人民委員會」——各部長則稱為「人民委員」，他們實施土地國有，下令把土地分給農民，土地所有權全歸農民，且不須向原地產主做任何賠償；對銀行實行國有化，在這一過程中把私人存款充公；由工人控制工廠；開始與德國人談判議和。一九一七年十二月二十五日德俄雙方簽訂一項休戰協定，並於一九一八年三月，在布列斯特－里托夫斯克簽訂和平條約，在這和平條約中，把波蘭、芬蘭和烏克蘭割讓給德國。此和約使俄國喪失約一百二十萬平方英里的土地、六千二百萬左右的人口，因此，令反對列寧的溫和派和反動派大為生氣。這些人準備把俄國拖入內戰的泥淖，而不準備認可布爾什維克的革命，這些溫和派與反對派依然是列寧需要認真對付的勢力。

不過，在這一時期爆發的另一場革命，就是愛爾蘭的所謂復活節暴動。在

第一次世界大戰初期，愛爾蘭民族主義者對英國人對其國家的統治心存憎恨，因而已有了準備叛亂的行動。實際上，英國人早已允諾讓愛爾蘭實行自治，自由黨並於一九一四年決定實行愛爾蘭自治法案，但是他們後來以全國緊急狀況應重於一切爲理由拒絕兌現。這大大激怒了愛爾蘭南部人口占多數的羅馬天主教徒，因此，他們便預定於一九一六年復活節的星期一發起暴動，直到有上百人遭到屠殺後，英國軍隊才將暴動平息。在其後幾年內，乃斷斷續續有暴動發生，使該島一直處在動盪不安的狀態下。最後在南愛爾蘭組建一個自由共和國之後，動盪局面才暫時告一段落。北部諸郡──即厄爾斯特省──仍繼續處在英國國王統治之下。

停戰與和平

　　戰火熊熊燃燒四年之後，人們曾企圖以各種嘗試來促成和平談判。一九一七年春天，荷蘭和斯堪的那維納半島的社會黨人呼籲在斯德哥爾摩召開國際社會黨人會議，並起草一份能使所有交戰國都接受的停戰綱領，以結束戰爭。彼得格勒蘇維埃擁護這一建議，並於五月十五日呼籲各國社會黨人派代表出席此次會議，並誘導其本國的政府同意「在不進行領土兼併，不支付戰爭賠款，以及民族自決的基礎上」接受停戰。交戰雙方各主要國家的社會黨人都十分願意接受這項辦法，因此都樂意派代表出席會議。但當英法兩國政府不允許其國民出席會議後，會議便宣告流產。協約國的領導人拒絕此等建議，並不是由於它們是由社會黨人提出的，實際上，教皇提出的類似主張，也同樣遭到拒絕【10】，這是因爲和平建議從未被認眞考慮。作爲協約國的代言人，伍德羅・威爾遜總統宣布，只要德國是在德皇的統治之下，就絕不可能舉行和談。同盟國贊同教皇和平提議的主張，但他們拒絕支付賠款和恢復戰前政治格局，歸還占領的土地，尤其是恢復比利時的原貌。

　　在各項和平建議中，最著名的當屬威爾遜總統提出的十四點原則，一九一八年一月八日，他在國會演講中對此曾經詳加說明。該原則可簡單地概括如下：（1）「公開達成公開條約」，即廢除祕密外交；（2）實行航海自由；（3）消除各國之間的經濟壁壘；（4）縮減各國軍備到「維持安全的最低點」；（5）要合理處置殖民地問題，因此要公正地處理殖民地的主權問題，並考慮殖民地人民的利益；（6）撤出俄國境內的所有外國軍隊；（7）恢復比利時的獨立地位；（8）把阿爾薩斯和洛林歸還法國；（9）「沿著清晰可辨的民族界線」重新調整義大利的國界，以符合民族要求；（10）授予奧匈帝國內

各族人民自治權；（11）恢復羅馬尼亞、塞爾維亞和門的內哥羅的獨立地位，並給予塞爾維亞出海口；（12）給予土耳其境內各族人民獨立自主的發展權，黑海至地中海的海峽「永久開放」；（13）獨立的波蘭：「無可爭辯地由波蘭人居住」，並擁有出海口；（14）成立國際聯盟。威爾遜曾幾次在公開演說中重申他的十四點原則，這是他努力尋求的和平基礎。印有該原則的成千上萬份傳單，由協約國的飛機撒到德軍的戰壕中及德國後方，企圖讓德國士兵和人民相信，協約國力圖實現公正與持久的和平。

　　由於俄國此時不再是戰團的一分子，使德國看起來幾乎取得能確保它獲得最後勝利的優勢。不過，到了一九一八年的春末，德國似乎損失慘重，這不僅是由於協約國持續封鎖產生的結果，更是因為德國國內對戰爭目標產生日益激烈的爭執。德國社會黨人抨擊擴張主義的目標——控制比利時產鋼的地區和東歐農業地區，保守派則是極力主張繼續控制上述地區，政府也贊成保守派的主張，社會黨人還對反動政府在布列斯特—里托夫斯克攫取俄國領土的卑鄙行徑感到震驚，到一九一八年秋天，德國處在內戰的邊緣。

　　與此同時，持續四年的西線戰爭仍在進行。七月，英、法、美三國聯軍發動一次大規模進攻，給予德軍一個接一個的毀滅性打擊，迫使他們退到比利時邊境地帶。到了九月底，同盟國看來似乎已沒希望了。九月三十日，保加利亞退出戰場；十月初，德國的新總理——自由主義者的巴登的麥克斯親王向威爾遜總統提出呼籲，希望在十四點原則的基礎上舉行和談。但是戰火仍持續進行著，此時威爾遜再度提出他原先的意見——要求德國廢黜皇帝。德國所剩的盟邦在崩潰的邊緣掙扎。十月底，土耳其投降，哈布斯堡帝國也因其帝國境內各民族的叛亂，而陷入四分五裂的狀態。在一九一七年十月，德奧軍隊在義大利發起進攻，取得卡波雷托大捷——在這一戰鬥中，義大利憲兵接到一個命令：為了阻止自己的士兵退卻，必要時可以向他們開槍，一年後義軍發起類似的攻勢予以反擊，大敗奧地利人，奪取的里雅斯特，俘虜奧軍三十萬人，一九一六年繼佛朗西斯·約瑟夫出任皇帝的查理斯，於一九一八年十一月簽署了停戰協定，宣布奧地利退出戰爭。

　　此時德國已遭孤立，無法單獨繼續作戰，但不得不負起獨自進行戰鬥的沉重任務，部隊的士氣在迅速崩潰中，在協約國的封鎖下，德國國內食物非常短缺，人民面臨挨餓的危險。一段時間以來的革命動盪，現在已經變成一場大震動。十一月八日，巴伐利亞宣布成立一個共和政府，第二天幾乎整個德國都捲入革命的浪潮之中。柏林發布了一份公告，宣布德皇退位，次日凌晨，德皇匆

匆逃到荷蘭。與此同時，以佛里德里希・艾伯特（一八七一至一九二五年）爲首的臨時委員會控制了中央政府。艾伯特是國會中社會黨的領袖，他及其同僚當下立即著手進行停戰談判的行動。這時協約國準備的停戰條款是以接受十四點原則作爲談判條件，但是提出了三個修正案：其一，刪除航海自由的條款（按英國的要求）；其二，歸還被侵占地區的領土，包括賠款，即戰敗國向戰勝國支付賠款，以補償它們所受的損失；其三，奧匈帝國統治下所屬各族由允許它們自治改爲允許獨立。另外，協約國軍隊將占領萊因河流域的各城市；封鎖將繼續實施；德國還必須交出完好無損的五千輛火車頭、十五萬個車箱和五千輛卡車。現在德國別無他途，只好接受這些條件。一九一八年十一月十一日凌晨五點，兩位戰敗國的代表與協約國軍隊總司令福熙將軍，在法國東北部陰暗的康比涅森林舉行會談，正式簽署結束戰爭的文件。六小時後，部隊接到「停火」的命令。當天晚上，成千上萬人湧上倫敦、巴黎和羅馬街頭，大家狂歡跳舞，歡慶勝利，與四年前人們聽到宣戰消息時一樣心情激動。

在一九一九和一九二〇年的各次會議上締結的和約，並不是經由談判達成的方案，而是接近於一種法院判決。宣傳活動促使戰勝國的軍民認爲，他們爲戰爭付出的一切可以從「邪惡」的德國人支付的賠款中得到回報。英國首相勞合・喬治在一九一八年大選中的競選口號就是「吊死德皇！」，他的一位支持者則要求「把德國這個國家徹底粉碎」。在協約國所有成員中，民族主義與民主主義結合在一起，現在要妥協是毫無可能，大家都認爲這次戰爭是一場與邪惡對抗的聖戰，戰勝國起草的和約不可避免地反映出這些情緒。

在巴黎【11】召開的會議，其會期自一九一九年一月至六月，但是在會期期間全體會議只開過六次。和會的所有重要事項均由一個小型委員會來處理，最初成立了一個十人委員會，其中包括美國總統、國務卿，以及英、法、義、日四國的首相（或總理）與外長。到了三月中旬，發現這一機構人數過多，不易操縱，因而被縮減爲四人委員會，由美國總統和英、法、義三國總理或首相組成。一個月後，由於威爾遜拒不答應義大利提出的全部要求，義大利總理維多利奧・奧蘭多退出和會，四人委員會變成了三人委員會。

凡爾賽和約的最後基調幾乎完全是由所謂的三巨頭——威爾遜、勞合・喬治和克里蒙梭——確定。就像任何爲了共同目標集合起來的統治者一樣，這三位性格迥異的人物聚在一起。威爾遜是位毫不妥協的理想主義者，慣於對下屬下達命令，並確信正義天使站在自己這邊。當他在遇到諸如協約國政府瓜分戰利品的祕密條約這類令人不快的現實時，他有一種習慣，就是把它們看成不重

要的問題拋在一邊，不加理會，最後就會忘記他曾經聽過這些事。雖然他對歐洲外交上，以不正當手段達到目的的方式不甚了解，但是他那毫不通融、剛直的性格，使他很難聽取同僚們的建議，或調整自己的觀點與他們協調起來。至於勞合・喬治是一位工於心計的威爾斯人，他的聰明與克爾特人的幽默結合起來，使他有時能在威爾遜的辦法行不通時，卻能使其順利解決，但最重要的是，勞合・喬治是一位政客——狡猾多變，對諸如民族主義這樣特別的歐洲問題並不特別關注。

　　三巨頭中的第三位是年事已高，但憤世嫉俗的法國總理喬治・克里蒙梭。他曾對威爾遜進行諷刺的抨擊：「上帝只要十誡便滿足了，但是威爾遜卻要十四誡。」克里蒙梭於一八四一年出生，他在美國南北戰爭過後不久，曾在美國當記者。後來，由於他是教士和保皇黨的死對頭，因而獲得「老虎」的綽號。在布朗熱插曲、德雷福斯事件，和爭取政教分離之爭的狂暴動亂日子裡，克里蒙梭曾為法國的共和國而戰。終其一生，他曾兩次目睹法國遭到侵略【12】，目睹法國面臨生死存亡的危險。現在既然情勢轉變，他認為法國人應充分利用這個機會，只有對俯首稱臣的德國加以嚴格控制，才能確保法國自身的安全。

　　凡爾賽和約的主要起草者們從一開始就面臨若干令人頭痛的問題，最重要的一點就是如何處理十四點原則。當然，對於該方案曾經被當成是德國在十一月十一日宣布投降之基石的看法，是毫無疑問的。另外，毋庸置疑的是，威爾遜總統曾將它提出作為協約國的永久和平方案。這樣，世界各國人民有充分的理由期待，十四點原則將成為凡爾賽和約的藍本——只有三個修正案是在停戰協定簽字前就已經決定好了。然而事實上，除了威爾遜本人外，出席和會的各國最高領袖們都認為，十四點原則僅僅是口頭說說而已。這位美國總統最後只能將其著名方案中的四個部分原封不動地保留下來——即第七點，恢復比利時的獨立；第八點，把阿爾薩斯和洛林歸還法國；第十點，允許奧匈帝國境內的各民族獨立；以及最後一點，成立國際聯盟。其餘各點要不是被完全忽略，不然就是被改得完全失去了原來的涵義。

　　到一九一九年四月底，凡爾賽和約的各項條款均已擬定完畢，只待遞交給敵國，德國受命派遣代表團前來接受這些條款。四月二十九日，以德國臨時共和政府的外交部長馮・布羅克道夫・蘭佐伯爵為首的德國代表團抵達凡爾賽。當布羅克道夫・蘭佐伯爵就條約過於苛刻而提出抗議時，克里蒙梭告知他：德國必須在三個星期內決定是否簽字。後來簽字的期限被延長了，因為德國政府

的領導人寧願宣布辭職也不願接受和約。德國人的態度在菲利普・謝德曼總理發表的一項非常尖銳的聲明中表現出來：「試圖把自己和我們置於枷鎖之中，這樣的簽字豈有不爛掉的道理？」此時三巨頭對條約做了幾處微小的修訂【13】，主要還是在勞合・喬治的堅持下，通知德國必須在六月二十三日晚上七點之前簽字接受，不然將進兵德國。五點過後不久，臨時政府宣布德國將願意屈從於「難以抗拒的力量」，接受戰勝國的條款。一九一九年六月二十八日，奧地利大公遇刺五週年紀念日，德國和協約國政府代表在凡爾賽宮的鏡廳會面，在和約上簽了字。

凡爾賽和約的主要條款可簡要概括如下：德國應將阿爾薩斯和洛林交還法國，將北希內斯維格割給丹麥，將波森和西普魯士的大部分交給波蘭；薩爾盆地的煤礦交由法國經營十五年，期滿後德國有權購回這些煤礦；薩爾區的領土交由國際聯盟管理至一九三五年，屆時將舉行全民投票，以決定該區是要繼續由國際聯盟控制，還是歸還德國、或者轉授法國；德國的東普魯士省從德國的領土上分離出去，但澤港的居民雖然幾乎都是德國人，但是此地在政治上要受國際聯盟統治，在經濟上受波蘭的控制。德國人被解除了武裝，除保留六艘小型戰艦、六艘輕型巡洋艦、六艘驅逐艦和十二艘魚雷艇外，德國海軍必須交出其餘所有潛水艇和海上艦艇。德國不得擁有空軍，其陸軍官兵總數也不可超過十萬人，而且實行募兵制。為了確保德國不會再向法國和比利時發動任何新的進攻，便禁止德國在萊因河流域有任何駐軍行動、或者構築工事。最後，德國及其同盟國應對協約國及其國民遭受的一切損失與破壞負有責任，這就是和約中所謂的戰爭罪責條款（第二三一條），它便是德國支付賠款的依據，至於德國支付賠款的具體數字，則由一個賠款委員會來決定，一九二一年，賠款總額被定為三百三十億美元。

凡爾賽和約的大部分內容都只是與德國相關，此外，還另訂一些針對德國盟國——奧匈帝國、保加利亞和土耳其——的單獨條約。這些和約的最後形式，主要是由一個五人委員會審定，該委員會由克里蒙梭為主席，另有來自美國、英國、法國和義大利的代表各一名，它們反映了起草者承認民族自決原則的願望。戰前的經驗使外交官們相信，他們在劃定國界時，必須盡可能顧慮到居住在那些地區居民的民族、語言和歷史傳統，不過，實際存在的政治方面困難使這種邊界畫分無法實現。

對奧地利的和約稱為聖澤門和約，是在一九一九年九月簽訂。和約規定，奧地利應承認匈牙利、捷克斯洛伐克、南斯拉夫和波蘭的獨立，並將大部分的

領土割讓給它們。此外，奧地利必須把的里雅斯特、南提洛爾和伊斯特拉半島讓給義大利。奧匈帝國中的奧地利部分總共被分走了四分之三的土地和人口，被分出去的土地上有好幾個地區居民大部分都以講德語爲主——比如割給捷克斯洛伐克的提洛爾和蘇臺德山區就是如此，這便與民族自決原則相違悖。奧地利也因此成爲一個純日耳曼人的國家，而且國家本身還被縮成一個內陸小國，其人口有接近三分之一居住在維也納城內。

與次要交戰國簽署的第二項和約是一九一九年十一月與保加利亞所簽訂的納伊條約。根據該和約，保加利亞被迫放棄自第一次巴爾幹戰爭以來獲得的全部領土。這些領土被割讓給羅馬尼亞、新成立的南斯拉夫王國和希臘【14】。民族自決原則在此又一次遭到遺棄，因爲上述地區都居住著許多保加利亞少數民族。由於這時匈牙利已經成爲一個獨立國家，因而必須與它簽訂一個單獨條約，這就是一九二〇年六月簽訂的特里亞農宮和約。該和約規定把斯洛伐克割讓給捷克斯洛伐克，把特蘭西瓦尼亞割讓給羅馬尼亞，把克羅埃西亞－斯洛維尼亞割讓給南斯拉夫。民族自決原則在這些地區更是遭到踐踏，像是在特蘭西瓦尼亞的許多地區有半數以上的人口是屬於匈牙利人，斯洛伐克地區不僅有斯洛伐克人，還有近一百萬名的馬札兒人和大約五十萬名盧西尼亞人。結果，戰爭結束後，在匈牙利出現了一場狂熱的收復失地運動，其目的在收復那些失去的省分。特里亞農宮和約讓匈牙利的國土由十二萬五千平方英里銳減到三萬五千平方英里，其人口則由二千二百萬人銳減到八百萬人。

對土耳其的和約則是在特殊的條件下做出的。在祕密條約中，曾打算把土耳其的君士坦丁堡和亞美尼亞割給俄國，其餘的大部分土地則由英國與法國瓜分。但是俄國在布爾什維克革命後退出戰爭，同時，義大利和希臘堅決要求履行先前對它們提出的承諾【15】，因此，必須對最初的方案做大幅度的修改。最後，在一九二〇年八月，在巴黎附近的色佛爾簽訂了一項條約，並提交給土耳其的蘇丹政府。條約規定，將亞美尼亞組建成一個基督教共和國；土耳其歐洲部分的大部分領土（色雷斯、土屬愛琴海諸島）將劃歸希臘；巴勒斯坦和美索不達米亞成爲英國的「託管地」，即處於國際聯盟的控制之下，但是由英國進行治理；敘利亞成爲法國的託管地；安納托利亞南部單獨劃出，使其成爲義大利的勢力範圍。仍由鄂圖曼帝國保有的領土僅有君士坦丁堡城和小亞細亞的北部和中部。害怕協約國的武力，衰弱的蘇丹政府不得不同意接受該條約。但是在穆斯塔法‧凱末爾（後稱阿塔圖克）領導下，於安卡拉成立土耳其民族主義者革命政府，便拒絕接受色佛爾條約。凱末爾的軍隊消滅了亞美尼亞共和

國，令義大利人在驚懼之下退出了安納托利亞；他們還收回已劃歸希臘的大部分歐洲領土。最後，在一九二二年十一月，他們攻占了君士坦丁堡，廢黜蘇丹，宣布成立土耳其共和國。這時協約國同意修改對土條約，一九二三年新條約在瑞士的洛桑締結，在這個新約中，實際上允許土耳其人保留他們已征服的所有土地。雖然與舊的鄂圖曼帝國相比，其國土範圍大大縮小了，但是土耳其共和國仍擁有大約三十萬平方英里的領土和一千三百萬人口。

《國際聯盟盟約》在以上五部清算同盟國戰爭罪責的和約中，均為一個重要組成部分。建立一個使世界各個國家共同為維護和平而努力的聯盟，長期以來一直是威爾遜總統的夢想，這實際上也是他讓美國參戰的主要原因之一。他認為德國的失敗，將意味著軍國主義遭到致命的打擊，這樣就可以為以各國共同體取代笨拙而沒有效力的權力平衡來控制國際關係鋪平道路。但是為了使國際聯盟的觀念為人接受，他發現自己不得不做出大量讓步。因此，他同意把原來關於「依據國內安全所必需的最低限制而削減軍備」的想法，更改為迥然不同的說法：削減軍備至「與國家安全相宜」。為了誘使日本人接受國際聯盟，威爾遜允許日本保有從前德國在中國的那些租界。雖然他長期以來一直認為，國際聯盟應當是一個包括所有國家的聯盟，但是為了取悅法國人，他贊同把德國和俄國排除在聯盟之外。這些問題本已糟透了，但是當提議成立國聯的那位總統所在的國家拒絕接受聯盟時，國聯更遭到了致命的打擊。

由於成立時就遭遇到如此多的問題，因此，國際聯盟從未能實現其創立者的夢想，它只有少數幾次成功地消除戰爭的威脅，不過，在這些爭端之中的交戰雙方都是一些小國，但是只要有一個或多個大國干涉，國聯的調停就會失敗。在一九二〇年波蘭占領維爾納的問題上，國聯就表現出一副無能為力的樣子，因為受害國立陶宛缺乏友邦，波蘭則有法國這個強國作後盾。一九二三年，義大利和希臘之間的戰爭是處在一觸即發的狀態下，義大利拒不接受國聯的干預，直到英法兩國直接出面調停下，這場衝突才得以解決。此後，在每次重大危機中，國聯不是遭到輕視，就是被忽略。日本在一九三一年侵略中國滿洲，以及義大利於一九三六年征服衣索比亞時，都無視國聯的權威。到一九三八年九月，捷克斯洛伐克危機發生時，國聯的威望可說已降到了十分低的程度，以至於沒有人想到要訴諸該機構。不過，國聯在其他不太重要的地方，也證明自己的存在是有必要的，且具若干成就。國聯減少了國際鴉片的販運，幫助貧窮落後的國家控制疾病的蔓延，它的各個機構曾對世界各地的勞工和商業情況蒐集了非常珍貴的統計資料，國聯也曾在有爭議的地區舉行公民投

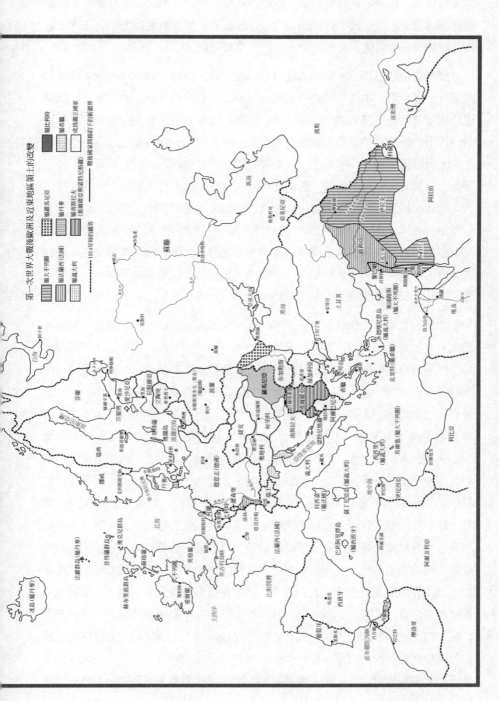

圖34-1　第一次世界大戰後歐洲及近東地區領土的改變

票，監督國際化城市的管理行政，幫助種族難民和政治難民尋找家園，並在編纂國際法方面取得引人注目的開端。這些成就完全可以被認爲是爲之後建立國際性組織──聯合國──的努力，打下了重要基礎。

　　雖然有種種弱點，國聯仍被視爲第一次世界大戰後一個能給人帶來希望的成果，而這場戰爭不久就被許多人視爲一場可怕的、徒然無益的大屠殺。即使協約國被認爲能從這項勝利的事實中取得所有成果，且都眞的能完全實現，戰爭的代價仍十分可怕。戰爭中共有八百五十萬人喪生，另有兩倍於這一數字以上的人員受傷，傷亡──死亡、負傷和失蹤──總數超過三千七百萬人。德國損失六百萬人，法國損失的人數與此相當，這在其總人口中所占的比例確實更大。因此，損失可說十分嚴重，但收穫可謂爲零。這場號稱「終止一切戰爭」的戰爭卻爲未來新的、更可怕的衝突埋下種子。德皇的專制獨裁統治被消滅了，但是卻爲新的專制政治鋪上道路。第一次世界大戰在消除軍國主義和民族主義方面一無所獲，在戰爭結束二十年後，軍隊的人數幾乎是一九一三年的兩倍，同時，民族和種族間的敵對和仇恨與過去一樣根深柢固。

　　如果說戰爭未能使整個世界軍事化程度有所減低，那麼，它還是用其他方式大大改變世界的進程。首先，它使人們進一步堅信中央計畫與協作的效力，爲了維繫爭取戰爭勝利必需的努力，各主要交戰國政府都被迫管理其經濟，使整個經濟必須按計畫行事，例如：調整工業產量、對進出口進行嚴格控制，以及最有效地發揮其人力──平民與軍人──的作用。其次，戰爭打破原有的世界貿易平衡，使歐洲與美國經濟地位改變，由於來自歐洲的工業製品非常稀少，使得日本、印度和南美的資本家得以放手發展本國工業，戰爭結束時，歐洲發現自己失去許多原先十分鞏固的市場，並成爲美國的債務人，美國在整個戰爭期間借給協約國大筆款項，這使美國成爲握有最大財政資源的國家。再者，戰爭在改變世界貿易格局的同時，也造成世界性的通貨膨脹，爲了籌措戰爭資金，各國政府紛紛採取赤字財政政策，增加發行紙幣，結果造成由貨物短缺而引起的物價上漲，通貨膨脹對中產階級的打擊最重，因爲該階層的成員過去一直依靠他們投資金錢的獲利爲生，而現在金錢的價值大不如前，這讓他們的財產頓時縮水不少。第四，這場戰爭雖爲多數人帶來種種苦難，但也給許多人帶來自由，由於政府需要有人在工廠和農場中做工，便使婦女獲得解放，婦女對戰爭努力做出的貢獻，無疑可從英國和美國分別於一九一八和一九二〇年授予她們選舉權看出。最後，雖然有婦女解放這一遺產，但是戰爭對戰後年代精神方面最持久的影響是幻滅感──尤其是在中產階級之中，一個世代的男子

為了不明確的目的而犧牲了，倖存下來的許多人對無益的殺戮深感厭倦，他們知道自己曾涉獵此事，認為自己至少應當承擔部分戰爭罪責。他們對於貪婪成性的政客們在凡爾賽背棄原則感到厭惡，那些「老人」把世界拖入一場毫無必要的衝突之中，後來又把這場戰爭引入歧途，招致如此可怕的後果，並且為了民族私利背叛國際和平事業。對這些「老人」的憎恨和失望使年輕一代感到不快，英國詩人艾德蒙·布倫頓充分表現出這種幻滅感，在他所寫的一首慶祝一九二一年元旦的詩歌中，引用《聖經》的詩句作為標題：「狗掉過頭來轉向自己的嘔吐物，清洗過的母豬轉而在泥沼中打滾。」

第三十五章

兩次世界大戰之間的西方
The West Between the Wars

當今西方民主政治是馬克思主義的先驅。沒有這一先驅,馬克思主義就是不可思議的。正是民主政治為這種世界性瘟疫的流傳提供了土壤。在議會制政治及外在表現形式中,民主創造出一個汙穢、噴火的怪物⋯⋯

——阿道夫・希特勒,《我的奮鬥》(*Adolf Hitler, Mein Kampf*)

在第一次世界大戰期間，協約國便宣稱，它們的勝利會使世界「確保實現民主政治」。這一吹噓的宣言是建立在進步的必然性此一信念上，而一百多年來，日益高漲的物質繁榮，與一種只用文明的「進步」這樣的字眼來描述歷史進程的思維習慣，進一步使人們持有這種看法。然而，一九二○與一九三○年代的歐洲歷史，使人們愈來愈難像過去那樣篤信進步，愈來愈難以認定戰爭最後證明是對人類有益的。這二十年是人們幻想破滅、深感絕望的二十年，戰爭本身及戰前一連串事件造就這一情況，那些事件不僅沒有加速民主政治，反而成為這一制度衰亡的直接原因。固然，許多西方國家仍堅持民主政體的重要，其中最著名的國家有英國、法國和美國，但它們也都經歷了一些在其他國家使民主政治徹底滅亡的壓力和緊張。

由於各國實際情況不同，使得西方民主政治衰落的原因也各不同。雖然如此，民主政治的失敗可以從下面幾方面來概括：首先，在兩次世界大戰之間，許多國家面臨階級衝突加劇的情況。在歐洲大陸大部分地區，爭論的真正焦點在於，支配國家和經濟體系的權力是否繼續由貴族、企業主、金融家，或者這些因素的某些混合體來掌握，這些階層都不願意分出一點點他們擁有的權力，給那些沒有特權的民眾，而後者是一群為戰爭做出主要貢獻、犧牲甚大的人。一般民眾希望他們做出的犧牲能夠得到回報，希望他們的政治權利和經濟要求能夠獲得更多的關注；況且政府過去向他們做過承諾，只是現在結果是一場空，他們當然對自己受到忽略感到不快，因此，也自然就易於被極端政治分子的甜言蜜語打動。其次，經濟條件不利於建立穩定的民主政府，新國家的建立進一步促使經濟競爭的衰弱。戰爭使世界經濟無所適從，結果戰後的世界先是出現通貨膨脹，隨後是經濟蕭條。最後，在東歐新成立的各國中，民族主義情感使得少數民族的不滿情緒加大。這些因少數民族之間衝突而受到削弱的國家，已經不大可能成為一個實行民主政治的理想場所，因為民主政治是一種在舉國目標一致的氣氛下，才能最充分發揮其效能的政治制度。

然而，要弄清楚兩次大戰之間的政治史，不僅應從民主政治的衰落這方面來看，還應從極權主義國家興起這一背景予以對照。不論極權主義做出什麼樣的承諾，它竭盡全力地鼓吹消滅那些無法成功地解決階級衝突、經濟混亂和民族主義問題的政治制度。雖然在約瑟夫·史達林領導下的蘇聯共產主義、貝尼托·墨索里尼統治下的義大利法西斯主義，和阿道夫·希特勒統治下的民族社會主義或稱為納粹主義，三者之間有極大不同，但三者均可稱為極權主義制度。

這些制度都要求個人和階級要完全從屬於一個擁有所有權力的單一政黨，並由它來控制國家的更大利益。為了實現上述目的，它們採取暴力、恐嚇和宣傳手段，使人們放棄對個人利益的追求，否定他們作為公民享有的自由，強迫他們為據稱對國家有益的目標勞動。教會、工會甚至國會政府不是被破壞，就是完全受到壓制，國家透過黨把其意志強加在社會的整個生活之上。

極權主義政府在思想體系方面提出其綱領：就蘇聯而論，其思想體系是馬克思主義社會主義學說的民族主義版本；至於義大利和德國，則是十九世紀民族主義與社會主義的獨特混合物。這些思想體系都宣稱，進行革命性變革是勢在必行的，鼓勵人們相信其政黨及其領導人有推行變革的能力。因而他們向那些被現存制度或舊制度剝奪權利的人，向那些相信唯有採取極端措施才能把社會引上正途的人進行鼓動，並依靠他們的支持而茁壯。在兩次大戰之間的歲月，那些人構成的階層就是軍團。

共產主義俄國極權主義的興起

一九一七年，在俄國十月革命後不久，國家陷入極度危險的困境中，戰爭的破壞、沙皇政府的無能與腐敗，凡此種種，迫使布爾什維克領導人採取大膽且往往是殘忍、無情的方法來治理國家。在這一段國家受重創的時期，擁有戰略家之才的列寧是一位能幹的政客、演說家，他顯示出具有革命行政官員和政治家的才幹，並贏得同為布爾什維克人民委員們的尊敬和忠誠。他獻身於自己的革命理論，如有必要，他會不惜代價採取一切殘忍、置生命於不顧來盡力推行它；不過在同時，他也願意聽取親密追隨者的意見，在決策過程中，他歡迎大家暢所欲言，然而，一旦做出決定，則必須無條件地服從並將它們付諸行動。由於列寧坦率地向俄國人民告知革命帶來的危險和困難，從而贏得他們的信任。他表現出來的是：表裡如一、大公無私，不願為自己謀取任何特權，而完全將自己奉獻給他所發動的那場革命。他從不追求奢華生活或個人榮耀，在克里姆林宮中也只使用兩個居室，並在那裡過著苦行僧式的生活，而且他的衣著打扮與一般工人沒有什麼兩樣。

列寧最有才華、最傑出的副手是李昂・托洛斯基（一八七九至一九四○年）。托洛斯基原名列夫・布隆斯坦因，一八七九年出生於烏克蘭一個中產階級的家庭中，父母均為猶太人。在十月革命前，他拒絕加入任何特定政黨，寧願保持獨立的馬克思主義者身分。他因為參加一九○五年的革命運動，被流放到西伯利亞，後來他從西伯利亞逃了出來，從此便有好幾年的時間是在歐洲幾

個國家的首都中，過著流亡的生活。一九一六年，托洛斯基因在巴黎參加和平主義運動而被逐出境，後來他前往美國避難。當沙皇被推翻的消息傳來後，他曾企圖要返回俄國，但是在加拿大的新斯科細亞省的哈利法克斯，他遭到英國特務逮捕，最後是在克倫斯基的干預下才獲釋。一九一七年四月，托洛斯基返抵俄國後，便馬上策畫推翻臨時政府，後又策畫推翻克倫斯基本人的行動。他在列寧領導的政府中擔任外交部長，後任軍事委員。

布爾什維克黨人剛剛結束與同盟國的戰爭後，在國內，他們便面臨了另一場殘酷的殊死戰爭。地主和資本家們往往不甘於就這樣輕易地拱手讓出自己的財產，結果便引發一場曠日持久的血腥戰爭，參戰雙方分別是紅軍或布爾什維克和白軍。白軍包括的不僅僅只有反動的保皇黨人，還有心懷不滿的自由主義者、社會革命黨人、孟什維克和農民，他們抱持的理論是俄國二月革命的理念。白軍一度得到由英國、法國、美國和日本軍隊組成的遠征軍援助——這些外國列強所以會這樣做的目的，是為了擊敗布爾什維克派，使俄國重新回到對德作戰的行列，並且不希望俄國將物資流入德國——後來剛剛成立的波蘭共和國也向白軍提供了增援。托洛斯基以革命和祖國的名義號召俄國人民奮起，在他的指揮下，紅軍動員起來，變成一支有戰鬥力的軍隊，使局勢扭轉，他們擊退了俄國反叛者和外國入侵者。到一九二二年，布爾什維克派終於使其邊界穩定下來，雖然為此他們不得不把俄國原先的部分領土割給芬蘭、波羅的海沿岸國家——拉脫維亞、愛沙尼亞、波蘭和羅馬尼亞。在內戰中，雙方都曾採用恐怖、野蠻的行為，使得白軍、紅軍雙方共有十萬人左右喪生。白軍曾謀殺了大批共產黨領導人，並企圖刺傷列寧本人；紅軍祕密警察部隊槍殺了成千上萬名嫌疑犯和人質。一九一八年七月，當紅軍的軍隊向囚禁沙皇尼古拉二世一家人的凱薩琳城堡前進時，當地布爾什維克分子處死了沙皇、皇后及其孩子。同年，在發生刺殺列寧未遂事件後，大批「國家公敵」遭到追捕，直到政府對消滅國內反對派的行動感到滿意後，恐怖行動才告緩解。

伴隨著內戰而來的是，其經濟也陷入崩潰的狀況。一九二〇年，俄國的工業總產值只有一九一三年的百分之十三。由於商品供應不足，政府採取的因應之道，便是取消支付工資的做法，對城市工人則是依照他們需要的比例，直接分發給他們生活用品；所有私人商業活動均被禁止；農民的收穫，除了維持其不致於過挨餓生活的最低限度，其他多餘的農產品統統由國家徵收。這一制度只是一種權宜之計，目的在粉碎資產階級對革命政權的反抗，以及盡可能地向前線將士提供食物。但是這計畫並不成功，普遍受到反抗。因此，在一九二一

年，它被新經濟政策取代。列寧稱此項政策是「退一步，進兩步」，被稱爲「社會主義與資本主義的暫時妥協」。新經濟政策推行的時間爲一九二一至一九二八年，它允許私人進行小規模工業的生產和貿易，恢復實施工資制，允許農民在自由市場上出售自己生產的糧食。到了一九二八年，爲了能在短時間內趕上西方先進國家，便開始實施一連串的五年計畫。至於在憲政上，一九二四年便開始實施的一項憲法，以蘇維埃社會主義共和國聯盟（蘇聯）取代了俄羅斯帝國，蘇聯試圖把構成舊帝國的各民族和所有領土統一起來。在理論上，各聯盟共和國被授予一定的自治權，但事實上，政治權力仍集中在少數領導人手中。此外，中央權力由單一的合法政黨——共產黨——所擁有，其中央委員會是政治和政府的指導力量，而其組織結構遍布這一地域廣袤國家的各個地區。

　　布爾什維克主義現在被稱爲共產主義，它的原始教條思想主要是由列寧在這些年間創立的；它並不是一項新的思想體系，只是對馬克思的著作、學說做出更嚴謹的解釋。然而，從一開始它在幾個重要論點上，就背離了馬克思的教條。馬克思認爲，革命將首先發生在高度工業化的國家，但事實上，革命卻在歐洲工業化水準最低的國家中爆發，並獲得成功。馬克思認爲，要有一個資本主義階段來爲社會主義階段做好準備，但是列寧否認有此必要，並堅決認爲，俄國可以由封建主義經濟直接過渡到社會主義經濟。再者，列寧比這一學說的創立者馬克思更加強調社會主義的革命特性。馬克思固然相信，革命在大部分的情況下是必要的，但是他傾向於對這一事實感到遺憾，而不是表示歡迎。最後，在無產階級統治理念的理解上，布爾什維克主義與馬克思主義也有分歧。當時馬克思所說的「無產階級專政」，是指通過這一方式實現整個無產階級（即工人階級）對資產階級殘餘勢力的專政，而在工人階級內部應當採取民主的方式。然而，列寧在伴隨著蘇聯誕生時的嚴峻形勢壓力下，宣布有必要由黨內的少數菁英分子實行專政，他們不僅對資產階級，而且對無產階級內的大部分人行使至高無上的權力。

　　列寧於一九二四年一月去世，各個派別爲了繼承他的權力而展開一場激烈鬥爭。在蘇聯境外，人們一般認爲，托洛斯基將繼承已故領袖的職位，但事實上，這位性格激烈的紅軍指揮官卻遇到一位強有力的對手，他就是固執而神祕莫測的約瑟夫・史達林（一八七九至一九五三年）。史達林出生於一八七九年，是喬治亞省一位農民鞋匠的兒子，他曾在一所神學院裡受過一段時期的教育，但是在十七歲時，他因「缺乏宗教獻身精神」而被神學院開除，此後他便

全心全意投入革命活動。

一九二二年，史達林擔任共產黨的總書記，在此後數年中，總書記成為政府的核心人物。在理論上，統治蘇聯的權力掌握在中央執行委員會手中，它反過來代表地方、省級和地區級工人農民委員會，然而，由於中央執行委員會並不是經常舉行會議，因而權力逐漸落入負責日常事務和決策的機構——人民委員會手中。人民委員是各部會的部長，這些委員由共產黨提名任命，他們本身也是共產黨員。作為黨的總書記，史達林最後得到控制人民委員會成員的任命權，因而可以把他的親信、忠於他的黨員安插在政府中的重要位置上。

爭奪列寧繼承人位置的鬥爭，並不純粹僅是一場個人權力之爭，它還涉及一些政治政策基本問題。托洛斯基堅持認為，只有在俄國的鄰國將資本主義制度全部推翻後，蘇聯的社會主義制度才有可能取得完全的成功，因而，他堅稱應該持續不斷進行世界革命這場神聖戰爭。而史達林願意暫時放下世界革命的計畫，目的在集中力量來建立俄國本身的社會主義。史達林的國家主義戰略使他獲得最後的勝利。史達林的敵手托洛斯基正式失寵了，一九二五年，托洛斯基被免去國防人民委員（國防部長）一職；一九二七年，托洛斯基被開除共產黨黨籍，兩年後又被逐出俄國；一九四〇年，他在墨西哥城被史達林的特務謀殺。其他人，包括格列高利‧齊諾維耶夫和列夫‧加米涅夫在內，在一九三〇年代都遭到公審，被控犯下叛國罪，並被處死。列寧對史達林和托洛斯基的評價都不高，他在去世前不久寫給人民委員會的「遺囑」中，曾批評托洛斯基「太過於自信」，過分注意行政事務細節，但是他對史達林的評語也不比托洛斯基好，而是更加嚴厲地指責他「過於粗暴」、「反覆無常」，並且敦促委員們設法免除他在黨的領導職位。

一旦史達林鞏固他的權力之後，便開始加強黨在國家所扮演的角色，並利用自己的官僚們——共產黨組織的官員——治理這個國家，這使得他在決定這國家的命運上擁有愈來愈大的影響力。史達林堅持認為，蘇聯的首要任務是要使經濟富裕，他的主要改革是推行所謂的五年計畫，因為他相信蘇聯必須採取重大步驟實現工業化，而且必須在最短的時間內趕上工業先進的國家，從而在世界各國中擁有平等經濟地位。五年計畫建立了一個經過精心策畫的優先體系，它確定了國家應當生產的每一種主要工農業產品的數目、工人的工資水準，和在國內外銷售商品的價格。第一個五年計畫是在一九二八年制定，其他的則在一九三〇年代制定。五年計畫的目標在某些領域中實現了，不過有幾個領域並沒有實現。該計畫的一個主要成果是建立龐大的國家官僚體系，而這個

官僚體系負責執行在各層次的組織、監督工作。

由於在一九二八年的俄國仍是一個以農業經濟為主的國家，因此，它的第一個五年計畫包括了一個農業集體化策略。該方案的目的是以農民共同所有權為基礎，把鄉村農場組成一個面積達數千英畝的更大單位。俄國領導人宣稱，只有透過這種改造，才可能實現新的且費用不低的機械化農業，因此，國家的農業產量才有可能增加（俄國政府是採取降低社會消費水準和剝削農民方式，來籌措國家的資金）。毋庸置疑，這點無法贏得較富裕農民——富農【1】的支持，他們在「新經濟政策」時期曾被允許保有自己的土地所有權。他們的反對導致另一次恐怖行動的出現，因而使一九三二年發生在俄國東南部的旱災變得更具有災難性。富農被消滅，他們不是被殺害，就是被送到偏遠地區的勞改營接受勞改：農村資產階級被消滅了，由農村無產階級取而代之。政府分別成立集體農場和國營農場來推動集體化的計畫，並用殘酷手段對付不合作農民，因此到一九三九年，集體化已經完成。對許多俄國人來說，這是一場比一九一七年革命還要直接的革命。二千萬人被遷移原籍，土地一旦被組成更大的單位，便開始實行機械化生產，這使得需要的勞動力減少了，因此多餘的勞動力被送到城市，他們大都到工廠上班。儘管在集體化的早期，農業產量並未增加，但是該計畫對政府有利，透過控制生產，中央官僚機構能夠對農產品的分配進行管制，在有必要時撥出一部分出口，以當急須進口的工業機器的資金。

作為史達林先考慮俄國利益，再考慮國際共產主義利益運動的一部分，布爾什維克政府在一九三〇年代執行了一種新的、更加保守的外交政策，它的國際目標與一九二〇年代好戰的社會主義國際主義相矛盾。列寧支持歐洲革命左派運動，在一九一九年時，向德國激進馬克思主義者——卡爾・李卜克內西和羅莎・盧森堡，以及匈牙利的布爾什維克貝拉・庫恩主持的短命蘇維埃政府，提供金錢和道德援助。此後不久，第三國際【2】——後來稱為共產國際——組成了，它宣稱忠於國際共產主義，它的政策是反對與西方資本主義政府合作，為推翻西方資本主義而奮鬥，即是指揮世界各地的共產革命。

然而，隨著史達林壓制列寧和托洛斯基所倡導的國際主義而來的是，戰術的變化和重新產生對權力政治遊戲的興趣。俄國軍隊擴大了一倍，並按西歐模式進行重組。愛國主義曾被嚴格的馬克思主義者指斥為一種為資本主義進行宣傳的觀念，現在則廣受人們稱讚，被認為是蘇維埃的一項美德。在一九三〇年代，當德國看來似乎像它之前一樣，再次對俄國的安全構成威脅時，蘇聯領導人便積極到國外尋求盟友。除了努力建立一支龐大的軍隊，以及使自己的國家

能夠自給自足外，他們更採取一種與西歐列強合作的政策。一九三四年，他們加入國際聯盟；同年，他們正式批准與法國結成軍事同盟。

　　一九三六年六月，蘇聯通過了新憲法，在這部憲法中，有一些條款顯示出能進行更自由統治的可能性，如出現全民選舉、祕密投票、民權法案等字眼。權力依然掌握在統治實體（最高蘇維埃主席團）和一個行政機構（部長會議）之手，兩者均由一個兩院制議會最高蘇維埃遴選，最高蘇維埃反過來由普選【3】產生。這一金字塔型結構與它所替代的結構並無二致，同時，由於共產黨的主導地位，導致權力集中在史達林個人手中。現在憲法向公民提供一個權利法案，保證他們有言論、集會和宗教信仰的自由；此外，他們還獲得承諾，有就業權、休假權，和在年老或傷殘時靠國家供養的權利。

　　然而，只要蘇聯的生活各方面仍掌握在共產黨手中，這些保證就不會有多大意義。一九三○年，共產黨共有黨員一百萬名，只占總人口一億五千萬的很小部分。新憲法被批准後，一系列的肅清活動很快就證明新的「權利法案」純屬騙人的。一九三六年八月，最早的「公開審判」開始了，在公審大會上，被指控為「托洛斯基分子」和間諜者的人（指與納粹德國合作想在俄國建立極權政權者）受到公開譴責，他們最後不是被監禁，就是被處決，不然就被流放到西伯利亞。儘管被指控的犯罪者大都承認自己的「罪行」，但這是由於他們的身體受到虐待和精神受到懲罰。史達林發動大肅清的目的主要是為了消除潛在的競爭者，以加強對黨的控制。

　　史達林手下的受難者包括社會各階層反對他的個人統治的人，像《真理報》主編尼古拉‧布哈林這位反對消滅富農的人、主要的政治理論家卡爾‧拉狄克，以及大批「老」布爾什維克派者，他們在史達林拒絕討論政策時不願保持沉默，反對他日趨民族主義化的對外政策，或者希望革命不意味著完全壓制個人自由。肅清是史達林本人心理不穩定和對人病態地不信任的結果，然而，它也是極權主義無法容忍任何持不同政見者合乎邏輯的結果。不論原因何在，肅清導致近九百萬人被監禁、流放或被殺。

　　蘇維埃革命造成了深遠的影響，在西歐歷史上，從沒有一個政權曾試圖在短短二十年的時間裡，對像俄羅斯人這樣一個龐大民族的政治、經濟和社會進行徹底改造。到一九三九年，私人工廠與企業幾乎完全被禁止，工廠、煤礦、鐵路和公用事業完全為國家所有，商店如果不是國營企業，就是消費者擁有股份的合作社，農業幾乎完全社會主義化，同時國家實行了工業化，使工業化顯著擴張，到一九三二年，百分之七十以上的俄國國民產品來自工業領域。在社

會改造方面，決定推動教育，使每位勞動者及其孩子皆能入學，使得文盲在總人口中占的比率由至少百分之五十下降到約百分之二十，愈來愈多的平民有接受高等教育的機會，政府建立提供職業婦女免費醫療的政策，這非常有助於提高國民的健康。

但是，如上文所示，這些成就的取得需要付出昂貴的代價。除了消滅數百萬名的富農和持不同政見者，並把數百萬人送進勞改營外，俄國人民在日常生活的各方面也都不斷被灌輸國家的思想意識。宗教信仰不受鼓勵而被視為「人民的鴉片」，也受到難以言傳的迫害——東正教的教會財產被充公，教堂被拆毀或改建成俱樂部或博物館；另外，教會對婚姻、教育和公墓的所有權也被剝奪。但是，該國青年卻被諄諄教導要堅決忠於蘇維埃國家，無條件地服從共產黨。隨著時間的流逝，革命早期在列寧領導下提倡的文學和藝術嘗試，都讓位於極權主義官僚制的文化。作曲家謝爾蓋‧普羅高菲夫和迪米特里‧蕭斯塔高維奇、詩人弗拉基米爾‧馬雅科夫斯基、作家馬克西姆‧高爾基及其門生伊薩克‧巴別爾、電影導演謝爾蓋‧愛森斯坦，和其他有創造性的人們，在一九二〇年代的蘇聯很活躍。儘管在一九三〇年代他們仍能繼續工作，但是那些得到官方青睞的人被迫改造其藝術，使之與史達林俄國日趨專制的統治相結合。

教育成為革命的工具，與暴力和恫嚇非常相像，控制民眾的思想被視為建設一個新社會的先決條件，在新社會中，應為了國家利益而犧牲個人利益。在二十年的革命變化後，史達林主義政權在俄國人民身上強加了如同沙皇一樣的暴政獨裁。

極權制法西斯主義在義大利的興起

鑑於義大利在第一次世界大戰中是一個戰勝國，因而該國轉向極權主義這件事，乍看之下讓人覺得很奇怪。不過，義大利的困境是一個根深柢固且存在已久的問題，戰爭基本上沒有解決這些問題，義大利依然被清楚地區分成兩部分：一是相對繁榮的工業化北部；一是極為貧窮，以農業為主的南部。除了上述不良的經濟分野造成的問題之外，一八九〇年代以來便已存在的帝國主義，義大利不僅未從中得利反而深受其害。它試圖在北非建立自己的大國地位，不過並沒有成功，還一度被粉碎，這讓義大利產生一種屈辱和挫折感。在大戰之前，統治階級就受到年輕一代的公開指責，他們認為這些統治者是憤世嫉俗、腐敗、優柔寡斷，而且是失敗主義的統治者，因此希望讓他們從這個國家消失。

　　但是，如果沒有第一次世界大戰帶來的沮喪和屈辱，獨裁政府就絕不可能在義大利建立起來。大戰期間，義大利軍隊的主要任務是：在英、法、美軍沿著西部戰線對德軍予以重擊，以迫其就範的同時，將奧國的軍隊牽制在南線戰場，使其不得脫身。而義大利之所以背棄原先的同盟國，加入英法協約國，其目的在於提振國威、擴張土地。為了完成此一任務，義大利動員了五百五十多萬人，其中近七十萬人戰死於沙場，義大利參戰的直接財政耗費已超過一百五十多億美元。當然，與英國人和法國人的犧牲相比，義大利的犧牲要小些，但義大利是個窮國家。此外，在戰後分配戰利品時，義大利得到的也比期望的少多了，雖然它確實得到從祕密條約中承諾要分給它的大部分奧地利領土【4】，但是義大利人堅持這些並不足以補償他們所做的犧牲和對戰爭做出的貢獻。最初，義大利的民族主義者把「凡爾賽和約之羞辱」這怨氣發洩在威爾遜總統身上，但不久，他們轉而嚴厲抨擊本國領導人，他們堅持認為，奧蘭多總理極為軟弱、無能，他和他的同僚竟聽任義大利受人欺辱，被人騙走它應當得到的東西。

　　戰爭在其他很多方面也促成了革命情緒，它導致通貨膨脹，以及隨之造成的物價上漲、投機和牟取暴利之風盛行。通常，工資也會相應提高，但是由於數百萬名士兵重返百姓的生活，使得勞動力市場供過於求。另外，由於大規模罷工經常發生，以及國外市場的關閉，使工商業也陷入一片混亂之中。在中、上階層的人看來，戰爭帶來最為嚴重的後果就是導致社會主義的發展。隨著苦難和混亂的逐漸加劇，義大利社會主義者接受一種類似布爾什維克主義的學說，他們成立一個政黨，並投票決定加入第三國際。在一九一九年十一月的大選中，他們在眾議院獲得將近三分之一的席位。次年冬天，社會黨的工人接管了約一百家工廠，並試圖在經營這些工廠同時為無產階級謀利。激進主義在農村地區也傳播開來，在那裡成立所謂的「紅色聯盟」，目的在解散大地產，強迫地主減少地租。兩個在群眾中具有很大號召力的政黨產生了——社會黨和天主教人民黨，它們從其他持中間立場和溫和左派的政黨中汲取力量。兩者都不鼓吹革命，卻都極力主張進行廣泛的社會、經濟改革。工業家和地主非常恐懼，因而都準備接受在他們看來不像激進主義那麼危險，也許至少可以使其部分財產免於被沒收的極權主義。

　　法西斯主義運動的成功在多大程度上應歸功於貝尼托·墨索里尼本人的領導才能，實在難以定論。墨索里尼生於一八八三年，父親是一位信奉社會主義的鐵匠，母親則是位中學教師。他為了達成母親的心願，最後也當了教師，但

是他並不安於本分，對現狀也不滿，不久之後便離開義大利前往瑞士繼續深造。在瑞士，他用一部分時間讀書，其餘的時間則在爲社會主義報刊撰寫文章，最後由於搧動罷工，他被逐出瑞士。回到義大利後，他選擇當一名記者，後來出任義大利社會黨重要報刊《前進報》的主編。在第一次大戰前，他的思想觀念是各種相互矛盾的激進思想混合體，他自稱是馬克思主義社會主義者，但是在他的社會主義中，摻雜了法國工團主義者的理論，並混爲一談。

事實上，墨索里尼並不信奉任何特定的信條，任何一位具有明確指導思想的人都不會像他這樣，經常改變自己的立場。一九一四年八月戰爭爆發時，他堅持主張義大利應保持中立。但在不久之後，他以收回「未被贖回的義大利」爲目的，開始要求站在協約國一方來參戰。因此，在被《前進報》解除主編一職後，墨索里尼便創辦了一家新報——《義大利人民報》——來鼓吹參戰，在新報中，他利用專欄鼓吹對戰爭的熱情。次年春天，他把政府決定參加協約國一方作戰的舉動，視爲個人的一項勝利。

「法西斯主義」（Fascism）這一詞源自拉丁文的fasces，原本指的是把棍、棒紮成一簇並環繞著的一把斧頭，象徵著羅馬的權威；在義大利語中，fascio意爲小組或幫夥。早在一九一四年十月，法西斯的組織便成立了，此組織成立的目的在於宣傳鼓動，促使義大利加入協約國參戰，其成員包括年輕的理想主義者、狂熱的民族主義者和不得志的白領階級。法西斯運動的最初綱領是由墨索里尼在一九一九年起草的，該綱領是一份非常激進——混合民族主義、社會激進主義等的文件，它要求實行普選制（給予婦女投票權），廢除保守的參議院，制定實行每天工作八小時制的法律，抽取重的資本稅和對遺產課以重稅，從戰爭中獲得的百分之八十五利潤要沒收充公，同意加入國際聯盟，並「反對一切帝國主義」。該綱領有些爲運動正式接受，直至一九二〇年五月，它才被另一個較保守的黨綱取而代之，實際上，新綱領刪去所有有關經濟改革的詞條。這兩部綱領在政治上都未能引導法西斯成員獲得很大的成就。

法西斯成員透過嚴格紀律的進取精神和堅強的意志，來彌補初期人員之不足。當舊政權垮臺時，他們準備接管政府。一九二二年九月，墨索里尼開始公開談論革命，並大聲疾呼「向羅馬進軍」。十月二十八日，一支由約有五萬名法西斯民兵組成的大軍，身著黑衫制服向首都羅馬進軍，並占領它。總理宣布辭職；次日，國王維克多・伊曼紐三世邀請墨索里尼組閣。在未發一槍一彈之下，黑衫黨黨員便控制了義大利政府。他們之所以能夠取得成功，擁有此局面，並不是因爲法西斯黨人的強大，而是因爲戰爭引起的混亂，和舊有統治階

級的軟弱無能與優柔寡斷。在此後的三年，墨索里尼的革命實際上也已大功告成。

法西斯主義包容了各式各樣表現極權主義性質的信條：

1. 極權主義。國家被認為包含了其國民的所有利益和各項忠誠，任何事物必須是「國家高於一切，國家包容一切，國家領導一切」。
2. 民族主義。成為一個獨立國家的狀態是社會演進的最高形式，國家有其本身的生命和靈魂，這是與個人的生命和靈魂有所區別的，不過，兩個以上不同的民族之間不可能有真正的和諧，因而國際主義是人類進步的錯誤產物。
3. 軍國主義。鬥爭是一切事物的根源，不能從事擴張的國家最後必將萎縮、死亡，戰爭使人振奮，使人變得高貴，並使萎靡不振、消極荒唐的民族獲得新生。

墨索里尼宣稱他對這些原則十分忠誠，並開始按照它們來重建義大利。他廢除內閣制，幾乎把國會的權力剝奪殆盡。他以典型的極權主義模式，把法西斯黨變成義大利憲政的有機組成部分。國王被迫從法西斯黨的最高委員會【5】給予的名單中遴選總理，選民也沒有真正的選舉權，他們必須從法西斯黨確定好的名單中選擇候選人。僅在幾年之內，義大利國內就將法西斯黨之外的其他政黨都一律解除，因而就沒有任何其他政黨存在了。墨索里尼身兼二職，既為總理，又是法西斯黨的主席（「領導者」）。該黨的民兵用來作為政治懲戒是極為有效且有力的工具，更是墨索里尼用暴力手段來剷除他的敵人時最強有力的組織。此外，還對警察進行監督，以及對新聞界及學術活動實行審查制度──極權統治的標幟，不久後，法西斯黨就把這些強加在義大利人民身上。

在宣稱法西斯主義的信條是結束階級衝突的同時，墨索里尼重新整頓國家經濟。他著手進行大型公共工程和建設計畫，同時，實施由國家資助的圖書館建設、休假和社會治安計畫，藉此取得工人的支持。一九二九年，他與羅馬天主教會達成一項協約，授予教皇所在地梵蒂岡城獲得擁有獨立主權的地位，並確立羅馬天主教為義大利各級學校應進行的官方宗教課程，從而解決了與該教會長達六十年的衝突，使二者關係走向正常化【6】，這一舉動使他進一步獲得民眾的支持。

當墨索里尼試圖安撫義大利工人階級的同時，後者的戰鬥力正逐漸被他剝奪。他將義大利經濟交由二十二個組合社管理，每一組合社包含勞資雙方，他

們一起負責一大工業部門，每一組合中都有工會的代表，其成員由法西斯黨、雇主和政府組成，這些組合的成員合在一起被賦予確定工作條件、工資和物價的職司，然而事實上，這些團體的決定受到政府的嚴密管理，對管理階層有利。

雖然墨索里尼的法西斯主義具有極權制性質，但是它並沒有像蘇聯共產主義那樣，對政府、經濟和社會實行一場革命。法西斯黨的黨員對政府官員進行一定程度的政治監督，但是他們並未大量進入官僚機構之中，在蘇聯，黨與國家合一，義大利則不然。富有的銀行家和實業家曾幫助他奪取政權，墨索里尼在上臺後仍與他們保持友好關係，並給予他們允諾：無論他如何宣稱法西斯主義與資本主義迥然不同，義大利的經濟將一如既往地仰賴私人企業。墨索里尼保守主義的另一個證據是，他與教會保持一致的關係，雖然他在很早以前就聲稱自己是無神論者。

這位義大利獨裁者樂於吹噓是法西斯主義把國家從經濟混亂的泥淖中拯救出來。一九二〇年代後期，義大利的經濟狀況確實有所改善（歐洲其他國家也是如此），但是到了一九三〇年代世界性的經濟大蕭條來臨時，法西斯主義卻對於減輕義大利的困境方面沒有多大的作為。雖然墨索里尼設法使義大利顯得更有效率——崇拜他的人常常誇耀說，他最終總會「使火車準點運行」，但是他仍未能解決該國的主要問題，尤其是那些與生活水準依然極低的農民相關問題上。墨索里尼的法西斯主義不過是一場幻夢，義大利人之所以如此樂於信從他，是因為當時的義大利人對他們過去的領導者深感厭惡。

納粹德國的興起

德國比義大利更晚才實施極權主義，第一次世界大戰之後那段短暫時間裡所發生的各種事件，似乎都促使德國大幅度地向左偏移。停火後不久，由於德國是戰敗國，因而人們暫時拋棄國家主義和軍國主義，而且，此時政府中的官員大都爲社會主義者，爲社會民主黨成員。他們推行的改良政策，在戰前許多人看來似乎非常激進，但現在在一群深受俄國革命鼓勵的極端馬克思主義者看來，則顯得過於溫和。這群人自稱是斯巴達克派【7】，他們以有能力的羅莎·盧森堡和卡爾·李卜克內西爲首。在一九一九年，他們試圖在德國掀起無產階級革命，這次的起義，儘管他們得到俄國布爾什維克黨員的援助，但仍遭到鎮壓，李卜克內西和盧森堡在押往監獄途中被士兵殺害。在策畫鎮壓斯巴達克派的行動時，德國政府曾向私人治安維持會成員求助，這些集團是在德國軍隊解

散後，私下組織起來的，是一群以維持秩序爲職志的自由軍官團。這支私人軍團是威瑪共和政府在維持秩序的助力，他們對社會民主主義和俄國共產主義都不表示眞正贊同，但是在不久之後，他們就將自身的不滿集中在曾出力拯救過的政府身上。

剛剛平息斯巴達克派起義後，便建立一個由社會主義者、天主教中間黨派和自由民主分子組成的聯合政府，他們的領導人在一九一九年爲新成立的德意志共和國起草了一部憲法，這部憲法反映政治進步和社會進步的學說。憲法中規定，實行全民普選、建立政府的內閣制，以及內含一項權利法案，保證公民不僅享有自由權，而且享有就業、接受教育，和免受工業社會種種危險傷害的權利。但是根據這一憲法建立的共和國，從一開始就麻煩不斷。反動分子和其他極端分子密謀對它加以破壞，而且，德國人在實行民主政治方面並沒有什麼經驗。威瑪共和國（得名於起草此法所在的城市）並不是順從多數國民的意願產生的，而是在德國戰敗之際，強迫德國改變而出現的產物，威瑪共和的不穩定使之有可能成爲軍隊的犧牲品，儘管它竭盡全力試圖進行馴服。

促成德國極權主義最後取得勝利的原因有很多，首先，是一種因爲戰爭的失敗而產生的屈辱感。在一八七一至一九一四年間，德國在政治與文化的威望都已達到非常崇高的地位，且是歐陸上的主要強國，其大學、科學、哲學和音樂更是聞名全世界，受到世人仰慕，而且，國家已發展到一種令人難以置信的繁榮現象，到一九一四年，它在工業生產方面，有些項目已超過英國和美國。隨後在一九一八年便受到致命的失敗，德國成爲強敵任意擺布的對象，聽任列強予以宰割，對此德國人民實在無法理解，他們難以相信，他們所向無敵的軍隊眞的在戰場遭到失敗。很快就有一種傳說出現，並迅速傳開且愈傳愈廣，即國家是被政府中的社會主義者和猶太人「從背後捅了一刀」，雖然這一指責並沒有事實根據，但是它有助於慰藉德國愛國者受創的自尊心。那些尋找代罪羔羊的人也指責共和國政權的怠忽職守與不負責任，據稱柏林已取代巴黎成爲歐洲最浮華與墮落的城市。德國現在急需的，似乎是能夠領導一場運動並重新贏得世界尊重的權威。

凡爾賽條約強加在德國人身上的兩項條款，進一步加深了這種屈辱感。首先，德國被迫將它們的軍隊縮減到只剩下十萬人，這一規定導致軍官團的強烈不滿，他們在政治上有很大的勢力，依然是軍隊中的最高軍階者。其次，支付巨額賠償的沉重負擔，更招致德國人的憤怒，反對賠款協定的人強烈要求實行拒付賠款的阻礙政策，認爲條約規定的三百三十億美元的龐大數目賠款，實非

德國能力所及，因此會使德國經濟在可預見的未來，必然處於低迷的狀態，具有各種不同信仰的政治家都認爲賠款數目大得令人無法想像。不過，一九二○年代初期，威瑪共和國的外交部長沃爾特·拉特瑙是一位反對蓄意阻撓賠款的人，他試圖與前協約國列強達成妥協。一九二二年，拉特瑙被持蓄意阻撓觀念軍官中的一個祕密組織暗殺，這一事件產生的反應是，德國政府拒絕繼續支付賠款，結果法國於一九二三年初占領了魯爾河流域，當法國試圖迫使當地的德國礦主爲法國生產時，並沒有獲得成功，反而使魯爾區的工業和運輸陷入停頓之中。僵局持續了好幾個月，最後被德國總理古斯塔夫·施特雷澤曼打破，他承認阻撓政策徒勞無功，必須用妥協與交涉的方式才能解決問題，便停止這一消極抵抗運動。施特雷澤曼之所以能夠成功地勸說德國人接受他的觀點，還得益於一項國際協定，即在美國人查爾斯·道威斯率領的專家委員會指揮下，用經濟觀點來重新確定德國賠款數額。危機暫時消除了，但是賠款爭論造成的心理創傷並未癒合。

德國訴諸於極權主義的另一重要原因，是該國在一九二○年代深受通貨膨脹之苦。一九二○年代初期，面臨日益上升的失業率，政府需要資助社會福利工程，同時也需要錢購買黃金以支付戰爭賠款，凡此種種均使得德國政府不斷增加貨幣供應，結果出現一個毫無節制的通貨膨脹時期，中產階級對此情況尤其感到沮喪。工資上漲幅度趕不上生活費用的飛漲，農民對農產品價格暴跌和債務賦稅的苛重負擔怒不可遏，大學生看不到自己在人滿爲患的各種職業中的一席之地，那些靠固定收入爲生的人——領養老金者和股東，目睹自己的生活消失了保障。當他們喪失政府有助他們一臂之力的能力與信心的同時，也對共和國失去了信心（不管這是一種什麼樣的信心）。在精神上深受通貨膨脹創傷的中產階級一直在尋找一個能允諾他們的需求、對他們的問題表示同情的政府，隨著一九二九年大蕭條的降臨，這種尋找以更大的力量進行。下文我們將看到，對世界大部分地區而言，大蕭條是一場大災難。然而，沒有幾個國家能像德國那樣，如此深刻地感受到它的影響，六百萬名工人失業，中產階級再次目睹自己的積蓄化爲烏有。

然而，在一九二○年代後期，德國經濟以及威瑪共和國一度可能復興。貸款使國家有能力支付戰爭賠款（賠款數目按道威斯委員會的建議有所削減），並可用廉價出口物品掙錢。從諸如法蘭克福、杜塞道夫和柏林之類大城市的市政府資助建設項目中——學校、醫院和低價工人住宅，可看出國家在政治和經濟上都有了較健康的發展，這些市政府資助建設項目皆由社會主義者所控制。

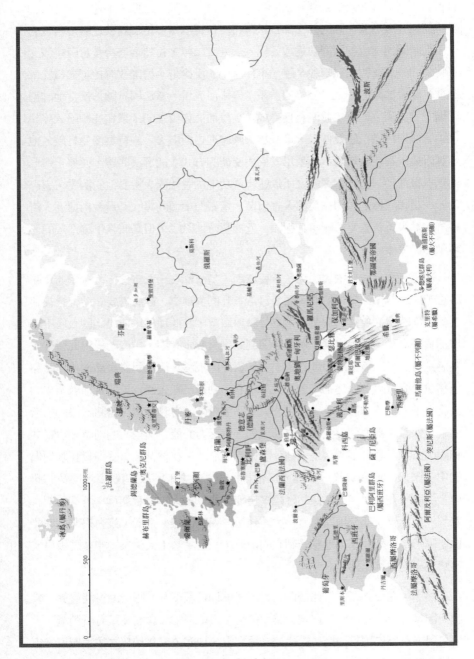

圖35-1 一九一四年第一次世界大戰前夕的歐洲

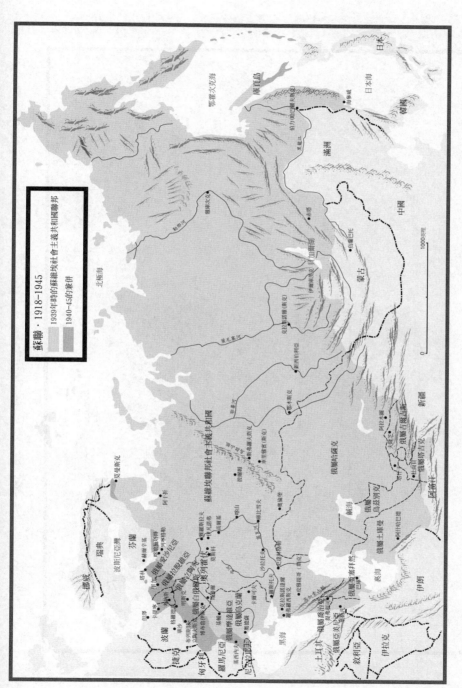

圖35-2　蘇聯‧一九一八～一九四五

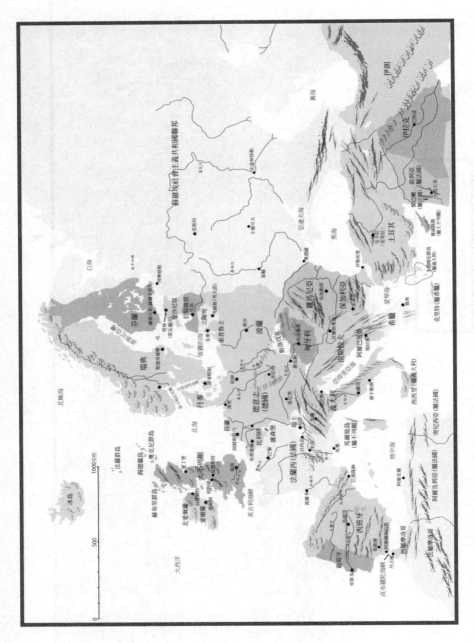

圖35-3 一九三九年九月一日第二次世界大戰前夕的歐洲

實際上，道威斯計畫經由強調立即增加產量，確保了國家經濟仍由該國主要的工業家主導，這些工業家傾向於過分投資他們的企業，削弱了一旦大蕭條降臨時降低成本的能力，這些人非常保守，其中有些人贊同成立一個比威瑪共和國更專斷的政府，他們與同樣保守的地主聯合在一起，因為兩者都希望推行能夠刺激國內貨物、食品生產與銷售的保護性經濟政策，軍人和文官對共和國具體表現出來的議會民主傳統和國際合作心存不滿，也站在保守勢力這一邊，使其勢力進一步加強。

到一九二〇年代結束時，政黨政治出現與義大利類似的兩極分化現象。支持溫和立場黨派的人愈來愈少，左翼共產黨候選人和右翼保皇派德意志人民黨候選人卻取得愈來愈大的勝利。一九三二年的全國大選本身反映了人們對共和國的不滿，結果是大戰中的英雄興登堡元帥連任總統。不過，具有重要意義的不是興登堡重新執起大權，而是共產黨獲得大約五百萬張選票，激進右翼候選人阿道夫‧希特勒得了一千一百多萬張選票，占總投票數的三分之一以上。威瑪共和國命數已盡，希特勒是一位無法戰勝的敵人。

希特勒生於一八八九年，父親是奧地利海關的一名小小文職人員。他的早年生活並不愉快，且無法適應社會。自孩提時代起，他就顯示出其反叛精神與不守紀律的性格，他似乎總是受到挫折、失望與折磨，在學校求學時，他並不是一名用功的學生，只喜歡塗鴉畫畫，因此便決定成為藝術家。一九〇九年到了維也納後，希望能夠在維也納藝術學院就讀，但是他未能通過入學考試，在揮霍掉兩份頗豐的遺產後，他靠打零工、畫水彩畫賣錢勉強來餬口過日子，他的日子過得更苦。就在這時，他有了若干極為強烈的政治偏見。他對維也納某些反猶政客十分崇拜，由於他認為猶太教與馬克思主義具有密切的關聯，因而他也痛恨此一學說。第一次大戰爆發時，希特勒正住在慕尼黑，雖然他是奧地利公民，但是他當下報名加入德軍。戰爭結束後，他與其他心懷不滿的德國人一起譴責威瑪共和國，選擇新近成立的民族社會主義勞工黨【8】作為表達自己不滿的工具。納粹黨最初是一個左翼政黨，主要向心存不滿的工人進行宣傳鼓動工作，到了一九二〇年代中期，在希特勒的領導下，它擴大自己的成員範圍，也吸收中產階級中的不滿分子入黨。納粹黨的信條很大程度上來自一份名為《我的奮鬥》的雜亂無章的小冊子，這本小冊子是一九二三年希特勒於獄中撰寫成的，當時納粹黨的一支祕密部隊在慕尼黑發動一場突襲，希特勒企圖一舉推翻政府，但是這次行動以失敗收場，希特勒便被捕入獄。在《我的奮鬥》中，希特勒表露出對猶太人和共產主義的仇恨、抒發了對德國被其敵人出賣的

感受，以及表現出只有在他強有力的領導下，德國才能在中歐各國中重新找到它適宜位置的信念。

對那些心灰意冷、經濟上受到威脅的德國人而言，希特勒的話十分具有吸引力，因而追隨者愈來愈多。在一九二八年的選舉中，納粹黨在國會中獲得十二個席位。一九三○年，他們贏得一百○七個席位，所獲選票數由兩年前的八十萬張增加至六百五十萬張。在一九三二年夏天，國會制度崩潰了，沒有一位總理能在國會裡獲得多數的支持，納粹黨不願支持任何不以希特勒爲總理的內閣，共產黨人則拒絕與社會黨人合作。一九三三年一月，一群反動分子【9】誤以爲自己能夠控制住希特勒，就說服興登堡總統任命他爲總理，根據安排，內閣中只能有三名納粹黨人，副總理一職則由信奉天主教的貴族弗蘭茨・馮・巴本擔任。然而，支持這一計畫的人並沒有意識到，納粹運動在民眾中享有的威望是如此之高。希特勒毫不遲疑地充分利用這一新的機會，他立即說服興登堡總統解散國會，下令於三月五日重新舉行選舉，當新國會召開時，它授予希特勒實際上無限制的權力。此後不久，威瑪共和國國旗被降了下來，換上納粹黨的卍字旗，這一新德國被稱爲第三帝國，爲中世紀的霍亨斯陶芬帝國和德皇的霍亨索倫帝國（第二帝國）的繼承者。

在此後幾個月裡，發生了其他的重大變革，使得德國由俾斯麥的聯邦制國家，轉變爲一個高度中央集權的極權國家。希特勒既是國家總理，又是納粹黨黨魁，他享有獨特的地位，可以把國家權力用於爲黨的目的服務。爲了此一目的，除了納粹黨外的所有其他政黨都被宣布爲非法組織。黨內的傑出人物被任命爲政府各部門的主管，同時全國各地的黨的負責人也擔負起行政職責。希特勒利用準軍事性的納粹「衝鋒隊」維持黨紀，並透過有預謀的恐嚇和暴力手段強行向民眾發號施令。就連衝鋒隊自身也未能逃脫極權恐怖的魔爪：當衝鋒隊的領袖急於企圖取代正規軍軍官團，而危及軍界對希特勒的支持時，希特勒進行了一場血腥清洗運動，一千多名衝鋒隊高層人員被立即處決【10】。希特勒及其助手絕無法容忍任何有礙他們獲得絕對權力的行爲。一九三○年代後期，另一支準軍事武裝「黨衛隊」成爲納粹實行鎮壓和恐怖行動時，最令人膽寒的幫兇，黨衛隊的領袖是狂熱的海因里希・希姆萊，他對希特勒本人負責，這一機構對全體德國人擁有至高無上的權力，可以逮捕、拘押、殺害任何看來會妨礙納粹統治的人。

雖然德國是世界上工業化最高的國家之一，但是國家社會黨的思想體系有著一種特別的農民色彩。納粹理論的關鍵包含了「鮮血與土壤」這個詞彙。

「土壤」一詞不僅反映出對祖國的尊敬，而且也反映出對農民一種永恆的愛，農民被認為最能完善地表現德意志民族的優良素質。納粹之所以如此重視鄉村居民，給予鄉村居民如此的高度評價，無疑部分源自下述事實：農民在整個國民中出生率最高，這在軍事上最具價值；另外一個原因則是，納粹領導人反對城市所代表的一切思想──他們不僅反對知識主義和激進主義，也反對發達的金融業以及工業社會中的種種複雜問題。

然而，雖然具有這些情感，納粹黨人卻沒有對德國經濟進行多少重新建構的工作。儘管他們在剛上臺時，允諾要對連鎖店課以重稅來保護小店家的利益，但是他們屈從於銀行家的壓力，對這些計畫的進行有緩和的趨勢。確實，他們把重工業當成重整軍備計畫的一部分，鼓勵發展這一工業，並與像是化學工業法本公司之類的工業巨頭合作結成合夥關係，法本公司在開發合成燃料方面，與政府有密切合作。與西方其他國家一樣，德國人也經由興辦國家資助的大型建築工程來救助失業：這些工程包括公路的修建、公共住宅的興建和重新造林。一九三○年代後期，重整軍備活動和軍事武裝規模的大幅度增加，基本上解決了德國的失業問題──其他國家解決失業問題所用的政策和計畫項目，與德國大致相同。

相對來說，納粹的統治對德國的社會結構並未有所變動。政府的政策鼓勵婦女退出勞動人口，一方面可以緩解失業現象，另一方面與納粹對於婦女適宜角色的觀念有關。一位納粹宣傳家這樣問道：「對婦女而言，待在自己安逸的家中，坐在丈夫身邊，從心聆聽編織著母親夢的時間編織機，難道還有比這更美好的事情嗎？……」希特勒與墨索里尼一樣，透過剝奪勞工階級組織權力的做法來消弭階級衝突，他宣布工會為非法組織，罷工是非法的行為，並凍結工資，把工人和雇主納入一個全國勞動陣線，同時他提高工人的福利待遇。納粹政權不停向整個社會灌輸一種新的民族「精神」，此舉在某種程度上淡化了階級區別。有些組織──像是希特勒青年軍和全國勞動服務隊──打破了階級界線，卻還是無法把這種界線消滅。希特勒青年軍是童子軍的一個邪惡變種，而全國勞動服務隊則由學生和其他人組成，用一個學期的時間在國家資助的各項建築和墾荒工程中勞動。

對於國社黨人來說，重大的社會分界線是種族。在這方面，納粹主義與其他形式的極權主義有所不同，他們一心一意想要迫害猶太人的行為表現得尤為明顯。反猶主義是一個長達百年之久的現象，它在十九世紀時便已出現：俄國對猶太人的集體迫害；法國的德雷福斯案件；以及一八九三年的德國，有十六

位鼓吹反猶的人被選入國會，保守黨則把反猶主義納入黨綱。對那些害怕城市化、害怕改革的人來說，猶太人是一種威脅，猶太人大都居住在城市中，在金融界和企業界有很大的進展，他們在科學、文化和政治革新等方面皆很有貢獻，居領先地位，卡爾‧馬克思是猶太人、西格蒙德‧佛洛伊德也是猶太人。透過攻擊猶太人，反猶分子也攻擊現代制度，他們鄙視現代制度並認為現代制度與某種「陰謀」有關，它企圖剝奪在傳統和權威這樣穩定基礎下的文明。他們曲解進化學說，使此學說的觀念與自己的觀點相合。猶太人被宣布為「無家可歸之人」，在任何特定的民族文化中都沒有根基，因而對維持種族生存必不可少的種族「純正」，具有毀滅性危害。德國歷史學家海因里希‧馮‧特賴奇克在一八七九年寫道：「猶太人是我們民族的災禍。」這句話的意思是，猶太人屬於一種異己力量，會毀掉成功的德意志帝國的未來。

希特勒極為狂熱地信奉右翼反猶教條。納粹黨人爭論說，所謂的亞利安人（據認為包括北歐日耳曼人，是最完美的人種典範）是有史以來唯一對人類進步做出過重大貢獻的種族。他們還進一步提出，一個民族的成就和智能是由血統決定的，因而，不論一個猶太人在任何一個西方國家生活的時間有多久，他們的成就永遠都只是猶太人的，按照這一論點，任何猶太人的科學、文學或音樂都永遠不可能真正代表德意志民族。一九三五年通過的一連串法律條文，剝奪了猶太人和具有猶太血統者的德國公民權，並禁止猶太人與其他日耳曼人通婚【11】。最後，數百萬名猶太人被關進集中營，他們遭到拷打和集體謀殺，「不完美」種族和社會集團的其他代表──同性戀者、吉普賽人以及反納粹的知識分子，也遭到類似的命運。希特勒反猶運動的極端主義強調下述事實：國家社會黨學說比義大利的法西斯主義更為狂熱，它是一種新宗教，這不僅體現在教義和儀式上，還體現在其極端不寬容和醉心於擴張活動上。

如果說納粹主義是一種誘人入邪道的宗教，那麼希特勒就是此宗教的高級祭司。他的感召力部分來自於他有能力給予德國人他們想要的東西：讓工人有工作，讓工業家有富有成效的經濟，讓仍具有影響力的容克階級擁有一個反共壁壘，但更重要的是，他宣揚了德國人希望聽到的東西，他的力量主要不是來自於他推出的計畫上──其中許多計畫是考慮不周或自相矛盾的，而在於他對德國同胞情感的回應，把那些情感轉變成至理名言的才幹上。希特勒早年的一位追隨者曾這樣說：「希特勒像地震儀測定地震那樣，對人們心臟的跳動做出精確的反應。……他講出來的每一句話，觸及每個人的隱痛，把大眾由無意識狀態喚醒，表達其內心深處的渴望，向他們講述他們最愛聽的東西。」如此多

的人熱衷聆聽阿道夫・希特勒的邪惡信條，深刻說明了一九三○年代西方世界令人沮喪的狀況。

　　極權主義的重要性，不論是德國或義大利，仍是研究現代史的學者所爭論的問題。有些人認為，它反映了大資本家為了努力挽救其垂死的制度免於遭到完全毀滅時，表現出的對力量的推崇，確實，這兩個極權黨派的運動能夠控制住政府，其實都有賴於大地主和工業鉅子的支持；其他人把德國和義大利的極權主義視為債務人反對債權人、農民反對銀行家和實業家、小商人反對高度發達的金融業和壟斷措施的一種反應；也有一些人認為，極權主義是對共產主義威脅的一種反抗，是原始主義的恢復，是人民大眾悲觀失望的結果，是對於民主制度弱點的一種抗議，或者是狹隘民族主義的最高表現形式。毋庸置疑，它是上述各種因素與其他因素混合造成的。此外，還有一種說法，認為法西斯主義和納粹主義是所有工業化國家中的主導地位趨勢的極端表現。如果說一九三○年代多數西方國家的官方政策都愈來愈具有一種權力主義特徵——對經濟實行嚴格控制、限制生產以控制物價、擴充軍備以促進繁榮，這是因為在那一時期，幾乎所有國家都遭遇到類似問題的困擾，並對這些問題的影響感到不同程度的畏懼。

兩次大戰之間的民主國家

　　在第一次世界大戰之後的歲月裡，西方三個主要民主國家——英國、法國和美國，經過了大致相同的發展歷程，這三個國家的政府都試圖信任著戰前的政策以及戰前認為理所當然之事。絲毫不令人感到意外，法國人依然對德國表示擔心，他們所採取的任何一項措施，都企圖使其宿敵（德國）盡可能處於軟弱的狀態。在溫和保守派人士雷蒙・普恩加來（一九二二至一九二四年與一九二六至一九二九年兩度任政府首腦）領導下，法國人實行的是緊縮通貨的政策，試圖通過限制工資來保持工業製品的低價位，這一政策受到工商業主的歡迎，但是工人階級卻深受其害。一九二四至一九二六年任政府總理的愛德華・赫禮歐雖然屬於激進社會黨，但他是小型企業主、農場主和下層中產階級的代言人，赫禮歐宣稱贊成社會改革，但是拒絕提高稅收以推行改革。

　　在整個一九二○年代，階級衝突在法國國家事務中趨於表面化，雖然工業繁榮，但是雇工反對工會的集體談判要求，戰爭剛結束，就進入了一個大罷工時期，大罷工之後工會活動急劇減少。一九三○年，政府通過一項經過修改的社會保險計畫，對疾病、老年和死亡提供保險，然而工人依然對此感到不滿。

　　英國也爆發了階級衝突。英國迫不及待地要恢復它在一次大戰前的世界主要工業大國、金融大國的地位，它與法國一樣，推行緊縮通貨政策，希望藉此降低工業製品的價格，從而提高其商品在世界市場上的競爭力，結果工資被降低了，許多英國工人的生活水準受到影響，這些工人的怨恨成為一九二四和一九二九年工黨贏得大選勝利的原因之一。但是工黨在國會中仍屬於少數，沒有多少機會建立大的政績，即便其領導人麥克唐納首相是一位事實上更有進取心的社會黨人。一九二六年，英國工會【12】變得愈來愈具有戰鬥性，這是由於煤礦業的工資低得令人無法滿意，又因為一九二五年保守黨在斯坦利‧鮑德溫領導下重新掌權後，拒絕從其緊縮通貨立場退一步，工會掀起一場全國性大罷工，儘管罷工作為一種工業對策是失敗的【13】，大罷工導致中產階級比以前更加反對工人。

　　在各個民主國家中，美國無疑是保守勢力最堅不可摧的堡壘。一九二○年代當選的總統——沃倫‧哈定、卡爾文‧柯立芝與赫伯特‧胡佛，都支持十九世紀大企業主們提出的社會哲學；同時，最高法院也運用其司法審查權，否決各州政府、有時是國會提出的進步性法案。

　　一九二九年的世界性經濟大蕭條，使得西方歷史的進程發生了令人震撼的改變。前文我們討論過，大蕭條是如何促使納粹主義上臺的，但是所有國家都被迫屈從於大蕭條在經濟和社會方面造成的破壞。大蕭條產生的根源是一九二○年代農業總體的衰落，農業衰落則是戰後產量日益增長的結果，產量的增長導致穀物和其他商品的價格降到令農場主破產的地步，卻遠不足以讓城市貧民獲益。一九二九年紐約股票交易所股價的暴跌引發了一場金融危機，這場金融危機進一步加劇原本就很嚴重的農業困境。隨著股票價值的下跌，銀行發現自己缺少資金，不得不關門停業，國際投資者要求支付債款。此外，金融危機也影響到工商發展，工業部門無力出售其產品，只得停止生產，並開始解雇工人，失業使市場進一步萎縮，有錢去購買貨物或享受服務的人愈來愈少，市場萎縮則使失業進一步加劇。

　　大蕭條的結果在西方各個不同的國家有了不同的結果。一九三一年，英國放棄金本位制；一九三三年，美國也採取了類似做法。這兩個國家不再讓其貨幣與黃金價格有所關聯，希望藉此使貨幣貶值，從而為國有和私有經濟復甦計畫籌得更多的資金，這一舉動是全面實行貨幣管理計畫的先驅，從此便成為總體經濟國家主義基本政策中的重要因素。早在一九三二年英國就放棄長期引以為傲的自由貿易政策，因此在某些情況下，保護性關稅高得驚人，竟高達百分

之百。

在國內，英國小心謹慎地減緩大蕭條的影響。一九三一年國民聯合政府【14】成立，其成員來自保守黨、自由黨和工黨，它們對於開支大於收入這件事十分不願意讓它發生，然而，為了承擔有效的社會救助計畫只好接受。在歐洲各民主國家中，法國是最後感受到大蕭條的來臨，在大蕭條來臨後，它便採取一系列最先進的政策，與不平等和困境奮鬥。一九三六年，為了對付極端保守分子傾覆共和國的威脅，激進黨、激進社會黨和共產黨聯合組成人民陣線政府，以萊昂‧勃魯姆（一八七二至一九五〇年）為首的左翼聯盟政府，上臺執政兩年，試圖阻止第三共和的分裂。人民陣線對軍火工業予以國有化，並改組法蘭西銀行，以取消二百名最大的股票持有者對信貸進行壟斷性控制。此外，它規定城市工人一律實行每週四十小時工作制，著手實施公共工程計畫。為了農民的利益，它設立了小麥局，以穩定糧價，調節穀物的分配。儘管來自右翼政治集團的威脅暫時被人民陣線平息了，但是保守派對其改善工人階級處境的努力，普遍持不合作的態度，並對此無動於衷。德雷福斯事件發生時出現過的反猶主義勢力再次抬頭，而勃魯姆既是猶太人，也是社會黨人，因此，工商業主把他視為法國列寧的先驅，便聲稱「寧可要希特勒，不要勃魯姆」，他們在一九三〇年代結束前如願以償。

在大蕭條之後，政策方面改變最大的不是歐洲，而是美國。原因主要有兩方面：美國恪守十九世紀經濟學說的時間比歐洲長。在大蕭條來臨前，工商階級一直堅定地信奉契約自由的原則，同時也堅持自己有權進行獨占，並有權利用政府作為他們打擊工人和消費者要求的代表，因此，經濟不景氣的情況在美國也比在歐洲各民主國家更為嚴重。工業生產縮減了大約三分之二，農產品價格和普通股的結構都出現崩潰，數千家銀行不得不停業關門，失業人數上升，增加到一千五百萬人，大約占勞動力總數的三分之一。一項改革與重建的方案終於為減緩困境找到方法，這就是「新政」。這一計畫的主要設計師和倡導者是一九三三年三月四日繼赫伯特‧胡佛出任總統的富蘭克林‧羅斯福（一八八二至一九四五年）。

新政的目的是透過對經濟實行管理、實施救濟和公共工程計畫，提高大眾購買力來維護資本主義制度。儘管新政確實有助於個別公民和國家的復甦，但是它未能解決失業這一至關緊要的問題。一九三九年，在新政實施六年之後，美國仍有九百萬名以上的失業工人——這一數字比世界其他各國失業人數總和還要多。具有諷刺意味的是，似乎只有一場新的世界大戰的爆發，才能提供新

政未能實現的全面復甦，因爲大戰把數百萬人由勞動力市場引入軍隊，並在無數轉向生產軍需品的工廠中創造了就業機會。

兩次大戰之間年代的思想文化趨勢

令如此多人感到幻滅的第一次世界大戰，以及接著而來一連串令人心灰意冷的政治事件，都導致人們難以牢牢堅持任何有關宇宙性質等的觀念。哲學家們比其前輩更明確地宣稱，任何尋找關於終極現實本性問題的答案的嘗試都是沒有什麼意義的。這些反形上學論者與上個世紀的哲學家斷然決裂，後者基於對進步的信念和尋求所有關於人類行爲的任何解釋方式，來做出自己的推斷。這些新思想家中，最具影響力的或許當推維也納人路德維希·維根斯坦（一八八九至一九五一年），他與英國人伯特蘭·羅素（一八七二至一九七〇年）同爲邏輯實證主義學派的創始人。邏輯實證主義由魯道夫·卡納普領導，經過所謂維也納學派進一步發展，一種毫不妥協的科學哲學便脫穎而出，它與價值和理想毫無關聯，除非這種價值和理想可以用數學或物理學顯現出來。一般說來，邏輯實證主義把任何無法與宇宙中的某一事物進行「一一對應」的東西，都視爲「沒有意義」；也就是說，他們把哲學簡化成爲發現與自然環境中的種種事實和諧一致的眞理的工具，他們幾乎完全拋棄哲學的傳統內涵，將它作爲回答和解決問題的媒介，他們尤其著重於攻擊政治理論，因爲他們認爲該主題充斥了種種尚未證實的假設和值得懷疑的教條。

社會學家在否定形上學的價值上，進一步強化了哲學家的學說，其中最重要的社會學家之一是德國人馬克思·韋伯（一八六四至一九二〇年），他在其著作《新教倫理與資本主義精神》（一九〇五年）中辯稱，必須把宗教理解爲一種文化力量，這種看法直接促進資本主義的傳播。新教把工作視爲一種基本美德，把懶惰視作一種邪惡，從而促進一種工作倫理，這種倫理反過來又爲早期資本家、企業家提供了能量。在回過頭來研究當代世界問題時，韋伯得出的結論是，社會將不可避免地愈來愈處在不斷擴展、且具有極權潛能的官僚制支配下，他知道這樣的發展會在多大程度對人類自由構成威脅，因而提出「克里斯瑪」（領袖氣質）概念，藉此擺脫在國家控制之下令人窒息的暴政。「克里斯瑪」一詞源自希臘文，本指「天賦」。韋伯把該詞用來當成一種近乎神奇的氣質，它可以誘發英雄崇拜，如果具有此氣質者引導得當，它可能會產生出一種對官僚制構成挑戰的權威，韋伯本人既了解「克里斯瑪」權威的吸引人之處，又看到這種權威的危險性，不久之後，史達林、希特勒和墨索里尼的經歷

把這種危險完全暴露出來。另外，把宗教視為一種強大的社會和心理力量，而不是形上學的一個分支的思想家中，還有一位是瑞士心理學家卡爾·榮格（一八七五至一九六一年）。榮格原本是佛洛伊德的學生，並和佛洛伊德一起工作一段時間，後來因為志趣不同，而與其思想導師分道揚鑣，他宣稱在個人「自我」和超自我背後存在著一種力量，此即「集體無意識」。榮格的文學背景及他對神祕主義的嗜好，促使他相信神話和宗教具有持久性的心理學和治療價值，而這是佛洛伊德拒絕承認的。

兩次大戰之間的那段時期中，有一些哲學家的著作不僅反映出一種危機感和失望感，也由於這些著作的影響又促成了這種情感。這些哲學家中，首要的人物是義大利人維爾弗雷多·帕雷托（一八四八至一九二三年）和德國人奧斯瓦爾德·史賓格勒（一八八○至一九三六年），他們二人都鄙視民眾，認為民主政治是不可能實現的，均羨慕強有力、敢作敢為的領導人。史賓格勒在許多方面比帕雷托更加極端，這可在一九一八年前後他完成的《西方的沒落》一書中看出，尤其是在後來的著作中，他表露的態度反映出極權主義對一位「反知識的」知識分子具有多麼大的吸引力。史賓格勒在一九三三年出版的《決定的時刻》一書中，大肆攻擊民主政治、和平主義、國際主義、社會下層階級和有色人種。他稱讚那些「感到自己生來就應該當作主人」的人，稱讚「健全的本能、種族和占有慾、權力的意志」。史賓格勒對城市知識分子的分析推理方法嗤之以鼻，呼籲人們要敬仰「古老農民家族的深邃智慧」。他一直堅稱人類是「食肉動物」，而認為那些否認這一結論者不過是「缺少牙齒的食肉動物」。

德國物理學家艾伯特·愛因斯坦（一八七九至一九五五年）藉著他那拓荒性的工作，更進一步得出混亂和不確定性的理論推斷和實驗，大大改變人們認識宇宙的方式。一九○五年，愛因斯坦開始不僅向較古老的物質觀念提出挑戰，實際上則更向傳統物理學的整個結構提出挑戰，他最著名的學說是相對論。在十九世紀大部分時間裡，物質學家們一直認為空間和運動是絕對的，太空裡充滿一種無法觸摸的物質，稱之為「以太」，它為光的波提供了媒介。但是在十九世紀末葉，英國、美國物理學家透過實驗，推翻了以太假說，於是愛因斯坦隨之著手依照不同的模式重新建構宇宙的體系。他堅持認為，太空和運動彼此之間是相對的，而不是絕對的，物體不僅是三度空間的，而且是四度空間，在人們熟知的長度、寬度和厚度之外，愛因斯坦又增加了一個新的空間，即時間，並把所有這四度空間綜合起來，稱為「時空連續」。他試圖以這種方式解釋質量取決於運動的觀念，並得出物體在高速運動時，其體積與質量之比

不同於靜止狀態下的物體。愛因斯坦還提出宇宙有限的觀念，即空間是有限的，而且物質領域並不會無限地擴張其範圍，因此宇宙是有界限，雖然這些界限都不是確定的邊界，但是至少存在著一個在它之外什麼東西都不存在的區域，空間是彎曲的，朝自身折返，這樣便使使宇宙成為一個龐大無比的球體，其中包括銀河系、太陽系、恆星和行星。

愛因斯坦的學說促使物理學上其他革命性發展的出現，且具有重大影響，這一重大發展就是原子分裂以釋放其中所含能量。早在一九○五年，愛因斯坦就確信質量與能量相等，並推導出兩者互相轉換的公式：$E=mc^2$。其中，E代表能量，以爾格為單位；m代表質量，以克為單位；c則代表光的速度，以每秒釐米為單位。換言之，原子中蘊藏的能量等於質量乘以光速的平方。但是，此公式在一九三二年英國人詹姆斯‧查德威克爵士發現中子之後，才有可能付諸實施。由於中子不負載電荷，所以，它是轟炸原子使之分裂的理想武器，這是因為它既不會為帶有正電的質子排斥，也不會為帶有負電的電子吸收。此外，在轟炸過程中，中子會產生更多的中子，這些中子在擊中其他原子時，造成分裂後，又會產生其他的中子，就這樣，最初的反應幾乎永無終止地重複下去。

一九三九年，德國兩位物理學家奧圖‧哈恩和弗里茨‧施特拉斯曼經由用中子轟擊鈾原子，成功地使鈾原子發生裂變。最初的反應很快就產生一連串的反應，這非常類似在一張紙的一角上點火，當其鄰接部分溫度升高到足以使它們著火燃燒起來一樣。第二次世界大戰期間，德國、英國和美國的科學家在進行這種工作時，受到各國政府的鼓勵，因為這些國家急於把這些發現用於軍事上。第一次運用原子裂變的知識，就是用來準備製造原子彈，這種原子彈將進一步加劇及延續這時代的憂慮。

兩次大戰之間的文學運動呈現出種種與哲學領域類似的趨勢。與哲學家一樣，主要的小說家、詩人與劇作家都因為對第一次世界大戰的殘忍，和戰勝國未兌現諾言的行為，而感到沮喪失望，許多人還受到科學領域革命性發展的深遠影響──諸如愛因斯坦的學說，尤其是新興精神分析科學對心靈奧祕的探究，兩次大戰之間的許多文學作品都以失意、犬儒主義和幻想破滅為主題。這時期的風格分別體現在不同作家身上，比如：體現在美國作家歐內斯特‧海明威（一八九九至一九六一年）的早期小說、美裔英國作家艾略特（一八八八至一九六五年）的詩歌和德國作家貝托爾特‧布萊希特（一八九八至一九五六年）的戲劇上。在《姿似朝陽又照君》一書中，海明威以強有力的筆調，向

公眾描繪了所謂「迷惘的一代」的本質性悲劇，並創立一種很快就被其他作家仿效的模式，像是美國人史考特・費茲傑羅。艾略特在他的詩作《荒原》（一九二二年）中，提出了一種近乎失望的哲學，他似乎在說，人一旦呱呱落地後，生命就成為一種不得不忍受痛苦、失落的活屍。布萊希特撰寫的劇本是專門演給光顧小酒館的無產者觀看，在這些劇作中，他指斥資產階級國家的腐敗，認為戰爭是沒有任何意義的。

　　兩次大戰期間，許多作家的作品愈來愈強烈地反映出具有自我意識的知識分子的孤獨感和壓抑感，此為一次大戰之前年代的特徵。當布萊希特把其革命性話語帶到柏林市井街道時，其他作家主要還在為同行作家或那些能夠看得懂其作品的少數菁英分子來創作。艾略特的詩歌中充滿深奧莫測的暗喻。愛爾蘭作家詹姆斯・喬伊斯（一八八二～一九四一）深受精神分析的影響，擁有一種進入其筆下人物內心的能力，並在筆下再次重現他們的「意識流」，就憑這一點，他成為此派作家的領導人物，然而其作品複雜難懂，因此能夠理解它們的人寥寥無幾。至於法國作家馬歇爾・普魯斯特（一八七一～一九二二）和英國女作家維吉尼亞・伍爾芙（一八八二～一九四一）的小說也是如此。伍爾芙在其小說、散文中，同樣以雄辯的方式尖刻地批判英國統治階級，並集中部分篇幅來斥責就連身為統治階級一員的女性也受到強制性壓迫。

　　一九三〇年代的大蕭條迫使人們以新的眼光重新審視文學的方法和目的。在經濟停滯和極權主義與戰爭的威脅之下，文學也變得政治化了。作家們日趨相信，他們的作品必須譴責卑劣、殘忍和野蠻，並指出一條通往較公正的道路上，同時文學要面對的不應該是知識界人士，而應是普通平民百姓。美國作家約翰・史坦貝克（一九〇二～一九六八）在《憤怒的葡萄》一書中，描述了貧苦農民的悲慘處境，書中提到他們由「乾旱塵暴區」逃到加州，結果發現在那裡所有好的土地都被壟斷在剝削工人的大地產公司之手。在法國作家安德烈・馬爾羅（一九〇一～一九七六）的小說中，充斥著一種強烈的暗示，即要人類反對暴政與不平，認為唯有如此才能賦予生活意義和價值。奧登（一九〇七～一九七三）、斯蒂芬・斯彭德和克里斯托弗・伊舍伍德等英國年輕作家，則像同情共產黨的人那樣宣稱，藝術家有義務為了革命利益使其藝術政治化，他們屏棄前輩作家的悲觀主義而投效政治，並投身於一種共同事業的樂觀主義。

　　在這裡，他們與同時代的法國作家保羅・沙特（一九〇五～一九八〇）迥然不同，沙特所持有的悲觀主義的存在主義哲學觀，便是在這一時期問世的。沙特是巴黎一所公立中學的哲學教師，後來在第二次世界大戰期間，成為法國

反對德國入侵者抵抗運動中的領導人。沙特的哲學得名於下述信條，即作為自由個體的人類的存在，是人類生命的基本事實，但是這一自由對人類毫無幫助，反過來，它是痛苦與恐怖的泉源，當一個人意識到自己是一位自由的行動者時，其一舉一動都負有道義責任（不論這一體認是多麼模糊），那麼，他個人就會感覺到自己是一個身處國外世界中的陌生客。他不相信有一位仁慈的上帝或存在一個由目標引導的宇宙，因為在沙特看來，所有這些觀念都被現代科學貶低為虛構的幻想。唯一逃出失望的途徑是「捲入」，即積極地參與人類事務。應當指出，除了沙特的無神論存在主義之外，還存在著一種較古老的基督教式存在主義，它發源於十九世紀中葉丹麥神學家索倫・齊克果（一八一三～一八五五）的教義，與無神論存在主義一樣，基督教存在主義也教導說，人類痛苦和恐懼的主要原因是自由，但是它認為這一自由乃起源於原罪。

另一位不願沉溺於政治樂觀主義之中的作家是英國人喬治・歐威爾（一九〇三～一九五〇），雖然他同情國際社會主義事業，但是仍堅持認為所有政治運動在某種程度上都是腐敗的。他促使作家們承認自己有一種以親身經歷為依據的寫作責任，尤其要作家們注意，絕不可單純地淪為政黨宣傳的應聲蟲。歐威爾的最後兩部小說《動物莊園》和《一九八四》，撰寫於第二次大戰戰火正激烈和剛剛結束之際，在這兩本小說中，強烈地表現出他對政權——無論左翼政權還是右翼政權——的不信任，認為它們自吹是民主政治，實際上卻在消滅人類自由。

一九三〇年代的樂觀主義，一般說來是那些倡導對社會秩序進行激烈變革的作家特徵，這些人中最有名的是那些同情共產主義信條和促使蘇聯取得種種成就的人們。不過，這群人之中有一個例外，那就是英國經濟學家約翰・梅納德・凱因斯（一八八三至一九四六年），他辯稱，如果政府在資本主義管理中發揮一定作用，那麼這一制度就能正常運轉，凱因斯的理論促進了新政這一經濟政策的形成。一九一九年，巴黎和會期間，凱因斯曾任英國政府經濟顧問，他反對強加給德國的那些嚴厲條款，認為這些條款只會使醞成戰爭的仇恨和不確定性持續存在下去。凱因斯相信，資本主義如果能修正其內在缺點，便可以提供一種公正而有效率的經濟。首先，凱因斯拋棄了預算平衡這一神聖原則。他對持續不斷地實行赤字財政政策並不提倡，當私人投資太缺乏，以至於無法提供國家需要時，他要求政府要審慎地運用赤字，當大蕭條結束，經濟開始復甦時，私人提供的資金在多數情況下可以取代赤字開支。他贊成大筆風險資本的積累和投入，宣稱這種資本是唯一具有社會性生產形式的資本。最後，凱因

斯把貨幣控制作爲促進繁榮和充分就業的手段。他要求建立一種一般人所說的「管束通貨」，並按照經濟需要，透過緊縮或放鬆之過程來調整貨幣的價值，這種視國內市場情況調整的政策就可確保繁榮，同時，任何國家都不會愚蠢到爲了追求貿易平衡，而一心想「讓鄰國淪爲乞丐」。

在藝術領域也出現與文學領域並行的趨勢，在該時期大部分時間裡，藝術家已漸漸遠離普通人的審美領域。畢卡索運用其獨特的才華，對立體主義做了進一步的變革和創新。其他藝術家也是如此，比如：法國人費南・雷捷（一八八一～一九五五）就把對立體主義的忠誠，和對工業文明製品的迷戀結合在一起。在印象派藝術家中，有一群人或許比立體主義藝術家更具有現代派色彩，他們認爲，既然色彩和線條可以在不涉及題材的情況下，表現出內在的心理特質，因而繪畫根本不需要有一個「主題」。俄國藝術家瓦西里・康丁斯基（一八六六～一九四四）由這一立場出發推出結論，稱他本人的標題繪畫爲「即興創作」，認爲它們不帶有任何涵義。另一些表現主義藝術家以他們所說的「客觀性」爲由反對理性，他們所談的「客觀性」是指對人類心靈狀況的公正評價。他們的分析是以抨擊戰後歐洲的貪婪和墮落爲形式，該集團的主要人物是德國人喬治・格羅斯（一八九三～一九五九），他那刻薄且帶有嘲諷意味的筆觸被比擬作「切開膿包的刀片」。還有一些藝術家對世界表示厭惡，他們宣稱實際上不存在審美原則之類的東西，因爲審美原則以理性爲依據，但世界是透過自相殘殺至死的方式明確地證明理性並不存在，這些藝術家的領導人物爲法國人馬歇爾・杜象（一八八七～一九六八）、德國人馬克思・恩斯特（一八九一～一九七六）和阿爾薩斯人漢斯・阿爾普（一八八七～一九六六），他們自稱爲達達主義者，該詞據說是從字典中隨意翻找出來的。達達主義者把木料、玻璃和金屬切割重構做成「構造品」，並以稀奇古怪的名字爲畫命名，比如：杜象的《甚至被單身漢剝光衣服的新娘》。然而，批評家們卻指出，雖然這些作品據稱沒有什麼涵義，但是它們實際上表現了潛意識。諸如義大利人喬吉奧・德・基里科（一八八八～一九七八年）和西班牙人薩爾瓦多・達利（一九〇四～一九八九）等超現實主義藝術家的作品也是這樣，它們對人類內心世界的探究，產生了非理性、狂熱和一般說來神經質的形象。

在一九三〇年代，與作家一樣，藝術家對國際危機感也表現出反應——藉助其畫作，直接向廣大觀眾表露他們的痛苦和憤怒。這一新運動的主要代表人物有墨西哥人迪亞哥・里維拉（一八八六～一九五七）、克萊門・奧羅斯科，以及美國人湯馬斯・哈特・班頓、雷金納德・馬什和愛德華・霍柏等。這些藝

術家的根本目標是描繪現代世界的社會情況，並且詳細地展現農民和工人的希望和掙扎，雖然他們很少恪守過去的成規，但是他們的作品並沒有晦澀難懂的地方，他們追求的是人人都能了解的藝術，而且有許多作品都對社會做了辛辣的諷刺。奧羅斯科尤其如此，他以嘲笑教會的僞善，以及富豪、劫掠者的貪婪、殘酷爲樂。

　　音樂，還有其他藝術類別，仍然進行著其遠離十九世紀形式和目的的歷程。像是德布西這一派的印象主義音樂家爲表現主義音樂家所繼承，後者的作品更關注形式而非感官的效果，更具有抽象趨向。表現主義比印象主義更激進和更有影響力，它包括兩個主要派別：一是無調性，由維也納人阿諾德・荀伯格（一八七四～一九五一）創立；一是複調性，俄國人伊戈爾・史特拉汶斯基（一八八二～一九七一）爲最好代表。無調性屛棄音調關係的根法，在這種音樂中，不諧和音成爲主宰，旋律通常在半音階和奇怪、無法唱的跳音之間變動，簡言之，是將正常的作曲原則顚倒過來。無調性作曲家試圖讓音樂成爲表達事物內在意義和基本結構的工具，在這方面他們取得了某些成功。

　　複調性在本質上乃是一種對位法的類別，它有部分是從巴洛克風格的對位法中獲取靈感，被用以爲新的觀念服務。然而，它並不是以交織各個獨立的旋律使之組成諧和的音爲主，而是著手把不同的音調和不相關的和音系統揉合在一起，結果便產生高度的不諧和。無調性作曲家保留了浪漫主義的成分，複調性作曲家則試圖恢復純形式、樂章和節奏的結構特質，藉以剔除一切情感和感覺上的涵義。

　　建築師們在這一段期間內也熱衷於否定感傷主義。一八八○至一八九○年間，歐美設計師宣稱，現在居主導地位的建築風格與現代文明現狀不符，因而聲稱他們決心恢復那一和諧。這一「功能主義」的主要先驅爲德國的奧托・瓦格納（一八四一～一九一八）、美國的路易斯・蘇里文（一八五六～一九二四）和弗蘭克・洛伊德・懷特（一八六九～一九五九）。功能主義建築的基本原則即是，一個建築的外表應當體現出其實際用途和目的，絕不可以僅僅因爲某些人認爲壁緣的裝飾、圓柱、窗花格或雉堞牆之類的裝飾物好看，而增加這些多餘之物。眞正的美在於嚴格使用建築材料，使之符合設計目標。功能主義還體現了下述觀念，即建築應直接或象徵性地表現出當代文化的顯著特徵，因而，裝飾物必須局限於那些反映出科學與機器時代的要素。在歐洲，功能主義的首要實踐者是德國人瓦特・格羅佩斯（一八八三～一九六九），他在一九一九年於德紹建立了一個學院——包浩斯建築學院，作爲現代建築的理論

和實踐中心。格羅佩斯及其追隨者宣稱，他們的設計風格是唯一能夠合理地使用新型材料——五彩、玻璃、鋼和混凝土——的風格，後來此種風格逐漸被稱爲「國際風格」。

格羅佩斯就跟德國眾多知識分子一樣——包括猶太裔和非猶太裔，在希特勒當權後離開了他的國家。極權主義有自己的文化審美觀念，宏揚建築材料、線條和比例特性的功能主義，在極權主義統治下無立足之地，因爲在那個制度下的藝術不得不去宣揚國家美德、國家傳統，以及人民的抱負。取代格羅佩斯而被希特勒所青睞的是艾伯特‧斯佩爾，這位設計師才智平庸，他爲希特勒設計了規模宏大的建築方案，不過，這個建築感覺上空洞無物，實爲納粹意識型態不經意的模仿。與功能主義一起消失的還有無調性音樂，取而代之的是在國家資助下復興華格納神祕而有英雄氣概的民族主義音樂。

藝術是極權主義政權新文化機器的重要組成部分：宣傳，訓導人民只相信政府想讓他們相信的東西。這些東西，像是「亞利安種族優越性」，雖站不住腳，但這根本無關緊要，因爲如果它可以爲國家利益服務，那就會被當作眞理向世人傳播。而且，從十九、二十世紀初期開始，政府鼓勵人們識字，因爲政府擔心無知的工人階級會成爲革命威脅，因此，現在世上出現相當多能識字的人。如今極權主義政府毫無廉恥地把教育作爲宣傳政黨路線的手段，希特勒在《我的奮鬥》中就曾這樣寫道：「一切有成效的宣傳都必須局限在幾個點上，把它們作爲口號來使用。必須盡量把它壓縮，並永不休止地予以重複。」因此，批評國家的書遭到查禁，並從學校和圖書館的書架上被撤走，取而代之的是專門歌頌現任領導人的書籍。對青少年的計畫是教導孩子要以遵守紀律、效忠國家爲美德。群眾性體育表演表明不用費太大力氣，經過良好訓練的人就可被用來響應國家的軍事需求。廣爲流通的出版物、收音機和電影的出現，使宣傳更具有效力，報紙只登載國家允許刊登的內容，它們的讀者比從前任何時候都多。黨派政治廣播把聲音傳到各家，或通過擴音器在城鎮廣場播出，通過不斷播放使人們開始接受——如果說不是相信——他們明知不眞實的東西。電影能把德國青年塑造成亞利安神祇，同樣能夠把俄國的集體農莊說成是工人的天堂。俄國導演謝爾蓋‧愛森斯坦（一八九八～一九四八）在銀幕上重塑俄國歷史，以此爲蘇維埃國家的目的服務。希特勒指示電影製片人勒尼‧里芬施塔爾拍攝有關他與斯佩爾出席政治集會的紀錄片，這部片子名叫《意志的勝利》，是對北歐種族和納粹統治的形象化歌頌（喜劇大師查理‧卓別林則在其非常著名的諷刺片《大獨裁者》中，極爲成功地模仿了極權主義的炫耀、自負）。

　　在西方民主國家中，儘管傳播媒介不像在其他地方那樣爲國家操縱，但是它們作爲宣傳工具的效力也爲人們所認識，並加以利用。當工商業主認識到報紙、刊物和電臺代表的是廣泛市場後，廣告就成爲一種行業。印刷成冊或公之於衆的許多東西遭到作家和編輯的輕視，他們擔心嚴肅或晦澀的題材會令他們賴以生存的讀者或聽衆產生敵對情緒，不過，這並不是說，新的傳播媒介一無例外是陳腐或平庸的，也不代表藝術家和演員不能利用它們進行富有思想內容的抗議。史坦貝克的《憤怒的葡萄》被改編成電影，導演爲約翰・福特，雖然這部電影在好萊塢常見的逃避主義喜劇片或冒險片洪流中，屬於一個例外，但是它對資本主義的控訴可能與小說一樣尖銳、辛辣，同時爲許多人所了解。在這些年間，通俗文化不管怎樣依然是生活中一個有力、驚人的事實：所謂有力是指受衆人數衆多：所謂驚人，是因爲它作爲控制人們心靈的手段具有特別的適用性。

第三十六章

第二次世界大戰
The Second World War

　　總統（羅斯福）和首相（邱吉爾）在全面考察了世界局勢後更加堅信，唯有徹底消滅德國和日本的戰爭力量，和平才會降臨世界。這包括用一個簡單的措詞來表述這場戰爭的目的，即德國、義大利和日本須無條件投降。

　　——富蘭克林·羅斯福，一九四三年一月二十四日，卡薩布蘭加

　　一九三九年九月，歐洲再次陷入一場全面戰爭的泥淖。事實證明，一九一九到一九二○年的和平僅僅是一個休戰，數以萬計的人再次陷入戰爭之苦，並在戰爭中蒙受史無前例的慘重損失。恰如一九一四到一九一八年的第一次世界大戰，這場新的戰爭不久就蔓延到全世界，雖然第二次世界大戰不僅僅是第一次世界大戰的延續或後半部，兩場戰爭爆發的原因和特徵的相似性，卻並不僅限於表面上所見到的。兩場大戰都是因為均勢受到威脅而產生的，都是民族之間、整個國家之間而不是政府間的衝突。不過，兩次衝突之間也有明顯的區別，第二次世界大戰中，作戰的方法手段與第一次世界大戰鮮少類似之處。壕溝戰大都被針對平民和軍事設施的轟炸與空襲所取代，並伴隨著高度機動的陸軍行動。由於現在易受到戰爭蹂躪的人多到難計其數，因而與第一次大戰時不同，第二次大戰中前線人員和後方人員之間的界限更難以區分。最後，一次大戰爆發時，人們天真地表示歡迎；但是二次大戰發生時，人們並沒有顯示出這種熱情。人們對第一次世界大戰帶來的恐怖情景記憶猶新，雖然他們義無反顧地投身第二次世界大戰，但是比其先輩們更強烈地認識到，戰爭會給他們帶來令人恐懼的災難。

二次大戰爆發的原因

　　第二次世界大戰的起因，與一九一九到一九二○年和約的失敗有相當關係。考慮到第一次世界大戰造成的激情和仇恨，那些條約是可以理解的，但是它們製造出的問題與解決的問題幾乎一樣多。和平締造者們屈從於戰勝國兼併別國領土和建立附屬國的要求，從而播下仇恨和衝突的新種子。條約一方面向世人宣布民族自決原則，同時卻忽視民族自決原則，默認一些少數民族被安置在異族國家之內，結果在燃起人們希望的同時又把它們撲滅。最重要的一點也許是，條約締造者們把戰爭「罪責」的一切重擔都壓在德國人頭上，剝奪了他們作為國際強國應享的利益，從而使許多人認為德國人的抱怨情有可原。

　　強權政治是戰爭的第二個起因。雖然伍德羅·威爾遜和國際聯盟的其他發起者曾宣稱，該聯盟是消滅強權爭鬥的工具，但是它在這方面卻毫無表現，它僅僅是以一種更加不穩定的新平衡取代原有的舊平衡。和約上的簽字墨跡未乾之際，戰勝國就開始組建目的在維持其霸權的新聯盟：它們建立了一個中立地區，包括波羅的海沿岸諸國、波蘭和羅馬尼亞在內，作為一個對付蘇俄的緩衝地帶；捷克、南斯拉夫和羅馬尼亞組成「小協約國」，以防止奧國勢力的復甦；以上這些結合，再加上法國、比利時聯盟和法國、波蘭聯盟，便起了孤立

德國的作用，就連國際聯盟本身在本質上也是一個戰勝國對付戰敗國的聯盟。對這種新的力量安排產生的恐懼和憂慮，是意料中的事。這種恐懼產生的第一個跡象出現在一九二二年德國和蘇聯通過談判簽訂的拉波羅條約，該條約雖然名義上是一個貿易協定，但是它為兩國的政治合作開闢了道路——根據某些紀錄，甚至還有軍事合作。

一九二〇和一九三〇年代這段期間，外交家們為了維持或恢復國際友好關係，曾做過各種不同的嘗試。有些人認為，裁軍是實現這一目標最可行的手段，於是便召開一系列會議，希望至少能限制軍備競賽。一九二五年，歐洲主要列強的代表聚集在羅加諾，他們贊同德國外交部長古斯塔夫‧史特萊斯曼（一八七九～一九二九）和法國外交部長阿里斯蒂德‧白里安（一八六二～一九三二）的建議，即德國和法國保證尊重凡爾賽條約中確定的萊因河邊界，他們還同意，除「正當防衛」外，兩國絕不會掀起戰爭。比羅加諾條約更受到廣泛讚譽的是一九二八年的巴黎公約，或稱凱洛格—白里安公約【1】。此條約的目的是把戰爭視為國際罪行，屬於非法行為，結果世界上幾乎所有國家都在這一條約上簽字，譴責把戰爭作為「國家的政策工具」，並規定：解決「任何性質或任何原因」的國際爭端都只能透過和平手段，而不能訴諸武力。但是，羅加諾條約與巴黎公約都是一種不可能實現的條約，簽約國在接受它們的同時，都會為了他們的「重大利益」，附帶多種多樣的保留和例外，使它們絕不可能成為維持和平的有效工具。假如國聯組織能更加完善，它便可以緩和某些緊張狀況，並避免那些仍不願意放棄其絕對主權的國家間的衝突。不過，國際聯盟不是所有國家的聯盟，因為在兩次世界大戰之間的大部分時間裡，德國和蘇聯都被排斥於大門之外，同時美國也不是國聯的成員國。

經濟狀況是引發大戰的第三個重要因素。如前文所示，強加給德國人的巨額戰爭賠款，以及法國對德國許多工業心臟地區的占領，阻礙了德國的經濟復甦，引發一九二〇年代的通貨膨脹。一九三〇年代的經濟不景氣在很多方面導致了戰爭的發生。首先，它強化了經濟上的國家主義；其次，造成軍備生產的顯著增長，因為軍備生產被視為減少失業的手段之一。雖然英國和法國政府中的一些人忐忑不安，德國還是得以重整軍備，在一九三五年左右，德國首先開始大規模軍備擴張，結果在數年內，失業人數大幅度減少，工商業也繁榮興盛起來。在這種情況下，其他國家隨後也重整軍備，但是它們這樣做不僅僅是為了刺激經濟發展，而且還為了與納粹軍事力量相抗衡。此外，大蕭條還造成新一波的軍事擴張主義，希望藉著征服鄰國領土以解決經濟問題。一九三一年，

日本首開其端，侵略中國東北（滿洲），日本發動此項侵略的主要原因，在於日本的生絲和棉布出口量減少，這便意味著日本無力支付煤、鋼鐵，和其他必需礦產品的進口，這為日本軍國主義者占領滿洲提供一個很方便的藉口，因為如此一來，日本就能買下當地這些物品的供應量，以振興國內經濟。一九三六年，墨索里尼侵略且併吞衣索比亞，這樣做的部分原因，是為了把義大利人的注意力從經濟蕭條而產生的國內問題上分散開來，最後，大蕭條成為納粹分子上臺得勢的主要原因，他們的擴張政策直接引發了大戰。

國家主義是引起普遍不滿的另一個原因，這種不滿給予世界大戰爆發的機會。在東歐，居於少數地位的民族和種族依然對和約締造者強加給他們的主權國家存有貳心。像蘇臺德地區的德意志人就是如此，他們被歸入新成立的捷克斯洛伐克國，該國包括捷克人（七百二十五萬人）、斯洛伐克人（五百萬人）、波甘人（九萬人）、盧西尼亞人（五十萬人）、馬扎兒人（七十五萬人）以及德意志人（三百二十五萬人）。實際上，這個國家並沒有任何一個居多數地位的民族，雖然它實行少數民族自治的開明政策，但是民族混雜的捷克斯洛伐克仍處於動盪不寧的局面，隨著一九三〇年代後期壓力的增強，捷克斯洛伐克的動盪被證明是第二次世界大戰爆發的一個關鍵因素。

戰爭的最後一個起因是西方民主國家面對德國、義大利和日本的侵略行為推行的「綏靖」政策。綏靖政策是建立在三個廣為人們接受的假設上：首先，再有一場戰爭的出現是一般人不敢想像的，許多西方人對一九一四到一九一八年的殺戮仍記憶猶新，因而贊成和平主義，或者罔現實於不顧，對納粹和法西斯主義政策和綱領的涵義置若罔聞；第二，許多英國人和美國人認為，德國在凡爾賽和約中受到不公正的對待，因此德國人的抱怨是情有可原，應當予以承認和消解；最後，綏靖者大都是頑固不化的反共分子，他們認為，透過支持德國恢復其原有的軍事和經濟實力，就能建立一座阻止蘇聯共產主義向西擴張的前哨堡壘，當日本侵略滿洲時，西方國家拒絕透過國聯制裁日本，就是因為它們認為日本也具有抗衡蘇聯的作用。

希特勒利用這種其他國家的忍讓態度推行德國的擴張野心，在德國重整軍備的同時，希特勒利用德國人的恥辱感和被出賣感，宣稱德國有權重新擁有自己在世界中的原有權力與地位。一九三三年，他宣布德國退出國際聯盟——這樣德國就不必再承擔對其盟約的義務了。一九三五年，希特勒撕毀了凡爾賽和約有關裁軍的條款，宣布恢復實行徵兵制和全民軍事訓練。一九三六年，他廢除羅加諾公約，侵入萊因地區【2】，英國和法國對此沒有立即採取有效的阻遏

措施，就像在一九三五年它們對墨索里尼侵略並征服衣索比亞之事置若罔聞一樣。希特勒的舉動使得原本均衡的天秤朝德國一方傾斜，當萊因地區依然未軍事化、魯爾河流域的德國工業沒有受到保護時，法國還擁有主導的地位，但是現在這種情況已不再。

一九三六年，西班牙內戰爆發，該國一連幾屆軟弱的共和政府無法防止國家陷入政治分裂狀態。雖然希特勒和墨索里尼與其他西方國家簽定了不干涉協定，但是他們派遣軍隊運送裝備，支持反叛的法西斯領導者佛朗西斯科‧佛朗哥的力量；蘇聯反過來援助打著西班牙共和國旗幟的共產黨軍隊；英國和法國還是沒有採取任何具有決定意義的行動。西班牙內戰持續了三年，法西斯分子的軍隊最終戰勝了共和派的軍隊。歐洲和美洲許多年輕的左翼分子和知識分子也都捲入這場衝突中，他們把這場衝突視為檢驗西方對專制主義獨裁統治是否真心抵制的試金石。戰爭異常殘酷，平民和軍隊首次遭到大規模空襲，由於這一點，西班牙內戰往往被視為在不久之後發生的更大規模戰爭前的「預演」。內戰也使希特勒確信，倘若英國、法國和蘇聯真的決定遏止法西斯主義的擴展，那麼它們首先在協調其政策上就會碰到困難——這的確是英國和法國仍然滿足於作壁上觀的另一個原因。

希特勒利用「民族自決」來掩蓋他的野心，因此在一九三八年三月，希特勒吞併奧地利時，宣稱他的意圖是把所有日耳曼人併入他的帝國中，西方國家對此又一次地沒做出正式的反應，希特勒的下一個目標是捷克斯洛伐克的蘇臺德區，由於奧地利現在成了德國的一部分，這使得捷克斯洛伐克幾乎完全處在這個持擴張主義的敵對鄰國的包圍之中，希特勒宣布，蘇臺德區是其帝國天然的一部分，因此他打算占領它。英國首相內維爾‧張伯倫決定盡一切努力，用談判來解決問題，且盡量要安撫這位獨裁者，因此談判按希特勒的條件進行。九月二十八日，希特勒同意與張伯倫、法國總理愛德華‧達拉第，以及墨索里尼在慕尼黑舉行四國會談，結果法國和英國再次屈從。四國談判代表將一個領土受到凡爾賽條約保護的主權國家的切身利益置於不顧，他們出賣了捷克斯洛伐克，要將它的一大片領土送給德國 [3]，而該國代表被排斥在會議室之外，等待別人宣布其命運。張伯倫返回英國時，宣稱贏得了「和平在我們時代」，希特勒很快就證明這一愚昧的誇口是虛妄的。顯然，慕尼黑會議並無法保護捷克，一九三九年三月，希特勒入侵捷克斯洛伐克其他未答應被占領的地方，並在其首都布拉格建立起傀儡統治，這一行動使英國輿論相信綏靖政策是愚蠢至極之事，張伯倫被迫徹底改變政策，對現在直接面臨希特勒威脅的兩個國家

——波蘭和羅馬尼亞的主權提供保障，法國隨後做出類似的保證。

與此同時，英法綏靖政策增添了史達林的擔憂——即怯懦的西方民主國家為了自保，將會犧牲蘇聯來與德國做交易，因而將納粹禍水東引至蘇俄；這種擔心，再加上猜忌它們將會結成令人不可信賴的聯盟，因此，史達林相信，他必須另闢蹊徑以求安全。俄國從古至今就一直垂涎波蘭的領土，因此在引誘下，希特勒允諾與蘇聯瓜分波蘭與波羅的海各國領土，一九三九年八月，史達林與納粹簽訂互不侵犯條約【4】。在簽訂慕尼黑協定時，英法兩國把自身的利益放在第一位，現在蘇聯也只顧它自己的利益。

戰爭爆發

在併吞捷克之後，雖然張伯倫做出保證願意援助任何受到希特勒威脅的國家，不過，希特勒仍要求廢除連接波蘭和波羅的海的一塊狹長地帶——波蘭走廊【5】，這條走廊中居住著大批日耳曼人，希特勒宣稱他們必須回到祖國的懷抱。由英法過去的表現看，希特勒認為，它們對波蘭的保證是不值一文，而且現在蘇聯也加入他的陣營，因此，他期望波蘭能迅速屈從於他，並認為西方盟國像他們在慕尼黑的所作所為那樣，會再次退卻忍讓。當波蘭採取堅定立場時，希特勒決定發起進攻，一九三九年九月一日，德國坦克越過波蘭邊境，英國和法國得知消息時，便向德國發出聯合警告，要求它停止侵略，對此德國未做答覆，九月三日英法向德國宣戰。

與波蘭的交戰只是一場短暫的遭遇戰，波蘭軍隊在不到三週的時間就被打垮了。華沙淪陷，波蘭政府的首要們逃亡到羅馬尼亞。在此後的幾個月中，戰爭本身轉變成某種圍攻，或者像有時所說的那樣，是「欺騙的戰爭」或「膠著戰」。實際上，此時所發生的衝突在很大程度上限於潛艇戰，對海軍基地進行空襲，以及偶爾的海戰。一九四〇年春天，膠著戰突然轉變為「閃擊戰」。德國人以閃電方式襲擊挪威、丹麥、盧森堡、比利時、荷蘭和法國，並在很短時間內就把它們一一征服，迫使英國和法國軍隊退卻到英吉利海峽岸邊比利時的敦克爾克。儘管德國飛機進行猛烈轟炸，英國還是把三十多萬軍隊撤回本島，他們之中有許多人是乘坐緊急徵用的商船和遊艇撤走的。法國北部包括巴黎在內為德國人占領，被德國直接控制；法國南部，在維琪建立了一個以第一次世界大戰中的英雄——年邁的亨利·菲利普·貝當元帥【6】為首的效忠德國人的傀儡政府。

在橫渡海峽入侵英國之前，納粹決定先用空襲手段削弱英國的軍事力量，摧毀人民的意志。自一九四〇年八月到一九四一年六月，在所謂的「不列顛之戰」中，數千架次的飛機和數百萬噸的炸彈投擲在英國各地的港口、工業區中心以及防空設施，儘管有些城市整個遭到轟炸，且有四萬多名平民喪生，但是英國人民依然堅定不移。這時，溫斯頓・邱吉爾已經接替內維爾・張伯倫出任英國首相。邱吉爾是一位持不同意見的保守黨人，第一次世界大戰中曾作為自由黨人參加過戰時政府，不受保守黨黨魁們所信任，尤其是他曾在綏靖期間，贊同那些為數不多發表演說主張英國重整軍備的人。既然他的警告被證明是正確的，他便獲得指揮戰爭的大權，成為由保守黨、自由黨和工黨大臣們組成的國民政府領袖。邱吉爾辯才無礙，是位善於鼓動人心的演說家，他利用廣播向他的同胞（自由世界的其他人）表示，英國絕不會向納粹投降。他與羅斯福總統的友誼，以及後者有一種美國必須幫助英國的信念，使美國根據一九四一年美國國會通過的租借法案，向英國人輸送軍事裝備和船隻。

與此同時，德國軍隊轉向東，向巴爾幹半島進軍，征服了羅馬尼亞、匈牙利、保加利亞和南斯拉夫。此時，義大利人在希臘和北非的戰事並不怎麼順利，因此，他們要求德國幫助他們完成目的。邱吉爾輕視墨索里尼的軍事指揮能力，稱他是希特勒的「走狗」。希特勒第一目的是企圖征服英國，但是在征英的企圖受挫後，便與其昔日的盟友蘇聯決裂，把矛頭轉向東方，一九四一年六月二十二日大舉侵略蘇聯，在該年結束之前，納粹軍隊已經強行打開通向莫斯科的大門，但是一直未能如願占領該城，而蘇聯紅軍進行的莫斯科保衛戰是戰爭早期的一個重要轉折點。

一九四一年十二月七日，日本突襲珍珠港，戰火由此蔓延到全球，成為一場全球性戰爭。一九三七年以來，日本人就已捲入須付出昂貴代價的侵華戰爭，為取得戰爭的勝利，他們需要荷屬東印度群島、馬來半島和東南亞的石油、橡膠和大量糧食資源。一九四〇年，他們就與德國結成聯盟。（德國、義大利和日本一起被稱為軸心國，該詞源於一九三〇年代結成的羅馬─柏林外交軸心。）現在，在發起南向進攻之前，日本人認為，摧毀珍珠港基地的美國海軍和空軍力量，對於確保自己後方的安全是必不可少的。珍珠港事件發生後次日，美國國會向日本宣戰，十二月十一日德國及其盟國向美國宣戰。

在這事件發生後的兩年半裡，事件進行得很緩慢，而且變得對德、義、日勢力相當不利。美國參戰後不久，邱吉爾與羅斯福舉行會談，一致同意當務之急是在西方贏得勝利，作為實現這一目標的初步行動，英軍在亞歷山卓成功地

阻止德國卓越的坦克指揮官歐文·隆美爾在北非的攻勢，在此之前，歐文·隆美爾曾迫使英軍越過撒哈拉沙漠撤軍到埃及邊界。這次的勝利是一九四二年十一月英美聯軍進軍北非的前奏，盟軍聯合攻勢的成功又反過來推動了次年在西西里、而後在義大利進行的地中海戰役的進展。墨索里尼政府垮臺，他的繼承人請求和平談判，然而，德國派遣軍隊進入義大利，劫走了墨索里尼，在義大利北部扶持他建立一個法西斯傀儡國，他實際上成為納粹的囚徒，直至軸心國在歐洲徹底失敗後，他才被他的同胞殺死。儘管盟軍力圖打破德國對義大利半島的控制，不過，納粹軍隊在一九四五年春季之前，一直控制著義大利中部和北部。

在此同時，德國人在東歐繼續與俄軍交戰，一九四二年史達林格勒戰役開始了，德軍把進攻矛頭轉向烏克蘭、頓涅茨盆地和高加索油田等南方和工農業發達地區。不過，德軍在史達林格勒受阻，由於此城為戰略要地，所以，兩軍在此進行了一場對雙方而言均具有重大戰略意義和象徵性的戰役，一九四三年九月，三十萬名德軍一度控制了該城市，隨後史達林下令俄軍進行鉗形行動以將德軍包圍住，這使得德軍傷亡慘重，德軍到一九四三年二月投降時，人數已不足最初的一半[7]。史達林格勒戰役失敗後，德國人不得不全面撤退，到一九四三年春天，與上半年相比，他們都未能向東推進一步。

史達林繼續向其盟國施加壓力，要求它們在西方開闢第二戰場，使納粹無法專心進攻蘇聯，來減輕所受壓力。北非和義大利戰役就是盟軍對俄國請求做出的回應，但是直至一九四四年六月盟軍才進軍法國，六月六日（代號「D日」）[8]，大批盟國部隊在諾曼地海岸登陸，空中優勢再加上大量的物資和人力供應，盟軍一再勝利，並向法國的北部開放平原前進，而於八月二十五日解放了巴黎。雖然德軍曾在一九四四年十二月孤注一擲，發起最後一次進攻，但是到一九四五年初春，盟軍已深入德國境內。

與此同時，蘇聯軍隊也由東方進逼德國，一九四五年四月二十一日，他們強行打開一條通往柏林郊區的道路，此後十天裡，兩軍在斷垣殘壁之中展開激烈戰鬥，五月二日，柏林市中心被占領，蘇聯的紅旗也懸掛在勃蘭登堡門口上，數小時前，希特勒在總統府防彈室中自殺身亡，五月八日，德軍最高司令部的代表簽署了一項無條件投降的文件。

四個月後，太平洋戰爭也告結束，一九四二年春天，美國海軍在珊瑚島和中途島戰役中將日軍擊敗，粉碎日軍想要占領澳大利亞和夏威夷群島，以奪取美國反擊日本的前哨基地的企圖。其後，雙方又進行了一些海戰、島嶼爭奪

戰，以及在東南亞的地面戰爭，盟軍取得最終勝利，經過八十二天的殊死戰鬥，一九四五年六月美軍占領沖繩島，從而獲得一個距日本本土不到五百英里的立足點，東京政府預感日本本土有被盟軍攻占的可能，號召人民要不惜一切代價迎接危機。

七月二十六日，美國、英國和中國政府的元首發表了一份聯合聲明，要求日本投降，不然將遭受毀滅災禍。由於未得到日本的答覆，美國政府便決定使用一種革命性的新武器，希望能迅速結束戰爭，這種武器就是能夠摧毀整座城市及其居民的原子彈，原子彈是由來自歐洲和美國的科學家在美國祕密研製而成的，這些人有些是逃避納粹或法西斯壓迫的流亡者。雖然美國陸海軍許多將領認為日本已經被打垮了，堅稱沒有使用原子彈的必要，不過，一九四五年四月羅斯福逝世後繼任的杜魯門總統做出不同的決定。八月六日，第一顆原子彈投擲在廣島，該城約百分之六十遭到徹底毀壞，三天後第二顆原子彈投擲在長崎。杜魯門總統發出警告說：為了促使日本投降，美國將繼續使用原子彈。八月十四日，東京向華盛頓宣布無條件接受盟國的要求。

與第一次世界大戰相比，作為戰爭努力的一部分，此次戰役整個人口更是被全面動員起來。當時政府對食物和衣服實行配給，對人力實行管理，生產配額使得工人必須不分晝夜地辛苦勞動。在俄國，十六到五十五歲之間的所有男子，與十六到四十五歲之間的所有婦女都必須服役，他們或者上前線，或者在後方工作。在戰爭早期的幾個月中，德國毀掉蘇聯許多工廠和現存戰爭物資，比如說百分之九十以上蘇聯的坦克都被毀了。為了生產必需品，蘇聯人在烏拉山脈安全地帶重建工廠，並把整個人口遷到那裡從事生產。

在被德國人和義大利人所征服和占領的國家裡，軸心國安插了願意唯它們馬首是瞻的政府（挪威納粹領導人維德庫恩·吉斯林的名字成為「叛徒」的同義詞），人民的生活異常艱苦，例如：在法國被占領區，配給的食品不足以維持身體健康需要量的一半，政治觀點不同的人們懷著同一個目的，即協助盟國把軸心國軍隊從祖國驅逐出去，並發起抵抗運動，透過傳遞情報、幫助俘虜逃跑、散發反對官方宣傳的報紙，以及採取直接行動破壞軍事和工業目標，這些活動都對同盟國事業的勝利有了難以衡量的貢獻，諾曼地登陸的成功部分是因為，法國抵抗組織把有關德軍部署的情報送交英國的結果。

戰爭為歐洲大多數主要都市中心帶來了災難，在那裡都發生過巷戰或遭受過空襲，在這方面，盟軍的行動被證明冷酷無情，同時比軸心國的策略更為見效。經過某些爭論之後，英美戰略家放棄定點轟炸，而贊成對整座城市實行夜

間轟炸，結果飛機蓄意向平民投擲燃燒彈。在一九四五年初，這種行爲在歐洲達到高潮，當時德國的德雷斯頓這座城並無重要的工業，且到處擠滿難民，不過卻遭到狂轟濫炸，幾乎被夷平，德國同樣也轟炸了法國、比利時、荷蘭、俄國、英國的城市和人民，當然，與美國在廣島和長崎投擲的原子彈相比，這類行爲遜色多了。

軍隊間的廝殺和屠殺平民造成的惡果雖然令人膽寒，但是就其預先確定和令人覺得恐怖的程度而言，這些都不能與納粹分子對全體猶太人——不僅是德國本土的猶太人，而且包括被占領國家的猶太人——進行計畫性迫害相提並論。當盟軍打開德國和歐洲德國占領區集中營時，見到的全都是歷經飢餓、疾病，和其他非人折磨的倖存者，而且，在納粹迫害下喪生的俘虜竟達六百萬人。遭到羈押、折磨和殺戮的大多數男子、婦女和兒童是猶太人，不過，波蘭人、俄國人、吉普賽人、同性戀者，和其他背叛帝國的人也受到監禁，他們被迫服勞役，另有不少人被處決。

和平協議

二次大戰期間，同盟國領導人數次聚會，討論戰爭目的和戰後目標。政府發言部門公開宣稱，要建立一個沒有衝突、各民族享有政治自決權的世界，這一目標體現在一九四一年八月羅斯福和邱吉爾聯合發表的「大西洋憲章」，和次年由美國、英國、蘇聯和中國等二十六國簽署的宣言之中[9]。然而，如同第一次世界大戰末期威爾遜提出的十四點計畫的大部分條款一樣，這些有價值的目標最終成爲現實國際政治的犧牲品。

史達林、羅斯福和邱吉爾舉行了兩次決定戰後歐洲的框架和政治組合極爲重要的會議，在這兩次會議中，與會三巨頭建立統一戰線的願望，在某種程度上掩蓋了他們的不和，但是這些緊張不和確實存在，爭執的焦點是中歐，尤其是德國和波蘭的前途問題。史達林堅持蘇聯保留一九三九年根據蘇德互不侵犯條約瓜分到的波蘭領土，其實史達林的這一願望是可以理解的，因爲他希望在戰後建立起對抗德國未來可能的任何侵略的堡壘；同時表明他不願意看到戰後西方勢力向東面蘇聯方向擴大影響，因爲他對在一九一九年英美支持白俄進行傾覆新的共產黨政權的舉動仍記憶猶新，美國則把蘇聯視爲擴張主義國家和在政治上異己的危險政權。另外，三國領導人對被納粹占領國家中的流亡政府和政府之外的抵抗組織——它們往往是由共產黨人領導的——各有圖謀和計畫，相互間發生了牴觸，流亡政府和抵抗組織以驅逐德國人爲第一目標，但是僅次

於這一目標的是保有或奪取國家領導權。

　　一九四三年十二月，三巨頭（羅斯福、邱吉爾、史達林）在德黑蘭聚會，會議結束後，他們發表了目標統一的宣言，但是在討論到像「波蘭問題」的敏感問題時，也都只是在推遲解決，並未有具體的決議。不過，他們同意在次年進攻法國【10】，史達林則答應在德國戰敗後向日本宣戰，在波蘭問題上，他們僅在邊界線問題上達成最低程度的暫時性協議【11】，戰後波蘭政府的性質問題則留待將來進一步協商。

　　當一九四五年二月，史達林、邱吉爾和羅斯福在雅爾達再次舉行會談時，軍事形勢對蘇聯有利。去年春天，蘇聯軍隊已經占領波蘭，此時它們又控制了捷克斯洛伐克部分地區，並嚴陣以待準備進攻德國。波蘭的未來問題包括戰後政府的組成等，被再次提上議事日程，會議的總宣言提出蘇聯獲得波蘭東部各省的土地，波蘭人則從德國人那裡得到土地補償。至於波蘭政府問題，雖然聯合公報提到，波蘭以及其他被占領國家應進行自由選舉，但事實上，蘇聯已在華沙建立了一個共產黨政府，而且不論選舉結果如何，都不會由仍在倫敦的反共流亡政府取而代之。雅爾達會議在某些重要問題上達成一致協定：建立一個以維持和平為宗旨的聯合國；蘇聯參加對日戰爭的條件【12】；畫分同盟國在德國和奧地利的占領區；原則上同意德國賠償政策——儘管以物品和設備，而不是像第一次世界大戰後那樣以黃金賠償。

　　德國投降後不到兩個月，同盟國領袖又召開一次會議，這次是在柏林郊區，原普魯士國王王宮所在地波茨坦舉行。羅斯福在這年春天已經去世，他的位置由其繼任者哈里‧杜魯門替代；邱吉爾代表英國，之後在國內大選揭曉後，中途為新首相、工黨領袖克萊門‧艾德禮所取代；史達林依然代表蘇聯參加談判。與前二次會議一樣，這次會議解決的問題比懸而未決的問題還少。會上擬定的和平條約規定在之前被占領國家上建立「公認的民主政府」，不過，蘇聯在波蘭以及這時在東歐其他國家建立的那些政府是否真正具有民主性質，這一問題未得到解決。會上重新畫定了波蘭的邊界，來與雅爾達會議達成的總協定相一致【13】。同盟國各方將聯合組建軍事法庭，審理納粹主要領導者的「戰爭罪行」。一九四五年十一月國際法庭在德國紐倫堡開庭，次年九月，二十二名被告中有十八名被宣布有罪，受到從十年有期徒刑到死刑的處罰。

　　波茨坦會議籠罩在東西衝突的陰影之下，東西衝突更影響到戰時所有會議，還對戰後初期的國際政治產生同樣的影響。會議中把德國畫分成美占區、英占區、法占區和蘇占區，並由四個占領區而不是統一的德國進行賠償的協

議，這預示著無論是蘇聯還是西方列強都不願意相信對方，或者容忍對方在德國擴大影響，德國雖然飽受戰爭的蹂躪，但是對整個歐洲的安全與和平依然具有至關緊要的作用。

對日本的條約雖然在蘇聯和西方之間也引發分歧，但是並沒有產生像歐洲談判時那樣的直接衝突。對日條約剝奪了日本自一八五四年以來所攫取的所有領土──也就是粉碎了他們的整個海外帝國。將薩哈林島（庫頁島）的南部和千島群島交還蘇聯，博寧群島（小笠原群島）和琉球群島由美國控制；此外，日本還放棄對臺灣的一切權利，不過該島的地位待以後確定，他們還承認美國擁有在日本繼續駐兵的權利，直至日本能夠自行防衛爲止。蘇聯因爲擔心美國在遠東的軍事存在而加以反對，儘管如此，一九五二年四月，不顧蘇聯的反對，和約生效。

與凡爾賽和約一樣，和約中一項最重要的內容是建立一個國際組織。舊有的國際聯盟未能阻止一九三九年第二次大戰的爆發，因此，在一九四六年四月就被正式解散了，不過，同盟國政治家依然認爲需要建立一個新的國際組織。一九四五年二月，他們在雅爾達會議中達成協議，認爲爲了這一需要，應於同年四月在舊金山召集籌建該組織的大會，雖然羅斯福總統在兩週前突然去世，但會議仍如期召開。六月二十六日大會通過憲章，規定新建立的世界組織取名聯合國，它將建立在「所有熱愛和平國家的主權平等」這一原則基礎上。聯合國的主要機構有：（1）聯合國大會，由全體成員國代表組成；（2）安全理事會，由美國、英國、蘇聯、中國和法國五個常任理事國，和經大會選舉產生的其他十個非常任理事國組成；（3）祕書處，由祕書長及所屬職員組成；（4）一個經濟和社會理事會，由大會選舉產生的十八個會員國組成；（5）託管理事會；以及（6）國際法庭。

雖然聯合國未能實現其締造者的目標，但是它作爲世界上存在時間最長的國際組織，在當今仍繼續起著一定作用。該新組織迄今最重要的職掌，大都是根據聯合國憲章授予安全理事會（安理會）處理的。安理會負有「維護國際和平與安全」的主要責任，它有權調查國際間的任何衝突，並提出解決問題的辦法；同時，出於維持國際和平的必要，可利用外交手段或者經濟措施來對付入侵者。依其判斷，如果這些措施被證明不夠，或有可能被證明不足以達到目的時，它可以根據維持或恢復國際秩序的需要採取「諸如陸、海、空軍事行動」，來維護或恢復國際秩序。憲章要求各成員國應按安理會的需要，向它提供維持和平部隊。

安理會賦予常任理事國幾乎獨斷的權力，如果未得到英國、法國、美國、中國、蘇聯，和另兩位成員國的一致同意，它不能採取任何行動。這種授予五大國任一國家絕對否決權的做法，不僅不能維護世界和平，反而可能使安理會陷於癱瘓，在面臨緊急事務時一籌莫展。

聯合國的其他機構被賦予各種不同的職能。祕書處由祕書長和若干幕僚組成，是一個主要行政機構，不過，它的職責絕不限於處理日常事務，因為祕書長可能將任何他認為威脅世界和平的問題提交給安理會。在聯合國的所有機構中，經濟社會理事會的職能是最多樣化的，它由聯合國大會選出來的十八個成員國組成，有權對國際社會、經濟、衛生、健康教育、文化等相關問題發起研究，並提出有關這方面的建議，同時，可以應聯合國會員國的請求，在這些領域內提供服務。

在聯合國成立以來的前三十年時間裡，聯合國各機構的工作促使該組織取得一些略微引人注目的成就，但是在取得成就的同時，聯合國也有一些重大失敗：它未能控制住核子武器，在面對大國的一意孤行時，它無計可施，例如一九五六年蘇聯鎮壓匈牙利起義，一九六〇和一九七〇年代初美國大規模干涉越南事務的情況，就是如此。倘若說聯合國在緩和潛在的爆炸性國際局勢方面，發揮過一定作用，那麼，它在其創始者締造和平與維護和平這一崇高目標上，並未能實現。

第七部｜西方成爲世界的中心

正如我們之前的說明與分析所示，所謂的西方文明在今日已經不復存在。因此我們在討論時所依據的觀點，反而是一個以世界為單位的文明。它的歷史演變以及它所面臨的最為困難棘手的問題，雖然都與西方脫不了關係，但是這個世界文明卻再也不是過去許多世紀以來，那幾個主宰全球的國家可以左右的了。

十九世紀時的幾大強權——英國、法國、德國，如今只有當它們願意將自身利益共同彙聚在一個整體性的歐洲共同市場上時，才有資格稱得上是強權。而二十世紀中葉的兩大超級強權：美國與蘇聯，在歷經了二十年的衝突對立之後，終於開始理解到自身力量的極限，也開始據此修正自己希望達到目標。權力，以及伴隨權力而來的全世界關注目光，正在從西方移轉到非洲、中東、亞洲，以及拉丁美洲的新興國家手上。它們之中有許多拜自身擁有的廣大自然資源所賜，取得了能夠在一個空前遼闊的世界競技場上，投身舊西方世界那種權力政治競賽的機會。而它們所面臨的內部問題——經濟、種族、健康、政治——涉及的面向同樣空前地普遍，意味著這些問題的解決方法同樣也必須在全世界的層次上為之。就如同美國建築設計家巴克敏斯特·富勒曾經說過的，無論是好是壞，我們都是搭乘「這艘地球號太空船」的同路人。

表7-1 世界文明的出生

年代	政治	科學與工業	經濟與社會	藝術與文學
西元1945年	・杜魯門主義，西元1947年 ・東歐共產政權建立，西元1947~1948年 ・馬歇爾計畫，西元1948年 ・德國分裂，西元1949年 ・北大西洋公約組織，西元1949年 ・史達林去世，西元1953年 ・匈牙利事變，西元1956年	・氫彈，西元1952年 ・發明小兒麻痺疫苗，西元1953年 ・發現DNA，西元1953年 ・人造衛星首次升空，西元1957年	・歐洲共同市場建立，西元1958年	・理察·萊特，《土生子》，西元1940年 ・藝術之抽象表現主義，西元1940年代 ・亞伯特·卡繆，《瘟疫》，西元1947年 ・山繆·貝克特，《等待果陀》，西元1952年 ・伯里斯·帕斯特納克，《齊瓦哥醫生》，西元1957年 ・羅蘭·漢斯貝里，《烈日下的詩篇》，西元1959年
西元1960年	・柏林圍牆，西元1961年 ・古巴飛彈危機，西元1962年 ・甘迺迪遭暗殺，西元1963年 ・越戰，西元1964~1975年（美國階段） ・馬爾坎X遭暗殺，西元1965年 ・金恩博士遭暗殺，西元1968年			・「普普」藝術，西元1960年代 ・法蘭西斯·楚孚，《夏日之戀》，西元1961年 ・詹姆斯·鮑德溫，《下回是火》，西元1963年 ・亞瑟·潘，《我倆沒有明天》，西元1967年
西元1970年	・美俄簽署第一次戰略武器限制談判協議，西元1972年 ・美國否決第二次戰略武品限制談判協議，西元1981年 ・波蘭團結運動，西元1982年～		・世界性的通貨膨脹與失業潮，西元1970年代晚期和西元1980年代早期	・亞瑟·潘，西元1972年 ・亞歷山大·索忍尼辛，《古拉格群島》，西元1973年
西元1985年	・蘇聯改革開放，西元1986年～ ・美俄中短程核子武器協議，西元1987年 ・東歐共產政權跨臺，西元1989~1990年 ・德國統一，西元1990年			

表7-2 世界文明的誕生（續）

年代	美洲	印度與中東	東亞	非洲
西元1850年		・印軍大叛變，西元1857～1858年 ・聖雄甘地，西元1869～1948年 ・印度國民大會黨成立，西元1885年 ・賈瓦哈拉魯·尼赫魯，西元1889～1964年	・太平天國，西元1852～1864年 ・日本結束鎖國，西元1854年 ・孫逸仙，西元1866～1925年 ・日本大政奉還明治天皇，西元1867～1868年 ・日本採取立憲制，西元1889年 ・中日戰爭，西元1894～1895年	・蘇伊士運河開通，西元1869年 ・祖魯帝國毀滅，西元1879年 ・波爾戰爭，西元1899～1902年
西元1900年	・澳洲聯邦成立，西元1901年 ・梅德洛率領的墨西哥革命，西元1911年 ・墨西哥新憲，西元1917年 ・阿根廷裴隆政權，1946～1955年	・阿木里查屠殺（印度），西元1919年 ・印度民族主義的激化，西元1919～1947年 ・土耳其之父穆斯塔夫·凱末爾擔任土耳其總統，西元1922～1938年 ・土耳其共和國宣布成立，西元1923年 ・印度與巴基斯坦獨立，西元1947年 ・以色列宣布成立，西元1948年	・義和團事件，西元1900年 ・日俄戰爭，西元1904～1905年 ・中國革命，西元1911年 ・袁世凱稱帝，西元1914～1916年 ・中國軍閥割據時期，西元1916～1928年 ・中國國民黨政權，西元1928～1949年 ・日本軍國主義之勝出，西元1936年 ・遠東戰爭，西元1937～1945年 ・越戰，法國階段，西元1947～1954年 ・中國共產政權，西元1949年 ・印尼獨立，西元1949年	・南非統一，西元1909年 ・南非種族隔離主義，西元1948年- ・利比亞獨立，西元1949年

（續下頁）

年代	美洲	印度與中東	東亞	非洲
西元1950年	・古巴卡斯楚政權建立，西元1959年 ・巴西軍政府獨裁，西元1964～1985年 ・魁北克獨立運動，西元1967年～ ・智利軍政府獨裁，西元1973～1990年 ・巴拿馬運河條約，西元1977年 ・尼加拉瓜革命、薩爾瓦多革命，西元1979年	・埃及轉型為共和國，西元1952～1953年 ・蘇伊士危機，西元1956年 ・土耳其第二共和，西元1961年～ ・英迪拉·甘地擔任印度總理，西元1966～1977年；西元1980～1984年 ・六日戰爭，西元1967年 ・東南亞國協，西元1967年 ・印巴戰爭，西元1971年 ・孟加拉共和國，西元1972年 ・「贖罪日戰爭」，西元1973年 ・以埃和平條約，西元1979年 ・伊朗革命、廢除伊朗王位，西元1979年 ・蘇俄對阿富汗進行軍事干預，西元1979～1989年	・韓戰，西元1950～1953年 ・萬隆會議，西元1955年 ・越戰，美國階段，西元1963～1975年 ・中國文化大革命，西元1966～1969年 ・毛澤東去世，西元1976年 ・中國民主化運動，西元1978年～ ・東越戰爭，西元1978～1979年 ・中國入侵越南，西元1979年	・肯亞矛矛事變，西元1952～1958年 ・阿爾及利亞獨立戰爭，西元1954～1962年 ・剛果衝突，西元1960年 ・非洲統一組織，西元1963年 ・奈及利亞內戰，西元1967～1970年 ・羅德西亞游擊戰，西元1972～1980年 ・羅德西亞改名為辛巴威的獨立國家，西元1980年 ・愛滋病於非洲傳播，西元1980年代
西元1985年	・福克蘭群島戰爭，西元1982年 ・不流血革命，西元1989～1990年 ・美國入侵巴拿馬，西元1989年	・兩伊戰爭，西元1980～1988年 ・黎巴嫩戰爭，西元1982～1985年 ・伊拉克入侵科威特，西元1990年 ・波斯灣戰爭，西元1991年～	・裕仁天皇去世，西元1989年 ・中國民主運動受到鎮壓，西元1989年	・那米比亞獨立，西元1989年 ・南非政府開啓與非洲人民大會黨的對話，西元1990年

第三十七章

國協
The Commonwealth of Nations

　　我們有幸得以親眼目睹印度共和國的誕生，後代子孫委實將為此感到羨慕；然而這種幸運，也是一位必須親自付出大量努力並積極狂熱去看守的人質，因為一旦鬆馳懈怠，或是未加注意，幸運每每便會自我們手中溜走。

　　　　　　　　　　　　　　　　——賈瓦哈拉爾·尼赫魯，一九五一年

　　世界上的民主制度，在現代出現了一些意義最爲源遠流長的發展，其中一項就是國協的演變過程。雖然原本名爲大英國協，然而時至今日，它也包含了一些與英國之間完全沒有任何從屬或效忠關係的成員國。國協所有的成員都是獨立而自我治理的，但是，其中有許多是以由總督所代表的英國君王來作爲自己國家的元首。除了大英聯合王國本身之外，這類成員既有較大的自治領，像是加拿大、澳大利亞、紐西蘭，也有較小的自治領，像是巴貝多、牙買加、馬爾他、模里西斯、獅子山，以及千里達。而過去幾年的政治變革，也已經在國協內催生出許多與英國君王沒有任何聯繫的共和國。其中最著名的例子當然是印度，不過這類共和國在國協中可是有十幾個之多，領土大小從中型到非常微小的都有：孟加拉、波札那、賽普勒斯、斯里蘭卡（錫蘭）、斐濟、甘比亞、迦納、圭亞那、肯亞、馬拉威、馬來西亞、奈及利國、新加坡、坦尙尼亞、烏干達、尙比亞。而賴索托這個非洲小國（它是位在南非共和國境內的內飛地），則有一項與衆不同的特色：它是國協內的一個獨立王國，以該國自己的「最高首領」爲元首。很顯然地，欲取得國協成員資格，唯一的一項必要條件就是希望隸屬於國協的意願。由於成員在任何時候都可以自由脫離，新成員國也有可能加入，因此國協乃是一個不停在演化的組織：愛爾蘭曾於一九四九年、南非也曾於一九六一年退出；巴基斯坦一方面受到它與印度之間慘烈戰爭的催化，另一方面又爲各國承認孟加拉地位所激怒，終於在一九七二年時捨棄自己的成員身分，而剛獨立的孟加拉共和國則在隔年加入國協；自一九六五年起，羅德西亞在該國少數白人族裔領袖伊安・史密斯帶領之下宣布獨立後，其國家地位一直是過去十五年國際上的爭議問題。在成員國廣布全世界的國協中，英國再也不是組織中的焦點所在。從一九六五年開始，國協就擁有一個自己專屬的、由祕書長所領導的祕書處。而近年來，政治變化最爲活躍的區域是加勒比海地區，英國在這裡的前殖民地全部都正準備要、或者是已經取得了獨立國家的地位。由這波獨立運動所產生的大約十幾個迷你國家，除了試圖尋求來自國協之外的經濟支援，也希望能夠與那些非英語系的鄰居們建立起更緊密的聯繫。例如，像多明尼克這個小安地列斯群島中的小島，就在一九七八年由一個「聯盟邦」躍升爲獨立的共和國，雖然該國投票的結果是希望繼續留在國協之中，不過它也計畫好要加入美洲國家組織和其他的國際組織。牙買加（它依舊是以由英國君主任命的總督、而非民選總統來作爲國家元首）則在總理麥克・曼里的主導之下（一九七二～一九八○），嘗試與卡斯楚政權下的古巴發展更密切的關係。但是，由於美國將加勒比海視爲自己治下的禁臠，對這些小國家來說，與古巴的交流往來伴隨著相當的風險——就如同一九八三年時，格

瑞那達人民眼睜睜地看著美軍入侵自己島上，將其社會革命黨政權推翻時所學到教訓一樣。

聯合王國或是非洲主要國家的歷史，會在本書其他地方加以討論，本章之主旨乃在介紹那些自國協中萌生的各個重要亞洲共和國，以及那些基本上由英國移民組成，擁有自我治理權的自治領[1]。

國協作為一個由許多獨立國家、或是事實上獨立國家組成的國家聯盟，已經擁有大約一個世紀左右的歷史。在一八八七年，在一次由英國各主要屬地的總理出席的帝國議會上，便有人建議應該讓那些最先進的殖民地取得參與帝國治理過程的權利。這樣的想法在後續幾次的帝國議會中：一八九七年、一九〇二年、一九〇七年，都曾經再度提起。然而，一直要到第一世界大戰之後，這項提議才真正讓人感覺到有相當的可能性得以實現。各自治領在這場大戰中，向母國提供了慷慨大方又不求回報的援助，不僅替他們捍衛了直接參與帝國事務決定的主張，也替自己的獨立地位爭取到更明確的承認程度。一九二一年的帝國議會達成同意，認為這次的大戰已經明顯地替自我治理的自治領，建立起在外交事務上與母國平起平坐的資格。一九二六年的帝國議會，則採納了由當時英國前首相亞瑟‧詹姆斯‧貝爾福所提出的報告。它將英國旗幟下所有的自我治理領域（包括聯合王國本身），描繪為「即使藉由對於王室的共同效忠而結合，並且因為身為大英國協成員，而彼此產生一種雖然不受拘束卻緊密連結的關係，但是它們在大英帝國之內乃是互相地位平等，而且無論就內部或外部事務而言，在任何面向上都不互相從屬的自治社群。」這份貝爾福報告的實質內容於一九三一年時，由國會立法予以通過──也就是那部具有紀念意義的「西敏法」。

西敏法制定後，有幾個國協國家在實際上就以獨立共和國的體制在運作。換句話說，自治領議會通過的法律再也不可能受到英國國會的駁回，或是受到英國內閣的否決，而且除非自治領的政府提出具體特定的要求，否則英國國會制定的所有法律都不能直接適用於任何一個自治領。各自治領總理與英國首相都擁有直接向女王「建言」的平等權利。女王本身純粹擔任國協統一性的象徵，雖然在各自治領中，都有代表女王的總督（採行共和政體者則否），但是總督並沒有任何實質權力，他的主要職權僅在接受將要去職的總理所提出來的辭呈，並且進而指派反對黨領袖接任總理職位。總督於此時並無決定人選的自由，就如同每當英國內閣喪失下議院多數支持，而必須讓位給女王陛下皇家反對黨[2]領袖時，女王也不能擅自改變人選一樣。

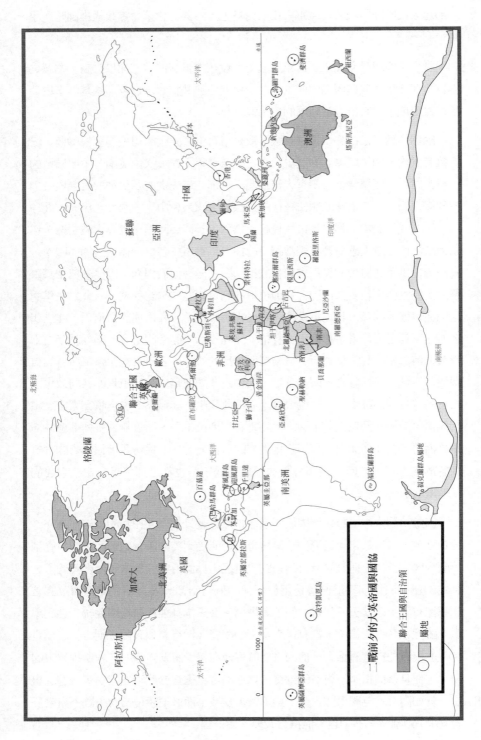

圖37-1 二戰前夕的大英帝國與國協

　　國協對英國來說，再也不是像往昔一樣，帶來的完全是好處了。即使是那些承認向英國女王效忠的成員，都已經展現出愈來愈強烈的經濟獨立意願，也日漸對聯合王國本身的福利不聞不問。已經有人如此說道：大多數舊世界時代殘留至今的大英國協成員，能夠帶給英國這個前任母國的利益，就有如在「發薪日時登門拜訪的窮困親戚」所能帶給你的一樣。這些國協成員雖然持續向英國爭取為數龐大的捐贈，卻不見其有什麼意願來回報任何的好處。舉例來說，迦納對英國商品沒有任何進口優惠；紐西蘭在提供澳洲工業產品免稅待遇的同時，卻對英國貨物課徵關稅；印度航空不但與英國航空處於競爭地位，而且還用採購自美國的民航機來配備自己的航線。一九六五年時，英國對國協國家的貿易逆差總計超過十億美元。然而無論對英國來說是否有利，只要這樣一群在種族、歷史淵源、權能，以及經濟地位上獨立的國家（總數大約有五十個），能夠證明它們有能力維持住某種共同利益與責任分擔的政治模式，對全世界而言，國協這個組織就有其助益。而且它也可充做一個發展與測試民主制度的實驗所。

加拿大自治領

　　加拿大的歷史正好戲劇化地呈現出國協在基本概念、運作原則，以及內在問題等方面的演化過程。與此同時，它也提供了如何在各式各樣的組成元素中，以及在各種利益與效忠對象彼此衝突的壓力之下，成功建立起一個國家的著例。一開始身為法國殖民地的加拿大，之後卻採用了英國的立法及國會制度。在這兩種壁壘分明的傳統力量下尋求平衡的同時，還得應付來自南方那個強而有力的共和國鄰居所施加的壓力。

　　在紀錄上，加拿大的歷史可以上溯自一位投資皮毛貿易的法國海軍軍官山繆・夏普蘭於一六〇八年在魁北克建立開拓點開始。此後的三十年間，他持續在聖羅倫斯河谷地活動，不停在這片土地上插下代表法國領土的旗幟，最遠一直到西邊的休倫湖為止。稍後同樣在十七世紀間，法國政府賦予一些貿易公司獨占權，讓他們藉此在這塊「新法蘭西」從事殖民與開發的事業。雖然這些貿易公司最終沒有達成任務，不過它們在當時也建立了一些堡壘和交易所，並且將一、兩千名法國人帶至此處，成為該地的永久居民。最終，耶穌會傳教士在加拿大的拓展開放，以及對加拿大的自然資源與優勢的進一步理解上，也做出了他們的貢獻。到了十八世紀中葉時，加拿大的人口中已經包含了大約七萬名法國人。

　　法印戰爭落敗之後，法國將對加拿大的權利割讓予英國，不過有一段爲期不短的時間，英國一直預設這塊新取得的領地會繼續心向法國。當英國國會於一七七四年，通過一項名爲魁北克法的法律，來導正某些帝國結構中存在的缺陷之時，便並未曾賦予加拿大一個由民選代議士組成的議會，因爲對英國來說，加拿大人當然無法理解英國的各種制度，也不會對這些制度懷有忠誠遵守之意。但是在美國獨立戰爭之後，有許多忠於英國的避難人士自美國湧入，他們與直接由英國前來的移民一起定居於安大略。這使得威廉‧彼特認爲自己是基於充足的理由，在一七九一年時於英國國會推動並通過一項法律，來將幾乎全由英國人定居的上加拿大（安大略），以及由法國人占壓倒性多數的下加拿大（魁北克）予以分離，並且分別爲這兩個省分建立民選議會。然而這樣的規劃最後還是以失敗告終。法國人與英國人之間無法彼此信任，而且兩個省的民選議會都馬上和倫敦指派的皇家總督發生衝突。一八三七年時，對立的局勢一發不可收拾，進而演變爲公開的叛變。雖然它馬上便受到鎮壓，不過這次事變卻讓英國政府正視加拿大方面的不滿，並且深切感到有必要採取一些行動來加以化解，於是便任命了上議員德罕伯爵爲負責調查加拿大相關狀況的高級專員。而那份德罕伯爵在返回英格蘭後所發表的報告，理所當然地成爲加拿大統治史上的著名文件。

　　德罕報告中提出的那兩項原則，足以視爲是加拿大自治領政治體制的基石。德罕伯爵首先在文中直言：應該要賦予那些已經擁有代議機構的殖民地一個「能夠負責任的政府」。也就是說，應該讓必須向立法機關負責的內閣或部會首長，來處理殖民地在地的事務。他所鼓吹的第二項原則，則是應該把同一個地理區域中類似的殖民地，加以聯合統整爲一個較大的實體——將這項原則適用於加拿大問題上後，德罕伯爵做出了籲請將加拿大的英法兩區化爲一個單一自治領的結論。正是基於這樣的建議內容，上加拿大與下加拿大在不久之後便合而爲一。一八四七年，德罕伯爵的女婿艾爾金伯爵出任加拿大總督。他在上任後便從掌握議會多數席次的政黨內挑選內閣成員，並且將此做法樹立爲具有拘束力的政治原則；他也讓內閣必須於自己政黨喪失國會多數地位時去職成爲常態。除此之外，即使內閣推行的法律草案與母國利益在現實上有所衝突，身爲自治領總督的他依舊會加以簽署。透過上述這些途徑，艾爾金伯爵賦予了加拿大一個在各種實際功能上，與英國相去不遠的責任政府體制。

　　不過目前我們所知的自治領政府，最早卻只始於一八六七年。在這一年中，當時還是獨立存在的新伯倫瑞克和新斯科細亞這兩處殖民地，與魁北克

和安大略一起組成了名爲加拿大自治領的聯邦。也是在這一年，由英國國會通過的英屬北美法，爲加拿大政府提供了一個制度架構，落實了加拿大人在一八六四年採納的憲法內容。在該法所建立的中央與地方分權聯邦體制下，只要是未曾明文委由各省政府行使之權力，即屬於保留予中央政府——所在地是加拿大首都：安大略省的渥太華——來行使。同爲聯邦制，加拿大模式與美國正好背道而馳，之所以會刻意如此的理由（日後證明，這種堅持並沒有太大的意義），有一部分是導源於，美國南方各州正是以回復各洲完整主權爲理由，來主張脫離聯邦，這在引發南北戰爭的過程中起了推波助瀾的效果。

責任政府的原則在英屬北美法中同樣也受到確立。依其規定，由英國君主指派的總督——但實際上則是依照英國內閣之意，乃是自治領名義上的元首。擁有在地事務實際決定權者，則是自治領內閣；其成員名義上雖是由總督任命，但在事實上，內閣就其職務上行爲而必須負責的對象，或是內閣任期的決定依據，都是自治領立法機關中的下層議院。自治領立法權是由一個兩院制的國會來行使：一是成員爲總督所任命，且爲終身制的參議院；一是由人民選舉產生的衆議院。除了有關國庫支出，或者課徵稅賦的法律草案只會從衆議院發動，以及內閣要向衆議院貫徹內閣責任以外，兩院擁有平等的權力。然而在實際運作上，參議院已經退化爲令人尊崇但老舊過時的遺緒，這個議院所扮演的僅是一個負責法案修訂工作，不具政治野心的角色。加拿大憲法同樣也爲各省提供責任政府的規範基礎。各省名義上的首長是自治領內閣所指派的代理總督，但具體的權力擁有者是一個向省級立法機構負責的省級內閣。除了魁北克之外，省級立法機關都是只由單一議院構成。

新成立的自治領馬上面臨到的麻煩，就是來自美國的敵意。加拿大跟英國一樣，都在南北戰爭中對南方邦聯展現出同理心，這一點激怒了美國北方各州的人民。另一方面，某些奉行擴張主義之人，深深認爲整個北美大陸最終理應全部納入美國治下。加美之間的緊張關係，在一八七一年時由於英美兩國政府簽署了華盛頓條約而獲得緩解。條約將相關爭議的調停原則明白揭示：有關北美大陸上政治領域的分立，美國將放棄一切試圖加以改變的意圖；而英國方面則是必須撤離駐加拿大的英軍。加拿大總理也參與了條約的協商階段，而雖然條約內容一開始在加拿大國內並不受歡迎，它還是獲得了國會的通過。本次外交折衝的成功，正好爲加美兩國親密關係的序章做出註腳。加拿大自治領的國家發展進程從來就不是一個孤立的過程。一些彼此處於競爭關係的國際潮流，一直以來都在拉扯著尚須處理內部爭議問題的加拿大人。即使受到對英國和大

英帝國之忠誠關係所束縛，但是愈發增長的北美團結情感，驅使加拿大人發展出獨一無二的獨立形式。與此同時，加拿大的經濟也逐漸變得與美國同氣連枝，在同受影響的一些議題上，渥太華有時候也寧可站在華盛頓，而不是倫敦這一邊。美國與加拿大也曾有過意見不一致，甚至偶爾是嚴重爭執的時候，不過這兩個國家之間對等關係的發展成果，對大英國協演化為一個由自由國家自願加入的組織而言，有著毋庸置疑的貢獻。加拿大自治領正是這樣一方面在國民感情和象徵意義上，維持著與英國皇室的關係，一方面也接受自己與那個雄據北美的共和國，建立起比歷史上任何兩個獨立國家之間都還要親密的關聯性。

自一八六七年起，加拿大的成長概略上就與美國相仿。在英屬北美法通過之時，加拿大人口數是三百五十萬，一九八五年時則來到二千五百萬。同一期間，美國人口則從三千八百萬增加至一億九千六百萬。除了人口之外，加拿大自治領在領地方面的成長幅度也同樣驚人。曼尼托巴省是一八六九年時，從購自哈德遜灣公司的土地中劃出的。一八七一至一八七三年間，英屬哥倫比亞和愛德華太子島分別被納入自治領。加拿大太平洋鐵路於一九〇五年竣工，充足了新增兩個草原省分的條件——亞伯達和薩克其萬。至於加拿大聯邦的第十個省分紐芬蘭島，則是到一九四九年才加入。加國的成長不能只就占地和人口兩方面來窺視。十九世紀後半到二十世紀初年間，加拿大建立起體質健全的銀行與貨幣制度、公務員體系，並且施行優惠國內工業的保護性關稅。而在礦業與林業資源的開採上，同樣也有值得注目的進步——加拿大是美國在鎳、石棉、鈷、木質紙漿方面的最主要供應國。

在其國勢日漸成熟的過程中，加拿大嘗試過許多努力，來將其種類多樣的移民鎔鑄成一個具有向心力，但是又保持多元性的國家。隨著西部疆域的開拓，成千上萬的羅塞尼亞人[3]、俄羅斯人、波蘭人、斯堪地那維亞人、德國人，如潮水般湧入草原各省：從一九〇三到一九一四年之間，就有將近二百七十萬的移民設法在加拿大落地生根。一直到一九四一年為止，草原各省的人口中，都還有超過百分之四十的人口，其先祖來自中歐或東歐。不過全國人口中為數最多的少數族群，很顯然是高度集中於魁北克省的法裔加拿大人。法語身為魁北克的主要語言已有三個半世紀之久，而大多數法裔加拿大人的祖先都可以追溯至一七五〇年以前就來到北美洲的法國人。打從加入聯邦開始，魁北克省就維持著自己特有的典章制度，與使用英語的其他地區在許多面向上都有所殊異：法院在運作時所依據的規範基礎，是淵源自拿破崙法典，而

不是英國的習慣法；占省內人口絕大多數的羅馬天主教教會的信徒，會接手執行許多在其他地方是由政府來負責的任務，其中包括對教育的督導。出於對自身文化遺產的自豪，魁北克人在看待自己社群的時候，就算不認爲是個獨立的國家，也一定會認爲是個與其他省分截然不同的社會。由於既害怕受到英語系的多數人口宰制，而且又無能在中央政府的政策形成中施加足夠強大的影響力，魁北克人決定藉由在人數方面的增加，來捍衛他們的獨立精神，也就是所謂的「增產報復」。法裔加拿大人甚至到了二十世紀，都還是全世界新生兒出生率最高的族群之一。然而，自一九五四年起，其出生率已經開始下降。在人數上愈來愈趨於劣勢這一點，卻更強化了法裔加拿大人拒絕被同化的決心。

加拿大在二十世紀時的經濟成長，是亦步亦趨於它對國際事務參與程度的提升。加拿大政府於一九○九年時，在其行政分工組織中新增了對外事務部這個部門。同年，其與美國也簽署條約，成立一個由三名美國人和三名加拿大人組成的國際聯合委員會。該委員會有權針對用水問題做成具有拘束力的裁決，另外對於經由兩國同意，來交由委員會負責處理的其他爭議問題，委員會也有進行調停的權力。上述這項一九○九年邊境水域條約，歷久彌新又富有彈性，雖然未能解決所有大湖區水域使用或濫用的相關問題，但依然是份極爲成功的條約。

一般皆認爲，作爲一個國家，加拿大是在第一次世界大戰期間達到成熟階段。大戰前夕，雖然加拿大政府也有私心，但是由於更無意虛耗在那些既拐彎抹角，又無法避免以衝突告終的外交協商，所以還是接受英國方面的宣稱說法，承認自己當然會爲整個大英帝國奉獻。在大戰期間，加拿大應允的協助沒有上限，做出的犧牲也與母國自己比例相當：這個在當時只有九百萬人口的自治領，共有六十萬人投入軍隊，其中有超過五萬人在戰場上失去性命。普遍來說，支援母國的舉動彰顯出一種高貴的情操，而加拿大在這方面的付出程度，讓加拿大人深感自豪，不再覺得自己是次等的殖民地人民，反而搖身一變，以西方民主與和平理念領航者的面貌出現。一九一七年以後，加拿大總理就可在帝國大戰內閣中，與英國首相平起平坐，共同參與政策制定的過程。戰爭終了時，加拿大提出要在巴黎和會中擁有席次的要求獲得同意，隨後它也成功加入國際聯盟。接下來的一段期間，加拿大自治領在外交政策上，透過拒絕接受由英國單方面——亦即未讓加拿大共同參與——與他國協商形成的國際條約義務，來主張自身的獨立性質。儘管如此，當第二次世界大戰爆發時，加拿大幾乎未曾有過絲毫遲疑，便即投入母國遭遇的戰事。加拿大人幾近全體一致地認

為，對英國存亡的威脅，就是對加拿大利益的威脅。即使在法理上，身為一個自治領，加拿大可以在這場大戰中保持中立，但是它依然以當初在第一次世界大戰中，那種與眾不同、毫不保留的規模，為母國付出自己的財富與青年的生命。

當時間來到第二次世界大戰結束之時，經濟實力大幅躍進的加拿大，已經在國際舞臺上贏得一個引人注目的位置。加拿大提供貸款給英國，在聯合國的發展、北大西洋公約組織的成立中，皆扮演了重要的角色。就聯合國組織而言，有一項價值無可計量的貢獻可歸功於加拿大。事情起源於一九五六年時，因為以色列、法國、英國軍隊，對埃及發動聯合攻擊所引起的蘇伊士危機。當時執政的加拿大自由黨政府，一方面與美國同一陣線譴責英國的軍事行動，另一方面則由對外事務部部長列斯特・皮爾森，避開已經陷入死結的安理會，說服大會成立一支聯合國緊急部隊，以維護在敵對區域中的停火狀態。在許多後續的事件中，聯合國緊急部分都發揮了不少用處。

漸漸地，加拿大人也發現到，在世界舞臺上責任愈大，必須承受的負擔也愈多。就連這個國家的地理位置，也是一個紛擾的來源：它很不幸地直接橫躺於美國與蘇聯之間的航空路線下方。隨著這兩大巨人之間的冷戰愈演愈烈，加拿大理所當然地會擔憂在愈來愈多的軍事和經濟政策上，有可能將面臨到美國嘗試插手支配的壓力。遍布加拿大境內的「早期預警」雷達屏障網絡系統，就是由美加兩國合資興建的。一九五七年，由兩國政府創設，具有統合作用的北美防空司令部雖然名義上是聯合統御，但是地點卻位在科泉市【4】，而且由美方人員出任最高司令。而是否要在國家軍事防禦中加入核子彈頭部署，也是經過漫長而激烈的爭辯之後，以自由黨贏得一九六三年國會大選為整個事件的發展頂點，才以同意作收。

第二次世界大戰結束後，加拿大既要面對隨之而來的嶄新問題，同時也繼續與過去的舊問題纏鬥。身為一個國家，加拿大的人口仍顯不足，在這片幾乎與歐洲同樣大的土地上，居民數卻比美國的紐約州還要少。有百分之四十五的國民定居在聖羅倫斯河谷地中——一塊大小只占全國百分之二的區域上。育空和西北領域合起來有美國領土的一半，但是卻只有一萬四千人居住。全國的土地至少有百分之五十的面積不適於農耕，或者只能夠為皮毛貿易或礦業所用。更糟糕的是，全國的人口還根據地方或族群的利害關係，而有顯著的區分對立。安大略人主要將目標放在工業發展與財務金融上，使得該省在經濟事務上一方面採取保守主義的立場，一方面決心致力於讓自身可以免於受英國或美

國左右；至於主要從美國、或是中歐國家移民過來的草原各省，則是農村式集體主義的根據地，也是抵抗程度極端劇烈的通貨膨脹與廉價信用問題時的一個重要堡壘；聚集在魁北克省的法裔加拿大人，依然全心投入在其祖先的文化與宗教之中，繼續抵抗來自渥太華的主導力量。在最近數十年來加拿大人所面臨的各種爭議中，最為迫切的問題可說大致落在三個範疇中：其一為經濟政策，不論是國內、或是關係到美國的部分；一為分離運動，尤其在它可能影響到魁北克的地位；最後則是加拿大憲法的修訂。

皮耶・楚鐸，這位以聰明才智著稱，極具個人色彩，而富有爭議性的人物，以自由黨黨魁的身分，擔任加拿大總理前後共十六年之久（一九六八～一九八四），其間只中斷過九個月。他所面臨的第一個挑戰來自魁北克：惹內・勒維克在一九六七年創立了魁北克人黨，明確地表達出當地積怨已久的不滿情緒。該黨的終極目標，是追求魁北克能脫離加拿大聯邦獨立。一九七六年，這個主張分離的政黨在省級立法機關的代表選舉中，取得了相當的多數優勢，不僅將勒維克推上魁北克總理的寶座，更讓分離運動成為全國最首要的爭議問題。楚鐸自己就是使用雙語的法裔加拿大人，對於占有該省六百萬人口中六分之五的法語系魁北克人懷有什麼樣的怨懟，他自然是感同身受，因此在一九六九年時，他就已經主導通過官方語言法，要求在所有公開廣播或聲明，以及任何公務單位為人民所提供的服務中，都要同時使用英語和法語。然而隔年，當魁北克的一位內閣閣員受到恐怖分子謀殺之後，他轉而啟動戰時措施法所規定的強硬手段，希望藉由加強中央政府的角色，來讓國家統一程度更為牢固——在面對分離運動的威脅時，楚鐸採取的其實是堅決反對的立場。

而在魁北克，勒維克一黨的掌權，讓省內英語系少數族群的處境豬羊變色，畢竟這些人過去是以遠遠不符人口比例的程度，主宰了省內的政治與經濟力量。長久以來法語系人民因為遭受歧視而產生的忿怒，這種痛楚驅使魁北克人黨制定了相關法律，來破除盎格魯薩克遜新教徒[5]菁英在權力上的獨占，將法國文化提升至優勢地位，進而似乎有意將英語這個語言幾乎全然逐出魁北克省。英語系居民開始外移，有幾家大型企業也將總公司搬到安大略或是美國。不過，儘管魁北克人黨進行的改革中，有一些確實受到省民的歡迎，但是它那脫離加拿大獨立的倡議，卻只取得有限的支持。根據一次在一九八○年春天所舉行的公民投票顯示，有三分之二的魁北克選民反對脫離聯邦。到了一九八四年時，由於經濟狀況惡化引發了高失業率和罷工潮，魁北克人黨的實力因此也受到了嚴重的打擊。

　　另一方面，在楚鐸執政的這段期間，加拿大西部的省分不滿的聲浪就算還不到公開威脅脫離聯邦，也曾經惡化到會觸發暴動的臨界點。這片幅員廣闊但人煙稀少，過去放眼望去只見麥田與牲畜的區域，當它豐富的石油與天然氣藏量受到開採以後，便開始迅速地發展起來。卡加立這個亞伯達的石油工業中心，就從一個邊境的開拓點，一躍成爲蓬勃的大都會。到了一九八〇年，亞伯達一省產出的原油占全加拿大的九成，而西部四個省分的合計生產毛額是全國總數的一半。於是，這裡的居民希望由他們生產的原油價格，能夠上漲到與世界市場的水平一致，同時他們也要求在分配經濟利潤方面擁有更多的決定權。不過楚鐸持續將國內原油價格壓低，以令一般消費者受惠，並且透過徵稅手段，將經濟收益中數額可觀的部分，分配給目標在讓全國整體都能受惠的政策計畫來使用。加拿大西部的人民對於源自加拿大東部的財政利害關係，所抱持的那種不信任感，跟他們對來自美國的金錢利益糾葛，三不五時展現出來的懷疑心態非常類似，因此中央政府的分配政策在這些西部人的眼中，就有如是對其財產的不當侵害，進而加以強烈抗拒。此外，官方語言法中的雙語規定也在西部掀起忿怒的情緒。在亞伯達大省中，習慣使用德語和烏克蘭語者，遠較使用法語的人要來得多，叫他們與法語這種「外國」語言打交道，可是件難以接受的事。

　　面對這些不同區域利益衝突引起的風暴，楚鐸不但未曾屈服，更著手處理憲法變更，這個到了一九七九年時已經變得沸沸揚揚的棘手難題。楚鐸提出來的辦法乃是憲法的「回歸」，也就是說，將擔任加拿大自治領最高規範超過一世紀的英屬北美法，更換成一部直接由加拿大創制，並且可由加拿大修正的新憲法。當加拿大自治領最初根據英屬北美法成立時，依照當時加拿大人的要求，該法的修正程序是交由英國國會來執行。英屬北美法在這之後曾經修訂過非常多次，但每一次修正都是源自於加拿大的要求，並且事先得到自治領各省的全體同意。雖然加拿大身爲一個獨立國家，並未面臨到任何質疑，但是在楚鐸眼裡，把憲法帶回家依舊是件關係到國家尊嚴的大事。此外，他還希望能在憲法中加入一部權利法案、一套憲法修正規範，以及能夠更明確地界定中央與各省政府之間關係的規定。一九八〇年，由各省總理組成的制憲大會陷入了無法化解的泥淖之中，楚鐸於是決定要由他的政黨所主導的加拿大國會來擬定新憲草稿，再將草稿交給英國國會認可。他提議的這種做法在加拿大引發了激烈的爭議，而且也讓英國政府感到不知所措，因爲此時英國國會的議員們發現自己不但身陷遊說人士的包圍之中，而且這些遊說人士分別來自許多不同的派別。根據報導指出，曾經有英國國會議員如此說：「我們希望對加拿大人有求

必應，問題在於誰的說法才能代表加拿大人？」在來自各省的壓力之下，楚鐸不得不在某些目標上做出妥協，以取得一個能夠爲大多數省分接受的共識。

這套新的憲法（加拿大法）終於在一九八二年四月，由英國女王伊莉莎白二世在渥太華簽署。新憲的內容無可避免地一方面富有彈性，一方面則語義模糊。彈性一直是英國政治傳統的固有特徵，也與加拿大的政治經驗與實踐相符合。早先在使用英屬北美法的時代，對該法的任何修正都是在全部省分的同意下做成的。從今以後，單一的省分就能否決聯邦決定採用的修憲內容，或者國會通過與憲法牴觸的法律，都變成在規範上有可能發生的事。全國數個區塊之間的關係，也一直沒有得到清楚地釐清，幸運的是，還沒有人嘗試利用群眾暴力來解決這個問題。在某些角度上，加拿大各省所擁有的自治程度，高於一般典型的聯邦結構，在憲法修正上擁有單獨否決權，就是最好的例子。加拿大在一九三〇年代的經濟大蕭條期間，遭受到非常嚴重的打擊，當時各省政府與中央政府並無兩樣，面對如何減輕這次危機帶來的傷害，都在試圖逃避責任。然而，省這方面不甘願將更多的權力委由渥太華行使，不可否認地，也是國家無法採取有效行動的因素之一。與美國總統富蘭克林‧羅斯福「新政」相當的政策，就未能在加拿大出現。在國家層級上，具有重大意義的社會立法，一直要到第二次世界大戰之後才開始出現。但是在最近的數十年間，在經濟領域和社會福利計畫的立法與政策方面，加拿大的中央政府相較於擁有強勢權力的美國聯邦政府，反而更爲積極主動地參與投入。

區域性利益彼此之間存在著衝突，英語系與法語系國民互有怨言，魁北克省的分離運動團體，再加上對憲法各種分歧的詮釋方式，造成加拿大人難以清楚界定自己國族認同【6】的內容，甚至，連有沒有一個國族認同，本身都是個問題。這個國家可說打從開創之時起，就具有這種模稜兩可的特質與命運（「加拿大」這個名稱，源自於印第安語中的一個字，意義指的是「村莊」）。在二次世界大戰之後才到來的移民，又讓這種風貌益加混亂。一九八〇年代起，有百分之七十的移民，母國是歐洲以外的國家與地區，其中主要是香港、越南、印度、巴基斯坦。這些新的國民組成元素，截至目前爲止都還沒有得到適當地融合。加拿大國會在一九八八年時通過一項法案，法案內容聲明加拿大是一個「多元文化」的國家，並且要求平等對待任何種族群體，以及保存與推廣少數族群的語言。由於沒有強制規定，對那些面臨歧視待遇的少數族群來說，這項法律提供的助益幾近於無。加拿大與它的南鄰一樣，都逃不開虐待原住民、展現出種族主義的態度、對尋求政治庇護的難民無動於衷、偶爾還

可以再加上侵害人權或公民權利等這些指控。

　　加拿大與美國之間的緊密關係，在其尋求國族認同的旅程上，既是一種激勵、也是一種威脅。經濟上，這兩個國家互相倚賴的程度相當著稱。從一九三〇到一九五〇年的這段期間，加拿大對美國的出口額度成長了三倍，自美國進口的額度則是成長了超過四倍。美國對加拿大的銷售總額超過對歐洲和對拉丁美洲的合計。雖然渥太華方面在一九七六年時，與歐洲共同市場建立起契約上的關係，並且也與日本進入貿易協商，但是加拿大與美國的貿易活動卻有增無減。從一九六八年開始，加美之間的貿易順差已經轉到加拿大這邊，加拿大在美國境內現在也擁有巨額的資本投資。但是這兩個經濟體日漸提高的整合程度，必然會對加拿大的獨立性帶來挑戰。一九七〇年，加拿大的橡膠和石化工業中較為重要的部分，以及占製造業和礦業百分之四十五左右的產能，在大約三百五十億美元的投資額之下，皆落入美國資本的掌控之中。加拿大西部由石油帶來的榮景，背後受到美國資金的披助程度甚至更多，也造就了從卡加立延伸到休斯頓的貿易連線。到了一九八〇年，加拿大十七家最大的石油公司——它們合計占全國石油與天然氣銷售額的百分之七十二——都是由外國資本持有經營權，其中主要是來自美國。因此，某些企業家會抱怨加拿大即將變成一個「分枝工廠型的經濟體」，是一點也不令人驚訝的事。而楚鐸當局在一九八〇年秋天時，採取了許多具有爭議性的措施，目的在於降低外國對其礦產和能源資源的控制力量。

　　在經歷了漫長的政治生涯之後，楚鐸於一九八四年六月辭去總理職位。同年的九月，在過去五十年間有四十二年掌握總理大位的自由黨，於普選中敗給進步保守黨【7】。帶領後者在這次選舉中取得壓倒性勝利的黨魁布萊恩・墨朗尼，是一位能操雙語的愛爾蘭後裔。在面對著龐大的預算赤字，以及百分之十一的失業率下，他於上臺後便嘗試透過取消限制的方式，來鼓勵美國進入投資，以達到振興經濟，並且提升資本成長的目標。這正好與楚鐸在一九七〇年代所採取的經濟國家主義政策反其道而行。一九八八年初，墨朗尼總理與羅納德・雷根總統簽署了一份自由貿易協定，依據該協定的內容，兩國之間原有的貿易壁壘幾乎都可望在隔年解除。但是這樣的計畫在加拿大國內掀起了相當激烈的爭論。有些加拿大人擔憂，兩國間的貿易一旦徹底自由開放，實力較弱的加拿大經濟，將會被能量龐大許多的美國給全然吸收，加拿大因此也將淪為美國的「第五十一州」。（加拿大人在看待與美國人間的關係時，「我們與你們的感情相融，外表相像，語言相近，但是我們就是不想成為你們的一分子」，

是一種或隱或顯的內在情愫。）由於人民普遍表示反對的意見，此外也由於在當時受自由黨主導的加拿大參議院，少見地否決了這份外交協定，墨朗尼被迫將這個議題以普選的方式訴諸民意來解決。在競選過程中，自由黨的對手們指控他出賣了自己的靈魂給美國，人民也開始擔心，是否甚至連加拿大政府資助的醫療體系都將因此受到不良影響。然而，這份自由貿易協定握有企業界的支持，而且政治上的反對力量也因為自由黨與新民主黨（社會主義路線的政黨）之間的決裂而削弱。因此當十一月選舉結果產生時，雖然保守黨在眾議院中損失了一些席次，但是其勝選程度還是能夠提供墨朗尼所需要的後盾。

存在於族群、文化與區域間的差異，依然給加拿大的國家命運籠罩上一層陰影。魁北克拒絕批准一九八二年的那部憲法，而且當地的分離運動到了一九八〇年代晚期又再捲土重來。魁北克要求其身為加拿大中一個「特殊社會」的地位必須受到正式承認，一九八七年時，加拿大總理和所有省分的總理一致簽署一份協議，願意接受魁北克上述的要求，魁北克國民議會也隨即認可了這項協議。依照加拿大憲法的明文規定，該協議假如在簽署後三年內獲得全部省分的認可，就可以成為正式的法律，但是在三年期限屆至時（一九九〇年的六月二十三日），仍然有兩個省（曼尼托巴、紐芬蘭）拒不同意。這些曠日持久的協商最終卻什麼結果都沒有達成，不管對哪個立場的人來說，心裡都不是滋味，更使得魁北克這個擁有全國四分之一人口，也是全加第二富有的省，究竟是否要、或者在什麼樣的條件之下才要繼續待在聯邦裡，依舊是一個懸而未決的問題。同一時間，魁北克政府也跟中央政府一樣，正面臨與原住民少數族群——因努伊特人、莫霍克印地安人——之間的糾紛：這些原住民主張國家非法侵占了他們固有的土地。

即使將上面提到的難題全部考量進來，毋庸置疑地，加拿大的未來還是有著光明的前景。它是世界上自然資源含量最豐富的國家之一。在人口只比美國十分之一略多的情形下，它的外貿總額卻幾乎有美國的三分之一。加拿大在石棉、鎳、鉑、鋅，還有木質紙漿的產量上傲視全球；鋁、鈷、鈾的產量排名世界第二；金、鈦產量排名世界第三；小麥也有世界第四。在拉不拉多地區已經發現了大量的鐵礦儲藏地。自一九七一年起，在魁北克詹姆士灣區域進行的水力發電興建計畫，一直以來都能將多餘的電力外銷給佛蒙特與紐約，並且預計到了一九九〇年時，可以提供半個魁北克省的電力需求。加拿大從一九六〇年起，也將貿易往來對象拓展至非洲的國協國家，並且對其提供財政上的援助。假如世界各國當初真的對南非各國，施予嚴厲國際制裁的話，加拿大便有可能

透過擔當這些「前線」非洲國家連結外部世界的窗口，而獲得一些實質上的回報。

澳大利亞聯邦

　　澳洲這個猶如一個大島一樣的大陸，面積大概是美國去掉夏威夷和阿拉斯加那麼大，將近是大不列顛島的二十五倍。大約從五萬年前開始，人類就已經在此居住，其中絕大多數是黑人，具體的種族組成非常複雜，他們的祖先有可能是來自印尼群島。千萬年以來，這些原住民或者逐水草而居，或者成為技巧卓越的獵人，以數以百計的社群為單位生存在這片大陸上。雖然在科技方面的成就並不突出，但是他們創造出的符號繪畫異常複雜，而且在近年的藝術評論界取得了高度的讚賞。十八世紀將近尾聲時，這些原住民賴以為生、敬為聖地的狩獵區域開始落入白人開拓者手中，供他們放牧的牛羊啃食。土生土長的人民被迫逃往貧瘠的丘陵地區，而且還因為在與外來的不速之客接觸時，感染到之前未曾遭遇過的疾病而深受其害；他們的人口和文化就這樣快速地衰亡。一直要到大約二百年後，才有人開始認真嚴肅地嘗試去承認和保障原住民的權利。

　　澳洲的歷史記載是在許多陰影籠罩之下展開的。這塊由荷蘭人於十七世紀首度發現，再由英格蘭的詹姆斯・庫克船長於一七七○年再度發現，同時主張為英國所有的大陸，由於距離母國實在太過遙遠，因此對移民開拓而言無法提供什麼強烈的吸引力。原本供英國用來放逐罪犯的，乃是位在西半球範圍內的北美十三洲殖民地，但是美國獨立讓這種做法不再可能，英國政府只好將腦筋動到澳洲身上。一七八七年時，首艘開往這塊島型大陸的運囚船揚帆出海，從此澳大利亞作為一個監獄殖民地前後長達超過五十年之久。在英格蘭當時極為嚴厲的刑事法規之下，有許多男男女女只是因為在現代人的眼光看來的輕微罪行，例如像是平民在貴族的土地上捕獵松雞，就被處以放逐之刑。但是，不論是冷血無情的刑犯，或是微不足道的小賊，在這片流放之地上，面臨的是同樣殘酷的命運。監獄營區內部的狀態情境，其真相之駭人聽聞，不只是澳洲人，連英國人都希望將它從記憶中抹去。裡頭最常見的處罰方式，是用皮鞭[8]打到你皮開肉綻為止。女性囚犯不只被迫屈於劣勢，更被作為發洩性欲的工具。有一位現代的澳洲作家甚至認為，當時人犯處境最糟糕的監獄營地，預示了後來二十世紀恐怖的集中營[9]。

　　隨時間經過，有少部分極為大膽的自由公民滲入了殖民地區，建立起廣

大的綿羊牧場，或者又稱「基地」【10】。依據法律規定，犯人在服刑期滿之後，可以選擇繼續在澳洲定居，所以他們在獲得自由後，也會前往牧場從事牧羊工作。當英國政府於十九世紀中葉停止放逐罪犯的政策時，已經有十六萬二千名的罪犯被帶來澳洲。對牧場來說，這些逐漸回復成自由人的囚犯提供了一股廉價的勞力來源。到了一八三〇年時，羊毛工業已經成爲澳洲經濟的骨幹。

澳洲發展的趨勢，在一八四八年時，因爲新南威爾斯和維多利亞的金礦發現而出現劇變。受到這些黃色金屬的神奇誘惑所吸引，投機者、追求致富者從世界各地蜂擁而至。一八五〇到一八六〇年之間，這塊大陸上的人口幾乎變成原本的三倍。無可避免地，來到這裡的人比起從事探勘和開採所需的勞工數目還要多，因此當淘金熱潮一過，山丘與河水中的黃金藏量不再豐富到讓人俯拾即得後，該如何解決人口過剩的問題便浮現出來。鼓勵他們務農似乎是個合乎邏輯的解決方式，但是這其實是個孤注一擲的做法——當地的雨量過於稀少，也缺乏良善的交通設施，再加上從事羊毛業者不願意「敞開」他們手中的廣大土地，這些都讓農夫們的處境困難重重，災厄不斷，只有最幸運的少數人才能倖免。一直要到連通港口的鐵路建成，旱地農作的技術完備，開發出具有適應力的小麥品種，還有強化化學肥料的效果之後，澳大利亞的農業才終於獲得健全的基礎。

如果將全澳整個觀之，那麼有相當多基礎政治和社會政策的開展可以追溯至一八五〇年代淘金潮，或是其後續的餘波。這裡首先要敘述的，是計畫將黑色、棕色、黃色皮膚的種族逐出澳洲開拓點之外的白澳政策。一八五〇年代時，維多利亞和新南威爾斯湧入了成千上萬的中國人，威脅到白人礦工的薪資水平和生活水準。自己的國家是「廣大有色人種大海中的白色島嶼」，這樣的想法很快地就占據了澳洲人的思想。他們在來到這裡時，就曾經掠奪過，甚至還讓一部分的原住民黑人部落就此滅絕，現在他們再次將矛頭指向成千上萬其他有色人種的現在居民：印度人、荷屬東印度群島人、中國人、日本人，將其視爲凶猛的洪災，除非用嚴厲的排他法律建立起厚實的堤防，否則白人就將被這股潮水淹沒。甚至連澳洲北部的熱帶區域也必須保持不受東方勞工的汙染【11】。白澳政策的產生，一方面是種族優越感作祟，一方面卻是出於對經濟競爭對手的畏懼。

由十九世紀淘金潮引致的第二項政策，乃是透過保護性關稅來促進製造業成長。最早施行關稅的澳洲殖民地是維多利亞，時間爲一八六〇年代，隨後關

稅制度蔓延至整個澳洲。澳洲各殖民地之所以使用關稅，至少有一部分就是因為需要讓國內工業有能力吸收過剩的礦工人力。第三項有關政策，則是政府用大額舉債的方式來完成公共建設。很顯然地，有許多理由都足以支持這種做法的必要性：提供灌溉工程，以嘉惠乾燥區域的農民；加速交通運輸設施的完成；替那些被金礦吸引而至的大量移民提供就業機會。

一直要到一九〇一年後，澳大利亞聯邦才稱得上是一個制度齊備的國家。在此之前，澳洲大陸由各自獨立的殖民地瓜分，其中大多數都是從最原初的殖民地新南威爾斯分離出來的。將各殖民地組合成一個聯邦的運動，雖有持續進展，但步調甚為緩慢，主要原因是在於，弱小的殖民地憂心它們將會因此受到較強盛、繁榮的殖民地之宰制。不過，這項擔憂並未阻礙到在地民主的迅速發展。到了一八五〇年時，每個殖民地都已經擁有自己的地方議會可以進行立法工作，制衡總督的權力，甚至還取得修改自身憲法的權利。在此之後沒多久，東部的殖民地開始有了向議會負責的政府。南澳大利亞在一八五五年時施行男性普遍投票權，維多利亞於一八五七年跟進，新南威爾斯也只比前者晚一年。差不多在同一時間，維多利亞、南澳大利亞、新南威爾斯，加上昆士蘭，都開始採用祕密投票制。在一九〇〇年以前，已經有兩個殖民地開始向其立法機關的議員給付薪水，也有幾個殖民地在這時候就賦予女性投票權。

時間終於來到了贊成組成聯邦的理由壓過反對聯邦者的階段。在這些論理依據中，最首要的一個就是面對各個軍事強權的帝國主義威脅，殖民地有進行共同防衛的需要。有許多殖民地即使是對彼此之間的貨物也課徵關稅，其造成不便之處已經日漸擴大，這點同樣也是促成聯邦的重要因素。成立於一八八五年的澳洲聯邦議會，是為了將澳洲大陸合而為一所採取的第一步行動。但是它擁有的只有對成員的立法權，欠缺行政和財政權限，因此在新南威爾斯的抵制之下，議會終究淪為一個沒有實權的機關。它的主要價值與意義，是可以在那個時間點上，替組成聯邦的需求重新賦予驅力。於是在一八九七至一八九八年間，才有一連串的大會草擬出一份聯邦草案，然後在一九〇一年時獲得英國國會的認可，成為澳大利亞聯邦的憲法。以澳大利亞國協為名稱的這個聯邦國家【12】，是由六個州【13】所組成：新南威爾斯、維多利亞、昆士蘭、南澳大利亞、西部澳大利亞、塔斯曼尼亞。首都在當時暫時設於墨爾本，但是憲法中另有一條規定，永久首都必須設於新南威爾斯州，距雪梨不得超過一百英哩遠之處。之後約十年間，政府向世界各地的都市計畫家廣發邀請函，請他們為這座名為坎培拉的花園城市設計藍圖。競圖的結果由來自芝加哥的瓦特・格里芬勝

出，他本身是一位傑出的建築設計師，同時也是法福克‧洛伊德‧萊特【14】的搭擋。雖然澳洲國會拒絕提供足夠的資金，以至於格里芬構思中的公共建物中，有一部分無法全部完成，然而廣植遍地的高矮樹木，還是讓聯邦政府在一九二七年正式搬遷過來時，是來到一座貨真價實的花園城市。

澳洲的政府結構在某些面向上與美國相似，但是就像加拿大的情形一樣，在其中也摻入了內閣必須向立法機構負責的英國原則。爲了能在聯邦架構下保持各州的獨立精神，也由於州與州之間互相的不信任，因此在澳洲憲法的規定中，各州委託給聯邦政府的只有少數特定的權力，並將所有的非委託權力保留給各州行使。澳洲國會採兩院制，分爲參議院和衆議院。前者由每州六位直接民選產生的參議員組成。衆議院的成員組成，則是依各州人口比例而定。跟其他幾個大英國協成員一樣，澳州也有個代表英國君主的總督，不過他所擁有的實權無足輕重。行政權，以及對立法工作的根本掌控能力，是落在由總理領導的內閣手上，這一點與國協中所有的自治領如出一轍。奇怪的是，不論是加拿大還是澳洲，在聯邦政府與其下的次級政治實體之間，國家權力的配置方式，近年來都在往原本設計相反的方向變動。在加拿大的各省愈來愈不服從渥太華指令的同時，澳洲政治權力的平衡點反而從各州往聯邦政府的方向移動；在自然資源保存和環境保護上，各種迫切需要的規範手段得以立法通過的過程，或者國內大片原住民保留地的畫定，都是這種權力結構變化的實例。

澳大利亞在民主政治改革方面的腳步很快便超越了英國。一八三○年代，在英國本土未曾取得成果的憲章運動，由其鼓吹者帶至新南威爾斯，而且到了一八六○年代時，幾乎所有的主張都在澳洲各州獲得立法通過。在無須面對勢力根深柢固的教會結構，抑或是擁有地產影響力的貴族階級之下，立法者採納了諸如成年普選權、祕密投票制、國會議員受薪制度，甚至像是保障勞工健康與安全的工廠法等等這些改革內容。

雖然程度有限，但是澳洲，一如紐西蘭，在社會立法的領域中蔚爲先驅。有非常大量的改革於接近十九世紀尾聲時開始上路。而一八九六年那次嚴重的經濟蕭條，是促成這些改革出現的部分起因，它們主要是仿效英國與德國的範本，其中最重要的示例是：最低工資保障、養老金、寡婦津貼、失業和健康保險、公立醫院、基本教育，以及育兒補貼。新生兒凡是於澳洲出生者，都可以得到一份補助金，同時六歲以下的幼兒每人也可獲領一筆資助。國家醫療系統爲人民供應免費的藥物，補助醫院與醫療支出，並且對盲人與結核病患者提供補助。不過，澳洲集體主義另有一項特徵，是在母國找不到同類的，那就是強

制仲裁與工資調整制度。此制度的目的在於維持產業界的風平浪靜，以及確保從事工業之勞工所擁有的生活水準。澳洲的工人一直對強制仲裁沒有意見，大部分人事實上還對其頗爲支持，同是參與工會組織，這一點與其他多數國家的工人態度形成強烈對比。對澳洲工人來說，強制仲裁是確保工作安定的手段，也是勞工運動的力量來源，因爲它可以替工會帶進更多的成員。

澳洲歷史中最有意思的現象之一，就是這個國家在政策面上，追求計畫性經濟和規劃式社會的程度。甚至早在其母國還在高唱自由貿易競爭口號的十九世紀，澳洲已經在促進社會團結與維持較高生活標準方面，穩定地擴張政府介入運作的領域。之所以採行此種類型的政策，有許多形形色色的原因。光是地理因素這一點，就提供了很大程度的解釋：澳洲大陸有三分之一的地區年平均雨量低於十英吋【15】，剩下的地方大部分也都低於二十英吋。但是即使平均數字是如此難看，它們還不足以反應出實際上降雨時間分布的慘況。有許多地區的降雨是集中在某一年的一段短暫期間而已，隨之而來就是數個月或數年的滴水不落。如此一來，全國只有大約百分之八的面積可以用來供農耕或者種植果樹之用；百分之四十左右是荒地；百分之五十則用來放牧。在這樣的條件下，澳洲不可能發展成一個由自耕農們各自占據一塊零碎土地作爲家族田地的方式來組成的國家。而放牧地區的降雨是如此稀少，或者時間如此無從預期，以至於餵養羊群或牛群的土地必須以數千英畝爲單位才足夠。由握有充沛資本的業主所建立的大型耕作莊園或是放牧「基地」，成爲這種環境下必然的產物。替本質上是農業無產階級，沒有任何可能成爲地主的人們，提供了各種就業機會：牧羊人、剪毛工，或是「邊界巡邏員」。而浮現於意識中的不滿之情，促使這些人投入立場強硬的工會。澳洲的工會體制較諸絕大多數國家都來得強而有力。有限的勞力供給──低落到州政府偶爾要以鼓勵歐洲移民來改善──也助長了工會在運作上擁有的力道。而爲了勞工養老金和最低工資保障而奮鬥的工會，一直以來都是政府干預經濟事務的支持者。

澳洲政府最早期的干預形式，有一項便是對國際貿易的管控，採用的手段包括關稅、補助、限額，和銷售限制。其次的干預形式，則是在各式各樣的經濟事業中取得公營所有權。由政府所有的企業種類，包括鐵路、航運、電力公司、旅館、銀行、保險業、鋸木廠，以及煤礦場。在其聯邦結構設計下，這些企業大多數是由州政府，而不是聯邦政府來經營。某個程度上，澳洲這種公營所有權廣布的現象，是勞工在政治領域上──不論是在州層級或是在國家層級──發揮其影響力的成果。然而，企業收歸國有的支持者並不僅限於工會的勞

工們。澳洲的地理樣貌促使許多資本主義擁護者和大地主們,至少在鐵路和公共設施方面,對政府的介入經營是樂觀其成。要把穀物、羊毛、肉類、礦物從產區運出來,就需要鐵路的幫助。但是私有公司在風險評估之後,絕大多數都望之卻步,興建鐵路的重責大任就別無他選擇地落在政府的肩上。結果就是在鐵路,或是一些其他業別中,經濟事業的公有公營因為可作為私人企業的支援與協助力量而受到歡迎。

跟加拿大一樣,澳洲在成為聯邦後的頭一百五十年,與母國繼續維持著親密的聯繫,從它輕鬆占據英國人最希望移民對象的排行榜第一名,就可以清楚看出。澳洲的政治與經濟在國際上的地位轉變,是以第二次世界大戰為開端。由於英國再也無能保護它免於他國的攻擊,澳洲欣然接受與美國組成防衛同盟。與此同時,遍布全球的經濟變化也迫使澳洲要找尋新的貿易模式。一八八〇年代居世界首位的國民平均所得,一直穩定持續地下跌,到了一九八二年時已經落到世界第六了。英國加入歐洲共同市場,加上其他工業化國家相繼採取保護政策,都限制了澳洲原物料的出口量。另一方面,美國取代英國,成為澳洲在進口貨物與資本輸入的來源國;日本則是在羊毛、穀物、礦物方面,取代英國成為其最主要的輸出對象。到了一九七一年,對日本的出口貿易占全國總額的百分之三十,而且百分之六十的澳洲礦產都輸往國外;如果是焦煤的話,更是將近百分之百。而在澳洲成為日本除了石油之外的主要原物料供應國之後,它可能也希望在中國建立一個能夠獲利的市場,尤其是以自身的麥為籌碼。

另一項自第二次世界大戰以後開始出現的重大變化,是移民的數量和特色。自一九四五年以來,這股超過三百萬的移入人潮讓澳洲的人口成長了將近百分之二十五。儘管與政府的意願背道而馳,亞洲移民的人數——尤其是印度支那人——開始超過了歐洲移民。一九七〇年時,亞洲人占合法移民總數的四分之一,而到了一九八三年時,就超過百分之六十了。很明顯地,就算某些地區依然不願接受,但是白澳政策終於還是落幕了。

無論是內在或是外在,澳洲都因為進入了美國的勢力範圍而受到影響。有些觀察家指出,澳洲的文化和社會都出現美國化的趨勢,認為這是由於兩國人民在基本人格特質上的相似性所致:美國開拓者血液中的個人主義,跟澳洲人在「蠻荒」中打熬出來的硬漢獨立精神可以相提並論。然而,儘管有一些互相借鏡的地方,但是澳洲文化絕不是美國文化的翻版。近幾十年來,澳洲人在影劇、文學、藝術方面現出生氣勃勃的生產力,使得他們在逐漸遠離英國文化遺

產的同時，完全有能力找到屬於自己的國族自我標示【16】。

自從第二次世界大戰以來，澳洲在外交政策上就忠實地跟隨美國的領導。澳洲聯邦政府於一九五一年時，與紐西蘭和美國一同組成一個共同防衛聯盟。一九六六年，總理也在替美國介入越南問題背書時，聲稱「無論美國要去到哪裡抵抗侵略行為……我們都會是你們的戰友」，同時承諾澳洲將「一路追隨詹森總統到底」。（當美國總統林登‧詹森於一九六六年十月造訪坎培拉時，以澳洲就好比是德州一樣的說法，來表達他的感謝之意。）

過去三十年來，除了一九七二到一九七五年的短暫中斷以外，主導澳洲政局的都是一個由自由黨和國家黨組成的兩黨同盟，這兩者事實上都是保守色彩的政黨。無論是工黨本身派系的分裂，或是被冷戰強化的國家安全考量，都有助於保守陣營的長期掌權。在這段期間，澳洲政府曾經派遣軍隊到韓國和越南參戰，而且允許美國在澳洲土地上建立軍事防衛基地和電子通訊站。由於人民對這些付出的不滿日漸升高，再加上通貨膨脹和失業率有攀升的跡象，令總理威廉‧麥克馬洪領導的保守路線當局漸失人心。一九七二年十二月的全國大選，在眾議院取得多數優勢的工黨終於重新執政，新上任的總理高夫‧惠特蘭也在內部與外部事務上，開始著手推動一套積極主動的政策。他採行了一些新的社會福利措施，其中包括免費大學教育，並且承諾給予那些一直以來受到壓迫、忽視、被迫住在荒蕪的「內地」或是城市貧民窟的原住民，他們早就應該得到的人道對待。另外，惠特蘭也嘗試在不違背那份把澳洲與紐西蘭跟美國綁在一起的三方安保條約之下，替自己的國家尋求一個更具獨立性的角色。他自越戰中撤軍──出兵越南一直是他長期以來詬病的國家決策；停止徵兵；並且將澳洲與北越、北韓、中華人民共和國的關係正常化。

惠特蘭領導的充滿新氣象的工黨政府，只維持了三年便下臺。他所提出的福利措施所費太高，造成群情忿恨，特別是產業圈中的人士。政府面臨四十億美元的預算赤字，通貨膨脹率達到百分之十四，失業率也來到將近百分之五──對澳洲來說，百分之五的失業率是個很高的數字。惠特蘭政府在當時的突然跨臺，其實伴隨著一次憲政危機。一九七五年十月，聯邦歷史上第一次發生參議院拒絕通過政府預算法案的情況。隨後，澳洲總督採取了一項史無前例，而且可能是違憲的行動：直接將總理免職。總督的這次「政變」讓大眾錯愕不已。工黨發動了罷工，人民也群起抗議。也有些人要求必須有一部新的憲法，來釐清總理和儀式性國家元首之間的關係。輿論也流傳著有外在勢力介入的謠言，尤其是美國認為惠特蘭的立場對美國的安全利益有所威脅，這種觀感更替

謠言的力道火上加油。無論如何，自由黨與國家黨的保守聯盟在一九七五年的全國大選中還是獲得壓倒性的勝利。自己本身是大富農的新任總理馬爾坎‧弗萊澤保證將會對抗通貨膨脹，削減福利支出，讓企業界重拾信心。

　　經過這次超過七年的執政之後，保守派的自由黨與國家黨同盟於一九八三年春季舉行的大選中，敗給了由活力有幹勁的羅勃特‧霍克所領導的工黨。工黨原本承諾重新評估美澳聯合情報站的設立，然而霍克在就任之後，似乎不打算要因此危及與美國之間的關係。至於一直需要面對的內部困擾，則是黑人原住民的苦難處境，在亞洲移民潮創造出一個新的少數族群之後，這個問題的嚴重性又更為加深。原住民的失業問題非常嚴重，呈現出拔除文化根源和剝奪經濟實力後，對一個族群會造成什麼樣的喪志效果。原住民的壽命也比全國總平均要短了二十年。這個國家一直到很晚近，才承認自己歷史上的種族政策有何不公不義之處。為了協助恢復原住民的權利，霍克總理提出一項與原住民簽定「條約」的建議，此外原住民事務部部長也提議要成立一個獨立的黑人議會。與此同時，原住民（現在總數只剩下大約二十五萬人）內部也因為到底應該投身融入白人社會，還是要致力於復興他們那古老但已經嚴重融蝕的文化，這種終極目標的衝突而出現分裂。

紐西蘭自治領

　　位於澳洲東南方約一千一百英哩的紐西蘭，同樣也是先由荷蘭人發現後，再由英國船長詹姆斯‧庫克探索，並加以主張為領土。在它剛被發現的時候（一七六九年），居民清一色都是毛利人——一支聰穎但好戰的玻里尼西亞族裔。此後有四分之三世紀之久，定居在島上唯一的白人就是傳教士，他們致力於讓毛利人皈依基督教，不過成效並不突出。一八四〇年，第一艘載滿英國殖民開拓者的船，駛進了如今名為威靈頓的港口。派遣這些人前來的紐西蘭公司，其創始人名為愛德華‧吉朋‧魏克菲爾德，他是英國一支新的系統化殖民理論流派的倡導人。魏克菲爾德曾經因為誘拐身為富人繼承人的女中學生而被判刑，在服刑期間，他逐漸形成這樣的結論，那就是除非可以替工業都市中苦難的人們找到新的獲利機會，否則英國就將會陷入內亂之中。畢竟有成千上萬的工人們受到勢不可擋的經濟蕭條與失業潮所影響，轉而投身憲章運動，以及各種各樣的社會主義主張，他們將無可避免地與特權階級發生衝突。為了要將這內戰的幽靈給驅逐，魏克菲爾德最終想出的辦法是向外殖民，他所成立的公司將會輸送經過挑選的開拓者前往紐西蘭。這些人可以向公司購買這裡的土

地，不過為了避免讓他們太輕鬆就取得土地，所以買價可不低。如此一來，只有比較富裕又有經營眼光的開拓者才可能成為地主階級，其他人就必須在未來數年內，設法讓自己滿足於農場勞工的工作。相當時間以後，後者終究也會有能力購買土地，而公司售出這些土地所產生的收益，就可以用來作為進一步召募新移民者的經費。

魏克菲爾德這項計畫方案受到矚目的程度之大，以至於英國政府決定採取行動。紐西蘭群島於是正式併入大英帝國所屬，而英國也替其任命了一位總督——政府聲稱這麼做的目的是為了保護毛利人免受惡質的白人開拓者侵害。就在首批殖民者前腳登陸威靈頓，新任總督後腳也在一個禮拜後跟著來到。他在一抵達之後便著手與土著酋長們協商，希望他們簽定一項承認英國對紐西蘭之主權的條約。英國方面提出的回報是，「除了英國君主有可能會想要向他們購買之外」，將保證毛利人可以完全擁有他們的土地，另外也會授予這些土著居民大英帝國臣民所擁有的權利與特權。或許，政府確實有克盡其責，因為移入島上定居的殖民者潮流持續增加。到了一八五六年時，紐西蘭的白人人口已經達到四萬五千人。

英國政府在一八五二年時賦予紐西蘭明文的憲政體制規定，該部法律將當地的行政權交由代表國王的總督來行使，同時設有一個諮商性質的行政顧問會議來協助總督施政。立法權方面則是由人民選出的眾議院，以及總督任命的立法顧問會共同享有。一八五六年間，行政顧問會正式被承認為內閣，按照責任政府的原則來扮演它的角色。經由任命產生的上層議院，則在一九五一年時遭到撤除。紐西蘭邁向民主政治的其他步驟走來則更為輕鬆，一八七九年已施行成年男性普選權，同時幾年之後便廢除了複數選票制。而大英國協中第一次在全國選舉得以見到女性普選權，就是紐西蘭在一八九三年時所為。

紐西蘭的經濟改革跟隨著政治民主之後到來。當自由黨在一八九一年取得執政權時，便致力於將紐西蘭打造成一個由獨立、小規模的農民和牧人組成的國家。原本因為大量出售毛利族的土地給富人而促成個人持有大規模土地的情況，政府採取了一些手段來將集中的土地所有權打散。為了與強而有力的大地主對抗，需要的不僅僅是佃農，更必須有都市勞工的支持。自由黨因而推出一套可以將農業與勞工改革合併為之的計畫，並成功贏得這兩個階級的擁護。農業方面的改革，基本上採行的形式是針對以投資為目的而持有的土地，課以特別的稅賦，並且設定未來土地持有量的上限。而在有關勞工福利的方面，自由黨推出了老年補助金、工廠監督、工時管制，以及勞資爭議強制仲裁制度。

一九三五年上臺的工黨政府也以增加都市工人福利的方式，繼續擴展這些改革措施。

一直以來，紐西蘭採取了跟澳洲非常相像的集體化政策，其背後的原因也有類似之處。由於沒有足夠的資本，也就沒有能力藉由運用一些新興發明來得利，尤其是鐵路和電報，這使得紐西蘭必須仰賴外資。而事實證明，借錢的如果是政府，金主點頭的成功率就高得多。不只如此，像是殖民開拓者這樣的族群，對於私人獨占這件事可是戒慎恐懼。紐西蘭集體主義思想的出現始於一八七○年左右，當其時，自治領政府來到倫敦的資本市場，尋求用來修建道路、貨運鐵路，以及電報電線的資金。差不多同一時間，國營的壽險系統也建立起來，然後是國營的火險與意外險，這份公營事業的名單還包括了幾處煤礦場，最後再加上紐西蘭銀行。與落實集體化原則同樣重要的是，這些國營事業可以拿來作為「衡量標準」之用。舉例來說，政府收購煤礦場一事，在這樣的思維之下，被當作是一種必需的市場競爭力量，好讓私人公司不至於過度索價。

這個打造福利國家的過程，剛好與一段為期數年的榮景重疊，因此紐西蘭於這段期間中，既在大英國協中立身於一個自在的地位，同時也與美國建立起愈漸親密的關係。然而，隨著第二次世界大戰而來的經濟倒退情況，讓紐西蘭無論是在對內或對外關係上都產生了變化。一九七○年代石油危機爆發，剛好也是英國加入歐洲共同市場之時，英國這樣的舉動讓紐西蘭失去自己特殊的貿易優勢地位。英國占其出口總額的比例，從百分之七十（一九五○年）降到只有百分之九（一九八八年），讓這座英國的「海上農場」不得不在中東和日本尋找新市場——對後者更獲得了巨大的成功。通貨膨脹率開始攀升以後，紐西蘭人發現必須有高額的稅賦，才能支撐自己已經習慣的國家福利支出。於是，在一九八四年——距離工黨首度執政的五十年後，工黨的政策路線在其黨魁，也就是新任澳洲總理大衛・隆伊的領導下，出現了巨幅的變動。對外方面，隆伊推翻過去支持並親近美國的政策；對內方面，他則嘗試將紐西蘭從社會主義經濟推向市場經濟：取消關稅、降低補助額度、削減所得稅率、出售國營事業。這些改弦易轍——與英國、美國，或其他國家的保守浪潮相互呼應，但卻嚴重背離紐西蘭的傳統——後來既無能回復經濟榮景，降低失業情況，又在紐西蘭這個長久以來對自身能夠實現平等理念感到自豪的社會之中，造成令人開始擔憂的所得分配不公現象，因此受到人民的反彈。但是相對地，隆伊在外交政策上，拒絕保守黨路線的關鍵性決定，卻受到一般大眾的支持，尤其是他禁

止美國配備核子武器的船艦進入紐西蘭港埠，使得一九八五年二月的聯合海軍演習因此取消，更是將這樣的立場推升到極致。對此，華盛頓當局採取的報復手段，包括不再提供紐國情報資訊、將紐西蘭自太平洋共同防衛組織【17】中除名，並且在當時還擔任總理的隆伊於一九八九年四月拜訪華盛頓時，予以嚴厲譴責批評。不過，紐方對美方的這些相關動作並無所懼，國會依舊在一九八七年間通過了無核區裁減武裝和武器控制法。稍後在一九八九年八月，成為新任工黨黨魁及紐西蘭總理的喬弗瑞‧帕爾瑪，試圖在不放棄隆伊的反核立場之下，來改善與美國的關係。紐西蘭政府對於排除核子產品的堅持，反應出當自己與澳洲因為軍事合作關係的緣故，被帶到一條可能通往大型浩劫的道路上時，所懷有的不安與擔憂，同時也呈現出這樣一個小小的國家──它的人口只跟菲律賓差不多──勇於提出自身價值定位的決心。

紐西蘭在地理條件上，比起澳洲是占盡了優勢。雖然南島山區在長度上縱貫全島，在高度上也伸入一萬二千英呎的天空，但是全國沒有沙漠區域，不適於農作或畜牧的地區也很少。幾乎任何地方都有適足的雨量，使得土地可供密集的利用。擁有百分之六十人口的北島，年平均雨量大約是五十英吋。一年當中，全國境內的溫度都只在相對小幅的範圍內變動，紀錄上從來未曾出現超過華氏一百度或是低於華氏零度的極端狀況，無論是南島或是北島，七十五度就讓人熱得不開心，四十度就讓人冷到不舒服【18】。這些有利的地理條件賦予紐西蘭截然不同於澳洲的風貌，譬如像是人口的空間分布就平均得多。除了幾個人口集中的海岸大都市，或是少數完全無人定居的內地之外，就是數百個中等規模的市鎮，其中只有一些人口超過十萬。紐西蘭的平均人口密度約每平方英哩多於十五人，相對地澳洲則只有二人。地理的影響勝過任何其他因素，造就紐西蘭成為一個由獨立、小規模的支持平均地權者所組成的民主政體。

就跟澳洲人一樣，紐西蘭人也已經感覺到自己受到美國與日俱增的影響，尤其值得一提的是大眾文化領域。舉例來說，到了一九八六年，紐西蘭廣播公司播出的電視節目中，有超過百分之四十是購自美國。但是也跟澳洲的情形一樣，如果指控紐西蘭來者不拒地接納各種美國產物，是自己讓本身的文化淪陷，這樣的說法就顯得太過誇張。紐西蘭雖然在國際事務上展現出自我決定的決心，但是在文化上，卻試圖保存維持其傳統上的英國元素。早期來到的移民帶來的不僅僅是自己的社會傳統和政治制度，還帶來了原生於英國的花卉、樹木和鳥類。在相當大的程度上，紐西蘭人是一群來自英國無產階層──沒有土地、也沒有工作的人們；一群在政治社會觀點上較傾向於自由開放，甚至是激

進改革的人們，於是也是一群常常受到憲章運動，甚至是某些社會主義思想所感染的人們；結果也造成了，他們是一群在政治民主和經濟民主上，建立出比母國還要先進制度的人們。

儘管有著宜人的環境和天然的美景，紐西蘭並非某些心嚮往之的遊客所描繪的那種無憂無慮的天堂。它已經開始經歷世界上絕大多數其他國家都面臨過的困難，特別是與經濟相關的問題。這個國家雖然擁有豐富畜牧資源，但是那些高品質的奶油、羊肉、羊毛出口，還不足以補足它的貿易逆差，因此國家負債正以可怕的速度累積。另外一個令人煩惱的問題來源，是來自南亞和東南亞——中國、印度、越南、柬埔寨、玻里尼西亞等國的移民潮，讓原本一般認為是具有同質性而平等的社會，變得種族多元且出現階級分化。而跟白人族群以一直相對和睦的關係，相處了超過一世紀的原住民毛利人也開始要求享有更多的權利。

東印度公司與英國君主治下的印度

有一位在距離印度獨立僅僅十五年前去世的英國貴族——他同時也是一位保守黨的英國國會議員——曾經聲言：「我們可不是為了印度人好才征服印度的……我們是藉由武力才征服印度，正因為如此，我們更要緊緊把印度握牢，它是英國貨物最好的銷售出路。」[19]

整部英屬印度的歷史，打從揭幕開始，就呈現出許多表面或實質上的矛盾。英國最初是為了取得或購入在亞洲東部那些島嶼上——也就是那夢幻的「印度群島」——所出產的奢侈品，才在過程中順道與印度接觸的。十七世紀時，即使在印度次大陸上建立了前哨站，英國也尚未有殖民或統治此地的意願。當時英國對印度懷抱的中心思想是從事交易，而且主要不是將歐洲的貨物出口至此地，而是進口這裡的絲綢、珠寶，或其他珍貴的商品。慢慢地，而且相當沒有組織地，這些交易前哨站轉型為政治行政中心。即使最終觸發了大規模的軍事行動，對印度各邦兼併工程的發動者也不是英國政府，而是英屬東印度公司——一個獲得皇家特許，但本質上是私有的合股公司，而且一直要到後來才真正受到英國國會的實質管控。

雖然這片土地上遍布著東印度公司的特派員，但是原本沒有人預料到該公司會取得印度區域的主權。取得主權一事，帶來了對一套有效管理機制的需求，不過這項需求卻沒有辦法適切而迅速地獲得滿足。一開始東印度公司在選

任特派員的時候，並沒有考慮人選對印度事務的了解程度（是否精通拉丁和希臘文學，反而被認為是更重要的條件），而且大部分特派員停留的時間，都還不足夠讓他們熟悉這個國家的風土民情。英國當時在印度所領有的各自獨立的地區之間，彼此的行政體制沒有辦法取得一致性，不過在取得孟加拉這個大省分後（由羅伯特・克萊夫於一七五七年攻下），終於使得加爾各答成為東印度公司在印度最重要的行政中心。除了上述問題之外，公司的最高指導組織，也就是遠在倫敦的理事會，由於鞭長莫及之故，並沒有辦法得知正在印度當地發生的一切。公司派出去原本作為政策執行者的督察，常常成為政策實際上的修訂者甚至是擬定者，他們會直接與當地的統治者洽談條約、進行武力戰鬥，以及併吞新的領土。

一八一四年，替東印度公司延長二十年特許時效的國會立法【20】，雖然將印度區域的貿易權開放給所有英國子民，不過繼續賦予該公司在中國和東亞的獨占權。到了一八三四年，追求自由貿易的思潮在英格蘭的影響力扶搖直上，以至於該年的特許法免除了東印度公司所有的貿易特權，只有運送鴉片至中國的業務例外。鑑於它一開始就是為了要從事貿易才建立的，既然現在已經失去了所有的營利功能，英屬東印度公司邏輯上原本會在一八三四年結束營運才對。結果現實並非如此，它被允許在英屬印度範圍內，以政府代理人的地位繼續行使其行政權限，不過從此以後它終於必須接受國會的監督了。除此之外，為了讓英國的持股者感到滿意，公司的股息透過法律規定為每年百分之十點五，但其分配盈餘來源不再是交易產生的收入，而是以固定的比例擷取自印度方面的稅收。

英國在印度的領域拓展行動，無可避免地最終讓它與印度疆域之外的國家發生衝突。在與緬甸進行了兩次戰爭後，英國終於有機會納入下緬甸（一八五二年），並且取得孟加拉灣的控制權。不過英國於一八三八到一八三九年間，對阿富汗獨立的軍事干預行動就沒有那麼幸運了。一萬六千名入侵阿富汗的英軍中，只有一個人免於戰亡或被俘。不過這次的大敗，卻成為日後征服和併吞印度信德邦的前奏。英國在與阿富汗作戰期間，借用中立的信德邦作為軍事基地，然後於戰爭結束後不久，在沒有正式宣戰的情況下，便派遣軍隊推翻統治當地的土王。一八四九年，在兩度與印度西北方強盛的錫克王國交戰後，總督行使其自身擁有的職權，將旁遮普收歸英國所屬【21】。長約一個世紀的粗暴征服，雖然範圍只是包括沿海地帶的部分地區，英國還是建立起一個將印度次大陸包圍起來的環狀戰略領地。接下來，透過對內陸各邦（總

數超過五百個）施以各種軟硬兼施的手段，英國一直能夠維持自身於印度地區的統治地位。在這之後的一百年，英屬印度一直都是大英帝國最珍貴的戰利品——「英國皇冠上的那顆寶石」。

英國在印度地區所占領的各個區塊，彼此間的條件與狀況差異頗大，因此對不同的省分，東印度公司加諸的行政體制也就不同。孟加拉有一種向「柴明達爾」——由當地地主充當的收稅者——收取的「定額地租」，也就是政府定出一個確定的數字，作為每年的土地租稅數額，柴明達爾們只要負責交出這個數字就好，就算當年的田產收穫還有多，也可以放進自己的口袋裡。而在印度北部、南部和西部的多數地區，徵稅則是搭配定期的檢地與估價，直接向個別農民或是農民團體爲之。不論採什麼樣的方式，土地稅都是東印度公司治下，或者是日後英國君主治下，最重要的政府稅收來源：占了其十九世紀中葉總歲入的一半以上。

就在時間剛跨過十九世紀中葉不久，那場從英國人的立場來說，會以印軍大叛變稱之的武裝起義，向英國在印度的勢力發出了嚴重的挑戰。這次起義是當地人民日積月累的怨恨所產生的，引發怨恨的事由，除了總督的一些高壓行動之外——特別是對幾個當時還保持獨立的邦採取的征伐動作，還包括了一路下來，許多完全不考慮被統治者感受的政策。當時也出現了一些傳言——來自歐洲的傳教士正試圖與政府合作，陰謀要強迫印度教徒和回教徒全部改信基督教。這種沒有確切憑據但卻甚囂塵上的謠言，又在當地人民心中添增了恐懼的因子。於是，一八五七年五月九日，叛變開始。駐紮在德里附近的英軍印度軍團（由印度人傭兵組成的英國軍隊），在英國人全然始料未及的情況下發難。這些士兵在數量上遠遠超過英國軍官，透過招募當地人所組成，並且經過仔細地挑選，接受嚴格地訓練，灌輸他們如何以自己連隊爲榮，是深深受到倚賴，用來爲東印度公司南征北討的菁英。英國人於是自信滿滿地認定，這些印度士兵會永遠忠誠，就算對他們施予任何虐待或侮辱也一樣。隨著叛軍向德里前進，起義行動也如火如荼地展開，不過幾個禮拜，印度的心臟地帶：恆河平原，大多數都已經落入反抗者的手中。英國不得不派出正規軍，投入這場英國與印度之間激烈而慘痛，雙方許多暴行都引人側目的戰爭。爲了報復英國戰俘在孔波被殺害一事，英國軍隊把幾個村莊的居民全部殺光，並且將一些俘虜架在大砲砲口上再擊發，用這種方式來處決他們。一直到一八五八年的下半年，叛變行動才開始受到瓦解，英國才重拾對印度的統治。雖然在程度上非常嚴重，但是大部分戰事都只局限在英屬印度的北部地區，大多數仍然獨立的土王

在戰爭期間都保持中立，不過比起英國的統治正當性，他們尊敬的或許只是英國的武力優勢。

　　一八五七至一八五八年間的這場武裝抗爭，雖然不單純只是一次軍隊內部的譁變，但它也稱不上是一次革命，或是以爭取獨立爲目的的民族戰爭。反叛勢力的領導者們抱持的目標彼此分歧。其中有一支穆斯林派系夢想著要回復偉大的蒙兀兒帝國，而且還眞的在德里替蒙兀兒王朝的王位繼承人加冕；這位年歲已大的皇帝對這個強加在他身上的角色，其實並沒有什麼興趣（後來他兒子被英軍殺害，而他本人則遭到放逐）。另外一個印度教團體則是試圖要復興馬拉撒公國。把這些不同派別的領導者們結合起來的因素只有一個，那就是他們對英國人的忿怒和仇恨。來自旁遮普的錫克人則是在戰爭後期成爲英國人的盟軍，在日後發生的其他軍事衝突中，也爲英國提供珍貴的軍事支援——比起併吞他們王國的英國人，他們似乎比較難原諒在當初那場戰爭中幫助英國的孟加拉傭兵。一八五七至一八五八年這場反叛的挫敗，讓當地任何王朝——假如其中還有想要挑戰英國統治的野心者——都可以就此死心。然而勝利是以慘痛的代價取得的，戰爭在英國人和印度人之間樹立起一道恐懼與仇恨的高牆，也摧毀了能夠促進雙方彼此理解的溝通橋梁，一種斷了便難以修復的橋梁。

　　這次事件造成一項非常重大的結果：東印度公司的結束。所有印度地區的治理權責因此移轉回英國君王和國會手上【22】。一八五八年，印度政府法在內閣中創設出印度國務祕書【23】一職，並且設立一個諮議會來協助，此外也賦予原來由東印度公司指派的總督具有能夠代表英國君王的名義。統治權的收歸國有，在行政制度的細節上並沒有帶來直接的改變，但是維多利亞女王因此提出的皇家告示，保證英國將採宗教容忍政策、改善人民物質生活水準，並且允許印度人就任公職等，提供了一些能夠安撫當地人情緒的說法。

　　一八五八年之後，英國治理印度的政策相對於之前，變得謹慎而富有保守主義色彩。爲了讓未來再度發生叛亂的可能性降至最低，英國沒收了大部分人民手上擁有的武器，並且將軍隊重新編組。傭兵部隊會依照宗教派別、部落，或是出身地區來分組，好讓不同營隊彼此之間不會產生太多擁有共同利益的感覺。雖然歐洲人在軍隊人員中僅占少數，但是軍官職全都是由他們擔任，重火炮部隊同樣由他們直屬。與此同時，政府也試圖避免與地方上的有力人士對立，或是避免做出歧視的行爲。最值得注意的是，英國停下了繼續在印度攻占其他領土的腳步。英國政府轉而與還未被消滅的當地土王們簽訂條約，向這些統治者保證，只要他們願意讓渡對外關係這個部分的權力，就可以繼續保有自

己的領地和世襲統治權。正因爲如此，印度次大陸便一直維持著兩種明顯區別的政體：一種是當地原有的，爲數五、六百個的邦；一種則是直屬於英國的省。這些邦國的大小，從海德拉巴德——面積幾乎與英國一樣，到一些非常微小的公國；它們合起來約占全印度面積的百分之四十。這些邦國的統治者中，有少數的思想甚至比英國人更爲進取革新，但絕大多數還是一些沒有任何理想、依然抱持專制時代想法的人，非常甘願享有英國這個「至高」威權提供給他們的保護。

就在政府方面試著保持現狀的同時，印度社會內部卻正在發生轉變，轉變的原因卻正是由於英國人的到來。許多基督教傳教士對於讓下層階級人民的生活飽受折磨的貧窮、無知、困苦發出了批評之聲，這讓受過教育的上層階級認知到改革的必要性。再加上擔憂西方傳教行動會危及印度自己的宗教，於是他們組織成立了一些專門改革的社團，其中最具影響力的莫過於梵社——一支由加爾各答的拉姆‧默罕‧洛伊於一八二八年創立的一神論宗派。在他眼中，宗教能夠作爲社會上一股積極推動改變的力量。雖然他承認基督教義是「最適合理性人類運用的一套」，不過也認爲這樣的教義其實就潛在於印度教的精神遺產中，因此一位體悟到印度教眞義的人，也可以成爲提升社會境況的中介。其他的印度教組織採取的則是比較反動的觀點，著重在嘗試努力保存傳統的信仰與制度。英國政府方面，由於害怕擔負上干涉宗教信仰的汙名，所以不願嘗試推行決定性的社會改革，不過它確實是早在一八二九年時，就立法禁止燒死寡婦以殉夫的殘忍習俗。

在教育這一塊，英國政府的確負起了一些責任。十八世紀晚期，有一群歐洲學者由於通曉梵文之故，因而隨之發現到一項令人興奮的事實，也就是一些在北印度通行的語言，不論時間是當代還是古代，其實與波斯語、古希臘語、拉丁語，以及大多數現代歐洲語言一樣，都是隸屬於同一個廣大語系【24】的分枝。而在一七八四年時，有位非常熱愛與仰慕印度文化傳統的語言天才威廉‧瓊斯爵士，創立了孟加拉亞洲協會，開始將梵文經典翻譯成英文。可想而知地，如此一來，英國人就可以借用存在於當地方言中的資源，來設計一套既可以消除文盲，又可以讓當時的原住民世代對自身歷史與文學獲得更完整了解的通俗教材。然而，從當時開始一直到十九世紀早期，漸漸盛行於英格蘭的自由功利主義學派思想，卻驅使政府決策與這種所謂「東方主義者」的主張背道而馳。擔任印度駐倫敦高級官署行政人員的詹姆斯‧彌爾（死於一八三六年）就堅決地認爲，爲了讓印度也成爲一個進步社會，英文、自然科學、民主政治

的原理原則才是他們必須學習的。而他的同事，著名的隨筆作家和歷史學家麥考利閣下，將印度經典貶爲不過盡是些「錯誤的歷史、錯誤的天文學、錯誤的形上學、錯誤的宗教」。英國政府也於一八三三年時宣布，從此之後所有的教育基金都將只運用在以英語進行的教學。

雖然英國人未曾致力於爲印度開發一套具有貫穿性的公民教育課程，但是透過設立一定數量的大學，他們還是有能力創造出一個說著英文，目光放在西方世界的印度人菁英階級。有背於詹姆斯・彌爾那樂觀的願望，這樣的結果並沒有讓印度開始往民主化的社會發展。印度知識分子與自己的同胞出現隔閡，大學畢業生能夠在家鄉發揮自己所長的機會也受限。英國人的政府也只開放了最低階的職缺給他們。受過教育的印度人在英國人眼中的典型模樣，不會是一位已經在思想上受到解放的工作伙伴，而是一位忠實可靠、辦事勤快、必恭必敬的巴布（也就是公家機關的辦事職員）。英國人讓自己這群印度子民接觸的，是一套受到努力爭取自由、追求個人尊嚴，以及自主治理的歷史與作品，而他們很晚才理解到，這會創造出一個什麼樣的矛盾情境。想要「從那叛逆的風土中培養出一支聽話的種族」，最終這種嘗試必然會融蝕掉威權式外來政權的基礎。

一開始，由於對英國人掃除穆斯林政權心懷怨懟，印度的伊斯蘭教徒刻意迴避與英國人接觸。由於放棄了獲得西方式世俗教育的機會，伊斯蘭教徒所能取得的公務人員職位因此大幅落後於印度教徒。爲了扭轉這樣的現象，穆斯林內部也發起了一些運動，其中一支的領導者是薩伊德・阿瑪德汗【25】。薩伊德的家族與定居於德里的蒙兀兒王族有親戚關係，讓他很早就理解到對於伊斯蘭教徒來說，讓自己能夠適應英國統治，以及適應西方文化所帶來的衝擊，絕對是有必要的。於是一八七五年時，在保守派穆斯林的反對之下，他還是創立了阿利加大學，替伊斯蘭教學子提供包含西方教育在內的廣泛課程。與政府設立的學校不同的是，阿利加大學嘗試將塵世的科學教育，與伊斯蘭宗教傳統加以結合。受到「阿利加運動」的啓發，受過西方高等教育的穆斯林菁英階級得以出現。整體而言，同樣是西化知識菁英，這群穆斯林比起印度教中的同類人，更願意爲面臨危機的英國政府提供支持。

在英國統治下的最後一百年間，印度在物質層面出現了相當巨大的變化。英國人帶來了現代化的傳輸系統，包括鐵路交通網絡——從一八五四年的三十四英哩，到六十年後成長至三萬五千英哩的軌道哩數。這段時間興建的灌溉工程，足夠提供三千萬英畝土地之用。由於對內禁止各邦交戰，再加上英國

人帶來了較佳的衛生與醫療設備，讓印度人口出現了驚人的成長。人口總數從
一八五○年的一億五千萬，增加到一八八一年的二億五千萬，一九二一年時已
經超過三億，到了一九四五年時又再多了五千萬。

然而在所有的進步背後，都有它比較黑暗的一面。快速增加的人口，降低
了其中大多數人的生活條件，而如何提供足夠的糧食，也是個從來未曾獲得解
決的問題。早在英國人到來之前，印度就一直經歷許多嚴重的饑荒，不過其中
最慘痛的幾次，有一些便是發生在英國統治期間。諷刺的是，當維多利亞女
王於一八七七年宣布自己兼領印度女王時，印度正面臨有史以來最大的一次饑
荒，一共有五百萬人因此死亡。估計在一八七七到一九○○年之間，至少有
一千五百萬印度人是因饑荒而死。造成這些慘劇的根本因素，是因為有大多數
人即使在平時，就已經是以接近嚴重飢餓的程度在度日，於是當非常時候來臨
時，他們既沒有存糧，體內也沒有任何能量來讓他們度過難關。

雖然英國統治者並未將貧窮帶入印度，但是他們也並未付出努力來改善
它。橫征暴斂的稅賦在過去也時有所聞，但是與過去的帝國統治相比，情況不
同之處在於：這些歲收在徵取之後，是被帶到印度之外——拿去用來支付高階
行政長官的俸祿、歐洲人軍官的薪餉、東印度公司持股人的股息，還有政府公
債的利息；這些公債的持有者絕大多數都是英國人。問題不僅是社會上最貧窮
的階級必須背負過重的稅賦負擔，還包括政府預算中只有一小部分被用在救濟
金、社會福利，或是教育方面。預算主要的去處，除了警察、法院，最重要的
就是印度駐軍，這是一支由職業軍人組成的軍隊，有時候也會被帝國用來投入
在印度之外的戰事上，像是對阿富汗、緬甸，或是中國。儘管施行了一些改善
衛生的措施，印度人民的死亡率還是高得嚇人，這樣的高死亡率是受到霍亂、
瘧疾，以及淋巴腺鼠疫等的影響，然而它們卻是可以經由現代醫學加以控制，
因而在大多數西方國家中都已經絕跡的疾病。

英國統治下的印度有一個非常遭受批評的面向，那就是它的經濟政策。較
早的東印度公司時期，英國對印度的高品質手工製品有著非常強烈的需求，尤
其是絲綢、棉布，還有平紋織，而且通常是以現金購買。當工業革命在英國展
開後，它對亞洲的貿易性質也隨之轉變。印度讓英國感到興趣的地方，變成是
各種原物料的來源，甚至更重要的，是英國工業製品的外銷市場。印度人被迫
接受所謂的「自由貿易」，但這是只關乎英國產品在印度市場的自由貿易，因
為印度人生產的產品事實上無權外銷至英國或是其他國家。這種政策所帶來的
必然後果，就是村莊式手工藝品業的沒落——然而幾個世紀以來，它都是構成

整個印度經濟體的命脈。在英國統治的這段期間，儘管可以見到一些大城市的興起，但是印度人口中依賴土地維生的比例，事實上卻是增加的，在剛進入二十世紀的時候，它占了總人口數超過百分之八十以上。過度的農業化、佃戶的持分太小、嚴苛的稅賦，加上無人監督的高利貸，這些約莫可以解釋印度何以一直是個窮困與饑荒的國度。十九世紀晚期引進的工廠企業雖然提供了新的工作來源，但是只夠全國人口中的一小部分取得而已。勞力過度供給，讓工資一直處於極端低落的水準，而發生在工業革命早期，英國工業城鎮中勞工的悲慘境遇不只在印度重現，情況還更為不堪。

印度人對英國人的存在，心中的反應是五味雜陳而矛盾難解。整個十九世紀，在這兩個民族之間逐漸生成一股奇妙的愛恨情仇。印度人從一八八〇年代開始，就獲准可以參加公職人員選拔考試，但這些考試是在倫敦舉行，而只有極少數的印度人有資力負擔前往赴試的旅費。就這樣，每年產出的大學畢業生數量遠遠高過人力市場的需求，造成在那些可以找到工作的幸運兒族群中，形成了一種畢恭畢敬、自甘於下【26】的態度。印度人組成的公務員團隊，由於富有效率、清廉守法、忠實服從，因此成為英國人心中對治理印度感到自豪的一件事情，當然也被視為是一道可以幫助確保英國順利統治的安全閥。所以同一時間，這個印度人公職體系也持續培養出一群經過相當訓練，並且擁有充足經驗，在依然順從於異族長官的同時，又與被統治者人親土親的行政官員。

奇怪的是，當英國人和印度人之間的關係愈來愈廣泛，也愈來愈親近的同時，英國人的優越意識似乎也變得愈來愈強烈。早先還在擴張征服的時期，當時英國的探險家常常與在地的居民稱兄道弟、互相聯姻，對於他們的藝術文化也非常喜愛欣賞；相對地，在一八五七年大叛變之後，居住在印度的英國人普遍無意再與印度人進行這些社交接觸了。英國人禁止印度人進入自己的酒吧，還對他們施加各式各樣的羞辱。定居於當地的英國家庭自絕於周遭的環境，只愛維持一種大英帝國式的生活樣貌，像是在家中用晚餐的時候，男人還是要西裝筆挺地以紳士的姿態出席，女人也要像淑女一樣，把自己塞進那層層疊疊以符合維多利亞風的華服中。十九世紀晚期重新出現的歐洲帝國主義浪潮，毫無疑問地助長了這種輕蔑而傲慢的態度。加上在面對一八七〇和一八八〇年代各地殖民地重新展開的抗爭運動中，英國還是占盡上風，許多英國人因此認為這證明了英國人是上帝選中的民族，背負著獨一無二的使命——這種聲稱某些優越民族應該居於主人地位的偽達爾文學說，剛好被用來合理化對「落後」地區的征服行為。這類思想的擁護者提出了漂亮的說詞，呼籲英國肩負起「白人的

重擔」，去統治那些「不識自然法則的低等人種」，好讓他們能夠開化而獲得啓蒙。

在英國統治步入尾聲的階段時，它對印度抱有的種種目標是彼此背離的。雖然政府認爲自己的角色是要替印度最終的自我統治做好準備工作，但是與此同時，大多數的英國人卻又希望可以繼續保有這個帝國的美好果實。其實最終極的矛盾之處在此：英國是一個在如何從絕對王權進步到民主政體方面，替全世界做出最佳示範的國家，然而同一個國家卻也呈現出帝國主義強權的面貌。關於帝國主義的追求與民主政治的根本目的，此兩者之間是如何無法相容，歷史提供給人類的是再清楚也不過的實例。

因爲受制於外來統治之下而懷抱的怨忿，再加上對於改變的可能性有愈來愈清楚的意識，印度終於出現了民族主義運動。有史以來，印度從來未曾在政治上統一過，即使是十六、十七世紀間那實力強大的蒙兀兒帝國都無法成功——西元前三世紀的孔雀王朝時期，是唯一可能的例外，印度因此既缺乏一個共同的文化，在人口組成上亦不具有同質性。深層的社會隔閡，對培養同胞情懷，或是對現成共同國族認同來說，都構成了難以克服的障礙。語言、種族、文化傳統，以及特別是宗教上的差異，再加上根深柢固的種姓制度，凡此種種都只會撕裂不同的社群，而不會在其間創造出情感上的連結。其實民族國家原本即是源自歐洲的概念，而且即使是在歐洲民族之間，民族國家的出現也是相對晚近的情景。對於印度的伊斯蘭教徒來說，在這些層面底下，他們更是面臨有別於其他人的問題。伊斯蘭式的政治理想藍圖並不是一個以地域來界定的國家，而是由全體虔誠信仰者構成的社群，不論他們身在何處，都直接受到神聖律法的監督與保護。在伊斯蘭理論中，嚴格來說，一位信仰眞神的穆斯林當然享有逃離異教徒統治的自由，雖然說很明顯地，印度伊斯蘭教徒已經對這樣的理論做出了一些調整。事實上，當印度教徒所領導的政治運動開始成形後，雖然有許多穆斯林以個人的身分加入其中一起爲印度獨立奮鬥，但大體而言，穆斯林們是傾向於尋求英國統治者的保護。考量到前方存在著上述種種阻礙，印度民族主義運動似乎必然會半途夭折才對——如果不是英國的統治提供了它前進的動力，也提供了它一個可以在其中發展的架構。

包含民族主義理念的政治運動，習慣上通常將其創生時間定於一八八五年，印度國民大會【27】組成開始。印度國民大會雖然不是第一個試圖將全印度各個分歧的主要族群統合起來的組織，但它是最終讓其他同類組織相形失色，並且大部分轉而投入其下的一個。諷刺的是，這個最後領導印度向英國統

治者爭取獨立的團體，是由一位英國人亞倫・休姆所發起設立的——他是一位英屬印度政府的退休高級官員，在印度國民大會剛創立的前二十年，他都擔任大會的祕書長一職。休姆的觀點比當代大多數英國的自由派分子都更前進，他希望讓印度最後可以成為擁有自我治理權的自治領，就像加拿大一樣。

就它成立的早期而言，印度國民大會幾乎是完全名不副實。它的組成成員是一小群歐洲和印度的知識分子，它沒有由國民構成的選區，也沒有制定出任何法律或是行動大綱，實在讓人難以聯想到日後它將會成為一股強大的政治勢力。它最初的成員主要是出身富有地主階級，受過高等教育的菁英。隨著十九世紀晚期，大規模企業在印度出現後，開始有些中產階級資本家成為這個組織的一員，這讓印度國民大會擁有兩大利益團體的共同支持——農業與工業，如此一來便得到了足夠影響公共政策形成的實力。然而，當其已經有足夠的自信對政府施政發表意見時，印度國民大會卻小心翼翼地避免去要求任何的社會改革措施，以免讓上面那個作為其力量來源的階級，彼此之間出現對立與疏離。

關於處理貧窮與社會不公的問題，印度國民大會的失敗表現，在其內部產生了「中間派」和「極端派」的爭執，讓大會面臨分裂的危機。這裡所謂的「極端派」採取的完全不是什麼革命性的立場，他們希望的是在既存的政治架構之下進行變革，而不是直接將體制推翻。即便如此，他們提出的各種相對溫和的要求，還是足夠讓當局戒慎恐懼，進而把其中一些人遣送出國，或是加以囚禁。印度總督——這位在一九〇五年將大孟加拉省轄區分成數塊（這次行政區分割的動作在十年之後又被推翻）的柯爾宗閣下——採取的這種高壓手段，將印度國民大會中那些進步或是激進派系的情緒深深地挑起。因此，當時間才進入二十世紀沒多久，雖然印度國民大會的領導者們依然抱著可以跟英屬印度政府合作的希望，卻已經開始不顧情面地批評公共政策，並且在某個程度上以皇家反對黨的角色自居了。

對於印度日漸升高的騷動局勢，以及印度國民大會與日漸增的自我肯定心態，英國方面的回應是搖擺於安撫和鎮壓之間。國會連續通過了一些法律，授權總督和省長可以指定印度人成為諮議會成員，隨之在一九〇九年的一部改革法律中，更讓印度人民可以選舉自己的民意代表，只不過選舉權受到極為嚴苛的限制，以實現將伊斯蘭教徒選民與印度教徒選民分隔開來的原則。

在第一次世界大戰期間，英國和其盟友們信誓旦旦保證的目標，在印度民族主義者心中點燃了印度有望獲得憲政改革的希望。印度在戰爭期間付出了相當大的貢獻，不只派出了軍隊，還提供了大量的原物料和糧食，甚至像棉布、

麻布，和粗鋼的製造產量都爲了供應母國而增加。英屬印度的子民如此合作的態度，反應出他們是如何相信英國在大戰中的勝利，將會替世界上所有的殖民地區帶來好處，也可以讓英國大方應允印度所希望的政治改革。一九一七年，印度國務祕書艾德溫·蒙塔古在向下議院發表英國對印度的政策時，便提到要「在行政執行的所有分枝層面上增進與印度人民之間的關係，推動自我治理制度的漸近發展，以達成……負責任政府的遠景，而順利整合成爲大英帝國完整的一部分」。

戰爭的結束雖然讓印度處於一種高度期待的狀態之中，然而全國普遍的情緒卻迅速地轉爲失望。隨著終戰而來的，是一段在各種層面都陷入苦難的時期：飆漲的物價、嚴重的饑荒、肆虐的疫疾——包括在一九一八至一九一九年間，奪去一千三百萬條人民的流行性感冒大流行。一九一九年印度政府法中實際落實的政治改革，距離所謂的負責任政府還非常遙遠。選舉權依舊被限制在只占英屬印度全人口百分之三左右，那些極爲少數的資產擁有者手上，而且選舉人還進一步被各種分立的代表制區分，區分標準不再只是依宗教社群，更加入了地主或是其他特殊利益團體。

對一九一九年印度政府法的失望，在政府採取強力鎮壓政策來預先嚇阻任何群衆暴力抗爭之後，逐漸轉化成爲忿怒。這項苛政的最高點乃是發生於一九一九年四月十三日的阿木里查大屠殺。當時被派往阿木里查去制止當地暴動的戴爾准將，將民衆困在一個出口被他封住，因此無處可逃的場地之後，下令他的軍隊向這些手無寸鐵的人民開槍。死亡的人數將近四百人，傷者也超過一千人。雖然戴爾因而被免除了他的統兵權，但是卻沒有受到任何進一步的制裁，英國那邊的崇拜者甚至還爲他發起捐款活動。這次冷血屠殺所帶來的震驚，以及英國政府對該負責之人的縱容態度，讓許多先前支持英國統治的人轉而對其採取敵對立場，其中包括身爲詩人與教育家的羅賓德拉那斯·泰戈爾——他向英國王室退回自己之前獲得冊封的騎士頭銜。

英國政府繼續堅持這樣的政策，但與此同時，它開始面對印度國民大會比以往更爲激烈的挑戰。而大會現在已經將幾位代表著遠大與進步理想的領導者，也納爲自己的成員，其中包括了摩帝拉爾·尼赫魯，和他的兒子賈瓦哈拉爾·尼赫魯。他們出身自富裕而有影響力的婆羅門家族，但是卻投身民族主義運動，無視於這樣會危及自己的自由與優渥的地位。日後印度獨立後的第一任總理——賈瓦哈拉爾（一八八九至一九六四年），接受的是最好的英國學校教育，擁有劍橋大學的學位，不論是在他個人的興趣與喜好上，或是他在政治與

社會方面抱持的終極目標，都反應出西方文化對印度造成的衝擊。除了優秀的領導人物之外，對於將印度國民大會打造成一股實在的政治力量來說，最重要的一點是，現在它已經發展出嚴密的組織結構、培養出推動政治意見的技術，還有比過去大爲增加的成員總數。印度國民大會從一個菁英性質的組織，轉型爲一個庶民大衆追隨的對象，在這其中最爲關鍵的人物正是默罕達斯・甘地。

甘地於一八六九年誕生於印度西部海岸的一個小土邦。他那中產階級的家族，曾經出過數位這個土邦的首相。他那身爲虔誠印度教徒的母親，一直努力灌輸他要忠於自己種姓階級的傳統。甘地的家人將他送往英國學習法律，在他返回家鄉後，有一間位於南非的印度法律事務所提供他一個工作機會，他就在那裡從事了大約二十年左右的法律實務工作，並且成績相當不錯。然而，他在南非的主要事業，卻讓他見識到自己的同胞處身於充滿種族意識的地域，受到的是何種不公平的對待，因此讓他將心思都轉而投身於這塊領域。他不顧任何羞侮和辱罵，甚至是冒著生命的危險，在南非持續推行著反對經濟和社會上不平等待遇的運動，鼓勵性格膽小的印度勞工團結起來，要求政府除去那些公然存在的不公不義。

甘地在南非的經驗，對他日後身爲民族主義領導者的生涯來說，有著根本的重要性。首先，他在那裡是與來自印度各個不同區域——不管是印度教徒還是伊斯蘭教徒，而且主要是社會中較低階層的人們一起共事。其次，在他與政府交手的過程中，他發展出一套獨特的社會衝突理論，以及一種相應的解決手法，甘地將其命名爲「satyagraha」（「心靈的力量」或者「眞理的力量」），它所包含的意義不僅限於「非暴力的抵抗」，甘地想要強調的是，主動而且公開地去對抗邪惡與不正義之事，只是在對抗時並不訴諸暴力，而是試圖在一方面能夠完美地自己克制，一方面令對方轉而採取正義的行動。甘地的哲學，以及要求人們去行動的主張，是根基於一些宗教概念，而且很明顯地其中包括了基督教義。此外，啓發他這些思想的，還有俄國的李奧・托爾斯泰、英國的約翰・羅斯金，以及美國的亨利・大衛・梭羅。甘地的說法訴諸宗教教義的教誨、他本人嚴守禁欲的生活方式，而且爲了改善社會風氣，他親自與窮苦的印度鄉下居民一起勞動，使得世人尊稱他爲聖雄【28】（「偉大的靈魂」）。他本人對這個名銜卻是嚴加拒絕而不願接受。甘地最爲顯著的創新之舉，在於他試圖讓崇高的道德原則，在政治的角力場中——一個在典型上是以馬基維利的教條爲指引的角力場——也能發揮作用。而對於這樣一位身體羸弱、猶如聖徒一般，還被溫斯頓・邱吉爾形容成是「半裸的苦行僧」而不屑接

見的人物來說，雖然可能只是在幻想著一個不可能實現的夢想，但是他不只能夠喚起全國人民的信念，更能夠讓印度國民大會願意接受他的領導，進而與印度總督談判協商，讓遠在白廳【29】的官僚們為之震動。

一九一四年當他剛返回印度的時候，針對英國面臨的戰事，甘地站在支持的立場，呼籲印度人向英國提供援助；但是一九一九年時，那令人失望的印度憲政改革，以及過分至極的阿木里查大屠殺，令他開始相信必須對政府採取反抗立場了。而印度如果想要提供一個有力的反對立場，那麼印度教徒和伊斯蘭教徒一定得團結起來，共同採取行動才行。這兩個互相敵對的社群能夠共同合作的可能性，過去曾經在第一次世界大戰期間出現：當英國以及其盟友試圖將奧圖曼蘇丹哈里發政權，也就是伊斯蘭世界理論上的最高領導人推翻時，由於印度教徒在這個哈里發議題上站在伊斯蘭教徒這邊，伊斯蘭教徒因此對印度教徒心懷感激，許多穆斯林因而加入印度國民大會。在一九一六年的勒克瑙協約中，印度國民大會與穆斯林領導者們宣誓將會在為印度爭取公平正義的目標上互相合作，不幸的是，協約中團結的精神被雙方的互不信任破壞殆盡。

在甘地的領導之下，印度國民大會內部於一九二〇年時投票通過，決定發起一項不合作運動，呼籲印度人民一齊抵制政府的諮議會、法院，以及教育體制。這次的運動在欠缺伊斯蘭教徒方面的支持，以及某些印度教徒領導者們，由於害怕這種群眾抗爭會對眾人的財產利益帶來危害，因此也不願意參與的情形之下，效果受到嚴重的弱化，甘地亦在一九二二年時斷然喊停。雖然未能改變政府政策，但是數千名身分卑微、未受過教育的普通百姓，勇敢地面對警察的攻擊，即使銀鐺入獄亦無所懼，這樣的景象確實展現出心靈力量在作為一項社會和政治上的武器的潛在能力。

一九二〇至一九二二年之間的不合作運動，是以甘地的被捕入獄畫下句點。當他在兩年後獲得釋放後，甘地暫時性地退出在印度國民大會的幕前角色。整個一九二〇年代的晚期，他都投身於一項與內政有關的社會運動，這項運動名為建設計畫，目標是教導占印度人口四分之三的農村居民讀寫，並且改善他們的生活居住條件。甘地決定讓自己成為賤民階級的請命者，他當然不會稱他們為賤民，而是哈里揚，意即「神的孩子」。他為賤民請命的運動，展現出他那種將理想的終極目的，與直接而實際的短程目標連結起來的戰略。舉例來說，賤民獲得全體社會的接納，是正義的必然表現；不過甘地同樣也意識到，唯有打破一般人不可以去清理髒汙的禁忌——在傳統上，清潔工作正是最被鄙視的賤民階級的專門責任，才有可能讓一般大眾養成正確的衛生習慣。或

者像是，除了推行更好的耕作方式之外，甘地的建設計畫還有一個遠大的終極目標，希望能夠復興長久以來已經消失衰退的古代農村經濟；因此為了達到這樣的目的，他便呼籲農村人民要發展副業，尤其是紡紗和編織。無論是在各地鄉間來回移動，或者回到他自己在印度中部最窮困的地區所建立的阿胥朗（戒律團體），並度過一天的戒言日【30】，甘地都在持續著他的「真理的試驗」（這也是他自傳的標題），不停地找尋開啟公平與自由社會的鑰匙。他在為印度國族界定終極目標時，一直堅持兩個基本原則：（1）印度教徒與伊斯蘭教徒的團結，雙方完全接納與尊敬對方；（2）嚴守非暴力立場，這是通往印度自治與獨立的唯一道路。由於把眼光放在更長遠的未來，他因此聲言印度教，也就是他認為自己所信仰的宗教，必須為賤民洗刷掉被教義強加於身上的卑賤性，否則這樣的宗教終將被淘汰。甘地對一些社會問題和經濟問題的看法都相當單純，某個程度上還有自我矛盾之處。相對於許多他的親密戰友，包括尼赫魯在內，甘地認為大部分的西方文明思想具有太嚴重的物質主義色彩，因此拒絕加以接受。雖然他自己採行禁欲的生活形式，而且替低下階層的人，尤其是賤民階級發聲，但是他極為仰賴自身的財產，以作為其財政上的後盾。他並不信奉馬克思主義階級鬥爭的教條，只是呼籲資本家和大地主們把自己手上所擁有的，當作是所有人信託給自己的財產，因此要利用這些財富來替那些不如自己幸運的人們謀福利。這樣的理想方案過度依賴那些最有能力，但是最沒有意願來實現此方案的人們的愛心。對甘地來說，印度獨立所代表的意義，不僅僅是從外族的統治者手中得到解放，更是從異國的制度和意識型態中得到解放。他理想中的國家，是一個和平、自治，由許多大致上自給自足的村莊所構成的國家，也就是說，他其實是個烏托邦式的無政府主義者。當印度愈來愈往一個真正的國家邁進時，毫無意外地，這樣一種烏托邦的願景也就愈來愈遠。

一九三〇年，在他重返政治舞臺之後，甘地再度獲得印度國民大會的同意，來發動一次非暴力的公民不服從運動。甘地機巧地將政府獨占的製鹽工業，以及對最貧窮的家庭來說，負擔相當沉重的鹽稅，作為這次運動挑戰的標靶。他領導著一群為數眾多的追隨者，經過一個又一個村莊，進行一場「走向大海的遊行」，然後在海邊燒煮海水取鹽，以這種乍看之下是無罪之舉的行為來挑戰法律。英國政府一方面無視於人民透過違背鹽稅，以及抵制國營販酒處等行動所展現的精神上的挑戰，另一方面也對印度國民大會發表的挑釁決議聲明不為所動，反而是嘗試對它們精心挑選的個人對象進行協商談判。一九三一年，在倫敦召開的第二次圓桌會議中，甘地被選為印度方面的唯一出席代表。最終，這些圓桌會議除了顯現出橫跨在英國人與印度人之間，以及橫跨在某些

印度社群和派系之間的鴻溝有多深之外，幾乎沒有達成任何實質的成果。

在不願意正視印度憲政改革的必要性之下，英國內閣在一九二七年的時候，設立了一個特派會來擬定一些修法建議。由於清一色是由英國國會的議員組成，印度方面對這個特派會也提出過一些忿怒的抗議。無論如何，經過保守黨和自由黨【31】的政治人物數年的爭吵之後，英國政府替印度制定了一套新憲法：一九三五年印度政府法——在印度歷史上，這是篇幅最長、但卻是最不值得注目的一部。這部一九三五年的新法，稍微放寬了英屬印度人民的選舉權，但是卻將選舉人分隔制度擴張到令人無法接受的地步；它雖然賦予省級立法機構監督內部事務的權利，不過此項權利卻受制於保留給省長的「自由裁量權」。由於這部法律太過著重於考量資產擁有者的立場，而且所展望的方向，是一個各土邦在其中共同分享權力的印度邦聯，因此它看起來是設計來替帝國擔當防波堤，而不是提供一個讓印度能往真正的自我治理邁進的憲法。

幾乎所有在印度能夠有力發聲的團體，對於這部新的憲政規範都予以抨擊。印度國民大會黨【32】決定無論如何，還是先測驗一下它運作起來的情況再說，因此派出候選人投入選舉，並且於一九三七年的大選中，在十一個英屬行省取得了七個省——一個足夠讓其有所為的多數。接下來的兩年，人們見識到一個過去未曾有過的奇景：發號施令的是印度部門首長，而聽命執行的是英國行政官僚。然而，這樣一個負責任式的議會政府，其短暫的存在所伴隨的，並不全然都是美好。印度國大黨在執政後，從未嘗試推動任何社會或經濟方面的改革。面對外界的批評人士，他們處理起來卻毫不手軟，甚至是動用英國人制定的措施手段來鎮壓異議的同胞。對印度國族統一之展望更具有殺傷力的，是國大黨握有行政力量後所展現出的力量與自信，讓瀰漫在穆斯林之間的恐懼感又再加深，他們擔心一旦印度獨立，伊斯蘭教徒可能就必須屈從在具主導性多數的印度教徒暴政之下。

一九〇五年時，有一個獨立的穆斯林組織成立。這個名為穆斯林聯盟的組織，在成立之後的許多年來，成員一直稀稀落落，也沒有什麼影響力。當印度公共事務造成的緊張關係升高後，穆斯林聯盟轉型為政黨，主張要替所有印度的穆斯林發聲，在實力上也有挑戰印度國大黨的能力。在穆斯林聯盟轉為政黨的過程中，著力最多的人物乃是穆罕默德·阿里·金納（一八八七至一九四八年）。金納的家族相對來說是比較晚才皈依伊斯蘭教，而且他的妻子是波西人【33】。同樣身為一位成功的法律工作人，同樣接受過西方教育，他與自己的對手甘地不同的地方在於：他在心性上完全是入世的。某個程度上，像他這樣

的人成為一個伊斯蘭激進運動的領導人，是件很反諷的事。金納在政治生涯剛起步的時候，是一位支持民族主義的穆斯林，也曾經是印度國民大會中活躍的成員，但是在一九二〇年代時，他與印度國民大會分道揚鑣，轉向積極爭取穆斯林的利益；他堅決主張，若要確保穆斯林的福祉，唯一可能的方式，就是無論未來的政治制度為何，都要讓伊斯蘭教徒擁有自治權。當印度獨立這個終極目的逐漸不再只是人們的空想時，他又進一步地主張：全印度的伊斯蘭教徒不單只是一個宗教社群，更是一個截然可分的國族。

第二次世界大戰的發生，就跟第一次一樣，讓世人的注意力再次集中到印度的未來這個問題之上。但是，與前一次大戰期間相比，這次的時空條件不同之處在於：印度的民族主義者已經沒有意願再去仰仗那些關於未來改革的不清不楚的承諾，同時英國所擁有的，也不再是那無可動搖、不能與之爭辯的地位了。印度國大黨聲明，印度將只會以一個自由國家的地位參戰，並且要求英方賦予印度自我治理的權利，以及制定新的憲政規範。英國主事者拒絕做出任何直接的讓步，只願意承諾會在戰後重新檢視一九三五年那部法律；對於國大黨的省級行政首長為表抗議而做出的辭職動作，或是對於甘地又發起的一次具有象徵意義、不過效果不彰的公民不服從運動，英國政府似乎不為所動。印度的公眾輿論，整體而言還是支持這場對抗軸心國的戰爭，而且對同盟國也做出了非常巨大的貢獻，不論是在人力，或是在物力上。英國政府後來之所以推翻自己原本的立場，並不是由於印度方面說了什麼，或是做了什麼，而是起因於日本人的行動。當日本軍隊橫掃東南亞，占領緬甸，並且威脅到印度邊境時，倫敦這邊才意識到有必要去確保英印之間能夠有更緊密的合作行動關係。一九四二年三月，以對印度友好立場為人所知的史塔福特・克里普斯爵士，奉命前來與國大黨的領袖們協商會談，不過英國高層給他的權限相當有限，而且態度也相當曖昧不明。這次協商任務基本上是一種公共關係活動，「克里普斯的提議」也被國大黨拒絕。即便如此，這次會談在紀錄上，還是可以視為英國向印度保證將來會賦予其自治領，或者甚至是獨立地位的承諾。

儘管保守黨政府當初在承諾時是如何地百般不願，戰爭結束時，倫敦這邊政治情境的發展，卻讓承諾兌現的可能性大為增加。克萊門特・阿特利帶領著工黨內閣取代了邱吉爾執政，並且在一九四六年三月時宣布：究竟是要成為自治領，或是完全獨立的國家，將完全交給印度自己決定。他派出一支內閣使節團來與印度的領導者們共同合作，討論安排移轉主權的工作。整個英國退出印度的動作，最後的日期事實上還比阿特利所設下的期限：一九四八年六月，還

要早上將近一年完成。

　　雖然英屬印度帝國的結束，其最後階段發展得有些突然，但是在現實上，它卻是一個漸進的演變過程，不是走到劇情頂點必然要出現的轉變，也不是透過一次大革命所造成。在走向獨立的這一個世紀中，印度與英國之間的關係出現過許多戲劇性的變化。當印度開始發展工業，擴展出口事業，並且與世界其他地方建立起貿易關係之後，它在經濟上對英國來說，就變得沒有以往那麼重要了。曾經有很長的一段時間，印度對英國進口貨物的倚重，讓英國可以藉此彌補與其他國家的貿易逆差。但是第二次世界大戰結束時，兩國之間的貿易關係幾乎已經逆轉過來了。英國對印度出產的原物料和工業產品需求是如此之大，以至於到了一九四六年，英國對印度的外債已經達到十三億多英鎊。長期以來，與經濟方面的變化同時發生的，則是英國的統治為印度成為一個獨立的國族鋪好了一塊政治上的基礎。儘管存在著某些仇恨與敵意，而且儘管抱持著明顯互不相容的根本目的，英國人與印度人還是肩併著肩，共同在這片次大陸上建立起一個具有活力的政治實體。政治權力從英國轉移到印度，大體而言是個難以察覺，但是持續在發生的過程。印度政府的公務人員體系逐漸由印度人出任，軍隊、警察，甚至是法院，和其他高度專業的行業，情況也是如此。當其獨立時，印度人所認知的行政體系沒有別種，正是那套他們從英國人處學來的，他們也只對其做了一些細微的改變，就繼續加以延用。

　　正當英國準備撤出印度之時，印度在邁向獨立而統一的道路上所面臨的最大阻礙，是那足以削弱獨立運動力量，爆發於印度內部的族群衝突。主要由印度教徒組成的印度國民大會黨，主張自己代表著多數的人民；然而在二戰期間，相較於印度國大黨的不合作政策，穆斯林聯盟黨則支持英屬印度政府，因此強化了它的政治實力。一九四六年五月，英國內閣使節團提出了一項規劃，內容主要是由三個大致上自治的區域——其中一個屬於印度教徒，二個屬於伊斯蘭教徒——所組成的聯邦，此外還有一些保護少數族群的保障制度。面對這樣一個似乎可以達到合理妥協的提案，印度國大黨和穆斯林聯盟黨都先試探性地接受，然而稍後也都加以否決。而且，當預備起草新憲的制憲大會於一九四六年十二月召集時，穆斯林聯盟黨根本就拒絕與會。由金納領導的穆斯林們，如今要求的權利是另外建立一個國家，也就是巴基斯坦。這樣的主張稱得上是符合穆斯林傳統思想，但是一直要到接近這個時間點，這種傳統思想才實際成為一個政治目標，從而獲得推動。主事者們無能去避免次大陸出現這種令人遺憾的分裂，參與其中的任何一方都應該負起直接的責任，不論是伊斯蘭

教徒、印度教徒，或是英國人——他們在經過大約九十年，謹慎而牛步的政策立場之後，突然之間似乎非常急著要一走了之。無論如何，由於民眾的情緒似乎高漲到極點，以至於不可能就任何一種形式的統一國家方案來達成共識。眼見實在沒有其他的辦法，當時新任的印度總督蒙特巴頓閣下，準備將英國對印度的主權分別移交給兩個各自獨立的政府。這是一項難度頗高的工程，不只是因為要將印度教和伊斯蘭教的省分分離開來，更是由於有三個省——孟加拉、旁遮普、阿薩姆——轄區需要分割調整，以避免讓該省中雖然相對少數，但數量依然不少的印度教徒，被歸屬於巴基斯坦。雖然巴基斯坦並沒有成功取得所有穆斯林聯盟所要求的地區，畫界的結果還是為爭議的雙方所接受。在一九四七年七月的那部國會法律出爐之後，印度次大陸終於正式獲得獨立，所有的統治權限也於隔月完全移交給這兩個新的自治領。

因為這兩個新國家正式問世而產生的官方繁文縟節，相對來講讓人不痛不癢；遠比這些繁文縟節更令人感到痛楚的，是人們被迫要去適應一個改頭換面的政治模式。許許多多的難民急著跨過新的國界——印度教徒和錫克人要逃離穆斯林的統治，同樣地，伊斯蘭教徒也害怕如果不走，將會受到印度教徒的迫害——這樣的風潮甚至在正式畫界完成以前就已經出現。一九四七年的下半年，就有超過一千萬人參與了這場大逃難。面對陷入瘋狂的狂熱分子，不論是伊斯蘭教徒還是印度教徒，在這段時間所做出的暴行，兩邊的政府同樣都束手無策。最嚴重的暴力事件發生在旁遮普，這個全印度最富有的省分，過去曾經是錫克人的王國，如今則涵括了將要畫分予巴基斯坦的領土中最主要的一部分。主要集中在該省東半部的錫克人，其實更希望自己組成一個獨立國家，但是這股意見一方面未曾得到印度的支持，另一方面新立國的巴基斯坦，則很有可能將訴諸武力來表示反對。當最終的定案是西旁遮普畫歸巴基斯坦，東旁遮普繼續屬於印度後，錫克人與伊斯蘭教徒之間爆發的流血衝突，使得兩國邊界登時成為一個人類屠宰場，雙方互相的殺戮造成五十萬人的死亡，此外也使得二百萬人成為難民。

甘地一生最後一次為印度做出的貢獻，就是試圖阻止隨著獨立而來的族群衝突。他呼籲印度教徒冷靜否則便將絕食，以藉此成功地讓加爾各答的暴動平息下來。一九四八年初的時候，他開始在德里進行絕食抗議，一直到國大黨的主要發言人承諾，將會保障伊斯蘭教徒的生命與財產安全為止。然而就在一月三十日那天，在他前往從事晚間祈禱的路上，甘地被一位主張印度教至上論的組織成員開槍射殺。這位為了替印度爭取自由，做出的貢獻比誰都還要多的

人，可惜他的努力終究未竟全功。獨立最後果然到來，也確實沒有付出革命的代價，然而卻無法不付出暴力的代價。將印度教徒與伊斯蘭教徒結合在一起的機會，也就是甘地心目中最重要的目標，似乎就這麼一去不返了。而當眾人尊奉這位聖雄為烈士，並且給予風光大葬之時，他的道德誡命卻沒有成為國人的圭臬，也未曾成為主導性的國家政策。即使沒有成功，甘地依然是二十世紀偉大傑出的人物之一。他對世界的影響超越了自己在世的時間，而且遍及他原生的印度以外的國家，例如在南非種族隔離政策的反對運動中，或者像一九六〇年代馬丁·路德·金恩在美國爭取公民權的非暴力運動，都可以看到他的身影。

獨立後的印度、巴基斯坦、孟加拉

悲劇性的現實條件，使得印度爭取獨立的運動竟然是以國家的分裂，並且陷入一種互相仇視的氛圍告終。從地理和經濟的角度觀之，印度的這次分割是高度不自然的。巴基斯坦取得的，是生產黃麻、棉布和稻米的地區。印度這邊則一方面糧食產量不足，另一方面擁有的是可以加工巴基斯坦原物料的工業區。重要的運河與天然河道運輸系統，也被政治界線一分為二。此外，畫界獨立也沒有解決少數族群的問題。大約有百分之十五的巴基斯坦人並非穆斯林，這群人主要是印度教徒；而印度共和國方面，也有百分之十一左右的回教徒人口。

印度與巴基斯坦間發生爭端的一個直接來源，就是如何處置土邦的問題。既然已經沒有一個英屬印度帝國支持這些土邦的存在，一般咸認為，它們將會自動加入印度或是巴基斯坦。大部分土邦確實如此，其中在數量上加入印度的比較多。但是，印度政府強迫海德拉巴德的君王退位，宣稱這是代替海德拉巴德的印度教子民所為，然後便以這個位於德干的大邦執政者自居。然而，在面對絕大多數人口都是伊斯蘭教徒的喀什米爾時，印度政府採取的又是完全不一樣的邏輯：它聲稱喀什米爾的統治者擁有正當的權利，足以合法地將該地主權移交給印度。這位喀什米爾的大君原本是希望保持獨立，但是當他為了對付來犯的穆斯林部落，而尋求印度的協助時，印度要求他必須以退位來換取印方出兵。最後的結果是，印度與巴基斯坦的入侵軍隊在喀什米爾硬碰硬，一九四九年時才在聯合國特使的安排之下，達成了一項停火協定，並且將喀什米爾王國一分為二，分別由印巴兩方占領，其中印度取得了比較大的部分。國土被這樣分割，雖然讓喀什米爾人原本持續進行的獨立運動大為受挫，但卻未曾澆熄過

他們的火焰。印度與巴基斯坦原本就存在的敵視，現在又被喀什米爾問題加劇，以至於在英國結束對印度統治後的前四十年，印巴之間就爆發了三次規模完整的戰爭。

印度維持自治領的地位只到一九五○年為止，該年就有一套新憲法讓印度成為獨立的共和國，以民選的總統取代總督，從而斷絕了任何與英國君主之間的聯繫。然而，印度自願地繼續維持國協（「大英」這個冠詞已經拿掉了）成員國的身分，也讓它成為國協中第一個獨立共和國。新憲法為印度提供了一個建立獨立司法部門的規範基礎，並且規定一個由選舉團選出的總統作為國家元首，但是與此同時，還是依循英國式的議會政府制度，主要的行政權掌握在總理手中，而總理必須向中央立法機關的下層議院負責。共和國下，次一級的州【34】，除了擁有一院制的立法機關，也有與中央同樣型態的議會內閣式政府。無論是州還是國家的立法機關，都是由享有成年普遍選舉權的人民選出，任期都是五年。憲法中也包含了範圍廣泛的權利法案，取消或禁止原本以種姓制度為基礎的賤民階級和各種歧視行為，此外還為兩性平等提供法律上的根據。雖然在結構上屬於聯邦制，中央與各州的權力分配問題──在憲法中規定得既死板，又語意不明──卻讓政府效能大受箝制。憲法也賦予總統在緊急狀態下可以將州政府停權的權力，這項權力之後也常常被總統加以運用，不過有一些至關重大的領域是專屬於州政府的權能範圍，其中包括了教育、農業，以及徵收土地稅。

打從印度共和國成立起，它就面臨了許許多多的難題。要把超過五百個土邦納入這個新建立的政治結構之中，這本身就已經是一個夠嚇人的大工程，還要以相對急促的時間完成。另外還有些其他的難題，則呈現出具有危險性的地方或社會隔閡，後來證明是更加難以對付的。這其中有一個是與不同語言的競爭關係有關。為了增進國族統一之便，政府宣布北印度語將從一九六五年起成為該國的官方語言；它雖然是印度北部的主要語言，但是使用者在總人口中所占的比例卻大約只有三分之一。結果是，其他地區性語言團體的強烈反對，以至於在這項語言政策預定要生效的日子到來時，也就是一九六五年一月，印度南方因此爆發了流血暴動，有兩位內閣官員因此辭職，而政府也不得不宣布，只要不講北印度語的人民意欲如此，英語就可以繼續作為印度的「半官方語言」。

英國人遺留給印度和巴基斯坦這兩個獨立國家許多寶貴的事物：議會式政府的基本原理、訓練有素的公務人員體系、便捷優良的鐵路網、強力軍隊的組

訓要義，以及一群受過西方教育，熟悉西方制度和慣例的菁英。這兩個新國家同樣也承接了殖民統治時代未能解決的問題，其中主要是落後，還有全國多數人口都在面臨的迫人窮困。大自然並沒有要讓印度永遠都只能貧窮，這個國家擁有各式各樣的資源——世界最大的鐵礦藏量即蘊藏於此（估計有將近二百二十億噸）；包括錳在內的其他有價值的礦石；豐富的煤礦礦床，而且很有可能有石油蘊涵；再加上相當適合發展水力發電的天然環境。

　　尼赫魯領導之下的國民大會黨，宣布了兩項國家發展目標：（1）擴展基本工業和重工業；（2）土地改革，並且在合作基礎上重新組織農業活動。之後，第一項目標獲得了許多巨大進展，然而第二項目標幾乎是完全停滯不前。印度政府成立了一個規劃委員會，並且從一九五一年起開始推動一系列的五年計畫。這些計畫在許多領域上都取得了令人印象深刻的成果：糧食生產量成長了幾乎百分之九十；在不到十年的時間內，發電量增加了七倍；灌溉設施也比原來多了一倍。一九七〇年時，印度已經得以出口重型機械，並且每年製造八萬五千部機動車輛。一九七二年八月，印度已有兩座運行中的核能發電廠。只是，雖然印度在農業上進步到可以在基礎糧食方面自給自足的程度，它的人口卻成長得過於快速，以至於完全無法累積剩餘糧食，再加上糧食的分配大有問題，造成許多人還是呈現營養不良的情況。印度在一九七〇年的時候，人口是以每年一千三百萬人的比率在增加。事實上，它的人口從一九四七年的三億四千二百萬，成長到一九八九年的八億一千萬，而且在二〇〇〇年時超過十億，成為世界上僅次於中國的第二人口大國。在全國各地大肆推行的人口控制宣導活動，還是沒有辦法遏止人口成長率，而貧窮總是跟著人口增加的腳步而來。如果依照現在的比例來估計，本世紀末印度將會有四億七千二百萬人屬於貧窮標準的最低一級——這個數字已經超過印度自己在一九四七年取得獨立時，全國的總人口數。要解決農村的貧窮問題，就必須將土地所有權從極為少數的大地主和富農手中，轉交給廣大的實際耕作者，不論是要以家族持分的方式，或是以農業合作社的持股方式，這在古代自我統治的鄉間農村社會都是有先例可循的。這類基進的土地所有權結構轉型，在中國、臺灣、北韓這幾個意識型態不同，但同樣擁有高壓政府的國家中，都有實例可以證明是可能實現的。尼赫魯和他的夥伴們希望能夠以非強制的手段，來完成這項必要的改革，但是他們別無其他有效的方法，更沒有立下真正的決心，成功也就未曾降臨：在遭遇既得利益者——控制著地方合作社，並且主導州立法機關的富有資產家——頑強的反抗之後，他們便屈從於某種「和解政治」。隨後一連串的提議、專門委員會、部門局處，以及法律制定，全都無法將印度農村人民——這塊

「廣袤而無聲的大陸」——從迫使人居於低下的貧窮、無知，和迷信中解放出來。

印度獨立後的頭三十年，於其民主制度架構中運作的，實際上是一個一黨獨大的政治體制。國大黨並未依甘地所建議的在獨立後解散，反而主導了印度政府中所有的分枝部門，而賈瓦哈拉爾·尼赫魯持續地擔任首相，一直到他於一九六四年五月去世為止。不論是對黨或是對國家來說，這麼長的掌權期間，代表的都不會只有好事。過去曾經是不屈不撓、為印度爭取自由的運動中焦點所在的國大黨，如今成為體制本身了。這個體制藉由它對人事任命權和行政體系（一個比舊英屬印度遠遠還要巨大的文官體系）的獨占而強化自己的穩固性，而它原本的活力和清廉也開始出現腐化。即使是廣泛被認為是革命英雄以及甘地後繼者的尼赫魯，他本人的名聲也在晚年漸趨暗淡。雖然他擁有的智慧與心胸，足以讓他名列本世紀相當優秀的群眾領導者，然而作為一位政治人物，尼赫魯的表現並不算非常成功。他自己所懷抱的理想藍圖雖然清清楚楚，但是在應該如何實現上卻不明不白，以至於他的政策有時既是猶豫不決，有時又有衝動行事的因子。身為一位公開反對殖民主義的人，他在一九六一年時授權以武力占領果亞、第烏，以及達茅（又名達曼），這幾個葡萄牙帝國在印度次大陸上最後殘存的殖民地；但是在隔年，他卻思慮欠周地栽進與共產中國的邊界衝突之中，換來的只是令人不堪的結果。與巴基斯坦之間，因為喀什米爾問題產生的長期爭執，他在其中所顯現出來的態度也是既頑固又前後不一。雖然公開承認喀什米爾人有權自己決定自己的命運，然而當喀什米爾的總理謝赫·穆罕默德·阿杜拉哈【35】主張喀什米爾獨立的時候，他卻在沒有進行審判之下，就將其罷免並且囚禁。尼赫魯似乎對政府的貪汙舞弊裝聾作啞，也無力約束自己信任的政治伙伴；他也忘了去貫徹當初自己認為對印度人民的福祉至關緊要的改革計畫。作為一個國家領導者，他最主要的資產是自己的個人特質：結合了源自上層階級的聰明才智，與讓群眾傾心的個人魅力，使得即使是目不識丁的大眾也願意向其輸誠。

尼赫魯去世後，國大黨中沒有任何領導者具有足夠的地位與能力，來將四分五裂的派系予以統合起來；黨內私下的鬥爭最後爆發到檯面上，與此同時，印度內部的狀況也開始惡化。一九六六年，國大黨的大老們決定推舉尼赫魯的女兒英迪拉·甘地夫人出任總理，希望藉由她擁有的家族姓氏所讓人聯想到的美好聲望，可以讓大眾重拾對政府的信心【36】。一九六九年，由於遭逢黨內極左派和極右派人士的同時反對，國大黨就此分裂成兩個支派，於是接著而來

的，便是「舊國大黨」的既有領導人們，和甘地夫人的「新國大黨」，雙方之間的權力寶座爭奪戰。英迪拉正面接受了這樣的挑戰：她大膽地在一九七一年三月，也就是比預計時間早上一年，要求舉行普選。她在這場選戰中走遍全國來進行輔選，有時候甚至在一天之內進行了十四次演說。普選的結果，對她個人以及對她的政黨都是一次壓倒性的勝利：新國大黨在中央立法機關（即印度國會下議院）取得了三分之二的多數。

英迪拉成功地激起了民眾瘋狂的熱情，當印度在與巴基斯坦那場短暫的十二月戰爭，獲得了漂亮的勝利之後，這股「英迪拉浪潮」達到了最高峰。受到人民強烈的擁戴，讓英迪拉變得愈來愈獨斷，也愈來愈強硬。她指責政治對手要為經濟發展停滯不前負責，然而她自己的行政部門一如過往，效率不彰又貪汙腐敗。每當不滿聲音開始加大，她便嘗試用一些好大喜功之事來分散批評者的注意力。例如一九七四年五月，她的政府宣布完成了一次威力等於一千噸炸彈的核子試爆，以作為印度科技發展的證明，然而儘管印度政府再三保證這是出於「純然和平」的目的，依舊讓鄰近的國家大起戒心。或者像是在一年之後，她藉口為了替錫金平亂，派出軍隊將這個原本是印度保護國的國王逮捕，併吞了這塊小小的地區。

一九七五年夏天時的一次危機，最終引發了一次政變。這次由英迪拉一手主導的政治動作【37】，所傷害的對象並非政府，而是憲法與反對政黨。六月十二日，州法院宣告她違法輔選的罪名成立。英迪拉非但沒有因此辭去總理職位，反而下令大量逮捕政治對手，不論其立場意見為何，只要是與她對立者，就算是自己黨內成員亦同。她於夜間逮捕時年七十二歲，有「人民英雄」之稱的社會主義者賈亞普拉卡希·那拉揚，可說是為這次大規模鎮壓的本質做出最生動的呈現。六月二十六日，英迪拉成功說服總統宣布國家進入緊急狀態。隨後她讓相當順從於自己意見的國會，將憲法相關規定修改，使得行政權可以完全脫出司法權的羈束之外，暫時取消公民享有的權利，並且施行嚴格的言論審查制度。

英迪拉·甘地在這段為時二十一個月的「緊急狀態」統治期間，確實有一些正面的政績：德里的貧民窟受到整頓；工業部門的生產力劇增；通貨膨脹暫時獲得疏解；在土地重分配方面也做出一些努力。然而，她那消除貧窮和促進「內部民主」的競選誓言，最終只是空談。她似乎努力想要永保個人的權威，但她的方式不是去增加支持者人數，而是孤立所有潛在的對手，如此一來又進一步削弱了國大黨的力量。這段時間有一項節育政策，由於過度不近人情，因

阿富汗

喀布爾

洛瓦平第

巴基斯坦

印度河

喀拉蚩

古加拉特

亞美達巴得

孟買

達茅(達曼)

拉卡迪夫與阿明迪維

阿拉伯海

果亞
果亞

邁所

邦加羅爾

邁所

克拉拉

馬德拉斯

印度洋

一九四九年一月一日停火線

占木喀什米爾

拉合爾

阿木里查

旁遮普

哈里亞那

德里

新德里

拉加斯坦

簡博

希馬丘普拉德

烏塔普拉德什

勒克瑙

楗河

阿拉哈巴德

馬德雅普拉德

海得拉巴德

安得拉普拉德

明迪榭里

馬德拉斯

中國

西藏

尼泊爾

錫金

加德滿都

貝那拉斯

比哈

西孟加爾

加爾各答

不丹

雄魯布河

東北邊境特區

納加蘭

阿薩姆

曼尼普

孟加拉

達卡

奧利薩

特里普拉

緬甸

曼德勒

孟加拉灣

安達曼與尼古巴

斯里蘭卡(錫蘭)

可倫坡

0   500 英哩

圖37-2 今日的印度

此造成了很大的反效果，讓民眾對緊急政府的忿恨變得更爲強烈。事情發生的始末是英迪拉的兒子山齊——雖然沒有正式官職，但因爲身爲英迪拉之正統繼承人而聞名，在沒有完全取得受術人同意之下，就將七百萬名男人進行輸精管切除手術，因此引起了軒然大波。有數個理由足以讓我們理解，何以英迪拉統治之下的這次「緊急狀態」具有非常深遠的意義：首先，這是在一個男性主宰的社會中，由一位女人位居政治權力的首位；第二，這次事件其實是一次憲政危機的具體呈現；第三，也是最重要的一點，這次事件顯示出在印度的憲政體制下，專制統治可能如何發生，又如何地被消弭，即便這一切是由總理自身所爲。由於緊急狀態而被延後一年的一九七七年普選於三月舉行，選舉的結果雖對英迪拉不利，然而她竟然也就主動辭去總理職位，這一點卻是出乎許多人意料的。印度的緊急狀態也就隨著她的下臺而結束。諷刺的是，接任的政府

對英迪拉不利，然而她竟然也就主動辭去總理職位，這一點卻是出乎許多人意料的。印度的緊急狀態也就隨著她的下臺而結束。諷刺的是，接任的政府──一個鬆垮的，由各種分歧派別組成的聯合政府──在政務推行上是如此無能，讓英迪拉的聲望又止跌回升。一九七八年十一月，她重新在國會中拿下一席議員席次。十四個月後，以印度國會下議院三分之二多數為後盾的她，又再次成為印度總理。

雖然在一九八〇年，人民對英迪拉的重返大位感到興奮，然而與此同時，地域性的、社會上的，以及族群之間的衝突也在加深，造成的死傷之嚴重，讓人聯想到伴隨著一九四七年重新畫界而來的那次慘況。在阿薩姆，罷工和暴動造成石油生產停擺。由於有數百萬來自孟加拉共和國的穆斯林蜂擁移入西孟加拉州，使得當地的印度教居民甚為忿怒，於是在一九八三年二月的州大選時，由於政府預備將這些新住民納入成為選舉人，一場風暴於是展開。有數千名狂暴的印度教徒學生，對為數約五十個伊斯蘭教徒村莊發動屠殺行動，他們所經之處多了四千具等著腐爛的屍體。而政府面前最嚴重的危機，則是來自錫克人的不滿。錫克人的民族主義熱情，在一九四七年旁遮普分別被印度和巴基斯坦瓜分時受到壓制。一九六六年時，印度這裡的旁遮普又再次進行分割，將該州東南部講著北印度語的地區獨立出來，成為哈里雅納。不過，原本居住在旁遮普的錫克人，跟這群哈里雅納的印度教徒，同樣都宣稱那個美麗的昌第加城是自己的首都。旁遮普，這個印度最富裕的農業地區，在這次分割之後，面積又回到了它最初的大小，同樣也從這時候起，由於激動的錫克民族主義運動者要求自治，甚至是要求自印度獨立，而一直處於動亂之中。錫克人中，有一支極端派系的領導者將自己的總部建立在阿木里查的錫克金廟中，將這座莊嚴的神殿變成了武裝的要塞。可惜的是，一開始英迪拉對錫克問題優柔寡斷、不知道如何做決定，既不與錫克人進行協商，也不干預事態的發展，然而到了一九八四年六月，她卻突然下令軍隊強攻金廟，讓原本就因為一九一九年大屠殺而背負著悲名的阿木里查，又多了一椿讓人驚痛的大事件，只是這次讓印度人流下鮮血的，是印度人的同胞。英迪拉的這次不智之舉，實際上是親手簽下了自己的死亡證明書。一九八四年十月三十一日，當她從德里家中走去首相辦公室時，英迪拉被自己信賴的隨扈成員中的兩位錫克護衛槍殺。為了報復這次恐怖刺殺行動，瘋狂的印度教暴民隨後濫殺了數千名無辜的錫克人。

總理遇刺，促使震驚的大眾對政府大表支持，同時也非常容易地就接受了拉吉夫・甘地，也就是英迪拉倖存的兒子，作為她政治上的後繼者。英迪拉原

本比較寵愛較小的山齊，但是在這位自我中心、言行傷人的兒子死於空難之後，她命拉吉夫辭去印度航空飛行員的工作，然後把他帶進政治領域。雖然他在政壇上的經驗相對生疏，不過在他母親遇刺後的這段危機期間，他的處理方式卻給人留下了不錯的印象：一方面承諾會迅速起訴兇手，另一方面則呼籲所有的宗教社群這時候都要自我克制。在一九八五年二月舉行的全國大選中，拉吉夫‧甘地創下了比他母親和他祖父都還要高的紀錄：帶領國大黨一共得到了超過半數的選票，當然他也因此成為新任總理。人民選擇讓這個尼赫魯王朝在政治上延續下去，對解決印度的根本問題來說，實在無法帶來多少助益。拉吉夫的決斷依舊不夠明快，也缺乏對政治的了解，因此無能解決錫克人與印度教徒之間的衝突。光是在一九八七年，旁遮普所發生的恐怖攻擊事件就奪走了一千條人命，而且各種暴力行為還一直持續出現。雖然他承諾會試著緩和與巴基斯坦之間的緊張關係，卻依舊造成了衝突事件，讓雙方處於戰事一觸即發的狀態。他為振興經濟所做的努力，也因為其中至關緊要的稅賦改革政策，受到業界領袖的反對而擱淺，而他的行政部門也為貪汙問題所染。

一九八九年十一月，在國大黨於普選中失去自己在下議院的多數優勢後，拉吉夫‧甘地便辭去了總理之職。人民透過選票來拒絕繼續接受他和他的政黨來領導，與其說是為了支持某個清楚明確的替代政策，不如說是反映出民眾普遍的不滿情緒，不論對象是國家，或是州層級的政府。此時繼任的是一個由五黨共同組成的國家陣線聯合政府，領導者維什瓦納特‧普拉塔普‧辛過去曾經是國大黨的一員，也曾擔任過內閣部長。國家陣線的組成派系各有其政治目標，聯盟內部也因此四分五裂。新任總理在解決地域或族群衝突方面，表現也沒有勝過前任。一九九〇年時，由於喀什米爾回教徒要求獨立的聲浪來到了一個新高點，使得印度與巴基斯坦之間的緊張情勢再度加劇。印度軍隊在喀什米爾首都斯利那加向示威遊行的群眾開槍，兩國政府隨即互相指控對方應該為此事件負責，並且之後都把軍隊開拔到斯利那加附近。

從拉吉夫‧甘地開始，印度就開始往自由市場經濟靠攏，辛在接任後也繼續依循這樣的走向，他讓國家管制從許多業界中撤出，並且讓外國資本進入，以加速重工業的成長。在過去的十年間，印度政府似乎放棄了最初建立一個社會主義式國家的終極目標，轉而傾向於將印度打造成一個重要工業強國，對此印度政府也取得了許多令人驚豔的進展。如今，印度擁有全世界最大的科學與科技人才庫，其中包括理論科學家、工程師、醫師，而且在醫學藥物的出口方面也居於領先地位。印度在國防工業上，也正執行著一個總值數十億美元的研

究計畫，並且也替自己成長中的海軍增添了核子動力潛艇戰力。

　　雖然有百分之三十六的印度人生活在官方貧窮門檻之下，不過饑荒的折磨已經被解除，而且政府已經採取了一些行動，來保育和保障土地及土壤的狀況。於西孟加拉展開的森林復育計畫，讓居住在附近貧瘠地區，社會階層低下或是過著部落生活的人們，可以藉由環境物力的提升，來讓他們難看的農耕收入得到一些填補。位於西南部的克拉拉，過去一直充斥著激進的抗爭運動，也在消除貧窮上帶頭努力，替其他的州設下了範例，並且可以從仿照克拉拉的經驗中受益。克拉拉於一九六九年開始施行的土地改革措施，讓一百五十萬名佃戶得到土地所有權。此外，在為農村提供了交通運輸、衛生醫療、教育資源，以及讓人民可以以低價購買民生必需品之後，克拉拉也成功地將嬰兒死亡率降低到只有全印度的三分之一，並且將成人識字率提高到全國的兩倍左右。

　　印度那「世界上最大的參與式民主政體」的名聲，從它正式的政治與法律結構，還有選舉過程觀之，可說是當之無愧。但是，印度也是一個彼此分歧的社群聚合在一起的產物，各個社群所擁有的傳統與結構，相對而言都是階級色彩較濃，而沒有那麼民主化。一如印度哲學和宗教教義中，幾乎包含了世界上所有可知的思想元素，印度社會也向世人展現每一種不同的人類境況，從最原始到最發展的，從最被剝削的到最享特權的。有一些尚未融入印度社會的部落團體，會被作為季節性的流動勞力而受到僱用，造成了相關地區的工資水平因此無法提升。貧窮是大多數人的宿命，不論是居住在鄉村，或是在城市。種姓制度下的社會層級，依然在人民生活中扮演著決定性的因子，而即使在憲法上將賤民階級取消，這些神之子的生活條件也未曾因此出現顯著的改善，他們還是承受著社會上的歧視、隔離，和身體上的虐待。一九五六年，在馬哈拉什特拉，甚至有幾十萬的賤民決定全體改信佛教，以抗議他們在印度教社群之中所受到的待遇。大約有四分之三的印度人依舊是文盲，而且在國內一些與外部比較沒有往來的地區，其社會與宗教生活型態，從中世紀甚至是更古早以來，就幾乎沒有什麼改變。舉例來說，在印度中部的村莊中，人們依然認為出生與死亡會帶來不潔之氣，為了將其祛除，便須進行一些繁複的驅邪儀式：比起婆羅門，巫師在當地還更常擔任各種諮詢者的角色；天花在他們的眼中，則是被女神附身所致。社會改革的立法工作一直以來都只成為空包彈。一九七八年的一項法律，雖然禁止十八歲以下的女性結婚，但是兒童婚姻的制度，甚至當事人只是嬰兒，依舊持續存在著。據報導指出，在一九八九年進入五月到滿月前的這段期間，拉加斯坦就舉行了超過四萬件兒童婚禮。對女性的欺壓，從駭人聽

聞的「新娘火刑」中就足以得見，這是丈夫或夫家對妻子施行的死刑，行刑的罪名則是：嫁妝太少。印度欲發展成一個具有同質性的民主社會，持續面臨的一項障礙，乃是不同族群之間彼此殊異的意識型態。印度刑法中有一條規定，要求離婚的前夫必須提供前妻經濟上的援助，這項規定引起伊斯蘭教徒強烈的反感，以至於在一九八六年時提出請願，聲明這樣的規定與伊斯蘭律法有所衝突，從而使得伊斯蘭教徒之後不必適用這條法律。雖然一夫多妻制對伊斯蘭教徒來說是合法，而對印度教徒來說是不合法，但是在一九七五年時有一項研究發現，現實上在這兩個社群之中，它發生的比例幾乎是完全一樣（百分之六點多）。另外，即使是具有進步和民主思想的穆斯林，也都不知道要如何調和對一個世俗民族國家的支持，和對伊斯蘭律法與傳統的忠貞。考量到有如此多的困難，假如印度最終能夠一一加以克服，成功地將這些複雜的元素整合成一個和諧的全體，肯定能替世上其他地區設下一個足供效法的模範。

　　無論印度共和國距離民主政治理想中的目標還有多遠，比起鄰近的亞洲各國，在這個標準上它還是大大勝出。一個明顯的對照組，就是在同樣的時間自大英帝國獨立的緬甸。緬甸跟印度一樣，擁有豐富的自然資源，也含納了許多不同的族裔，不同的是：緬甸的人口過於稀少。這樣的資源與人口比例，適足以支持一個相對穩定而繁榮的社會，使得這個國家在過去三十年來飽受軍事獨裁所苦。一九六二年時，奈溫[38]在一次軍事政變中取得政權。過去他曾是翁山的盟友，後者即緬甸獨立運動的領導人，廣受人民尊崇，但是於一九四七年遭到刺殺。奈溫的執政對緬甸之政治自由戕害甚深，而且在他嘗試建立一套國家社會主義制度時，也讓緬甸的經濟大受影響。在軍政府統治之下，緬甸主要人口組成的農民階層雖然擁有不錯的識字率，卻一直無法改善其經濟狀況，而且被內戰撕裂內部族群融合的國家，也被孤立在國際社會之外。人民追求自由的渴望是如何無法被平息，可以從一九八八年的夏末，全國大多數城市所爆發的示威遊行，得到活生生的展現。由佛教僧侶所帶領的市民與學生，即使在軍隊威脅之下，依然占據了曼德勒[39]的街道長達五天之久。雖然這次反抗運動最後受到鎮壓，而且還有數百名抗議人士被處決，奈溫的專制統治還是狠狠地跌了一跤。佛教僧侶作為緬甸的國家教團（僧伽），一直以來都是君王體制的支柱，對於奈溫拉攏人民直接支持他政權的做法，佛教僧侶深感佛教的自治地位會因此受到動搖。翁山蘇姬身為現代緬甸國父[40]的女兒，也從她位於倫敦的住家返回緬甸，領導民主國家聯盟黨投入軍政府承諾將要舉行的選戰。只不過，雖然一九九〇年五月的大選，民主國家聯盟黨獲得了明顯的勝利，軍政府卻拒絕交出政權，也不願釋放當時已被其軟禁，卻依然毫無所懼的

翁山蘇姬。

巴基斯坦過去遭遇的問題與印度似曾相識，而且程度上甚至更為劇烈。巴基斯坦的建立並非是從一個原本存在的國族而來，而是由一些在種族和語言上不具有同質性的族群結合而成，其中最主要的是說著烏爾都語的旁遮普人。巴基斯坦的東翼與西翼，光是在地理空間上相距就有一千英哩，而在經濟、語言和文化傳統等方面，差異也是同樣遙遠，將人們串連起來的元素，只有共同的宗教信仰而已。這個國家原本就是分離主義所產生的果實，如今在其成立後，也面臨分離主義運動的威脅，而最終也無法抵擋住分裂的結局：一九七一年，東巴基斯坦就此脫離巴基斯坦獨立。西巴基斯坦的工業發展在一九六〇年代時有著不錯的成績，但這是以剝削東巴基斯坦的資源為基礎，對巴基斯坦中央政府來說，東巴基斯坦就有如其殖民地。前身是東孟加拉[41]，獨立後成為孟加拉共和國的東巴基斯坦，土地面積只占巴基斯坦的六分之一，但是卻擁有全國超過一半以上的人口。它的黃麻工業是巴基斯坦取得外匯的主力，然而如此取得的利益，用在西邊的比例卻比用在東邊的多，造成兩邊居民個人平均所得的差距穩定地拉大。經濟上的壓榨——伴隨著政治上的不公、社會上的漠視，以及巴基斯坦人對孟加拉人毫不隱藏的輕蔑，替日後的起義行動鋪下了根基。而在比較繁榮的西巴基斯坦這裡，其所得分配的極端不平等，也如印度次大陸上隨處可見的一樣。巴基斯坦工業部門的進步也是以農民的福祉作為代價，因為要創造資本往製造業投入的優勢，必然得讓農業生產的工資和利潤處於低點。巴基斯坦的經濟成長同樣也非常倚重外國的幫忙，尤其是來自美國的經濟和軍事援助。巴基斯坦的財富一直以來大多都集中在所謂的「二十二富家」手上，這群富人階級控制了全國百分之六十五的工業和百分之八十的銀行業資產，尚不提那些最肥沃的農田。

巴基斯坦幾乎可說是不存在著政治民主，事實上要在這個國家中建立任何一種具有活力的政府，都是一項非常艱難的任務。巴基斯坦憲法是由前後兩個制憲大會費盡心力才順利擬定的。它在一九五六年三月時公布生效，將巴基斯坦界定為一個「伊斯蘭的共和國」，作為國家元首的總統，當然僅限穆斯林才可以擔任。巴基斯坦在這部憲法之下，從來都未曾舉辦過任何選舉。因為從一九五八年十月的政黨之後，這個國家一直都是由軍政府統治，除了於一九八八年十一月結束，那前後為期六年的短暫例外以外。巴基斯坦的首位獨裁領導人是穆罕默德·阿尤布汗將軍，他在靠近西北邊境的地方建立了一個新首都：伊斯蘭馬巴德。雖然他被有些人擁戴為第二位國父（Ataturk），但是

他的統治卻是以貪腐、迫害，以及流血暴動告終。一九六九年接著阿尤布汗上臺的葉哈雅汗將軍，承諾要建立一個議會民主體制，不過他的言而無信和濫權妄行，最後招致了一場內戰。一九七○年十二月所舉行的大選，讓東巴基斯坦的謝赫‧穆吉布‧拉赫曼[42]，也就是要求自治的政黨領導人，取得了徹底的勝利。然而，葉哈雅並沒有如原先所保證的，讓穆吉布接任總理的職位，反而祕密派遣了一些軍隊，飛到東巴基斯坦去逮捕這位教長，然後加以囚禁。

一九七一年三月到十二月間，發生在東孟加拉的大大小小凶殺事件，造成印度與巴基斯坦之間進行了一場貨真價實的戰爭，一場即使是在這個史無前例殘忍的世紀中，都足以名列為最嚇人的戰爭。最初的一些殘酷暴行有可能是由孟加拉人先發起的，而且在戰爭結束之後，他們還繼續對比哈的少數族群施虐。然而，最讓人無法接受的暴行是來自於政府的軍隊。西巴基斯坦的士兵一開始是射殺手無寸鐵的大學生，然後強姦了大約二十萬的婦女，最後把整個族群的同國同胞屠殺殆盡。這場種族屠殺的計畫，很明顯是要把這些在他們眼中不過只是一些叛亂分子和低等種族的人，以及其中任何可能領導者給徹底清除。印度政府接納了一千萬的難民進入西孟加拉，協助東巴基斯坦游擊軍，並且在十二月初時，以主動參戰國的身分進入戰爭。經過了幾場在東戰線與西戰線都出現的短戰駁火之後，已經足夠讓印度向對手展現其軍事上的決定性優勢，因此巴基斯坦旋即於十二月十六日聲明投降。

在這次可恥的挫敗之後，葉哈雅汗在一九七一年的十二月辭去總統職位。當祖菲卡爾‧阿里‧布托宣誓就任總統時，十三年來巴基斯坦首度再有非軍方出身的國家元首，而他同時也馬上接任許多其他重要的內閣職位。身為加州大學和牛津大學的畢業生，具有挑起群眾熱情天分的布托，本身也是個多彩多姿的人物。他替自己所領導的巴基斯坦人民黨挑選的格言是：「信仰歸於伊斯蘭，政策歸於民主制度，經濟歸於社會主義，所有的權力歸於全體人民。」然而他為期六年的統治遵循這些理想的地方卻不多，有的只是令人熟悉的腐敗和殘暴，其中歷歷可見對政黨的逮捕、綁架和虐待。一九七七年三月舉行的大選，由於布托在其中的操作太過明顯，使得各地都出現了抗議暴動。同年的七月，布托自己的幕僚長穆罕默德‧齊亞‧哈克將軍發動政變將其推翻，從而開啟了第二段軍事統治的時代。為了回應喧擾的群眾，齊亞將這位被趕下臺的前任總統交付審判，結果是判決處死，並於一九七九年四月施以絞刑。不過，對那些視他為「烈士國王」的死忠追隨者來說，布托的墓地依然成為他們心目中的神殿。雖然齊亞保證會在其上臺後的三個月內舉行大選，之後他還是把選舉

無限期推延，並且施行戒嚴統治。

齊亞將軍的政治手段比起他幾位前任者都來得高明，他有能力讓彼此傾軋的政治派系保持平衡，因此一直到他在十一年後去世爲止，他的地位都能夠維持穩固。他雖然公開宣稱要將全國伊斯蘭化的計畫，但是在實際進行上卻十分小心謹愼，畢竟這對什葉派的少數族群來說，是項足以令他們擔憂的舉動。由於齊亞對軍方擁有牢固的控制力，因此他可以利用巴基斯坦與美國之間的軍事同盟，來鞏固自己的地位。美國那總數超過三十億美金的經援，加上灣區油田的巴基斯坦工人每年匯回來的三百萬美金工資，對這個搖搖欲墜的經濟體來說，是個關鍵的支撐力道。雖然齊亞主張他的所作所爲，是在爲一個伊斯蘭的共和國打下實現的基礎，但是他的統治權威本身卻是奠基在戒嚴法之上。僅憑其意便可爲之的逮捕、逼供，或者其他類似的侵害人權行爲，都刻畫出他專制統治的樣貌。巴基斯坦的女性在由宗教所訂下的迫害規範中，則是最爲受苦受難的一群。一九八八年，齊亞將軍在一次神秘的飛機爆炸事件中喪生，開啓了一條通往人民議會政府的道路。在幾位出馬爭取國家首位的候選人中，其中一位特別突出的，正是布托的女兒。

班娜齊爾・布托，這位三十五歲的美麗女子，畢業自拉德克利夫大學和牛津大學，在七年的牢獄生活後一直流亡海外，爲了要領導依然屬於其父親的人民黨來反對齊亞的統治而返回巴基斯坦。她在選戰中表現出活力，而且跌破許多觀察家眼鏡地，一九八八年十一月大選的結果，使她成爲總理——現代伊斯蘭教國家中的首位女首領。過去她的父親在宣稱要進行社會主義計畫以造福大衆的同時，依然仰賴由富有地主階級所提供的支持。相較之下，班娜齊爾選擇的則是開放市場型的經濟理念，試圖引進外國資本，不過她也同時保證，會對一千萬英畝的國土進行重新分配。邁向經濟成長的道路，假設人們眞的找得到，也必然是崎嶇不平的。巴基斯坦的人口從一九七一年的六千萬，增長到一九八八年的一億五百萬。男性成人的識字率是百分之三十六，女性則是百分之十五。除了蕭條的經濟狀況之外，還有許多一直存在的內政問題，包括行政部門的貪汙腐敗；發生於班娜齊爾自己的故鄉，信德省的伊斯蘭教徒內部暴力衝突；以及與印度之間針對喀什米爾問題而持續存在的僵局。由於人民的支持度逐漸降低，再加上從來未曾甘心接受文人統治的軍方所施予的壓力，迫使巴基斯坦總統於一九九〇年八月初時，命令班娜齊爾去職。而新的大選則預定於十月舉行。

從一九七一年慘痛的勝利中誕生的孟加拉[43]，所處的地位一直是所有

亞洲國家中最不穩定的一個。這樣一個比威斯康辛州面積還要小的地方，卻擠著超過一億的居民。該國的人口與可耕地比，從二十世紀開始以來已經增加了四倍。這樣一個飽受颱風與龍捲風侵襲的地區，不是面臨乾旱，就是遭遇水災，使得它每年要因此失去數千人的性命。然而這樣一個國家還是設法生存了下來，這一點可說是人類精神之堅毅性的實證。在完成獨立的工作上，孟加拉要面對的一個額外問題，就是必須從戰爭的蹂躪中復原（這場戰爭奪走了三百萬條人命）：替歸國的難民們尋找食物和居所；撤除各地的游擊軍隊；以及從這一片混亂之中建立出一個政府。一九七二年，在被囚禁於西巴基斯坦的監獄九個月之後，謝赫・穆吉布・拉赫曼於返回達卡時獲得英雄式的歡迎，他隨即設立了一個臨時政府，承諾會建立一個「民主的、世俗性的、社會主義的國家」，然而這個臨時政府沒多久就染上獨裁和腐敗作風。一九七五年，穆吉布在一場由年輕軍官所領導的政變中，被殘忍地殺害。而這只是該國為時甚短的政治歷史上，總計十八次成功或失敗政變的序幕而已。九位孟加拉的總統中，就有兩位是被暗殺。在一九八四年三月的政變後上臺的胡山・艾爾夏德中將，替孟加拉政局建立了一個足夠穩定的外貌，以保持外國願意持續加以援助。

每年為數二十億美金，由外國政府和人道團體提供給孟加拉的援助，由於在監督和管理上的不夠周全，而無法帶來令人滿意的疏解效果。反而是由民間主動發起的努力，雖然在影響範圍上較為有限，但是卻比較讓人可以寄予厚望，能成功協助具有上進心的個人逃離環境中的貧窮陷阱。在這些草根性的援助組織中，值得一提的一個，就是一九八三年時由穆罕默德・尤那斯發起的村莊銀行。尤那斯本人是個受過大學正統教育的經濟學者，然而他把教科書上的理論丟在一旁，決定直接去幫助最需要幫助的人。尤那斯組成了一支「腳踏車銀行家」的團隊，在完全不要求實質擔保之下，就提供村民小額放款，這樣的貸款人到了一九八九年時，已經有五十萬人之多。村莊銀行不但讓幾千名在經濟上最窮困的村民，尤其是女性，有機會獲得一筆可觀的收入，與此同時卻又擁有非常醒目的低呆帳率。

在國際關係方面，印度和巴基斯坦這兩個國家都曾經廣泛地試行各種不同的政策方向。賈瓦哈拉爾・尼赫魯原本屬意的是不結盟政策【44】，因為他對軍事同盟深有反感，也渴望與其他亞洲國家發展出友好關係，而且對象包括共產國家。透過雙方在口頭上的示好表現，一開始不生問題的中印關係，由於中國在西藏所採取的挑釁行動而驟生巨變：一九五九年，當中國軍隊鎮壓西藏人的反抗時，印度政府提供逃出西藏的達賴喇嘛政治庇護。一九六二年時，印度

與中國則進行了一場爲時短暫的邊境戰爭。在這場戰爭中,印度軍隊由於裝備落後的關係,沒有辦法如預期般地抵達目標地點,促使印度政府決定要提高自己軍隊的質與量。後來在一九六五年對巴基斯坦那場持續三週的戰爭中,印軍的表現果然變得比較強悍。印巴這場在夏天所發生的戰事,引爆自兩國關於喀什米爾問題的爭執,結果促使印度與美國決裂,轉而投向蘇聯的懷抱。一九七一年,印度與蘇聯簽定了一份二十年友好合作條約。於是在隔年十二月,印巴之間又發生爲期兩週的戰爭時,印度方面便得到來自莫斯科的後援;而相對地,巴基斯坦背後則是有中國與美國的勢力,同時後兩國也拒絕對巴基斯坦軍隊在東孟加拉所犯下的暴行做出譴責。假如針對孟加拉問題而生的國際衝突,還構不上是一位加爾各答記者所描繪的:「是場爭取民主與維護人權的聖戰」,至少印度在其中所取得的漂亮勝利,確實加強了其國家和民族自信心。的確,作爲一個國家,印度已能在世人眼裡取得專屬於自己的獨特樣貌了,只不過那不是甘地所夢想的,是作爲一個非暴力哲學的表率,反而卻是一個軍事強權。

另一方面,或許是對比自己更爲強力的鄰居有所畏懼,巴基斯坦非常樂意加入某個國際陣營,然而最終證明,這麼做並不能替自己帶來想要的結果。在印度試著摸索出一條中立主義路線時,巴基斯坦則加入東南亞公約組織和中央公約組織,成爲美國忠實的盟友。在一九五四年的軍事援助協定之下,美國提供巴基斯坦包括超音速戰機在內的現代化武器,而巴基斯坦則讓美國可以在其境內設立基地,來從事戰略情報活動。美巴之間的軍事伙伴關係,加深了印度對巴基斯坦的懷疑與敵意,卻又沒能讓巴基斯坦在孟加拉戰爭中,好歹不要輸得那麼難看。一九七二年,布托總統宣布脫離國協,也脫離東南亞公約組織。在這之外,讓巴基斯坦更受孤立的另一項因素,則是有人發現巴基斯坦官方祕密從事發展核子武器——所謂的「伊斯蘭炸彈」——已經有相當一段時間,目的是爲了抗衡印度在這方面的實力。不過近年來,透過出借軍隊和勞力等手段,巴基斯坦開始深耕與波斯灣區保守派伊斯蘭教國家的關係。另外,當一九七九年九月,俄國入侵阿富汗,並且在喀布爾建立蘇維埃傀儡政權之後,西方強權以及中國轉而希望巴基斯坦能夠成爲一個阻擋俄國擴張的緩衝區。美國提供齊亞將軍軍事上的協助還有一些戰略顧問人員。巴基斯坦則接受了因爲戰爭從鄰居阿富汗逃亡而來的難民,並且成爲用以攻擊蘇聯軍隊的游擊隊的集結區域。蘇聯同意於一九八八年四月從阿富汗撤軍,這件事讓阿富汗難民和巴基斯坦的國際地位,成了在未來必須解決的問題。居住在巴基斯坦與阿富汗的邊境兩側和西北邊界省【45】境內的俾路支人與普什圖人,懷抱著他們自己民

族自決的理想。信德境內的武裝組織也挑戰著旁遮普人的優勢地位。俾路支省中，要求自治或獨立的聲浪不再反覆出現，布托總統還曾經與此地的叛亂者進行過一場維持四年的戰爭。

第三十八章

中東和非洲
The Middle East and Africa

　　所有世俗的政權，無論其形式為何，都是撒旦的傑作。我們的責任是要阻止它們發展的進程，並且對抗其所產生的影響力……實踐革命性的伊斯蘭政策，以邁向其最終的勝利，不僅是伊朗的責任，更是世上所有穆斯林的共同責任。

——阿亞塔拉·魯候拉·霍梅尼，《伊斯蘭政府》

中東

在近代，世界上沒有幾個地區比中東各國，經歷過更多次的動亂和更迅速的變革，它們的歷史模式大致上是雷同的。第一次世界大戰前，在鄂圖曼土耳其人的統治下，它們其中有大部分或者停滯不前，或者進展緩慢。隨著鄂圖曼帝國的瓦解，獨立成為可見的願景；擺脫一切外國的影響，也成為可能的機會。蓬勃發展的民族主義運動迫使各地政府採取激烈的行動。許多時候，民族主義者成功控制了政府，也常常可以看到他們挑戰宗教權威。在此之後，他們進而試圖推行現代化計畫，建造公路、鐵路和學校，補助工業，推廣科學農業，並實行土地改革。然而，他們所面臨的問題：包括無知愚昧、貪汙腐敗、既得利益結構和外國干預等，常常嚴重到難以克服。迄今，文盲、疾病和高死亡率在中東許多地區仍然存在，貧窮則幾乎是普遍的現象。

欲對中東做一番全盤檢視，以從土耳其開始為宜，因為它的人口數位居第一，而且一度統治幾乎整個中東地區。我們曾經提到過：鄂圖曼土耳其帝國的解體，早在一八九二年便已經開始，當時蘇丹政府被迫承認希臘獨立。隨後，帝國位於歐洲的各個省分，便一個接著一個地分裂出去。到了一九一四年，土耳其在歐洲的領土只剩下伊斯坦堡（君士坦丁堡）和位在東色雷斯的一隅之地；但是它在亞洲仍占有從波斯西部邊界到地中海的遼闊地區。第一次世界大戰結束時，屬於戰敗國一方的土耳其政府接受一項條約，喪失了昔日帝國幾乎全部的領土，除了伊斯坦堡以及小亞細亞的北部和中部以外。但是，在這項條約尚未付諸實行之前，一群民族主義分子在穆斯塔法·凱末爾的領導下，又重新奪回了許多失地。一九二二年，他們向伊斯坦堡進軍，廢除蘇丹王位，並於一九二三年宣布土耳其為共和國；與此同時，協約國在瑞士洛桑同意簽訂一項新條約，允許土耳其人保留幾乎全部已為他們奪回的土地。就此，這個新國家包括了安納托力亞、亞美尼亞和東色雷斯，但是美索不達米亞、阿拉伯半島、巴勒斯坦，或敘利亞這些遠離其中心的區域，則沒有一個是其領域範圍了。

有二十年之久，土耳其共和國的歷史幾乎可以與凱末爾個人的歷史畫上等號。他在一九〇八年的土耳其青年黨革命中並未扮演舉足輕重的角色，該次改革行動最終並未建立原先期望的憲政體制，反而導致國家實際上進入軍事獨裁的狀態。時序輪轉，如今是凱末爾的想像力和決心推動土耳其轉變為一個現代的進步國家。他的改革計畫受益於先前西化潮流下，已奠基的全國性公共教育和婦女解放運動。雖然凱末爾保證對宗教採取寬容態度，不過他那項廢除哈里發制度的法令則同時聲明：有必要以「現代的科學民事法典」來取代過時的宗

教法庭和法典：清眞寺所屬的學校必須讓位給公立學校，而所有六至十六歲的兒童都必須接受國民教育。但是在教育改革取得重大進展前，必須先採取一項步驟，亦即採用一種新的書寫文字：當時土耳其語仍用阿拉伯文字書寫，但是凱末爾認爲阿拉伯文字不可能扮演好傳達西方思想的媒介，一九二八年，他責成一個委員會，編制採用羅馬拼音字母的字母表。這項工作成效立見，它使現代土耳其語的拼字和發音有了一致性。凱末爾自己學會新字母表後就去教別人，他帶著一塊黑板巡迴全國，向聽眾講授文字是如何組成的。不久，他頒布一項法令，禁止無法熟練運用新文字的人擔任公職。

　　凱末爾的諸多成就還包括在社會和經濟方面的革命。他頒布法令，禁止土耳其式圓筒型無邊氈帽，壓抑一夫多妻制，鼓勵婦女不戴面紗示人，而不論男女皆鼓勵穿西式服裝。他創立女子學校，使婦女有能力發展職業生涯，以及勝任各種專業工作。一九二九年，他賦予婦女地方選舉的投票權，五年後，擴大至全國選舉。即使父權社會傳統風氣打死不退，性別平等的目標也尚未達成，共和國體制下的土耳其女子依舊展現出積極主動的精神，不但進入職場取代男性原有的工作，甚至晉升領導階層，讓土耳其在伊斯蘭教世界中獨樹一格，同時成爲其他國家的楷模。他在經濟改革方面的成就也同樣顯著。他資助農學院，建立模範農場，並且成立銀行向農民發放貸款。他把農民從苛捐雜稅中解放出來，成立專門機構，向幾乎所有能保證有效使用種子和農業機具的農民發放種子和農業機具。他沒有採取像俄國人那樣的強制集體化措施，儘管他肯定有權力那樣做，他寧願忠於穆罕默德的傳統，鼓勵擁有小塊土地，幫助農民購地，並教他們利用土地生財。與此同時，他也意識到實行工業化的重要性，於是，他修築了數千英里的鐵路，並建立國營企業，生產菸草、火柴、軍火、鹽、酒和糖。不過，儘管土耳其擁有豐富的煤、鐵、銅和石油資源，又是世界上最大的鉻生產國，但是總數五千五百萬的土耳其居民中，仍然有近四分之三以農業維生。

　　受後世尊稱爲阿塔土克（意義即「土耳其國父」）的凱末爾，從一九二二到一九三八年逝世爲止，一直統治著土耳其。因爲身爲自己民族的解放者和國家的建立者而受人尊崇的他，一直是個備受爭議，但是魅力也歷久不衰的人物——既由於他那複雜糾結的個人特質，亦由於他所立下的豐功偉業。就法律而言，他是由國會所選出，任期四年，得連選連任的總統。但是，他本人就是國民議會的議長，除了一九三〇年中的一段短暫期間外，他不允許任何反對黨的存在。然而，若說他是一位獨裁者，他的統治所依循的模式，並非如同他所鄙

視的墨索里尼或希特勒一般。他所建立的憲政體制禁止主張馬克思主義政權或是主張宗教政府的政治活動。他公開追求的目標，是要建立一個強大的、世俗性的共和國；這個共和國具有民主架構，但是更強調國家主權，而非個人權利。他相信，這個理想只有在公民培養出一種關於責任的意識，並且揚棄過往的預設觀點之後，才有可能達成。自己有能力帶領國家走向正確方向——關於這一點，他有著無比的信心，若非如此，一九二七年那場他對國民所做的著名演說，也無法講到六天之久。出身行伍的他，以身作則地設下典範，將國民主權置於軍權之上，而且就如他所保證的，他未曾讓自己的國家在取得獨立後再度捲入任何戰事。他也從未企圖消滅少數民族，不過他曾於一九三〇年，嚴酷無情地鎮壓庫德族人民的叛亂，處決了二十九位領導人。他的民族主義立場縱然強烈，卻不見其宣揚種族主義的思想，他為受希特勒政權迫害的猶太裔知識分子提供庇護，也鎮壓土耳其境內反猶太的宣傳活動。

在凱末爾的繼位者伊斯麥特·伊諾努和傑拉爾·拜亞爾的統治下，土耳其採取了一些步驟，以民主共和體制替代原先仁愛但獨裁的統治。但是在第二次世界大戰後，由於過度開支和通貨膨脹所引起的經濟困局，促使政府施行限制規定：新聞自由遭到取消，反對政府的國會議員受到逮捕。學生不斷舉行示威反對這些鎮壓措施，進而於一九六〇年引發了一場由軍方將官發起的反叛，並且成功取得了控制權，隨後成立臨時政府。有將近六百名前朝政府的成員被控貪汙和違憲的罪名而受審，受到法院有罪判決的人士中，一共有三名遭到處決，其中包括被趕下臺的總理阿德南·曼德勒斯。一九六一年，聲明土耳其第二共和正式成立的新憲法獲得通過，這部憲法規定由大國民會（即國會）選舉總統，任期七年，不得連選連任，以及由總統依各政黨在議會中的代表比例，來指定任命總理人選。新憲法的內容也包括保障人民自由、保障工人權利和預防行政權受到濫用的條款。

土耳其經濟發展之路雖然偶爾出現可以推動其現代化的進步，但是終究一再被許多重大的阻礙所挫。全國人口大體上皆居住於鄉村，貧窮而且不識字。在這個國家建立議會政府的創新試驗，被一方政客當成是自己的功勞而濫用，因此受到敵對政客的攻訐杯葛，而無法取得最後的成功。意識型態的分歧浮現，使左派改革分子相對於保守派人士，世俗主義者相對於捍衛伊斯蘭傳統者，彼此互相爭鬥不休。在一連串罷工、暴動和政治暗殺，製造出一股瀰漫社會的恐怖氛圍後，軍方於一九七一年三月施行戒嚴，隨後長達二十九個月，土耳其是由一個所謂的「全國合組的政府」統治，但是其背後的支持者則是軍

方。之後，當國家大權再度回到新的文人政府時，由於沒有任何政黨能在議會中贏得多數，因而使得凱末爾創立的共和人民黨於此時分裂，並且與其主要競爭對手一樣——保守派色彩的正義黨，都不得不向伊斯蘭基本教義派人士尋求支持。

尖銳的社會和政治危機在一九七○年代末期達到高潮——動亂幾乎達到內戰甚至無政府狀態的程度，也有愈來愈多人追問：阿塔土克夢想中那個進步與世俗的共和國，究竟是否能夠實現？凡此，都是土耳其在這十年間的表徵。歷經一九七○年代早期的榮景，國家的經濟此時陷入沉重的貿易逆差，通貨膨脹無法控制，失業率也上升至將近百分之四十。工業的產能只有過往一半的水準，一九七九年時，甚至連包括糧食在內，最為基本的日常用品都出現短缺的現象。與此同時，全國各地發生的暴力行為造成數以千計的死亡人數，當局卻無法加以約束。一九八○年九月，軍方高層毅然決然發動政變，不過幾乎沒有造成傷亡，在共和國歷史上，這是議會政府第三度遭到停權。雖然將領們承諾一旦社會混亂情況受到控制，便會遵照傳統還政於民，他們仍舊逮捕了超過一百個人，並且施行戒嚴。由軍方起草，並由公民於一九八二年投票通過的新憲法，有民選產生的議會，並且亦有總理的設計，因而保留住一些民主的形式，但是卻留給一九八○年政變的領導者凱南·艾佛林將軍，一個權力幾乎不受限制、任期長達七年的總統位置。曾任職於世界銀行的經濟學家特古特·歐薩爾被任命為副總理，負責達成復興經濟的任務。

一九八○年代的專制政權，成功地替土耳其的局勢帶來穩定的外觀，也為經濟帶來前所未見的成長。歐薩爾取消國家的獨占事業和補貼措施，鼓勵私人興業，並吸引外資，藉此刺激工業擴展。國家的經濟成長率每年約百分之八，在一九八○年代末期，政府已有能力償清外債，因此贏得了良好的信用等級。雖然通貨膨脹率仍維持在每年約百分之七十五，但是國內的石油產量激增，道路狀況改善，兩條橫越博斯普魯斯海峽、連接歐亞的跨海大橋完工，豪華酒店如雨後春筍般林立，讓觀光客更方便享受土耳其無與倫比的建築珍藏與壯麗的海岸。在如此引人入勝的景象背後，則是蠻橫殘酷的高壓統治，使得媒體、大學和工會噤若寒蟬，所有批評政府的言論都被消音。約莫四萬五千名政治犯受到監禁，其中許多人遭受殘忍的刑求，引來軍方是「把可能發生在大街上的恐怖活動，讓它變成發生在警察局裡」的評論。軍方統治集團對於自己可能受到顛覆的威脅，究竟敏感到什麼程度，可以從其對土耳其和平協會所做的打擊中一覽無疑——這個協會是由一群反對核子武器的知識分子組成，共有二十三名

會員被捕，其中包括大學教授、職業外交官以及土耳其醫界和法界協會的主席。

雖然鎮壓時有所聞，但是土耳其民主進程的前景還是亮起了曙光。戒嚴於一九八七年解除。政府在當年政變時雖然曾經解散國會各政黨，不過之後還是允許政黨的組成與競選。由歐薩爾創設，政治立場屬於中間路線的祖國黨，於一九八三年擊敗軍方統治小組屬意的候選人，更在一九八七年選舉取得國會多數席次。無疑地，在預定於一九九二年舉行的下一次普選中，祖國黨將面臨來自左傾或是右傾各政黨的強烈競爭。

儘管經濟情況有所改善，土耳其至今還是一個貧窮的國家，依舊面臨一般開發中國家會遭遇到的問題。土耳其人口數已達五千五百萬，這個數字很快便將等同，甚至超越歐洲主要強權，但是其國民生產毛額卻只有法國的十分之一，嬰兒死亡率則超過法國十倍不止。困擾著土耳其的內部問題中，其中一項源自於庫德族人的不滿。庫德族是一群在土耳其、敘利亞、伊拉克和伊朗，都不時遭到迫害的少數民族。安卡拉政府似乎決意要抹滅庫德族特有的語言和文化，官方地將其定義爲「山地土耳其人」；另一方面，世俗派和傳統派之間的緊張關係，甚至更是一個具有潛在爆炸性的問題，傳統派以民主之名義，要求擴張宗教機構的影響力，公立學校已經必須依規定開設教授伊斯蘭教義的課程，私立的伊斯蘭中學也在蓬勃發展中。

從某種層面來說，土耳其在第三世界國家中是獨一無二的。雖然絕大多數人民是伊斯蘭教徒，但是土耳其人與鄰近的阿拉伯人彼此既無親密的關係，亦無深厚的情感。土耳其是第一個，也是三十年來唯一的一個，承認以色列的伊斯蘭教國家。身處美蘇兩大超級強權角逐影響力的地帶，土耳其敏感的國際地位在戰略上尤爲重要。即使願意與美國締結友好關係，土耳其人也不願與蘇聯爲敵，畢竟他們極需蘇聯提供的財政援助。華盛頓當局對於安卡拉政府加入北大西洋公約組織一事欣然歡迎，並且在安納托利亞境內建立了數個軍事基地和電子監測站，視擁有六十萬軍力的土耳其爲北約的重要成員。土耳其在一九七九年曾入侵賽浦路斯並占領該島北半部，受到此舉所激怒的希臘政府，因此揚言退出北約組織，導致美國暫時停止出售軍火予土耳其。但是在一九八〇年的政變之後，美國對土耳其的軍事援助又出現顯著增加。

土耳其向西方世界傾斜，可以從其申請加入歐洲經濟共同體（又名歐洲共同市場）獲得證明，不過直到目前爲止，土耳其的申請都尚未得到批准。歐洲經濟共同體的會員國之所以不同意其加入，有部分是出自於對其經濟穩定

度所抱持的懷疑，但是，和土耳其同屬開發中國家的葡萄牙，近期卻獲准加入
【1】。土耳其申請入會的其他不利因素，還包括擔憂土耳其的人口：每年以百
分之二點五成長率增加的人口，一旦賦予其完整的入出境自由，將會對其他地
區造成沉重負擔；土耳其和希臘間的冷淡關係；安卡拉政府的不良人權紀錄；
甚至，可能還包括基督徒長久以來對伊斯蘭教徒那揮之不去的不信任感。土耳
其人對西歐，尤其是德國的經濟成長，其實貢獻良多，因為它提供了大批不具
專業技術，因而非常廉價的勞工，他們主要是出身自安納托利亞的文盲農民。
可惜的是，雇用「外勞」雖然在經濟上有利可圖，但是卻激起了兩國人民之間
的相互指責與敵意，而無助於彼此尊重。

　　阿拉伯埃及共和國的人口與土耳其相同，甚至即將可能成為中東地區人口
數最多的國家。儘管直到一九一四年，埃及在名義上仍屬於鄂圖曼土耳其帝國
的一部分，但是就任何實際意義來說，打從一八八二年起，埃及就已是英國的
附屬地。英國人一直以來皆維持著這樣的表象——承認埃及的赫迪夫【2】，以
及其更上位之領主：土耳其蘇丹【3】之主權。但是，當土耳其於一九一四年加
入同盟國後，倫敦政府便發表聲明，宣布從今後埃及成為大英帝國的保護國。
戰爭結束後，倫敦當局不允許埃及派遣代表團參與巴黎和會，直接向和會陳
情。結果使得埃及爆發了一場名為「華夫脫」的民族主義運動，華夫脫這個
字，字面上的意義即為「代表團」，原本組織這場運動的目的，是向和會陳述
埃及的要求和不滿，當英國人試圖進行鎮壓，而把運動的領袖驅逐到馬爾他
後，華夫脫運動就轉為以要求完全獨立為唯一目標了。

　　在華夫脫運動展開一連串破壞和恐怖活動之後，英國決定廢除埃及保護國
地位，並於一九二二年宣布埃及為獨立的主權國。但是這個「獨立」卻受制於
四點保留——亦即，全然由英方，就這項英埃共同協議的實際履行情況，判斷
滿足協議規定的「獨立」。這四點保留是：第一，保護蘇伊士運河以及其他同
屬於大英帝國命脈的關鍵樞紐；第二，建立足以讓埃及不受外國的侵犯或干涉
的國防；第三，保護外國在埃及的利益和少數民族；第四，維持蘇丹由英國和
埃及共管的附屬地位。埃及接下來三十年的歷史，大多便為針對上述四點而發
的爭論和衝突所占據。

　　儘管多數埃及人對於英國人企圖把他們的國家置於附庸地位感到忿恨，但
是他們對於一九三五年，墨索里尼入侵衣索比亞的動作感到更加驚惶，所以
一九三六年時，埃及接受了英埃友好同盟條約。埃及同意根據英國的外交政策
調整其對外政策，而英國則以協助埃及加入國際聯盟作為回報。在這項條約的

條款全部獲得生效以前，第二次世界大戰就爆發了。戰爭期間，英國不願採取任何可能危害其與東方聯繫的動作，而埃及也不急於挑起要求英國軍隊撤出其境內的議題。但是戰爭結束後，民族主義情緒的火焰再度燃燒起來：埃及人如今要求英國人必須完全撤離，不論是蘇伊士運河地區還是蘇丹；一九五一年，埃及政府宣布廢除一九三六年條約和對蘇丹的共管；一九五四年七月，英國同意從埃及領土撤出全部軍隊。

一九五二年七月，穆罕默德‧納吉布少校控制了埃及政府和軍隊，廢黜了貪圖享樂、被指爲屈從於英國人的國王法魯克一世。一年後，埃及宣布成立共和國，由納吉布將軍擔任首任總統兼總理。這位新的統治者發表了一項關於經濟和社會的全面改革方案。但是在這些改革充分實施之前，當初推翻君主政體的軍事掌權團體內部就產生了衝突。總理一職改由納吉布的對手加麥爾‧阿布杜‧納塞爾中校取得，並且於一九五六年六月，在一次精心設計的選舉之下，納塞爾以同額競選獲選爲總統。在同一次選舉中，埃及的選民們還通過了一項新憲法，宣布埃及成爲一個具有民主政府形式的阿拉伯伊斯蘭教國家。

雖然納塞爾本人充滿領袖魅力，並贏得鄰近阿拉伯盟友的支持，他所推行的政策是否對埃及有益卻有待商榷。爲了加速埃及從農業國家轉型爲工業國家，他將大部分企業、銀行及交通通訊系統國有化，此舉並未帶來多少經濟成長，反而造成大規模的官僚體系。他同時推行沙漠再生計畫，企圖藉此增加農業產量，但是其中大部分都失敗了。雖然打著邁向「阿拉伯社會主義」的名號，他的改革計畫其實鮮少觸及貧窮、文盲及埃及社會極端不平等的問題。以軍事獨裁治國的他，似乎將埃及置於警察國家，而不是福利國家的基礎之上。納塞爾最有企圖心的一項國內建設，就是建造亞斯文高壩，這是一個巨大的水庫，儲存尼羅河上游河水，以灌溉兩百萬英畝的可耕地。建造這樣大的工程需要大量國外資金，其中大部分最終取自由蘇聯提供的援助。當美國和英國撤回提供埃及貸款的提案時，憤怒的納塞爾便向蘇伊士運河的所有權人——其中主要爲英國和法國人——強制徵收其權利以爲報復，聲稱因而取得的收益將用於水壩的建造。在爲期幾個月毫無結果的談判後，英國人和法國人策動以色列共和國侵犯埃及領土，多年來身爲西奈半島邊界軍事行動的被害者，以色列人對埃及可有滿腹苦水。一九五六年十月二十九日，侵略開始了，隨後英國人和法國人也馬上參戰。這次事件釀成的危機一度有波及整個世界的可能。蘇聯統治者警告以色列其已陷入危及自身存續的險境，並隱約暗示將派遣軍隊協助埃及。這次危機最後在聯合國安排下達成停火協議。一九五七年三月，塞納爾

政府以其公家持股爲基礎，宣布向以色列外的所有使用者重新開放運河。此外，他也與約旦和敘利亞締結同盟，誓言必定要將以色列從中東地圖上抹消。一九六七年，塞納爾封鎖了以色列於紅海南端唯一的出海港阿卡巴，以色列人於是對埃及及其阿拉伯盟國發動了一場閃電戰爭，埃及與敘利亞的軍隊皆於六日內潰敗，敘利亞隨後接受了停火協議，讓以色列得以占領加薩走廊、西奈半島和約旦河西岸等地區。雖然不是唯一要負責的人，但是塞納爾的外交政策最終以災難畫下句點。他未能實現自己將分立的阿拉伯國家統合到阿拉伯民族主義這個旗幟下的野心，卻加深了以阿之間的仇視情緒；彼此衝突的意識型態和目標，使得阿拉伯國家除了一些暫時性的同盟以外，依舊是各自爲政。

安瓦爾·沙達特在納塞爾於一九七〇年逝世之後，接任成爲埃及總統，相對於參與一九五二年推翻王室行動的其他成員，他顯得較無知名度，這位政治經驗不足，但具有表演天分的總統（他年輕時的志向是成爲一名演員），一上臺就必須面對塞納爾時代遺留下來的，各種迫切需要解決的內外問題。他宣布了所謂「開放門戶」的經濟政策，企圖吸引外資，結果並未促進工業穩定成長，反而使大量消費品流入，造成埃及在生活必需品方面必須一直大量仰賴國外進口。一九七一年制定的新憲法雖然納入一些民主政治的特徵，但是政治權力依然是那個唯一合法政黨的禁臠，即阿拉伯社會主義聯盟，而這個黨卻早已充斥著官僚和腐敗氣息了。

沙達特最傑出的貢獻是廢棄前任領導者的外交政策。他延續過往與以色列之間的爭執：一九七三年十月，埃及和敘利亞分別對西奈半島和戈蘭高地突襲，使得以阿之間的糾紛再度升高爲公開衝突，這七天的激烈戰鬥終於在美國和蘇聯共同施壓下結束。除了向以色列展現，以軍先前所具有的壓倒性軍事優勢已經開始消退以外，此次衝突對現狀沒有帶來多少改變。在這重要關頭，有鑑於戰爭不但耗費大量財富，並且持續製造世代衝突，沙達特於是決心干冒失去阿拉伯世界領袖地位的風險，而與以色列停戰。一九七四至一九七五年間，在美國國務卿季辛吉協助居間調停下，雙方慢慢逐條地對和平協議內容達成共識。條約規定雙方不可於蘇伊士運河區域交火，以及西奈半島油田控制權歸還埃及所有。自一九六七年起便關閉的蘇伊士運河，終於在一九七五年七月重新開放，供各國商船通行——包括以色列在內。一九七七年十一月，透過一項甚至比前面的和談更加大膽的提議，亦即請求以色列對他發出邀請，沙達特於爲成爲第一位正式出訪以色列的阿拉伯領袖，並於特拉維夫和耶路撒冷受到熱烈的對待。這次令人驚喜的、而且可視爲未來吉兆的週末拜訪，雖然並未解決兩

國之間任何的難題，但是卻開啓了改善原本關係的大門。在對以色列國會的演講中，沙達特肯定以色列擁有生存的權利，但是同時他也明確要求以色列從其占領的阿拉伯土地上撤軍，開放阿拉伯國家進入聖城耶路撒冷的權利，以及允許巴勒斯坦獨立建國。不過，一直要到一九七九年三月，在經過了許多個月的談判之後，以埃才簽訂了一份合約，然而這份合約將某些重大爭議擱置未決，特別是關於以色列曾經承諾，允許巴勒斯坦「完全自治」，以及耶路撒冷城之地位的問題——這個對於三教信徒而言都是聖城的都市，以色列依然信誓旦旦要將其作爲國家首都。

雖然與以色列重新交好是具有建設性和政治家風範的行爲，但是除了外交上的支持，或是美國提高財政和軍事方面的援助以外，並沒有帶給埃及其他的好處。沙達特原先期望埃及能取代以色列，成爲美國在中東的伙伴，這場豪賭最後可惜落空。與此同時，埃及面臨了伊斯蘭社群的孤立，包括十六個阿拉伯國家、巴勒斯坦解放組織以及伊朗，都對開羅政府採取嚴峻的外交態度。一九八一年十月，沙達特總統被埃及伊斯蘭教基本教義派人士刺殺身亡。

繼沙達特之後成爲總統的是霍斯尼·穆巴拉克，他是一九七三年以埃戰爭期間埃及軍隊的總司令。穆巴拉克沒有他前任兩位的那種誇張作風——誇張作風爲他們帶來了名氣，因此讓人覺得，他的領導風格將比前面兩位總統都更爲穩健，而且是朝向民主化邁進。雖然他對政治活動仍然嚴格限制，但是他釋放了政治犯，並且讓媒體享有埃及歷史上最大程度的自由。此時一個不合法律規定，但擁有相當實力，名爲穆斯林兄弟會的組織，已經在占埃及人絕大多數的伊斯蘭教徒中，贏得了不少支持。這個成立於一九二八年的穆斯林兄弟會，曾經實際投入反抗英國殖民統治的運動，並且在對以色列的戰爭中提供許多具有即戰力的士兵。該組織的領袖們意欲將國家轉型爲遵從伊斯蘭律法的方向，而且宣稱其目標可與現代化與民主制度相容。在國會和社會上主要的專業領域中，都有他們的代表，企業、銀行和其他廣泛的社會服務機構網絡中，也有他們所經營運作者。雖未正式承認其法律地位，但是政府不僅默許穆斯林兄弟會的存在，更爲了抑制傾向於訴諸暴力行爲的極端教派，而與其在實際上有所合作。穆斯林兄弟會中，有一些思想較先進的領導成員，主張改革後的伊斯蘭政府可以和埃及基督教徒和平共處。埃及基督教派爲數約九百萬人，是埃及人中飽受迫害的少數派。穆巴拉克善於利用軍力力量制衡新興政黨——也善於一邊容忍要求公共體制必須伊斯蘭化的大眾壓力，一邊又同時壓制激進的基本教義派——因而贏得了廣泛的支持。一九八七年十月，當他成功連任總統時，只有

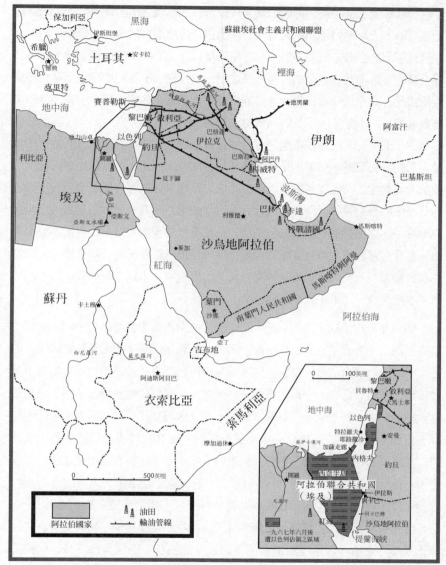

圖38-1　今日的中東

非常少數的反對票。

　　埃及目前面臨最棘手的問題是在經濟和人口方面。從一九三七年起，埃及人口在三十年內成長了一倍。貧困或是沒有土地的農民大量湧入城市，使埃及成為阿拉伯國家中都市化程度最高者。開羅在一九五二年時擁有兩百萬居民，二十五年後已有九百萬人。住房供給嚴重不足，導致一間房間必須擠上多達十

個人一起睡覺，甚至連開羅的公墓也成爲流民的臨時住所。在人口不曾間斷地增加之際，土壤地力卻開始衰退——原因出在過度灌溉所導致的鹽鹼化，以及沙漠化帶來的影響——使得農作物產量每年以百分之十八的比例下降。曾是世界上最古老，而且最上選的農產地區之一，埃及在二十世紀中葉之前糧食仍能自給自足，如今卻已成爲糧食進口國。糧產不足加上試圖工業化，使大量借貸勢在必行。二十年來，埃及的外債增加超過八倍，到了一九八八年，外債已達四百四十億美元。然而埃及還是有其經濟資產的，包括蘇伊士運河的通行費以及大量的石油蘊藏。如果不是爲了彌補糧食進口的開銷，石油輸出本可提供可觀歲入並刺激工業發展。雖然亞斯文高壩的建造未達成解決農產問題的目標，但是水壩的發電量卻供應了埃及百分之四十的電力。乾旱，以及尼羅河上游水權爭奪——這個對數個非洲國家來說，乃是生死交關的大事——目前都對水壩造成威脅。掌握藍尼羅河支流的衣索比亞，便拒絕簽署任何有關水權管制問題的聯合協議。一九八五年埃及外交部長發出警告：「本區下一場戰爭將會因尼羅河水權而發，而不是政治問題。」

從一九一八年於土耳其土地中所割出，並由國際聯盟委託英法兩國管理的這塊土地上，誕生了五個中東小國，而以以色列這個名字爲人所知的國家，則是其中最後一個誕生者。當時由英國管理的巴勒斯坦，人口中有百分之七十是阿拉伯人，百分之三十是猶太人和基督教徒。英國在接受治理巴勒斯坦之委託時，爲了符合一九一七年的貝爾福宣言，復又保證在建立一個猶太人祖國的同時，也會「確保阿拉伯民族的家園獲得保存，並且教導巴勒斯坦全體人民如何自我治理的技巧」；以上是英國許下的承諾。但在，在實踐這些承諾的過程中，一件耐人尋味的事發生了。一九二一年，時任英國殖民大臣的邱吉爾將約旦河以東地區的土地管轄權移轉給阿布杜拉——他是麥加的胡笙國王【4】之子，英國在與土耳其交戰時，曾經得到阿布杜拉的多所援助。阿布杜拉在管轄權正式移轉之前，就已經派遣私人軍隊進駐外約旦，樹立自己爲該區的統治者，並於一九四六年冊封自己爲王。一九五〇年，他將自己的國家改名爲約旦哈希姆王國。阿布杜拉的兄弟費薩爾先前同樣曾經要求建立王國，但是被法國驅逐出敘利亞，此時也在英國人的協助下進占伊拉克。於是在衡量東巴勒斯坦的局勢後，據他所稱是「在一個週日下午，於耶路撒冷所做成的決定」，邱吉爾將英國受託統治地的規模縮減至原本的四分之一。與此同時，英國和美國境內的猶太復國主義者正競相奔走，大肆鼓吹猶太人返回那應許的民族家園。

儘管面積大小受限，但是巴勒斯坦在英國治下的十年間，出現了其歷史上

從未有過的繁榮景象。興建工廠、開墾土地、建立灌溉工程、利用約旦河發電，失業完全從這片土地上消失了。除了一九二一年雅法發生的暴動外，巴勒斯坦沒有發生過擾亂大眾安寧的暴力事件。這個國家的局勢是如此和平，以至於一九二六年時，英國將駐軍削減，只留下一隊皇家空軍中隊和兩個配有裝甲車的連。

然而到了一九二九年，這片三大宗教的聖地開始出現不合的跡象。猶太人生活富裕並接受良好的教育，他們的高生活水平和強大競爭力引起阿拉伯人的嫉妒和恐懼。猶太人購買土地的行為——許多是購自不居住於當地的地主，造成了成千上萬的阿拉伯農夫流離失所，逼使他們在經濟大蕭條開始使失業成為嚴重問題的時間點，還得進入城市謀生。不過，讓阿拉伯人心生恐懼的主要原因，還是在於猶太人口的不斷增長。回到巴勒斯坦定居的機會，對猶太人能產生的誘惑，遠比阿拉伯人原先預期的要大得多。在這樣的結果之下，有些阿拉伯人預見到，在國外資本的掩護之下，歐洲人和美國人將會無止盡地發展擴張那些他們引以為傲，但是不容於阿拉伯人，也就是此地多數居民生活方式的文化。一九二九、一九三〇和一九三一年，皆有猶太人定居處遭到武裝襲擊，並且隨後又發生恐怖謀殺事件。

然而，這些插曲與後來發生的流血暴力相比，可就微不足道了。國際託管制度建立時，沒有人能預見到，納粹在取得德國政權後，會在全歐洲的猶太人身上施加那些慘絕人寰的苦難。迫害猶太人的消息傳出以後，英國政府無可避免地承受要求放寬巴勒斯坦移民限制的壓力。一九三三至一九三五年間，有超過十三萬猶太移民獲准入境，另有成千上萬無法計數的人非法入境。從此之後，巴勒斯坦便成為一個充滿暴力和戰爭的活火山口。阿拉伯人公開反對接受託管統治；組織化的恐怖活動席捲全國；游擊隊在鄉村地區發動攻擊，對城鎮燒殺擄掠，進行破壞活動，使全國人民處於混亂之中。到了一九三八年，英國已在巴勒斯坦投入兩萬名駐軍，但仍不足以維持秩序。

第二次世界大戰初期，巴勒斯坦依舊以相對平靜著稱。但是當美籍猶太復國主義者於一九四二年五月，在紐約市巴爾摩旅館所舉行的會議中，通過了所謂的巴爾的摩計畫，要求在巴勒斯坦建立一個猶太國家和一支猶太軍隊之後，騷亂於是重新再起。隨後不久，猶太人和阿拉伯人都進入全面備戰。狂熱的猶太復國主義分子和同樣狂熱的阿拉伯人都採取了恐怖手段，雙方皆成立非法軍事組織，全力從事襲擊、焚燒和暗殺等活動。

一九四七年四月，英國政府將巴勒斯坦問題提交聯合國，並宣布一年後將

終止對巴勒斯坦的託管任務，同時自巴勒斯坦撤出所有軍隊。聯合國提案將該區畫分為猶太區和阿拉伯區，對此阿拉伯人無法接受。但是，當一九四八年五月十五日，也就是英國結束其統治之日當天，猶太臨時政府卻宣布一個獨立的以色列國就此成立，隨後並舉行制憲大會的選舉。隔年二月，以色列制憲大會正式召開，並且通過一部具民主共和國性質的臨時憲法。這部臨時憲法的主要特點是：權力不大的總統、強有力的內閣和握有實權的議會。憲法還規定比例代表制、一院制議會，以及猶太人和阿拉伯人皆享有的普選權。該憲政體制有一個獨特的要素是：政教的緊密結合。結婚和離婚事件，規定乃專屬宗教法院管轄──猶太教、基督教或是伊斯蘭教，依雙方當事人的宗教信仰而定。

　　與此同時，從宣布獨立日起，至一九四九年春天，以色列和阿拉伯鄰國一直處於交戰狀態，幾次都是在聯合國的努力下，才促成停火。一九四九年二月，以色列和埃及簽訂了全面停戰協定；到了四月，再和約旦與敘利亞簽訂了停戰協定。以色列軍隊占領了部分原本屬於阿拉伯國家的土地，不過埃及控制住加薩走廊，約旦則保有約旦河西岸，並於一九五〇年將其納為領土。達成停火狀態，對以色列來說，被視為是一次勝利，對阿拉伯國家來說，則是一次挫敗。然而，沒有一方視停火狀態為結局：暴力事件仍舊持續發生，包括為了報復而做的濫殺無辜。

　　儘管有著與阿拉伯人之間的衝突，以色列仍然強化了經濟，而且創立了許多新工業。作為西德針對納粹暴行而做的補償，大量的資金得以挹注在這個國家之上。農業進步到足以供應國內市場需求，同時也迅速發展出橄欖、西瓜和柑橘等農產品的出口。耕作用地在一九五五至一九六七年間增加了一倍有餘，工業生產指數也從一九六三年的一百，提高到一九六九年的一百八十五。全國有七所大學，其中有兩所大學的學生皆超過一萬人。全國公立學校入學總人數從一九四八年的十三萬人，增加到一九七〇年的近八十萬人。

　　然而以色列的命運並不順遂。國家誕生於爭吵衝突之中，建國後的二十五年內和阿拉伯鄰國發生過四次戰爭。困境橫於面前，而以色列不僅堅毅面對，而且日益茁壯──這固然可以證明其國人的智謀與決心，不過當然也是拜美國在經濟和軍事方面的援助所賜（目前每年達三十億美元[5]）。只是，過度沉浸於國家安全的問題，給以色列帶來了沉重的經濟和心理負擔。一九六七至一九七五年間，每位以色列人平均負擔的國防經費高居世界之冠。在採購美國武器的同時，以色列同時也是其他五十幾個國家的軍火輸出國。一九七五至一九八二年間，以色列的軍火出口量以倍數成長，達到每年十億美元，將近該

國工業出口總額的百分之二十。與此同時，逐年增加的軍事編制除了左右政府政策，對民眾生活內容的特質也有所影響。

　　一直到一九七七年為止，以色列政府都是由工黨領導，這是一個秉持世俗觀點，致力推行民主社會主義計畫的政黨。一九七七年三月，工黨敗選，由利庫德集團取而代之，該黨主要支持者為極端的民族主義者，反對任何與國家之敵人妥協的行為。以色列在一九六七年戰爭中所占得的土地，總計超過原有國土面積兩倍大，同時也將一百五十萬巴勒斯坦人納入其管轄範圍，那些立場極端者並不把此舉視為占領阿拉伯的土地，反而認為那本是「以色列之地」——由上帝賜給猶太人的古老家園，所以他們有權利也有義務保有它。於這次勝選後新上任的首相梅那赫姆·貝京，曾在以色列追求獨立時期服役，也是眾所皆知的死硬派。雖然如此，他卻同意和埃及總統沙達特展開試探性對話，並接受邀請到美國馬里蘭州的大衛營參加高峰會議，在吉米·卡特總統的耐心和堅持不懈之下，這次高峰會議終於能夠取得簽訂基礎協議的成果，這項一九七八年九月簽訂的大衛營協定，要求沙達特和貝京必須為中東和平採取積極的行動。但隔年三月簽訂的以埃條約，對於緩和雙方之間種種難以克服的問題，並沒有帶來多少進展。巴勒斯坦人擔心他們將永遠無法獲得大衛營協定所要求的自治，更不用提他們獨立建國的最終目標了。這種擔心隨著猶太人被安置在占領區定居——而且方式常常是強制徵收原本屬於阿拉伯人的土地——而愈發強烈。到了一九八○年代末期，占領區內已經多了六萬猶太人。而漸漸地，巴勒斯坦解放組織被世人認為是巴勒斯坦獨立運動的領銜鬥士。在其動盪的歷史上，巴解與阿拉伯國家的關係一直時好時壞，並且一再被迫遷移總部。雖然該組織的名聲因為反覆採取暴力行動而蒙塵，但是在亞西爾·阿拉法特靈活地領導下，在其追求獨立建國大業的過程中，逐漸採取愈來愈溫和的政策，甚至正是因為巴解過分願意和以色列妥協，而遭受阿拉伯極端主義分子的譴責。然而，以色列政府卻始終拒絕與巴解的代表會面。

　　因為被駐紮在黎巴嫩南部恐怖分子的掠奪行為所惹惱，以色列政府在一九八二年六月發動懲罰性的遠征，最終演變成為以色列短暫的歷史中，為期最久也耗資最鉅的戰事。依貝京內閣的國防部長艾里爾·夏隆所公開宣稱的戰爭目標：建立一條四十公里長的緩衝地帶，作為以色列北部邊界的屏障；但是他真正的野心卻不止於此：他希望能一舉摧毀巴勒斯坦解放組織，在黎巴嫩境內建立一個親以色列政權，並企圖藉此非凡的軍事大捷，將國內反對保留和遷入先前占領區的聲浪消音。以色列這次軍容壯盛的大軍入侵，在已經飽受內戰

摧殘的黎巴嫩土地上，又開啓了一場凶殘的大混戰，令這個小國因此四分五裂：各有其長期以來的敵手，同時也都擁有民兵部隊的黎巴嫩內部各派系，陷入彼此的互相攻伐。敘利亞（黎巴嫩原爲敘利亞的一部分，直到接受法國託管時才分離出來）爲了抗衡以色列，並且爲了捍衛其水權，也加入這場戰事。以色列軍隊將戰火帶入貝魯特，使這個有「中東巴黎」之稱的城市成爲一片斷垣殘壁。在許多駭人聽聞的事件之中，最令人震驚的一件是發生於一九八二年九月，由以色列昔日盟友基督教長槍黨民兵部隊所策動的大屠殺：總計數百名處於難民營中的穆斯林平民遭到殺害。雖然夏隆成功地把大幅受創的巴解勢力攆出黎巴嫩，但是他消滅不了阿拉伯民族主義；同樣地，他也沒能贏得政治上的勝利，或在黎巴嫩建立穩定政權。

　　對黎巴嫩的戰爭所造成的人性折磨是無法估計的。以色列人民彼此之間，因爲戰爭的緣故而出現裂痕，就如同越戰在美國人民之間所造成的一般。一些爲了捍衛以色列邊界而勇敢作戰的士兵們，拒絕參與這場「帝國主義式」的戰爭。民衆針對失敗的軍事政策所產生的不滿情緒，伴隨著經濟崩盤的危機而升高。在利庫德集團過去七年的統治下，通貨膨脹率由每年百分之四十，升高至百分之四百。政府背負三百億美元的赤字，每人平均負擔的國家外債名列世界前茅。一九八四年七月的以色列國會選舉結果，令兩大黨陷入僵局，必須組成一個名爲民族團結的聯合政府來解決；一九八八年十一月的選舉還是無法突破兩黨僵持不下的死結，不過四個宗教政黨在國會中的席位卻比前次多了一倍。這四個宗教政黨各自的支持選民雖然不多，但是團結起來卻能左右工黨和利庫德集團之間的權力平衡。

　　中東地區無法建立持久和平的主要障礙，曾經有二十年的期間是出在阿拉伯人拒絕承認以色列的合法地位。而當一九八〇年代，以色列充分展現其軍事力量之後，和平的主要障礙似乎變爲受以色列支配的巴勒斯坦難民，那無法確定的未來命運。在加薩地區，仍有許多巴勒斯坦人居住在聯合國機構於一九四八年，爲了充作暫時性的收容所而建立的營地內，裡頭連衛生設施都沒有。雖然占領區對以色列企業來說是一個勞力供給源，負責供給從事按日計酬的零工，但是占領區的失業率仍然偏高，尤其以加薩地區爲最。約旦河西岸的居民中，有許多是受過良好教育，且擁有影響力的阿拉伯社群領導人士──亦即一群面對軍事統治會特別容易感到不悅的知識分子。政府在占領區建立猶太新移居聚集地的政策，由於號召的對象主要是以色列人中，對阿拉伯人最帶有敵意的一群，因此也激化了巴勒斯坦人的怨恨。一項由巴勒斯坦婦女發起，以

「起義」爲名的反抗活動，於一九八七年年底爆發爲公開事件，以色列國防部長宣稱，他將會以「武力、威勢和懲罰」對付起義事件，出於報復而與示威活動不相干的暴力行爲、群衆辱罵和石塊攻擊，軍隊對和平的婦女行列發射催淚瓦斯，向手無寸鐵的示威民衆開火，並且夷平許多村莊。結果造成五百名巴勒斯坦人喪生，超過兩萬名被捕。巴勒斯坦學校被全面關閉，而且自行在家教授孩童被視爲刑事犯罪。在外部壓力對政府的鎮壓手段嚴加譴責之際，以色列境內一些小型但十分有力的和平團體，也呼籲猶太人和阿拉伯人和解，它們召開解決衝突的專題研討會，並提倡「以土地換取和平」的政策。雖然以色列官方原本拒絕與任何巴勒斯坦領袖會面——除非是由其親自挑選人選，美國卻一改其先前一貫的立場，迅速地和巴解組織代表展開一系列對話。不過，到了一九九〇年夏天，民族團結聯合政府在巴勒斯坦議題上依舊無法達成共識。國會改選之後，工黨也依舊無法取得國會的絕對多數，內閣則由利庫德集團聯合數個右翼宗教派系聯合組成。以色列選民持續不讓工黨或利庫德集團可以單獨執政的結果，讓政府在政治上陷入一種無力狀況，而和平解決巴勒斯坦困境的願景似乎也從來沒有如此遙遠過。

　　在獨立建國後的三十年內，以色列的國情出現過相當大幅度的轉變。在許多早期猶太復國主義者心目中，以色列是小農的避難所，或者是一個農業合作組織社群；到了一九七〇年代中期，以色列成爲一個熙來攘往的城市林立、都市化程度高達百分之八十的社會。以色列社會一個潛在的內部問題是阿拉伯裔的以色列公民，在以色列和阿拉伯國家紛爭不斷的年代，這群人處於對國家或民族忠誠的衝突下。以色列阿拉伯人在理論上享有法律保障的平等地位，但是在實際生活中卻受到歧視對待，而且他們大多數居住在以色列北部，那些只由阿拉伯人構成的村莊。因爲生育率居世界之冠，以色列阿拉伯人的人數在一九八七年時，已經比原來成長了超過四倍，占當時以色列人口的百分之十七。另一項影響社會結構的因素是移民型態的改變：歐美猶太人移民逐年減少，來自阿拉伯和北非國家的猶太移民則逐年增加。到了一九七七年，塞法迪猶太人【6】或所謂「東方」的猶太人，數量已超越來自西歐和美國的猶太人（又稱德系猶太人），但是塞法迪猶太人也像以色列阿拉伯人一樣，受到某些不平等待遇。他們對於自身文化傳統與貢獻，在以色列官方界定建國目標和民族特色時，完全受到忽視而感到相當不滿。此外，甚至連猶太教本身也成爲以色列內部的分離力量。猶太人口中約有百分之八十屬「世俗派」，百分之二十則信奉猶太教正統派，然而不論是猶太教改革派或是猶太教保守派都不爲以色列猶太人所接受。正統派中的基本教義分子要求於安息日應該嚴格禁止舉行任

何活動，有時甚至為此訴諸暴力手段。其中最極端者，似乎決心要把以色列這個中東最民主、也最進步的國家轉變為神權政體。

相較於那些在鄂圖曼帝國逝去之後，承接其領土而出現的國家，沙烏地阿拉伯王國的起源可以自十八世紀中期開始追溯：當其時，阿拉伯的沙烏德王朝與一位伊斯蘭苦行改革者締結了一個對其勢力有所助益的聯盟。到了二十世紀初期，沙烏德家族已經統治阿拉伯半島內部，名為內志的廣大區域，並以利亞德為其首都。位於其西邊的，則是敵對的漢志王國，由哈希姆王朝自稱為「聖城麥加和麥地納保護者」的胡笙國王所統治（即阿布杜拉和費薩爾的父親，前兩者後來分別成為約旦和伊拉克國王）。內志的統治者阿布杜·伊本·沙烏德（一八八〇至一九五三年）擊敗胡笙國王並將其驅逐後，於一九二六年一月在麥加大清真寺宣布自己接任漢志國王。不久之後，他將漢志和內志兩個王國統一為一個神權政體國家，名為沙烏地阿拉伯。

沙烏地阿拉伯面積相當於美國密西西比河以東部分，但卻幾乎百分之百都是沙漠，沒有一條河流或湖泊來為這片單調枯燥的大地注入活水，現今有將近一千三百萬人居住在這片土地上【7】。伊本·沙烏德相當精明能幹，他意識到伊斯蘭教世界如果不接受西方的改革，就不足以抵制西方的侵略，因此，他同意建造幾條鐵路、進口汽車供宮廷和運送前往聖城的朝聖者之用，並制定計畫提供免費教育。然而，最大一股改革動力顯然是藏在阿拉伯半島東部，在一九三〇年代中期發現的那項意想不到的財富——石油，其儲藏量為世界已知油田中最豐富者，伊本·沙烏德國王把開採此項資源的特許權，授予由德士古石油公司和加州美孚石油公司共同經營的阿拉伯美國石油公司（阿美石油公司），阿美石油公司支付的石油開採稅為城市電氣化，建造公路、鐵路和機場提供了資金，更不用說對於農業、教育和公共衛生的資助了。

阿布杜·伊本·沙烏德的兒子，亦即其王位繼承人，是個不知節制的敗家子，一九六四年被他同父異母的兄弟費薩爾【8】趕下臺。費薩爾國王身兼總理職務，事實證明他是一位既開明又有能力的政治家，他廢除王國的奴隸制度，設立女子學校，並且贏得廣泛的尊敬，他的成功大部分要歸功於艾哈邁德·扎基·亞曼尼大公【9】的忠誠奉獻。受西式教育（紐約大學、哥倫比亞大學和哈佛大學）薰陶的亞曼尼精明而冷靜，早在一九六二年費薩爾尚未登基時，他就被指派為石油暨礦業資源部部長，亞曼尼大公與阿美石油公司磋商協議，將公司所有權逐年轉移給沙烏地阿拉伯，並主導西方國家石油公司和其他阿拉伯國家達成類似的協商，石油輸出國組織也是在他的發起之下組成。一九七八年四

月，費薩爾國王被王室成員暗殺，在其病痛纏身的兄弟哈利德短暫在位之後，
一九八二年時，王位傳至法德王儲——他在伊本·沙烏德爲數衆多的子嗣中排
名第十一。

　　沙烏地阿拉伯爲世人提供了絕佳的例證，說明先進科技的衝擊和一個擴展
中的市場，如何可以縮短幾世紀的時間以及相歧異的文化所累積產生的差距。
沙烏地阿拉伯爲絕對君主政體，主權爲皇室約三千位親王共有，不過委由國王
行使。在少數急速現代化的城市外頭，赤貧現象依舊普遍存在，整個社會絕大
部分仍受穆斯林傳統主義的嚴格限制所規範，典型的例子是禁止飲用含酒精的
飲料，以及對婦女的隔絕。沙國公民沒有選舉權，國會中也沒有民意代表，但
是卻享有連社會主義民主國家都可能嫉妒的社會福利待遇，包括：免費醫療服
務、免費受教育至大學、農民津貼和房屋貸款等。身爲世界最大石油輸出國，
沙烏地阿拉伯所累積的財富不但能爲國內大型工程計畫提供資金，也爲埃及、
約旦、敘利亞和巴解提供金援。

　　沙烏地的財富在一九七三至一九七四年間，阿拉伯對西方國家採取石油
禁運時大量累積。當時石油價格急速飆高，從最初每桶價格低於六美元，到
一九七○年代結束時，每桶價格已超過四十六美元。一九八○年代初期，世界
市場出現石油供應過多的現象——這有部分是受到先前阿拉伯石油禁運，而帶
來的經濟衝擊所致——造成油價大幅下跌。此時，除了沙烏地阿拉伯以外的石
油輸出國組織成員，一再違背將會降低石油產量的保證，最終迫使利亞德政府
也得增加其石油輸出，於是又造成價格進一步下跌。一九八六年油價觸底，價
格跌至每桶九美元。到了一九八八年，沙烏地阿拉伯的流動資本資產縮水至
六百五十億美元，僅是其八年前的一半，於是政府被迫刪減預算，社會福利也
縮減。然而，這個國家的政權穩定度看來似乎無需多慮。一九九○年夏天，伊
拉克入侵並且併吞科威特，造成整個波斯灣局勢緊張，石油價格回升至每桶
二十美元，同時也引發國際石油市場上一股新的波動。

　　一般認定組成所謂中東的國家中，最東邊的乃是伊朗——以其身爲波斯時
的長遠歷史而遠近聞名。在古代希臘人和羅馬人有限的世界觀裡，波斯代表著
與歐洲敵對的亞洲，是驕奢淫逸且暴虐專橫的東方世界。許多世紀以來，在接
續不斷的王朝統治下，波斯一直是強大的帝國，與羅馬及其繼承者拜占庭帝國
爲敵；而在伊斯蘭教興起後，波斯亦成爲與鄂圖曼帝國相對抗的另一個穆斯林
政權。然而當時序進入二十世紀，這個國家陷入了落後的情境，其政府也變
得衰落無能，資源豐富但卻陷入沉睡的波斯，不時吸引著野心勃勃的帝國主義

者。一九○七年，英國和俄國簽訂一項協定，把這個國家畫分為兩個勢力範圍，北部畫歸俄國，南部畫歸英國；中間地帶保留給當地的國王控制——至少暫時是如此。一九一七年俄國沙皇被推翻，英國帝國主義者喜出望外，以為整個波斯將盡入英國人之手，一九一九年，柯爾宗勳爵強逼伊朗國王簽訂協定，把全國的政治和軍事控制權交給英國。然而英國的計畫卻被利撒汗給破壞：當時身為年輕軍官的他，強迫國王任命他為國防部長兼陸軍總司令；一九二三年，他成為總理；兩年後，他成為伊朗國王，稱號為利撒·巴勒維；一九三二年，他取消實力雄厚的英國波斯石油公司所擁有的特許權，並爭取到一項條件對政府更為有利的新合約。一九三五年，他將國名由波斯改為伊朗，意即「亞利安人的國度」。

第二次世界大戰帶給伊朗的混亂和痛苦，程度就有如伊朗也是參戰國一般。背負著認同納粹的指控，利撒國王[10]於一九四一年被迫退位，由其子穆罕默德·利撒·巴勒維繼位。由於地處戰略要地，伊朗遭到英國、俄國和美國分別占領，但三國皆誓言會尊重伊朗的主權和獨立地位，並在戰爭期間和戰後提供經濟援助，儘管有這些保證，騷動和通貨膨脹仍然危害著這個國家。內部的政治衝突造成國王被短暫驅逐。一九五一年，擔任總理的民族主義領袖穆罕默德·摩薩臺在國會授權下將石油工業國有化，促發了一場國際危機。西方國家反對這個處於未開發階段的半殖民國家，提出任何經濟獨立的主張，英美對伊朗所為的暗中角力也使問題更加複雜。美國政府在不願繼續延長協商時間之下，斷然停止對德黑蘭的援助，並且說服英國一同施行抵制，讓伊朗無法獲得油輪運輸服務，從而被排除在世界石油市場之外。當位於阿巴丹的英伊大煉油廠最後不得不關閉之後，伊朗政府也來到瀕臨破產邊緣。一九五三年八月，伊朗政府被美國中情局所主導的政變推翻，摩薩臺的位置為一位曾經身為納粹通敵者的人取代，此外還讓伊朗國王復辟。在雙方後來簽訂的新協定之下，百分之四十的伊朗石油工業由五家美國公司瓜分。

穆罕默德·利撒·巴勒維的統治持續將近四十年，在他的統治下，國家在物質層面有大幅進展。但是過度發展的軍事建設，伴隨著血腥鎮壓，最終造成撼動社會根基的革命事件。一九六○年代，國家年度經濟成長率為百分之九，國民生產毛額也增加了一倍；主要天然資源石油的收益被用於建造公路、興建負責發電的水壩，並且充作開始推行義務教育制度的經費。但是國王這些受到大肆宣傳的改革計畫，對於減輕他大多數子民所面臨的貧困問題，並沒有帶來多大的助益：一九七九年，每五戶農村家庭中有三戶沒有私人耕地，甚至實際

上根本是一無所有；數百萬的農業勞力被迫離開土地，漂泊到城市來尋找工作；全國半數的財富為十分之一的人口所控制；各種社會服務建置不足且品質粗劣；百分之六十的成年人口目不識丁。

雖然穆罕默德對於絕對君權的排場深深著迷——這可從他為皇室保留了五座宮殿，以及於一九七一年在波塞波里斯，耗資數百萬元舉行慶祝波斯君主政體兩千五百周年的盛大慶典作為著例，不過他同時也希望能推動國家的現代化。而他似乎把軍事化直接等同於現代化了：一九五九至一九七八年間，他花費三百六十億美元在軍備上，其中約半數採購自美國。為了支付購買先進精密的飛機、飛彈和輔助設備的款項，他提高石油價格——這是一九七四年油價暴漲四倍的因素之一。陸海空三軍的擴充，使伊朗成為波斯灣地區最強大的軍事力量。

無視於一九○六年憲法所保障的人民基本權利，除了自己創設的政黨外，國王鎮壓其餘所有政黨，並禁止一切反對其統治的行為。身為軍方最高統帥，他靠著皇家衛隊和惡名昭彰的薩瓦克維持自身的地位。後者為一祕密警察組織，不時動用各種恐怖手段和刑求方式。雖然高壓統治最終未曾阻止革命發生，但是卻剪除了許多可能成為國家日後領導者的人才，這些人是在革命後馬上進行重建時所必需的人物。。

長久以來，在穆斯林宗教領袖們，也就是所謂的毛拉們之間，針對這位伊朗國王的統治，一直蔓延著一股潛在的反對，不僅是因為君主政體使得他們的影響力降低，而且現代化的某些面向也與他們的思想信仰有所牴觸。此外，政府的高壓與腐敗也使知識分子對其敬謝不敏。一九七○年代末期，經濟衰退造成工業計畫終止，失業率攀升伴隨著百分之五十的通貨膨脹率，使得不滿的聲浪遍布伊朗人民之中。一九七八年的一月，開啟了伊朗充滿暴動和流血衝突的一年。數以百萬的群眾上街示威，約八千名抗議者在警方鎮暴過程中喪生。九月時，國王實行戒嚴，同時任命一名軍事總督，自信只要有軍隊作為後盾，便能度過這場風暴。但是油田區的罷工和大學生領導的暴力衝突，使政府陷入癱瘓，經濟也進入停滯。當局勢明顯地指出：軍隊對革命分子並非完全沒有同感，國王於是不得不放棄自己的王位，一九七九年一月十六日，他以「渡假」為由搭機離國，於是革命議事會取代他成為國家最高的領導單位。革命法庭之後則審判並處決了數百名前國王的支持者，其中包括將近三分之一的軍方高層將領。

國王突然逃離戰圈的結果，使國家陷入分裂和混亂。對於伊朗人民近乎沒

有例外地仇視其統治者之事，西方政府以一種令人難以置信地態度視若無睹。美國官方曾經讚美伊朗國王為其堅定盟友，認為他是在「世上最混亂的其中一個地區」統領「一座平安穩定的島嶼」，要如何與他的後繼者進行實質的往來，這事完全在美國政府的意料之外。

除了驅逐國王這一點外，席捲所有伊朗人民的革命還有什麼其他目標，其實並不完全清楚。這場革命的關鍵人物，同時也是之後國家絕對權柄的掌握者，是七十八歲的伊斯蘭神學家阿亞圖拉・魯侯拉・霍梅尼。畢生與巴勒維王朝為敵的霍梅尼，一九六四年時曾被驅逐出境，他先後於伊拉克和巴黎尋求庇護，並於巴黎聚集了一群可組革命政府的核心成員。精力充沛且信仰強烈的霍梅尼，於一九七九年二月一日歸國時被塑造為偶像，並且在革命委員會的協助下頒布國家法令。用不了多久，所有世俗派和中間派領袖全遭排除，由霍梅尼起草一部新憲法，嚴格遵循伊斯蘭律法和什葉派傳統的標準來改造社會。新憲法雖然有民選總統的規定，但是也賦予宗教當局監督和免職任何政府官員的權利。薩瓦克雖然遭廢除，新的祕密警察制度又另外建立，負責搜查反對勢力和強制執行行為守則。婦女喪失了那些雖然稀少但曾經享有的權利，淪為丈夫在法律上所擁有的財產，除非以面紗和帳篷似的查多爾披巾掩蓋面容，否則禁止婦女在公共場合出現。霍梅尼鎮壓異議分子的作風，就跟前國王一樣冷酷無情，看起來取代從前那個世俗暴政的，是一個同樣殘忍的政權，差別只是後者以宗教狂熱為基礎而已。霍梅尼不僅把自己視為伊朗領導者，還是「伊斯蘭世界秩序」的先驅者。身為「十二派」【11】傳統說法的信徒，他期待著第十二位教長或彌賽亞（馬赫迪）的降臨，引領世人走向「全由神統治的世界」。他拒絕接受民族國家和當前這種國際體系的觀念，後者在他眼中，被簡化為純然只是善惡勢力之間的二元對抗而已：對他而言，美國是「大撒旦」，蘇聯是「小撒旦」，兩者共同迫害世界人民，必須以物質和心靈力量予以反擊。他將準備救世的道路視為自己的使命，因此呼籲全世界人民建立「純粹的伊斯蘭」政府。任何輸出革命的信條，即使是那些最狂熱的共產主義思想家所鼓吹者，都從來不曾有霍梅尼所宣揚的這般強烈。

霍梅尼對國際事務目空一切的立場，很快就面臨考驗。在霍梅尼和美國這個「終極撒旦」的交手過程中，反美情緒一直被他拿來操作利用，反美情緒是因為華盛頓當局和前伊朗國王之間的緊密關係而引起，而且當美國允讓流亡於外的前伊朗國王，於身體欠安時進入美國醫院治療時，反美情緒更進一步受到刺激。為了報復美國，一群好戰分子於一九七九年十一月占領美國在德黑蘭的

大使館，挾持五十二名人質長達四百四十四天，經過了漫長、反覆觸礁並且遭受羞辱的談判後，這些人質才終於獲釋。另外一次更爲嚴酷的考驗，發生於一九八〇年九月：長期與伊朗彼此爭執不下的鄰國伊拉克，於此時發動軍事攻擊，無視於一九七五年與前伊朗國王的協定，伊拉克企圖控制阿拉伯河，該河爲底格里斯河和幼發拉底河流系統，匯流後注入波斯灣前長達一百英哩的末流【12】。巴格達當局同時也擔心伊斯蘭基本教義思想和革命熱潮的擴張，對伊拉克境內爲數不少的什葉派人口【13】會帶來影響。

　　長達八年的兩伊戰爭，是中東近代史上最曠日持久、最血腥也是耗資最鉅的戰爭。伊拉克原本盤算以其優勢軍力迅速取勝，但是這項優勢被伊朗龐大的人口，以及其領導人們不惜一波接著一波，以這場聖戰中的「殉道者」之名，來犧牲青年國民的生命，而完全給抵銷了。巴格達政府既無法取勝，也無法中止戰爭，因爲霍梅尼要求，伊拉克若不先驅逐薩達姆・海珊【14】總統，就不願進行和平談判。

　　於一九六八年取得伊拉克政權的阿拉伯復興社會黨，在與伊朗爆發戰爭之前，一直推行著世俗的社會主義革命運動。在採取軍事獨裁的同時，革命領袖們鞏固伊拉克的經濟，並發起對耕作者有利的土地重分配計畫。伊拉克的石油蘊藏量是阿拉伯國家中除沙烏地阿拉伯以外最豐富的，並且得到小心謹慎的經營，大量的石油蘊藏使伊拉克在外貿上擁有有利地位，國民也擁有相對較高的生活水準。有鑑於全國人口不只有什葉派、遜尼派，甚至還有基督教徒，世俗立場的統治者們採取宗教寬容政策，頒布性別平等法令，賦予婦女離婚的權利，並且明訂強迫婦女結婚的行爲乃屬刑事犯罪。與此同時，伊拉克的軍事建設也穩定擴展，以求能取代伊朗，成爲波斯灣最強的軍事力量。海珊於一九七九年取代身體狀況不佳的貝克爾總統，成爲革命指揮部領袖兼總統。他宣稱伊拉克所爲的政治奮鬥是一次對帝國主義的革命，呼籲其他阿拉伯人加入他，同心建立世界舞臺上一個新強權。這項野心勃勃的目標，在伊拉克與伊朗進行那場窮心竭力的戰爭時遭到擱置，這次戰爭並使伊拉克從資本盈餘國變爲負債國。

　　兩伊戰爭除了帶給波斯灣地區平民百姓折磨外，它還一直產生將會引發更大規模戰火的風險。即使充分意識到這樣的危險性，那些有能力對兩個交戰國施壓，但是能從武器販售中獲利的國家，對於強迫雙方停戰不曾付出多少努力。美國海軍派遣一支艦隊至波斯灣保護中立國船隻，但是卻對伊拉克的侵略行爲視若無睹。華盛頓當局在嚴厲譴責伊朗爲恐怖主義根源的同時，卻祕密提

供高科技飛彈給伊朗，作為要求恐怖分子釋放挾持人質的交換條件。當事件曝光後，面對這起中途流產的、以武器交換人質的事件，另外再加上其意圖將出售軍火的獲利，轉交給嘗試推翻尼加拉瓜政府的「反政府軍」組織，讓雷根政府身陷有如當年尼克森總統的「水門案」醜聞風波中。聯合國是倡議停戰的主要力量，在祕書長不斷的努力下，最終說服安全理事會成員國於一九八七年七月通過決議，要求雙方停火，不服從者將受到武器禁運的制裁，巴格達和德黑蘭在隔年初都接受了此一停火協議。

作戰的巨額花費，以及它漫長的持續時間，對霍梅尼政府那救世主般的狂熱心態，帶來一種無可避免的調和效果。值得一提的是，戰爭並未耗盡伊朗的資源。年度支出反而維持在比前國王時期略低的狀況，由此可知前國王是如何地鋪張浪費。非但如此，革命政府還大量投資農村建設、興建校舍、道路、診所和小規模的工業。德黑蘭當局對灣區鄰近王國的態度，在戰爭期間出現緩和，不再指責他們是「貪婪的豬玀」。雖然阿塔杜克治下的土耳其，跟霍梅尼純粹伊斯蘭國家的主張完全相反，但是伊朗和土耳其仍舊維持友好關係，雙方並且和巴基斯坦合組經濟聯盟。在年邁的霍梅尼於一九八九年夏天逝世後，國會發言人哈什米·拉夫桑賈尼[15]宣誓將繼續效忠霍梅尼的信條，接手再度建立伊朗外交藩籬的任務。

在對伊朗的戰爭未曾達到自己提出的目標，甚至連和平條約也沒有簽訂，薩達姆·海珊轉而將免於戰敗解釋成取得勝利，並繼續進行他在工業和軍事方面的成長計畫。他擴大出口貿易來償還因為戰爭所積欠的外債，奢華地重建戰時受創的城市，並且藉由四處展示自己的圖像，宣傳他身為領袖人物的這個角色──不是以一位穆斯林，甚至不是以一位阿拉伯人，而是以強大國族意志的化身，來尋求人民的尊崇。為了在伊拉克人民心中灌輸其乃天命所歸的觀念，他訴諸古代的光榮，重建古老的巴比倫城，歌功頌德者甚至將其比作巴比倫的立法者漢摩拉比。

一九九○年八月初，海珊無預警地派出大量軍隊入侵鄰近小國科威特，驅逐其王室，並且對這個位於波斯灣口蘊藏大量石油的狹長沙漠地帶，處處顯露出併吞的意圖。除了挑起中東危機，海珊的侵略行為更讓人憶起恐懼，那就是冷戰的結束，或許不過是揭開了一些新區域性戰爭的序幕，而它們同樣具有導致世界大戰的潛在危險。伊拉克的入侵行為不只受到聯合國安全理事會的譴責，連從來未曾認真負起保護能源責任的美國，也對其發出強烈譴責──畢竟，預期將因此升高的油價，恐怕會令美國已經發展遲緩的經濟雪上加霜。至

於沙烏地阿拉伯的統治者們深怕自己成為伊拉克擴張主義的下一個犧牲者，因此對於華盛頓當局火速提出的以武力保護科威特的建議欣然贊同，唯一的要求只在於，他們希望實質上由阿拉伯人組成的部隊，可以藏在多國軍事行動的外衣之下。美國發起對伊拉克和科威特進出口的杯葛，也取得廣泛的支持。最後，除了招致國際譴責外，由於海珊對同為阿拉伯國家的科威特出手，等於造成了阿拉伯國家陣營的分裂。身為中東重要勢力的埃及，成為阿拉伯世界中反對海珊的領頭者。雖然敵方處於優勢，不過海珊方面也握有一些有利條件，他手中的王牌是宣稱自己是為了一無所有的第三世界人民，向剝削他們的那些受美國包庇和控制的帝國主義主人作戰。在他指控科威特和灣區大公國藉著提供工業化國家廉價的燃料，而為少數菁英帶來巨額財富之際，對於其他的阿拉伯百姓，卻除了提供他們辛苦的工作機會，以換取微薄的薪資以外，再無其他的援助。海珊的說詞主要並非設計用來改變敵國對他的態度，而是藉由對中東地區貧苦的大眾，發出革命的號召，以求動搖敵國政府。

阿拉伯國家立場的搖擺難定，從約旦所面臨的兩難處境便能清楚展現。與西方素有往來的約旦國王胡笙【16】，譴責伊拉克占領科威特的行為，並同意加入聯合國發起的封鎖行動。然而，聯合國要求約旦關閉阿卡巴港，此舉非但會招致海珊的報復，更會讓約旦的經濟雪上加霜。與此同時，胡笙國王的臣民中，有許多人渴望與伊拉克強人共同向「帝國主義者」作戰。因為美國代其向以色列施壓的嘗試終歸失敗，巴勒斯坦人心中同樣有所不滿，於是視海珊為一位可能的解放者。至於伊拉克方面，因為預計貿易禁運將對自己帶來衝擊，海珊總統向伊朗提議，願意依照伊朗的條件與其締結正式的和平關係，放棄十年前成為戰爭導火線的阿拉伯河航道權。

在這場灣區衝突中，參戰的雙方所秉持的意識型態基礎都很薄弱。考慮到海珊是一位世俗色彩如此濃厚的人物，卻聲稱他是在打一場為穆斯林而戰的聖戰，就可知其詭異之處何在，尤其是穆斯林世界也彼此分裂對戰。同樣的道理，當美國及其盟友從強烈的道德立場出發，來譴責此次侵略行為，於是捍衛了一個絕對君主政體和其帶有半封建色彩的社會，如此一來，他們也無法令人信服地，將自己的立場定位為反對共產主義和維護民主政體。基本上，雙方競爭的目標就是權力、威望和石油。

過去從來沒有一個國家曾經遭到像伊拉克這次一樣嚴厲的國際制裁，而雖然本次制裁取得世界各國的支持，切斷了伊拉克所有的出口，以及幾近所有的進口，布希政府卻不願意等待緩慢的經濟扼殺過程走完，而對聯合國安全理事

會施壓，並且成功取得一項決議，要求海珊必須於一九九一年一月十五日前撤出科威特，否則將採取「一切必要手段」。最後期限過後幾小時內，美國在其盟友支持下，使用前所未見的高科技武器發動空襲，持續六週不曾間斷的轟炸，對伊拉克不論軍人或是平民皆造成慘重的傷亡，並且對公共設施和基礎建設帶來的摧殘程度，令後續的地面攻擊幾乎不曾遇到任何抵抗，在幾日之內便迫使海珊提出停火的要求。在被外敵擊敗之後，海珊還面臨了北部庫德族和南部什葉派的叛亂。然而，勝利若是來得比預期還快，它會讓勝利者無法肯定自己的目的爲何。曾經慫恿伊拉克人推翻海珊的布希總統，如今擔心伊拉克解體所將帶來的後果，於是禁止美國部隊協助叛軍。在美國的壓力之下，以色列自我克制，不對伊拉克飛彈攻勢採取報復攻擊，而轉向抵制針對巴勒斯坦議題所召開的會談。到了三月底時，布希那「新世界秩序」的理想似乎愈來愈遙不可及了。

中東地區的情勢自第二次世界大戰以來就一直處於動亂當中，這個曾是西方文明搖籃與古代盛世帝國的地區，正處於其漫長的歷史從未見證過的快速變遷之中。中東地區的大部分人口原本普遍貧窮困頓，但是在發現總計占有世界確定儲存量三分之二的豐沛石油蘊藏之後，就爲沙漠地區的君王與波斯灣區的小型公國酋長們帶來財富與影響力。一九七〇年代中葉，因爲阿拉伯國家和伊朗限制石油出口量，造成這項不可或缺的商品價格飆漲九倍，令已工業化的世界各國陷入危機之中，此舉將中東在戰略上的重要性表露無遺。但是石油輸出國組織並未成功成爲一個有力的卡特爾，他們在世界石油生產的占有率從一九七九年的百分之五十，降到一九八五年的百分之二十八。中東在任何一個面向上都明顯缺乏團結或統一。由埃及、沙烏地阿拉伯、約旦、伊拉克、敘利亞、黎巴嫩及葉門，這些原始會員國於一九四五年所成立的阿拉伯聯盟，並未能夠解決其內部的分歧。埃及這隻聯盟在軍事方面的右手，在一九七九年時遭到除名，以報復沙達特總統與以色列建立友善關係，而暫時成爲會員國共同排斥的對象。猶太人與阿拉伯之間的長期紛爭，以及占領區內的巴勒斯坦人問題，都因爲其他爆炸性的力量衝擊——其中還包括追求各自高遠目標的少數民族：土耳其、伊朗，及伊拉克境內的庫德人；伊朗、阿富汗及巴基斯坦境內的俾路支人——而變得更爲複雜。軍備水準的提升，包括來自於美國、蘇聯、西德、法國及其他國家所製造的高度精密武器，使得此處的區域性衝突死傷愈來愈嚴重，並且形成對世界和平的威脅。

不過近代的國際發展則帶來了希望，讓中東地區的人民有望逃脫其悲慘的

近代歷史帶給他們的牢籠：兩伊戰爭在未曾散播出革命潮流之下便即結束；冷戰的解凍也有助於外交行動的展開；在米哈伊爾‧戈巴契夫領導之下，蘇聯的外交政策自一九八五年開始，已從對立轉為調和，蘇聯不只試圖重修與阿拉伯地區之間的關係，也試圖與以色列建立往來，並主動對伊朗做出外交示意；此外，在人力與資金方面皆有所不足，不過孜孜不息地提出協助的美國，承諾在這個後冷戰局勢中，將會擔任一個更活躍也更有力的和平促進者——後冷戰局勢下，超級強權的戰略利益不再直接構成其採取阻撓行動之理由。但是，一九九一年一月爆發的波灣戰爭，即使是消除了海珊的力量，戰爭卻也刺激了當地的權力爭奪狀態，而且點燃了阿拉伯對西方的敵對意識，可能因此會危及中東穩定與和平的展望達數十年之久。

南非共和國

也許沒有任何非洲國家像南非共和國那樣，存在著如此難解的國族建立、部落制度，以及種族合作的問題。波爾人【17】、班圖人【18】及英國人之間的衝突，已然牽動南非好幾個世代的歷史。當面臨社會應如何組織安排的問題時，每一個族群都幾近瘋狂地堅持著屬於自己的傳統與概念。

一八七〇年代以前，大英帝國對南非實行的是某種無為而治的殖民政策。一向被認為自然資源貧瘠的內地，對英國來說也無甚重要。確實，英國主要關心的是控制南非沿岸在戰略上有其重要性的港口，以保護通往印度的重要航線。但是，一八六七年，在慶伯利【19】發現了鑽石，而十九年之後，維瓦特斯蘭【20】蘊藏量驚人的黃金礦區，也成為世界各地勘探者與探險家嚮往的聖地。因此，在一八七二至一九〇二年之間，南非白種人口擴張為四倍之多。像約翰尼斯堡與布隆泉等人口密集的城市，就如雨後春筍般地出現在草原上。老派的波爾人單純畜牧經濟從此已不復見。

鑽石與黃金的發現，使得波爾人建立的各共和國原已面對的政治困境又再加劇。英國以及其他外國人的蜂擁而至，在數量上已有淹沒白種阿非利卡人【21】居民的威脅性。白種阿非利卡人於是將這些外來移民安上「外來者」的汙名，除了在一些嚴格至極的條件之下，否則不承認他們的政治權利，外來移民者沒有選舉權、沒有新聞自由，而且公共集會自由實際上遭到禁止。英國人在絕望之下，策畫了祕密行動來推翻在波爾執政者中最為頑固的保羅克魯格，亦即特蘭斯瓦的總統。在開普殖民地總理塞西爾‧羅德斯的縱容下，軍火武器終於準備妥當，一八九五年十二月二十九日，六百名英國人與其武裝侍從在羅

德斯的好友利安德詹姆森醫生的領導下，突襲特蘭斯瓦。入侵者很快地被包圍隨後被俘，但是這波行動卻大大加深英國人與波爾人之間的緊張關係。阿非利卡人的政府們開始增加對外國人的限制，並聚集武力準備與英國人攤牌。一八九九年十月，戰爭在這些共和國，以及握有絕對優勢的英國殖民者之間爆發了。

殘忍的波爾戰爭綿延達三年之久，一直要到英國派出為數可觀的軍隊，由其最優秀的將軍領導作為增援之後，才從遭到擊敗的邊緣逆轉取勝。最後，在英軍人數已達自己七倍之下，波爾人終於投降，並且簽定佛里尼京條約。波爾人以同意接受英國統治作為條件，讓波爾人可以免除賠款，得到早日擁有代議機關的承諾，以及能夠在法院與學校繼續使用他們的語言。英國政府還提供了一千五百萬美元來加速戰後的重建過程。這是歷史上最慷慨大方的和平解決條款之一。此際，勝利的英國人正站在一個有能力在南非推行普遍的、不分種族之選舉權的位置。不幸的是，身為人口多數的原住非洲人，其困境卻被直接忽視——種族正義的問題，在波爾人與英國人大和解的名義下遭到迴避。

一九一〇年，開普殖民地、納塔爾、橘自由邦及特蘭斯瓦合併成為南非聯盟，這是大英國帝國在加拿大、紐西蘭及澳洲之後的又一個自治領。負責起草憲法的國民大會提出的是一個單一制，而非聯邦制的國家體制，選擇單一制的原因不一而足。為了建設鐵路，以及為了解決大多數黑人人口的問題，似乎都需要統一式的中央政府。更重要的是，兩大白人族裔未如加拿大一般是分別占據不同省分。南非大多數的邦都是這樣的情況：阿非利卡人或波爾人居於鄉下，英國人則居於都市。在其他方面，南非政府也不同於大英帝國其他自治領：內閣並不是身為一個整體而共進退，反而是——至少在理論上如此——其成員之間彼此意見可以相左；內閣對於國會上層議院的掌控較為有力【22】；假如內閣在意見上與國會，或者應該說與下層議院有所衝突，最終導致解散國會時，解散的效力及於上下兩院，而使兩院的成員皆須進行重選；對於選舉權，南非的態度比起其他自治領更加保守，一直要到一九三〇年，白人成年男子才擁有選舉權，雖然成年女子取得選舉權也是在同一年，但是在當時面臨到十分強烈的反對，例如：司法部長曾公開聲稱女性擁有選舉權一事，與「上帝創造女人的意旨」不符，至於構成百分之七十五以上人口的非洲人，除了最南端開普省之外，全都被剝奪選舉權，即使是在開普省，黑人和亞裔公民也是在限定條件之下才可投票。

在黑人社群之中，選舉權是一個令他們特別激昂憤慨的議題。十九世紀末

期,受西方教育的中產階級黑人專業人士與神職人士開始以溫和的領導方式,發起有組織的、屬於非洲人的政治活動,他們希望選舉權可以不分種族,也尋求可以解除種族歧視制度。一九○六年的班巴塔叛亂,有超過四千名非洲人因而喪命,是最後一場由傳統非洲社會出身的領袖對白人統治所發動的武裝叛亂。新一代的非洲人菁英對暴力反抗深感厭惡,並且也從一位當時身在南非的印度人律師——聖雄甘地——所建立的和平抵抗理念中,尋求有助於他們的啓發與靈感。雖然非洲人完全被排除在一九一○年新憲的審議過程之外,不過他們於兩年後組成了自己的政黨:「非洲國民大會」。對於他們要求平等的主張,白種政治人物非但不予理會,復於一九三六年通過一項法律,排除任何讓黑人直接參與國會議員選舉的機會,藉此,白人便可無須擔憂在選舉中敗給黑人人口的數量優勢。但是,非白種人口的挫折與憤怒已被一一點燃,年輕一代也愈來愈難以忍受年長領袖的溫和戰略。

聯邦成立後,南非政治中最尖銳的爭議是與國族和種族相關的問題。儘管英國在波爾戰爭後不停努力促成和解,但是舊日的仇恨依然難以消逝,一九一二年,一支波爾人極端派系脫離他們的同胞,另組國民黨【23】。在黑爾綽格將軍的領導下,他們力求維護阿非利卡人在文化上的獨立自主,不容許其與英國文化有任何融合,他們怨恨英國人那富有追求與競爭色彩的心性,認爲那就等於是帝國主義,可能會湮滅他們敬仰的祖先所遺留下的習俗與制度。發展到最後,他們的主張已是要斷絕一切與英國的關係,將自治領改爲阿非利卡共和國。在那些最狂熱分子的思想中,也流露出以反猶太主義爲主要政策之意,控制蘭德【24】一帶金礦和鑽石礦的金融資本家,被指稱爲大部分是猶太人,而且由英國主導的政府,只對他們課予少量的稅收。到了一九三八年,國民黨人幾乎已將「猶太人的威脅」和「黑禍」視爲是同樣嚴重的問題,進而開始要求將所有猶太移民加以驅逐出境。

一九一四和一九三九年的兩次世界大戰,使國民黨推行之運動力量得到成長。黑爾綽格將軍的支持者堅決主張,南非不應該在倫敦政府的命令之下捲入戰爭,他們認爲保持中立的權利乃其國家主權不可或缺的象徵。一九一四年,部分國民黨人組織了一次反叛行動,以武力來表達反對南非人民淪爲英國人宰制客體的抗議,但是他們的對手楊·克里斯蒂安·史莫茲將軍的政策占了上風,最後南非爲贏得這次世界大戰也貢獻了一份力量。終戰八年之後,在得到工黨的支持之下,國民黨人取得了政府的主導權,但是推出的卻是一個有所緩和、不要求完全獨立的方案。當英國於一九三九年再度參戰,這次南非政府則

分裂成兩派，六名內閣部長支持參戰、五名反對，國會投票的結果則是八十票支持參戰、六十七票反對，彼此爭執不下的結果，很明顯地讓國家陷入分裂，而且隨後由戰爭帶來的困難和緊張局勢，也使得這樣的傷口更爲擴大。戰時軍事生產雖然吸引成千上萬的非洲原住民流入城市，但是也創造出對共產主義起義，或是對其他形式之社會革命的恐懼。一九四六年官方的人口普查顯示，都市區的黑人數量有史以來首次超越白人，針對此一現象，由政府任命的費根委員會在調查研究後認爲，黑人成爲國家經濟體系的一部分已是無法改變的事實，從而黑人將漸進地融入白人政治體系，亦是邏輯上無法否定的結果。委員會堅決地主張：都市中的黑人勞力將成爲既無從拒斥亦不可逆轉的常態，而且不可能全面對其加以隔離。

作爲一個極右的阿非利卡人政黨，國民黨人利用費根委員會所引起的恐懼心理，在一九四八年大選後取得了國會的主導權。國民黨人不僅渴望建立一個完全擺脫英國影響的獨立共和國，更主張推行種族隔離政策，亦即依種族在法律上予以嚴格區分處理。南非於是將會成爲一個根據保羅‧克魯格，而不是塞西爾‧羅德斯或楊‧史莫茲的理想而建立的共和國。

接下來的十年內，由國民黨控制的議會通過一系列種族隔離法案，影響所及深入生活各個層面。事實上，這段時間的立法，可以說是把一九二〇年代初期，當政治權力仍由英語系人口主導之時，通過的那些具有種族隔離意味的法案予以精緻化，令其更爲明確也更爲全面。禁止通婚法（一九四九年）明訂不同種族間之通婚爲違法：一九五〇年的人口登記法，將人口區分爲白人、有色人種（混血人種和印度人）和班圖人：同年通過的集團區域法，將國家依據種族和部落畫分爲不同區域；在土地所有權方面所進行的種族隔離，已實現於一九一三年的原住民土地法，該法的目的乃是以種族爲基礎，對都市地區以外的土地購買、所有和占有行爲進行管制，只有百分之十三的南非土地保留給非洲人，儘管他們構成了百分之八十的人口；對非洲人口的移動自由，尤其是從農村進入都市地區嘗試加以限制的行爲，可以追溯至一七六〇年首次通過的法律，白人以都市非洲人只是「暫時寄居於此」，而某個遙遠的部落保留地才是其永久居住地爲由，一直不讓他們擁有公民權和政治權；設施隔離法（一九五三年）對大眾便利設施也實行種族隔離，包括公園和交通轉運站；同年的原住民勞工法對「僱員」一詞重新定義，將黑人完全排除在外，就等於讓其沒有組織工會的權限，罷工當然也受到禁止，非洲人的公會雖未遭到禁止，但是卻不被認可，而且受到嚴重限制；一九五六年的產業調解法，及該法後續

的修正，禁止混合不同種族成員的工會，並規定某些工作和職業只有白人可以從事；一系列的班圖教育法，則將學校置於中央政府控制下，並將種族隔離延伸至大學教育；更有甚者，一項憲法修正案取消有色人種的投票權——在開普省，這可是他們從一八五〇年代起就享有的權利。因爲上述這些，以及其他太多的種族隔離法律所引發的反對聲浪，則被共產主義鎮壓法（一九五〇年）給消音。該法是一項包山包海的法律，賦予政府有權將任何疑似與共產主義有關，或可能危害國家安全的團體或個人的權利予以剝奪。此外，爲了試圖能夠控制逐漸升高的非洲人民族主義浪潮，南非政府反過來利用泛非主義的名義，培植出一套部落制度，藉由促進班圖自治法（一九五九年）的通過，以古老但經典的分別擊破手法，將兩百六十個散落的原住民保留地統合爲一系列「獨立」的班圖國或班圖斯坦，每個班圖斯坦都是一個個別的部落籍別【25】。

對於目前所提到的這些，以及包括各項通行法在內的許多其他種族隔離法律，非洲人、有色人種和亞洲人的反應，顯現在一九五二至一九五六年間，一些未能產生成效的和平抵抗與不合作運動中。他們的失敗導致非洲國民大會（成立於一九一二年）的內部分裂：一九五九年，一支激進的、純粹以種族爲訴求的團體，在羅伯‧索布奎的領導下自非洲國民大會脫離，取名爲泛非主義者大會。而白人內部的政治光譜也愈來愈兩極化。成員主要爲英語人口的統一黨，多年以來在國會中的席位始終不如由阿非利卡人主宰的國民黨。有一小群反對種族隔離制度的自由派白人，也在一九五九年時脫離聯合黨另組進步黨，進步黨在成立之後的十五年內，在國會之中都僅只取得一席而已。

一九六〇年，非洲人對種族隔離的反抗情境，在夏普維爾升高至催生一場和平示威，面對大批憤怒的群眾，南非警方在恐慌之下失去控制，射殺了六十七名黑人和平示威者。這次囂張的鎮壓行動，刺激了包括尼爾遜‧曼德拉在內的南非國民大會領導核心，決心改採較以往更爲激進、甚至是暴力的戰略。南非政府在夏普維爾大屠殺過後宣布進入緊急狀態，非洲國民大會和泛非大會的活動遭到禁止，其領導者們若能逃過逮捕，不是逃亡出境，就是轉入地下從事恐怖活動。從來沒有像現在這樣如此害怕「黑色威脅」的白人，對此做出的反應是在一九六〇年代更進一步立法侵害非白人人種人身自由的法律。一九六三年的普通法修正法，賦予警察在未經審判或讓對象取得法律諮詢之前，就有權逮捕和拘留人民。出版管制局也於同年成立，負責對文學和電影進行審查。整個一九六〇年代，警察所做的許多突襲搜索，成功地逮捕並且監禁了一些激進分子。曼德拉便於一九六四年，因爲密謀推翻白人統治之政府而被

判無期徒刑。

當南非總理亨德里克・維沃爾德於一九六一年宣布南非退出國協，成為一個獨立共和國時，就開始付諸行動實現上述這些理想。顯而易見地，其最終目標是建立一個徹底擺脫英國影響，屬於阿非利卡人的國家。在維沃爾德於一九六六年遇刺身亡後，總理之職由約翰・佛爾斯特繼任。隔年，政府便通過了一項嚴厲的恐怖主義法，任何被以恐怖主義罪名起訴者，除非能證明自己清白，否則即推定有罪。兩年後，為了鎮壓激進的抗爭運動，政府特地成立一個國家安全局。

南非經濟在一九七〇年代初期出現榮景，令大多數的種族和族群皆有所受益，白人的安全感充分恢復，足以讓佛斯特政府與北方非洲黑人國家展開一些效果並不明顯的友好政策。很快地，境內那些新設立的班圖國也得到愈來愈多的自治權力，一九七六年底，川斯凱成為第一個在名義上獲得獨立的班圖「家園」。經濟繁榮引發了白人技術勞工的短缺，將工作保留的相關法律於是鬆綁，好讓黑人能夠進占原本保留給白人的職位。不過，這些動作皆無法緩和非洲民族主義，路線溫和的黑人人民大會於一九七二年時成立，而南非黑人學生運動也是在這年發生，在新一代更激烈的青年世代領導之下所出現的此次黑人意識重新覺醒，在夸祖魯家園酋長曼戈蘇圖・布特萊齊多次動人心弦的演講之下，又受到更進一步的激發。然而，一直到一九八四年為止，布特萊齊尚無法將自身的領導力量擴展至祖魯族群的範圍之外。

在阿非利卡人之中，則出現了兩派思維：開明派和頑固派[26]。開明派要求對嚴格的種族隔離法律進行緩和，尤其是在運動和文化領域，但是，開明派也還沒有意願去承認「一人一票」的原則。

要求解放南非境內種族關係的高升情緒，和改善與鄰近非洲黑人國家關係的努力，消退的速度幾乎就與它開始時一樣快。一九七五年，由於葡萄牙突然改變過往態度，決定讓莫三比克和安哥拉這兩個與南非關係密切的鄰國獨立，因而在南非黑人、有色人種和亞洲人之間，重新點燃了充滿高漲政治期待的革命行動；不只如此，從一九三三年起，以年平均成長率超過百分之五穩定發展的經濟，也在這一年陷入衰退期。白人再度對失去地位一事產生恐懼，而這股恐懼更因為莫三比克和安哥拉分別建立起信奉馬克思主義，並且激烈反對南非的政府而惡化。南非於一九七五至一九七六年間出兵干預安哥拉內戰，不只引起世界同聲譴責，也使得佛斯特對黑色非洲各國所做的緩和政策隨之夭折。由諸如史蒂夫・比科等這類的知識分子啟發而生的非洲學生戰鬥精神，在

一九七四年支持莫三比克的學生運動集結之後，更出現迅速成長。一九七六年六月，人民的情緒在索維托爆發，演變成爲流血暴動，索維托是位於約翰尼斯堡市中心不遠，聚集了將近三百萬非洲人，一個蔓延雜生的貧民窟地區。在這次的暴動中，有超過一千名黑人青年被南非警方殺害，入獄的人數更遠遠超過這個數字，當一九七七年九月，警方殺害了當時已經受到囚禁的黑人人民大會主席史蒂夫・比柯之後，政府變本加厲地鎮壓和消滅黑人反抗運動的現象，終於受到國際間的注意。但是南非種族之間的緊張局勢仍舊愈演愈烈，政府查禁了主要的非洲人報紙《世界報》，並且將其主編拘禁。

正當世界輿論反對南非之際，白人集團的鐘擺卻更加偏向光譜右端。使用英語和使用阿非利卡語的白人們開始整肅其政治階級。身爲反對黨的統一黨此時瓦解，其大部分的成員皆轉投國民黨，不過另一批少數成員則與進步黨人共組進步聯邦黨。一九七七年十一月的選舉，讓國民黨獲得全新的巨大力量，贏得這個全由白人組成的國會裡，總共一百六十五席次中的一百三十四席，讓南非開始往一黨獨大國家邁進。在一九七八年的十月，彼德・波塔成爲總理之後，全國四百三十萬白人、兩百四十萬有色人種、七十六萬五千亞洲人以及一千九百萬黑人，彼此間的種族和族群關係便持續地惡化。南非政府變得愈來愈孤立於國際社會之外。

一九八○年代初期，政府著手從事一種雙軌並行卻時常互相衝突的種族政策：對社會和經濟領域的制度予以自由化，但是在政治領域則進行更嚴厲的壓制。都市的黑人菁英如果回到由種族隔離畫出的村鎮中，可以享有更大程度的政治自治權，非洲人的公會受到官方正式承認，並取得進行集體工資協商的權利，而且大部分的公共設施都取消了隔離制度；此外，政府花費在黑人教育和健康上的經費出現顯著增加，礦業和工業工人的平均工資也同樣有所上揚。然而另一方面，政府對於從農村流往都市的黑人人數控制比以往更嚴，到了一九八四年，已經有將近三百萬非洲人被剝奪其公民資格，因此分別被遷至六個貧窮爲患、而且過度擁擠的黑人家園；更甚者，即使在規模、力量和鬥爭精神方面都逐漸提升之下，主要黑人公會的重要職員依然動輒被捕。

新憲法於一九八四年時公布，賦予行政部門的首長——也就是總統波塔幾近獨裁的權力。這部憲法也創設了一個三院制的立法機關，讓白人、有色人種和亞洲人分別擁有各自的議院，新的制度設計完全把黑人排除在外，使他們在進行反對時變得更爲暴力與團結。在都市貧民窟的一些零星暴動發生之後，南非首次全國性大罷工隨即接踵而至。政府也第一次動用軍隊來鎮壓日漸升高的

反抗情勢——既指出情況的嚴重性，亦顯示出在波塔政權內部，軍方領導者的力量開始抬頭。暴力事件的數量和程度在黑人城鎮中不斷攀升，黑人的地方政府也開始垮臺，一九八五年年中，總統波塔宣布全國大部分地區進入緊急狀態。一年之前，南非試圖降低來自外部威脅，以及減少非洲國民大會的補給基地，於是強迫鄰國莫三比克和史瓦濟蘭與其簽訂互不侵犯協定；同樣地，南非也不接受聯合國關於納米比亞的獨立方案——從一九二○年代初，到一九八八年十一月為止，這個地域一直是南非的領土。而發生上述這些事件期間，整個非洲南部都正在經歷嚴重的經濟衰退，以及由乾旱引起的糧食短缺。

在局勢幾乎又重演著夏普維爾與索維托事件的那段黑暗時光之下，資本開始流出南非國內。眼見暴力已在蔓生於城市周圍的黑人貧民窟中層層升高，外國投資者和債權人們對此感到憂心，開始懷疑這是否就是白人統治和資本主義在南非的末路。由於美國的主要銀行拒絕繼續提供貸款，危機遂於一九八五年八月爆發：當時，南非的外債已達到前所未有的兩百五十億美元，正當政府以增加高壓統治的強度來回應向南非聚攏而來的風暴，美國境內反種族隔離團體所施加的新一波壓力，正好於此時在美國國會之中造成戲劇性的氣氛變化，雷根政府一整套溫和的制裁計畫受到美國國會的支持，後者於是通過一項對美國海外貿易和投資做出大範圍限制的法律。由於各行各業的美國與歐洲資產家將會降低或是撤走其資本的壓力愈來愈大，驅使南非主要以英資與美資為主的銀行和公司出現漸增的外移趨勢，新進資本的比例急遽下降；到了一九八六年初，南非經濟已經來到其自一九三○年代以來的最低點。

飽受挫折的種族隔離政策反對者，變得更加積極參與政治，而且開始向左傾斜。從一九八六年中葉開始，聯合民主陣線開始與流亡中的非洲國民大會愈走愈近，聯合民主陣線是一個成立於一九八三年，以反對憲政變革為目的的鬆散政黨聯盟，當時正成功在作為經濟命脈的礦業和交通運輸部門，發起一波大規模的消費者杯葛運動、不參與工作運動以及罷工運動，在人數上無與倫比的南非工會大會，也加入聯合民主陣線和非洲國民大會的行列。位於政治光譜和種族光譜的另一端：執政的國民黨裡，某些失意、恐懼和極端的阿非利卡人，被吸引至新近成立的保守黨。有些人甚至更為右傾，加入活動於國會體制外、帶有新法西斯主義色彩的阿非利卡人抵抗運動。波塔政權擔心自己手中阿非利卡人的選票流失，於是擱置其務實而具有改良主義意義的計畫，同時試圖拉攏使用英語、但同屬溫和立場的白人入黨。一九八二年才從國民黨脫離的保守黨，在一九八七年五月的國會選舉中贏得足夠的席次，擠下自由派的進步聯邦

黨，成為官方反對黨【27】。與此同時，由許多種族組成，但仍以非洲人占壓倒性多數的聯合民主陣線、南非工會大會和其他黑人激進團體，則穩定地在人數和組織力量上取得成長。許多大型的本地和外國公司也開始與非洲國民大會進行對話，並且呼籲波塔政權要重拾其改良主義路線。

此時，幾乎對於所有國會體制外的反對者——包括媒體，南非政府都加強其鎮壓的力道，緊急狀況持續有效，這讓警方、軍隊和維安部隊有權騷擾和拘留反對勢力的主要領導者。一九八八年初，政府對南非工會大會和其他為數眾多的組織施加新的約束，試圖使其去政治化；政府也透過支持屬於保守派立場的種族團體，例如：祖魯族的「英卡塔」，製造黑人集團內部的分裂。自一九八七年中葉以來，已有數百名納塔爾省的非洲人，在英卡塔和聯合民主陣線殘存者之間偶發的械鬥中喪生，全國各處都有黑人反政府組織的主要領袖遭到逮捕、拘禁或是放逐，雖然破壞行為和勞工抗爭成為常態，但是黑人村鎮的大規模騷動還是平靜下來了。到了一九八九年，在種族、族群和意識型態上，這個國家的兩極化程度都變得甚為深刻。而在國內外壓力的衝擊之下，政府的舉止有如縮到龜殼裡一般，幾乎不可能採取任何有建設性的行動。

白人和黑人族群中較為冷靜的領導者們，憂心南非即將面臨足以吞噬全國的戰火，於是開始思考並且商討一個關於多種族的未來。當一九八九年的春天，波塔由於中風之故被迫放鬆其對大權的掌控時，由當時的教育部長戴克拉克領導的國民黨改革人士，趁機從波塔手中搶下黨務機關的控制權，最後並取代其成為總統。當其尚未催使波塔總統下臺之時，戴克拉克就已經與長年批評南非種族政策的尚比亞總統肯尼斯·卡汪達會面，透過此舉表明該黨此時的意向，以消除這些國外批評者的疑慮。

國民黨的候選人們於一九八九年九月的那場「白人限定」的國會選舉中，以「進化性的改變」為主打政見參選。儘管國民黨失去了將近百分之二十五的國會議員席次給極右的保守黨和較開放的民主黨，戴克拉克還是大膽地將選舉結果解讀為，這是選民願意託付政府與國家中的黑人人口進行協商，以達成最終的政治解決方案——一個在賦予多數黑人人口完整政治權利的同時，又不會損及少數白人利益的方案。黑人此時已紛紛走上街頭，抗議他們被排除在選舉之外。與黑人族群的協商迅速發展至引起非洲國民大會的注意，而且即便戴克拉克付出極大的心力來維護白人既得的利益，協商所取得的進展也確實避免掉國際社會要求對南非進行更嚴厲的經濟制裁，畢竟這些白人的支持，對任何一個最終協商出的解決方案來說，都是不可或缺的。在選舉結束後的幾個禮拜之

內，就有八位著名的黑人反對領袖獲得釋放，而戴克拉克總統也並遵循前任者的範例，與服刑中的非洲國民大會領袖，同時也是南非民族英雄的尼爾遜‧曼德拉，進行直接或間接的討論。

一九九〇年二月，戴克拉克總統宣布了幾項舉世震驚的決定：在長達二十七年半的監禁後釋放曼德拉；對為數眾多的反種族隔離政策的反對組織，包括南非國民大會和泛非大會，解除其所受到的禁令；釋放其他約一百二十名的政治犯。身為唯一一位在黑人和白人社群中皆享有足夠地位的南非黑人，曼德拉在國民黨新領導階層眼中，是這個改革過程中至關重要的元素，他對未來的願景、對過往的理解和對不同族群的關心，讓這段改革過程獲得令人信服的力量，若非如此，或許人們會將其視為一次政治騙局而已。

隨之而來的討論，則聚焦於建立一個基礎架構，來進行新憲法的協商工作。對政府而言，必要的前提是非洲國民大會必須放棄使用暴力手段追求其目標；對此，非洲國民大會則堅持政府必須無條件赦免所有的政治犯和流亡者，並且終結自一九八五年起就作為政府統治依據的緊急命令。雖然戴克拉克和曼德拉在協商過程中皆採納了對方的提議，依然有一些難解的問題需要他們去克服：戴克拉克這邊必須奮力抗衡軍隊和警方的強大力量，以維持文人領導階層在政府中的主導地位，還要避免遭到黨內保守派分子的背棄；曼德拉方面則力求團結非洲國民大會內部的分離力量，同時也要與其他反對組織達成共識，其中包括自一九八七年起便與非洲國民大會持續開戰的英卡塔。由政府內外的白人極端分子長期煽動，在非洲國民大會與英卡塔之間持續發生的黑人與黑人交戰的暴力事件，其衝突於一九九〇年夏天持續升高。然而，儘管有這些障礙，為了進行這次意義重大的新憲法協商而必須滿足的先決條件，在同年夏天結束前已經即將全部達成，此時要在南非建立一個公平而多種族社會的願景，似乎比二十世紀的任何其他時候都要來得前途光明。

非洲的興起

現代的非洲民族主義與泛非情懷並非第二次世界大戰後才出現的現象，其緣由可追溯至一八四七年，獨立的賴比瑞亞共和國成立之時。賴比瑞亞是非洲第一個擁抱西方典章制度的獨立國家，證明了黑人有能力依循所謂的現代化路線來進行自我治理。艾德華‧布萊登這位具領導才能的賴比瑞亞知識分子（出生於西印度群島），於一八六〇年代主張種族的整合與團結，並且創造了「非洲是非洲人的非洲」這句口號，他勸說黑人要維護自己文明中屬於非洲的元

素，並且抵抗由歐洲帝國主義者所進行的西方化。在黃金海岸（現在的迦納）和奈及利亞土生土長，但是接受西方教育的知識分子，在第一次世界大戰爆發的二十年前，起而響應這項呼籲。然而，這些原初的民族主義者只是人民中極為少數的一群，而且主要是由富有的傳統貴族家庭中，那些不用負責家業的次子們組成，他們其中有許多人在自己豐富的非洲文化和西方文明所各自呈現的文化遺產間拉扯不已，而且深覺自己非常不易與生活於叢林中的那些農民同胞打成一片，這批知識分子並不排斥先在殖民架構底下從事工作，也願意探尋一條溫和與漸進的路線。當時間來到第二次世界大戰以後，這些早期菁英的角色已經為較無耐心、而且非貴族出身的年輕知識分子所掩蓋，後者在海外接受了多年的教育之後，莫約於此時學成歸國，此刻他們已學得了政黨組織的技巧與手法，於是能夠將大眾納為己用，特別是都市中的失業人口。

隨著非洲民族主義的散播，殖民地的抵抗活動在第二次世界大戰之後，採取了一個遠比以前更加激進的態度，這點可以從工人罷工以及殖民地立法機構內的種種騷動突顯出來。英國和法國開放殖民地人民組成群眾政黨，以擴大賦予其公民權，而非洲人也善加利用了這項改變，雖然最有效組織的反抗行動是針對英國與法國而發，不過比利時、義大利和葡萄牙也是其目標。前殖民地中第一個獲得獨立的就是利比亞，義大利於一九一二年自土耳其手中奪取了利比亞，而在第二次世界大戰結束後，利比亞的主權則交由聯合國控制，一九四九年，聯合國認可了利比亞尋求自由地位的要求，利比亞並於兩年後正式宣告獨立；接著英國於一九五四年從埃及撤兵；一九五六年突尼西亞也宣布獨立。

北非最激烈的殖民地暴動發生在阿爾及利亞。自十九世紀中葉起，阿爾及利亞一直是法蘭西帝國的一部分，法國在這個殖民地上投注了數百萬美元的資本，成千上萬名的法國人也前來此地定居，許多他國的人民，特別是西班牙人也遷往阿爾及利亞。於是到一六六〇年為止，阿爾及利亞一千〇三十萬的總人口中，約有一百萬人都是歐洲移民，這些歐洲人口——一般常不精確地以「法國人」代稱之——不只壟斷了政府官職，也獨占了工業、農業、貿易及金融領域的最佳商機，阿拉伯人與柏柏人居民主要都是農夫和勞工，不過當然他們之中有一些在每個大城市的舊城區——也就是這些族群原生的區域——依舊可以經營自己的店鋪。一九五四年，當阿拉伯人與柏柏人（兩者都信仰伊斯蘭教）中的民族主義分子要求和當地歐洲人享有同等權利，卻遭法國政府拒絕後，他們於是奮起反抗而引發暴動，這次血腥的反抗活動前後進行長達七年。事實上，許多歐洲移民憎恨巴黎政府的程度，就猶如其憎恨阿爾及利亞民族主

義分子一樣深，這一點也讓事態更爲複雜，這些歐洲移民決定要維持其在阿爾及利亞的統治地位，而害怕夏爾‧戴高樂總統會出賣他們，亦即允諾此一前殖民地獨立，而讓這些歐洲移民須受占多數之阿拉伯人與柏柏爾人的統治。戴高樂於一九六一年四月時宣布了一項計畫，要和阿爾及利亞進行協商，爲阿爾及利亞的最終獨立鋪路，於是導致四位法國將軍在這片領地上展開暴動，他們攻下政府機關、逮捕效忠法國的官員，並威脅要入侵法國。戴高樂總統宣布進入警急狀態，並下令全面封鎖阿爾及利亞，面對法國如此堅決的反對，歐洲移民的暴動終於宣告瓦解。然而，民族主義分子的戰爭則多持續了一年：在得到允許阿爾及利亞即實行自治，以及最終准其獨立的承諾後，這些民族主義分子於一九六二年三月時放下了武器。三個月後，阿爾及利亞晉身獨立國家之列，並進入聯合國。這場戰役奪走約四萬名軍人與平民的性命，其留下之世代相傳的苦難，在多年之後可能依然無法散去。

在撒哈拉以南的非洲，如果有任何國家可以被視爲是非洲殖民地反抗運動的領導者，則非迦納莫屬。迦納原本被稱爲黃金海岸，是英國的殖民地，英國於一九五四年授予其自治權，一九五七年准其正式獨立，並且於一九六○年採取共和國國體。當時領導迦納獨立運動的人物則是夸米‧恩克魯瑪，身爲一位未受教育的金匠之子，他曾分別在美國和英國接受教育，一九四八年時他回到家鄉，成爲一名民族主義的鼓吹者。雖然他將自己歸類爲馬克思主義者，但是他並不願成爲共產黨人，然而他很崇拜列寧，而且大致上是向東方集團的國家而非向英國或美國尋求政策支持。顯然地，他思想的關鍵內容是反對由列強握有非洲內部經濟體主宰權，所具體顯現的新殖民主義。他那些非洲黃金時代的故事，包括以廷巴克圖爲非洲的文化中心，著名的學者聚集在該地一所優秀的大學中等等，都使追隨者聽得津津樂道。恩克魯瑪短暫治理迦納的這段時間施行許多仁政，即使是他將國家轉變爲一黨獨大制之後亦然，他建立了醫院和學校，並提升人民的識字水準。之後，軍方高層以揮霍無度和貪汙舞弊之名義，於一九六六年發動反叛推翻其統治，將他逐出迦納，他不得不在幾內亞接受庇護，一直到一九七二年去世爲止。儘管如此，恩克魯瑪有關新殖民主義的著作，以及他那些泛非洲主義的理念，仍舊廣受非洲知識分子閱讀，一九六三年建立的「非洲團結組織」，其組成有不少可歸功於恩克魯瑪的政治才幹，可惜此組織仍無法成爲恩克魯瑪夢想的、由單一政府統治的「非洲合眾國」。日後看來，民族主義乃是比泛非主義更爲強大的力量。

中非最激烈的暴動發生在比屬剛果，現在則稱爲薩伊。比利時擔心其殖民

地子民們的忿恨不滿，最終會引發暴力衝突，於是在一九六〇年時准予其獨立，結果這卻是之後肆虐了五年以上一系列叛亂與暗殺事件的起跑燈。這些激烈動亂的成因，主要的一個是根源自南部的省分喀旦加，那些由比利時資本家控制的豐富銅礦資源正是座落於此地。喀旦加銅礦所能帶來的利潤，過去一度足以支付殖民地政府一半的歲出，一九六〇年七月，喀旦加自薩伊分裂，並企圖取得整個薩伊的政權。在叛亂中，共有幾位前總理和其他高層政府官員遇害，之後，聯合國安全理事會派遣出一支部隊來防止內戰再度爆發，而當莫布圖總統在美國中央情報局的扶植之下上臺以後，薩伊最終又回復到強人統治──以及某種程度的安定。

　　許多殖民地至少還擁有穩定與和平的假象，奈及利亞、象牙海岸以及塞內加爾都是很好的例子。有些當權者認為英國與法國殖民地政府比其他大部分歐洲帝國要有智慧得多，相對於葡萄牙和比利時，其原本盡可能地拖延讓殖民地自治，卻又在突然之間予以准許，英國和法國則是將其殖民地循序漸進地帶向獨立，許多當地領袖都在殖民政府中受過訓練，知道如何能在複雜的問題確實發生以前未雨綢繆。然而，即使是在資源富饒的奈及利亞[28]，貪汙和效率不彰等等屢見不鮮的指控，依然在一九六六年引領政局演變至總理遇害以及政府垮臺。軍人政府在一連串的暗殺行動後取得國家掌控權，隨後不到一年，「東區」便脫離奈及利亞，宣布成立「比亞夫拉共和國」，隨之而來的內戰，在往後三年使整個國家陷於動盪不安，內戰總計造成的傷亡人數甚多，超過一百萬人因此喪命，雖有成千上萬人為戰火所殺，但是有更多的人是死於斷糧，最終，叛軍於一九七〇年投降。不論從何種觀點看來，這場戰爭都是齣悲劇。發生於奈及利亞的危機，也鮮明地刻畫出非洲在尋求如何在殊異不同的種族與宗教團體之間，進行一個更公平的權利與機會分配時，所面臨的眾多問題。隨著整個非洲獲得獨立，國族的統一、融合與團結，未來必然將會是個難解之題。

轉型中的獨立非洲

　　時間來到一九九〇年，非洲可以自豪於有超過五十個在政治上獨立的國家，它們展現出許許多多、各具特色的語言、宗教、民族與文化。自獨立時代從一九五〇年代展開以來，這些非洲國家有大部分都在政治與軍事領袖階層方面出現了實質的轉型。雖然都市內所進行的抗爭，使民族獨立運動在戰後接下來的數年內，大體上變得更加激進也更普及，然而成效卻為期不長。激進的工

會運動者、知識分子以及其他革命性格強烈的領袖，最終很少取得實際掌權的
位置，相反地，權力是來到傳統菁英分子，或者是那些在殖民地政府臨去前，
曾與其合作之人的手中。這些非洲各國的新領袖通常不會提出任何會造成結構
性轉型的計畫，就算是提出來的那些人，也都沒有能力將自己的高遠理想成功
轉化為實際運用。

　　一九六○年代，幾乎在非洲各地，權力都變成是由某個個人，而不是由制
度來擁有。許多在爭取解放時期，因為其個人領袖魅力而取得權位的國家元
首，都企圖藉由建立出一種類似於前殖民時期，對傳統型領袖所抱持的那種個
人崇拜，來維持自身的地位與影響力。這造成了客觀制度變得不堪一擊，也變
相地鼓勵領袖採取憲政體制以外的謀略，以求能夠繼續占據其位：選舉活動若
不是被取消、就是被操縱；反對黨的活動被禁止，其領袖也遭到暗殺、羈押或
被迫流亡國外；酬庸政治取代了群眾政治；國家官僚體制更是冗員充斥而尸位
素餐。殖民歷史所留下的遺緒，諸如：軍隊、高壓手段，以及由國家官員上行
下效的對私利之重視，都被帶入獨立時期，而造成代議政府的式微、對公民權
與人權的侵蝕，以及日益嚴厲的新聞審查制度。除了南非以外，在非洲各處，
工會的規模與影響力皆大幅縮減。自一九六三年來，非洲近四分之三政治獨立
的國家都至少經歷過一次軍事政變，有些國家，特別是奈及利亞，國家治理權
一直在文人和軍人政府之間輪替。

　　取得獨立之後，非洲政府在維持國族的整體性上遭遇相當大的困難。在爭
取解放期間，要動員整個國家的人民來抵抗殖民地所受的壓迫相當容易，然
而，受壓迫者這個象徵符號一旦不復存在，要達成共同的國族目的或是意識型
態，這個任務就顯得比原本困難得多。不同的種族和區域，彼此之間存在已久
的敵意與敵對關係──其中有些是在殖民時期以前就開始的，如今又再度浮出
檯面；由歐洲人在帝國主義爭奪最高峰的十九世紀末，倉卒又武斷制定出的國
界，常常將原屬於同一文化或種族族群的人民畫分開來；此外，在殖民時期，
某些種族族群會比其他更受偏袒，從而變得極端富裕，或是能夠接受到更好的
教育。在非洲各國獨立之後，這些實體便發展出他們特有的次民族主義，來保
護自己的特權地位，於是若不是促成痛苦的分離運動，就是引發血淋淋的內
戰，甚至兩者皆有之：在奈及利亞，爭戰的雙方是政府，和分離出去的比亞夫
拉共和國；在蘇丹與查德，是伊斯蘭教為主的北方，與基督教和萬物有靈論者
為主的南方；在衣索比亞，是馬克思主義的中央政府，與信奉伊斯蘭教的厄立
特里亞人；在薩伊，是中央政府與礦藏豐富的沙巴省【29】；在安哥拉和辛巴

威，是政府和以種族與區域爲基礎的革命運動，這些革命運動曾經是國家爭取獨立行動的一部分，但是並未參與其後建立的政權；在賴比瑞亞，則是存在於各個種族族群之間，是一段當地固有的非洲人，和一直到一九八〇年都占據統治權的美國奴隸後代，兩者之間互相憎恨的歷史。雖然這些意在與本國分離的抗爭運動，最終沒有一個是成功的，但是它們卻都遺留下緊張對立、猜疑懷疑與長期不斷的暴力事件。發生在賴比瑞亞的爭端，甚至導致該國政府威信徹底瓦解。這些內部的衝突多半起源於宗教信仰與文化的不同，而非來自何種意識型態，而且背後都有鄰國或非洲以外強權的支持，使得它們易生難解。

至於有關非洲整體的統一與團結，這個目標也同樣已經變得曖昧不清。幾

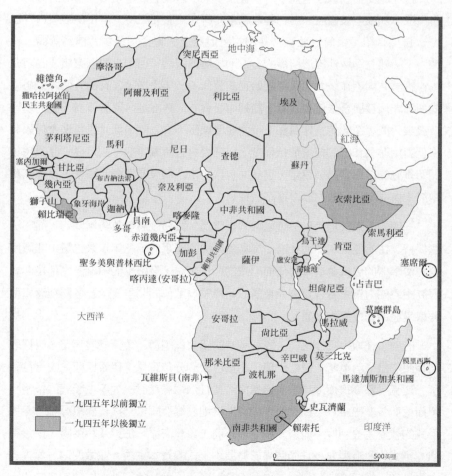

圖38-2 一九九〇年的新非洲

乎所有非洲國家都屬於「非洲團結組織」，不過其中只有少數幾個會完全遵守此組織聲明的原則行事。非洲團結組織對非洲內部的危機處理，通常都反應得不夠迅速，而且到了一九八四年時，大多數的會員國都積欠了相當額度的會費，隨之而來的結果，就是這個組織在財政上的癱瘓無能。打從一九六三年建立以來，針對例如發生在查德還有在西撒哈拉【30】的戰爭、對薩伊沙巴省的入侵行動，以及烏干達出現的騷動等這些議題，這個組織內部便浮現出深刻的分歧，以及權力集團的締結。而當這個非洲團結組織於一九八四年，承認原由摩洛哥占領的前西班牙殖民地的獨立地位之後【31】，摩洛哥就與這個組織斷絕了關係。

自從非洲獨立以來，幾乎所有嘗試組成雙邊或是三邊政治性聯盟的努力都告失敗：加納—幾內亞—馬利聯盟和東非聯邦皆胎死腹中，坦干伊喀與占吉巴【32】雖然合組了坦尚尼亞聯合共和國，但是這個聯合的聚合力極為薄弱。相較之下，建立區域性經濟組織的努力則是遠為成功：由十六個國家組成的西非國家經濟共同體在一九七八年開始正式運作，一年之後，又有由九個國家組成的南部非洲發展合作協會（以下簡稱南發會）。在增進各國於傳播、交通運輸及農業研究等領域的合作關係上，南發會做出不少貢獻，而且也幫助會員國們降低對南非共和國的經濟依賴程度。與南發會有所關聯的，則是從一九八四年開始實施的優惠貿易區協定，它一共包含了十八個東非與南非國家，目標在藉由減少海關壁壘而致力於增進區域貿易。

法國的前殖民地們仍然透過共同貨幣區、貿易優惠以及防禦條約，而與法國保持緊密的連結。然而，前法屬赤道非洲的國家們，多年以來也是中非關稅與經濟聯盟的忠實會員。對任何形式的合作來說，最嚴重的障礙一直都是非洲民族主義的力量、各會員國元首對於組織領導地位的鬥爭，以及各國在意識型態或是發展途徑上的歧異。

的確，在取得獨立之後，許許多多的國家就經濟和政治發展而言，應採取何種政府結構與策略，已然出現了相當巨大的分歧意見：伊索匹亞、安哥拉和莫三比克，都變得極度講求意識型態，並且依循馬克思—列寧主義式的策略；坦尚尼亞、辛巴威以及尚比亞，則以斯堪地納維亞國家為模仿對象，施行某種形式的社會主義制度；而奈及利亞、肯亞、象牙海岸、加彭及喀麥隆，則沒有樹立正式的意識型態，它們傾向於發展本土式的資本主義，並歡迎西方私人資本的投資。很明顯地，沒有任何一種發展形式成為一尊，就如同前殖民時代一樣，在非洲上存在著各式各樣的政治與經濟系統。

在一九六〇年代和一九七〇年代的早期，大多數非洲國家的社會主義色彩日益濃厚，並開始大幅度干預經濟活動——通常是出於對殖民式資本主義的掠奪行爲所做出的反彈。它們試圖減少大型企業中外資的持股比例，並且藉由法令加速公司經營管理的非洲化，在這樣一個過程中，各種本土形式的資本主義也遭到弱化。那些最致力於依循社會主義路線來從事經濟發展的國家，其政府採取的政策有利於國營的農業、工業以及行銷單位，而犧牲小型獨立企業家，使後者的生產力持續地下滑；但是，大部分由國家支持的企業，不只經營管理的效率低下，而且財務上都開始出現赤字。在一九七〇年代初，坦尚尼亞的總統朱利斯‧聶瑞利試圖打造一種自己獨特的非洲社會主義：他逼迫獨立的務農家庭遷入由政府出資建立的農場，亦即以「烏賈馬」（其意爲家庭）爲名的農村。然而財政拮据的政府，並無法提供確保烏賈馬生存所需的資源或管理知識，這些務農家庭在心理上感到挫折與幻滅，而且在沒有誘因之下，很多人的生產力會比耕種自己的農地時低落，坦尚尼亞非但沒有變得更能自給自足，反而從來沒有如此仰賴食物進口過。

當都市化在許多不同類型的非洲新興國家中加速發生，政治力量也開始將注意力集中至都市，重都市輕鄉村的政策也隨之出現。帶有都市中心心態的補貼、價格管制，以及過高的貨幣匯率，讓進口奢侈品變得便宜，但是也降低了農產品的生產者價格；這樣的環境又再次挫傷了小規模耕地農夫的生產動機，而當愈來愈多的農夫遷居至日漸擁擠的城市，農業生產輸出也跟著下降。這常常迫使各國以進口食物來取代當地的主要農產，而爲了支付進口貨品的價款，和促進工業化發展，又須向國際金融社會大量舉債；高漲的匯率也對出口獲利造成傷害，使得對出口產業的投資因此卻步；價格管制抑制了國內生產量，從而對走私活動起了助長之效；國家控制之外的經濟活動出現大幅成長，這種第二套——或者是說平行的——經濟活動讓國家失去爲數龐大的稅收。雖然非洲在一九七〇年就取得政治自由，但是它卻開始失去經濟獨立，以及生產出自己財富的能力。從一九七〇年代中葉至一九八〇年代中葉，每個撒哈拉以南的經濟體在幾乎所有的重要經濟層面上都呈現出衰退。

在一九七三年全球石油價格上漲，以及隨之而來西方技術、種子和肥料的售價出現暴漲之後，經濟衰退現象就橫掃了整個非洲；同一期間，農業產品與金屬——非洲最主要的出口品與外匯來源——在全球市場上的價格反而暴跌。非洲國家愈來愈難以償還對西方金融機構的沉重負債。自一九七三年起，沿著撒哈拉南部邊緣開始，並且於一九八〇年時散播至幾乎非洲所有區域的旱災，

更是讓此危機雪上加霜。在國內農業生產停頓之下，多達數百萬的人民承受到的生存考驗是如此之嚴重，以至於有為數空前的非洲人淪為難民（估計數目高達整個大陸人口的四分之一），情況在衣索比亞、蘇丹和莫三比克最為絕望，飢餓是最常見的死亡原因。即便在這樣的處境之下，人口成長率卻不受控制地升高，從一九六○年的每年百分之二點三，來到八○年代中期的每年百分之三點一，一世紀以前還只占人口中極少數的十五歲以下兒童，現在卻構成了超過一半的人口。

政治領導的失敗、貿易條件的惡化，以及還本付息的巨額成本，為經濟成長加上了嚴重的限制，並且讓國際的金融與貿易社會對非洲產生信心危機。商品價格在全球市場持續疲軟、出口獲利下跌、通貨膨脹加速、重要進口貨品成本攀升，凡此皆在一九八○年代早期令經濟發展的危機加劇。這些因素結合了高漲的付息還本支出，讓多數非洲國家沒有足夠的外匯來支持貿易活動和維持經濟成長。全非洲的外債到了一九八七年時，總計已高達二千一百八十億美金，是整個大陸年度出口獲利的三倍。此外，已經被迫免除非洲所積欠之債務，或是重新安排其清償方式的私人銀行或其他債權人，也不願意再提供更多貸款，給那些盡力去實施改革政策、努力恢復其衰弱經濟的國家。西方國家抽離非洲的經濟活動所造成的影響，隨著非洲人自己也將資本撤出而更為加重。結果，極需新資金的非洲政府們只好一邊試圖增加出口，一邊卻急劇地減少進口那些對提高生產力來說不可或缺的新機器與備用零件。而有少數國家的政府還必須同時處理像是旱災、饑荒、蝗災這類的天然災害，還有那些代價慘重的內部紛爭。

非洲的債務危機反映在實質成長率的降低、都市青年失業率與犯罪率增高、消費者逐漸消蝕的購買力，以及公共建設的惡化之上。伴隨而來的預算赤字迫使政府降低支出，大幅削減發展計畫，這些緊縮方案的要求包括：大量精簡大而無用的官僚體系；薪資凍結；以及削減會造成政治不穩定的社會服務，和減少對於主要消費用品的國家補貼。政府也被迫將國營事業或者廉價出售、或者縮小規模，甚至宣告結束。在此同時，藉由將本國貨幣貶值的手段，來孤注一擲地吸引外國投資，以及讓出口產品在全球市場中更有競爭力。

這些嚴酷的措施激怒了人民，他們已經深受過去十年間衰退的每人平均實質所得與低下的生活水準所苦。這些措施也讓當初被寄予厚望的戰後革命運動猝然告終，並且導致社會動盪不安。為了控制接著而來的動亂，多數政府變得更為獨裁，對公民權利頒布新的限制、施行媒體審查、懲罰異議學生，以及箝

制公會活動。

　　儘管如此，危機還是漸漸爲統治圈注入全新的務實精神。正當政治自由化的浪潮正在東亞、東歐及拉丁美洲蔓延，以及正當獨立非洲的創始世代自公共生活中引退，大部分的非洲國家也受到感染，試圖向單一政黨制度挑戰。甚至像辛巴威總統羅伯特・穆嘉貝，這位長期以來的一黨專政擁護者，也在該國的政治領域中開啓了多黨參與政治的大門；在辛巴威、肯亞和象牙海岸，渴望憲政改革的要求也得到相當的動能；一九八九年的納米比亞憲法，爲非洲民主發展樹立了全新標準。此外，各國政府開始對受到過度管制的經濟活動進行自由化和多元化的改革，讓其由市場力量和自由企業原則決定。經濟發展的重點，如今是放在自給自足、進口替代和小農的糧食生產。史無前例地，以改善政府服務品質和效率爲目標，而非改善其數量的努力正在展開。經濟上的窮困，以及債權人提出來的要求，逼使著即使是意識型態色彩更爲強烈，以及更爲社會主義化的國家，特別像是坦尚尼亞、莫三比克、安哥拉及剛果，也必須減少國家在經濟中所扮演的角色，並且擱置或放棄他們野心勃勃的國家指導計畫，轉而支持更加務實的路線。爲了平衡私部門方面的資助在過去的衰退，世界銀行與其他公共機構已經增加願意提供的貸款額度，給這些國家從事公共建設，以支持本土私人企業家之用。

　　一九九〇年，非洲展現出其已進入綠色革命早期階段的跡象。新式的雜種無物、耐乾旱異種栽培種子、改良的施肥法，以及更有效控制土壤腐蝕的技術，讓十多個國家的農作物產量提升。名義上奉行馬克思主義的辛巴威，在重振小農農業上創下極大的成功，同時也向白人的商業性農業端出誘因。這類農業改良的持續發展與擴大，極有可能提升非洲自給自足的能力，隨之也必然能夠帶來提高國家經濟實力、生活品質，以及公共健康等等成果。

　　一九七〇年代到一九八〇年代初期這段時間，非洲在公共健康上也有相當顯著的突破。河盲症[33]已經幾乎消滅殆盡；瘧疾與痢疾的感染率也大幅降低。但悲慘的是，這些令人欣慰的現象，卻因爲一九八〇年代愛滋病（後天免疫缺乏症候群）在非洲地區上演的毀滅衝擊而爲之黯淡。非洲獨特的醫藥、文化與經濟因素——包括長期忽視性病的傳染、傳統的家族儀式，以及大量的移民勞動人口——所交織而成的複雜環境，使得在非洲的異性戀人口特別容易感染愛滋病[34]。至一九八九年止，世界衛生組織保守地估計非洲有超過五百萬的成人和超過五十萬的兒童，已經受致命的愛滋病病毒感染。隨著死亡人數不斷增加，以及感受到此一流行病對整體社會與經濟造成的影響，愛滋病的威

脅已成為一九九〇年代的大患。

　　至於在其他的領域，非洲也往前邁進了一大步。獨立之後，非洲大多數國家投入許多的資金與精力，大舉興建國小學校，以求能夠消除文盲，今日非洲人民的識字率已大幅提升，從一九五〇年的平均百分之四，到一九八四年為止的平均百分之二十二，而且有將近十二個國家的識字率已超過百分之五十。婦女的地位也大幅提升，高等教育一度幾乎只限男性，現在則開放女性也可以入學，如此一來，婦女得以迅速前進專業職場，起而在非洲的政治與商業生活中取得領袖位置。非洲女性地位在這些領域的大幅躍進，有部分可以歸功於非洲逐漸成功擺脫由殖民教育和農業推廣工作所造成的男性偏見，由於對女性在農業發展上的重要性有了全新的認知，女性的地位和影響力遂得以提升，能夠享有的機會也因此擴大。

　　此外，在宗教與哲學方面，非洲也有令人印象深刻的發展。非洲人順利地將基督教教會的教義、領導階級的構成人員，以及禮拜儀式予以在地化。在非洲人領袖的領導之下，基督教教義變得更能令非洲人民接受，並且也融入馬克思政治的領導階層與其思想型態。然而，基督教在世俗教育中所扮演的角色則受到擠壓，因為政府嘗試在課程安排的問題上遂行其控制權，以及承擔更多在教育發展工作上的財務責任。

　　另一方面，伊斯蘭教則在信徒的人數和地域分布上，出現了大幅的成長與擴張。非洲許多國家元首都信奉伊斯蘭教，並在文化上給予當權的伊斯蘭教派獎勵措施。然而，在西非大草原地區那些情緒激動的貧民區裡，好戰的伊斯蘭基本教義派在遠離家園來到都市，卻無法取得工作的人們中，就如灌木叢中的野火一般地延燒，這些組織大都具有成員年輕、反西方、色彩極端保守，以及駁斥知識分子的特徵。各國政府皆對他們保持戒心，而且奈及利亞政府甚至於一九八〇年代早期，曾經在幾個北方主要城市中，殘忍地鎮壓麥泰辛教派的兩次反叛運動。

　　新的發展是，非洲世俗哲學的苗生與成熟，已成為一項知識性的學科。在獨立運動時代以前，非洲傳統哲學內容是由國外的基督教神學家，以及社會人類學家加以分析和記載。而建立一套新的、現代非洲哲學的嘗試，則主要是由知識水準較高的民族主義領導者發動，尤其是夸米‧恩克魯瑪、丹夸、李奧波德‧山果爾及朱利斯‧晶瑞利，他們試著恢復非洲文化的自我尊嚴。出現在非洲法語殖民區與西印度群島的黑人特質運動，也是試圖重新發現過去的驕傲，讓自己由裡而外散發自尊與自信。到了一九五〇年代，整個非洲的國家主義者

都嘗試透過脫離歐洲文化的影響，探索一些似乎專屬於非洲的文化特性，藉此重新肯定自我價值，非洲的一些哲學家將此描述爲是追尋一個純正「非洲的性格」。泛非主義在文化上是根植於十九世紀的美洲，當時他們所談論的目標是尋求全球「黑奴」【35】的統一，但是到了第二次世界大戰之後，泛非主義的性質轉而成爲以非洲爲視野中心。對於恩克魯瑪來說，泛非主義的意義也包含了一個在政治上成爲合衆國的非洲；但是對於說法語的非洲人領袖來說，它只意味著將焦點放在建立文化統一與經濟整合上。

非洲大陸也正在經歷一場文學轉型。世代與世代之間，或是傳統與非傳統信念之間的緊張對立，已不再是非洲作家想要碰觸的主題。在這個轉型過程中，非洲文學所探討的問題變得更具有普遍性，而比較不是非洲文化的特殊性，作品的基調也變得不那樣尖銳地攻擊帝國主義。黑人特質，在某些非洲作家的筆下，似乎愈來愈不是那麼重要。例如：一九八六年諾貝爾獎得主渥雷‧索因卡只輕描淡寫地指出「老虎並沒有特地去宣揚虎威的必要【36】」。近代的非洲文學作品則呈現出一種轉向內省，以及民族自我評價與自我批評的趨勢，因此更延伸爲對政府領導階層所發出的大膽批評。

非洲依然是一塊深富精神性與哲學性的大陸。或許，永遠都不會有一個能夠代表整個非洲的「非洲」哲學、「非洲」宗教或「非洲」意識型態。然而，人們還是繼續努力，將非洲的典章制度中最優秀之處，接稼至從其他文化中所發現、最好而且最適切的模式上。非洲對世界所有文明最大的貢獻，可能就是在於創造出一個具有發展能力的文化綜合體，光是這個綜合體本身，就足以作爲其他文明學習的典範。

第三十九章

東亞的爆發
Eruption in East Asia

國家要獨立，民族要解放，人民要革命。

——周恩來總理【1】

日本是世界上唯一一個不需要敵人存在的主要強權。

——馬留斯·詹森，《日本，和日本的世界》

東亞各國的近現代，是在西方探險家與商人的衝擊所帶來的刺激之下展開的。迄至二十世紀中葉，發生深遠變化的不只是這些國家的內部，就連它們與西方的關係亦然，在西方國家主要關注的領域上，東亞不再只是個邊陲，反而在某個程度上已經成為世界事務的樞紐。日本在亞太地區攫奪了龐大的帝國並且緊握不放，直到與西方頂尖強國長期角力後始敗下陣來。中國則在幾乎土崩瓦解之餘，並且還經歷了一系列的革命之後，又以徹頭徹尾脫胎換骨的體制現身，並且再次地躋身亞洲最強國家之林；不僅如此，甚至這也是中國在自身歷史上的第一次，於世界政治的舞臺上扮演一個重要的角色。

中國的民族主義與共產主義

滿人（清）王朝於一九一一年，在相對不費力的情況之下被推翻，為中國接下來一段為期不短的動亂與失序揭開了序幕，在這段期間當中，傳統的體制與文化都歷經了規模宏大的更新重組，過去中國自身的歷史上所發生過的轉型變化，恐怕沒有任何時候比起它這段近代革命時代程度更大。「中國革命」可以大致分為四個互相交疊的階段：（1）一九一二至一九一六年袁世凱的偽共和體制；（2）一九一六至一九二八年的中央政府式微與軍閥統治；（3）一九二三至一九四九年的國民黨革命；以及（4）於一九三〇年代匯集足夠能量，在一九四九年取得軍事勝利後，為中國內外帶來了根本變革的共黨革命。幾乎不具有任何正面意義的第二階段，是滿洲王朝傾覆之後必然會導致的騷亂，而第三及第四階段則具有某些共同的目標，也曾經有過一段攜手的時間，不過兩者終究演變成直接敵對之局面。

中華民國的首任總統袁世凱雖然嘗試復辟帝制失敗，不過依然維持住一個表面上統一的國家，當他在一九一六年過世後，中國則有大半落入割據的軍事統帥統治之下，雖然還有一群人士在北京保存著一個共和政府的假象，這些軍閥當中有些曾經擔任過前清官員，但是有些則出身行伍或盜賊，結集了一撮人馬之後，便接管了一省或數省的治理權，他們大多數橫征暴斂，魚肉鄉民，其暴政令中國的一般百姓飽受凌虐。中國在中央政府甚至連國內局勢都收拾不了的情形之下參與第一次世界大戰，也是導致內部混亂的因素之一。在協約國眾強權的籲求下，北京政府於一九一七年對德宣戰，寄望能因此在和談中獲得利益，然而在戰爭期間，日本卻藉機「協助」這個虛弱的盟國——出售軍事物資和擴大放款額度給中國，因而取得在中國境內的各項經濟特許權，巴黎和會協商之時，中國代表團的要求幾乎完全受到忽視，而日本也拒絕歸還從德國奪取

的山東半島。盟國列強如此苛待，激起中國知識分子與愛國人士的憤慨情緒，學生於一九一九年五月四日在北京天安門廣場示威，以及隨之而來的警民衝突和日貨抵制行動，後來以「五四運動」留名，更成為之後整個中國革命鬥爭過程的基準點。

「中國革命」的第三階段與孫逸仙的個人特質以及行動綱領密切相關。儘管民國於一九一二年肇始以來，孫文博士在其中的參與部分為時甚短，但是當他回到自己的支持者力量最為強盛的廣州之後，便帶頭針對北京軍閥政府發出猛烈的批評炮火，軍閥的興起並非北方獨有的現象，而孫文本人也依賴控制兩廣地區軍事強人的支持。他領導的國民黨【2】勢單力薄，而該黨鼓吹的議會民主原則，對這個飽受不負責任的軍事團體踐踏的「假民國」，也顯得不切實際。但是國民黨卻以驚人的速度轉型成為一個具有活力的組織，實力足以問鼎國家的主導權，達成這次轉型的動力，以及所需的組織技巧，大致上是來自中國外部，也就是由甫完成革命的俄國共產黨政權所派出的特務人員來提供。

我們可以理解，一邊面臨鞏固自己在俄國之權力的需求，一邊面對列強懷有之敵意的布爾什維克領導人士，何以會如此渴望贏得中國──同樣身處革命過程之中──的支持。當他們被北京政府拒於門外後，就找上了身在廣州的孫文博士，第三國際（共產國際）成立了遠東局，並在莫斯科創辦了以中山先生命名的大學來訓練中國革命分子，其中有些人就加入了共產黨。雖然孫文博士拒絕了共產主義，但是他一直希望獲得西方國家的支援，也對俄國提出的合作提議表示歡迎。一九二三年，孫先生與俄國特使達成了非正式的合作協定，接受俄方的協助，並且允許中國共產黨員加入國民黨，不過仍然以孫先生為國民黨的當然領袖，蘇聯政府肯認中國眼前之大事乃是完成國家統一，以及擺脫外國帝國主義桎梏，於是派出了軍事及政治顧問前赴廣州。

在莫斯科與廣州友好合作的一九二三至一九二七年間，中國民族主義的運動獲得了紀律分明的領導、清楚明確的目標，以及為數不少的群眾支持。軍閥派系那既昏庸又腐敗的統治所引起的普遍不滿；中國在巴黎和會所受的屈辱；以及列強在其勢力範圍內那無法動搖的優越地位──凡此都強化了民族主義的情緒。大戰結束後的期待幻滅感，在年輕知識分子以及下層階級中激發出一股反叛的精神，這都體現在長江流域工業都市中工會的成長、農民運動、青年運動，以及婦女解放運動中。只要有強而有力的領導，這些各種游離的元素就能統合於一場大型運動中，在一個真正屬於中華民族的政府之下，追求中國的復興與強盛，蘇聯的顧問教導了孫逸仙及其同志們如何推出這樣的領導人物。在

化名麥可・鮑羅定這位曾在土耳其及墨西哥從事搧動革命任務的老經驗革命分子指導之下，國民黨遵照俄國共產黨的模式進行了一番改頭換面。而在宣傳戰線上，國民黨推翻軍閥、建立誠信民主政府、革除鴉片陋習，及推行其他改革措施的黨綱，也透過海報、圖畫與口號，以更具吸引力的方式來推廣。

到了一九二五年，廣州已成為一個小而有力的統治中心，它有能力收取稅金、規制商業活動，同時也組訓自己的「新式」軍隊——由在黃埔軍校（位於廣州近郊）中，受歐洲軍事專家監督訓練出身者擔任軍官，而且他們都被灌輸效忠孫逸仙及國民黨的信念。這個廣州政府實際上可說是個不信奉共產主義的蘇維埃政權，此政府由國民黨高層掌控，成為中國政黨獨裁的首例。儘管廣州政府展現其魄力，卻不受外國強權們所承認，甚至連蘇俄也如此，俄國與北京政府保持著正常關係，在北京於一九二四年承認蘇聯後，還取回了部分早先所做的司法讓步，與此同時，俄國特務卻正在協助孫逸仙的團體預備推翻北京政府。

孫先生未能在有生之年親眼見到他所創建的國民黨獲得那驚人的成功結果，但是他留給這個組織一套思想教條的遺產。他最重要的作品是在國共合作期間才倉促編纂成集的，有部分還是出於鮑羅定的敦促，後者體認到這些作品在宣傳上相當具有價值，孫先生救國大計和政治哲學的主旨就涵括在著名的《三民主義》中，此書可說成了國民黨的聖經，通常以「民族」、「民權」、「民生」言之的這三項主義，被拿來連結到林肯的「政府之民有、民治、民享」理念，但是，美國人和中國人對這些語詞的詮釋卻有相當大的差異。孫文在談及民族主義時，首先指的是要將中國從外國的干預中解放出來，其次則是培養出人民對國家、而非對家族或省籍的忠誠；在民權主義中，孫文則對主權在民以及代議政府的理想感到疑慮，他認為人民在能力上並不平等，因此相信不論中西，最大的政治難題都是在探尋應如何將主權在民與專家指導結合起來；至於民生主義指的則是物質進步的必要性，並兼及社會改革——就這個部分他拒絕馬克思主義的主張，但也無法揭示任何具體的計畫。整體來說，孫先生的理念既不具有特別的原創性，也難謂非常激進，甚至不能說相當明確，在他的觀念中，民主似乎只是頗為遙遠的目標，得在革命奮鬥的終點才能實現。他將革命分為三個階段：（1）軍政時期，是建立秩序所必需；（2）「訓政」時期，致力於訓練人民，而權力則只限由革命的領袖們（也就是國民黨）擁有；（3）憲政時期，具體實現屬於人民的代議政府。

一九二四年底，孫文受一位北方軍閥之邀前往北京，但是此時他已罹患肝

癌，並於次年三月病逝。儘管他畢生充滿一連串失敗，不過當其退出歷史舞臺時，卻獲得了傳奇性的地位，並被追隨者尊爲革命之父。「孫文主義」之後發揮了遠比孫文本人更爲強大的力量，他留給人們對未來的希望，並且激起了全世界華人的發想，看見一個在立憲共和體制之下強大而自由、能夠會通古聖先

圖39-1　今日的東亞

賢思想與現代科學技術的中國，是有可能到來的遠景。國民黨珍視他的著作與演講，認為裡頭充滿真知灼見，而它們模糊曖昧的內容，也讓後人有可能訴諸這位導師的權威，來推出前後矛盾的政策。

到了一九二六年，當廣州政府羽翼已豐，足以挑戰北方軍人時，國民黨革命便進入其主動期。國民黨的部隊由青壯將領蔣介石（一八八八至一九七五年）指揮，迅速向北橫掃進入長江流域，不到六個月就征服了中國半數省分。然而，這場「懲罰性征伐[3]」的成功，卻讓黨內已暗潮洶湧一段時期的紛爭浮上檯面：有一支保守的派系對於本黨與共產黨的關係深感不安，希望徹底將共產黨員趕出去；而激進的一方則希望將黨立基在農工階級的支持上，強調具體的改革綱領以及繼續與俄國顧問們合作能夠帶來的好處。

雖然激進一派一度取得了優勢，但是其成功的前景卻難謂確定。在此時，中國共產黨僅有約五萬名黨員，雖然不滿的農民為數眾多，而且中國工聯宣稱擁有二百五十萬名會員，但是這些團體卻不足以將地主鄉紳和實業家從其根深柢固的地位上搖撼下來，也無法推翻北方的軍人政權。在軍閥部隊瓦解後，吸收其投誠者的國民黨軍隊並不願意擔任推動改革的尖兵，尤其在蔣介石的領導下更是如此。蔣介石雖然以實現革命理想為職志，但是卻厭惡共產黨人，並希望從有產階級之處獲得支持。在他的軍隊於一九二七年三月占領關鍵城市上海後，他的所作所為對未來的發展提供了一次意義重大的徵兆——在國民黨進占前，工會已經組織工人發動了總罷工，而蔣介石到來後，一面讚揚工會的勇氣，一面卻祕密與上海商會、外國租界的商業金融領袖，以及惡名昭彰的黑道幫派成員洽商，隨後於四月十二日對各工會總部發動突襲，造成重大傷亡。之後，蔣介石一邊繼續擺出革命人士的姿態，一邊卻要求上海的商界付出資金供養他的軍隊。

一九二七年，國民黨內的激進派徹底失勢，蘇聯與國民黨的同盟就此結束。四月時，一位北方軍閥宣稱其揭發了蘇聯的陰謀，襲擊位於北京的俄國大使館，並且拘捕了一些在館中尋求庇護的中國人。到了仲夏，鮑羅定與其他俄國顧問都被遣退，工會與激進派人士不是被懲治、就是被開除出黨，部分國民黨員則自願流亡至俄國。蘇聯領導人們希望透過支持一九二三至一九二七年間莫斯科與廣州間的友好合作，能加速世界革命的到來，但是這把賭注終歸落空。不過若非他們點起這星星之火，國民黨可能永遠無法成為燎原之勢。

蔣介石於上海採取的高壓手段招致了反彈，迫使他暫時辭退自己的職位。儘管這位將軍已有妻子，他仍於八月拜訪了當時定居於日本的宋嘉樹遺孀，獲

得其首肯讓他迎娶宋嘉樹的小女兒；這場婚姻爲蔣介石贏得美國方面的支持，因爲一九一七年畢業於衛斯理學院、並且信奉基督教的宋美齡，在美國華人界頗受好評，除此之外，這場婚姻還進一步使蔣介石成爲孫文遺孀宋慶齡的妹夫。（雖然自己不是基督徒，但是蔣介石保證將會「好好研究基督教」。）當他於一九二八年被重新任命爲國民黨軍隊總司令後，從此便實際掌握了該黨，並將黨內激進派人士完全清除。在保守派的領導之下，國民黨似乎終於團結起來，重拾將自己勢力推展到全國的大業，在未曾遇堅強抵抗之下，國民黨軍隊向各地民心盡失的軍閥地盤長驅直入，在一九二八年即將終了前占領北京，並將其改名爲北平（意謂「北方的和平」）。

他們將自己的首都建於南京，這也是孫逸仙於一九一一年被選爲民國總統[4]之處。橫於國民黨領袖們面前的國家重建工作，是一項從事起來比奪取政權遠爲艱鉅的任務，甚至連維持目前的勢力也不是一件容易的差事，因爲仍有未廓清的軍閥政權在中國各地苟延殘喘。國民黨向北進軍時，曾在山東省受到日本人阻擋，而日本人由於急切要保護他們在滿洲的勢力範圍，還除滅了一位以滿洲爲根據地的有力中國軍閥——在他前往瀋陽的途中炸毀他的列車。該名軍閥的兒子張學良向日本人慎重保證會維持滿洲的自治，但是人稱「少帥」的他，之後又接受了南京政府的任命，因此在瀋陽宣布易幟，並且排拒日本人的進一步入侵。儘管國民黨仍非統治全國，而且在其享有支配力的地區，其權威也有賴軍事的支持，不過該黨仍宣布完成了軍政時期，亦即孫文革命大綱的第一階段，接著要展開第二階段，也就是政治上的「訓政」時期。雖然該黨立場上反共，不過不論是黨的結構，或是在南京所建立的政府組織，都緊緊遵循蘇維埃的形式，黨的組織是由層層階級構成，從最小的單位，亦即所謂的基層黨部，到地區、或省的黨團，再到最頂端的中央執行委員會，國民政府主席和國務會議[5]成員皆由國民黨中央執委會推選，而執委會的核心成員又是蔣介石。不論在中央、省級或基層，國民政府實施的都不是民主制度，而是一黨專政。

中國在國民黨統治時代無疑有所進步，但是該政權的瑕疵也日益顯著。國民黨在掌權時期忽視了孫文在「民生主義」中所揭櫫的，改善農工大眾貧苦生活的承諾。另一方面，比起推行民主政治，蔣介石與其同志們明顯地更傾慕德國與義大利的極權體制，蔣介石政府歡迎義大利的援助：闢建機場、購入飛機以及訓練飛行員，擁護者還將蔣介石在中國的地位，與墨索里尼——這位聲稱將義大利自一次大戰後的混亂中解救出來的人——相提並論。號令著這個一

黨專政的政府，並且渴望永保自身權威的國民黨，其所採取的高壓手段不僅是針對激進分子，也及於任何反對該黨之人，遭政治暗殺者中，還包括了「中國民權保障同盟」的領導人物【6】，有一支祕密警察分隊偽裝在「調查與統計局【7】」名下進行活動。經過嚴格培訓的「青年團」——正是其將孫文的「民族、民權、民生」命名為名不副實的「三民主義」，則負責對新進黨員進行信條灌輸。就實際作為而言，國民黨政權似乎不是在讓中國人民準備好迎接民主，而是準備好迎接永遠的訓政狀態。

國民黨統治中國二十年後終究垮臺，原因有三：（1）國民黨政府無法解決中國社會的種種問題；（2）中國共產黨持續不懈的反對，而且最終還建立了與之敵對的政府；（3）因日本於一九三七年入侵而展開的長期戰爭，使中國不僅國力大耗，民心士氣喪失，更造成了混亂的局勢，正有助於共產主義的散布。幾乎打從在南京建立政府時起，國民黨便開始與共產黨進行持續不斷的爭鬥，甚至在國民黨最成功的國民政府時期也未曾停歇過。共產黨在一九二六年與國民黨決裂後便被趕入地下，但是卻在華中及華南的城市與鄉間都擴展了其活動範圍，並且依蘇維埃共和國體制建立了幾個小型政府。雖然在經過一連串戰役後，共產黨幾乎被國民黨部隊消滅，但是共產黨領袖們成功在貧農間激起革命的希望，並且將游擊戰法發揚到淋漓盡致，這些垂死掙扎讓其逆轉取得上風，而毛澤東正是這兩條策略背後的關鍵人物。

毛澤東（一八九三～一九七六）出身相對較富裕的農家子弟，青年時即展開對地主制度及父權專制的反抗。身為於一九二一年創立中國共產黨的一小撮人士之一，他不只曾經擔任國民黨中執委的代理委員，也被共產黨委以組織農民的任務。在一份於一九二七年向中國共產黨提出關於湖南（位於中國中南部）農民革命活動的報告中，提供了一些線索供我們了解毛澤東的革命策略，同時也預示了他對中國的終極藍圖。早在當時，他就已經在搧動最底層的佃農採取直接行動：（1）建立村莊合作公社；（2）拆毀寺廟，將木造偶像當柴燒；（3）威嚇與攻擊「劣紳」。他寫道：「革命不是請客吃飯……農村革命是農民階級推翻封建地主階級的權力的革命……將有幾萬萬農民從中國中部、南部和北部各省起來，其勢如暴風驟雨，迅猛異常，無論什麼大的力量都將壓抑不住。」【8】毛澤東深信：不論是誰，只要贏得農民的支持，就能贏得中國。他在這一點上，與中共及俄共的領袖們有著明顯的歧見。

因為害怕遭到蔣介石優勢軍隊的消滅，中國共產黨構思了著名的「長征【9】」，並且實際加以執行，時間從一九三四年十月到一九三五年十月，這是

一場橫跨窮山惡水，長達六千英哩的大規模遷移，也是軍事史上最驚人的英勇事蹟之一。為了在蠻荒的山野中執行一次渡河行動，二十名配備手榴彈的人員暴露在敵火下，雙手交替沿著吊橋的鐵鏈匍匐爬行了一百碼，始能從河岸此端擊退守軍。一開始雖有八萬人從蔣介石在中國西南布下的封鎖線中潛出，但是最後只有不到九千人成功抵達陝西省北部的延安，而此地也成為共產黨接下來的大本營，直到其贏得這場內戰的最後勝利為止。儘管「長征」是一次令人身心俱疲的經驗，但是它卻讓倖存者緊緊凝聚，成為忠誠與堅忍都通過考驗的團體，完全能夠倚靠自身的才智與毅力。「長征」結束後，原本只是在旁協助周恩來協調整合「長征」行動的毛澤東，已經被認同為是黨的首領，以及政策方針的指示者。毛澤東評論「長征」時，說它是「歷史紀錄上的第一次，長征是宣言書，長征是宣傳隊，長征是播種機」【10】。對於到一九三七年時還只有四萬名黨員的中國共產黨來說，延安時期是中共一段至為關鍵的歷史。缺乏資源，與中國剩餘部分又無往來，因此中共期待莫斯科能夠帶領他們，然而布爾什維克卻只做出一些自相矛盾的表示，並且未曾提供任何協助。當都市與政府的經濟機關對其仍然充滿敵意時，毛澤東所能仰仗的便是他那「以退為進」的戰術，以及直接透過鄉村維持和補充部隊的能力。漸漸地，西北部的共區具備了獨立國家的特性，有著靈活的政治結構以及組織良好的軍事單位。在擴張勢力範圍的過程中，共產黨人最重要的本錢就是他們帶來了那些南京政府曾經保證，但是從來沒有真正推行的改革，透過強迫減租、開辦土地銀行與合作社、建築水利工程、教導農民更佳的耕種及作物控制方法，共產黨成功地從國民黨手中搶得民心。此外，他們還呼籲全國抵抗日本侵略，強化了本身的立場，相對地，蔣介石由於一心一意要消滅共產主義，對日本的侵略只是略事抵抗而已。

南京政府似乎在追殺中共毫不停歇的同時，卻對日本的野心不聞不問，這點引起了大眾的不滿。一部作於一九三二年，日本已經進犯上海之後的暢銷小說《貓城記》【11】，把中國描繪成一個貓的國度，這些貓在其他小動物即將入侵之際依然束手無策，最後還自相殘殺。為了響應史達林號召以「人民陣線」對抗帝國主義與法西斯主義，中國共產黨提議與南京政府合作共同抵抗日本，但遭蔣介石拒絕。一九三六年十二月，滿洲「少帥」張學良的部隊突襲了蔣介石的野戰司令部、殺死其侍衛，最後在山洞中找到這位委員長，將其綁架。張學良公開要求停止內戰、釋放政治犯，並召開自由選舉的國民大會。蔣介石、張學良及共產黨領袖在經過兩個星期的仔細交涉後，決議於十二月二十五日釋放毫髮未傷的蔣介石，回到南京之後，蔣介石受到同志們英雄般的

歡迎；反觀張學良因為這次大膽行動而得到的「獎賞」，卻是受軍法審判，以及十年的徒刑。這項因為脅迫始能締結的中共與國民黨聯合行動的協議，在雙方互不信任之下，沒有太大的實質效果。共產黨提議將軍隊交由蔣介石指揮，以換取在這場全國共襄盛舉的戰爭中，國民黨能夠完全接受其身為伙伴的地位，也遭國民黨拒絕。不過，有可能即將面對一個統一的中國這件事，讓日本軍事首領感到擔憂，於是唆使該國政府於一九三七年七月七日在北京地區發動攻擊行動，一場注定要發生的衝突就此展開，並且很快就擴大成為第二次世界大戰。

日本軍隊一方面被裝備落後的中國軍隊展現出的頑固勇氣所激怒，另一方面也震驚於，原來帝國政府所謂的「中國事件【12】」，實際上是一場全面戰爭，遂野蠻地展開進攻。從一九三七年十二月起，日本部隊在南京展開了為期七週的洗劫擄掠及強姦屠殺，超過四萬名軍人及平民被殺，並有兩萬名少女及婦女遭到強暴。為了試圖止住日軍的推進，蔣介石炸開河堤，將黃河流路引到山東省南部，造成的氾濫雖然摧毀了超過四千座華北村莊，卻未能遏制住入侵者的洪流。可畏的日本軍事機器雖然無法征服全中國，但還是占領了沿海各城市，在各處成立地區性的傀儡政府，並且於一九三七年底迫使國民黨遷都到深遠內陸的四川省重慶。

在國共組成聯合陣線的期間——理論上就是整個對日戰爭的期間，中共在毛澤東的指揮下，暫緩大規模的財產充公動作，不過在其控制區內，仍然降低田租、推行更平等的稅制，並且剷除貪汙。該黨也在農村提供結合了政治教條與務實知識的教育，從而在共產黨與農民間培養出堅強的紐帶。在此同時，中共的軍事單位也比國民黨軍隊更能有效地與日軍戰鬥，共產黨的游擊隊滲透入日軍戰線後方破壞設施，逐漸取得對華北大部分區域的控制。反觀另一方面，即使美國於一九四一年參加對日作戰，開始提供重慶實質的軍事援助，國民黨政府卻對戰爭出力甚微。無法確保自己手下的忠誠度，並且已經決意要囤積軍事資源，以預備與共產黨人進行最後決戰的蔣介石，早在一九四一年一月對遺留在華中地區未參與「長征」的共軍發動攻擊，並殺害其三千名成員後，就已經嚴重地破壞聯合陣線的合作關係；接下來，蔣介石圍堵陝西的「邊區」政府，將為數五十萬的大軍部署在西北，以維持封鎖狀態。美國政府花了兩年努力（一九四五～一九四七），希望彌縫中國兩大敵對權力中心之間的裂縫，但是卻屢次因蔣介石不願妥協而失敗。蔣介石在與毛澤東於重慶會面後，確實曾經同意召開政治協商會議，該會議中雲集了國民黨、中共，以及包括青年黨和

民主同盟在內的幾個獨立團體代表，並要求制定憲法、組織內閣制的政府；然而這些代表們的提議卻受到國民黨中央委員會的阻撓，隨後，國民黨人自行召開了國民大會、草擬憲法，並在一九四八年重新選舉蔣介石爲總統。

在日本投降後，中國的內部衝突便點燃成全面的內戰。一開始，國民黨似乎擁有底定大局的優勢，除了因爲他們人數較多，也因爲華盛頓政府歸咎共產黨在協商中不夠努力，所以持續給予國民黨援助。獲得美軍空運協助的國民黨部隊占領了中國財富最集中的主要城市，而握有大半鄉區的共產黨也在滿洲北部建立起基地，並且不費吹灰之力地奪取了撤出滿洲的俄國軍隊所遺留下來的日本武器和彈藥。蔣介石此時犯下的戰略性錯誤，是在還沒有鞏固本身於華中的地位之前，就試圖將共產黨逐出其華北的根據地。遠比這個錯誤還要嚴重的是，他失去了平民大眾的信任，國民黨並沒有試著替在戰爭期間飽受的一般百姓減輕痛苦，反而該黨混亂、高壓又腐敗的治理，讓人民的情況更加惡化，通貨膨脹率急速飆高，讓經濟動彈不得，黨職人員卻還利用不當手段和投機方式發財致富。對日本獲勝的那一刻，蔣介石政府所表現出之無情又狂妄的行徑，給了共產黨一個輕鬆的機會來扮演拯救者：拯救這場早已遭到國民黨背叛的革命。就在國民黨人爲中國起草一份姍姍來遲的民主憲法之時，共產黨軍隊的推進也正迅速將他們逐出這個國家。國民黨的聲望已經掉到谷底，以至於當其處境危殆之時，能號召到的援助少之又少。一九四九年國民黨部隊的南撤，最終演變爲讓整個大陸盡入共產黨之手的潰敗，到了一九五〇年，蔣介石總統政府的治權就只局限在臺灣島的範圍而已了，不過，國民黨人卻將一箱箱清朝的檔案，還有無價的藝術珍品，在逃亡過程中一路帶著，或者在事先就運至臺灣，猶如是要替自己宣稱是中國大陸合法統治者的主張背書，挾其三十萬部隊之助，他們得以強行統治不情不願的臺灣人，後者有許多還因此遭到處決。

戰勝國民黨之後，共產黨領袖們很快就採取行動來鞏固他們對中國廣大地域的控制。一九四九年十月，他們宣布成立中華人民共和國，並建都北京；一九五四年，頒布中華人民共和國憲法，內容就像蘇俄憲法一樣，將議會民主的用語和體制拿來與共產黨執政的原則結合。國家最高權力在名義上歸屬於「全國人民大會」，由其負責制定法律，並選舉主要官員。憲法中包含了人權保障規定，對個人自由有範圍完整的涵蓋，但是這部憲法也賦予政府處罰「叛國者、反革命分子及官僚走資派」的權力，使得這些權利規範在實際適用方面變得裹足不前。

隨著中國共產黨上臺掌權之後而來的，就是經濟、社會及文化上的徹底變

革，給這個國家和其人民帶來了許多根本方面的轉型。「中國革命」可說是歷史上最徹底的革命之一，其某些方面甚至獨具特色，而且烙印上了主導者黨主席毛澤東的個人色彩。毛澤東將存於理論的馬克思主義適用到直接的問題上，並揉合了中國傳統文化經典的元素，除了受過中國經書教育外，他也受到所學西方哲學與政治學的影響。他的歷史觀雖然簡單，但是比起大多數共產主義的意識型態來說，卻比較不那麼採取嚴格的決定論，他一方面強調物質力量的地位，一方面也著重於人類意志在形塑事物發展過程中的重要性，主張「人類的知識，以及改變自然的能力是沒有界限的」。他援引中國的「光榮革命傳統」，向幾位先於共產黨存在的改革者和孫逸仙先生獻上敬意，並讓其遺孀──也就是蔣介石的大姨子──擔任中華人民共和國的榮譽副主席。毛澤東把中國周而復始但總是未竟全功的農民起義，包括十九世紀的太平天國反叛在內，都等同於馬克思主義教條所謂的階級鬥爭，而中國共產黨革命則是首次以農民支持為基礎，由農民階級出身的領袖來領導，並且獲得成功的革命。在這個觀點上，這次革命便與列寧及史達林的革命形成了對比，因為他們的革命給農民帶來的是財產充公和高壓強迫，中國革命目標瞄準在建立新社會，這一點與蘇聯革命相仿。但是再次地，相對於蘇聯的情形，這個激進的目標讓中國花了將近三十年的時間來追求，直到毛澤東於一九七六年過世為止。

中國的共產政權宣稱他們已經達成一個各階級的聯盟，其中包括農民、工人、小資產家以及「民族資產家」。接納後面這兩個階級，突顯出中共與正統馬克思主義之間的決裂，也顯示出他們嘗試要爭取金融與實業界人士的支持，畢竟若要支持住經濟結構，他們的合作是必不可少的。願意與新政府合作的業界人士便可取得「共產黨員」或「民族」資本家的資格，而能暫時保住資產；但是，透過課處巨額罰金，他們的財產仍然逐漸被充公，到了一九五五年，所有的產業便完全國有化了。為了符合「人民民主專政」原則，必須由共產黨中央委員會或毛澤東本人來決定公共政策、政府組織的運作方式，以及對政治辯論的容忍程度。

一九四九年起，中國的經濟轉型雖然某個程度上，僅是延續在國民黨政權之下即已開始的過程，但是與這個國家之前遲緩的經濟狀況相比，就很令人印象深刻了。共產黨的領導階層效法蘇聯的榜樣，將重工業發展擺在第一順位。資本投資所需的儲蓄取自農民，不過不是像史達林統治下的俄國將農民消滅，而是要求農民將收成的四分之一以低價賣給國家。灌溉土地的面積在一九四九到一九六九年之間增加超過一倍，從而擴大了農業的基礎。在這段時期當中也

推行了嚴格的造林計畫，不過在黃河流域透過水壩及水庫系統來終結洪氾威脅的嘗試，則未能成功。地理調查發現中國的礦業資源比之前估計的還要豐富得多，因此在蘇聯的技術支援下，中華人民共和國政府著手開採這些資源：一九七七年，中國的石油產量已與印尼並駕齊驅；中國的煤藏量排名世界第三；並且已知的天然氣存量也很龐大；並有充足的錳、鎢、銻、錫、銅、鋁礦源。近年來中國還設立了七百萬座可用低成本將動植物廢料轉化為甲烷及肥料的小型沼氣廠，以擴充其能源提供來源。一九六〇年，中國煉鐵廠所生產的鋼，已經幾乎可與當時的法國匹敵，此外電力輸出成長了十倍，鐵路長度也是原來的兩倍。中國的工廠終於能夠生產汽車、卡車、噴射機，甚至是電子、醫療及科學器材。

　　比起在工業化之範疇和步調上的變化程度更為全面的，是經歷數個階段的農業革命。土地改革的最初階段，重點單純只是沒收地主的財產而已，許多地主因此被殺；在這之後，新產生的農民地主們則被催促組成一個個公社，讓不同村莊的資源可以互相共用；接下來的步驟是推行由所有成員共有，但是接受黨員或黨的支持者指揮的集體農場。這波運動以驚人的速度，在一九五五至一九五七年間便成功完成目標——當其時，全國原由個人家族擁有的土地，有百分之九十已經集體化了。雖然由於幾乎沒有其他選擇，因此中國農民無疑是「自願」加入公社的，不過政府在推動公社時，主要也是倚賴於利用心理和社會上的壓力，採取毛澤東口中的「道理說服【13】」。沉溺於意識型態中的共產黨領導人們，一直不斷試圖要將經濟發展，與思考模式和社會行為的改造結合，由於這原本就不是一件容易的事，再加上這些人在相關策略上彼此意見分歧，官方政策也就常常朝令夕改，令人不知所措。赫魯雪夫領導之下那被稱為「蘇聯解凍」的鬆綁政策，在中國也有其變生物：希望爭取知識分子支持的毛主席在一九五六年三月的一次演講中，呼籲「讓百花齊放」、「百家爭鳴」。但是，當人民對此的反應是表達出普遍的不滿，北京的大學生在「民主之牆」上掛上海報，要求更多的自由，共產黨卻發起一次肅清運動，將三十萬名知識分子安上「右派」之名，並使其永遠不得翻身。毛澤東這種頑固追求意識型態目的的風格，不只一次危及中國革命的正面果實。他於一九五八年發起所謂的「大躍進」，下令農村公社和集體農場要合併為「大社」，以具體實現資產為全體人民共有，而非為單一社團擁有之原則，這些大社【14】的目標在於提供機動的勞動力，以試圖實現一個野心過於龐大的計畫：迅速工業化以及增加糧食產量。雖然「大躍進」的內容包括灌溉工程方案，而且在尋找提供生產原子彈所需的鈾礦時，發現了新的礦物資源，但是它終究是場浩劫。地方指揮者的

麻木不仁和愚昧無能，以及久久不退的旱災肆虐，讓糧食出現短缺、勞工沒有動力，並且耗盡工業資本。饑荒在一九五九到一九六二年間奪去了二千萬條人命。迫於大幅修訂其政策的政府當局，於一九六二年時宣布其有意在短暫的未來內，將農業擺回第一順位。之後，人民公社的規模遭到縮小，地方生產隊取回某個程度的資產所有權和經營權，農民也允許可以在小片的私人土地上耕作，並且在開放市場上出賣其收穫。

在因為大躍進未達成效所造成的混亂期間，毛澤東被迫放棄國家主席的職位，而依舊保有共產黨主席之位的他，則悄悄運作鞏固基層對他的支持。他在這段辛苦努力期間的盟友，乃是國防部長兼人民解放軍主席林彪，林彪贊同毛澤東的極端激進思想，將其灌輸給軍隊，並且暫時解除所有高階軍官的職銜。一九六三年，林彪出版《毛語錄》，這本「小紅冊」在軍隊和在全國民眾中，都成為強而有力的宣傳工具。一九六五年，毛澤東認為自身勢力已經足夠強大，可以再度嘗試去創造一個徹底平等的社會，遂發起了「文化大革命」，這場鬥爭使中國陷入數年的狂亂之中，一直要到毛澤東逝世以後，才終於得以完全平息。由於黨內領導者之間，不管在手段上還是在目的上都存在著歧見，文化大革命於是揭開了一場權力鬥爭：一邊是決心在黨堅定的督導之下，增進中國經濟和軍事力量的務實派；另一邊則是視改造社會為首要目標，為此願意犧牲效率和紀律的毛派。毛澤東指責蘇聯領導人們對於建立無階級社會的目標停滯不前，並且抨擊黨內所有那些露出屈從於資本主義甜頭的人是「修正主義者」。他擔心物質方面成功的願景會導致努力就此鬆懈，這是潛力尚未開發，而且軍力薄弱的中國所負擔不起的；他擔憂官僚體系日益僵化和自滿的傾向，會製造出「專業的」管理菁英，而非「赤色的」管理菁英。早在一九五八年時，毛澤東便已經詳述他的「持續革命論」：「我們的革命如同戰爭。勝利後我們必須立刻提出新的任務。如此幹部和群眾……將永遠充滿革命的熱情。」

隨著文化大革命揭開序幕，大量的官員遭到逮捕、降職，或被迫為「享樂主義」、「修正主義」、「反黨活動」或「走資本主義道路」等罪名公開懺悔。這波清算連高層人員也成為目標，包括長期被視為毛澤東的當然接班人，自一九五九年起便擔任國家主席的劉少奇。當規模漸增的清算運動面臨頑強的反抗時，毛澤東轉而煽動全國青年要勇於展開自己的「長征」，並且「由大破大立」，他關閉學校，鼓勵學生自我組織紅衛兵單位（一九六六年八月正式於北京創立），盡心盡力去找出任何革命的敵人。中國面臨前所未有的驚人情景：青少年組成的暴民譴責其師長，搗毀古蹟，入侵私人住宅，大聲疾呼地要

求必須堅定不移地效忠毛澤東思想——此時，毛澤東的看法已是取消所有私有財產，不論是農民的小片田地、還是銀行存款的利息。毛澤東催促設立成員包括黨員和非黨員的革命委員會，由他們來掌管工廠、地方和省級政府，到了一九六七年，北京政府的外交部也被這些激進分子所把持。此外，他希望以彈性但一統的國政體制，取代當時中國正在建立的蘇維埃式黨國二元體系。

　　爲了嘗試達到如此激進的目標，導致了幾近無政府狀態的混亂局面。主要工業中心罷工、交通系統瓦解、農村地區混亂遍布，皆令中國的經濟收益岌岌可危。數百萬城市居民被迫下鄉，藉由體驗農民生活來自我清算；數以千計的知識分子被活活打死、或者在之後因傷過世，另有許多則是選擇自殺；珍貴的圖書館被搗毀；藝術和文學活動受到限制。毛澤東的第三任妻子【15】，過去曾是女演員，對政治相當狂熱的江青，以文化判官之貌，將中國這座大舞臺布置成粗鄙的政治宣傳場景。中國既身受自己招致的創傷煎熬，在外交上也陷於孤立，甚至受到共產世界的排擠。

　　當革命的暴力事件終於導致某些省分爆發內戰後，毛澤東和周恩來命令人民解放軍（在這段動蕩期間都受命保護重要設施的安全）出手恢復秩序，政黨路線也轉向譴責那些極端主義者。在解放軍完成上述任務之後，毛澤東開始極欲削減它的影響力——這點可以對林彪的突然失勢做出部分解釋，不久之前，毛澤東還聲稱林彪是他「最親密的同志」，以及指定的接班人。但是，一九七一年九月，被指控密謀行刺毛澤東的林彪，在和妻子搭機欲逃離中國時，於蒙古墜機身亡。

　　雖然造成大量生命和財產的損失，而且在全國人民的心靈中留下恐懼的陰影，但是文化大革命並非如某些評論家所想像的，徹頭徹尾都是場災禍。在此內部局勢混亂之際，中國科學家們卻成功製造出氫彈（一九七六年），時間遠早於西方專家所預期。經濟於一九七〇年代重新出現成長，外交關係也回復。雖然毛澤東努力追求的徹底平等未竟其功，但是中國社會——是全世界這幾個世紀以來最穩定的社會之一——已經有了深刻的改變。

　　中華人民共和國政府所面對的難題中，有一項極爲棘手，不過與意識型態爭議無關的是：如何養育爲數如此眾多而且一直持續增長的人口。儘管努力推行節育政策——包括提供避孕措施和家庭計畫課程，鼓勵晚婚，甚至限制夫妻只能生育一名小孩，中國人口依然於一九八二年達到十億的指標。即便中國的耕地低於全國總面積百分之十五，卻有約百分之八十的人口是農村居民。與先進的西方國家或日本相比，中國仍處於相對貧窮狀態。年度國民所得可能還沒

勝過印度，不過財富沒有聚集在社會頂層，反而平均分散，這點使得中國人民中的大多數，在基本物資需求方面的處境，比起前幾個世紀有所改善。比以前進步的衛生水準、擴充的醫療設施和教育宣導活動，成功展現在撲滅鴉片煙癮、打擊賣淫和公共衛生水準提升等方面。藉由提供少量技術純熟的專業人士，搭配具備入門基礎的實習人員，政府足以提供孩童照護中心、醫院和行動診所服務，而且採用的藥物和技術不只來自最先進的西醫，也包括傳統悠久的中醫。廉價租金、免費醫療服務和殘疾與退休撫恤金等制度，則對勞工薪資過低的問題有所彌補。

個人自由爲了拔除地主和資產階級統治的制度而付出了沉重的代價。共產黨領導人對於動用物理性力量不會有所顧慮，但是「勞改」才是對付異議分子最典型的手段，而且全國人民都暴露在完全由政府掌控的輿論媒體所致力施行的政治洗腦教化之下。毛澤東相信去改造人性，塑造出會出於本性地把社會利益擺在第一的「新人類」，是件可能的事；並且他希望在黨的領導人與群衆之間，創造出一個直通直達的有力關係，而廢去介於兩者之間的層層機關。然而，這個烏托邦式的目標並無法防止官僚管理階級的興起，後者根據受「天命」託付的仁德政府，可以對順服的人民行使絕對的權力，這項古老原則——雖然是其二十世紀的版本——來取得統治的正當性。

共產黨革命造成的種種社會變化中，最重要的便是獨立核心家庭，取代歷史悠久的父權家族結構，成爲社會基本單元，使得更大的社會流動性成爲可能。與此相關者有一項改革，一直以來都在理論中被提及，但是卻只有部分眞正實現，那就是女性的解放。在共產主義之前，以及早期共產主義的改革者，包括毛澤東，都嚴厲批評傳統社會中，女人面臨的壓迫和虐待，共產黨也將建立兩性平等當成黨的基本目標之一。但是，傳統習俗是如此根深柢固，加上宗教信仰的助長，使得即使將男女平等規定爲法律，此一根本的變革還是遭逢反抗，農夫們害怕女性解放會讓他們失去妻子所提供的服務，共產領導人們於是退縮，因爲他們不想得罪這個提供其主要支持的階級。一九五〇年那部事先廣受宣導的婚姻法，賦予妻子跟丈夫一樣擁有離婚權，一年之內，就有將近一百萬名婦女抓住這個契機離婚——這是一項令人印象深刻，突顯出中國家庭不和的證據。中國婦女完全可以自由地進入勞力市場，並且許多有天賦又有膽量的女性，都爲革命的成功貢獻了一己之力，甚至擔綱重要的角色。但是，大多數領導位置都保留給男性，通常是由丈夫的工作，而不是妻子的工作，來決定一對夫妻的居住地，並且普遍是偏好有兒子，勝過於生女兒。法律規定也未能成

功消除實際上發生的虐妻、強迫結婚以及買賣新娘等行為。

共產黨政權統治之下，中國文化的轉變雖然既廣泛深遠又具革新意義，但是其中某些領域或部分，代表的其實是一些更早便開始推動的計畫，終於在此時開花結果。一九二○年代的「文學革命」，讓白話文成功取代古老艱深的文言文，成為現代作家的表達途徑。共產體制之下的語言改革，涉及書寫字體簡化，和採用一種使用羅馬字母——據稱是更為接近音譯念法——的「拼音」系統，來取代傳統的「威妥瑪」系統。舉例來說：北京的Peking，用「拼音」系統要寫成「Beijing」，而南京的Nanking則要寫成「Nanjing」。長久以來，自由派知識分子一直呼籲要對經濟和政治秩序進行大幅地重整，他們嚴厲地攻擊其中不公不義的部分，著名的小說與散文作家魯迅於一九二○年代早期的作品中，便譴責中國文明是「禮教吃人」，亦即是「為有錢有勢者準備的人肉盛宴」。但是當共產黨掌管了革命力量後，便即扼殺自由的個人思想表達，不論內容是否是對舊秩序進行批判。

文化大革命期間，一方面西方的藝術、文學及音樂被貶為是汙染心靈之物，另一方面中國自己的文化遺產也同樣遭受批判。毛澤東抨擊孔子是保守的蓄奴貴族制度護衛者，而讚揚擁護專制秦始皇的法家學者。教育不可避免地受到革命不停變動的浪潮所重創。毛澤東徹底否定從士紳中提拔學術菁英的古典中國傳統，他強調結合理論與實務的必要，訂下「半工半讀」的計畫，並且將青年從都市的教室裡，送到田畝間與農夫一同工作、向農夫學習。於文化大革命期間受到關閉正規的學校，一直要到毛澤東死亡後才恢復正常運作，目前大約有百分之二十五的中國人口仍然是文盲。

由於中國在這樣一個極權主義政權之下快速地統合，亞洲地區的權力版圖因此出現劇烈的變化。共產黨仗恃手下人數龐大的軍隊，在那些於清朝衰敗過程中失去的重要地區，重新建立起中國的管轄範圍。雖然蒙古變成一個獨立的共和國，並且進而與蘇聯建立邦交，但是中國在西域仍然保有新疆，也將軍隊進駐西藏。在提升中國國家聲望的同時，共產黨擺出一副帶領亞洲人抵抗西方帝國主義的姿態，援助在馬來半島與英國對抗，以及在印度支那與法國對抗的革命運動。

對共產政權而言，一開始最大的外在威脅似乎來自於美國，因為美國在國共戰爭中從頭到尾都支持蔣中正，還資助他在距離大陸約一百英哩處的臺灣島，建立一個擁有六十萬人部隊的軍事基地。令美國感到挫敗，亦讓中國喪失近一百萬人性命的朝鮮戰爭（一九五○～一九五三），更加深了中美【16】彼

此的敵意。由擅長煽動群眾的威斯康辛州參議員約瑟夫‧麥卡錫所領導的反共產主義聖戰，也使得美國國務院失去了一群最知曉中國情況的亞洲專家。自由派人士與祕密共產黨員害美國「失去中國」的這項指控，迫使繼任的華盛頓政府不願在外交上承認中華人民共和國、杯葛其進入聯合國、對中國施行貿易禁運，並且建立環繞東亞地區的軍事基地。美國希望透過這樣一個由防衛同盟交錯而成的網絡而落實的「圍堵政策」，能夠將中國孤立，實際上與此同時也斷絕了自己國民跟中國這個重要國家的往來機會。

當中國與蘇聯同時遭到孤立——後者由於冷戰之故，疏遠了其舊日的西方盟友，這兩大共產國家在感情上與意識型態上的聯繫，在一開始自然有所加強。一九五○年，兩國代表簽署了「友誼、同盟及互助」的三十年條約，使得蘇聯與國民黨於一九四五年簽署的條約作廢；中國於一九五四年的憲法序言中，也重申中蘇之間「牢不可破的友誼」；中國深切仰賴俄國提供其經濟發展所需的技術援助。然而，一九五○年代末，兩大共產強權之間卻明顯出現背離，兩國的歧見很快就導致雙方在外交與經濟關係上皆出現惡化。中國怨恨俄國未能完整實現協議中提到的援助內容，其中包含俄國應協助中國發展原子武器的承諾；至於其他因素，則是源生自權力政治所不可避免的對立關係，以及雙方對國家疆界範圍互相衝突的野心。中國暗示將會不顧俄國的固有利益來回復兩國國界的原貌，而且雙方都在從中亞到滿洲綿延五千英哩長的共同邊界上，部署了大批軍隊。一九六九年，中俄兩國的軍隊在西域的新疆，以及沿著位於東北的烏蘇里江，都爆發過激烈的衝突。兩國對彼此最根本的不滿，其實源自於意識型態。中國共產黨指控俄國遺棄了抵抗帝國主義之世界革命的志業，並譴責赫魯雪夫的和平共存政策，莫斯科與北京雙方的絕裂——一邊是舊革命的後繼者，一邊則是相較之下仍然很新興之革命的領導者，反映的正是兩邊觀點上的歧異。在毛澤東看來，如今是富足國家的蘇聯已經向修正主義低頭，而且為了自身安全和滿足消費者的需求，蘇聯也選擇了一條擁抱資本主義強權的安逸之路。

毛澤東與他的同志們努力避免與任何其他國家產生高度依賴關係，不論是否為共產國家。（俄國在一九五○年代的主要援助形式為貸款，而這些款項都已償還。）和蘇聯於一九六○年代初的斷交，以及在幾年之後面臨的內部動亂，幾乎讓中國陷入徹底的孤立。但是，隨著其於一九七○年代回復較為溫和的政策，北京政府修補了與外界破裂的外交關係，並且開始迅速地贏得愈來愈多國家的承認。一九七一年的中美恢復外交往來，還有同年的成功加入聯合

國，以及取代中國國民黨政權成爲聯合國安理會常任理事國，都生動呈現了中國的孤立狀態已告終結。

　　諷刺的是，重新與中國修補關係的那位美國總統，是在反共聲浪的喧囂中發展出自己的政治生涯的。尼克森總統之所以決定與長久以來的意識型態政敵，建立起友好關係，有部分是著眼於有機會創造更多的貿易契機，有部分則是希望藉由拉攏蘇聯已經絕裂的前盟友，好創造出與蘇聯交手時的優勢。無論如何，中國已是個不能再加以忽視的國家，因爲它已經成爲擁有核彈與飛彈的軍事力量。一九七二年的高峰會議並未達成正式的外交承認，但是二月二十八日於上海發布的聯合公報，內容便含有雙方應合作努力使關係正常化，並減緩亞洲地區，包括印度支那的緊張局勢。但是，有一個關鍵的問題仍未解決：中國方面的條款是「臺灣的解放是中國的內政問題」；美國則重申「支持兩岸和平解決臺灣問題」以及「將所有美國武力與軍事設備撤出臺灣的終極目標」。

　　臺灣問題說來話長，無法在此詳述。自從一九四九年，蔣介石和其戰敗的軍隊撤退到這個小島之後，它就一直是北京政府最苦惱的問題，而且也是與美國爭執的主要來源。因爲美國依然與蔣介石保持結盟，承認蔣介石在臺北的這個名爲「中華民國【17】」的政府，供應其武器與金援，並且以「放任」蔣介石的軍隊反攻大陸作爲某種威脅。在某個觀點上，共產黨和國民黨都同意臺灣是中國不可分割的一部分，他們不同意之處在於：是臺灣被分割出去，還是大陸被占據。雖然身處於緊張的國際局勢中，臺灣的經濟卻開始起飛。國民政府挾其武力，取得統治臺灣人民的地位，其統治氣象正是當初在南京培養出之一黨專政的延伸。不過，雖然蔣介石搞砸了治理中國的成績，卻在臺灣大獲成功。在美國的投資，以及世界銀行信貸的協助之下，國民政府的中華民國維持住高度的經濟成長率。在一九五二到一九七八年之間，臺灣的國民生產毛額增加了將近二十倍之多，國民平均年收入也從一百四十八美元提升到一千三百○四美元，讓臺灣躍升爲東亞國家的第三名（僅次於日本和新加坡）。這段期間，儘管本土臺灣人士（約占島內一千七百萬居民中的百分之八十五）只擁有相當有限的政治權，而且受到戒嚴令的約束，他們還是因爲提高農民土地所有程度的土地改革政策而受益，也共享了農業和工業發展所帶來的物質進步。臺灣社會的財富分配非常平均，而且雖然比起中華人民共和國的姊妹們，臺灣女性享有較少的自由，但是臺灣人卻比中國大陸享有更優渥的物質生活。因爲擁有相當規模的軍事力量，以及活躍且技術先進的經濟，臺灣具備了許多獨立中產階級勢力的特質。然而，因爲臺北和北京政府兩者既定不變的政策，臺灣要

取得政治獨立（這是本土臺灣人士可能較希望看到的）是談都不必談的。儘管北京和臺北政府之間充斥著敵對意識，他們的社會還是因爲逐漸擴大的經濟往來而互相影響，此時正好也是臺灣社會的緊張局面獲得舒緩之際——蔣介石之子蔣經國擔任總統時，以臺灣人李登輝爲副總統；在蔣經國於一九八八年逝世時繼任其位，並當選國民黨主席的李登輝，也開放了准許前往中國探親的政策；而且有一些臺灣企業在大陸成立分公司，利用當地廉價的勞工供應獲利。

一九七八年十二月，卡特總統突然宣布其有意與臺灣政府斷交，並廢除兩者於一九五四年簽訂的共同防禦條約，隨後在隔年的三月，便正式與北京恢復正常外交關係。而美國國會於一九七九年四月通過的臺灣關係法，多少緩和了這次政策逆轉一開始所引起的震撼，該法規定，任何嘗試以和平手段之外的方式決定臺灣未來的舉動，都會受到「美國的嚴重關切」。斷交並沒有對臺灣的經濟帶來負面影響，一九七九年的頭四個月，臺灣的國際貿易額比前年同期提升了百分之三十六，而與美國的貿易額則提升了百分之二十，美國與臺灣之間每年有接近一百億美金的貿易總額，是美國與中國的十倍。

在一九八〇年代的十年間，求新求變的中國領導人們試圖要一邊促進內部發展，一邊讓這個國家完全成爲國際社群的一分子，對外政策的變更意味著在某些方面要背離毛澤東的訓示。根據「三個世界論」——大多數都以爲是毛澤東所提出，但它實際上是周恩來的構想，兩個超級強國構成第一世界，其他西方和東方先進工業國家構成第二世界，而未開發的前殖民國家則是爲第三世界。雖然主張自己仍爲第三世界的一員，中國也開始積極地與第二世界的國家建立關係，這不僅是其與蘇聯對抗的面向之一，另一方面也是爲了加速工業發展。

中國共產黨針對經濟發展所制定的議程，具體的目標稱爲「四個現代化」：也就是農業、工業、軍事和科技的現代化。由於從毛澤東去世前夕即已在發酵的內部衝突並未獲得解決，使得這條預定的路線遭遇到更多的困難。周恩來總理於一九七六年一月逝世，他雖然比不上毛澤東那樣受人敬畏，但是卻擁有優秀的品格和一流的外交手腕，所以更受到中國人民發自內心的愛戴，他的逝世於是引起了廣泛的哀悼。同年四月，有一場紀念周恩來的示威活動在天安門廣場舉行，但是毛澤東視此爲政治異議的表現，於是以公安鎮壓，並且將負責在周恩來的喪禮上發表悼詞，同時也是周恩來的子弟兵鄧小平予以罷黜。由毛澤東一手提拔，維持著激進路線的華國鋒，則在一九七六年十月就任黨主席兼軍事委員會主席，但是他必須在沒有毛澤東的繼續支援下面對政敵，因爲毛澤東已在他上任前一個月逝世，長眠於天安門廣場。之後，鄧小平的派系逐

漸讓華國鋒失去其影響力，華國鋒於是在一九八一年放棄主席職位，淡出幕後。

　　屬於務實主義者的鄧小平，在兩次遭到毛澤東整肅之後，依然能站上權力中心，似乎象徵著政治環境從意識型態，往追求實效、強調務實改革，以及化解毛派分子與異議分子之間宿怨的方向轉變。鄧小平的親信是擔任科學院書記的胡耀邦，以及讓因為文化大革命而荒蕪的四川農業回復生產力的趙紫陽。公眾對於動搖社會之恐怖統治所懷抱的怨恨，在鄧小平所鼓動的大規模示威活動中爆發，文化大革命的英雄遭到辱罵，受害者的名譽被恢復（有些人只能以死後追授獎項的方式為之了）。當時被推翻的國家主席劉少奇，雖然在一九六九年便已去世，可是十年來他的妻子與子女繼續遭到迫害，如今卻因為他的「大公無私」與「品德高尚」而受到讚揚。藉由把已經死去故不能構成任何威脅的劉少奇，塑造成無產階級正直的象徵，新的領導人希望能因此鞏固自己的地位，同時提高共產黨官僚的聲望。

　　一九八一年一月二十五日，長達六十七天轟動全國的人民公審結束，十名被告被控於文化大革命期間殺害了三萬四千人、虐待或迫害數十萬人，以及陰謀毒害周恩來和消滅毛澤東。被安上惡首之名的不是別人，正是毛澤東的遺孀，那令人恐懼與怨恨的江青——惡名昭彰之「四人幫」的公認首領，「四人幫」已經變成文化大革命失控暴行與失敗結局的代罪羔羊。江青在指控者和法官面前，那輕蔑且目中無人的言詞和情緒爆發，為這場原本會是沉悶而且排練有序的審判「表演」，注入了一些刺激的元素。她被判死刑暫緩執行，二年後再改判為無期徒刑。為了在不批評始作俑者的情況下，將自己與文化大革命畫清界線，新領導者們在一九八一年發表了一份對毛澤東的正式評價，承認「偉大的舵手」在百分之三十的時間中是錯誤的，申明他的錯誤是第二位的，功績是第一位的。

　　鄧小平和他的幹部將內部秩序、管理效率以及加速經濟發展訂為目標，為了達到這些目標，他們試圖改善與外國的關係。在一項一九八四年與英國磋商達成的協議中，明確載明了英國統治香港的權利，當條約於一九九七年到期時，應將香港交還中國；而回歸後的五十年內，香港會作為「特別行政區」，在此期間將繼續維持其資本主義經濟和英國法律制度。這項承諾並無法掃除香港居民心中的憂慮，許多人因此試圖移居他鄉。

　　為了刺激經濟快速成長，中國共產黨放鬆管制，給予個人更大範圍的自主權。人民公社於一九八五年時被廢除，農夫被允許與國家商談合約，賣出剩

餘的生產以換取現金；報紙頭條鼓吹：「勤勞致富」；一九八四年，共產黨歷史上第一位百萬富翁——一位農夫——獲頒匾額。共產黨如此劇烈地轉換路線，讓相信中國只能經由自己的努力求進步，堅持為了全體福利必須犧牲私人利益的廣大人民，產生相當大的困惑。如今黨的發言人公開表明「無產階級可以也必須向資產階級學習」，向資本主義國家尋求技術面的協助，開放遊客前來中國觀光，而且開始謹慎地接受外國的投資與存款。經濟限制的放鬆帶來了一些新的問題。隨著公社被分成小片私人土地，造成無法施行機械耕作，而且許多農夫將穀物轉為現金獲利更高的農作物，例如：糖與菸草，農業產量於是出現下滑；擁有私人土地的農人想要有更多兒子來幫忙耕作，阻礙了一胎化法律的實際執行；文化大革命期間被送到鄉下的青年再度回流至都市後，卻已尋找不到工作機會；國外注入的資本並不夠促成工業的快速發展；在人口持續增加，但是大多數人依舊處於貧窮的同時，卻有一些人利用成為個體戶的新機會，而能獲取大量財富。貪汙的情形遍及整個中國共產黨，使得政府上梁不正下梁歪。而共產黨政權的最大威脅，就是被經濟自由化所燃起的，愈來愈高的要求政治改革聲浪。

一九七八年十二月，一張貼在學校牆上的海報頌揚民主為「第五個現代化」，海報的作者魏京生曾經是一名紅衛兵，他仍保有對社會主義的忠誠，只是宣稱民主是滿足現代化的必要條件。隨後天安門廣場發生示威活動，政府逮捕活動領袖——包括魏京生，並將其判處十五年徒刑。在不到三年之前，因為煽動示威行動而受到共產黨懲處的鄧小平，如今也處罰向他示威的人，引起一位匿名作家的刻薄評論，揶揄官方是被「幾行文字、幾聲吼叫」「嚇得方寸大亂」。隨著黨內黨外的知識分子大聲疾呼，要求一個開放的社會和摒棄僵化的教條，政府政策卻在改革和保守之間來回擺盪。向自由市場經濟靠攏的傾向依舊持續，這點可以由是否將鐵路經營權移轉給私人企業的提案看出。人民解放軍的員額縮減，並且允許從事國際軍火交易，而販售「蠶式」飛彈給伊朗和伊拉克。然而經濟試驗並沒有改善窮苦家庭的處境，通貨膨脹率於一九八八年達到百分之二十，糧食短缺更使得基本日用品配給制成為必需。一九八六年底，大型示威行動出現在北京、天津、南京和上海——上海這場共有三萬名學生參加遊行，預示了三年後，在首都達到最高潮而爆發的大事件。

一側是毛澤東高掛的肖像，一側即正對天安門的天安門廣場，在一九八九年春天成為民主擁護者的巨大講壇，由學生領導的示威群眾雖然喧嚷但仍和平，並於五月增加至超過一百萬人，針對政府對其請願冷漠以待，三千名學生

展開了絕食抗議。值此混亂之際，蘇聯共產黨主席米哈伊爾‧戈巴契夫出訪北京，此行的任務只關乎盡力修補這兩個共產國家之間的裂痕，然而他來訪的時間點卻讓中共當局頗為尷尬，因為當戈巴契夫在東歐廣開自由大門之際，中共在東亞卻將其緊閉。在宣布戒嚴後，鄧小平和總理李鵬派遣老練的部隊包圍城市，命令其執行鎮壓示威行動的任務，方式則是致命的武力——數百人因此喪生，另外造成數千人受傷。六月四日的屠殺過後，政府緊接著逮捕倡議民主運動的領袖，處決其中的許多人，並且試圖追捕藏匿國內或潛逃出國者來加以處罰。雖然世界輿論對此次不分青紅皂白的殘酷行動感到震驚，但是正如這些凶手們所預計的，外國政府介入或因此採取反制行動的可能性果然很低，英國和美國在向東歐政治自由的曙光喝采之際，似乎卻對發生在中國的鎮壓事件相當不以為意。反觀被圍困的學生們，當初還在天安門廣場豎立自由女神像的複製品，作為對西方民主的高度崇敬。北京政府對戈巴契夫在蘇聯的改革，和西方風格的民主政治不屑一顧，持續迫害持有異議者，緊收黨紀，並且宣布計畫縮減高等教育經費，將其用在初等教育階段，使年輕人擁有基礎的勞動技能，同時替他們打上對付反抗病毒的預防針。

　　年邁的鄧小平展現其不容妥協的保守色彩，似乎是在重複其老對手毛澤東的行為模式。毛澤東在搧動而後遏止那次全民起義的過程中[18]，犧牲掉他的同志劉少奇和林彪；相似地，鄧小平也背棄了伴隨他崛起的兩人。反對因為黨的教條而妨礙科學研究自由的胡耀邦，在黨的壓力之下於一九八七年一月時辭去職位[19]；趙紫陽也由於傾向於與學生對談而非對其開槍，使得自己總書記的位置於一九八九年為強硬派人馬所取代。當中國邁向二十一世紀之時，似乎在擺脫停滯不變和半封建色彩之過往的同時，也一併拋棄了自由社會的願景。為時長久而過程曲折的中國革命，最終結局是否會是一個令這一切失去意義的專制統治？又或者那富有生氣但飽受威嚇的人民，可以突破重重藩籬，在歸國流亡者的幫助下，繼續完成那項重責大任——建立一套融合社會主義與民主政治的社會秩序？只有未來才知道答案。

日本帝國主義的顛峰與其新時代的序章

　　二十世紀初期，當中國仍處於革命紛擾的年代之時，日本則享有相對穩定的環境，國力也日益繁榮。標示著所謂「明治維新」的各種轉型，在並未嚴重紛擾日本社會結構的情況之下即成功完成。日本在一九一四年之前即已擴張自身領土，取得可以作為強大工業經濟發展的基礎，最終來到可以試圖稱霸東亞

的地位。

　　日本政府於一九一四年加入對德作戰，名義上是出於英日的同盟關係，實際上則是爲了奪取膠州灣，以及德國在山東半島的租界地。此外，抓住中國的屢弱，還有西方強權紛紛捲入那場歐洲大戰而浮現出的契機，日本還奪取了德國位於太平洋赤道以北的那些前哨基地：馬紹爾群島、加羅林群島、馬里亞納群島。

　　日本在經濟和外交上的同時施壓，是項如何成功的策略，正展現在一九一九年的巴黎和會上。當時中國代表理所當然地要求日本將山東交還，這個要求也完全符合威爾遜原則的精神，但是日本拒絕配合，威爾遜對此也未加深究。之所以如此，有部分是因爲日本另一項較無爭議性質的議案遭到否決：日本要求和會能做出一則符合「各國地位平等，並應公正對待各國國民」之原則的宣言，然而由於英美兩國擔心此類宣言會與它們限制東方國家移民的政策相衝突，因此在這項提案送交國際聯盟委員會表決時，對其投下反對票。與此同時，它們便在山東問題上向日本讓步；除此之外，還允許日本以受國際聯盟委託之名義，保留從德國手中奪取的北太平洋諸島。

　　日本雖然嘗到了帝國主義的甜頭，但是第一次世界大戰之後的日本，似乎是往開明的方向前進，不論是在國內事務、還是在國際關係上。短暫盛行於大部分西方世界的反戰情緒，在日本也可以看到，雖然程度較輕微，但是仍激起一些厭惡及反對軍人主政的聲浪。大戰期間，日本和西方最首要的民主國家連成一線，成爲巴黎和會的「五強」之一，而且有別於威爾遜自己的美國，確實簽署了凡爾賽條約，加入國際聯盟。日本在過去歷史上已經有兩次，展現出他們確實有能力去接納在他們的認知當中應該是全世界最有力、最先進的體制，而戰後日本有許多的領導者都接受了這樣的想法：亦即若要在二十世紀中求進步，則民主政治是不可或缺的。實行專制和軍國主義的德國以戰敗收場，獨裁的俄國皇室遭到革命推翻，而一些國力明顯較弱小的民主國家卻成爲勝利者，這些事實都在日本政治家們的心中留下深刻的印象。而且，雖然在他們之中，只有非常少數才稱得上是徹底而完整的民主人士，但是他們至少都希望，能和這些在當時似乎主導世界命運的民主國家保持友好關係。

　　一九二〇年代的大部分時間中，日本的國際政策整體而言是偏重和解色彩的，就如同在一九二一至一九二二年間的華盛頓會議中所呈現出來的那樣。該會議促生了「海軍軍備限制協議」、與中國有關的九國「開放門戶」公約，以及「四國太平洋公約」。日本接受該國的戰艦噸位數必須限制爲不超過美國和

英國的五分之三，並同意中止當時仍然有效的英日二十年同盟條約，取代英日同盟的四國太平洋公約，締結的最大基礎乃是承諾善意協商太平洋問題，並保證維持此區域防禦工事的現狀。聲明開放門戶原則的九國公約，實際上並沒有歸還任何事物給中國，但是，日本代表在與中國代表的私下會談中承諾，日本政府會將軍隊撤出山東，回復中國對該省的治理權，而日本在山東的利益未來將只以私人資本投資的形式呈現。這些動作在一九二二年結束之前，一如日方所承諾地一一實現。有許多日本業界人士都深信，與這山河綿延的大陸國家培養出友好關係，所能得到的投資報酬可能遠比用武力占領其領土要來得多，還可以避免引發杯葛對日貿易的風險。有位日本學者曾於一九三〇年寫道，他非常欣喜能夠在有生之年，親眼見證日本加入世界列強的行列，並且與它們攜手「維護世界和平」。

日本的自由民主潮流雖然充滿希望，但是他們茁壯的程度卻不足以消滅深埋於結構深處的反動勢力，這些反動勢力最終也引領國家走向災難。自由派人士之所以失敗，其中有一部分必須由外部因素來負責。戰後逐漸遍及整個西方的夢想幻滅情緒與憤世嫉俗心態，同樣也在日本出現。國際政治所表現出的潮流，讓人無法相信民主化過程有帶來什麼實質的成果。法西斯主義在歐洲的崛起，也顯示出一個威力強大但方向正好相反的趨勢。充滿敵意的民族主義似乎在世界各地都獲得了優勢，替藉由合作來維持世界秩序的希望蒙上一層陰影。連那些身為民主發源地的西方國家，民主政體都只能採取守勢，或者已是節節敗退，實在沒有什麼道理可以預期，民主可以在像是日本這樣並沒有文化或制度面的根基，只是最近才全新引進民主思想的國家中輕鬆獲勝。

以關稅和移民法的形式而現形的歧視措施，激怒了日本人心理的感受。一九二四年，美國國會通過排華法案，將亞洲人列入比最落後的歐洲人還要低等的類別，但是，美國不是唯一實行此政策的國家，而且許多日本人也開始感受到，這些偉大的白人國家是打定主意不會公平對待他們了。美國和其他西方強權的高關稅政策，也是另外一個惹惱日本人的因素。這些因素不只在心理層面，也在經濟方面帶來各種後續影響。一九三〇年之前，日本的外貿不論是進口還是出口，都是以美國為最大宗，而且其貿易收支顯然是由美國取得優勢。美國的貿易保護主義者聲稱美國的基準受到「廉價」日本勞工競爭的威脅，然而，日本進口大宗為棉花，而對美國主要的出口產品則是生絲──一項幾乎無法與美國工業競爭的產品。

最終的分析看來，自由派的失敗是源於日本在社會結構與經濟制度方面有

所欠缺，爲多數民眾創造一個穩定的經濟結構和令人滿意的生活水準，這項最
根本的問題從來未曾得到解決，而當國家人口以每年一百萬人的速度增加時，
這個問題變得愈來愈嚴重。儘管商業和製造業都有所發展，但是到一九二八年
爲止，日本的國民平均所得只等於同時期美國的八分之一。日本在當時所擁有
的那種榮景，其實仰賴於其參與了全球市場，但是它也因此必須面對愈來愈強
烈的競爭。日本最大宗出口產品：絲綢的價格，於一九二五至一九三四年間減
少了百分之七十五，使其對外貿易遭受嚴重的打擊，爲了挽救絲綢市場的蕭
條，日本製造業者加快生產棉布的腳步，但是在這個領域中，他們面對的都是
歷史悠久與根基深厚的競爭者。而就當日本似乎正要脫離經濟停滯期時，又受
到世界經濟大蕭條的重創，在一九二九至一九三一年間，日本的對外貿易驟減
百分之五十，同時農業與工業的債務大增，數字甚至超過了國民所得。

　　由於日本國內財富分配極不平均，導致社會階級與行業出現人爲的階層
化，這對於民主社會的發展相當不利。中產階級人數過少，地位亦不穩定，難
以成爲非常有力的自由化力量。絕大多數的農人和勞工離開了德川幕府封建制
度的規訓，但是隨即進入效率顯著的中央集權制度，而從未自溫良順馴與服從
上位者指令的傳統中解放，即使在現代資本主義制度取代封建制度之後，封建
思維依舊存在於日本社會的許多面向中。工業、商業及金融業都掌握在少數規
模巨大，統稱爲財閥[20]的托拉斯手中。每個財閥都是由一個緊密整合的家
族團體所操控，而且幾乎不會受到公眾監督，它們不僅支配了整個經濟版圖，
還與政府中的官僚過從甚密，而深切地左右各政黨的發展。

　　自由主義在日本的基礎是如何地脆弱，可由其一九二○年代到一九三○年
代早期，政黨政治的歷史和特質上顯示出來，這段期間有兩個互相競爭的政黨
冒出頭。其一爲政友會[21]，雖然其前身爲板垣[22]所創立的舊自由黨，然
而透過其所作所爲而示範出來的，卻是大大扭曲變形，幾乎是與自由主義相反
之物。板垣所創之黨，於創立當初成員大部分是農民；但是當大地主取代小佃
農們取得黨內的主導地位，這個黨最初的樣貌便一去不復返了。之後，這個黨
的成員除了保守的農業階級之外，也加入了大企業的主要代表勢力：三井家
族。因此政友會形成一個由地主、壟斷業界的資本主義者，以及官僚所組成的
聯盟，而且它與軍界也有所聯繫。此黨傾向於以合憲手段達成目的，不過它在
國內議題上立場極端保守，在外交政策上則採取激烈的擴張主義，提倡以武力
行動來改善日本的經濟地位。

　　一九二七年，政友會的反對黨成立，其中涵納大隈伯爵[23]所創舊進步

黨【24】的殘餘成員。這個新成立的民政黨【25】，主要的支持者為工業而非農業人士，並偏好有益於企業界體質的政策，包括能紓解勞動階級不滿的社會福利措施等。但是，雖然與政友會相比民政黨是較為進步，然而就組成結構與政治原則看來，它幾乎稱不上是真正的自由開放。民政黨亦受到一個勢力龐大之財閥家族的支持（三菱財團），而且它和政友會一樣具有強烈的民族主義意識——就後面這點而言，兩黨的主要差異只在於，何者才是促進國家利益最好的方法。

民政黨內閣於一九二九年上臺，這次執政期間雖短，卻是一段給人帶來希望的插曲。前任內閣曾於中國國民黨北伐時，派兵進駐山東省，而民政黨則企圖改變這種「強硬」政策。然而，全球經濟蕭條對日本經濟造成的衝擊，也危及民政黨立場溫和的內閣地位。此外，總理大臣遭狂熱分子暗殺的事件不僅有損內閣實力，也代表了不祥的警訊，暗示頑強的民族主義團體為了促進其志業，將不惜採取任何手段。然後，駐紮在滿洲的日本軍隊，於一九三一年九月擅自作主地攻擊中國軍隊；到了翌年二月，在日本的支持之下，滿洲成為「獨立的」滿洲國；其後於一九三三年，受到公開指責為侵略者的日本政府，悍然地退出國際聯盟。

整個一九三〇年代期間，日本的自由主義分子從未完全放棄遏止民族主義好戰浪潮的努力。但是，當議題牽涉到國與國之間的關係，例如：圍繞著滿洲而生的角力，以及稍後的對華戰爭等，愛國情操便削弱了日本民眾內部的對立。唯一一個勢力足以挑戰軍國主義者的團體，乃是金融界與企業界人士，但是只要前者能指出前方看得見的利益，後者就非常容易受這類承諾所誘惑。大部分的企業領袖都認為，擴張對復甦日本經濟而言是很重要的，他們希望擴張盡可能以和平而毫髮無傷方式進行，然而他們確實在將日本打造成一部戰爭機器的過程中有所貢獻，也確實曾在這個過程中獲得利益，而要將這麼一部戰爭機器的威力保持在理想限制之內，是極為困難的一件事。

當然，侵略性的殘忍暴行主要還是出自於軍人本身，尤其是陸軍。如前面所述，日本陸軍絕大部分是由農民——一個不幸的階級——所構成，他們理所當然懷有許多不滿，而這些情緒被巧妙地引導，升華成非理性而狂熱的愛國情操。明治時期之後，陸軍軍官主要也是出身於小鎮或鄉村，缺乏那些具日本武士風範的領導人所具有的品行修養，或是相對來說較為開闊的心胸。這個「年輕軍官」團體逐漸發展出屬於自己的意識型態，並且開始滲透至基層士兵之中。這些狂熱的士兵可謂是最糟糕的觀念論者，他們宣揚絕對效忠天皇的思

想，並斷言源出於天神血脈的日本較其他國家民族要來得優秀，有權利將統治權擴展至世界其他國家身上。與此同時，他們要求進行平均地權的改革，甚至是要求實施土地國有化，並且斥責資本主義者與政客的自私性格及腐敗氣息，凡此皆反映出他們與農民階級的親密關係。他們所推行的同時混雜激進與反動原則的改革計畫，目的是要讓日本在天皇的意旨下緊緊團結在一起，成為一個戰無不勝的國家，而最能忠實代表天皇意旨的，正是他們自己。雖然有人將這種由極端民族主義者所宣揚的「皇道」，比擬為法西斯主義，但毋庸置疑的是，「皇道」更接近古代日本將國家視為一個父權社會，以及人治優於法治【26】的觀念。

一九三二年滿洲國傀儡政權的建立，以及它在日本管理之下的後續發展，並沒有為日本經濟帶來預期中的重大利益。若要開採滿洲國的煤、鐵與油礦資源，需要資金應付龐大的開支，而日方尚未準備好必需的資金，原因有部分是擔心滿洲國的工業將和日本本土工業競爭，也有部分是因為日本政府對滿洲國傀儡政權之資金與工業進行了嚴格的管制。由於要將滿洲一地打造為非但是日本原物料供給來源，更是全亞洲重工業樞紐的計畫已然成熟，因此很明顯地，確保滿洲能接觸到更為廣大的市場，已是必然之事。所以，日本的擴張主義者企圖將中國東北部的省分轉變為「自治區」，使其在經濟方面與滿洲國連結。最後，他們把目標擴大至建立一個「大東亞共榮圈」。這項侵略性的帝國主義政策非但沒有緩和日本的經濟困境，反而帶來額外的負擔，為了支持這麼一個看不到盡頭，而且必然會在任何地方都面對到抵抗的計畫，日本只好付出愈來愈多的經費來維持軍備。

日本在第二次世界大戰所扮演的角色——一個由中日之間的衝突所交融而成的角色，本書已於其他章節做過討論。而日本於一九四五年的投降，則揭開了其歷史新階段的序幕，它在許多面向上，都與日本過去曾經經歷過的一切截然不同。在此之前，日本從來未曾嘗過敗戰的滋味【27】，也從來未曾被外來勢力占領過；而對當時的美國而言，占領一個戰敗國同樣也是全新的經驗。在東京設置的國際法庭對日方戰犯加以審判，有十位被告遭判無期徒刑，另外七名則是死刑，其中包含受到絞刑的戰時日本首相東條英機將軍。

有六年半的時間，日本的統治權在名義上，是由位於華盛頓的遠東委員會，和位於東京、屬於顧問性質的同盟國對日理事會這兩個機構所取得；但是實際上的大權則是落在聽命於華府的盟軍最高統帥麥克阿瑟將軍手中。從頭到尾，占領日本都是美國政府的工作與責任，不過，美國於此時對日本所實施的

軍事統治僅是間接的，而且是透過日本正規政府爲之——後者並未伴隨著自己軍事方面的挫敗而瓦解。天皇接受了投降條件，不只要求自己的臣民與占領軍隊合作，也扮演連接舊秩序與新秩序的橋梁。儘管在現代，天皇已經不具有政治上的重要性，不過在精神層面上，天皇的角色依然珍貴非凡，在過去的一切似乎已經毀於一旦，而且將永不復返的同時，提供了日本社會能夠讓自己與過往連結起來的象徵。

日本在軍事上的落敗，以及接下來受戰勝國軍隊的占領，構成了其歷史上第三次遭受強大外國影響力的注入。不同於之前的情況是，這次日本並非出於自願，儘管是被迫改變，日本還是再次以嘆爲觀止的程度，成功地將外國元素內化至自身的社會和文化傳統中，並將之用於促進復甦成長與開創全新成就。

日本占領當局的首要任務之一，就是提供日本一部根據民主原則建立的新憲法。原本由一群日本顧問所準備的草案，爲一份美國文件所取代，這份文件於一九四六年十一月得到天皇批准，並由其正式在國會中頒布，隔年五月，憲法開始生效。新憲法與傳統憲政，或與一八八九年舊憲法徹底不同，它揭櫫主權屬於日本人民之原則，讓天皇就像英國君主一樣，僅具有形式性的權力；新憲法也包含詳細的人權保障規定，其中除了一般的公民權之外，還添附了工作權、集體協議權、社會平等和兩性平權等受益權；此外，確立了普選權、兩院制國會和對眾議院負責的內閣等制度；新憲法也包含美國的政教分離原則和司法違憲審查制。特別引人注目的是憲法第九條，聲明「日本人民永遠放棄國家主權中的發動戰爭權」和「永不建置陸海空三軍或其他潛在軍事武力」。新憲法濃厚的烏托邦色彩，讓它成爲所有頒布過的憲法中最著名的一個，如果它的原則能具體施行，而且完全加以實現，將能使日本成爲比美國更先進的民主國家。

在推行政治變革的時候，占領當局也擬定了一項牽涉深遠的改革計畫。首先是在去軍事化政策所進行的大幅度整肅工作，將政府和教育人事中任何具有極端民族主義分子嫌疑的人予以去職。其次，隨著反壟斷法的通過，和公平貿易委員會的設立，向財閥集團發動直接的進擊。而在新憲法的自由經濟條款規定之下，政府也鼓勵勞工組織的發展，在一九四五到一九五〇年間，工會的會員數從五千人增加至六百萬以上，此外政府還制定了涵蓋範圍完整的勞工福利法規。在所有改革中意義最重大的，或許當屬土地所有權的調整，這個長期受到忽略的問題，一九四六年的一部土地法，讓政府有權向身居外地的地主收購其領有的廣大土地，並將之廉價售予佃農，讓農地所有權獲得徹底的轉型。

　　占領日本的工作性質，以及其所帶來的改革計畫，很明顯地皆帶有麥克阿瑟將軍複雜糾結的個人性格，他所懷有的強烈使命感，有時候會使他顯得傲慢自大，然而他還是有能力做出正確的判斷，而且他也真誠與熱切地為促進自己心目中長遠來看對日本最有利的事物而努力不懈。他了解皇室的價值——身為與過去連結的象徵，並且可作為替制度性改革賦加正當性的媒介，於是成功地否決廢除天皇制度的要求。在美國被尊為軍事英雄的他，在日本更幾乎被視為出凡入聖。但是他的政策有時候還是不切實際，或者甚至是自我矛盾：為了追求宗教完全自由的目標，他堅持取消神道教身為國教的地位，但是他卻也懷抱著讓日本人改信基督教的想法；針對軍國主義者和極端民族主義者所做的整肅行動，中間也逮捕了一些自由派人士——他們唯一的過錯似乎只是堅持貫徹新憲法所提出的大膽理想；占領當局鼓勵勞工進行團體和集體協議，但是卻禁止罷工。對於自己藉由打破大型財閥的結合關係來推動自由企業的行動，是麥克阿瑟特別感到自豪的事，但是他這項打擊托拉斯的計畫，最終產生的結果不但幾乎無法在當時準確預測，事後發展實際上也與麥克阿瑟所企盼的截然不同。三井集團和三菱集團曾經建構出的運作效率良好的組織結構，隨其拆散分解，也就被那為了強制市場競爭、以及控制對外貿易而設立的僵化官僚體制所取代，後者的管理品質是如此笨拙與缺乏彈性，以至於一開始它暫時地拖累了經濟發展、阻礙了戰後復甦。不過這個開日本先例、權力集中化的官僚制度，作為占領當局遺留下來的資產，最終卻也證明了它對加速日本經濟成長是有所助益的。戰前日本政府對於私人領域的掌控相對薄弱，不過到了占領期間結束之時，它已成功頂替了盟軍最高統帥的角色【28】，成為日本經濟最主要的策畫者與領導者。雖然巨型的托拉斯沒有正式死灰復燃，日本還是建立了一個由中央引導，而非自由放任式的經濟體制。盟軍最高統帥對日本施加的經濟限制，從一九四八年開始便已開始逐漸鬆綁。占領日本期間的政策反映了全球權力政治運作之下的壓力，其走向也從改造轉變為節約和復原。而在理解到若是保留住日本的產業實力，它就能夠成為西方世界在冷戰中抵抗共產勢力的一項資產，將日本企業去中心化的計畫於是喊停。近來有份研究顯示，當時美國某些負責規劃之人甚至考慮可以重現一個日本共榮圈，以主導東亞經濟。據備受尊崇的政治家喬治‧肯南所預測，日本這個「生來便應該是遠東工作坊」的國家，將會需要再次「向南建立一個帝國」【29】。將日本的復甦視為美國全球性策略一環的美國國務院官員，當時尚無法預見有朝一日這個已受征服之國，將會隱隱成為美國最強大的對手。

　　一九五一年九月，美國和日本於舊金山洽談媾和條約，並於隔年四月批

准。這份和約另外尚有四十八個國家共同簽署，但是並不包括蘇聯，因此就法律角度而言，一直到一九五六年爲止，蘇聯與日本仍然處於戰爭狀態。這份議和條約雖然結束了對日占領，使其正式恢復獨立，但是在領土問題方面卻是十分嚴酷：它剝奪日本所有的屬地，只留給它當初於一八五三年時培里准將來訪【30】時所擁有的領土，即使此時日本的人口已是當時的三倍。這份合約加上一份作爲其補充的安全條約，承認日本有權擁有「自衛」性質的武力，並且授權外國軍隊（意指美軍）駐紮日本助其國防。就算日本不擁有武力，它在美國心中依然具有戰略上的重要性，這一點打從一開始即已昭然若揭，麥克阿瑟將軍曾經盛氣凌人地形容日本是「我國國防最西邊的前哨」，並誇口「整個太平洋已經是個盎格魯薩克遜湖【31】」。

在民主憲法的鼓舞下，許許多多的政黨紛紛成立，但是在向個人效忠、親族團體，或是地方利益等這些傳統文化之下，這些政黨難以在全國性的基礎上立基，進而得到廣泛群眾支持。戰前的政友會和民政黨各自的後裔政黨【32】，於一九五五年合併組成自由民主黨（簡稱爲自民黨），並且自此以後即在日本政壇處於壓倒性優勢的地位。儘管以自由民主爲名，實際上它卻是一個保守立場的政黨，而該黨能在選舉中持續獲勝，也反映出大多數選民的保守傾向。自民黨的支持來源廣布實業界、資深官僚、一般公職人員以及農村選民——農民這個群體在日本國會中的代議席次，超出他們占總人口的實際比例，因此它運作起來呈現出派系聯合的風貌，而沒有明確的綱領或嚴格的組織，黨員們也少有積極活躍的氣氛。該黨執政三十五年，事實上已成爲日本的統治集團，它對日本發展中的經濟有所助益，也維持著與美國之間的關係。

自民黨最主要的政治對手是日本社會黨，日本社會黨於一九五五年時曾贏得日本國會眾議院三分之一的席次，但是此後再也沒有得到如此多的選票過。意圖向主導政局之自民黨提出質疑的各個團體，其各自鎖定的目標種類變化甚劇，而政壇上的各反對黨也深受派系糾紛所苦。日本有一個弱小的日本共產黨，與莫斯科或北京的共產政權皆無結盟關係，企圖藉由無傷大雅的口號，諸如：「給水溝加蓋」、「設立更多日間托兒所」，來贏得選民支持。位於光譜極右的是公明黨，是一個激進佛教教派的政治分枝，主要的訴求對象是中等與低收入族群。

政治民主在日本的札根程度究竟有多深，是個仍待討論的議題。憲法、政府機關、司法及選舉制度，很顯然皆符合民主的標準。媒體享有新聞自由，而且擁有優良的水準。與此同時，日本人的政治習慣與心理狀態，則隱然透

露出前代的傳統色彩：固守著地方忠誠和個人崇拜，也就是說，傾向於接受「人」、而不是「法」的統治，造成擁有明確政策的全國性政黨難以茁壯，或甚阻礙了國族全體政治意識的形成。自民黨既然不提出任何立場明確的競選政見，當然也就無法對其主張表示明確的支持或反對，於是透過與各個競爭團體的利益協商，而滿足它們所提出來的主張，自民黨便能一直安居大位。當然，儘管少數族群與反對黨的民調表現不佳，在政治上仍然是有其影響力的，從執政黨所提出的議案中，有時候可以觀察得出它們所施加的壓力；而執政黨願意如此妥協，也是出於對於日本人這種天性的尊重——達到可以為所有人接受的共識，要比僅有一方勢力能夠勝利來得好。

諸如賄選之類的舞弊事件、牽涉高級政府官員的醜聞，以及貪汙事件的爆發，讓自由民主黨在過去二十年期間的名聲大受動搖。首相田中角榮於一九七四年時被迫辭職下臺，隨後受到司法審判，並且以接受洛克希德公司巨額賄款之罪，被判處四年有期徒刑與罰金。自民黨在接下來幾次的全國選舉中，皆失去許多席次給左派的社會黨和右派的公明黨，不過藉由組成暫時政黨聯盟，自民黨都還是設法維持住對政權的掌控。數任之後，首相之位由中曾根康弘【33】，一位狡猾的自民黨政治人物接任，他綽號「牆頭草」，也有人叫他「日本雷根」，因為他善於利用電視強化他的形象；身為一個極端保守主義者，中曾根康弘主張修訂憲法以提升天皇的地位，以及加強日本的軍事力量。令許多觀察家不安的是，中曾根康弘仍然效忠於「影子將軍」田中，後者甚至從自己的牢房裡，都可以指揮自民黨內部大群的忠心支持者【34】。中曾根康弘的人氣在一九八五年的春天達到高峰，當時正值他第二任首相任期當中；但是在這之後便急速地下滑，使得自民黨放棄提名他連任第三任的計畫。種種跡象顯示：日本的一般選民對選舉愈來愈不關心，讓自民黨即使尸位素餐也可贏得選舉，選民們無法相信檯面上任何反對黨推出的人選或許有可能表現得更好。自民黨之所以能有這種看來不可動搖的地位，影響最大的原因或許在於，日本經濟的復甦與發展正好與其任期並行一致。

日本在投降後立即面臨的經濟難題，看來幾乎是不可能克服的。交戰行動結束之前，日本都市地區的家戶幾乎有三分之一被空襲摧毀，而且由戰爭所造成的直接經濟損失更是驚人；日本不再是帝國，工業產出比一九三七年的水準縮水百分之八十，對外貿易全部終止，甚至連食品都必須仰賴進口才行。若從這樣淒慘的背景來看，日本經濟的復甦與進步更可說是令人嘆為觀止。一九五三年日本的生產力指數已經超越一九三○年代中期水準百分之五十，並

且還持續攀升，帶頭向前衝的產業包括紡織品、金屬製品以及機械。日本的經濟生產力在一九五〇年代期間增加了一倍，接下來的十年內更超越英國、法國及西德，成為在這個指標上世界排名第三的國家。到了一九七〇年代晚期，日本的國民生產毛額已超過美國一半以上。這波經濟發展中值得一提的一個面向，就是日本一方面在規模確立已久之業別中競爭獲勝，一方面又同時在全新的領域中成為開拓者。日本的造船業登上全球第一，出口鋼鐵、輕重機械之產品，並且在諸如化學、合成材料、光學、電子及電腦科技等領域，都取得一呼百諾的地位。如今日本生產全球半數以上的半導體製品，以及甚至超過這個比例的資料儲存微晶片。日本在大眾運輸設施的發展上超越大多數的西方國家，特別是在鐵路方面，近幾年更以其「子彈列車」聞名於世。到了一九八〇年代，他們開始出口預製房屋，出品加工海鮮與電腦控制的帆船，並且在生物科技、機器人科學及人工智慧方面，進行先進的研究工作。財政金融資源為日本能夠取得強勢經濟地位的重大因素。從產業發展與技術革新所累積而來的資本盈餘，使日本成為債權國，對已開發與開發中國家擁有大量投資。全球前十大銀行均為日本的銀行。

　　日本經濟近乎奇蹟式地從殘破凋敝走向令人炫目的繁榮，是由幾個因素造成的。首先，儘管在戰爭中遭受極為慘重的損失，但是日本人保住了他們的專業技術、勞動力和勤勞努力的傳統，舉國上下皆縈繞於心的，是務必取回失去的地位，甚至是迎頭趕上並且超越西方，這種決心激發了自我犧牲精神，緩和了工資低微的勞方與資方之間的矛盾，大公司的僱員們為公司賣力，就像舊時代封建武士對領主那般忠心耿耿。這段時間日本人翻閱國民生產毛額的報導時，那種熱切著迷的程度，有如那些比較閒逸的社會裡，人們閱讀體育新聞的模樣，戰後日本的儲蓄率極高，有些年份還達到了百分之三十。對刺激經濟復甦有益的第二個因素，則是美國的財政援助——不僅是在占領時期，尤其也包括在韓戰時，向日本購買的商品與服務，這項戰爭財所帶來的刺激性影響，明顯反映在東京股市上。第三個因素是政府方面積極主動地鼓勵和引領，帶動這個根本上是以私人企業為主的經濟體成長，政府透過獎勵性的稅賦和貸款政策來促進資本投資，成立經濟企劃廳負責蒐集整理資料和預測市場發展趨勢，並透過通商產業省【35】帶頭指導工業發展，日本的經濟政策成功地將政府方面的計畫指導，以及屬於私人的經營所有權和主動積極心態兩相結合起來。與一般想像相反的是，這方面最重要的有利條件，乃是常備軍的敗戰和消解——依循舊有的體制，軍隊曾將這個國家的資源消耗殆盡。日本在一段關鍵時期，以身為唯一一個立足於和平經濟而非戰爭經濟的工業大國而突出於世。然而，當

它長成為一個工業巨人之後，其特有的優勢開始消失不見。一九八二年以前，日本的軍事開支維持在國民生產毛額的百分之一以內，但是從該年開始，軍費即以每年約百分之六的比例成長，還不計入海上保安廳對港口和基礎建設維護的費用。華盛頓政府視日本為西太平洋防衛鏈的重要樞紐，因而不斷向這位盟友施壓，要求它在對蘇聯的區域防禦中負起更重大的責任，美國的施壓最為成功的時期，是中曾根／雷根政府時代，相應地，美國國防部長和日本防衛廳廳長也建立起以兩人名字為名的雙邊關係，並且時常進行互相諮詢。日本政府允許日本公司和五角大廈洽商戰略防禦計畫（即所謂的「星戰計畫」）研究的採購契約，而且也增加日本對美國駐日部隊的財政援助。陸海空軍種皆有參與的美日聯合軍事演習，是在日本領土上進行。中曾根首相宣稱日本對美軍來說是艘「永不沉沒的航空母艦」。民調一再顯示，日本民眾對於重新建軍一事呈現壓倒性的反對，自衛隊不為民眾所喜，也對其招募工作造成困難，日本退除役官兵反戰組織於一九八八年初成立，試圖與其他國家的類似組織聯繫起來，為解除武裝而努力。但是如今日本的軍事實力已名列世界前茅，年度國防預算也超越英國，其「和平憲法」似乎已形同具文。

　　日本社會拜該國經濟起飛之賜而蓬勃發展，持續提高的生活水準已居亞洲之首，並且接近西歐最高水準的國家。到了一九七〇年，日本百分之九十的家庭都擁有電冰箱、洗衣機及電視機。伴隨一九七四至一九七六年間的世界經濟大蕭條，日益嚴重的通貨膨脹與工業成長率的衰退，迫使日本社會降低對未來的期許，並重新思考自我發展目標。經濟繁榮並未解決所有日本所面臨的問題，而且還加深了其中某些問題。驚人的人口成長率，使得日本總人口數在一九八二年時來到一億一千七百萬人，不過這樣的成長率已經有所遏止，就如同中國的情況一樣。日本社會逐漸從以農業為基礎轉變為工業化社會，鄉間勞動力中，實際從事農業工作的比例下跌了百分之四十七，由其所獲得的收入降低的比例則更多。與此同時，許多工廠紛紛在鄉村地區開始運轉，因為鄉村地區的廠租與工資低廉，環境也更吸引人。九州這個日本最南端的島，過去是牛肉與柑橘的主要產地，現在則是日本的「矽島」，生產全國百分之四十的積體電路。有一半的日本人口集中在僅占全國百分之二的土地上，其中大部分更是聚集在東京到大阪之間的都市地帶，東京人口共有九百萬人，曾經是全球最大的城市——直到上海將這不知是喜是悲的頭銜拿走為止。由於都市區域的人口密集度是美國三倍，都市壅塞、空氣汙染、水汙染，這些重大問題都是日本必須面對的。

雖然工業發展創造了大量財富，但是小商店和家庭工廠工人的工資並沒有提高多少，而日本的勞動力大部分仍是由小商店和家庭工廠這類的雇主所雇用的。儘管日本的國民生產毛額高居世界第三，但是國民平均所得只排名世界第十六。效率良好、並且著重於預防醫療工作的健保系統，使日本在平均壽命、降低嬰兒死亡率和心臟疾病死亡率等方面超越美國；但是道路路況、下水道、環保和住宅等面向，仍有一些未達標準的地方，大多數的東京居民都居住在只有兩間小房間的公寓裡。日本的經濟狀況有一項不穩定的因素，那就是對國外市場的依賴：日本是石油、煤、鐵礦、銅、鋅、木料、原木、羊毛、棉，以及其他許多原物料的世界最大進口國；還必須進口大約一半的糧食；美國供應日本稻米以外的飼料穀物，因為日本對稻米採取保護政策；日本的能源供給百分之八十五依靠外國燃料，其中百分之六十來自波斯灣的石油。核能在日本發展的程度，到了一九七六年時，已讓日本在核能發電量上名列世界第四，不過因為這項技術中所包含的危險性，使得它已經面臨大眾的反對：日本三十三個核子反應爐中，有一個和蘇聯車諾比核電廠的反應爐屬於相同型號，而後者的故障在一九八六年造成了不可估量的輻射災害；另一項造成大眾擔憂的問題來源，則是核廢料的處理，目前是先運往海外抽取鈽元素再運回日本，供應於一九九二年啟用的快速中子增殖反應爐使用。日本在利用太陽能方面居世界首位，超過兩百萬戶配備太陽能熱水器，相較於美國則只有大約三萬戶。

日本的社會如同其政治與經濟，融合了傳統與創新的元素。在所得分配和提供向上流動的機會方面，日本比其他大多數社會更平等。近期【36】民調顯示百分之九十的日本人自認為是「中產階級」。舊封建階級結構隨著貴族頭銜一併消失，家世血統也不再顯得重要，但是在相當程度上，日本社會仍然有其階級性，地位雖然不再取決於出身，卻取決於所屬團體給人的觀感、在組織中所占據的位階，以及尤其重要的——文憑。日本是世界上識字率和受教育程度最高的國家之一，其人民多能受惠於教學品質優良的初級和中等學校，反觀日本的高等教育十分昂貴，而且缺乏彈性與多樣化，但是名校文憑，特別是東京大學（東京大學學生出身的家庭，其所得是全國平均的兩倍），通常是日後晉身商界或政界領導地位的跳板。至今依然發揮其作用的家長制和父權制傳統，雖然產生抑制個人特色發展的文化傾向，卻提供個體某種程度的安全感，這是在其他並非如此緊密組織起來的社會中所看不到的，維持社會和諧被視為比滿足抽象正義更為重要，從而訴訟行為也不常出現，日本律師與人口數的比值是美國的二十分之一。該國的現代工業成長得力於工會與管理階層雙方相互合作的風氣，以及僱員視其工作為終身志業的忠誠心。然而，隨著經濟衰退和科技

進步，使得保留所有員工成爲不可能的事，另外也隨著就業市場中留有許多超齡工作的人員，造成進入就業市場的勞工占總人口的比例愈來愈高，這些跡象都顯示出，此種帶有家庭和雙方相互結合的勞資模式即將開始瓦解。目前年輕勞工的供給已經出現短缺，也已有許多較爲年長的勞工找不到工作。另一方面，在機會平等和由功績決定地位的美好理想之外，還是存在著一些不幸的例外。日本大約有百分之二被稱爲「部落民」——意即「居於村落之民」【37】——的人口被社會所放逐，成因或許是遺留自封建時代的一個現象，這些部落民在種族上與其他日本人毫無差異，法律前也享有平等地位，但是卻受到社會的普遍排斥：日本社會對人一視同仁的另一個例外，是無法同化的韓裔少數居民，他們爲數約六十萬人：約有二萬四千名殘存的愛奴人生活在北海道，這是個不適宜農耕的區域，而明治時期開放此地予工業發展之用，對當地的漁獵社會帶來許多困擾。一個要求立法交還原住民土地的社群協會，一九九○年時也致力於反對在此地建設水壩的提案，因爲一旦水壩完工，將淹沒一座愛奴人視爲聖地的山谷。

女性地位的低落，是民主理念的藍圖在日本的落實過程中最顯著的失敗。關於日本女性地位的評價，不論是今日或是較早的時代，其實存在著不同的看法。一份最近公布的，以九州某地區爲研究對象的報告指出，這個鄉下地方的女性在一九三○年代中期，有著令人驚訝的獨立地位和進取精神。這些居住於鄉村裡的女性大多數都未能接受教育，深受傳統圍限，還得負擔沉重的勞力工作，不過依這份研究所言，她們對自己本身的事務擁有相當大程度的掌控權，甚至如結婚、離異和再婚等事，都可以憑自己的意思決定【38】。第二次世界大戰後，日本急速的工業化爲女性創造了新的工作機會，但是就某些層面來說，卻也增加了她們的依賴性。日本社會尚未有足夠的準備接受日本女性居於領導的位置，而且日本女性在經濟上與家庭關係中依然被剝削著。一九七二年時，雖然百分之五十七的工廠工人爲女性，她們的平均工資卻低於男性工人的一半，女性被當作暫時的僱員，他們不能分享由管理階層提供給勞工的福利。曾有批評者主張「現代的日本女性所受到的壓迫，幾乎就跟十二世紀鎌倉時代武士文化建立以來一樣徹底」，雖然這樣的言論是過度渲染，但是日本女性「在爲日本繁榮付出貢獻的同時，依舊不被認同，並且遭到輕視」【39】，卻也是不爭的事實。在一九八九年七月的選舉中，自民黨失去其在參議院多數地位給社會黨，值得一提的是，有相當數目的女性在這次選舉中當選參議員，而且當時的社會黨黨魁也是一名女性：土井多賀子。土井女士大力抨擊禁止女性繼任皇位的《皇室典範》，宣稱這項排除女性的規則違反國家傳統，因爲日本

過去曾經有十位女天皇，最近的一位不過是十八世紀的事。

　　自第二次世界大戰後，日本的外交政策深受兩個重要因素影響：其一乃為了經濟復甦與優勢地位所做的奮鬥，另一則是與美國的親密關係。為了消除自帝國主義時代所遺留下來的敵對關係與不信任感，日本與受到自己軍隊蹂躪過的東南亞諸小國們訂定了賠償協議，並且對許許多多這些國家的發展計畫做出大量的貢獻。當亞洲開發銀行於一九六六年創立時，這個區域性組織的首任總裁是由日本人出任。日本大部分的對外援助都是以貸款的形式為之，其條款皆有利日本投資者與貿易商。日本成功地滲入印尼、馬來西亞、新加坡、菲律賓和泰國的市場，於是引起了東南亞諸國的不滿，「醜陋美國人」的糟糕形象已讓位給日本商人、銀行家和技師，他們被貶稱為「榮譽白種人【40】」、或是「黃種美國佬」。然而日本是否能挾其經濟優勢而完全支配東南亞，這一點還有待商榷，部分是因為日本人自己對於新殖民主義的指控相當敏感，更重要的原因在於，東南亞市場不能適足符合他們的需求。為了要從他們專業分殊化、並且先進的科技中獲取最大的利益，他們必須進入高收入地區的市場，例如：澳洲、西歐和北美。一九六五年，日本在亞洲市場占有率僅為百分之十七，無疑地，這個數字未來將會升高，尤其在中日貿易量已有增加的情況之下。同時，日本人也在尋找其他可投資的地區，而他們在拉丁美洲的表現已經相當活躍。

　　日本發現與蘇聯達成共識，比跟其他過去的敵國達成共識更為困難。日俄兩國於一九五六年十月簽訂的一項協定，恢復了雙方的外交關係，為日本進入聯合國奠基，但是該協議並非正式的和平條約【41】。兩國的爭端一直不少，包括：俄國從不加以解釋的日本戰俘問題、漁權問題，以及日本對千島群島——目前全在俄國手中——的領土主張。另外，自一九七○年代初期開始，俄國便試圖想要取得日本的協助，來開發西伯利亞的石油和天然氣礦藏，但是並沒有獲致太大的成功。

　　由於一九五一年的美日安保條約，一直以來日本都感到美國歷歷在前，該條約要求兩國必須相互諮詢，並允許美國在日本保有軍事基地。歷屆日本政府在國際外交上皆追隨華盛頓當局的領導，其順從之程度令有些批評者指責日本外務省為「美國國務院的亞洲司」。安保條約於一九六○和一九七○年兩度延長時，日本民眾的不滿引發了激烈粗暴的示威行動，而印度支那戰事的升級也更進一步激發反美情緒。不過，美日之間的摩擦從未嚴重到足以破壞兩國安保關係的地步，而且美國於一九六八和一九七二年時，分別將小笠原群島和琉球

群島的主權歸還給日本，以緩和當時兩國的緊張關係。這兩個群島皆曾構築大量的防禦工事，在韓戰和越戰時亦被當作轟炸基地使用。主權移交協議中有要求撤除核武的條文，不過亦規定美軍仍有權繼續使用當地的軍事基地。

一九七一年夏天，尼克森總統宣布將於隔年訪問北京，此舉不僅出乎日本人意料，也激怒了他們。美國一直對日本施壓，令其與臺灣的國民黨政權保持密切關係，並且再三強調美日兩國在和中國交涉時，相互諮商與聯合行動的必要性；然而華盛頓方面這項戲劇性的政策轉彎，卻沒有事先知會日本。在蒙受暫時的丟臉之外，如今日本發現自己非得修補外交上的藩籬不可。一九七二年九月，田中角榮首相前往北京參與高峰會，為日本過往的不當行為向中國人民致歉，並趕在美國前面與中華人民共和國建立正式外交關係。周恩來與田中角榮於北京發表的聯合聲明，內容展現出令人讚嘆的外交奧義，優雅但留有無限的想像空間，它為中日的「和平與友誼」奠基，但是卻不須動用正式簽訂的和平條約，並且刻意讓許多重要議題懸而未決。日本承認臺灣「理應」歸屬中國，自臺北撤回大使，但是卻以非官方的聯絡處取代大使館，來執行相同的工作。（美國於六年後也採取了類似的做法。）

日本的外交關係不可避免地受到一九七〇年代不停出現的危機所影響。緊接在「尼克森衝擊」之後的，是一九七四年的「石油危機」：石油輸出國組織將原油價格提高為四倍，石油危機給日本帶來的打擊，比對其他任何國家都要嚴重，因為日本對石油這項至關重要的產品完全仰賴進口。緊接在石油危機後發生的經濟衰退，降低了經濟成長率，帶來失業的威脅——在此之前失業根本是可以加以忽略的問題，也使日本人重新審視國家施政目標的優先順序，並且質疑「日本奇蹟」究竟是現實還是幻覺。諷刺的是，比起美元和其他貶值的西方貨幣，強勢的日圓反而成為阻礙經濟復甦的因素，日圓的高價位使日本製造的商品變得比較昂貴（即使產品的價格已經以低於國內銷售的價格出口），南韓、臺灣和香港等其他亞洲競爭者，都能夠以比日本更低的價格出售貨物。許多小公司被迫結束營業，一九七七年，日本有超過一萬八千家公司行號破產。為了舒緩困境，政府尋求拓展出口市場的機會，並且增加對較低度開發地區的投資。一九七八年二月，日本和中國簽署一項八年兩百億美元的貿易協定，六個月後，兩國也簽訂正式的和平條約。

在尋求新經濟契機的同時，日本也留意政治和戰略因素，意識到東亞的嚴重衝突會對日本造成重大危機。這個一直維持幾乎全面鎖國達幾世紀之久的國家，如今卻成為世界上孤立程度最低的國家之一，有賴與許多國家之間的互惠

關係以生存。

美日之間的半伙伴關係，因為日本持續成長的經濟實力，激化了日本對從屬狀態的不滿而發生重大改變。兩國間的貿易平衡關係已轉為有利於日本，在一九七六年，就出現五十億美元的年度貿易順差，到了一九八九年，更來到四百九十億美元。更有甚者，日本人在專業和精密科技方面的成就卓越，使美國在貿易關係中淪為「殖民地」的角色，輸出穀物、木材、棉花和其他原物料，換取鋼鐵、機械、相機、手錶、供收音機和電視所用的電子零件，以及其他無數種工業產品，範圍從鋼琴到理髮椅都有，美國汽車在日本的銷售量，與日本汽車在美國的銷售量，相比之下只是小巫見大巫。持續的貿易逆差帶來利潤下滑和失業率上升的隱憂，令美國製造商驚慌畏懼，天頂廣播公司總裁即如此警告：美國的消費性電子產業所面臨到的威脅，「每一分每一毫都跟土狼、禿鷹、海豹、短吻鱷和響尾蛇所面對的絕種威脅一樣真實」。針對貿易政策及政策所帶來的影響，兩國都有熱切的、有時甚至是激烈的辯論。日本市場因為進口限制、行政管制和國內產品補助等因素而難以進入；與此相對，美國也對日本產品採取定額限制，並要求保護性立法。日本方面雖然同意解除某些限制，但是也提出令人信服的說法：其在市場行銷上所取得的成功，乃是反映出日本產品品質的優良和一絲不苟地專注於顧客要求上。日本在產業研發方面的投資遠遠超越美國，使其處於科技領先者中的最前線，其生產力成長的速度也是美國的三倍。然而，美國於一九八九年將工廠生產量提升了百分之三十八，這件事證明與日本人之間的競爭是有益而非有害。體認到降低巨額貿易順差的必要性，日本近年來已謹慎地邁向開放市場經濟，將鐵路和電信系統所有權移轉給私人，並試圖增加進口以刺激國內消費——自一九八四年起已增加超過百分之五十。長期以來習慣於主導世界事務的美國，眼見四十五年前被自己擊潰的國家，如今卻將帶來吞噬美國經濟的威脅，難免會感到焦慮不安。一位東京的國際關係學者預測，包括南韓、臺灣、新加坡和日本在內的「儒家文化圈」，藉由透過結合儒家倫理思想和自由市場經濟原則的方式，將會主導二十一世紀。雖然存在競爭和爭論，美日兩國為了共同的利益，注定要維持貿易伙伴關係，美國龐大的公債目前由日本承保，一九八六年時，除了投資美國房地產、飯店旅館和貿易企業外，日本還把其九百億美元的貿易順差中，超過三分之一的數目拿來購買美國民間和國庫債券。這樣的金融支持是否會持續下去，取決於華盛頓政府降低聯邦赤字的努力，這點目前情勢仍不明朗。

與同一時代大多數的政府類似，日本政府未能充分解決高度工業社會固有

的問題。即使從國民生產毛額來看，財富是呈現穩定成長的趨勢，但是收入分配不均的程度卻也更形擴大。政府對某些特定利益團體特別偏袒，其中一個最極端的例子非米農莫屬：日本生產稻米的成本，比起在加州生產最頂級的稻米，還要高上六倍，然而日本政府透過高額的關稅和補貼措施，刻意將稻米在日本的價格維持在高點，這對所有消費者來說等於是變相的稅賦；此外，將面積廣大的土地保留給耕種稻米之用，不僅無效率，還使得房地產價格大幅上漲，多數工人因此買不起房子。當全球市場大量充斥著日本貨物，迫使當地製造的產品必須削價競爭時，日本人卻發現他們無法負擔自己國內高額的生活開銷，因為在日本，整體生活成本自一九六〇到一九八〇年間飆升了百分之六百，一般的家庭必須將收入的百分之三十支出在食物花費上。日本發現可以利用由貿易順差中所取得的利益，反過來維持住美國政府向其清償的能力，可是在環境保護，或者對過度擁擠的都市進行改善工作方面卻不下工夫——仍有百分之四十的都市建物尚未與公共下水道系統連結。

　　一九八九至一九九〇年間，中國與日本所發生的大事之間的對比，能夠清楚生動地顯示出，兩個地理位置上如此相近的國家，可以在社會和政治的成熟度上有著如此遙遠的差距。在中國，備受壓迫的人民所發起的革命性抗爭被血腥殘忍地鎮壓；然而在日本，大眾的不滿帶來的是選情的混亂，隨後一切又回復正常。日本民眾對於自民黨政府的忿怒已經有一段時間的發酵，而當政府應美國要求減少對米農的補貼時，此舉惹惱了主要選民，隨後政府的貪汙事件，以及大企業逃漏稅的事件遭到披露，更引起了廣大的民怨，反映在一九八九年七月日本國會參議員選舉的結果，就是自民黨大敗給社會黨。社會黨黨員藉由抨擊貪汙，以及批評最近才開始徵收、相當不受歡迎的消費稅，而吸引到群眾的支持，然而他們的勝利絕不是代表著選民希望徹底地改變國家政策。一九九〇年二月的眾議員選舉中，以擁護自由企業對抗大政府之形象出現的自民黨，這次就獲得大幅的勝利，確保他們繼續執政的權力【42】。兩次選舉過程中那些毫無生氣的競選活動，兩黨人馬都沒能超越意識型態上的唇槍舌劍，擬定推出滿足人民急切的需求，例如：老人安置的福利制度、適當的住屋供給，或是娛樂設施等等的政策方案。

第四十章

拉丁美洲的進步、貧窮與革命

Progress, Poverty, and Revolution in Latin America

寡頭階級指的是什麼？它是由大地主們——或者西班牙文會說「領主們」
——在政界和軍方的追隨者，以及財務上的盟友（如果用老派的用語來說，也
就是那些銀行家和資本家）所構成……由那如反射動作般出現的貴族心態、種
族主義的立場，以及對自己所生所長的國家所抱持的深切輕蔑，這些寡頭們形
成了一個如假包換的階級。

——維克多·阿爾巴，沒有盟友的聯盟：拉丁美洲的進步神話

當我為挨餓者帶來食物，人們便稱我為聖人。
當我追問為什麼有人會挨餓，人們便稱我為共產主義者。

——東姆·黑爾德·卡馬拉，巴西大主教

拉丁美洲所包含的面積超過美國的兩倍大，它的地形則比這個位於北美的共和國要來得多變，而且大部分的地區若非貧瘠，就是難以到達之處；不過其自然資源卻相當豐裕。拉丁美洲具有的潛能實足以支持一個人口眾多，而且活力旺盛的文明，但是這樣的潛能卻沒有完美實現。在它曲折而且時常出現暴力的歷史進程中，由各種衝突力量所造成的從未停歇的壓力，使得拉丁美洲各處的社會與文化都曾受到扭曲變形，有部分甚至因此無法發展。

十九世紀時，各地社會與文化的衝突

如同在第二十九章曾經提及的，革命在拉丁美洲上建立起許多獨立國家的同時，也讓經濟和政治的權力集中在甚為少數的資產擁有者手上。各國的憲法雖然通常是師法自美國，卻被拿來作為正當化上層和中產階級主宰的依據，而不是用來開啟一條推動民主進步的道路。那些憲法制定者自歐洲啟蒙運動借來的政治思想，既不具體，又不實際，而且對於這些大部分國民都未曾受過教育，同時也受困於貧窮的國家來說，基本上是不具意義的。真心致力於正義和自由的政治領導者，也都傾向於將這些啟蒙理念與自身階級的利益畫上等號。

進步，這個在十九世紀歐洲和北美人民的思考習性中，如此顯著與重要的觀念，同樣也深深地左右著拉丁美洲人民的心靈。拉丁美洲在十九世紀的發展紀錄，從表面上看起來確實是取得了實質的進步。最清楚的範例是在人口面向：從一八○○到一九○○年間，拉丁美洲的總人口成長為原來的三倍，來到大約六千萬。造成人口增長的原因有一部分是源自歐洲的移民，這群人也為阿根廷、烏拉圭、智利的國家發展提供了巨大的貢獻。只不過相對於加拿大與美國的情況——歐洲移民大量進入它們的邊疆地區，後來成為該國民主化的動力，來到拉丁美洲的歐洲人，不論落地生根之後是身為貧窮的勞工，或是富有的企業家，卻都更加強化了當地社會的貴族主宰性質。經濟方面的巨幅成長也可以從統計資料上得到佐證：電力的引進、蒸氣船水運、電報線和鐵路的建造，連結起內陸地區與沿海地帶，並且促進了大都市的成長。商業活動出現了驚人的增長，尤其是在十九世紀的下半葉。阿根廷的出口總值，從一八五三到一八七三年之間，就變為原先的七倍，到了一八九三年，又再成長了一倍。一九○○年前後，阿根廷每年向海外運出二百二十五萬噸的小麥。墨西哥的出口總值，也在十九世紀的最後三十年間成長為原來的四倍；而巴西的海外貿易也增加了類似的幅度。那些比較小的國家也有不遑多讓的表現。然而，經濟成長所帶來的好處，在分配上卻非常不平衡。鐵路路線基本上是為了促進出口活

動而設，而不是爲了增進內部的交通；這些鐵路伸入田地，劃過牧野，而爲了有錢興建，必然需要增加稅賦。由於著重於出口產量，農業作物變得較爲單調，也變得比較不是爲了提供當地人民所需的糧食而生產。因爲採取了單一作物式的經濟，結果這些國家逼使自己必須受那變化無常，無法由它們自己控制的境外市場力量左右。即便是就過去四分之一世紀的工業發展而言，依賴外部市場的程度也愈見增加，畢竟工業產品主要是提供給較爲富有者消費，而賴以生產它們的機具也必須由外國進口。這種徒有其表的物質層面進步，其主要的受惠者乃是歐洲和北美的資本家，因爲他們可以藉由銷售拉丁美洲貨物，取得土地、礦場、銀行、企業的所有權，以及貸款給拉丁美洲各國政府等方式得利。

拉丁美洲於十九世紀所出現的變化，在一個很大的程度上，可說是由一群少數菁英在不願改變、進而頑固抵抗的人民身上，成功推行其改造計畫的成果。西班牙的殖民政權雖說是既剝削又高壓，卻未曾全然摧毀印第安的習俗與制度；即使在馬德里政府的主宰與基督教勢力的籠罩之下，印第安人還是安然保存住許多傳統與風俗。然而，新興獨立國家的領導者在面對這些固有的文化時，卻比帝國主義的西班牙更沒有包容心。急切想要切斷與那段被殖民歷史的聯繫，讓他們熱烈擁戴令當代歐洲人興奮激昂的個人主義信條——一種容易對較爲無助的社會成員滋生輕蔑之心的信條。社會達爾文主義，或是對演化理論做出類似曲解的說法，其支持者們開始將不同的種族分類，標準就有如後來希特勒的納粹所採用的一樣。儘管自己身上就流著來自伊比利半島的血統，他們嘲笑西班牙與葡萄牙是墮落的民族，因爲這兩個種族有一部分已經被印第安的混血汙染了。北歐和北美才是他們讚揚的「高等」種族，印第安人與非洲人淪爲低下與「落後」的人種。白人是他們眼中受自然選定的文明守護者。

在這種種族主義教條的支持之下，居統治地位的少數族群不只動手侵奪印第安人的土地，更將其文化加以摧毀，而且在某些案例中，甚至還將該部族屠殺殆盡。在阿根廷，原本由高楚人[1]與其他「雜種民族」以相對自由的方式施行統治的彭巴草原上，就發生了幾乎達到種族滅絕程度的事件，其中最嚴重的即爲軍方屠殺印第安人的「征服荒野」（發生於一八七九至一八八〇年）。這般血腥的行動所持的理由卻是爲了保護文明免於受「大群土匪」、「叛徒」和「野蠻人」侵擾所進行的奮戰。

就如在北美洲一樣，有一些中美洲與南美洲的知識分子，以及具有慈悲心腸的白人，挺身指責領導階級所犯下的惡行。一八九三年，有一場在瓜地馬拉

市舉行的學術研討會，認為只要加以教育，進步的核心理念就能為印第安人理解與接受。另外也有少數的異議人士，則是直截了當地反對將印第安人歐洲化的根本目標。阿根廷人璜・巴提斯塔・阿博蒂曾於一八五〇年代的作品中，抨擊當時盛行的，將鄉村視為野蠻地區的看法。他認為城市人那種「受過教育的

圖40-1 今日的拉丁美洲

野蠻性格，對真正的文明所帶來的傷害，比起所有存於美洲內地的野性還要嚴重千倍」。於一八八八年出版《巴西文學史》這部曠世鉅作的席爾維歐・羅梅洛，則是另一位徹底翻轉傳統看法的知識分子。他認為巴西是印第安人、歐洲人，與非洲人共同努力之下的產物，而且主張一個優秀而富有活力的民族，必然是由數個不同族裔交錯繁衍而來的結果。只是，不論在學術領域還是大眾文化，多數作家支持的看法依舊是將進步等同於工業化、都市化，還有歐洲化。

在十九世紀前半葉，有一種名副其實的民間文化，繼續在跟中央政府沒有直接聯繫的鄉間村落蓬勃發展。這些小型社群以及它們的生活方式，有一段時間是受到各地地方首領的保護而得以存續下來。雖然據稱這些地方首領普遍是魚肉鄉民、橫行逆施，但是他們對這些自己統治的人民所擁有的傳統與想法，卻有著強烈的認同和歸屬感。捍衛印第安鄉間社群生活型態的人士對現代化運動所做的頑強抵抗，在該世紀的後半達到了頂峰，結果造成了程度足以比擬十六世紀初期由西班牙征服者發動的流血衝突。

在拉斐爾・卡瑞拉總統的任期內（一八三八～一八六五），瓜地馬拉的現代化進程被擱延了一個世代之久。印第安人不只自己的土地被剝奪，還被強制從事道路興建工作及負擔高額稅賦，他們於一八三七年時發動起義，因此讓卡瑞拉取得國家大權。身為歐洲與拉丁美洲混血後裔，對原生文化也懷有尊重之心的卡瑞拉，為構成瓜地馬拉四分之三人口的印第安人制定了許多嘉惠措施。他回復印第安人的土地所有權、降低稅率，並且開始推行在全國各地提供基礎教育的工作。卡瑞拉其實並不反對進步這件事，不過他相信進步必須循序漸進，而且不能因此掉進必須受外國資本家左右的陷阱之中。在他的統治期間，瓜地馬拉成為拉丁美洲一個獨一無二的特例，那就是受到征服的種族竟可以在國內占據主導性的地位。不幸的是，在卡瑞拉於一八六五年去世之後，他的計畫馬上就受到翻轉。由外國人出資興建從而也取得所有權的鐵路，為了便利咖啡的外銷而興建起來；大型農場併吞印第安農民的土地，而這些失去土地的農人又再度淪為從事勞力工作的工資階級。

十九世紀的最後數十年，墨西哥成為一個舞臺，反覆上演著原住民權利捍衛者揭竿起義的戲碼。這其中為期最久而且程度最為激烈者，是發生於猶加敦，被稱為「階級戰爭」的一次。這場戰爭的發生，導源自馬雅人的玉米農業遭到白人和麥斯蒂索[2]人日漸擴張的甘蔗園威脅——後者則聲稱他們是在從事提升「秩序、人性，與文明的神聖事業」。墨西哥地區的衝突從大約一八五〇年起一直持續到二十世紀。前後有五十年的時間，猶加敦是由這些馬雅人反

抗者自我治理的，在這段期間，他們保存了美洲發現前那種村落與家族組織，以及混合了馬雅與西班牙元素的特殊文化。到了一九〇〇年，由於土壤地力耗盡與傳染病盛行，使得馬雅社群元氣大傷，再加上波費里歐・狄亞茲的殘暴統治，馬雅人的獨立地位於焉告終。

　　厄瓜多與祕魯在十九世紀都曾出現過印第安人的反抗運動。巴西在一八八八年取消奴隸制度以前，也發生過奴隸的起義事件。而面對這強迫歐洲化的進程最成功的一次抵抗運動，很顯然是一八一九至一八七〇年間，在巴拉圭由連續三位首領所領導的。雖然一般人慣常地誤將暴君的汙名加諸於他們身上，但實際上比起批評他們的人士，這三位領導者在有關自身國家的條件限制與具體需求上，反而表現出更切合現實的體認——二十世紀墨西哥革命分子的計畫內容，有許多面向在荷西・法蘭西亞（在位期間為一八一四至一八四〇年）所制定的改革政策中就已經顧及。為了確實掌控經濟結構，法蘭西亞將羅馬天主教會國有化，沒收教會和私人莊園的土地，將其分佃給小型農民，從而讓國家能夠在糧食方面自給自足。法蘭西亞的後續接任者安東尼奧・羅培茲與其子索拉諾・羅培茲，皆清楚地證明了保障本土農業絕對可以與物質進步相存並行。羅培茲父子在不向外國借款的情形之下，修築鐵路與電報線，建立使用蒸氣動力的現代化海軍，並且完成一座鑄鐵鑄造廠。不幸的是，鄰國對巴拉圭抱持的敵意，嚴重威脅到這些原本可以讓其他遵循國作為範例的非凡成就。羅培茲氏 [3] 那凶狠殘暴、目空一切的態度，乃是激起或加重這些敵意的源頭。於是，阿根廷和巴西在慫恿烏拉圭加入之後，以消除對其領土之威脅為名義上的理由，向巴拉圭發起了一場為時六年（一八六四至一八七〇年）的消耗戰，巴拉圭一直到被戰火奪去了百分之九十的成年男子人口，才終於讓這場戰事告終。雖然戰勝國聲稱它們是為了給這些野蠻人帶來文明，但有英國報紙《曼徹斯特衛報》提出的卻是不同的觀點，該報直陳：這場戰爭「所破壞的南美國家，是唯一一個讓原生印第安人得以在其中展現出一種已經存在的可能性，一種可以擁有或者重新取得適於完成政府任務的力量或組織的可能性」。在戰爭之後五年的軍事占領期間內，巴拉圭具全民色彩的那些制度或機關遭到撤除；外國資本大量擁入；而投機者以低價搶購土地，也使得巨大規模的地產所有模式再度出現。在歷經了此般受挫之後，巴拉圭便以拉丁美洲其中一個最為落後、最為貧窮之國家的姿態進入二十世紀。

墨西哥與南美於二十世紀的進步與窮困

在拉丁美洲的所有大型國家裡，墨西哥是唯一一個經歷過名副其實革命的國家——不論是社會、經濟，還是政治面向。墨西哥這場帶有解放意義的革命運動起自一九一〇至一九一一年間，以波費里歐‧狄亞茲的獨裁政權受到推翻爲始，令接下來的十年陷入動盪，而且從來未曾正式終止。爲了消除獨裁遺緒而生的爭戰，進行的過程甚爲激烈，在一九一〇到一九一七年這段時間，就造成大約二百萬人爲此喪生。單純將狄亞茲趕下臺，既無法摧毀根基深厚的寡頭階級所擁有的實力，也無能讓推動改革的自由派分子意見不再分歧。當代的主要強權在監看墨西哥這些彼此歧異、但同具野心的領導者之間所接連出現的敵對或鬥爭，當然不是抱持著事不關己的心態。尤其是美國，當時間來到一九一〇年時，其海外投資總額已經有百分之四十對象是墨西哥。雖然沒有直接反對革命，華盛頓當局仍希望能控制革命的發展，而爲了達到這樣的目的，華府也就化身爲墨西哥政局中彼此傾軋的派系之一。繼狄亞茲之後掌政的自由派大地主法蘭西斯柯‧馬德洛，一九一三年時又爲維克多利安諾‧韋爾塔推翻——韋爾塔並且將馬德洛處死，這種舊時代的政爭方式，讓這次政權輪替淪爲令人無法苟同的開倒車行爲。美國總統伍德洛‧威爾遜保留對韋爾塔政府承認的意願，理由是韋爾塔乃是以不合憲的手段奪取政權；只不過，美國這樣做還有一個同樣合情合理的理由，那便是韋爾塔願意讓英國取得墨西哥的石油開採特許權。當墨西哥境內的革命運動，因爲韋爾塔的倒行逆施又重新再起之後，威爾遜總統一開始鍾意的支持對象，是極富個人魅力的游擊軍戰士法蘭西斯柯‧「龐丘」‧維拉[4]，但是之後又轉爲支持他的對手維努斯提亞諾‧卡蘭薩，並且於一九一六年派出一支遠征軍進入墨西哥境內，以追捕藏匿中的維拉。藉由美國支持成爲墨西哥總統的卡蘭薩，在不久之後既失去了美國歡心，也無法取得自己人民的愛戴，而在一九二〇年時被迫下臺。雖然這次的革命表面上看起來是以失敗結束，但實際上卻並非如此：在卡蘭薩短暫的執政期間，墨西哥的制憲大會起草了一份具有改革精神、符合民主原則的憲法草案。這部憲法草案並於一九一七年五月生效。

一九一七年的這部憲法，內容多是承諾將去努力而非已經實現的事物，那些打從狄亞茲政權結束以後，就一直辛苦嘗試重新打造這個國家的人們，其心目中所懷抱的革命理想，也改寫轉化爲這部憲法揭示的部分目標：（1）政府民主化；（2）降低教會的影響力；（3）讓對經濟資源的掌控力收歸國有，並且提供實際生產出經濟財富的大眾一個更公平的分配結果。爲了追求第一個目

標，憲法賦予所有二十一歲以上的男子投票權，並且藉由國會來對總統的權能做某個程度的制衡。為了達到第二個目標，憲法確保人民可以享有宗教自由、禁止教會營運初級學校，而且規定國家立法機關有權限制每個教區的牧師人數。不過，這部憲法中最具重要意義的條文，很有可能是那些與經濟改革工程相關者。奴工制度【5】遭到取消。每天工時八小時，每七天有一天休息日，被定為工業勞工的勞動標準。勞工可享有罷工權，而且政府有權以國庫實行社會保險制度。礦物資源的所有權不可為私人所有；而外國人除非願意受墨西哥法權管轄，否則即無法取得開採利用礦產的特許。另外，國家在給付公正的補償金之後，即有權徵收任何種類的私人地產。

墨西哥革命運動所追求的許多遠大目標，雖然只有部分獲得實現，依舊具體地塑造出一份在理論上能將國家、農民、勞工，和企業統合起來的社會契約。推動社會的民主化，並且消除社會上不平等的重責大任，需要的不只是上述四個元素之間的合作，還要有意志堅決的執行領導團隊，以及徹頭徹尾的立法計畫——這些條件要能夠一應俱全，真是想得比做得容易。在為了實際推行革命性的改革計畫而做得嘗試中最為有力的一次，發生在拉札洛・卡登那斯總統在位期間（一九三四～一九四〇）——深受人民喜愛的他，還得到了塔托（意思即「老爸」）這個綽號。正當經濟大蕭條逼得一些高度發展國家走向法西斯主義的路子，卡登那斯卻透過讓民主可以在社會與經濟中發揮作用，來試著強化民主制度的力量。為了試圖復興墨西哥傳統的合作型農業社群（艾基多），他將土地分配給總數八十萬的農民，大約等於是三分之一的鄉村人口。接受這些土地的人一定要讓土地進行農業生產，禁止將其出租牟利。除了土地重分配之外，他的改革計畫也包括促進基礎教育，以及立法保障從事工業工作的工人。在他的治理期間，有三千個工會共同組成墨西哥工人同盟。而當美國的一些石油公司拒絕將勞資爭議提付仲裁時，卡登那斯毅然地依據憲法的授權，將它們的油田收歸國有，從而觸怒了外國股東，後者便向美國國會施壓，令其向墨西哥採取報復行動。幸運的是，富蘭克林・羅斯福總統堅守其睦鄰政策，反而提供墨西哥長期的信用額度，讓墨西哥政府有能力補償這些美國公司。藉由這樣一個調解措施而贏得墨西哥的善意，比起石油利潤來說乃是更為珍貴的資產。

一九四〇年起，墨西哥政府將心力集中於工業發展上，並且取得了令人印象深刻的成果。有整整三十年的時間，製造業的生產額是以年平均百分之八的幅度在增加，創下了被譽為是經濟奇蹟的成長速率。但是，工廠、交通設施，

以及能源網絡工程的興建，都有賴引進外國的投資資本。經濟結構有許多部分也不得不爲跨國公司所進占。另外，當維持生活成本上升的同時，工資卻爲了刺激出口之故而保持在低點，而且政府也不再重視由卡登那斯設立的鄉間艾基多計畫。政治方面的奇蹟則是富裕菁英階級的抬頭，以及墨西哥統治政黨的轉向保守風格——它並且於一九四六年時，將黨名改爲制度革命黨。制度革命黨挾其在國內政治結構中既有而穩固的地位，對地方和國家層級的政府職位皆有掌控權。它精挑細選歷任的總統候選人，並且在每次大選中都能獲得勝利。而身爲國家建制中一個組成元素的墨西哥工人同盟，則愈來愈官僚化，並且就像任何政治性機構一樣，感染上貪腐的惡習。儘管在經濟上有著幾乎未曾中斷的成長表現，墨西哥共和國並不如外表看起來那般穩定。社會上的不滿有一部分是透過政府在小地方上讓步，或是一些內部的改革，來使其獲得安撫。但除此之外仍須動用警力和軍隊來對付罷工活動，或者消除來自各種階級的異議聲音。在諸多殘忍鎮壓行爲之中，最惡劣無情的一個例子——但絕對不是唯一的例子——發生於一九六八年十月，地點就在墨西哥市中心，距離該屆奧運在此開幕只有一個禮拜。有數百名聚集在大學體育館內進行一場群眾抗議的學生，在狄亞茲‧歐達茲總統的命令下遭到政府軍隊殺害。

存在墨西哥社會中的緊張對立，以及經濟結構中所包含的弱點，在一九七〇和八〇年之間的一連串危機發生後，開始變得顯而易見。思慮未周的政府支出，以及持續不斷的向外借款，一方面未能成功緩解失業問題，也無法阻止日漸攀升的通貨膨脹，另一方面卻讓國家背負了四倍的債務。一九七六年，發生了一件支撐墨西哥經濟不至於在當時就瞬間崩潰的事，那就是在墨西哥灣西部沿海發現了極爲巨量的石油和天然氣——是這種價值無匹的燃料在世界上最大的蘊藏處之一。這個發現讓墨西哥政府懷抱著可以獲得鉅富的展望，於是陷入毫無節制的支出中，來興建許多煉製工廠，並且在產油區域規劃新市鎮。這些野心勃勃的計畫，背後的財政基礎乃是向外國銀行的大量借款。然而，國有的墨西哥石油公司卻呈現經營不善的現象，而且沒經過多少時間，就像政府本身一樣，被貪汙舞弊所掏空。這場石油帶來的大翻身，消逝得就跟它來時一樣突然，這對墨西哥來說著實不是好事。原油價格的慘跌，讓墨西哥損失了三分之二的石油出口獲利。一九八二年，當墨西哥政府已經無力向債權人清償其利息款項時，連帶使得有八百億美元的海外貸款必須重新設定還款方式，以免美國各大銀行因此倒閉破產——它們其中有一些將總資產的一半都押寶在墨西哥身上。

　　隨著國家發展，有三分之二的墨西哥人民選擇居住在都市，原因主要是鄉間地區日益惡化的貧窮問題，逼使他們來到都市謀求一工半職。墨西哥市以其周遭鄰近的貧民區和那總數一千八百萬的居民，成為全世界最大的都市，同時也躋身為最擁擠，公共設施最不健全，以及汙染最嚴重的城市之列。全墨西哥八千萬的人口中，超過一半有營養不足的問題，同樣也有超過一半的人民面臨不完全就業的危機。這樣一個有潛力取得繁榮富裕的國家，財富分配卻是世界上最不平均者之一。有將近百分之四十的全國總收入，是由前百分之十的家庭取得，反觀最窮困的那百分之十的家庭，收入則僅僅占全國百分之一。

　　識字率達到百分之九十的墨西哥社會，雖然面對普遍物質條件缺乏，面對許許多多的經濟危機，甚至是面對一九八五年，那場將大半個墨西哥市夷平，同時帶走超過一萬人性命的大地震，都保持著相對冷靜的情況，但是社會上的不滿與騷動，在草根性的社會運動中還是相當明顯。在這些社會運動中，較重要的包括：致力於人權維護的「基督基地」社群【6】；一個由墨西哥家庭主婦所組成的協會；以及一個全國性的、負責協調統合都市改革團體的聯盟。制度改革黨於選舉中的各種不法行為，終於讓民眾的怒氣累積到足以動搖該黨的權力獨占地位。一九八八年七月的總統大選，挑動人民情緒的程度乃史上首見：因為由夸鐵莫克‧卡登那斯（夸鐵莫克這個名字是取自阿茲提克帝國的末代皇帝）──那位替墨西哥成就許多偉大改革事業的總統之子──所領導的政治運動（此運動名為「民主潮流」），為了追求改善政治環境，而向一黨獨大的既存體制發出挑戰。雖然最後政府宣布是由制度改革黨的候選人獲勝，但是它也正視到卡登那斯囊括了百分之三十五有效票數的事實。這位繼任的總統卡洛斯‧薩利那斯，當初保證將會推動政府廉正與選務改革，而他馬上採取的一些行動，則足以讓人當作樂觀的跡象，來相信那些並不會是空頭支票。

　　不只地理上相鄰，就連經濟上也緊緊依存，因此在所有拉丁美洲國家中，墨西哥對美國來說具有首屈一指的重要性。墨西哥是美國第三大的貿易伙伴，墨西哥有百分之六十的出口貨物是送往這位北鄰；同時，它也是美國最首要的國外石油來源。作為整個第三世界中第二嚴重的負債國，墨西哥那一千億美元的國家債務，對於身為主要債權人的美國投資者來說，幾乎是攸關性命。面對每年超過五千萬名進入就業市場的勞工，由於墨西哥無法為其提供足夠的工作機會，因此移民至美國的浪潮勢必將持續下去。美國境內的墨西哥工人，在一九八〇年時計有二百五十萬，到了二千年時則預估將達到六、七百萬，用一種始料未及的另類方式，將原本在一百五十年前屬於他們先祖的土地，重新回

到墨西哥人的足下。

巴西是拉丁美洲最大的一國，其面積幾乎與美國相當。巴西在邁向二十世紀的過程中，成功地完成高度工業化的發展，這使得它取得主要強權的地位，而不再是什麼第三世界國家。然而巴西還是以非常劇烈的形式，將普遍可見的問題與衝突呈現在所有拉丁美洲國家中。它那金字塔型的社會結構，讓全國總收入的一半集中在百分之一的人口手上。據一份一九八五年的報告指出，這個國家四千五百萬的總人口中，有百分之六十五面臨營養不足的問題，而這其中有四分之三乃是都市居民。巴西的嬰兒死亡率是拉丁美洲各國中最高者之一。雖然工業和貿易的發展，讓里約熱內盧與聖保羅搖身一變成爲耀眼閃爍的大都會，但是聚集在它們周遭那些自貧困的鄉間擁入的人潮，卻使得這兩大都會的市郊地區成爲觸目驚心的貧民區。富裕的高塔與貧窮的深淵同時存在於巴西；同樣地，人們也可以在一邊看到時尚、世故與新穎的企業，另一邊卻同時看到一些過去遺留下來，帶有半封建文化色彩的事物。

巴西在政治民主的發展進程中，曾經有長達數十年的時間，不是進步緩慢，就是一再被打斷。一九三四年生效的一些修憲內容，讓人民享有祕密投票制度，以及男女平等的投票權，不過並未解除必須識字的條件限制，使得還是有許多人無法投票。熱圖里歐·瓦加斯在一九三〇至一九四五年，以及一九五一至一九五四年，兩度擔任巴西總統，總計共有十八年之久。在位期間他以獨裁的風格進行統治，對媒體施加言論審查，並且解散過數個政黨；但是在他的統治下，中央政府對各自爲政的州所擁有的權威也獲得擴張。當軍方於一九五四年強迫瓦加斯去職之後，其支持者與反對者們隨即展開了一場慘烈的爭鬥。

儘管派系爭伐不休，一九五〇年代晚期的巴西還是呈現出進步的跡象。尤謝林諾·庫比卻克總統提出一項野心勃勃的經濟計畫，但是由於他堅持不增加稅收，他在政府支出方面的政策便顯得十分空洞。與此同時，則有許多各方人馬投入社會運動，包括由工會資助，自告奮勇的改革者；政治上的激進派分子；天主教行動運動；甚至一些位居教會高位的主教。這些人士爲貧困的巴西北部鄉間地區帶來許多援助，他們爲當地農民組織合作社；興立學校和衛生診所；並且提供各種專業技術上的支援。但是，這些深植於民間的激進社會運動併隨著政府方面的溫和改革路線，對於控制著國內大部分土地和軍力力量的寡頭勢力來講，依舊超過了可以忍受的限度。庫比卻克的繼任者們在穩定經濟局勢方面就和前者一樣，無法取得足夠的成功，從而在一九六四年三月三十一

日，當時的總統同時也是勞工黨的領導者，尤姚・果拉遭到軍事政變推翻。讓巴西落入了長達二十一年的軍人專政手中。

　　一九六〇年代，巴西似乎搭上了景氣上揚的浪潮。在此期間，巴西在內陸深處建起一個富麗堂皇的新首都：巴西利亞；而鄰海的聖保羅也從一個暮氣沉沉的省城，一躍成為南半球最大的工業都市。跨亞馬遜河流域高速公路建案的擁護者，誇稱這將會是個可以從月球上用肉眼看到的巨大工程。開始發展擴張從而出現分化的工業活動，將巴西的經濟結構從咖啡——這項該國唯一可以仰仗的主要生產品——中解放出來。各種製造業的成長程度——其中包括造船、汽車、鋼鐵製品，以及精密工具，足以構成巴西出口貿易的百分之二十。一九七一年，這個國家的全年經濟成長率衝上了百分之十一。然而，獲得繁榮的代價乃是風險：最終將面臨災難的風險。這個逐步工業化的經濟結構，其依賴外部支持的程度高得危險：百分之四十的資本投資以及百分之六十的國際貿易；主要的關係國包括了美國、加拿大、日本，和西德。巴西的經濟成長率在一九七〇年代中葉這段時間，跌到低於百分之五，其他的一些徵兆也顯示著這場「經濟奇蹟」即將來到終點。巴西有百分之八十的石油供給必須仰賴進口，因此油品價格的激增也就帶給它非常嚴重的打擊，與此同時它還得面臨農產品外銷價格下跌的影響。由於在國內發現了世界上其中一個藏量最豐的鐵礦礦藏，因此巴西政府面對經濟問題採取的對策，不是試圖重振農業，而是繼續刺激工業發展。鐵礦的出口到了一九八四年時，已經和咖啡及大豆同居該國的領先地位，而工業製造產品則緊追在後。巴西軍火工業的成長幅度，足可讓巴西在武器軍備方面不必依賴美國。一九七〇到一九八〇年間，巴西轉而成為第三世界國家重要的商品供應者，在這段期間，它與黑色非洲[7]國家的貿易提升為原本的六倍。

　　高壓統治，再加上在短時間內迅速工業化的歷程，為巴西原已失衡的社會又加上一副重擔。國民所得雖然大幅增加，工人的實質工資卻反而降低。五分之一的勞工面臨失業；年度通貨膨脹率也超過了百分之二百。發生於西北部土壤貧瘠地區的嚴重乾旱——一片面積等於法國加上西班牙的土地，令二百萬人陷入瀕臨饑荒的情境。而且，新近取得的財富也未曾有過一點一滴，是用在增進社會福利或是醫療照護上。

　　這二十一年由軍事集團所施行的統治風格，完全背離巴西那溫和中庸的傳統；不只是就其阻礙了民主發展而論，也因為這段期間的政府行事，完全枉顧任何面向的公民權利、施行嚴格的言論審查、未經審判即拘禁公民，而且一旦

被懷疑為異議分子者，就可能受到酷刑伺候。被政府謀害的人民當中，農民、法律工作者、神父、修女都在其列。在經過了黑暗的十年之後，高壓的局勢漸漸開始鬆動。人民在一九七八年時獲准選出一個職權有限的國會，部分的政治流亡分子也得到特赦。一九八五年的總統選舉舉行後，大眾對於唐克理多·奈維斯當選的結果感到欣喜（這次大選是由選舉團投票選出，而非直接民選）。奈維斯是一位備受尊敬的政治人物，在還未發生一九六四年那場政變之前，正是由他擔任果拉麾下的總理之職。不幸的是，奈維斯在預定就職的日子到來以前去世，總統職位於是移交給他的競選搭擋荷西·薩爾尼接任。薩爾尼並不是一位經驗充足的政治人物，因此公眾對他是否能勝任總統之職表示疑慮也是其來有自。後繼的領導人物若想解決二十年的軍事獨裁統治所遺留下來的問題，必得有最優秀的才幹不可；而現實既然並非如此，經濟狀況也就繼續惡化，社會上的不滿也愈演愈烈。一九八二年，當通貨將近以每個月百分之百的速率膨脹時，巴西政府發行了新的貨幣，以一比一千的比率取代舊貨幣。巴西的海外債務到了一九八〇年代晚期時，已經增加到一千二百億美元，是所有發展中國家中最多的。已然不足清償借款的國家資金，還要分心去支付那過於龐大的政府官僚體系，使得債務的壓力更形倍增，造成了急速竄升的通貨膨脹率，通貨膨脹率在一九八九年時達到了百分之一千八百，剝奪了勞動人口購買生活物資的能力。民眾對政府的不滿，直接反應在一九八八年秋天的市長選舉上：在這場選舉中，左派的候選人獲得空前的勝利。連聖保羅這個大城也選出了一位信奉馬克思主義者的五十三歲女性市長。由於接下來的幾個月，巴西的經濟狀況還是持續探底，大眾的怒火也高漲難息，薩爾尼政府於是做出一件震撼國際社會的事：暫停給付巴西外債的利息款項。

一九八九年十一月的全國大選中，費南多·科洛爾·德梅洛這位時值四十歲，急躁但富有活力，被巴西媒體封為「印第安那·瓊斯【8】」的保守派政治家，承諾將會創造並且維持一個健全的市場經濟體制，而在這場二十二位候選人參加的選戰中，以壓倒性的票數脫穎而出。當他於一九九〇年三月就職的隔天起，科洛爾便凍結銀行帳戶與投資基金，有效地將百分之八十的國庫經費從通貨流通之中抽出。此外，他也迅速地開始實施對工資與價格的管制；削減政府支出；將國有事業民營化；取消商品補貼；開徵新稅；透過鼓勵外國投資的方式，在遏止通貨膨脹的同時，也刺激一定程度的經濟成長。由於這些措施能夠緊扣問題癥結，因此取得了大眾廣泛的支持。

巴西的發展計畫中有一個面向，不僅對拉丁美洲，更對全體人類有著決定

性的影響力，那就是它將威脅亞馬遜盆地雨林的存續。亞馬遜雨林的面積大約占地球上僅存熱帶雨林的三分之一；而除了涵養成千上萬種此處獨有的植物與動物之外，這片占地廣大的「世界之肺」，在代換大氣中的氧氣，以及與「溫室效應」作戰方面，扮演了至關重要的角色。珍貴的木材與礦物資源也是亞馬遜盆地的寶藏；系統化的開採工作，也隨著一九七〇和一九八〇年代的工業起飛開始進行。伐木、造路，以及地表採礦，以如此驚人的速度展開，以至於假如它們繼續以目前的速率進行，在七十年之內，亞馬遜雨林就將被破壞殆盡。為了大規模農耕和畜牧之用而進行的除林整地工作，同樣也使得巴西境內原生的印第安社會面臨失去居住地和謀生方式的危機；這些土著社群靠著永續型的農業，以及小規模的橡膠採集業，已經以不傷害環境的方式存活了數百年。一九八八年十月，有一群卡雅波族的戰士彩繪與打扮上完整的作戰姿態，但是在完全不使用暴力的情況下，闖入法院這屬於政府的聖殿，要求當局正式承認印第安人的權利。由於國際上的貸款機構，對於巴西政府意圖用來興建水力發電廠，和其他公共建設工程的借款，採取不願馬上核准的態度，政府方面在百般拖延之後，終於對這些保存運動者的請求做出回應：薩爾尼總統於一九八九年初，宣布了一項停止砍伐亞馬遜及大西洋區之森林的計畫。

　　上天賦予了阿根廷足夠的資源，使其有能力成為一個富裕的國家。除了遼闊的土地可供農牧之用以外，還有珍貴的礦物資源，適於發展水力發電的水文，而且在石油與天然氣的供給上，阿根廷也幾乎能夠自給自足。這片比起墨西哥大上許多的土地，只有少於墨西哥一半的人口居住於其上。阿根廷的人口組成在拉丁美洲上格外具有同質性，部分是由於其接受了大量的歐洲移民，部分則是由於原生的印第安人大多數已被消滅或者驅逐。阿根廷有百分之八十的人口居住於都市，其識字率也是拉丁美洲中最高的國家之一。在第一次和第二次世界大戰期間，牛肉與穀物售價的高漲，讓阿根廷因此獲利不少。擁有身為南美大陸金融首都的布宜諾賽利斯，阿根廷是全拉丁美洲一致公認的領銜者。然而，二十世紀正當開始時，在生活條件上足以和北美國家媲美的阿根廷，到了二十世紀接近結束時，這個國家卻在破產邊緣辛苦爭扎。長年來的社會紛擾、不顧後果地浪費資源、政府方面的處置失當，以及軍事獨裁帶來的破壞等因素，已讓阿根廷淪為一個為債務所苦的第三世界國家。

　　相對於它的大對手巴西，阿根廷的歷史是由暴力、動盪，以及權力至上的思維交織而成，從而也使其邁向民主制度的進程顯得極端艱難。雖然在一九一二年就施行了祕密投票制及成年男子的普遍選舉權，但是選舉總少不了

遭到掌權黨派為了自身利益而加以操弄。而且自一九三○年以來，只有一位總統完整走完法定的任期。存在於社會中，有礙社會安定與民主進步的深層仇恨，有部分可以追溯至快速的工業化過程，以及都市和鄉村階級之間的敵對意識。超過百分之五十的人口從事工業方面的工作；而全國有三分之一人民聚集的布宜諾賽利斯，其與偏遠省分的利益和立場，彼此之間有著一道相當深遠的鴻溝。與上述因素有所相關的第二個衝突來源，則是工會的角色。阿根廷的工會組織起源自西班牙和義大利的移民，由於當初其領導階層所懷抱的意識型態，這些工會組織帶有一些工團主義【9】的色彩，因此發展出一種強烈的勞工團結意識與鬥爭意識。工人總聯這個全國性的工人組織聯盟，最終將成員擴展至包含全國半數的勞工，成為國家一股實在的勢力，並且交替地支持或者對抗反覆出現的軍事獨裁政權。還有一個易於促發專制政府出現的因素，則是阿根廷人強烈的民族優越感，這不僅讓他們痛恨外來的，尤其是來自美國的干預，某些程度上還使得他們瞧不起其他的拉丁美洲民族。

阿根廷二十世紀的政治史，有很大一部分是以一小群強人為中心打轉。其中一位是伊波利塔·伊里哥延，他激起其追隨者狂熱的效忠心，並且於一九一六年當選總統，當完六年任期之後，又於一九二八年再度當選。伊里哥延在群眾中取得的聲望，有一部分是來自於他成功地讓阿根廷在第一次世界大戰保持中立，而且之後又替阿根廷在國際事務上爭取到受他國正視的地位。不過，專斷獨裁的他，針對勞工問題施行了非常嚴厲的反罷工政策，而且在第二次擔任總統期間，他也坐視貪汙問題全面發生。伊里哥延的政權，在一九三○年一場由保守派人士，以及軍方高階將官所策畫的政變中受到推翻。之後，隨著第二次世界大戰的爆發，一場惡質的法西斯主義運動開始於阿根廷發展苗壯。對軸心國的同理心——其中有部分是出自於害怕共產主義的傳播，在阿根廷境內廣為盛行。阿根廷的產業界人士中，有不少身懷德國和義大利血統，而且許多軍方將官是由德國訓練出身。這個國家本已身陷經濟危機的折磨之中，政府幾乎宣告破產，而且通貨膨脹與都市居住空間過度擁擠的問題，再再將殘酷的生活苦難強加在缺乏財力物力的一般人民身上。藉由將工資壓低以刺激出口的官方政策，創造出一個心懷怨懟、意圖反抗的勞工階級，任何意在蠱惑民心的人士，只要承認將改善這些人的生活條件，便可以輕易取得他們的效忠。當時伸手擷取這樣一個角色的人，乃是璜·裴隆將軍。他領導了一項逼使現任的總統辭職的群眾運動，並且於一九四六年親身出馬角逐總統寶座。他的政見包括增加工資、控制租金，以及切割大型地產，藉此在「衣不蔽體」的階級中，贏得足夠多的支持來確保勝選；而且除此之外，他也得到來自軍方及業界

的選票。裴隆上臺後把農民納入工會體系，而擴充了工會的力量，並且將其轉化爲自己的權力基礎。因此他可以利用這種來自民間的支持，來嚇阻業界的寡頭領導分子，以及令軍方不致輕舉妄動。他那色彩鮮明的個人特質，大膽直行而肆無忌憚的行事作風，吸引到一群死忠的群眾願意追隨其領導；但是，他的統治方式不脫阿根廷人熟悉的法西斯式獨裁模式：言論審查、武力恫嚇、排外思想，還有經濟國家主義。

由於裴隆將離婚合法化，而且試圖推動政教分離，因此得罪了國內的天主教勢力。而且他在沒有爲農民做出多少事的同時，又因爲替自己在工人總聯中的追隨者們謀取了大量福利，以及持續增加國家負債，而引來中產階級的敵意。暴發於一九五五年六月的叛變雖然受挫，但是在同年九月又重新燃起新的亂事。這次反叛人士取得了海軍的支持，因而局勢最後演變爲如果裴隆再不投降，海軍便將對布宜諾賽利斯進行砲擊。在一個軍方高層小組的遊說之下，裴隆接受了他們的提議釋出政權並流亡海外。他首先逃至巴拉圭，稍後在馬德里得到政治庇護。阿根廷憲法於是在一九五六年重獲施行，而國內最重要的自由派立場的報紙《新聞報》，也重新回到它原本應有的主人手中。

阿根廷這次回到憲法規範之下所組成的政府，卻是個短命的政府，而且也無能終結這個國家的民主政治所面臨的主要威脅。爲數二百萬的「裴隆主義者」，依舊渴望復興曾經帶給勞工階級許多好處的專制制度，要在一夜之間將這股影響力完全根除是不可能的事。同樣不可能的，是壓抑住軍方將校階級的野心，爲了徹底除去裴隆主義和共產主義的勢力，他們想要的也是一個強硬的政府，來當作他們有效進行階級立法的工具。由人民選出的總統，在一九六二和一九六六年兩度遭到軍方逐退。於此同時，外貿赤字、長期存在的失業問題、龐大的公共債務，還有穩定攀升的生活成本——這些自一九〇三年代的經濟大蕭條以來，當然亦是自裴隆執政時期以來，就存在於經濟結構中的弊病，也不見有任何起色。一九六六年之後掌握實權的軍方派系，試圖以解散所有政黨、掃除大學中的異議分子，以及對工會嚴加管控的方法，來解決這些經濟危機，但是依舊徒勞無功。七年之後，當時的文人統治者針對經濟問題嘗試以新的辦法來解決，卻在極短的時間內就遭逢重大挫敗。此時，仍舊擁有許多支持度的裴隆受邀結束流亡生涯返國，並且成功地助自己所提名的人選，在一九七三年三月的總統大選中取得勝利。然而，此一國家行政權首長的寶座隨後又自民選的現任者手上轉交到裴隆本人，而在他於一九七四年過世之後，續而落入其遺孀伊莎貝拉‧裴隆之手【10】，使得裴隆一氏將再掌執國家大政三

年之久。伊莎貝拉原本是一位夜總會舞者，她前後二十個月的執政可說是場大
災難：貪汙腐敗開始在整個官僚體系中廣為傳染、黑市交易盛行、貨幣貶值，
再加上全世界最高的通貨膨脹率，將阿根廷政府帶向毀滅的邊緣。一九七六年
三月，一場過程平順的政變奪去她的位置，由候黑・維德拉將軍所領導的軍人
派系接掌政權。

　　在裴隆夫人【11】遭到推翻後的七年之間，統治阿根廷的這支軍方派系，
雖然成功讓即將崩毀的經濟生氣得以延續，但卻是以人民所有的自由權利為代
價，而且也未曾治癒經濟結構中的根本缺陷。執政的軍方控制住強而有力的工
人總聯，進而對工資進行凍結；但是卻對價格問題坐視不理，於是在通貨膨脹
一段短暫的穩定之後，商品價格又繼續出現飆升。這些掌權的將軍們由於誓言
要消滅許多年以來，一直動搖國家安定的恐怖分子游擊組織，結果將「任何散
布與西方和基督教文化相背之思想者」都視同為恐怖分子，於是這個軍政府本
身也成為一個恐怖的源頭，透過超過十多種不同的機關，以恐嚇、拷問和處死
來消除任何異議的聲音。公安警察會在半夜攻入民宅，把屍體從直升機上丟進
南大西洋，然後破壞他們各種惡行惡狀的證據。國際特赦組織預估在兩年之
內，就有大約二萬人因此失蹤；此外，另有成千上萬的人民被關在正式監獄或
祕密拘留所內。雅可伯・提默曼，這位勇敢的記者是從這場「不義之戰」中辛
苦倖存下來的受害者之一，他在遭受二十九個月的囚禁和嚴刑對待之後，終於
獲准移民至以色列。正當執政的軍方集團派出國家的情治人員，幫助玻利維亞
和瓜地馬拉的高壓政府對抗它們所宣稱的共產主義叛亂；矛盾的是，阿根廷政
府卻同時也在深耕自己與共產蘇俄的關係。在美國總統吉米・卡特對蘇聯採取
禁運政策期間，後者非常樂於向阿根廷購買穀物。俄國方面則以提供高科技作
為回報。同一時間，握有阿根廷大權的將軍們則繼續對自己國家殘破的經濟上
下其手。

　　隨著人民對將軍們開始懷抱強烈的不滿，這些軍人們於是藉由發動軍事行
動來試圖贏回大眾的認同，而這場軍事行動的失敗，便替他們的政權畫下了休
止符。位於阿根廷本土南端東方四百英哩處的福克蘭群島（西班牙文名為馬爾
維那斯），打從一八三三年受英國占領以來，阿根廷就一直認為自己才是該群
島合法的主權者。針對群島主權移轉問題而發的協商工作，長期以來反覆皆以
失敗作收。在做成使用武力奪取福克蘭群島的過程中，阿根廷軍方很明顯地認
為英國將無意付出太多努力，來捍衛這個遠在八千英哩處，難謂是否有珍貴價
值的微小領地；同樣地，多半也認為在羅納德・雷根總統上臺之後，態度從原

本的冷淡轉為熱絡的華盛頓當局，對這次行動將不會有任何反對——此二者，都是嚴重的失算：於一九八二年四月入侵福克蘭群島的阿根廷軍隊，到了同年六月就被迫投降。這場為期七十四天的戰爭，索去了二十六億美元的成本，和數千條人命的代價，除此之外並沒有替英阿雙方帶來任何好處。但是它卻帶來了一個正面的效果，那就是令這個用可以輕鬆獲勝的諾言來哄騙自己百姓的政府威信動搖。在一九八三年十月所舉行的總統大選中，令那些寄望能夠重新取得政權的裴隆信徒感到深切失望的是，有百分之五十二人民將票投向由勞兀爾·阿方辛所領導，走溫和改革路線的公民聯盟黨。

阿方辛在當選之後立刻保證，要對犯下過去那些暴行的政府官員進行審判和懲罰，但是要實現這樣的諾言並不容易。原因在於有許多證據遭到破壞、部分的嫌疑人士已經逃出國外，加上阿方辛本人也希望在從事軍政改革之時，可以維持住軍方的士氣。在軍法法庭拒絕進行阿方辛要求的審判工作之後，這個任務便由普通法庭接下。雖然絕大多數替政府遂行恐怖統治的情治人員都逃過被起訴的命運，但是在九位軍方執政派系成員中，有兩位被判處無期徒刑，另外有三位被判處較輕的有期徒刑——這是拉丁美洲史上首度有軍方的犯罪受到文人政府制裁。阿方辛在總統任內的成績，軍方對其當然是以深切忿恨的眼光來看待，不過他無能拯救向下沉淪的經濟，也是他政績上的一個汙點。通貨膨脹倍增的速率，快到印製鈔票的速度還比不上票面價值蒸發的速度。一九八五年，政府只好發行新的貨幣來取代已經如同廢紙的舊通貨。在軍方小組統治時代由八十億美元增加到四百五十億美元的國債，在一九八八年時來到了六百億美元之譜，而阿根廷政府也於此時停止支付其中屬於長期部分的利息款項。一九八七年所發生的兩次軍方叛變雖然輕易地撫平，但是各地也陸續出現糧食問題引發的暴動。一九八九年七月，當通貨膨脹率激增至該年總計已達百分之三千七百之時，阿方辛決定辭去總統之職，此時距離他任期屆滿還有五個月。因此之故而提早上任的新任民選總統卡洛期·薩兀爾·梅能，過去曾經擔任過省長，而他同時也是正義黨，這個由裴隆所創立的政黨的黨魁。梅能在上臺時，除了聲明自己的政黨已經是成熟穩健，不再像早期那般橫衝直撞之外，也籲請所有的公民做好準備，迎接他將要施行的矯正措施。

若要試圖為阿根廷的經濟何以會衰落做個解釋，或許可以這樣說：來得太易的財富留不住。相對於日本的例子，日本人在太平洋戰爭之後，付出了非常大的努力來重建自己的國家，而當初前來阿根廷定居的白人，卻似乎是處在含著金湯匙出生般的環境。他們其中有許多人是來自條件相當優沃的歐洲階級，

早已習慣於享用其他人的勞動成果。當他們一來到此處，又迅速地奪取利用阿根廷廣大的內地牧場，更給他們帶來一種印象，認為這裡擁有上天賜予的，取之不盡、用之不竭的恩賜——而實際上付出代價的，則是印第安人和艱苦地持續獨立生存方式的高楚人。阿根廷富含家父思想的政府，也為這種態度推波助瀾：它不只慣常實行有利特殊利益團體的政策，而且為了減輕失業問題，一直維持著一些經營不善、赤字嚴重的國營事業。正當政府深陷於債務泥淖的同時，阿根廷人對逃稅這件事，卻樂此不疲到了惡名昭彰的程度。在那關鍵的一九八〇年代間，阿根廷的富人紛紛將其資產移轉到海外銀行之下，創造出一股數額將近於當時國債大小的資金外流。就如同其他拉丁美洲國家一樣，阿根廷有過多的土地和收入是由一小群寡頭團體所掌握。但是對於阿根廷要擁有健全的經濟，以及在民主政治上取得進步來說，最大的威脅還是來自於軍方的既存體制——它是由一個難以動搖與改變的特權階級主導，更與經濟上的寡頭團體互相支援，唯一的例外只有在裴隆統治期間，才暫時而且不穩固地以勞工階級作為盟友。在一九七〇年代晚期的軍事集團統治期間，軍方不只控制了國家決策大權，更以自己的人馬填滿所有政府要職（也就在這段時間，阿根廷的平均國民所得在世界各國中從第十五名跌落至第三十七名）。這些政府官員從未對當初的恐怖統治表示過任何悔意，而那些他們用來對付一般老百姓的祕密情治機關，至今也還未撤除。

　　位在阿根廷與太平洋之間，綿延縱貫南美大陸的智利，擁有著與其幾個廣大鄰國相仿的自然資源優勢，除此之外，一直到最近為止，智利的歷史比其它們都更為平靜。智利的人口並不多，而且在組成上跟阿根廷與烏拉圭一樣具有同質性，以源自歐洲的移民後代為主要成分。由於可耕作的土地面積有限，智利經濟發展的命脈就落在礦產開採之上：銀、金、硝石，加上最近這段期間才開始的銅；礦業在一九八〇年時構成了智利對外貿易總額的百分之八十。這種以礦物出口為焦點所在的特色，讓智利的經濟結構日漸受到外國的掌控，諸如英國或北美的資本家，取得智利礦業的所有權和營運權、提供船運系統，然後以他們本國的冶煉廠煉製。此外，這種傾向也遏止了經濟活動朝多樣性發展的力量，並且使人低估了農業的必要性。

　　打從一八一八年獨立以來，智利就明顯地免於內部紛擾。如同南美大陸絕大多數的地方，智利的經濟結構也是受到大地主和外國投資者的主宰，合起來占全國人口百分之七十的農人及工業勞工，則幾乎是處於無甚資產的狀態。一直到一九六八年這樣晚近的時候，還是只由百分之二點六的人口取得將近一半

的國民總收入。全國可耕地有三分之二集中在百分之八的農場主人手中，而替
這些大莊園工作的貧苦佃農，一般都住在沒有隔間的小屋，睡覺時也只睡得起
草蓆而已。不過，智利確實存在著中產階級與都市勞工階級，兩者皆擁有一定
的影響力；政治結構也相對穩定，能夠嚴守民主原則，並且除了少數為時短
暫的例外之外，皆由文人進行統治。在經過一九二五至一九三一年間，由卡洛
斯・艾邦尼茲上校擔任總統的獨裁時期之後，遵循憲法而為的統治，又延續了
有四十年之久而未曾中斷，直到一九七三年才被一次國內的極端保守分子，與
國外的陰謀家共同挑起的流血軍事政變所破壞。

　　一九六四年，基督教民主黨的黨魁艾都瓦多・弗萊當選總統，他在任內雖
然成功取得將銅礦場的所有權，由外國人逐漸移轉至國家手中的協議，但是在
土地所有權分配這個基本問題上，並沒有什麼值得一提的進步。一九七〇年九
月進行的總統大選，則受到海外各國的密切關注，尤其是美國——當時智利才
剛宣布有意將巨蟒銅礦這間大公司的股份收歸國有，大大震撼了美國的商業金
融圈。上述這種驚疑焦慮，在一九七〇年的這次大選，以投票率高達已登記選
民百分之八十六的情況下，選出薩爾瓦多・阿言德・高森斯——這位包括社會
主義、共產主義，以及其他左翼團體所組成的共同聯盟：人民團結陣線的領導
者——作為下任總統的時候，又更為強化。長期身為智利社會主義黨員的阿
言德，試圖在任內做出各種徹底且基進的改革，不過他同時也堅持必須以民主
的方式來完成種種改革目標。在他的統治之下，政府打破一些獨占事業的壟斷
局面；制定平均地權改革政策的實質計畫；將醫療照護的水準提高到足以讓嬰
兒死亡率減半；並且降低失業率以減輕勞工人民的壓力。阿言德如此決心追求
一條「屬於智利的社會主義之路」——亦即在過程中遵循民主原則與堅持不使
用暴力手段，讓不論是國內或是國外的資產利益階級都感到戒慎恐懼，從而堅
決地運用他們所能左右的全部資源來與其對抗。阿言德最終還是壯志未酬，而
關於那些造成他垮臺的種種相關事件，則存在著許多彼此衝突的解釋和詮釋。
他本人也必須為自己的失敗負起部分的責任：由於企業國有化的政策推行得太
過急促，動搖了人們對經濟體質的信心；在其政策必定會得罪保守的資產利益
階級時，他又缺乏帶領一場成功向既得利益者革命的個人魅力；最後，他讓自
己與軍方敵對——一個致命但或許是無從避免的大錯。造成智利經濟危機深
化的因素也不只一個。美國方面就至少有如下的影響：首先在部分貸款的期限
即將屆至的時候，要求智利屆時必須馬上清償；其次除了軍事援助之外停止對
智利所有的金援；並且對民間銀行還有國際信貸機關施壓，要求他們不得對阿
言德提供新的借款。國際銅價的大跌，也對智利經濟施加另一記重拳，畢竟這

是智利最主要的出口貨品。於是，在稅收下降以及物價上漲失去控制之下，智利似乎正走向經濟崩潰的路上。批評者們將這樣的結果歸罪於阿言德的無能和他的馬克思主義意識型態——但其實這些經濟危機有很大的程度，是受到智利的右翼分子在一些大型跨國公司和美國政府支持之下的有心操弄。在國際電信公司的極力促請之下，美國中情局於一九七〇年時曾經試圖阻止阿言德就任總統。在那次行動失敗之後，中情局轉而祕密付出大約八百萬美金，來嘗試「顛覆」阿言德政府。

　　儘管對手挾著充沛的財力後盾，發動一場造謠抹黑、製造恐懼式的選戰，一九七三年三月的國會議員選舉中，阿言德所領導的人民團結陣線還是囊括了將近百分之四十四的選票；雖然並未使其在國家立法機關中取得過半數優勢地位，但在代表席次上還是有實質的增加。這樣一個代表人民對總統信心不減的選舉結果，令阿言德的反對者甚為忿怒，從而決定訴諸極端的手段。在經過幾次嘗試都未能成功激起人民向政府起義之後，軍方的高層將領動員了一支為數十萬人的軍隊，於一九七三年九月十一日，向全國各地的主要人口集中處發動攻擊。這次的行動與其說是政變，倒不如說是一場未經正式宣戰的內戰，只不過交戰雙方在實力上的差距，讓勝負結果幾乎是事先預定的。雖然在組織和裝備上都遜於軍方，由平民組成的阿言德方，其抵抗強硬之程度卻大出對手意料之外。由他本人率領的一小隊人馬，在坦克和空軍轟炸之下，硬是守住總統府五個小時之久。阿言德為其捕獲者以機槍所殺（後者則聲稱阿言德乃自殺【12】），其他的屠殺行動則持續了幾個星期。大約有一萬五千名平民直接遭受殺害；另外則有成千上萬者被囚禁、拷問，或放逐。

　　這個在拉丁美洲中甚為少見的憲政民主政府被推翻之後，取而代之的是由奧古斯托・皮諾契・烏嘎爾特將軍為首的四人派系小組。皮諾契喜歡自比為西班牙的佛朗哥將軍，而且誓言要用更適合時代需求的事物，來取代那不足信賴的「自由民主政體」。於是，祕密警察讓人民消失於無形，並且在頂著諸如「舞廳」或是「歡笑之殿」，這類諷刺名稱的拷問室中虐待受其囚禁之人。國際法律人協會預估在軍方接掌政權之後的頭八個月之內，就有九萬五千人，亦即全國人口的百分之一，受過至少長達二十四小時以上的逮捕拘禁。這場逼使許多智利人流亡海外的恐怖統治，在國境之外依舊尾隨著他們：一九七六年九月，曾在阿言德時期擔任駐美大使，同時對智利的軍方統治批評不遺餘力的奧蘭多・雷特利爾，在華盛頓特區的街道上被皮諾契派出的幹員謀殺。儘管美方對此曾表示過抗議，殺害雷特利爾的兇手卻從未受到審判。

在內部的反抗和國際社會的指責之下，皮諾契將軍的獨裁統治卻依然穩如泰山。在一個以軍隊和無所不在的武裝警察爲後盾，並且對於祕密拘禁、拷問，和暗殺人民不存任何疑慮的政權面前，各種形式的反對：罷工、抵制、遊行，以及聖地牙哥【13】街上巡迴劇團干冒大險演出的挖苦劇，都無法發揮什麼效果。雖然來自美國官方的肯定與支持，當初曾是皮諾契取得政權的助力，不過他倒是沒有任何意願聽從華盛頓當局的指示。而即使美國國會於一九七六年決定停止對智利進行軍事協助，民間銀行還是繼續向智利統治軍系提供財政援助。美國與智利軍方雙方的高層依然交好，兩國之間的聯合海軍演習也未曾中斷。

皮諾契將軍形容自己所治理的智利，乃是紛擾世界中的一個和平之島，而且誇耀自己替智利未來的發展奠定了健全的經濟基礎。智利的經濟在一九七○年代晚期的一段工業活動停滯之後，確實展現出一些成長的跡象。工資被保持在足夠低廉的程度，以刺激出口貿易；政策鼓勵國外資本的投資；通貨膨脹率也被維持在百分之二十的相對低點。智利首都給人清潔整齊的感覺；警察在街上巡邏，連小犯罪都不容易出現；蓋起光鮮亮麗的大型購物中心；在市中心與市郊高級的住宅區之間，也有現代化的地下鐵連接。但是，由於政府終止了各種社會福利計畫，在聖地牙哥和其他都市周圍，那些貧民區居民的生活卻比以前更糟了：不只學校關閉、下水道暴露，貧富之間的差距也變得更大。

一九八○年所制定的憲法僅賦予智利國會有限的權能，並且讓軍方成爲政府的主人之一，除此之外，也給予總統幾乎是無所不能的權力。依照這部憲法的規定，於一九八八年十月所舉行的公民投票，讓人民有一個受限的機會，來表達他們對皮諾契總統的支持或反對。就算皮諾契試著把對他的反對，說成是共產主義的陰謀，並且主張這是一次「選我，或者選擇混亂」的決定，投票的結果還是反對的居多。這次的民眾向皮諾契政權說不，開啓了通往一九八九年總統選舉的道路；而這場大選亦是由中間路線之基督教民主黨黨魁派崔西歐・艾爾溫，率領十七個反對黨派所組成的共同陣線，擊敗由皮諾契親自挑選的候選人而獲得勝利。即使是在艾爾溫總統於一九九○年三月正式就職，並且承諾將恢復民主體制，以及追查皮諾契時代高壓統治下的眞相，皮諾契將軍還是一再重申他繼續擔任三軍最高指揮官的意圖。與此同時，軍隊勢力受到一九七八年特赦法的保護，關於早先的侵害人權行爲，軍中人士因此將不負犯罪責任，而且憲法還保障現任的軍事指揮官得於八年內不受免職。面對勞工階級的無法團結一致、自己政府團隊聯盟的脆弱性，以及皮諾契隨時可能對其發動政變的

威脅，艾爾溫總統在致力於為智利帶來重大轉變的同時，將必然要戰戰兢兢、如履薄冰才行。

人口主要由印第安人組成的祕魯，是拉丁美洲中生活水準最低落的國家之一，然而它的自然條件並未缺乏到使祕魯脫離不了貧困。相對地，這個國家擁有豐富的自然資源，包括銅礦和其他種類的礦物，發展水力發電的潛能，而且有很大的可能性藏有大片的油田。不論是農業或是工業的重心，都集中在都市和臨太平洋岸的肥沃坡地上，而幾乎整個山區和內地的叢林地區都是貧窮的。最近這三十年來，祕魯的領導人都曾嘗試提升經濟和社會層面的發展，但是都沒有顯著的成果。一九八三年當選的費南多‧貝隆德‧泰瑞總統，承諾將做出對窮苦的印第安人民有利的改革，但是兌現的部分卻不多。一九六八年，他因軍事政變被迫下臺，此後的十二年間，祕魯都是受軍事獨裁統治，但是與一般常態不同的是：這是一個在政治光譜上屬於左翼的軍政府。璜‧維拉斯科‧阿瓦拉多將軍將數百萬英畝的土地充公，但卻是為了重新分配給農民之用。此外，他設立了工人的合作社組織、不分男女地增加教育機會，並且將許多大型外資地產收歸國有。由於祕魯與美國的關係冷淡，在軍火來源上它主要仰賴蘇聯。原本預期的石油收益，並不足以支付維拉斯科的種種福利措施所帶來的巨額政府開銷。於是當一九七五年，維拉斯科的地位為另一位將軍所取代後，這些改革計畫馬上叫停，而祕魯的經濟狀況也陷入需要緊急處理的惡化狀態。之後，軍方承認自己未能解決種種國政問題，而於一九八〇年交出政權，讓祕魯回復文人統治；而他們在十二年前所趕走的費南多‧貝隆德，則又再次當選總統。這次貝隆德放棄了先前的社會改革計畫，轉而全心全力去吸引外國資本的投入——他因此令政府大量地支出，將國家推入更深一層的債務淵藪，但卻未曾換回多少成功的結果。

祕魯人希望社會能夠更加安定，民主政體能夠更為健全的想法，在一九八五年的總統選舉中又重新燃起，使得年方三十六歲，富有個人魅力的美洲人民革命聯盟的領袖亞倫‧賈西亞‧培瑞茲順利當選。他在上臺後發表了一項三面政策：反帝國主義、不結盟主義、支持拉丁美洲團結。面臨著海外保守主義圈子對他懷抱的不信任感，賈西亞成功激起了祕魯人的激情，並且吸引到整個拉丁美洲的注意力，只不過等著他去解決的種種問題是極為艱難的：因為油價和礦物價格下跌而造成的出口疲軟；國營事業的營運不善所帶來的赤字；長期不斷向外借款對經濟體質有所傷害，而債權人要求的利息款項，也造成了可能拖跨經濟的壓力。

名為「光明之路」的暴力地下革命運動，在重建祕魯那大致上不公平的社會此一任務上，又增添了不少困難度。「光明之路」的領導者們秉持著激進的後馬克思主義，甚至應說是後毛澤東主義的意識型態，視自身為世界革命的「第四把劍」。他們從利馬南方的基地開始，在全國各地製造恐怖事件、從事破壞行動，並且殺害處決他們所宣稱的敵人。貝隆德直接以軍事武力攻擊來鎮壓「光明之路」的幾次嘗試不僅未獲成功，還嚴重破壞法律正當程序的精神。賈西亞總統在任期間，鑑於「光明之路」的游擊軍其實擁有鄉間窮苦百姓的支持，因而希望能藉由施行一些疏緩貧窮問題的措施，來降低這個組織的影響力。但是，對這個陷於經濟蕭條，而且通貨膨脹率在一九八九年時已經來到百分之二千八百的國家來說，他的希望能否成真，前景似乎並不樂觀。同一期間，「光明之路」已經在祕魯東北部的谷地取得另一個基地。在這裡，貧窮的農夫們紛紛將種植的作物改為古柯樹，以供給北美洲對古柯鹼那永無止盡的需求。而他們的栽植活動已開始入侵亞馬遜雨林：一九八九年為止，已經有超過五十萬英畝的雨林遭到破壞。喪失這些無法取代的資源，不只是對國家公園來說，對未來的農業活動來說，都是一種危機。

祕魯人將自己不願意再度陷入過去那些老問題的心情，表達在一九九〇年六月的總統大選上。於是，政治上默默無名，在競選宣言中大力頌揚「努力工作、誠實廉潔、發展科技」，讓人寄望他可以創造另一個日本經濟奇蹟的日本移民後裔亞爾貝托·藤森。這位農學家透過穀物轉作，以及在美國協助下興建鐵路公路的方式，來推動鄉村的經濟復興，希望可以藉此消去「光明之路」對鄉村人民的吸引力，並且斬斷其生產古柯鹼的經濟命脈。藤森聲明「人民有權以社會不正義之名起義。不可坐視整個民族因為社會結構的壓迫而窒息」。他將自己的形象保持在一個政治的局外人，可以帶來一波新的希望，以改革祕魯政府部門那惡名昭彰的貪汙與無能。

南美洲各個較小的國家，各自以不同的路線邁向屬於自己的命運。身為位於相對繁榮的南錐體[14]的三個國家之一，烏拉圭在二十世紀早期取得了「民主展示箱」的稱號。推動烏拉圭在政治與社會方面進步者，乃是荷西·巴特利·歐東尼茲，他是拉丁美洲歷史上能力最為出眾的政治家之一，分別於一九〇三至一九〇七年，和一九一一至一九一五年間，兩度擔任烏拉圭總統。巴特利是一位言行如一的民主派人士，而且他在嘗試處理社會變遷問題時，是從現實的條件，而不是從意識型態的信仰出發，因此他堅決地相信，幾乎所有的問題都可以透過立法以及自由選舉而獲得解決。他從第二次總統任內開始，

推動了將烏拉圭打造為福利國家的改革計畫，其中包括每日八小時之限制、關於工作條件的規定、工傷補償金、老年補助金，以及工會的保障。同一時間，政府開始取得某些事業經營權，觸角伸進包括保險在內的領域。由制憲大會所起草的新憲，於一九一九年時得到全民公投的肯認而生效。這部一九一九年的憲法，有部分是以瑞士憲法為樣本，因而其規範內容包括了政教分離、成年男子普選權，以及祕密投票制等。二年之後，普選權的範圍也將女性包括進來。可惜的是，由巴特雷起始，並且由他的直接繼任者們所延續的改革政策，雖然嘉惠都市勞工頗多，但是在改善窮苦農人與鄉間勞動者的悲慘生活方面，卻著墨不多。由於巴特雷堅持烏拉圭並不存在需要馬上解決的土地所有權分配問題，因此並沒有採取任何的行動，來打破土地為大地主們所獨占的現象。

除了全世界經濟大蕭條以及一次短暫的獨裁統治期間以外，幾十年來烏拉圭都享有相對繁榮的經濟成果。然而，到了二十世紀中葉，這個國家已經落入經濟衰退的困境，部分的原因起自它的出口產品：羊毛、肉類和毛革的價格不停下跌，但是另有部分的原因則是來自於諸如：財富過度集中、農業與工業部門缺乏競爭力，以及公家官僚體制內的資源虛耗等這些內部因素。失去控制的通貨膨脹令烏拉圭人失去信心，國家於是為罷工和暴動所撕裂，而一群群鋌而走險的游擊隊也讓人民的生活掉進恐怖之中。屈服於軍方的壓力，瑪‧波達貝力總統於一九七三年六月解散國會，宣布他將以緊急命令的方式統治國家。伴隨他這次篡奪國家大權之政變而來的，是一場大規模的逮捕行動。最終，憲法遭到凍結，國會也被國家安全會議取代，政黨與工會活動都受到壓抑，政府也開始實施言論審查制度。軍方在一九七六年進一步攆走波達貝力總統，並且在一連串手段殘酷的恫赫與拷問之後，創造出歷史新高的政治犯人數；在一九七五年年終時，一共有百分之二的人民遭到拘禁。曾經被讚譽為「南美洲的瑞士」，並且可作為民主表率的烏拉圭，已經淪為對人權侵害最嚴重的國家之一。美洲國家組織譴責烏拉圭政權的暴行，美國也暫停對其援助。面對國內急劇增強的反對聲浪，以及迅速惡化的經濟狀況，掌權的將軍們於一九八五年時還政於人民，而選出了文人政府。然而，軍方拒絕讓其將官接受審判，以追究他們在軍政府時期所犯下的罪行。在軍方的壓力之下，烏拉圭國會於一九八六年時制定了一項特赦法，保障保安部隊的成員免受司法追訴——依照國防部長之言，此乃對「未來的平和與軍方的尊嚴」而言是必要的一項規定。

巴拉圭，這個面積比烏拉圭稍大的國家，比起自己這個鄰國來說，有著一個明顯不同而且較為灰暗的過去。巴拉圭是一個從不知民主政府為何物的國

家，而它也達成了一個不算優良的紀錄：擁有一個全拉丁美洲執政期間最長的國家元首。阿弗雷多・史卓埃斯納將軍於一九五四年，由一次政變中取得國家大權之後，便據有其位超過三十四年之久。史卓埃斯納藉著週期性地引用一九六七年憲法中，關於准許國家元首可以宣布進入緊急狀態，從而暫停人民公民權利的規定，賦予自己的暴政一種合法性的外觀，而遂行其更近似於法西斯集權而非傳統拉丁美洲王國模式的統治。巴拉圭政府在濫用權力、恣意逮捕，和拷問犯人方面的紀錄，都是南半球最糟糕的國家之一。主張平均地權的聯盟、工會，以及其他抗議團體，都受到殘忍的鎮壓。在史卓埃斯納總統的統治下，巴拉圭由國際信貸組織的借款所協助建立的制度性環境，對於軍方、史卓埃斯納家族，以及少數跨國公司而言甚為有利，然而對於占全國人口中大多數為貧窮所迫，在鮮少屬於自己的土地上勞心費力的印第安人們來說，卻恰好相反。一九八九年二月初，史卓埃斯納這位時年七十六歲的獨裁者於健康狀況欠佳的情況下，遭到由安德利斯・羅德里格茲將軍率領的流血政變推翻及放逐，後者並且在三個月後的全國大選中以壓倒性的支持當選總統。雖然人權擁護者歡慶於史卓埃斯納的流放，但是真正直接造成這次政變的，乃是軍中領導階層的權力鬥爭。羅德里格茲將軍關於尊重人權和推動民主的諾言，必須放在他與史卓埃斯納長期且親密的關係（史卓埃斯納的兒子娶羅德里格茲的女兒為妻），他在貪汙結構中分得的一杯羹，以及他與國際毒品走私集團的可疑關聯性之下，來做一個衡量與評估。

玻利維亞境內存有強烈對比的地型特徵，範圍從安地斯山脈白雪覆蓋的山峰，到亞馬遜地區的叢林；也存在著在差異與區別的程度上，與地型一樣懸殊的社會階層。因此，玻利維亞對於觀察拉丁美洲國家所遭逢的問題與挫折來說，可被視為一個很有用的模型。雖然擁有豐富的銀礦、金礦、天然氣資源，而且很可能還有石油，然而玻利維亞卻是拉丁美洲最窮困的國家之一。富足的白人與麥斯蒂索人階級，和生活在連一般認為的貧窮標準都還不及的條件下、占全國總人口三分之二的印第安人，兩者之間被一道巨大無比的鴻溝畫分開來。大部分的玻利維亞人都在營養不足的折磨下度過其一生：平均僅四十七年的一生。一旦他們選擇了在礦坑中工作，就意味著他們多數會在七年之後死亡。

玻利維亞政治動盪的紀錄無人能比。軍方一而再、再而三地破壞創建民主制度的努力，然而儘管如此缺乏能賴以立基的基礎，邁向民主的嘗試依然繼續出現。玻利維亞的政變次數必須以百為計；光是在一九七八到一九八〇年之間

就發生過五次，這些政變使得同一期間為了建立文人統治的民主政府所做得那次堅定努力付之一炬。在這次的民主化運動中，有一位五十五歲的奶奶扮演著一個出場時間不長，但是果敢英勇的角色：莉蒂亞‧桂伊勒‧特哈達。當一場全國大罷工迫使當時執政的、權力欲過於強烈的上校退位流亡海外之後，桂伊勒被選定為臨時總統。她以各種方式成功地拖延住軍方將領們的妄動之心，時間長到足以在一九八〇年六月實現她舉行人民自由普選的計畫【15】。但是，在人民選出一位資深的政治家——曾經於一九五〇年代，自己擔任總統的任內，通過許多受人民歡迎的改革政策【16】——作為下任總統之後，軍方復又在路易斯‧賈西亞‧梅薩將軍的帶領之下，迅雷不及掩耳地發動攻擊，將桂伊勒和其內閣成員逮捕，並且阻止新當選的總統就任。梅薩將軍聲稱自己的行動，對於保護民主政體免受共產主義威脅而言乃是必要的。但是玻利維亞之民主，所面對的真正敵人不是共產主義——共產主義在這個國家從來就稱不上是一股政治實力，而是藉由控制了那違法、但是興盛的古柯鹼走私事業，而能強奪豪取數百萬收益的寡頭統治階級，以及政府與軍方官員們。前述一九八〇年七月的那場政變，是於布宜諾艾利斯策畫的，而且受到阿根廷獨裁者候黑‧維德拉將軍的協助。維德拉宣稱玻利維亞的民選政府「會帶來非常嚴重的風險，因為這樣的政府潛藏著一種可能性，會鼓吹與我們生活模式，以及與軍政府之永存不墜且相衝突的理念」。十八年的軍方統治結束，玻利維亞在一九八二年的選舉之後，才又重新由文人當政。這任的文人政府隨即尋求美國的幫助，來將竊據國家農業資源的古柯栽植區掃除乾淨。

　　在上一個世紀期間【17】，拉丁美洲經歷了許多重大的轉變。其中最首要的便是人口的劇烈增加。一八〇〇年左右，中美和南美的人口數約為一千七百萬；到了一九〇〇年時，人口成長到七千萬，而到了一九八五年時，則成為四億零五百萬。在一九〇〇到一九六〇年之間，巴西的人口就變成原來的三倍以上。阿根廷的人口成長比率甚至還超過這個數字，從一九〇〇年的四百二十萬，到一九六〇年的二千萬。墨西哥的人口數從一九四〇年的二千萬，提高到一九六八年的四千七百萬，到了一九八九年則超過了八千萬。以每年平均大約百分之三的人口成長率來看，拉丁美洲國家們似乎注定將在二〇二五年時，面臨比當前【18】多出一倍的人口，而依照這樣的預估計算，等於是總計超過七億七千九百萬。人口幾乎在拉丁美洲的任何一處，都開始對可用資源帶來可怕的壓力。從一九五〇年起，人口就穩定地從鄉間往都市遷移，然而都市的工業與商業發展程度，卻遠不足將這些流離失所的農人吸納為可以獲利的勞動力。

　　要指出拉丁美洲各個經濟體中的經濟缺陷容易，要根治它們則困難。這些缺陷的例子包括所得分配的高度不公平；未能將農業的潛能完全開發；仰賴少數主要作物作爲出口產品，其中有一項即爲古柯葉——所有作物中最爲有害的一項。所有生產力優良的土地依然是集中在大概百分之十的少數人手裡。工業化雖然在許多地區取得了令人印象深刻的成果，但是它也帶來其特有的問題。而且，即使是那些已經不再會讓外國公司取走工業生產利潤的國家，工業化也從來未能提升多數人民的生活水準。以墨西哥爲例，一位平凡的城市工人——假如他有幸能找到一份工作——每個月的收入換算下來是一百美元，至於鄉下的勞動者，更是低於每個月二十五美元。專業人員、政府公職，以及軍官等這些職位，是受到地主階級，和身爲其盟友的銀行家和企業主所獨占。而居於拉丁美洲經濟問題之核心者，則是嚴重的政府債務。十九世紀期間，流入拉丁美洲的外國資本之多，正好與流入拉丁美洲的美國或其他已開發國家貨物量並駕齊驅。這些資金流與貨物流的走向創造出繁榮的外表，但是卻未能真正促使當地發展出能夠自我維持的經濟體。維持債信的成本最終逾越了貸款人的支付能力，使得貸款人非得再做進一步的借貸不可。以一九八三年而論，假如當時可以請求的債權真的被執行，則整個拉丁美洲的出口總值必須有三分之二拿來抵銷。墨西哥、巴西、阿根廷，這三個負債最嚴重的國家，在一九八二年時，必須有賴一次債款的「重設清償方式」，才能免於即將到來的給付遲延。這類重新安排債務的手段確實可以避免觸發危機，但並沒有解決根本的問題。同理，國際貨幣基金組織爲了避免債務國因爲不停受到求索，而採取降低人民生活水準的縮減開銷政策，因而決定提供的新貸款，也僅只有治標之效。

　　拉丁美洲最近幾十年來的發展，既呈現出紛亂的表徵，也帶來具有希望的跡象，就連那幾個較小的國家亦是如此。對巨大石油礦藏的開採，讓委內瑞拉從一個農業社會轉型爲都市化而且愈來愈工業化的國家。雖然占整個國家收入最大比重的石油收益，在一九七〇年代被揮霍一空，委內瑞拉政府也陷入嚴重的債務之中，但是這些收入還是讓其人民享有全拉丁美洲最好的生活水準。當馬可斯・培瑞茲・吉美尼茲這位軍事獨裁者於一九五〇年遭到推翻之後，委內瑞拉就因爲長期穩固的民主政權而成爲拉丁美洲的政治楷模；該國的兩黨制從一九七三年之後，就一直成功運作至今。

　　即使是大致上仍處於未開發階段，以被征服的印第安人爲主要人口的咖啡共和國與香蕉共和國：哥倫比亞和厄瓜多，也開始爲一股改變之風所擾動。厄瓜多長久以來一直受到一個人數只占全國百分之五，身爲主要土地擁有者的西

班牙裔特權階級，以及數個外國公司：百事可樂、奇異和聯合水果所主宰。而其國內的印第安人則處於極端貧窮的狀態，以至於該社群有百分之七十的兒童無法活過三歲。一九七二年，深富個人色彩但是毫無治國能力的獨裁者維拉斯科·伊巴拉，遭到他一生中第五次，也是最後一次被人從總統寶座上推翻；伊巴拉一生強調個人崇拜的例證，可以總結在他「只要給我一個陽臺【19】，我就可以取得厄瓜多！」這句大話上。這個面積不大，在南美諸國中人口密度最稠密的國家，因為晚近發現的石油蘊藏而受益。石油的發現在一九七〇年代造成其經濟突飛猛進的成長，但是鄉村的居民或是從事工業的勞工，生活並未因此而有明顯的改善。一九八六年，這個小國曾受到一次嚴重的大地震侵襲。哥倫比亞這個被認為是拉丁美洲一個穩固的民主政體，而常常被引用作為傑出範例的國家，實際上卻是全世界最暴力的社會之一。由散布在各處的游擊隊、自治保安團體，和軍方自己所製造的綁架、謀殺，以及恐怖行動，光是在一九八六年一年就奪走一萬五千名條人命，讓國家一直陷於混亂狀態之中，而且也不斷對其文人政府的存續帶來威脅。儘管有波哥大和華盛頓當局的聯合努力，哥倫比亞還是成為古柯鹼的首要製造中心，負責加工由玻利維亞和祕魯進口的古柯膏。這支毒品的企業聯盟挾其充足的財力和優良的武力，甚至公然與哥倫比亞的文人政府對抗。雖然假如認定拉丁美洲獨裁者的時代已經成為過去，自然是太過輕率的結論，不過當時間來到一九九〇年，南美洲有四分之三的獨立共和國都建立起至少在名義上是文人統治的政權，讓軍事獨裁政府只剩下巴拉圭和蘇利南（前荷屬圭亞那）兩國，似乎可以對這種觀點提供更多的保證。

危機與革命

對於替拉丁美洲社會帶來能夠發展強健體質的條件所必然具備的種種劇烈改革，由於遲遲未能出現，於是埋下了革命的種子。在本世紀【20】中葉以前，這些種子唯一開出的果實是在墨西哥，但是自第二次世界大戰起，它們分別在西印度群島和中美洲生根茁壯。在它們之中，古巴是第一個經由革命方式的進程做出激烈轉型的國家。從一八九八年脫離西班牙統治後，古巴雖在名義上成為獨立國家，但在實際上卻淪為美國的半殖民地。藉由締結國際合約，以及在一九〇一年的古巴憲法中植入一條條文，美國因此取得合法干預這個新共和國內部事務的權利；而且一直到一九三四年，在富蘭克林·羅斯福總統的睦鄰政策下，而將這項所謂的「普拉特修正案【21】」廢止以前，美國也據此進

行過數次的實際干涉。然而，美國依舊在關塔那木灣留有海軍基地。另一方面，日漸高漲的民族主義精神；因爲財富嚴重集中的現象而衍生的忿怒之情；以及經濟結構僅由二種穀物支撐的弱點——這些因素都使得這個國家陷入混亂之中無法自拔。一九三〇年代的全世界大蕭條期間，種種的事件聚積而成一次巨大的危機。於是在一九三六年，福爾亨西歐・巴蒂斯塔這位殘酷無情的軍方官員，在美國和軍方的支持之下取得政府的控制權，並且維持其獨裁統治直到一九五九年爲止。他在那一年被菲德爾・卡斯楚所領導的年輕且主張革命的小團體所推翻。卡斯楚的革命思想基本上是種東拼西湊的產物，而他的追隨者在組成上也是五花八門。他們有些是反共產主義者，有些是民主社會主義者，而且還有少數是忠貞不二的共產主義信仰者。卡斯楚一黨將自己追求權力的行動稱爲「七二六運動」，因爲它是於一九五三年七月二十六日展開的。卡斯楚與他的同志們最終達成的共識，乃是在古巴進行一場徹底的革命。他們將會抹去所有屬於美國帝國主義的痕跡，沒收由美國人擁有的銀行、工業，以及旅館。他們將會讓上述所提到的，還有一些其他種類的資產國有化，以提供工作機會給失業的人們。他們還推出廣泛進行土地改革的提案，以嘉惠農民同胞。在這項運動於全國各地擴展實力，並且在一九五九年取得完整的掌控權之後，它開始呈現出較爲激進的色彩。一九六一年，卡斯楚公開聲明自己是「一位馬克思—列寧主義者」。

在他們於一九五九年獲得戲劇性的勝利後，接下來的數年對革命分子們來說是一段辛苦歲月：他們必須嘗試一方面對內改變古巴的社會與經濟基礎，一方面又要在國際上生存，並且進一步贏取國際社會的承諾。由於一旦外國持股被國有化之後，其投資者便將蒙受損失，有鑑於這樣一個令人不安的前景，美國方面遂於一九六一年時與古巴斷絕關係，稍後並說服美洲國家組織開除古巴的會籍，以及對古巴施行貿易禁運。由於即使如此都未能夠完全孤立這個態度強硬的島國，一九六一年四月，在華盛頓當局的策畫與協助之下，一群心懷怨懟的古巴流亡分子對古巴發動了一場入侵行動。然而其爲了登陸皮格斯灣所做的嘗試，卻以徹底的失敗作收。甘迺迪政府因爲這次挫敗而心生不悅，於是准許反卡斯楚的破壞活動及恐怖活動分子，可以不限於只能在邁阿密運作其行動，同時還要求中情局「除去」卡斯楚。日後，一份參議院的調查報告指出，在一九六一和一九六三年之間，針對這位古巴總統有八個不同的暗殺計畫曾經受到研商。不論是由外入侵或是由內顛覆，由這位北方巨人所施加威脅，逼使卡斯楚要向西半球以外尋求盟友，最終也使得古巴在財政、軍事，以及外交支持上，依附於蘇聯之下。

　　菲德爾・卡斯楚治理之下的古巴呈現出一些奇怪的矛盾現象。對那些原本一直處於窮困之中的階級來說，革命確實改善了他們的生活條件，將古巴打造成令第三世界國家極為景仰的福利國家典範。革命也將古巴拉出癱瘓掉大多數拉丁美洲社會的經濟不景氣。清潔、衛生、醫療院所與設備方面的進步，以及充足的醫生人數，提高了公共衛生的水準，這點由結核病、瘧疾、傷寒，和小兒麻痺的死亡人數下降，就可以得到明證。在一九五九年，原本只有五十四歲的國民平均壽命，已經提升到男性七十四歲，女性七十六歲。古巴的嬰兒死亡率是拉丁美洲中最低的。在法律上與男性平等的女性，能夠在任何職業中嶄露頭角——包括百分之五十二的醫生。海灘和渡假勝地皆向一般大眾開放。九年制的國民教育讓文盲幾乎消失。但是，從對美國半殖民式的附屬關係，轉而成為截至最近為止都被視為所謂蘇聯集團的一個成員，使得古巴無法實現其完整的經濟潛力。島上的土地其實肥沃到足以讓古巴成為一個繁榮的農業國家，但是一直以來，它都只能仰仗少數種類的產品，例如像是鎳，以及尤其是砂糖的出口，而且它們的價格在一九七〇年代都出現急劇的下跌。有許多種類的商品都有短缺的現象，甚至連民生必需品都必須要定量配給。卡斯楚誇下的海口——亦即到了一九八〇年時，每個家庭都能擁有自己的房子或是公寓住戶，每位農夫都買得起一臺有冷氣的牽引機，最終並沒有實現。而那些工業發展的計畫也受到大幅的縮減。除了在經濟規劃上所犯下的種種嚴重錯誤之外，卡斯楚的統治形象還因為他對個人自由的壓制、言論審查制度，以及持續的教條灌輸運動——「嘴巴治國」等現象而籠上陰影。當時間剛來到一九六〇年時，卡斯楚送進監獄的政治犯人數，就已經比巴蒂斯塔時代還要多。有超過七十萬的古巴人棄國而去，而如果能力或機會允許的話，一定還有數十萬人也會這麼做。

　　古巴政權的優勢和劣勢，正好反應出其領導者複雜而糾結的人格特徵。有些人視他為暴君般的獨裁者，而另有些人則認為他是拉丁美洲歷史上，自西蒙・波利瓦以來最偉大的人物。卡斯楚給人富有勇氣、行動力，以及個人魅力的感覺，但是究其根本，他是一位隨自己興之所至而為所欲為的人，任意在這個或那個意識型態立場之間流動。一開始，他聲言不會依循內化在東歐和中國共產主義模型中的高壓手段，並且承諾他所帶領的革命會創造一個平等、公平、正義，以及保障思想自由的社會。一九六〇年代期間，他成功地自歐洲和美國吸引來許許多多的詩人、藝術家，以及各式各樣的知識分子，讓哈瓦那成為西班牙語世界的文藝首都。但是，採用蘇聯模式的古巴共產黨，為了對付真實的，或者其實是憑空想像出來的攻擊威脅，而施行的預防政策，卻阻礙了民主發展的趨勢。愈來愈官僚與死板的古巴共產黨變成了既存制度本身，而且諷

刺的是，它還比蘇聯共產黨更抗拒改革——後者於一九八〇年代晚期，在米哈伊爾·戈巴契夫的領導下，開始破除由史達林和布里茲涅夫所設下的僵硬框架。近來東歐共產政權的解體、來自蘇聯的金援將可能緊縮的預期，以及美國立場強硬的反古巴政策，這些都讓人不禁思考卡斯楚政權是否能夠長久存續。生活於邁阿密，致力於反卡斯楚運動的古巴人，主張這位獨裁者將會馬上垮臺，而且甚至為了讓自己得以及早返回這座將要被解放的島嶼，而開始做起準備。但是，那些在東歐和蘇聯上演的戲碼，會在這個加勒比海的共產共和國上重演的可能性並不大——並不是因為卡斯楚不會允許反馬克思主義的改革，而是因為古巴的革命遺產與東歐各國相比可謂大相逕庭。東歐國家的共產主義乃是在沒有內在基礎下，違反其民族意志地被強加上去；而古巴獨有的共產主義則是源自於斯土，而且其發展過程，本就構成古巴向外國統治者爭取獨立之運動的一部分。而且，儘管存在著一些挫折，承諾有時也常落空，但是卡斯楚仍然擁有大多數古巴人民的效忠。最終成為國家信條的既非社會主義，也非共產主義，而是忠誠。

雖然蘇聯為了將古巴納入陣營之中，不只吸收其半數的糖產，還提供免費的軍事協助，但是它們之間的關係依然並不平順。一九六二年，蘇聯曾於古巴建立飛彈基地，架起瞄準美國的武器。這場兩大超級強權之間的衝突，雖然以蘇聯撤除飛彈結束，但是若非華府與莫斯科當時曾經進行直接協商，再加上甘迺迪總統為此對蘇聯向加勒比海區域的補給船實施禁運，衝突的結果如何仍在未定之天。在這次危機中，古巴對於差點就有一場核子戰爭將於古巴的領土上開打，卻竟沒有人過問他們的意見，感到忿恨不平。此外，哈瓦那當局也曾經送出技術人員、軍事教官，以及正規軍隊，到幾個羽翼未豐的非洲國家去。為了協助安哥拉政府防禦反抗軍和入侵的南非軍隊，有二千名古巴人因此喪生。而就在古巴已經證明，即使是這樣一個位於山姆大叔門口，人口僅有一千萬的小國，依舊可以不受這位強鄰所左右，卡斯楚開始試圖修復與美國之間的關係，只是成果並不漂亮。自一九七九年春天開始，在卡斯楚的准許之下，為數眾多的古巴移民紛紛擠在各式各樣大小不一的船隻裡，來到佛羅里達的海岸，此舉復又加深了美國對他的敵意。在一九七九至一九八〇年間，登陸美國海岸的十二萬五千名古巴人之中，有一小群乃是精神病患者或者罪犯。不過，雖然受到歷任華盛頓當局的嚴加阻撓，卡斯楚所統治的古巴還是與十五個西半球的國家建立起外交關係，其中還包括加拿大——如今已是古巴一個重要的貿易伙伴。作為不結盟運動中一位活躍的領導者，卡斯楚也呼籲資本主義國家和社會主義國家應該互相合作，以提升發展中國家的經濟水準。

　　中美洲長久以來都是西半球經濟最不景氣的地區之一，因此也成爲一片適合革命種子生長的培植地。但是中美洲的政治版圖太過碎裂，這使得中美洲人民未能聯合起來進行一次共同的抗爭。在這個面積尙未足德州（在西班牙的殖民統治下，中美洲，以及墨西哥，原本都是這個州的一部分）三分之一大的地方上，一共區分出六個獨立國家，彼此之間皆存在著深遠的差異。光譜的一端是人口同質性極高，擁有民主與和平傳統的哥斯大黎加；光譜的另一端則是社會分成兩個階級，並且由軍方統治的瓜地馬拉。政治上原本已有弱點，兼之又易受來自外部的影響，使得大型貿易公司可以輕易地侵入，並且主宰中美洲的經濟結構，而爲了回報它們所取得的土地所有權以及其他特許權，這些公司莫不樂於協助寡頭統治階級常保大權。與此同時，卻有一股力量由天主教教會內部——這個傳統上通常是現狀捍衛者的機構——逐漸發展出來，對既存體制構成潛在的挑戰。有愈來愈多的神職人員抱持所謂「解放神學」的思想，亦即認爲教會應該替窮人和受壓迫者爭取權利，並且減輕其苦難。數百名中美洲和南美洲的神父、修女，甚至是主教，都因爲反對殘暴的政權而犧牲生命。在薩爾瓦多，耶穌會成員被冠上「國際共產主義之特工」的汙名。另外，人數較少的新教徒也與天主教徒站在同一陣線，一起支持改變。

　　第二次世界大戰結束後，旺盛的景氣似乎造訪了中美洲各國，在一九五〇與一九六〇年代這段期間，此地區的年度經濟成長率平均超過百分之五，國民平均所得也出現相對應地提升。但是這樣一個表面的現象，背後的主因是對諸如糖、咖啡、香蕉、棉花這些主要出口產品的巨額投資，所需的資本則是從美國的援助計畫挪用而來。而且這波經濟發展雖有助於生成一個爲數不多的中產階級，但同時也進一步讓那些寡頭團體更加富裕，卻對一般大眾的生活沒有任何提升。同樣也是在戰後的三十年間，此一地區的人口成長爲將近原來的三倍：從八百六十萬增加到二千三百萬。一九六〇至一九八九年之間，薩爾瓦多的人口從二百五十萬提升到大約五百六十萬。一九七〇年代末期，石油價格的飆升，伴隨著農業出口產品價格的大跌，令中美洲進入嚴重的經濟衰退，以及出現普遍的失業問題。當農民與工人的生活比以前更爲困苦，卻不見政府有任何補救措施時，社會上也開始三不五時便發生武力暴動。憂心忡忡的政府首腦們召集軍隊來執行反制游擊軍的任務，同時開始把大把大把的錢財送到國外銀行的保險箱去存放。

　　在嚴厲的鎭壓之下，抗議有可能會升高到全民群起革命的程度，這個道理在一九七九年獲得一次有力的展示。這一年，拉丁美洲中最惡名昭彰的獨裁

者：尼加拉瓜的阿那斯塔西歐‧索摩薩被一支殘破的游擊隊推翻。索摩薩的父親出身於軍方，負責指揮一支由美國海軍陸戰隊訓練的國民防衛隊，當他於一九三七年奪得尼加拉瓜總統的大位之後，這個家族就將國家當成自己的私有財產，取得實際上就等於是全國經濟體的所有權，同時以武力抑止所有反對聲浪。索摩薩的貪汙腐敗，以及永無止盡的貪欲，最終使他失去產業社群的支持，但是一直要到由各行各業身無恆產的人民，所組成的桑丁諾民族解放陣線（是以一位因為受到背叛而遭老索摩薩殺害的游擊隊首領【22】來命名）崛起之後，真正有力的反抗才開始出現。一九七八年八月，曾經發生有二十五名桑解的突擊隊員攻進元首官邸，挾持了一千五百名人質，並且向政府要求贖金。隔年七月，這股反抗勢力已經得到遍及全國的支持，隨之，在成功迫使索摩薩逃往邁阿密之後，設立了一個國家重建政府。另一方面，索摩薩則受其朋友史卓埃斯納將軍之邀前往巴拉圭，在亞松森繼續過著其極端享受的生活，一直到他於一九八○年九月被刺身亡為止。

　　取得勝利的桑解建立了以丹尼爾‧歐爾特嘉‧薩維德拉總統為首的一個執政小組，以及一個由另外四個支持民眾分布範圍甚廣的政黨所組成的政黨聯盟。新政府的組成中，還包括四位神父，而且尼加拉瓜天主教也有半數的神職人員支持這次的革命。支撐尼加拉瓜革命的桑丁諾主義，就其包含了民族主義、民主社會主義、馬克思主義，以及基督教神學的各種元素而論，是一種獨一無二的意識型態。它包含了「解放神學」的神旨，因此能吸引到貧窮的百姓，卻也和教宗祿望保羅二世以及保守色彩的神職人員格格不入。尼加拉瓜的執政小組面對被索摩薩消耗殆盡──取走值錢之物，留下大筆外債，如今又被內戰摧毀的經濟，開始著手從事復興的工作。他們進行了一整套關於社會、經濟和教育的改革計畫。在古巴人以及其他外國志工的協助之下，他們得以在二年之內，將文盲比例從百分之五十降低到百分之十二。到了一九八三年，尼加拉瓜的國立大學學生數已經從五千成長到三萬人。托兒中心的成立，免費醫療服務的提供，以及沒收索摩薩家族的土地來分配給農民，都是這段時間的施政。經濟結構維持民官混合的性質，只有百分之二十五的產業屬於國有。這個革命政權受到人民支持的程度，從桑解所推出的候選人們在一九八四年舉行的普選中一共囊括百分之六十五的選票，就得以一窺。

　　尼加拉瓜革命正好與華盛頓當局的思維開始掉入冷戰意識型態同時發生，這一點實乃這個國家的不幸根源。對此時的華府來說，任何一場人民起義都不是「窮人與受壓迫者為了更美好的生活而戰」（套用墨西哥總統羅培茲‧波蒂

羅的話），而是一場在全球性的東西衝突中，由蘇聯搧動，由古巴指示，將會同時危及東西兩個半球安全的事變。羅納德・雷根總統的拉丁美洲政策雖然從來未曾清楚界定過，不過似乎奠基在這三個命題上：（1）中美洲以及加勒比海盆地乃是美國的「後院」，必須屈從於美國的霸權；（2）任何挑戰現有狀態的革命運動皆屬不能忍受；（3）美國在這個區域的利益優於任何條約、公約，以及國際法的規定。一九八三年十月，當華盛頓當局派出大量軍力攻擊加勒比海上的島國格瑞那達，以驅除該國與古巴有所來往的馬克思主義政府時，可說是以一種令人震驚的方式，向世人展現所謂的炮艦外交正好可以作爲上述拉丁美洲政策的有效工具。美國入侵格瑞那達的行爲，受到絕大多數拉丁美洲民主國家以及幾個北約國家的譴責，其中包括英國。也讓原本已經存在的，對於美國未來還會有什麼躁進行動的憂慮又更爲加深。中情局過去的祕密行動中，有一項就是在尼加拉瓜的港口區域布置水雷，等於是一場會危害到中立國家船隻卻沒有正式宣戰的戰爭。而在尼加拉瓜向國際法院起訴要求賠償其損害之後，美國甚至拒絕承認國際法院的判決結果。

　　雷根政府認定桑解政權乃是無情的共產主義專政（雖然這個時候尼加拉瓜的私人資產擁有率，其實高過大多數的拉丁美洲國家），於是透過言論攻勢、經濟箝制，以及野蠻的武力，試圖將其推翻。一支由中情局著手組織，並且不時接受美國國會資金支援，總數達到一萬名的反政府（亦即：反制革命分子）軍，便駐紮在宏都拉斯南部與尼加拉瓜的邊界上。它是由索摩薩手下那支國民防衛隊的前任軍官們領導，有部分成員是招募自對桑解施行之政策感到期待破滅的尼加拉瓜人，有一部分則是招募自居於邁阿密的拉丁美洲流亡分子。由於這支反政府軍的實力弱到不足以和尼加拉瓜軍隊進行正式的交戰，他們的所作所爲便是負責蹂躪尼加拉瓜的鄉村地區，破壞其作物、學校，以及其他基礎設施。當戰事的負擔落在其低迷而百業待舉的經濟上，尼加拉瓜政府只好縮減社會福利成本，加強限制人民自由的維安措施，以及就如古巴的情況一樣，依附蘇聯集團以求能夠存續。同一期間，宏都拉斯以超過三十億美元的代價，甘願成爲美國的軍事基地，但是這筆錢卻未曾替該國位居中美各國最落後，以及最窮困的經濟狀況，帶來什麼明顯的助益。

　　結果，試圖結束尼加拉瓜戰事的動力，是來自鄰近的拉丁美洲國家。首先是一九八三年，由哥倫比亞、墨西哥、巴拿馬，及委內瑞拉的外長共同提出的康塔朵拉[23]提案；之後是更爲大膽的，由哥斯大黎加總統奧斯卡・阿里亞斯・桑其斯於一九八七年提出的計畫──這項計畫後來爲他贏得了諾貝爾和平

獎。阿里亞斯提出的方案包括：要求外國軍隊撤出尼加拉瓜；解散反抗軍隊，並且使其回歸家園；強化尼加拉瓜制度面的民主性質；以及由國際來監督計畫中的條款是否受到遵行。儘管遭到華府的反對，這項計畫還是在一九八七年獲得哥斯大黎加、瓜地馬拉、宏都拉斯、薩爾瓦多，以及尼加拉瓜各國總統的批准，並且請求聯合國以及美洲國家組織擔任計畫的執行者。二年之後，桑解政府與十七個尼加拉瓜國內的反對政黨共同簽署了一項協議，保證將於一九九〇年二月舉行地方和全國層次之自由及公開的選舉。

這些在拉丁美洲歷史上最為公平，而且最受到謹慎監督的選舉，結果以桑解敗給國民反對黨聯盟作收。這是一個七拼八湊的政黨聯盟，範圍從共產黨人到極端右翼分子都有，其領導者為維歐莉塔・芭莉歐斯・夏莫洛，是那位令人尊敬的報紙發行人：派卓・候阿慶・夏莫洛・卡爾登諾的遺孀。正是因為他於一九七八年遭到暗殺，才觸發了反索摩薩的起義，最終演變為桑解的革命運動。雖然夏莫洛女士當選總統，被宣稱為是民主的勝利，但是這絕對無法保證民主就一定能實現。國民反對黨聯盟內部意見分歧的劇烈程度，明顯反應出全國人民也缺乏一定的共識，而且事實上，即使在夏莫洛家族之中，也有一些成員依舊支持桑解陣營（維歐莉塔自己也曾經是桑解執政小組的一員）。在對其不懷信任的反政府人士包圍之下，以及在因為敗選而大為震驚，從而做足反對準備的桑解面前，夏莫洛總統知道自己的新執政聯盟有多麼脆弱。於是她做出了一個異於常規的決定：邀請杭伯特・歐爾特嘉・薩維德拉將軍──桑解執政期間的國防部長，同時也是前任總統的兄弟──出任在她統治之下的尼加拉瓜三軍總司令，以利於撫平尼加拉瓜在內戰的十年間所出現的傷口。自夏莫洛夫人就職起，美國便恢復與尼加拉瓜完整的外交關係，解除其貿易禁運，並且準備提供經濟援助給她的新政府。

就像正等待著火柴的火種，革命的成分也出現在其他中美洲國家內。瓜地馬拉這個由低於總人口百分之五的人握有百分之八十的土地，以及由軍方及少數權貴結盟，而打擊與粉碎掉任何反抗運動的國家，於一九八六年時終於建立起一個文人政府。新任的總統雖然承諾將進行土地重分配計畫，但是成功的可能性卻不樂觀。同樣地，他也無法抑制那些不受法律支配的暗殺部隊。在占地微小的薩爾瓦多，由一位年輕軍官領導的政變，於一九七九年十月放逐了該國強硬的專政者。這場薩爾瓦多革命之後發展的方向，幾乎與發生於尼加拉瓜者相反：一個由文人與軍人聯合構成的執政小組，在經由政變取得大權之後，以宣布一套廣泛深遠的薩爾瓦多改革計畫展開他們的執政之路。包括像銀行的國

有化，以及土地重分配等，都是其改革計畫的內容。然而，在大地主和產業界保守的既得利益階層反對之下，改革的進程因此停滯不前，而惹惱了激進的左派人士，造成程度與數量迅速升高的武力暴動。執政小組因為與保守派系結成愈來愈緊密的聯盟，於是相當容忍右翼的暗殺部隊，從事綁架、虐待，或是處決其對手的行為。戰線最後浮現在民主革命陣線和國民防衛隊之間：前者是由大約一百五十個組織的代表所組成，後者則是一支與索摩薩所指揮者出自同一個軍事學校，同時也同樣凶殘的軍隊。到了一九八○年，因為各種武力衝突而死亡的人數已經達到，或者超過一萬人，此外還有一萬戶家庭離開家鄉避禍。同年三月，曾經向美國抗議其輸出武器至薩爾瓦多的大主教奧斯卡・羅梅洛遭到暗殺。隨後在十二月，有四位美國的女傳教士在鄉間遇害。一九八一年一月，有兩位美國籍的勞工顧問和薩爾瓦多農業改良協會的會長也被人殺害。另一方面，美國對薩爾瓦多的執政集團愈來愈多的軍事援助——理論上是以要求其增進人權紀錄為提供的條件，儘管政府從未成功地對任何高級軍官做出司法追訴，也不見其停止繼續進行這些軍事援助。一九八四年五月的薩爾瓦多總統選舉，被譽為是民主的一次勝利。這次選舉的獲勝者是基督教民主黨的荷西・拿破崙・杜阿特，他原本在十二年前就已經當選為總統，不過受阻於軍方而無法就職。可是，杜阿特無法在國會裡聚集多數的支持，也無法控制逐漸擴權的軍方。一九八九年三月，他在精疲力竭，並且受癌症折磨之下，於總統大選中慘敗給國民共和聯盟推出的候選人。國民共和聯盟是一個好戰的民族主義政黨，致力於要對國內的動亂分子發動「全面戰爭」。其主要的領導者羅伯托・道拜森少校，則以其和暗殺部隊的關係而聲名狼藉。由於該聯盟在執政之後未能成功摧毀游擊隊的勢力，而且感受到民主革命陣線依然擁有大眾的支持，遂著手試圖打壓或者消滅所有替都市或鄉間的窮苦百姓提供救濟的組織和機構——對象甚至包括基督教神職人員。一九八九年十一月，有六名身為聖薩爾瓦多大學教職員的耶穌會牧師，加上他們的廚師，以及廚師的女兒，在睡夢中被拖下床槍決。雖然阿爾弗雷多・克里斯提亞尼總統承認有軍方人士涉入這次謀殺案，但是那些有罪的軍官至今仍未受到起訴，而美國也尚未停止對這個政權進行援助。這個困於貧窮的國家所遭逢的悲劇，被這場依然沒有結束跡象的內戰繼續加深。在這片面積大小等於佛蒙特州的土地上，卻有著超過五百萬的人口，使得薩爾瓦多的人口密度竟然比印度還高。土壤侵蝕、森林砍伐，以及水源供給耗盡，使得這個國家在過去四十年間失去了三分之二的農地。而就當美國在一九八○年期間，每天灌注超過一百萬美元在薩爾瓦多身上，內戰卻奪走了七萬條人命，並且讓數十萬的人成為無家可歸的難民。

　　與美國的關係爲何，對於拉丁美洲人來說，一直都是一件至關重要的事。從他們爭取獨立的期間起，一直到十九世紀初期，他們都將美國視爲表率，並且以其馬首是瞻。此外，就算在兩個社會之間存在著多麼巨大的差異，拉丁美洲人還是對北美洲人懷抱著仰慕，以及出於內心的喜愛之情。一九八三年的門羅主義斷然聲明：任何新的殖民政權若要建立在美洲，或者舊的殖民政權想要擴張到美洲，都會受到美國的反對。這項原則因爲被視爲是對美洲其他國家釋出善意的表徵，而廣受歡迎。但是在現實上，門羅主義是非常選擇性地適用。當英國於一八三三年自阿根廷取走福克蘭群島時，美國不曾展現出任何疑慮；兩年之後，當英國占領宏都拉斯一小片土地之時亦同。法國於一八三八年砲擊韋拉克路斯市時，美國也未曾對其抗議。而在一八六九至一八七七年間，法國、西班牙、德國和英國各自插手海地政治時，美國也默不作聲。門羅主義曾經於一八六七年，在墨西哥拒絕馬克西米里連皇帝之統治時被引用過，但是美國確實很少訴諸它而與歐洲的強權對立。當時間接近十九世紀末，拉丁美洲人開始感覺到，無論他們可以自美國得到何種保護，那都是源自於這個更具威力的強權有意將他們納入自己利益範疇的一部分所致。從一八九八年的西美戰爭起，美國就經常干預拉丁美洲事務，有時候甚至會破壞此地進步的力量。一個糟糕至極的例子發生在瓜地馬拉：該世紀中葉時，聯合水果公司已經是瓜地馬拉最大的土地擁有者，此外還控制了鐵路和一個貨運港口。而當瓜地馬拉的雅可伯·阿爾班茲總統提議，要以補償金來徵收該公司所擁有的龐大地產中尚未從事耕種的部分，以作爲土地改革之用——一個比墨西哥所施行的要來得溫和的計畫，他就被打爲是共產主義者。在聯合水果公司的驅使之下，中情局策畫了一次從宏都拉斯發動的入侵行動，於一九五四年時將阿爾班茲推翻，然後樹立一個參與陰謀者擔任總統。自一九五四年的這場政變之後，瓜地馬拉就一直受到獨裁者，以及伴隨而來的，奪走四萬條人命的暴力統治。一九六五年，也就是距離多明尼加共和國，因爲拉法葉·楚伊羅將軍遭到暗殺，而從這位高壓統治的暴君手中解放出來後的四年，林登·詹森總統誘使美洲國家組織一同加入對這個島國的軍事遠征行動，以阻止該國人民正式選出的總統：璜·波許順利就職。波許是一位自由派的知識分子，他之所以無法爲美國所接受，是因爲其支持者中有一些乃是共產黨人。此後一直到一九七八年爲止，多明尼加都不曾有政權在兩個合憲而民選的政府間和平轉移的時候。諷刺的是，一九七八年那次的政權和平轉移，是在美國可能干預的威脅之下，才防範了一場政變發生。

　　當美國一邊催促拉丁美洲人民加快他們邁向民主政治的腳步，一邊卻一直

與某些高度威權式的政權維持親密的關係，不去叨擾這些既得利益階層的安穩。海地共和國就是一個例子。海地與多明尼加共和國一同位於那個曾經名爲希斯潘諾拉的島上——其意即「安地列斯的珍珠」。原本自然資源甚豐的海地，在幾個世紀以來的森林破壞、表土侵蝕、無法喘息的人口壓力，以及治理失當下，已經淪爲拉丁美洲最貧窮的國家；有四分之三的兒童營養不良，嬰兒死亡率是美國的十倍以上，而且有百分之八十的人民是文盲。從一九四五到一九八六年，海地一直受到杜瓦利耶家族的統治：外號「老爹醫生」的法蘭西斯・杜瓦利耶，和外號「寶貝醫生」的尙・克勞德・杜瓦利耶。這是一個壓榨百姓，並且藉由人數勝過正規軍隊的私人警力，來遂行恐怖統治的獨裁政權。由於杜瓦利耶政權採取反共產主義的立場，並且對外國投資者提供有利的條件，因此長期以來都受到美國的支持，直到一九八六年二月，才被由華盛頓當局所協助的一場政變逐出國內。雖然大眾對於杜瓦利耶氏的去國感到歡慶不已，然而接任統治權的軍方集團，其組成的成員過去可是對杜瓦利耶氏的手段耳濡目染。當時的海地人民可能沒有預想到，光是在接下來的四年半，將會再有四次的政權遞嬗。一直要到一九九〇年代的春末，海地才獲得一個經由選舉而生的政府。

拉丁美洲人受到他人的友好示意時通常會熱情以報，他們也願意遺忘過往的傷痛。墨西哥對於失去德克薩斯和加利福尼亞一事，並沒有懷抱太久的怨恨。雖然美國並未徹頭徹尾地遵守富蘭克林・羅斯福的睦鄰政策，還是贏得了來自國境之南的感激。不過一九六〇年代，約翰・甘迺迪總統那大肆宣傳的「進步聯盟【24】」計畫，雖然帶給拉丁美洲某些實質的助益，例如興建新的學校校舍，但是其中大部分的資源在運用上都不得其法。美國不只對拉丁美洲土生土長的典章制度帶有輕視之心，同時也預設了經濟發展必然需要循著歐洲和美國的模式，這些都對該項計畫帶來傷害。計畫實際帶來的結果，反而是讓上層和中產階級的地位更爲穩固，而非增進都市或鄉村窮苦人民的生存條件。吉米・卡特總統正好於南美洲軍事獨裁風氣的高潮中上臺，他擁護人權的做法，給當地受壓迫的人們帶來了一線希望。雖然在他領導之下的美國政府無法直接推翻那些專制者，但是藉由暫停提供援助，還是有辦法使其多少收斂一點。一九七八年時，也是因爲忌憚美國之故，多明尼加共和國一場籌劃完成的軍事政變，才不敢付諸行動。關於巴拿馬運河那長久而激烈的爭議終能獲得解決，是卡特總統治下耐心而包容的外交政策，所能帶來的正面回報中一個意義重大的範例。從一九〇三年起就受美國控制的巴拿馬運河，不管是在經濟或是在戰略上的重要性，如今都已大爲衰退。然而，在其周圍區域共有十四個軍事

基地，是爲美國南方司令部和美洲學校所使用。美洲學校是一所專門爲拉丁美
洲各國軍政府訓練打擊反抗軍之軍隊的機構。一九七七年九月，卡特總統和巴
拿馬的歐瑪・托利候斯・賀雷拉將軍簽署了國際條約，條約規定美軍將撤出該
區域；軍事基地將階段性地逐步撤除；以及將運河的營運權於該世紀結束前移
交給巴拿馬。巴拿馬則在舉行了近十年來首度的自由選舉之後，於一九七七年
十月由公民投票賦予條約正式效力，而巴馬拿與美國的關係也變得更爲和睦。

　　美國與巴拿馬之間關係的調性，由於下一任的華盛頓當局試圖排除托利候
斯的繼任者：曼努埃爾・安東尼奧・諾利埃嘉將軍，而有了戲劇化的轉變。諾
利埃嘉一邊將巴馬拿變成國際毒品走私的關鍵環節，同時一邊又參與中情局的
情報工作，以及提供反動部隊的軍力。當他不再與美國共同行動以求推翻尼加
拉瓜的桑解政府之後，雷根政府便宣稱他爲美國的敵人，並且以走私毒品的罪
名要求美國法院審判他。諾利埃嘉那些貪汙腐敗、喪盡天良的毒品交易，固
然讓他在整個拉丁美洲聲名狼藉，不過他不畏那位北方巨人長期強攻猛打的態
度，也替他帶來某種英雄形象。雖然僅憑外交和經濟上的施壓並不足以動搖諾
利埃嘉，不過這確實癱瘓掉巴拿馬那微小的、極度依賴藉由服務跨國公司和銀
行來獲利的經濟體。美國未能於一九八九年十月對於諾利埃嘉發動的失敗軍事
政變做出足夠有力的反應，再加上長期支持諾利埃嘉的種種行爲帶來了許多政
治餘波，這些都讓布希政府感到難堪羞愧。布希政府於是在一九八九年的十二
月組織安排了一場大規模的入侵行動——動用了包括空降部隊、坦克、攻擊直
昇機，以及在當時仍未有實戰經歷的隱形轟炸機，並且實際付諸執行。在美軍
突入巴拿馬境內，搜查尼加拉瓜大使館，並且騷擾諾利埃嘉藏身的梵蒂岡大使
館之後，這位將軍終於投降。他隨即被押至美國接受毒品相關罪名的審判。當
初於一九八九年五月的選舉中勝出，但是立刻被諾利埃嘉宣布無效的勝選人，
在美國占領巴拿馬的軍隊監督之下就職，著手建立一個民主政府，以及復興巴
拿馬已遭摧毀的經濟。在這次短暫的交戰中，軍方喪生的人數異常輕微：只有
二十位美軍，以及五十位巴拿馬士兵戰死。而最終由軍方高層所報告的平民死
亡人數，則是大約二百人左右。有鑑於巴拿馬城的許多區域完全被夷爲平地，
很明顯地實際數字應該比它多出許多倍才是。雖然許多巴拿馬人視美軍爲解放
者而歡迎他們的到來，但是這次違反了包括一九七七年巴拿馬運河條約在內數
項半球性條約規定的入侵行動，依舊受到所有美洲國家組織成員國的譴責——
除了美國和薩爾瓦多以外。

　　在拉丁美洲各國間所顯現出的種種愈來愈獨立的跡象，雖然並非總是爲美

國所樂見，但確實可能是即將出現某種正面轉變的徵兆。爲了結束發生於尼加拉瓜的戰爭，在並非由美國引領，甚至根本違背其意願之下，由五個中美洲國家所發起，嗣後受到祕魯、巴西、阿根廷和烏拉圭所支持的提議，就是一個意義重大的例子。自發的區域性共同行動也開始不循美洲國家組織而爲——多年以來，這個國際組織幾乎不過就是美國國務院的附屬機關。另外，替一種新的領導模式設下範例的，則是委內瑞拉的卡洛斯・安德列斯・培瑞茲。他在經歷一九七〇年代那次阻礙重重的任期之後，再度於一九八八年十二月，秉持大膽的民粹主義 [25] 式競選政見而當選總統。培瑞茲渴望能扮演如同西蒙・波利瓦一般的角色，因而呼籲拉丁美洲各國採取一致行動，來取得可以將這些負債國從國際貨幣基金組織那「經濟集權主義」中解放的債務清償條款。

現今，兩個美洲大陸的命運走向注定會比以前更加禍福相倚。無論是否願意，美國都正在吸納拉丁美洲的各個民族與各種文化。目前移入美國的人民中，以來自墨西哥和加勒比盆地者爲最大宗。一九八〇年，西班牙語族群總計已占美國總人口數將近百分之十五，而這個數字可能會繼續增高下去。

第四十一章

新權力關係與轉變中的世界秩序

New Power Relationships and a Changing World Order

　　不只是西方，連東方都開始意識到整個歐洲共同合作具有的重大意義。慢慢地——不過最好也不要太慢，事情會變得愈來愈明顯：歐洲的合作與統一，並非往往朝對任何人造成不利的方向進行。反倒是，在這個危機四伏的時代，在這個衝突對立的世界中，它會成為一個範例，為世人展示不同的民族與國家，儘管有著不同的政治和社會制度，依然有可能藉由和平地共同努力，來得到繁榮與安定。

——威利・布蘭特，歐洲和平政策

　　一九四五年四月，歐洲的男男女女回首過去六年來，自己的國家讓彼此受到如何的傷害，發現實在已經無法再想像，還有什麼辦法能讓這片歐洲大陸可以從全面衝突之後的灰燼中重生。就如同在第一次世界大戰中，無論是勝利者還是戰敗者，都無法免於承受戰爭那懲罰性的毀滅後果。一九一四到一九一八年這段期間，就有八百萬人喪生。而這一次，總數變成了四倍。即使法國與英國，在第二次世界大戰承受的傷亡人數比起第一次要少，其他地方的人命損失程度還是有如浩劫般巨大。波蘭的人口因此減少了百分之二十（其中有部分必須歸咎於納粹對猶太人的殘忍屠殺）；蘇聯損失了將近一千五百萬條人命；而在德國，也有五百萬人被戰爭奪走性命。

　　從南到北，從東到西，整個歐洲都有城市淪為廢墟。希特勒曾經在一九三五年的時候誇口：十年之內，柏林將會搖身一變，成為沒有人能夠認得出來的樣貌。他的預言後來成真了，雖然是以一種與他本意不符的可怕方式。法國境內的工業和貿易中心、低地國家、義大利，還有中歐和俄羅斯境內的荒地區域，大致上都成了一片瓦礫堆。可供人居住的房舍在各地都非常缺乏——事實上，這在某些地區根本就已蕩然無存。在蘇俄境內的德國占領區，就有六百萬間房屋被摧毀；德國的杜塞福也有百分之九十三的住家，在戰後已經不堪人住。由於戰爭對農耕用地帶來的破壞、對農業人口造成的侵擾，再加上缺乏農用機械和肥料，以及一九四五年夏季發生的嚴重乾旱，戰後的糧食供給量一直處於可能造成危險的低點。戰爭結束的一年後，依然有大約一億的歐洲人每天攝取的熱量低於一千五百卡路里——這個數字尚不足以讓一位從事工作的成年人維持健康狀態。無論何處，領取食物定量配給，一直都是讓人沉悶難耐的生活現實，如果不這麼做的話，歐洲大陸或許會有大量的人口必須餓死。食物短缺的狀況，還由於交通與通訊建設被普遍破壞而更形嚴重。由英國和美國代管的德國地區，其中的九百五十八座主要橋梁，一共有七百四十座遭到摧毀。法國失去了大約三分之二的鐵路網，同時也賠上了自己的貿易實力。運河吃了炸彈；港口被沉沒的戰艦噎到。一九四五到一九四六年的那次冬天，有許多區域只有一點點，甚至是完全沒有燃料來供暖氣設備使用；就算是還有儲煤的地區（當時煤的供應量比起戰前減少了一半以上），也沒辦法把煤運輸到那些最迫切需要它的地方。

　　對於這場自己在自己身上造成的巨大創傷，歐洲人一開始會感到不知如何是好，實在是不足為奇的事。確實，足以讓人驚訝的，則是這段創傷竟然只持續了相對短暫的時間。十年之後，歐洲就已經出現了轉型——即使並不是完全

復原。這十年中，有兩個再重要也不過的轉變發生。第一個變化是，歐洲大陸在戰後依照國際間出現的新平衡，而被畫分出相應的勢力範圍，東歐爲蘇聯所掌控，西歐則受美國的軍事和外交實力左右。第二個變化則是，受到人們的決心和有利的經濟潮流驅使之下，西歐誕生了一個積極向上、活潑有力，並且富有創意的文明，哪怕是最樂觀的預言家，在一九四五年時所能想像的變化，都比不上實際出現的這個能夠具有如此強烈的感染擴張能力，以及如此前衛新穎的性質。

就跟歐洲人一樣，這場戰爭讓亞洲人經歷到同樣嚴重的創傷和毀滅。當時中國一方面爲內戰焦頭爛額，一方面又遭受日本的軍事入侵。日本的軍隊占領了東南亞的大部分區域，推平了歐洲帝國主義的前哨基地，卻也因此無意間促成了當地的民族獨立運動。大戰結束後，大部分的亞洲都陷入動亂之中，追求帝國主義大夢的日本不僅被擊敗，而且似乎已經因爲廣島和長崎的原子彈攻擊而倒地不起。儘管如此，亞洲國家們不論是舊是新，依然展現出與歐洲國家同樣的生氣與精力，以求能夠快速地復原。甚且，不但中國和日本如此，甚至連一些較小的亞洲國家，都開始在國際舞臺上扮演一些重要的角色。

美蘇交手四十年

在第二次世界大戰結束之後的十年間，全世界的國家紛紛各自往兩極關係的其中一端靠攏。從一個較大的尺度觀之，這是蘇聯與美國之間的互不信任以及日漸累積的敵意，最終所造成的結果。由於大戰使然，美國與蘇聯成了戰後地球上最有力量的大國。德國、義大利、日本由於戰敗之故，注定了必須要有一段時間，在國際關係中站在一個次等的地位。英國和法國無論在人口還是資源上，都不足以讓它們稱得上是「超級強權」。而戰勝者中僅剩的大國：中國，其政府也在戰後不久陷入全面的革命戰爭之中，根本無暇他顧。於是，美國與蘇聯的主導便大勢底定，雙方都渴望成爲全世界唯一的霸主，雙方也都致力於將歐洲國家納入自己的掌控之中。

早在德黑蘭和雅爾達的會談中，蘇聯便堅持主張自己對東歐擁有合法的宰制地位，而當時西方國家的領導者們也願意承認這樣的主張。當邱吉爾於一九四四年訪問莫斯科時，他與史達林就像是兩個舊世界的權力掮客一般，將幾個理應是自由國家的未來命運拿來討價還價。邱吉爾的開價是，蘇聯可以在羅馬尼亞取得百分之九十的優勢地位，不過反過來必須答應西方國家在希臘取得百分之九十的掌控權；至於南斯拉夫就五五分帳……凡此種種。然而，在史

達林這邊，由於對西方國家領導人的說話份量愈來愈感到懷疑，因此堅信西方提出來的條件，無論在討論的時候聽起來有多麼誘人，終究沒有太多價值。史達林曾如此說：「邱吉爾是那種只要稍不注意，就會從你口袋中摸走一枚銅板的傢伙……羅斯福……之所以沒有動手，是因為他意在更大的錢。」史達林對內的威權統治源於一種草木皆兵的心理，也就是在他眼中，幾乎每一個人都是敵人，不然最少也是一個威脅。同樣一種心理狀態也支配了他的外交政策，並不是一件令人意外的事。

然而，史達林的反西方政策並不只是源自個人心理上的妄想而已，它所反映出的是一種傳統上的恐懼感，幾個世紀以來，俄羅斯對其歐洲鄰國的態度，一直可以觀察到此項特徵。舉例來說，十八世紀初的彼德大帝，以及十九世紀末的亞歷山大三世，在他們對西方文化那種愛恨不明的態度中，都可見一端。史達林另外對美國特別不信任，但這也是由於在二次大戰前，美國便未有任何保留地表達出他們對史達林式共產主義[1]所抱持的敵意。當美國在背後推動的經濟與軍事包圍力量，對俄羅斯的歷任領導人們造成的恐懼愈來愈高，他們對美國的懷疑程度也以同樣的程度增加。

從經濟力量的角度來看，當時的美國比起世界上其他國家都還要遠遠勝過一大截。自一九三九年以來，美國的國民所得成長了兩倍，存款則成長了四倍。雖然當時其人口只占全世界的百分之七，但是收入卻占全世界估計總收入的百分之三十以上。對美國自身的歷史而言，這是它第一次在半個地球以上的範圍內，身居經濟和軍事上的裁決者。美國不但控制了太平洋，也控制了大西洋，還可以梭巡地中海，並且形塑了西歐國際政策的發展。到了一九四九年，美國更成了唯一擁有足以造成毀滅浩劫的核子武器的國家。

蘇聯從第二次世界大戰後，躍升為世界上第二大的強權。雖然它的海軍不多，但是在一九四八年時，它擁有世界上兵力最多的陸軍──而且它的空軍可能也是。當時蘇聯的人口急劇往二億邁進，這還是它在大戰中失去了七百萬士兵，以及大約八百萬平民之下的數字。俄國的礦物藏量和石油資源勝過那些世界上最富裕的國家。但是另一方面，它的工業器械在戰爭中遭到嚴重的破壞。蘇聯在戰爭中，至少有一千七百座都市和市鎮受到完全摧毀，此外還有四萬英哩長的鐵路以及三萬一千座工廠也受到破壞。史達林在一九四六年時宣布，很有可能必須花上至少六年的時間，才有辦法修復這些損失，並且重建被破壞的地區。

對於那些自己親手從納粹手中解放出來的東歐國家，蘇聯之所以特別堅決

地要在經濟、政治和軍事上維持對它們的掌控，有一部分的原因就是爲了補償
其工業在戰爭中蒙受的巨大損失。蘇聯採取了外交施壓、政治滲透，以及軍事
恐嚇等各種手段，在東歐建立起許多親蘇聯政權的「人民共和國」。一個國家
又一個國家，這套進程模式都是一樣的：首先，組成一個除了法西斯以外，將
所有政黨包括進來的聯合政府；然後，再進一步組成一個由共產黨主導的政黨
聯合；最後，將其轉變爲一黨專政的國家。到了一九四八年，聽命於莫斯科的
政府，就已經在波蘭、匈牙利、羅馬尼亞、保加利亞，和捷克斯洛伐克建立起
來。不過，並非所有的東歐國家都是在沒有任何抵抗之下就屈服。希臘這個蘇
聯也希望能夠納入自己影響領域範圍內的國家，在一九四九年之前都飽受內戰
所苦，一直到該年，該國的王室才在西方的幫助之下重新取得政權。而在捷克
斯洛伐克也舉行了自由而符合民主原則的選舉，等於是對雅爾達會談所擔保的
結果提出一項直截了當的挑戰，於是在一九四八年時，蘇聯便將由自由派領袖
愛德華・貝奈斯和楊・馬沙里克所領導的聯合政府予以摧毀。

　　這項於東歐建立霸權的運動，在這段時間中，蘇聯所遭遇的一次最重要阻
礙，同樣也是發生於一九四八年。當時由南斯拉夫的二戰英雄馬紹爾・狄多領
導的政府，聲明其欲獨立於莫斯科的控制，並且決心不與任何東方或西方強權
聯盟，而要走出一條屬於自己的道路。在蘇聯扶持的各國共產黨領袖中，狄多
是唯一一位在掌權之後，決定不扮演蘇聯傀儡政權的人。由於他擁有的政治權
力根植於自己國家內部，因此在他成功爲南斯拉夫建立起不受蘇聯左右的自由
情勢之後，他也無懼於自己的地位會因爲蘇聯報復行動而動搖。發生於捷克斯
洛伐克以及南斯拉夫的這些事件，促使蘇聯對其各個附屬政權中的政治階層，
展開一連串的整肅工程；史達林受到自己心中那種對反對力量之恐懼的擺布有
多大，就決定了這次整肅動作的程度大小。

　　面對蘇聯的這些動作，美國以提供西歐國家許多大規模的經濟與軍事援助
計畫作爲對應。一九四七年，杜魯門總統發表了杜魯門主義，決定提供希臘和
土耳其各種協助計畫，以避免該國政府受到共產黨進一步的滲透。隔年，以美
國國務卿喬治・馬歇爾爲名的馬歇爾計畫則爲西歐國家的工業提供資金幫助
（喬治・馬歇爾爲首度提出此計畫者）。馬歇爾計畫在兩方面值得特別一提：
首先，美國是在試著幫助自己最重要的經濟對手恢復元氣，其中包括它之前的
敵人德國，原因是美國相信歐洲如果可以在經濟上獨立，就比較不可能成爲共
產蘇聯宰制的對象；其次，馬歇爾計畫成功的前提，必須仰賴西歐各國願意一
同調整其經濟努力的方向，亦即至少在某個程度上願意以合作取代競爭。

　　與此同時，美國也採取許多手段來支撐起整個西方世界的軍事防禦工程。一九四九年的四月，一群來自北大西洋國家，以及美國與加拿大的代表，共同簽署了一份協定，建立了北大西洋公約組織。隨後，希臘、土耳其和西德也加入成為會員國。公約中聲明：對任何一個簽約國所發動的武力攻擊，將被視為是對全體簽約國的攻擊；全體簽約國也將在任何必要之程度上，結合各國的軍事力量來驅除侵略者。成立於一九五〇年的聯合軍事指揮部，或者又稱北約軍隊，其編制在一九五三年時，已從三十個師增加至五十個，其中重新建立軍事的西德就貢獻了十二個師。

　　針對美國在經濟和軍事上強化西歐的決心，蘇聯會出現警戒不安的反應乃是理所當然：它設立了一個國際性的政治分枝部門——共產黨情報局，用以協調統合全世界共產黨的政策和計畫。除此之外，蘇聯拒絕了馬歇爾計畫最初向其所提出的援助和條件，取而代之的是在東歐建立一個與馬歇爾計畫相抗衡的組織：經濟互助委員會，來從事東歐的經濟復原工作。蘇聯也以建立自己的軍事聯盟來對北約做出回應，也就是一九九五年的華沙公約。華沙公約除了在其所有簽署國間設立了一個聯合軍事指揮部，然而更重要的是，它讓阿爾巴尼亞、捷克斯洛伐克、匈牙利、波蘭、羅馬尼亞，以及東德，這些從二戰結束後就一直是蘇聯支配的國家，同意蘇聯軍隊可以繼續駐紮在其境內。

　　在美蘇交手的這些年中，德國是東西雙方緊張關係實際上的交錯焦點。戰後，俄國不停地堅持德國必須以工業產品的形式支付其一百億美元的戰爭賠款。雖然蘇聯那慘不忍睹的經濟狀況，以及害怕德國再度重生的考量，可以為這樣的高姿態做出一定解釋，但是在英國與美國的解讀中，這樣的要求也反映出蘇聯非常希望能讓德國的國力保持虛弱，因而容易在政治上出現不穩定的局面——確切來說，就是確保共產主義容易在德國散播。

　　一九四六年，由四個前同盟國強權聯合治理德國的嘗試終告失敗。之後，蘇聯繼續對那個處於附庸的，後來在名義上成為獨立國家的德意志民主共和國（東德），維持掌控地位；而西方強權們也繼續協助自己控制的德國區域進行工業復興，這塊區域之後也以德意志聯邦共和國（西德）的身分問世。一九四八年，西方世界控制的德國重新統一在一個政權之下，為了對這一點做出反擊，蘇聯封鎖了西方世界賴以通往柏林的公路和鐵路，於是引發了一次衝突危機。雖然位於東德的領域之中，柏林本身卻是由四個強權統治。柏林受到封鎖之後，西方強權們以空投食物和其他必要補給品的方式回應，以避免這個大城淪陷到蘇聯手中。直到將近一年之後，蘇聯才將這些路障撤除。然而，這

之後的許多年，在這場已經開打，日後被稱之爲「冷戰」的戰爭中，柏林一直都是蘇聯與西方世界之間，局勢最爲白熱化的地點之一。這個城市本身就象徵著整個德國的一分爲二與彼此對立，同樣地，它也呈現出西方強權欲確保德國經濟復原的決心。

　　共產勢力與非共產勢力在戰後的頭一個十年間，出現最嚴重的一次衝突，發生的地點並不是在歐洲，而是在韓國。第二次世界大戰結束之時，美軍依舊停駐在朝鮮半島北緯三十八度線以南，而俄軍則停留在此線以北。之後，日本簽定了條約，願意交出其自一九一〇年以來，便對朝鮮半島所擁有的統治權，並且讓後者成爲一個獨立並且統一的國家。此外，一個由聯合國發起的計畫，也要求在韓國舉行自由的全國性選舉。先前對韓國並未展現過什麼興趣的美國政府，此時發現在其圍堵蘇聯的政策中，韓國其實居於一個極度關鍵的地位。哈利·杜魯門總統相信，半島南部的人民渴望擁有民主政體，如果爲他們建立一個親近美國的國家，應該可以很快地吸引北部的人民投入民主陣營。事實上，朝鮮半島的人民彼此之間有著相當程度的異議，而兩大超級強權的干預動作，將一場潛在的國內戰爭轉化成一個重大的國際衝突。爲了抗衡美國在半島南部採取的各種動作，蘇聯在北部建立了一個共產黨的共和國。這個國家隨即在蘇聯的鼓動之下，於一九五〇年的六月，派兵越過三十八度線入侵半島南部。美國方面，則利用了聯合國當時正在暫時抵制蘇聯的優勢，成功地取得聯合國的核准，派出主要是由美國組成的軍隊來進行反擊，聯軍的指揮官即爲道格拉斯·麥克阿瑟將軍。這場戰爭的戰況非常慘烈，無論對人命或是財產都帶來非常大的傷害，而且在一九五〇年十一月時，它幾乎成爲第三次的世界大戰，因爲中華人民共和國決定派兵協助北韓軍隊，而麥克阿瑟將軍認眞地考慮要用核子武器對付這些敵人；杜魯門總統後來否決了這項動用核武的提案，並且將麥克阿瑟將軍自前線召回。經過了三年斷斷續續的交戰後，這場陷入僵局的戰爭於一九五三年以停火協定而不是和平條約結束，留下了一個暫時成爲廢墟，同時硬是以人爲方式分爲兩半的國家。

　　促使冷戰形成的那些緊張對立，是彼此雙方一系列錯誤想法之下的產物。相信戰時政府的文宣內容，於是視俄國人爲堅定的反法西斯主義者並對他們欣賞不已的美國人，在發現到自己昔日的盟友竟然不是民主的支持者後，陷入一種因爲過於天眞所引致的幻想破滅情緒。當美國的歷任領袖面對戰後西歐四處呈現的經濟弱點而深感憂心的同時，他們也放任自己去認定，俄國人正在籌畫一個巨大的計畫，要利用這些弱點來在西歐各國建立共產政權，就像他們在東

歐所做的一樣。

近年來，學者正以紮實的依據來論述：當時並沒有這樣一個大蘇維埃戰略存在。蘇聯無意於從事這類的行動，基本上是因爲不具有這樣的經濟和軍事實力。然而，由於蘇聯長久以來，便一直害怕會受到帶有敵意的資本主義強權所包圍，使得在其眼中看來，杜魯門主義和馬歇爾計畫恰恰好就是某種形式的新帝國主義，是要讓西歐屈服於美國經濟霸權的美式陰謀。而史達林也發現，以這個主題來譜寫的宣傳文宣，效果相當不錯。爲了回復戰爭期間遭受的破壞，史達林必須能夠說服俄國人民，何以必須另外再進行一系列的五年計畫，將生產重點放在重工業原料，而不是消費性商品上。如果他有辦法舉出，有一個國際性的反蘇聯陰謀正在進行，當他要求人民做出犧牲的時候，其理由就會更爲充分。

史達林本人一直都是深深沉浸於猜忌心理之中，不只是對西方世界，而是對任何一個在他認知中，會威脅到自己獨裁統治的力量或個人。他既不召開中央委員會，也不召開黨大會。史達林真正賴以執行政務的，是一群爲數相對不多，在政治上對他忠心耿耿的追隨者，其中像是：蘇聯外長維亞切斯拉夫·莫洛托夫、權力甚大的祕密警察首領拉夫蘭提·貝利亞，以及黨中央委員會書記安德烈·日丹諾夫。後者被史達林賦予一項任務，那就是依照史達林的意思，撰寫一部新的共產主義福音書，內容傾向於棄共產主義較早期的信條於不顧，例如像馬克思、恩格斯、列寧的思想，因此整體而言，這部作品幾乎就只是史達林本人爲自己的高壓個人專制所做的辯解。除此之外，共產黨文宣努力宣揚蘇聯是如何優於西方。作家與藝術家會因爲模仿西方的同道而受到批評攻擊。經濟學家若是指出歐洲的工業將會成功地從之前受到的損失中復原，也會受到責難。至於在科學的領域，這類例子則有：以俄國人特洛菲姆·李森科的說法——一種類似於後天特徵遺傳論的思想，取代廣爲接受的基因理論；同樣地，愛因斯坦是浪得虛名；而佛洛伊德則是一個墮落的江湖郎中。

一直要到一九五三年史達林去世後，這些永無止盡的反西方文宣攻擊，才開始稍微趨緩。雖然東方與西方之間的關係依舊處於步步爲營的狀況，一九五〇年代末期到一九六〇年代之間，雙方緊張對立的程度已經大幅地減輕了。確實，美國還是繼續謹守「圍堵」蘇聯的政策立場，繼續尋求在必要的情況下，最有意願以武力來反對共產主義在全世界散播的盟友。然而，到了一九五〇年代中葉時，西歐各國開始對此感到疑惑：美國之所以干預它們的國內事務，除了是試圖保障西方不受蘇聯的入侵之外，會不會在實際上，同樣也是爲了展現

其自身權力之故？美國宣稱自己是扮演「自由世界保護者」的角色，這種說法
開始讓人感到只是一個口號——特別是在一九五五年，美國國務卿約翰・福斯
特・杜勒斯竟然與那已垂垂老矣的西班牙獨裁者法蘭西斯柯・弗朗哥，爲了取
得外交和軍事上的協議而進行會談之後。

　　也是在一九五五年，由於尼基塔・赫魯雪夫（一八九四至一九七一年）的
接掌大位，使人看到了蘇聯這邊在大方向上出現轉變。赫魯雪夫的個人特徵
中，有一種土裡土氣的直來直往風格，而儘管他對西方仍懷有敵意，在這段緩
和緊張情境的時刻，他還是爲此出了不少力。他積極地出訪全世界各國，一
改史達林那種將自己深鎖在克里姆林宮內，自絕於外界的作風。當他分別於
一九五八和一九六〇年拜訪美國本土的時候，赫魯雪夫和愛荷華洲的農夫們插
科打諢，而且還去迪士尼樂園遊玩了一番。而在某次出席於紐約舉行的聯合國
會議時，爲了強調自己對發言者的不滿，他甚至拿鞋子敲起桌子來。

　　赫魯雪夫渴望緩和國際間的衝突情境，可以從他在上任之後不久，便同意
與英國、法國和美國的領導者進行一系列的高峰會議得到明證。蘇聯這項降低
國際緊張情境的決心，源自於赫魯雪夫必須藉此鞏固他在國內的政權，並且防
止出現危機的東歐共產黨集團眞的崩解。史達林統治期間的索求無度，已經
在俄國人民中造成不滿。當這些異議人士的聲音不再爲史達林式的警察體系消
除，他們終於可以開始要求將生產的重點，從重型器械和軍火改爲消費性商
品；此外也要求在藝術的領域，至少要回復至一定程度的智性表意自由。這些
要求轉變的聲浪，在不少散文和小說中都可以看到，像是伊利亞・愛倫柏格的
《解凍》（一九五四年），即是以此時期的現象命名。俄羅斯的領導高層對此
採取了一條巧妙，但並不總是成功的路線：一方面指責史達林政權所作所爲的
過分之處，否定史達林強加在全體國民身上的「個人崇拜」；但是另一方面，
他們身爲史達林的繼承人，對於自己國人一舉一動的掌控程度，也只願意做出
部分的鬆綁而已。當赫魯雪夫於一九五六年以史達林統治時代的罪行爲主題，
對第二十屆共產黨大會進行一次祕密演說時，便是依上述這樣的做法，將史達
林本人描繪成是一個拙於政治，而且追根究柢，是一個瘋子，然後與此同時，
卻又捍衛史達林所創造出來的統治制度。

　　同一段時間，在其他共產國家中，也出現愈來愈多對蘇聯不滿的情緒。這
是起因於蘇聯爲了滿足自己的需求，逼使各共產國家必須在短時間內工業化和
集體化。現在這些共產國家紛紛要求，將這些施加在它們身上各種史達林主義
式的限制予以放寬。蘇聯的領導者們爲了回應這些要求帶來的壓力，於是調整

了他們在經濟上計畫達成的目標，從而也開始宣揚通往社會主義的道路並不只有一條。蘇聯對待這些東歐附庸國的新姿態，在一九五六年時遭遇到最嚴厲的考驗。事情源自於波蘭和匈牙利皆要求在國內事務的處置上，能享有更大程度的自治權。波蘭政府面對為此而生的罷工抗議，一開始是以武力鎮壓的方式來應對，之後則是承諾會進行自由化的改革。最後，反史達林主義的波蘭領導者瓦迪斯勞‧哥穆爾卡，以波蘭將會繼續忠實地遵守華沙公約為擔保，成功地贏得蘇聯方面同意，讓波蘭可以追求屬於自己的「推動社會主義發展的方式」。在匈牙利這邊，事情的結果則大為不同。由於反對史達林主義式政策的抗議，後來發展成一個層面廣泛許多的反對共產黨統治的抗爭活動，因此匈牙利拒絕繼續接受華沙公約——即使蘇聯願意給予匈牙利在國內政策方面的自由化，這個後果卻是蘇聯所不能接受的。一九五六年十一月四日，俄國的軍隊占領了布達佩斯；匈牙利解放運動的領導者們也在被捕之後被處以死刑。

儘管發生了這些事件，赫魯雪夫並未改變他那與西方「和平共存」的政策。雖然他還是沒有放棄共產主義會獲得最後勝利的終極信念，但是，他提出勝利也是可以用軍事武力以外的手段來達成的說法。然而，蘇聯的領導人們決心降低德國對東歐潛在的武力威脅，這一點是未曾有過任何動搖。他們對於德國有可能會在其資本主義盟友的支持之下，發動一次新戰爭的恐懼感，不停持續地滋長。正是因為這個理由，他們堅決地反對德國統一。一九六一年，東德政府建立起一道高牆，將東西柏林分隔開來，以阻斷成千上萬的東德人逃至西柏林，進而再逃往西德的路徑。這道柏林圍牆一直是蘇聯決心阻止兩德統一的象徵。

赫魯雪夫最後還是敗給了政治對手，他於一九六四年時遭到罷黜，接著蘇聯的統治權來到了蘇聯總理阿列克謝‧柯西金（一九○四～一九八○）和共產黨書記李奧尼德‧布里茲涅夫（一九○六～一九八二）手中。東歐各國的政權依舊為蘇聯把持著。一九六八年，捷克斯洛伐克的領導高層為了順應批評的聲浪，嘗試分散統治權力、將該國共產黨民主化，並且讓知性生活有一段短暫的蓬勃發展時光，只是這麼做的代價卻是俄國軍隊的到來。

整個一九六○和一九七○年代，西歐的政治家以各種不同的方式來回應歐洲大陸東西對立的現實。在匈牙利和捷克斯洛伐克的事件發生後，位於法國、義大利，以及其他西方國家境內的共產黨領導者，認知到有必要將自己與莫斯科採取的高壓路線切割，否則他們可能失去黨員對共產黨的信任，或者也可能造成他們難以取得政治權力。一九七五年，「歐洲共產主義」這個字首度出現

在正式出版品之中。這一派的共產主義者一方面聲明自己與蘇聯的外交政策彼此無關，另一方面也宣稱會繼續堅持最初由馬克思和恩格斯所信奉的共產主義原則。一九二〇到一九五〇年代之間，西歐各國共產黨在外交政策上，相當明顯是聽從莫斯科的指示，然而從此以後，這樣的慣常做法便不復見了。西班牙當時的共產黨領導者聖地牙哥‧卡里洛如此說道：「我們今日的共產黨員不再受限於任何跨國的紀律，如今真正將我們結合起來的，是基於科學性的社會主義理論所生出的親密聯繫。」歐洲共產主義者對於以身為合作伙伴的態度，來和共產黨以外的其他左翼政黨，共同組成聯合政府一事，展現出全新的興趣，這一點完全一改他們以往的作風。在一九七五年的一份聯合聲明中，法國和義大利的共產黨人一同表示：「社會主義是民主政體最完整、最徹底的實現方式，而為了達到實現民主的目的，必要的前提便是持續不斷地使經濟、政治，和社會生活更為民主。」由於歐洲在政治上分立為東西兩個陣營，迫使西方的共產主義者切斷他們與蘇聯的緊密關係。卡里洛也曾經指出，過去莫斯科之於他們，就如同羅馬之於天主教系的基督教國家一樣。然而，情況再也不是如此了。東西兩方的巨大對立，將共產黨國際結構從一個原本是一體的國際運動切碎，成為由許多自為核心的政治實體所組成的集合。

　　東方與西方的緊張對立情勢，雖然於一九六〇和一九七〇年代間緩和下來，但是在下一個十年的這段期間，由於蘇聯干預波蘭內政之故，又再次升高。一九八〇年，波蘭工人們組織了許多罷工活動，成功地讓波蘭政府停擺。他們將這波運動命名為「團結」【2】，其罷工的目的在於抗議政府為了處理當時造成物價高漲的嚴重經濟危機，而犧牲了勞工的工作條件。再次，蘇聯協助波蘭的傀儡軍事政權來重新施行威權統治。即便蘇聯確實沒有直接干預，但是波蘭邊境愈來愈多的俄國軍隊，強化了它可能會插手的間接威脅性。這些都再次突顯了蘇聯是如何不願意放手讓它的東歐鄰國享有對自己內政事務的自治權。

　　隨著俄國共產黨的領導權於一九八五年交棒到米哈伊爾‧戈巴契夫手裡，蘇聯的政策開始出現與過往的領導模式相較之下截然不同的轉變。當時戈巴契夫才五十五歲上下，比起前一任的蘇聯領導人是明顯年輕很多，或許也是因為這個緣故，比較不會被那些形塑過去蘇聯內外政策的傳統想法所拘束。不論是共產黨統治下處處受到壓迫的社會，或者那停滯蕭條的經濟狀況，針對這些面向，戈巴契夫都坦然地認為需要改進，而且他並不在意公開地將其批評之意表達出來。他宣布了一項將國內異議分子釋放的政策，並且允許這些人從事政治

活動。較諸過往的蘇聯領導者，他對附庸國出現的叛逆政治行動，表現出一種更願意容忍的態度。而且面對蘇聯在工業方面持續令人失望的表現，他也支持某種程度的經濟重整動作。

在戈巴契夫所採行的政策中，最讓人大吃一驚的轉變乃是關於蘇聯外交關係這一塊。他強調的是所謂一個歐洲共同家園的主題，也就是不論是蘇聯還是非共產主義國家，都是屬於一個歐洲。他也放棄了與西方對立衝突的傳統立場，向美國和其盟友提出國際合作的建議。他說服了將蘇聯冠上「邪惡帝國」之名的雷根總統，願意與他進行會談，並且接受了規定雙方都必須將部署在歐洲境內所有短程和中程飛彈予以撤除的條約。他也下令單方面地裁減蘇聯兵力，以及自歐洲撤回五千部坦克，以作為一九八〇年代晚期削減軍備的步驟之一；這些動作呈現出他那冷戰已經過去的想法，更使得歐洲內外的權力關係出現了重新評估的必要。

戈巴契夫所施行的「改革」（即「組織重構」）與「開放」（即「公開」）政策，堪為蘇聯歷史的轉捩點。在一九八九年，這個國家首度經歷到具有實際競爭意義的選舉，並且親眼見證到，七十年來，第一個真正以議會方式運作的國會被召集。一九九〇年二月，在戈巴契夫的勸說之下，共產黨的領導階層接受了多黨政治制度。一個月之後，人民代表大會以微小的票數差距，表決通過由他擔任蘇聯總統之職，賦予他提出立法建議、洽談國際條約、否決法案、任命部會首長等權力。這些新的權力制度設計既反映出總統角色的加重，同時也反映出共產黨黨主席的份量——當時依然是由戈巴契夫擔任——開始衰微。

只是這些全面而徹底的改變，卻未能解決蘇聯的經濟問題，也無法明顯地改善國民的生活水準。在一份於一九九〇年初進行的民意調查中，有將近一半的受訪者回答：維持日常生活的困難度比起一九八五年時還要嚴峻。那段時間蘇聯境內的物價結構，不只與成本幾乎無關而脫離現實的合理性，從而也造成了各種資源的浪費，但是這個問題僅僅獲得部分的解決而已。食物定量配給制度依舊，住屋供給數也相當稀少。

對蘇聯之穩定同樣構成嚴重威脅者，乃是它之下那十五個風土民情各異的共和國，其中有幾個愈來愈不願意待在這大一統的蘇聯之中。列寧曾經將沙皇統治下的俄國形容為「國族的囚牢」，也就是說，是在違反其意願的情況下，將各個不同的國族實體束縛在一位帝國主義式的君主之下。史達林和其後繼者領導的蘇聯政府也一直持續確保這些彼此互不相似，在國族意識上也各自無關

的共和國——從南面的喬治亞、亞美尼亞、亞塞拜然、烏茲別克、莫達維亞、
烏克蘭，到北面的立陶宛、拉脫維亞、愛沙尼亞——被緊緊地綁在一起。如
今，戈巴契夫的「改革」政策刺激了喬治亞和亞塞拜然的種族獨立和世代獨立
運動。在亞塞拜然這裡，由於該國境內的伊斯蘭教徒為了支持採取基本教義派
立場的伊朗，而引發相當激烈的暴動，使蘇聯必須在一九八九年派出總數一萬
七千名的軍隊，來恢復受到動盪的秩序。而蘇聯中央統治的權威所遭遇到最嚴
重的挑戰，則出現在立陶宛：一九九〇年的三月，該國那五十年來首度以自由
選舉產生的國會，表決決定要脫離蘇聯獨立。面對這個明顯代表著蘇聯即將陷
入重大分歧的徵狀，戈巴契夫的對策是試圖找出可以拖延住立陶宛國會的力
量：在拒絕採取軍事行動之下，他選擇的是施加經濟上的壓力，促使立陶宛撤
銷獨立的決定，或者至少是擱置其正式宣布獨立的時間。

比起發生在蘇聯內部的事件還更戲劇化的是：由共產黨控制的東歐各國
政府就這麼迅速地崩解消失，而史達林所設下的「鐵幕」，實際上也等於跟
著煙消雲散了。在團結工聯的支持者進一步的示威抗議之下，波蘭共產黨於
一九八九年三月同意釋出其原本受到憲法保障的專制權力。在舉行全國選舉之
後，波蘭終於能夠組成一個由「團結」運動的主筆塔杜茲·馬索維其擔任總理
的聯合政府。之後於一九九〇年十二月，從團結工聯成立時即為其領導者的萊
赫·華勒沙，以壓倒性的多數當選為波蘭共和國的總統。至於在捷克斯洛伐
克，當時間來到一九八八年末——造成蘇聯軍隊入侵的一九六八年起義的二十
週年，國內又出現了示威抗議活動，這次抗議浪潮最後還點燃了一條燒掉共產
黨統治的引火線，亦即在隔年出現的改革運動：「公民論壇」。它激起了全國
普遍的罷工，造成當時統治的共產黨政府瓦解，最後將先前因為政治因素而被
政府囚禁的劇作家瓦茲拉夫·哈維爾推上總統之職；同時，亞歷山大·杜布切
克——一九六八年那次被強制終止的改革運動的領袖——也成為新聯邦國會
的議長。其他東歐國家的事態演變大多依循著相同的模式。到了一九九〇年春
天時，非共產黨出身的政治人物若不是已經取得統治權，就是取得了一個可以
挑戰甚為牢固既有政權的位置，像是在保加利亞、匈牙利、羅馬尼亞的情形。
只有在羅馬尼亞，政局的轉變是伴隨流血暴力而來：該國的專制統治者尼可拉
耶·查烏薛斯古在被「救國前線」政黨聯盟趕下臺之後，與其妻子一同受到處
決。

但是最讓人吃驚的，還是東德遭遇的變化竟以如此迅速的步調發生。因為
無法自由地遷往外國，從一九八九年開始出現的愈來愈強力的民眾抗議活動，

正好彰顯出在艾利希‧何內克總統的治理之下，東德當局對事態的演變失去掌控的程度有多大。戈巴契夫於一九八九年十月拜訪東柏林，在德意志民主共和國（東德）成立四十週年的典禮上演講時，也向何內克警告：改革已是東德政府繼續維持統治的不二法門。於是，當有愈來愈多的東德人自東德與匈牙利和奧地利的邊界逃至西方，東德政府一開始未見有任何動靜，然而隨後卻宣布了那項比任何其他事情，都還要能夠象徵歐洲地區冷戰時代終結的措施：拆除柏林圍牆。不久之後，何內克便因為貪汙和濫用職權等罪名而下臺與被捕，東德的治理大權則由一個改革派的聯合政府接手，後者並且承諾，將於一九九〇年春天舉行自由的大選。

　　慶祝者們歡欣鼓舞地擁進如今開放的兩德邊境，不過面對這樣一個在如此倉促的時間內，改變得如此徹底的世界，兩邊的政治人物們也略帶驚疑地思考未來的處境。有超過四十年的時間，政府領導人們早已習慣由所謂的冷戰所制定下來的地緣政治思考模式。現下這場冷戰似乎過去了，那些由冷戰局勢設定的思維，透過日積月累形成的理所當然之事，也不再那麼理所當然了。那些設定思維中最根深柢固的一項就是：德國將會一直分裂下去。然而在一九九〇年三月，由西德總理赫爾穆特‧科爾帶領的兩德政治人物已經做好準備，並且正式宣布兩德的統一只是時間早晚的問題。結果，這時間比任何人預期得都還要更早。受到華盛頓和莫斯科方面的支持──樂於拋棄蘇聯冷戰戰略的戈巴契夫，甚至同意在統一之後，德國可以繼續維持其北約會員國身分──兩德統一的事業在一九九〇年十月三日正式大功告成。而於同年十二月所舉行的普選，科爾總理的基督教民主黨不論是在原本的西德或是東德地區，都拿下了漂亮的勝利。兩德統一雖然是項了不起的成就，但是同樣也帶來一些非常困難的問題，例如像是如何復原東德殘破不堪的經濟，或者如何設定德國未來的外交政策方向。不過，新德國將會成為歐洲在經濟和政治上的領導者，這一點是毫無疑問的。

歐洲經濟復興與邁向整合的運動

　　西歐人將自己在戰後成功地將經濟狀況回復的成就，比喻成是一次「奇蹟」。這種看法忽略了人類施為者以及可預測的經濟力量，能夠促使改革盡快發生的程度。首先，戰爭刺激了各式各樣的科技創新，而這些技術都可以在和平時期，發揮直接而重要的應用效果。諸如通訊技術的改良（雷達的發明就是一個例子）、合成材料的量產、增加對鋁及合金鋼材的使用、預製組件技術的

進步等。其次，各國在戰爭期間對自身生產資本投入的總數都有顯著的增加。例如英國總計投入了超過十五億英鎊，甚至還高過西德。儘管戰爭帶來了外表上明顯的毀滅，但是有些工廠雖然容易蒙受破壞，卻難以完全摧毀，投資在這些工廠中的資本便得以存活下來，成為戰後景氣發展的根基。另外，還有第三組因素為這波景氣提供活力：消費者需求的持續高漲，以及因而造成一九五〇和一九六〇年代的高就業率。這些因素反過來又鼓勵了資本繼續投入和技術的持續創新。最後，來自國外的強烈貿易需求，使得歐洲人相信有必要撤除在國際貿易和付款方面的障礙。種種這些現實條件巧合地湊在一起，便讓這段經濟欣欣向榮的美好時期不再是奇蹟。

此外，各國政府也訴諸各式各樣的手段來激勵經濟發展：西德提供了一些減稅措施來刺激企業投資；英國和義大利則是針對鋼鐵和石油工業提供投資抵減。幾乎所有的西歐國家都試驗過企業或服務事業的國有化，以求能夠提高效能與產能。這麼做的結果是出現了一系列結合了公共和私人所有權的「混合」經濟結構。法國、英國、義大利和奧地利，在這類公股控制企業的做法上居於領頭者的地位。以法國這個在一九三〇年代公有所有權就已經非常突出的國家為例，它便將鐵路、電氣、天然氣、銀行、廣播電視，以及汽車工業中的很大一個部分，通通收歸國家管理之下。而在英國，公有事業的名單也是一樣長：煤與水電天然氣；道路、鐵路、航空的交通運輸；銀行同樣也包括在內。而雖然國有化的現象在西德相較而言較不常見，該國的鐵路系統也是從十九世紀末以來就是國有；一些電子、化學，和金屬鍛冶公司也是；以及福斯汽車公司——肇因於希特勒想要生產「人民的汽車」的願望而遺留下來的企業——凡此也都是在國家的手中，不過福斯汽車在一九六三年時，大致上已經回到私部門範圍了。

這些來自政府的政策與計畫替經濟成長率帶來了驚人的貢獻。從一九四五到一九六三年的這段期間，西德的國內生產毛額（也就是國民生產毛額減去自國外取得的所得）的平均年成長率是百分之七點六；奧地利為百分之五點八；義大利是百分之六；荷蘭百分之四點七；其他國家也呈現成長。對於在戰爭期間，受到需求降低、生產過剩，以及投資不足等因素一齊拖累的經濟模型而言，這是一個了不起的大逆轉。相對地，在重建與復原的經濟發展之下，生產設備反而常常難以跟得上需求高漲的腳步。

這其中又以西德的復原特別值得一提。一九四八到一九六四年之間，西德的生產總額增加了六倍。失業率也在一九六五年時，降到了百分之〇點四的歷

史性新低點，而且對每位失業者來說，平均有六個職缺在等著他或她。雖然物價一開始居高不下，但是當這個問題得到解決之後，便給大多數的西德人民提供了一個投身國內購買熱潮的機會，於是推動了生產量的激增。而在一九五○年代，每年平均有五十萬單位的住屋建設完成，不只可以提供給那些在戰爭中失去房子的人，以及由東德和東歐擁入並且定居於西德的新難民，還能提供給來自義大利、西班牙、希臘，或是其他被西德的勞力需求吸引而來的短期勞工居住。

這段非凡的經濟復興之所以能夠實現，背後有許許多多的原因。首先，有一群技術高超的勞工存在，並且那些經由長期不斷累積而成的生產竅門，當然在其中扮演了很重要的角色。至於其他的因素則包括：（1）西德與東德的分裂意味著擁有巨大的權勢，但普遍保守反動的容克階級再也不能像從十九世紀中葉以來那樣，繼續阻撓著進步發生【3】。（2）德國大部分的工廠被戰火夷平，帶來一個可以在重建的工廠中納入最新設備與技術的機會。（3）占領西德的強權們起初明白地禁止西德將錢用在國防上。

在法國，隨著終戰而來的問題，主要集中在為國家工業進行現代化的明顯需求上——法國的製造業還是有很多非常抗拒在技術上從事更新的家族企業。在重建計畫部長尚·莫內的指示之下，該部設立了一個特別的職位：重建計畫總署，來負責提出與執行恢復國家經濟的計畫。法國政府在經濟的復原與改革上，扮演了一個直接而主動的角色，在馬歇爾計畫的金援之下，法國政府不只提供企業資金上的幫助和專業上的建議，此外還促進全國人力資源庫的運作，讓最需要勞工的地方可以得到勞力供給。經濟重建計畫將基礎工業列為首要扶植的目標，帶來的成果包括：讓發電量成長一倍；製鋼業徹底現代化；以及讓法國擁有歐洲大陸上最快速、最有效率的鐵路系統。然而，其他的經濟部門卻似乎保持不動，例如在農業方面，其組成核心的農人階級還是完全不願利用政府提供的獎勵方案，因此無法達成希望能透過機械化來提高生產量的目標。儘管如此，法國的國民生產毛額在一九五○年代時，還是以大約百分之五這個非常值得稱讚的比例在成長。

有鑑於義大利的經濟在戰後直接面臨的悲慘狀況，其日後達成的工業「奇蹟」，甚至比西德和法國的還要令人印象深刻。由於有來自義大利政府和馬歇爾計畫的資本注入，受到激勵的義大利公司馬上就有能力與其他歐洲的巨型跨國公司一較高下——奧利維堤、飛雅特、倍耐力的產品，以過去義大利貨物從未達到的程度，得到世界上許多家家戶戶的愛用。對於缺乏煤產的義大利來

說，特別具有重要性的總發電量，在一九五三年時成長爲一九三八年的兩倍。然而，該國一直以來無法脫離的南方地區，給義大利的成功留下了一些缺點。那些地區的識字率依舊無法提升，而土地所有權也繼續由少數富有家族把持。

至於歐洲大陸上的其他地方，那些在政治傳統或是工業型態的觀點上，幾乎沒有什麼共通點的國家們，也一同享有這普遍的繁榮景象。外國投資額的提升，加上政府放寬管制密度，刺激了整體生產進入更高的層次，讓西班牙的經濟在一九五○年代晚期出現引人注目的轉變。旅遊業對西班牙來說，就跟對所有歐洲國家一樣，也是一門日漸重要的業別。一九六六年一年之中，就有七百萬的遊客來到西班牙，讓它成爲僅次於義大利的旅遊景點。荷蘭、比利時、奧地利、希臘、斯堪地那維亞各國，都在一九五○年代末進入經濟繁榮期。然而，雖然每個國家都成功地大幅提升自己的國民生產毛額，但是各國在繁榮程度上還是有顯著的差異。舉例來說，瑞典的平均國民生產毛額將近是土耳其的十倍。

自始至尾，英國都是一個特殊的案例。雖然它共同參與了戰後的經濟榮景，但是它在經濟繁榮的程度上比起其他歐洲國家都要小。較早工業化所留下的遺產，讓此時的英國面臨工廠和技術都已經過時的不利情況。由於無能爲力讓出口大於進口而帶來的一系列國際收支平衡危機，同樣也困擾著英國經濟。業界的領導階級也出現一種企業經營上的膽小心態：無論是政府或是私人投資者，英國都不願意以歐洲大陸各國所爲的方式，就自己工業的未來賭上一把。以造船業爲例，因爲拒絕投資於產能創新，總造船頓數從一九四九年的一百二十萬掉到一九六五年的一百萬；然而同一段期間，日本的這個數字卻是從十萬增加到五百萬。最後，那些遍布全球的防衛承諾；不願意放下對海外殖民地或前殖民地的義務；作爲一個海島，必須倚賴大量的進口才能生存——簡言之，英國的歷史和地理，全都決定了戰後英國於世界中所處的經濟地位爲何。

西歐的復興並非由單一國家的努力即可達成。從一九四○年代晚期開始，西歐各國採取了許多步驟，將自己結合成一個身處兩大超級強權之間，有力的經濟上第三勢力。一九五一年成立的歐洲煤鋼共同體，將法國、西德、比利時、荷蘭，和盧森堡（位於低地國家與法國之間的一個小公國）的煤業與鋼業，統合在一個共同更高管理機構之下來經營。這個管理機構由各個參與國派出的專家代表組成，擁有制定價格、增加或限制產量，以及徵收行政規費的權力。由於擔心自己已經處於衰退中的煤業，還有自己與澳洲、紐西蘭，和加拿

大之間長期貿易伙伴的關係，會受到這個歐洲經濟聯盟的影響，因此英國明白表示自己不願意加入。

一九五〇年代中期，歐洲各國又採行了一些進一步的超國家經濟整合措施。舉例來說，成立歐洲原子能共同體這個核能發展領域的研究組織。這些行動的最高潮，乃是一九五七年歐洲經濟共同體（或者又名歐洲共同市場）的建立。歐洲經濟共同體聲明其所欲達成的目標，在於將發起的六個成員國，亦即將法國、西德、義大利、比利時、荷蘭、盧森堡之間，所有的貿易壁壘予以去除。除此之外，也設立了共同對外關稅、勞力與資本自由流動、建立相同工資結構和社會安全制度等這些任務，以促成所有共同體成員國皆擁有類似的工作條件。這整套志向遠大的計畫，則由位於布魯塞爾的總部來負責推動執行。

儘管有一些無法避免的難題——特別是在農業政策與價格的部分，歐洲經濟共同體取得了值得矚目的成功。到了一九六三年，共同體已經成為全世界最大的進口者。它的鋼產量僅次於美國，另外整體工業生產也比在一九五〇年時提高了超過百分之七十。即使是對歐洲經濟共同體的「歐洲官僚【4】」——一九六二年，在布魯塞爾的總部就有超過三千名——那持續不斷的干預行動有所微言的批評者，也不得不承認這種集中化的，以整個共同體為對象的規劃和決策，為歐洲大陸帶來了非凡且事先沒有人預測得到的經濟成果。除此之外，共同市場愈來愈以一個半自治政治單位的型態在運作。一九七二年，歐洲共同體的議會成立，議員由所有成員國的公民直接選出；共同體的法院也就各式各樣不同的議題擁有裁判權，無論是經濟還是社會方面。共同體對亞洲和非洲國家發展的特別協助計畫，也顯示出它是一股並未局限於經濟事務或是歐洲疆界的勢力。

藏身於西歐經濟成長渴望之後的，是一位位的男男女女增進自己生活水準和生活品質的決心。為了滿足這項目的，他們要求自己的政府提供更多社會服務。各國政府復又依賴其整體而言成長茁壯的經濟實力，來提供公民們至今為止最為完整的服務。當然，縱觀整個二十世紀，都可以看到各種公共福利制度，它們的根源可以回溯至一八八〇年代晚期，首度由俾斯麥在德國推行的老年、疾病、失能等保險制度。戰後的西歐見識到這類制度，竟然是以比起維護和平的義務還要沒有說服力的國家支持理論作為基礎來大肆擴張。將這種假設理論陳述得最為清楚明白的，莫過於法國憲法的序言：「國家必須確保個人與家庭發展所需的必要條件……保障人民之健康、物質層面的安定、休息與休閒。」由一項於一九五七年所做的調查中可知，住屋與教育的部分除外，花費

在健康、老年津貼、家庭補助與協助等方面的公共支出，總計占去西德國民收入的百分之二十點八、法國的百分之十八點九，以及英國的百分之十二點一。在瑞典，一九五七年時用於社會服務上的經費是一九三〇年時的六倍；而在義大利，則是十四倍。

　　東歐的經濟復原與發展，雖然在程度上也頗為巨大，但是還不及歐洲大陸西部各國，部分的原因在於蘇聯要求這些附庸國必須制定一些不在於滿足本國利益的經濟政策。主導經濟互助委員會——也就是東歐地區與歐洲共同市場性質相當的組織——的規定，確保了蘇俄可以用遠高於世界標準行情的價格，將貨物出口至其他會員國，而後者則被迫在這種不利情況下也要與前者進行貿易。在一九七〇年代晚期，東歐各國開始面臨嚴重的財政困難，因為它們為了提升自己的工業發展，而大量向西方國家舉債。舉例而言，一九八〇年時波蘭對西方國家的硬貨幣債務，幾乎是它年度出口總值的四倍。波蘭，或是其他國家，面對這個問題所嘗試的解決之道，是削減供應國內消費的生產量，希望以此來增加出口——一種受到人民強烈反對的政策。因此，當政府決定再做進一步的削減時，所引發的不滿其程度之激烈，成為促生波蘭一九八〇年「團結」運動的主因。儘管歐洲大陸的東西兩半，有著彼此對立的意識型態和互相懷疑的心態，經濟力量還是有能力穿越隔開兩邊的那道「鐵幕」。特別是波蘭與匈牙利，都和以法國和西德為主的西方世界發展出經濟關係。到了一九七〇年代，與蘇聯集團以外的對象所從事的商業活動，合計大概占有東歐貿易總量的百分之三十。

　　非共產陣營的政治人物裡，在為東西雙方架起交流的橋梁，以利跨越雙方鴻溝一事中成果最豐的，乃是一九七〇年代初期的西德總理威利・布蘭特。布蘭特年輕的時候，由於公開與希特勒作對，因此在一九〇三年代從德國逃亡至挪威。二戰爆發後，他也在該國加入了反納粹的抵抗運動。戰爭期間的這段經歷，為他在東歐人民的心中增添了信任感，畢竟只要不是心悅誠服接受蘇聯宰制的東歐人，他們對俄國的畏懼有多深，在歷史上就有同樣多的理由，令他們對德國的畏懼也有多深。布蘭特體會到在當時必須接受德國分裂為兩個國家的事實。依照這樣的想法，他於擔任總理期間時，推行了一套讓西德與其東部鄰居關係正常化的政策（名為東部政策）。在與蘇聯、東德、波蘭，進行了一連串複雜的外交協商之後，西德與上述幾國簽定了一些條約，這些條約分別確定了東西兩德為一個民族之下彼此獨立的兩個國家；確保了西方國家可以不受阻礙地進出柏林；並且承認波蘭對於沿奧得河與尼斯河一帶，依照第二次世界大

戰之後新設定的內容所主張的西部邊界。

　　然而，無論東歐各國在冷戰期間，對於自身的依附狀況完成了什麼樣的修正，比起那些發生在一九八〇年代末讓人不得不注目的巨大轉變，相形之下還是頗為失色。原本身為蘇聯附庸國的人民們，迫不及待地要利用戈巴契夫的改革意願，來解開自己與莫斯科之間的連結。但是，跟隨著解脫與歡慶的情緒一同而來的，是對於未來的不確定感；是任何邁向民主政治秩序的過程中，都需要去解決的各種嚴重問題；是一個不再受國家或政黨主導的經濟結構。兩德人民要求再次統一的聲音既宏亮又清楚，但是也有許多東德人擔憂當許多工作職缺不再由國家擔保時，將要面臨的失業問題；而在與這個較為貧困的鄰居合而為一之後，西德人民也可能將要面對景氣衰退的現象。更嚴肅的一個問題，則是統一之後的德國究竟會有什麼樣的國家方針。美國和其盟友皆堅持德國必須繼續為北約的一員，然而這種要求對蘇聯來說，不只是召喚出一個左右歐洲經濟的工業巨人，而且也召喚出在它背後，那個有可能再度對和平構成威脅的幽靈。正在進行自由化的東歐各國，復為低落的經濟狀況所苦，說不定唯有再出現一個新的馬歇爾計畫，才能夠讓其經濟恢復活力。同時它們也受困於許多內部衝突——這些彼此紛爭的種族或宗教團體，其狂熱的情緒在過去極權統治之下一直受到壓抑。然而，即使當下這段未來的前景只是一片混亂，依然，舊有的藩籬已經被打破，通往一個能將歐洲不同民族——不論是東歐或是西歐——做一個更緊密統合的道路也已經開啓，而且這是一次自從羅馬帝國的時日以來，就未曾那麼緊密過的統合。

帝國的頹傾與第三世界的出現

　　隨著第二次世界大戰結束而來的，是幾個歐洲殖民帝國的解體，以及因此出現的，新興獨立的亞洲與非洲國家，為世人開始以「第三世界」名之的國家社群增添了許多新成員。這個名字是為了有別於兩大超級強權，以及其他進步的工業化國家所產生的。

　　同時對第三世界，以及國際上既存權力關係，皆能造成影響的所有事件中，帶來最激烈的變化者，正是於本書第三十九章中介紹的中國革命。具有同等重要性的，則是印度次大陸上各獨立國家的創立、中東地區的革命動盪局勢（分別於第三十七章和三十八章做過討論）。英國在釋出對印度和緬甸的主權之後，又進一步被迫放棄仍屬於該帝國的大部分領域。在為期數年間，英國就讓錫蘭（斯里蘭卡）、馬來西亞、模里西斯、斐濟、新加坡、諾魯為首的地區

獲得獨立，另外還包括那些加勒比海的殖民地，例如圭亞那、千里達、托貝哥、牙買加、安地卡，以及那些英國在非洲撒哈拉沙漠以南占有的重要地段也一樣。荷蘭與法國在東南亞建立的殖民帝國，同樣也在第二次世界大戰結束後的數年內終結。

有超過兩個世紀以上的時間，以荷屬東印度群島之名爲人所知的印度尼西亞，乃是荷蘭帝王王冠上價值最爲不菲的一顆珠寶。確實，在自然資源方面，它可說是世界上最富裕的國家之一。當日本於一九四一年將其侵略範圍擴張至東南亞時，荷蘭帝國在此處的領地就是其最輝煌的戰利品。然而，雖然荷蘭在戰爭結束後花了四年的時間，嘗試收回原本在東南亞擁有的主權，只是印尼的民族主義者打從接近終戰時起，就在阿梅德・蘇卡諾【5】這位曾經擔任過建築師、魅力四射的政治人物帶領之下，開始發動要求建立獨立共和國的反抗運動。印尼人民的反彈力量之強，讓荷蘭王國不得不在一九四九年時放棄，從而承諾這塊前殖民地的獨立地位。

在這位個人風格多彩多姿，但卻也變化無常的蘇卡諾總統領導之下，印度共和國在亞洲國際政治中，採取的是一個富有侵略性的角色。然而，他的一些魯莽政策既爲國家帶來經濟上的災難，亦促生了內部的衝突。在中國的搧動，以及蘇卡諾本人或多或少的肯定之下，共產黨在印尼政局上的影響力大爲增加，印尼共產黨甚至有幾年的時間，位居世界上第三大的共產黨。一九六五年九月，由共產黨操盤的一次流產政變雖然沒有成功，後來還是引發了蘇卡諾被推翻，由軍方取得國家政權的結果。雖然印尼共產黨在這個過程中被瓦解，但卻是以長達幾個月的恐怖統治，以及奪走至少五十萬人命的腥風血雨爲代價。取代蘇卡諾擔任總統的蘇哈托將軍，一直維持著嚴密的獨裁統治。在他所謂的「指導式民主」統治之下，印尼人確實擁有一個人民眾議院，但是其中百分之六十的議員是由蘇哈托直接任命的。印尼人雖然贏得自己的獨立，但是他們卻未讓當時還是葡萄牙殖民地的帝汶島東半部，與他們一起共享這種根本權利。當東帝汶在一九七五年脫離葡萄牙的統治時，卻面臨蘇哈托大軍的入侵，而被併吞進印尼共和國之下。不過，這場慘烈的戰爭，以及因此而生的傳染病大流行，都未曾全然弭平東帝汶的抵抗力量。當蘇哈托將軍一方面殘酷無情地扼殺國內的反對聲浪，奪去成千上萬政治犯的自由時，另一方面他也提出了一套野心勃勃的工業發展計畫。印尼這個擁有一億九千萬人口，排名全世界第五大的國家，境內大約有三百種左右的種族，從而也存在著同樣多的語言；它也是世界上最貧窮的國家之一，每年國民平均所得只有五百六十美元左右。但是這個

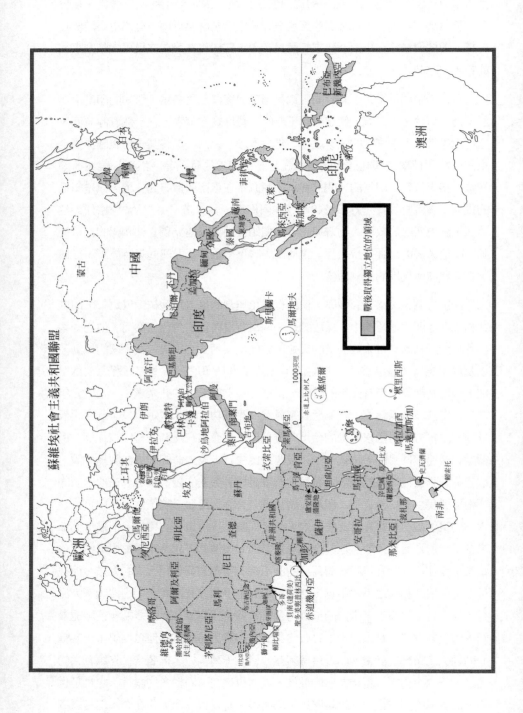

漫布林立在海上的群島共和國，憑其廣為世界各國強烈需要的出口貨物——石油、天然氣、煤、橡膠、棕櫚油、錫、咖啡，而有富足繁榮的潛能。

第二次世界大戰之後，法國幾乎是同時面臨了自己兩個最富裕的殖民地——阿爾及利亞與印度支那——所出現的反抗活動。印度支那在日本的軍事征服行動中損失慘重，而當日本於一九四五年戰敗後，法國曾經試圖要取回自己帝國在遠東的這塊領土，然而這些努力終歸失敗。在胡志明（一八九〇至一九六九年）的領導之下，越南的民族主義分子於戰後立即對法國統治群起而抗之。反抗軍採取了游擊戰的形式，而法國在承受了幾場代價頗大的挫敗之後，決定放棄繼續在此爭戰。一九五四年，法越雙方在日內瓦簽定了一項協議，先將越南劃為兩個區域，等待日後舉行的選舉來決定整個越南未來的治理形式。之後胡志明就任北越總統，定首都於河內。他所帶領的組織——後來被稱為「越共」[6]——即使是在南越，也一樣擁有非常多的成員和支持者。亦即，假如日內瓦協議中議定的選舉果真舉行的話，胡志明大有可能會當選為整個越南的總統。只不過，由美國在背後支持的南越政府，直接拒絕允許舉辦這項選舉。

從這個時刻起，美國介入這場越南內戰的程度就愈來愈深。甘迺迪總統對於中國共產黨的強大勢力未來將會席捲整個東南亞的念頭深信不疑：最初的被害者將會是越南、寮國、柬埔寨、馬來西亞、新加坡。接著將是泰國、緬甸、印度。假如甘迺迪沒有在一九六三年被刺殺身亡的話，他會投入這場與共產主義的聖戰到什麼樣的程度，已經沒有人可以確證鑿鑿地斷言了。另一方面，接下甘迺迪位置的林登・詹森（一九〇八～一九七三），則希望能夠用大概十萬名士兵，這樣一支相對小型的軍力，就足夠取得勝利並且將越共勢力趕回北越去。然而，越共不管在北越還是南越，都擁有深厚堅實的基礎；或者這群人已經投身這場艱苦的民族戰爭超過十八年以上——對於這些事實，都沒有人認真加以看待。他們在一九五四年時，曾經成功地將法國軍隊逐出越南，面對美國這個他們眼中的新入侵者，自然也不可能輕易地投降。雖然裝備較為缺乏與落後，越共和北越正規軍依舊能在幾場戰役中，與南越和由美國引領的南越盟友，戰至僵持不下的局面。在一九六八年的春節攻勢中，越共還差一點占領了南越的首都西貢。

美國軍民的決策領袖，受到這場原可在南越輕鬆獲勝，該贏卻未贏的失敗所惱，決定訴諸空襲轟炸。在沒有確切證實之下，美國方面聲稱北越船隻在東京灣攻擊美國的海軍軍艦，詹森總統於是得到國會授權，可以動用任何必要的

手段來擊退共產黨入侵的腳步。隨後不久，美國的轟炸機便對北越和越共所占領的城鎮與村莊，投下第一批轟炸彈。而當愈來愈多毀滅性的空中突擊，都未能夠成功摧毀「叛軍」後，對於美國和南越那些必須為了這次戰略負責的人來說，唯一的解決之道似乎剩下「透過將戰爭升級來掩飾當初錯誤的決策」。然而在這場苦戰進入第五個年頭，猶不見可能結束的跡象時，受到蒙蔽的感覺開始在美國全國流傳開來。對詹森總統的批評勢道之強烈，也逼使他不得不放棄尋求連任的計畫。

在詹森的繼任者理查·尼克森的任內，美國雖然將地面部隊撤出越南，卻也在一九七○年五月入侵柬埔寨，幾個月後又入侵寮國。一九七二年的四月，北越在獲得俄國與中國的巨大援助之下，發動了一連串強烈的反擊攻勢，其目標明顯是在征服南越，並且將所有的外國軍隊趕出這個國家。這波攻擊似乎比那著名的一九六八年春節攻勢還要兇猛，南越的一些軍事據點都紛紛淪陷。尼克森對此的反擊方式是在北越港口外面佈置水雷以及增加對北越工廠與道路的轟炸量，其中還包括一九七二年十二月，當雙方已經正在進行協商時，所展開的許多蠻橫攻擊。停火協議終於在一九七三年初達成，然而它也只不過是延後了這必將發生的事實：兩年後，南越終究落入越共和北越之手。

印度支那之戰結束後的發展，不論是與美國的那些計畫者，或者是與他們那些從事革命工作的對手，心中所設想的未來都差距甚遠。將外國入侵者驅逐帶來的不是和平，而是險惡無比的內部鬥爭，以及重新再燃起的大小戰事。柬埔寨的共產黨組織赤色高棉【7】於一九七六年一月，將美國所支持的軍方統治者推翻，宣布成立一個名為高棉的新國家，並且施行一段幾乎稱得上是種族屠殺政策的恐怖統治。為了決心要創造一個在程度上比中國還要更徹底平等的平均地權社會，赤色高棉那帶有偏執狂病徵的領導者波帕，下令消除所有的中產階級和知識分子，包括專業技術人員和醫生，並且強迫所有的城市居民遷移到鄉村去。狂熱的赤色高棉分子還取消了貨幣、私有財產和私人家戶的制度；此外，還直接或間接地造成大約兩百萬柬埔寨人的死亡。越南社會主義共和國的領袖們其軍力在戰爭中受過打擊，似乎因此比起高棉的狂熱分子顯得要更有彈性，並且將施政的首要目標放在重建越南的經濟。這項重建的任務異常困難，由於工業在戰爭中遭到摧毀，國民平均年收入只有一百五十美金，並且出現下降的趨勢，而也無法期待有外國願意伸出援手。

一九七○年代以來遍生於印度支那的大小衝突，雖然受到外在世界強權爭鬥的波及而加劇，但這些衝突基本上還是屬於幾個世紀以來，此地不同種族和

國族敵對情況的再現——先前它們只是爲了共同抵抗法國和美國的帝國主義入侵，而暫時被壓抑下來而已。不論是泰國或是越南，都有取得這個區域主導權的野心，分別強迫寮國和柬埔寨這些較小的國家作爲它們之間的前哨站或緩衝區。共產黨於一九七五年在寮國建立的政權，與越南維持著緊密的盟友關係。但是越南與柬埔寨之間的敵對關係一直不曾消散，而儘管自己在高棉的掌控地位並不穩固，波帕還是對越南進行軍事攻侵。即使在名義上是盟友，越南與中國的關係從來也不曾友好過。中國人對越南人的輕蔑，就跟越南人對柬埔寨人的心態沒有兩樣。而越南人的記憶中，也還留存著當初他們爲了自中國帝國獨立，那歷時長久的奮鬥過程。當北京後來終止了對越南的援助計畫之後，社會主義越南共和國被迫要向他處尋求支援。對此，美國方面斷然拒絕伸出援手，多少也讓越南唯有屈服於蘇聯的壓力，而在一九七八年三月與其簽定友好與合作條約。

　　早在越南與高棉正式開戰以前，赤色高棉即曾對越南發動攻擊，而越南軍隊也曾深入柬埔寨境內，進行懲罰性的軍事行動。在無法勸說波帕接受畫定解除武裝區的協議之後，越南方面於一九七八年十二月展開了全面性的進擊，並於隔月推翻了赤色高棉政府。這次戰爭幾乎將原本已經元氣大傷的柬埔寨完全摧毀。在柬埔寨首都金邊也淪陷後，戰事依舊在越南所扶植的政府，與許多互不隸屬的游擊組織之間持續。這些游擊隊中，有一支是由柬埔寨的流亡統治者諾洛敦‧西哈努克國王領導；另外也有一支握有強大軍事力量者，則是波帕的赤色高棉餘黨。戰爭造成了成千上萬的難民，或病或傷或餓，大批擁向泰柬邊境。試圖要避免饑荒發生的國際救援組織，則受到這幾個敵對政治當局的層層鉗制。這場戰爭也對越南原本發展遲緩的經濟狀況，施加了沉重的壓力。最終，越南對柬埔寨的攻略大計引來了中華人民共和國的攻擊。儘管他那令人無法恭維的名聲，中國方面還是認爲此時有必要支持波帕，畢竟赤色高棉是印度支那地區唯一與中國有結盟關係的政權，而且波帕的垮臺意味著針對越南的擴張野心，將又少掉一道可以制衡的關卡。中國入侵越南始於一九七九年二月十七日，前後雖然只持續了十七天而已，依然破壞了許多橋梁、公共設施、採礦事業，以及數千座的房屋，但是卻沒有帶來明顯的積極成果，以抵銷雙方所承受的巨大損失。越南繼續占領柬埔寨的大部分區域，同時也開始利用由私人性質的救援組織所招募的緊急援助物資，來進行復興柬埔寨的經濟。由於越南表示只要中國繼續協助赤色高棉，便不會將軍隊撤離柬埔寨，使得美國和其盟友也決定持續支持赤色高棉，那正當性啓人疑竇的主張——亦即由其來代表高棉出席聯合國大會。

　　在經過了十年的占領期間後，越南終於在一九八九年晚期撤軍，留下一個經濟開始復甦，並且重新由佛教主導政治的柬埔寨。在結束對法國與對美國的戰爭之後，已經支離破碎的越南經濟，則又被自己在柬埔寨軍事行動的重擔所累，此外還要面臨共產黨統治對經濟活動的嚴格管制。重大的政策轉折到了一九八六年才開始出現──部分是受到蘇聯戈巴契夫改革的刺激。這些新的政策意在透過給予私人較大範圍的主動權，以及讓外國資本享有較為自由化的條件，來加速經濟成長的步調。在其資金援助的請求遭到美國拒絕之後，越南將希望寄託在能夠吸引到歐洲和日本的資本。同一時間，柬埔寨的內戰仍未停歇，在各方反抗勢力中，依舊是由赤色高棉帶來了最嚴重的威脅，不論是對越南在金邊扶植的政府而言如此，對整體柬埔寨國族的存續亦是。

為了追求主宰全球而遭逢的詛咒和帶來的後果

　　冷戰期間，超級強權的那種主宰情勢雖然足以威脅較弱小的國家，令其害怕陷入孤立無援的窘境，但那其實更多是觀感上的，而非真實的威脅，再說這種威勢所立足的基礎也並不牢固。第二次世界大戰剛結束的時候，美國和蘇聯兩邊對全球的逐鹿，勢道雖然非常猛烈凶險，但在這段時間過去之後，便呈現出穩定的消退。多年以來，美國的謀略家一直宣稱有一個致力於征服全世界，同氣連枝，萬宗歸一的共產主義幽靈。而當中國與蘇聯的盟友關係於一九六〇年破裂，讓這樣的幽靈不可能再存在下去，這些謀略家便轉而將中國標示為東南亞動亂的搧動者，無視於越南是如何地堅決反對中國的入侵，而且還在美軍撤出越南後不久，就為此馬上與中國打上一仗。北京當局透過印尼共產黨來操作印尼政局的努力，在一九六五年讓該黨瓦解的流血暴動之後，也已經付之一炬。而即使經過五十年的占領，中華人民共和國仍然未能完全解決藏族的反抗問題。蘇聯方面，其與中東阿拉伯國家的關係分分合合，而試圖在非洲新興國家中取得立足點的努力也成效不一。最近在東歐和蘇聯內部所發生的事件，則令人驚訝地揭露出，這長久以來讓西方戒慎恐懼的對象，竟然有著這樣的固有弱點。很顯然地，共產黨的鐵腕統治並無法將蘇聯控制之下，總合起來幅員廣大的各個不同區域，融合成同一個民族國家，而一旦放寬帝國式的統一力道，蘇聯就得面臨解體的危機。同樣地，各種政策倒轉的現象也指向了美國帝國的衰退──雖然在程度上沒有蘇聯那麼戲劇化，但是在方向上是正確無疑的。在美國向君主制的伊朗灌注了幾十億美元，以讓後者成為西方在中東的堡壘之後，一九七九年那場讓伊朗改頭換面的反西方伊斯蘭革命，卻讓華府對伊朗的

影響力蕩然無存。當時美國只能眼睜睜看著自己的國民，被作風激烈的革命分子挾持而無能為力——這些人質後來被囚禁長達十四個月之久。曾經是在聯合國中一言一行最有份量的美國，如今再也不能依其意去塑造國際政壇的政策，甚至也沒辦法支配與它同一個半球的美洲國家組織了。

由列強在非洲和亞洲的殖民地轉型而成的獨立國家，其中大部分都既貧窮，又為內部的紛擾所苦，但是它們的轉型也對兩大超級強權帶來了一項挑戰。這兩個死敵為了在國際影響力上一爭高下，常常將第三世界的國家捲進各種政治與意識型態衝突之中，從而也等於是冒著點燃世界性戰火的風險，但在鬥爭結束時，卻沒有一方獲得真正的勝利。一九五〇到一九五三年之間的韓戰，在朝鮮半島上留下兩個分裂的國家，一個是位於北邊以平壤為首都，屬於蘇聯陣營的朝鮮民主人民共和國，一個是位於南邊以首爾為首都，屬於美國陣營的大韓民國。無論是南韓還是北韓，性質上都屬於警察國家，而且出於對彼此的敵意，讓雙方都維持著五十萬人左右的常備軍。決心要將南韓維繫在其聯盟體系內的美國，無視於由軍方主導的歷任南韓政府，在人權紀錄上有多麼不堪的惡行，依舊不停提供其軍事和經濟上的援助。雖然在近年來，南韓民主化的展望在由文人執政之後露出了曙光，但是民眾不滿依舊持續存在——要求兩韓統一，則是造成此一現象特別明顯的原因。然而這是個對首爾和華盛頓當局來說，都無法接受的要求。另一方面，美國在越南、寮國、柬埔寨所進行的那十五年苦戰，花費超過一千五百億美元，損失了五萬八千名美國人性命，換來的非但不是共產黨的敗退，反而是每一個由美國贊助的印度支那各國政府，除了一直維持中立的泰國之外，全數都遭到推翻。

李奧尼德·布里茲涅夫領導之下的蘇聯，似乎是為了證明它從法國和美國在越南的經驗上，完全沒有學到絲毫教訓，依舊試圖要強迫阿富汗，這個與蘇聯接壤，並且從一九七八年四月起，就由一個親蘇聯的政權在位的中東國家，要更進一步服從蘇聯的指令。面對阿富汗伊斯蘭教徒人民所發動的頑強抵抗，蘇聯在感到不堪其擾之後，在一九七九年的十二月發動強力的攻擊，並且在喀布爾拔了一個聽話的傀儡總理。當俄國的軍隊在城市中巡邏時，阿富汗的部落居民卻從他們在山區的根據地中，以游擊戰鬥將鄉村地區納入戰火範圍，開啟了一段漫長而凶惡的內戰。一直到經過了十年，在一位聯合國外交官進行了技巧卓越，又富有耐心的協商之下，加上米哈伊爾·戈巴契夫掌握大權，才使得這支數量雖然達到十萬人，卻無法平息因為入侵而造成持續反抗的俄國軍隊，終於自阿富汗撤軍。在俄軍撤離阿富汗後，喀布爾卻未如許多人預期的那

樣落入游擊隊的手中——由於各自意識型態的尖銳對立，這些游擊隊反倒開始互相征伐起來。事後證明，爲了這場沒有出現決定性結果便告結束的阿富汗戰爭，而付出可觀代價的不只是蘇聯，還包括從頭至尾都在背後支援聖戰士組織的美國與巴基斯坦。

對第三世界國家來說，受到主要強權的壓力所影響是無法避免的事實，但是對於這些干預自己內部事務的行爲，它們還是多所抵抗。而當第三世界國家們在兩大集團之間，另外選擇不結盟政策的同時，也努力試圖爲自己取得共同防衛的保障，這方面的進展雖然不多，不過聊勝於無。從一九五五年，總共集結了二十九個國家，於印尼萬隆舉行的萬隆會議肇始，前前後後增進第三世界國家團結程度的數次嘗試中，截至目前爲止最有成功希望的一個，乃是由印尼、新加坡、馬來西亞、泰國、菲律賓於一九六七年創立的東南亞國協（汶萊於一九八五年獨立後也加入成爲成員國）。東南亞國協的各會員國不論在文化、宗教，或是經濟條件上，都有著非常巨大的差異。印尼：雖然目前是最貧窮的國家，卻在面積、人口與自然資源上排名第一。恰好與其相對地，新加坡這個島國卻是個金融中心—— 一個繁榮的港口。東南亞國協的所有成員都採取反對共產主義的立場，不過它們大部分都是高壓統治的國家，而且也都經歷過社會動亂、政變，或是革命。名義上是君主政體，但實質上是長期由軍人統治的泰國，目前在位的符合民主程序、由人民選出的文人政府，已經維持住政權超過一年以上，不過泰國軍方中，那些與緬甸軍方之間互相以個人人脈關係合作從事毒品走私交易的軍事強人，依舊構成對泰國的民主政府潛在的挑戰。

政局極端不穩定的菲律賓共和國，或許稱得上是東南亞國協中最有可能出現爆炸性發展的國家。自從一八九八年的西美戰爭成爲美國領土以後，菲律賓在第二次世界大戰結束後不久取得獨立地位，以及一個由憲法規定，具有民主形式的政府，然而這個國家的經濟命脈，以及最好的農田，依然掌握在一些互相競爭的寡頭氏族手中。之後這個群島國家便陷入內戰之中，起因是伊斯蘭教徒對基督教徒的統治不滿而引發暴動。此外也有武裝的游擊隊紛擾——其中包括馬克思主義的信徒，訴求爲了進行土地重分配而戰。菲律賓內戰正式上雖然於一九五四年即告結束，但是游擊隊的軍事攻擊行動卻以各種不同的樣態延續至今。菲律賓的人民在費迪南德‧馬可仕總統，以及她那奢侈浪費的妻子伊美黛前後二十年的統治之下，過著水深火熱的生活。人口的貧窮比例從百分之二十八攀升到百分之七十；菲律賓的外債增加到超過二百五十億美元；而在幾乎讓整個國家破產的同時，馬可仕自己卻累積了逼近二百億美元的私人財富。

最後，當他企圖於某次大選中，以做票來確保自己的獨裁統治得以繼續時，馬可仕終於受到推翻。這是一次英勇的「人民革命」：軍方拒絕執行上級鎮壓的指令，總統之職也因此轉移到柯拉蓉·艾奎諾身上。柯拉蓉是一位富有群眾魅力的人物，她的丈夫正是死於馬可仕的授意。美國未曾預料到馬可仕會遭遇這次突如其來的挫敗，只好於一九八六年二月用直升機將其送往夏威夷：「為這位失敗的獨裁者提供一次私人航程的服務」。雖然馬可仕的反共立場，以及同意美國可以在菲律賓建立軍事基地，讓他一直以來都被美國視為是親密的盟友，不過華盛頓當局依舊承認他被推翻一事，實為民主政治的勝利，並且答應將會支持艾奎諾夫人。考量到艾奎諾夫人的處境——既面對著如何在不觸怒富有階級的同時，改善國內貧窮狀況的這項幾近不可能的任務，又必須在各個軍方派系再三計畫發動政變的政治環境下，來嘗試推動任何政策——只要是她找得到的幫助，她都需要。

東南亞國協所聲明的協會主旨中，包括要提升共同的經濟成長與合作，促進社會進步，以及增進文化發展。但是，一直以來成員國的集體行動，主要都只局限在共同防禦的努力上。整體而言，東南亞國協相當支持美國對此一區域的政策方針，對越南占領柬埔寨的行動大加韃伐，也拒絕了越南加入東南亞國協的申請，但是對於中共支持赤色高棉的動作卻視若無睹。東南亞地區對於過去中國侵略它們的記憶深藏於心，在其中某幾個國家的眼裡，蘇聯所構成的任何威脅其實都還及不上中國。假設越南能夠得到允許而加入東南亞國協，於是將共產主義與非共產主義國家聯繫在一起，從而能夠消弭像越南與泰國間那存在已久的對立關係，那麼這個組織當可以成為穩定印度支那局勢的一股積極力量。

那些世界最龐大的權力集團都未能成功達成它們的目的，告訴我們在這樣一個高度先進的時代，即使是科技的力量也會逐漸服從於報酬遞減法則的規律之下，它擴展的成果恰恰好擊敗了它自己。這一點從一九五〇至一九五三年的韓戰，美國政府因為害怕可能會觸發另一次世界大戰，而拒絕允許麥克阿瑟將軍入侵中國，同時也拒絕他的請求而不願動用核子武器，就清楚地展現出來。美國政府在當時的這種政策，讓許多美國人既迷惑又忿怒，因為他們早已習慣了戰爭就該是毫無保留地投入，直至一方無條件投降的概念。麥克阿瑟這位對日太平洋戰爭的英雄、當時擔任聯合國部隊指揮官的將領，杜魯門總統竟然覺得，因為麥克阿瑟反對進行一種有限戰爭的緣故而將他予以解職，並無什麼不安之處，這件事情更是讓上述這群人們感到惱怒。與此類似的是，一九六二年

的古巴飛彈危機，美國和蘇聯兩邊都被迫要捫心自問這個問題：它們願意冒多大的風險來保障自己的戰略利益？當時的甘迺迪總統和赫魯雪夫主席都認為，為了避免走向核子浩劫之路，就必然需要做出妥協——蘇聯將飛彈自古巴撤除，而美國則停止對古巴的封鎖，並且保證不會入侵古巴。

軍事聯盟的不穩定性，並且完全無法強迫盟友服從自己的意志，同樣也都顯現出強權有其極限所在。蘇聯無法在中東或非洲取得可靠的盟友，是其於一九八〇年代面臨失去對東歐附庸國之掌控的原因之一。至於美國這邊，雖然成功地撐起了北大西洋公約組織，但是它在世界其他地方組織戰略同盟的進展卻非常有限。於一九五四年協議組成的東南亞公約組織，有二十年左右的時間如同一個在東南亞的北約，是美國賴以作為其圍堵共產主義整體計畫中的一部分。然而這個八個會員國中，只有三個（泰國、巴基斯坦、菲律賓）是亞洲國家的東南亞公約組織，既沒有實質效益，也不受成員國的重視。一九六七年，法國在實質上等於是已經脫離了；巴基斯坦則在一九七二年正式退出；又過了五年，剩餘的成員國未加聲張地，在曼谷進行了一個簡短的儀式來宣布該組織解散。在不願意替冷戰加油添醋的前提之下，對東南亞國家來說，要透過一個國際組織來促進本身的共同利益，東南亞國協是一個比較合適的選擇。

共產勢力在東歐的消退，美蘇兩大強權之間緊張情勢的和緩，加上人民愈來愈高漲的對裁減軍事的需求，讓人們不禁對這些問題感到疑惑：軍事同盟是否真能繼續在維持和平或確保安全上有用武之地？當華沙公約的成員國本身都在要求俄國自其領地內撤軍時，西歐國家還有什麼理由需要北約的保護？

大多時候，要等到制度失去其用處一段時間之後，制度本身才會真正消逝；而要將根深柢固的思考習慣拔除，也不是一件容易的事。若要為這些已然過時的同盟體系找尋一個替代方案，最理想的方案似乎是有能力限制任何成員國，令其無法濫用權力的世界聯盟。但是只要看看各國在提供聯合國支援時，那勉為其難的態度，就不禁讓人懷疑世界上的主權國家們是否果真已經做好準備，要為了這類國際組織的成功運作做出必要的犧牲。新歐洲的出現以及變化中的世界秩序，產生了種種問題，而若欲有效地處理這些問題，各國的領導人物就必須目光深遠、不囿於俗，並且能夠承受住抗拒改變的既得利益階級所施加給他們的壓力。並非所有的人都認為目前東西雙方緊張情勢的緩和，就代表了冷戰的結束，或者就能保證「和平股利【8】」的真實性。米哈伊爾・戈巴契夫在俄國軍隊撤出阿富汗後，公開聲明蘇聯出兵阿富汗不僅是一次錯誤，更是不道德的行動。這樣一種有益於化解對立，並且是從國家領導人位置所做的告

解，在西方還未見有人跟進效法。「鐵幕」曾經是隔開東西兩邊的無形界線，而當其殘忍猙獰的象徵：柏林圍牆，已然受到拆解，斷垣殘片成爲紀念品而出售後，那二十英呎高、十英呎厚，由美國在一九七六至一九七九年間，沿著北緯三十八度線，在朝鮮半島樹立起來的水泥高牆，至今依舊沒有倒下的跡象。

第四十二章

世界文明面臨的問題
New Power Relationships and a Changing World Order

車諾比核能電廠的意外,對於因此死亡,或在大火中受傷,以及對於那許許多多由於暴露在幅射之下,必須背負著是否會因此在未來罹患癌症,或是產生基因上缺陷這樣的恐懼而活下去的人們來說,都是一場悲劇。然而我們必須記住:如果跟在一場核子戰爭中所可能發生的一切比較,這場意外所造成的危險將會是微不足道的。

——喬治・拉森斯、傑若米・格勞斯曼,追求宜人世界協會,一九八六年

我們是否願意在價值觀、生活型態、經濟與政治的追求目標上,甚至是在我們反覆運用的科學與科技的本質上,都來進行一場革命,好以此為代價換回這個地球?劇本已經寫好了,只是這場戲是否能在舞臺全部燒毀前上演,答案則尚未揭曉。

——查爾斯・柏曲,雪梨大學

對於這樣一本教科書來說，最後一章的編寫是一項非常困難的工作。它不只要求作者對當代的社會做出一段即時性的分析，同時也要從發生於當下的各種事件中，分辨出一些在未來的五年或十年間，都還會具有相當重要性的大事。換句話說，這是在要求作者推薦歷史的勝利者，亦即不是去判斷什麼影響了現在——雖然說這也是一件夠困難的事了，而是去判斷什麼會影響到未來。歷史學家的工作本來就是要去認知：人類的秉性特質是如何讓做預測這件事有多麼奧妙複雜，因而也就特別討厭去挑出這項運動或是那項風潮，然後宣稱它對未來而言將是意義深重。基於這樣的原因，光是針對一九七〇年代至今，社會上出現的一些潮流，或是所面臨最嚴重的問題，來做一番討論；並且讓人們的注意力可以在問題剛開始發生的時候，就可以注意到這些問題是如何植根於歷史發展過程中。只要能做到這樣，對我們而言便已心滿意足了。

核子時代的備戰與求和

一九四五年，以兩個日本城市為試驗對象，測試出駭人結果的熱核武器，讓人類社會自第二次世界大戰以來，都活在大滅絕的恐懼之下。正當這些武器展現出史無前例的毀滅力量，與此同時生產和持有它們的動作，卻又被當作是和平的保證而獲得正當化，持這種論點的人主張，核子武器足能造成的無差別毀滅效果，可以嚇阻任何想要使用它的政府，從而使得處在「核子保護傘」之下的國家獲得安全。許多人都抱持著這樣的觀念，那就是美國那龐大的核武彈藥庫——亦步亦趨地與蘇聯所擁有的數量保持抗衡——這四十多年來都沒有發生重大戰爭的原因之一。這樣的預設忽略了這個核子武器時代，已經造成了一場在比例上前所未見的軍備競賽，一開始帶頭的雖然是美國和蘇聯，不過最終幾乎全世界都投入其中。這幾個帶頭的敵對國家，沒有一個對自己的處境感到足夠安全，也就不曾停止去發展愈來愈精密的武器，於是一旦真有一場全力出擊的戰爭發生，唯一可以確定的是它所帶來的破壞會遠遠超過人類先前所能想像的。即使各國政府確實保持自制，這些攻擊性或防禦性的設備，其複雜之程度也讓意外發射的機會難以忽略，有太多次由自動警示系統，警告我方即將遭受攻擊的訊息，是在千鈞一髮之際確認出是系統誤判，才來得及阻止報復性飛彈的發射。與此同時，要阻止核子科技不會流入任何渴望得到的國家，如今證明也是不可能的事，讓核武只限於美國、蘇聯、英國、法國這個「核子俱樂部」可以擁有的美夢幻滅，日漸明顯地，即使是小國家，甚至是一些私人的恐怖分子集團，都有可能取得核子武器，用來恐嚇或是摧毀敵人。除了造成核子

毀滅日的陰影之外，那繼續穩定成長的軍火工業，在生產的過程也一邊造成大量堆積的劇毒放射性廢料。近來的研究顯現出，由於美國能源部在監督武器製造工廠的製程上怠忽職守，使得有幾百個美國社區的居民健康受到危害，而在這些毒性可以維持數千年以上的物質被持續生產出來的同時，針對這些核廢料的處理和儲存問題，迄今卻沒有任何令人信賴的計畫研擬完成。

即使說截至目前為止，人類尚能避免核子浩劫出現，然而歐洲也還保持著一種荷槍實彈的停火狀態，從第二次世界大戰結束以來的這段期間，依舊是一個幾乎未曾中斷的戰爭狀態。超級強權在小心地避免與對方直接交戰的同時，紛紛提供軍備給自己的附庸國，讓後者代替它們進行實際的戰爭；然而，隨後這些強權也發現，這些附庸國是不可能全然接受自己控制的，這些小國家仗恃著大國的核子彈藥庫不會因為它們而解開封印的預設，於是有恃無恐地激起可以延燒全世界的戰火，而真正會被這場大火吞噬的，還是這些小國家自己。即使握有足以毀滅世界之武力，超級強權也無法督導、或是有力地去約束自己的依附國。不管採取的是哪一種，只要是個合理的標準，那麼有幾場在一九四五年之後所發生的戰爭，都應該算做是重大的戰事。不管是韓戰還是越戰，都讓世人看到一種可能性：即使是非核子的、「傳統的」交戰模式，戰爭科技的力量依然足以造成一個國家的徹底毀滅。有四百萬人，其中大部分是平民，在韓戰中喪生；美國在印度支那（面積大小與德州差不多）所投下的轟炸彈總噸數，比起美國在第二次世界大戰期間投在敵對區域的轟炸彈總噸數，足足是三倍有餘；除去死傷的人數不論，越南有至少八百萬的人因為戰爭成為無家可歸的難民，越南的穀物被毀壞，農田也因而荒蕪。有為期九年的時間，橙劑——一種具有高度毒性的脫葉劑——被大量噴灑在越南的森林地區，暴露在這種藥劑之下的人即使存活下來，也可能遭受永久的基因受損病變。深受戰爭所苦，成為過去這半個世紀的特色，而將這樣的特色活生生刻畫出來的，是一份由殺人無數的交戰所堆積而成的名單，從上演在高麗、印度支那、印度、阿富汗和中東的重大戰爭，到出現於拉丁美洲，政府與反抗軍之間的「低度」武力衝突。

各國政府在締造和平、或是在防範戰爭於未然的方面上，所付出的心力和資源，比起用在相反方向者，可說是遠遠不及。根據一項值得信賴的估計數字指出：一九八七年，全世界花在國防軍事力量上的經費，是花在國際維和活動上的二千九百倍。除了由聯合國發起的裁軍芻議以外，超級強權所採行的外交行動，一直都只是在試著就加速進行的軍備競賽能否稍踩煞車來達成協議，或

者是試著維持兩大陣營的武力均勢，這些參與協商者可以接受的目標是「控制軍備」，而非裁減軍備。一九六二年，赫魯雪夫主席與甘迺迪總統簽署了一項條約，聲明將不再進行地表上的核子武器試驗，然而，地下的核子試爆則仍可繼續。一九七○年代，由理察・尼克森、傑洛德・福特總統主導的緩和政策，其所開啟的外交對談，讓美俄之間得以締結戰略武器限制談判協議（本次所指的是第一次戰武限制協議），該項協議的目的，在於限制雙方不可擁有第一擊攻擊能力，只不過在蘇聯於一九七九年入侵阿富汗之後，美國方面便拒絕批准生效以它為基礎的後續條約：第二次戰武限制協議。一九八一年就任的羅納德・雷根總統，在其競選其間公然否定戰武限制協議，隨後也極力爭取增加大幅的國防預算給精密武器之用，即使他一直宣稱自己對裁減軍備是投注了多少努力，這樣公然投入飛彈部署戰略，還有那項高科技的、要價天文數字，以太空為基礎的戰略防衛系統（它有一個廣為人知的別名，就是「星戰計畫」），使得雷根政府一開始在面對蘇聯新領導人米哈伊爾・戈巴契夫所提出來的大膽提議時，做出的回應莫衷一是。不過，一九八七年十二月，儘管對其他部分的議題依舊無法達成共識，戈巴契夫和雷根還是在華盛頓簽署了一項條約，同意自歐洲的火藥庫中——不論是位於東歐還是西歐，裁撤掉所有短程和中程核子彈頭。一九八九年繼雷根之後擔任總統的喬治・布希，讓美蘇雙方領導人之間的關係，加溫到可以稱得上是熱絡的程度，一九九○年春天，當戈巴契夫來到美國出席一場高峰會議時，受到了英雄般的歡迎，讓未來將要展開的、有關削減地面戰略型和傳統型武器，以及銷毀庫存化學武器的初步協定，看起來前景大好。然而，即使是在樂觀的條件之下，在裁減軍備方面要出現顯著的進展，還是非常困難的一件事，限制各國海軍核子裝置的外交對話，到目前為止也還不見蹤影。

工業化國家之中的政治和社會變遷

　　二十世紀的前四分之三，國際政治力量的潮流是往一定數量的強權聚合，這在第二次世界大戰以後達到頂峰，於是權力集中到了兩個互相競爭的中心手裡。這樣的趨勢一直要到一些分散在全世界各地活潑有力的經濟體——其中包括一些暫時因為先前軍事上的挫敗而被擊潰的國家——開始嶄露頭角之後，兩大超級強權的主導地位才又面臨了挑戰。為了取得至高的寶座，無論是美國還是蘇聯，不是把資源浪費在一些實際上是為了它們而戰，或者收受它們的補助才得以進行的戰爭上，就是揮霍在彼此間軍備競賽的賽場上，以至於扭曲或傷

害了自身的經濟體質。美國在一九七〇和一九八〇年代爲了擴充軍備而付出的經費，總計超過四兆美元，從雷根政府時代以來，出現史無前例的擴張，而依舊無法遏止其增加幅度的聯邦赤字，假如按照目前的步伐繼續增加下去的話，到了一九九五年時即會來到四兆五千億美元，意味著光是利息，每年就要額外增添三千三百五十億的赤字[1]。身爲本世紀[2]中全世界最大債主的美國，如今已經淪爲世界上負債最嚴重的國家之一。美國的執政者和立法者一邊把大把經費挹注在發展新型武器，或是替老舊武器「現代化」的同時，卻無視於要去處理基本社會需求的必要性，放任部分美國公民的生活品質持續惡化，其人數可能要以百萬計，包括協助貧窮家庭、保護兒童免受侵害、提高醫療照護水準，和提升教育程度等這些計畫的經費，都受到大幅的刪減：美國境內飢餓兒童的數目，在過去的十年間增加了二百萬，合計起來總數已占全國兒童總數的百分之二十；全國人口有超過七分之一處於官方貧窮門檻之下，如果對象限於年輕家庭，這個比例就會超過百分之二十；依據美國國家總審計局的估計，由於橋梁和公路的平時維護預算嚴重缺乏，以至於如果真要讓這重要至極的基礎建設回復到健全狀態，所需的資金將高達五千億美元。與此同時，由於在如何提升工業生產力之研究工作上，所投入的資本不夠充足，美國也已經讓出它在國際市場上過去占據的主導地位：如今，市場賜予美國的不是貿易順差，而是每年超過一千億的逆差；工廠所能提供的工作機會，從一九七九年以來一直持續減少，迫使許多勞工要在職位低下的「服務業」那裡尋求收入較少的工作；若就購買力的層面而言，每位美國勞工的平均收入，在過去的十年裡縮水了超過百分之十。在一九七〇年代中期時，美國在每位學齡學生可分配的教師人數上，於全世界只名列第十三名；在全體人口與醫師的比例上，是緊接在波蘭之後而名列第十七名；在嬰兒死亡率上，與東德並列第十七名；而美國人的平均壽命，則是位居第二十名。雖然美國這個目前依然是世界首位的經濟體，還不至於馬上就面臨崩毀的危險，只不過顯而易見的是，美國如果還想維持自己世界領導者的地位，或者希望能夠回復自己社會體質的健康狀態，就一定得更改國家政策的優先順序才行。

比之美國，過度的軍事花費讓蘇聯因而付出的代價，是有過之而無不及。尼基塔・赫魯雪夫曾經誇口蘇聯擴張中的經濟實力，將會超越並且把西方的經濟「埋葬」，只是儘管有著大量的勞工、廣袤的領土、豐富的資源，共產俄國在生產力上，還是無能趕上西歐各國的腳步。當時間來到一九一七年革命的五十年之後，蘇聯的國民平均收入在一項一百三十個國家的統計中排在第二十名。由於農業生產依然不足，這個國家還是免不了要從外國進口糧食。另一方

面，它也必須引入國外的資本，才有辦法實現發展西伯利亞石油和天然氣工業的計畫。除了與政體之間的適應不良之外，劇烈的集中化現象，以及腐敗、扯後腿、又不鼓勵創新的官僚體系，都讓蘇聯的經濟發展飽受桎梏。戈巴契夫於一九八○年代末期進行的改革計畫，讓由黨所主導的經濟結構老態畢露，也顯露出重塑它的任務是多麼繁重：他廣邀各界開誠討論，准許大鳴大放的開放政策，收到的回應是針對消費性商品短缺，以及交通運輸系統失能而發的，愈來愈激烈的抱怨聲浪；而當他試著要在不放棄對物價的控制，以避免通貨膨脹的前提下，往自由經濟市場靠攏時，造成的卻是蘇聯民眾的困惑與忿怒。這是件很諷刺的事：當戈巴契夫愈來愈贏得整個西方世界的讚揚，認爲他已躋身第一流的政治家之時，他在家鄉卻受到各方的圍剿，政界的激進派認爲他的改革還不夠快速，保守派則完全無法接受任何改革，而一般大眾的情況則是終於被允許可以向政治人物宣洩其不滿了。有一些他國的觀察家認爲，不只是戈巴契夫再過不久便會被推翻，而且蘇聯也會解體，先不論戈巴契夫本人的命運爲何——順帶一提，目前爲止還看不到蘇聯內部有任何一位領導者，具有像他所表現出來那樣高超的政治手腕，共產俄羅斯倒臺的可能性並不高，倒是可能會有一些非俄系的共和國獨立出來，蘇俄的經濟體質其實比外表所見的強健。過去那段由黨主導的可怕年代，聰明的人民還是想出一些規避體制的辦法，像是透過以物易物，或是私下以專業服務來交換實體貨物，創造占蘇聯國內生產毛額超過百分之十的「第二套經濟」。在戈巴契夫的主政下，儘管有著困惑和爭議，蘇聯的國民生產毛額的年成長率一直維持在百分之一點五到百分之三之間。一九八九年蘇聯的穀物生產比前一年多出了二千六百萬噸；消費性商品的生產量增加了百分之十；工業生產量則是百分之十四。依然身爲世界上第二大經濟體的蘇聯，幾乎可以確定不會崩毀，只是在重新調整組織結構的陣痛之下，加上它也需要來自外國的資本投入和貿易許可，因此在可預見的未來裡，俄羅斯已經不能對歐洲或是亞洲構成任何霸權式的威脅。

在二十世紀晚期的這段期間中，我們可以辨識出兩道政治潮流，那就是權力更加集中於國家手中，以及意識型態不再扮演那麼強烈的政策決定因子。前者的出現，某個程度上是被超級強權握有的強勢地位所觸發的；後者則是伴隨著超級強權的失勢而來。行政權得到強化，這個現象在各國政府上，不論是新還是舊的，社會主義還是資本主義，民主制還是獨裁制，都可以觀察得到。爲了在這個不安全的世界中尋求安全感，是促使這種趨勢加速進行的原因；而當第二次世界大戰結束時，希望由政府來採取行動，以處理當時社會所面臨之問題，這樣具體呈現的要求，同樣也是權力集中化趨勢的反映。在幾乎所有國

家之中，都可以看到繼任的政府，若非推出新的、就是擴張原有的社會福利計畫，以確實保障全體人民可以免受失業、疾病和年老所苦。以德國與英國在第一次世界大戰前就設下的範例為基礎，西方國家建立起愈來愈全面的國家醫療和社會安全體系；社會主義國家和第三世界國家同樣也有所動作，替那些幾個世代以來都沒有機會過著健康與安全生活的人們，減輕他們的困難和不便——在某些案例中，其改善的程度相當驚人。

擴大社會福利制度運動帶來的一項結果，便是政府方面會更加傾向於對自己的人民進行管理和控制。社會保險的計畫既是設計用來造福，因而也就會規制到任何階層的人民生活，而不僅僅是那些有所匱乏者；新的行政機關配置著新招募的行政人員大軍，在它們提供協助給民眾的同時，也就對這些來洽公的當事人施予統治，而對象範圍漸次會成長到包括全體國民。當政府的計畫變得愈來愈精密複雜，這個人數眾多而力量強大的行政技術人員階級，便開始主張做成相關決定時，只應該奠基於專業知識之上，進而排除民選代議士可以置喙的空間。在一九八○年代的批評者眼中，歐洲經濟共同體——其總部有如一個官僚體系老巢，內有數千名超國家性的公務員——相對於代議制的政府，就是一個特別肥沃的培養皿，容易滋生出強調技術官僚立場，而違背民主元素的態度。

雖然在某些面向上有其好處，然而權力往行政權集中，從而造成立法權能的降低，也是帶有風險的一件事，特別是會讓公民權利有較大的可能性遭遇限制。再加上傳統上屬於民主國家者，眼見政府有權為所欲為的領域如此擴張，卻又發現即使是再強而有力的政府也無法預防經濟危機發生，或是治癒所有社會的病態，終究導致一波除魅運動，不再對政府主持的計畫存有幻想，並且要求政府減少對私部門的干預程度。對此，一九七○年代中期，有數個歐洲國家出現了具有相當規模的反應，反對政府應該管理人民生活到如此程度的觀念。持這種立場的批評者論道：先前的社會改革付出的成本實在太高，而且並沒有真正達到它應有的目標，貧窮與不幸依舊存在，這些人於是主張，不如就承認永遠都會有貧窮和不幸，然後依照這樣的現實情況來調整社會政策的目標，在逐漸調整的過程中，也就可以向這種「大政府」告終。這樣一套觀點有時候會被轉化解釋，認為它與實際政治上的勝敗有關。瑞典的社會主義政府在執政數十年之後，被保守路線的政府所取代；瑪格莉特・柴契爾本身保守主義色彩極為濃厚的英國保守黨黨魁——在一九七九年成為該國首位女性首相，也是西方國家首位女性國家領導人，將她推上臺的政見內容，即是把一九七○年代英國

的經濟衰退歸咎於前任的政府過於擴張自己的權能。而在美國這邊，羅納德・雷根一樣也是保證會在上臺後，把許多於一九六〇和一九七〇年代早期通過的社會立法加以取消，讓他於一九八〇年當選總統。擔任總統期間，雷根繼續怪罪前任政府太樂於透過大量舉債，來支持一些關於住屋問題、教育和協助弱勢家庭的計畫，才會導致當時他所面臨的通貨膨脹、生產衰退、失業等這些經濟問題（不過，他本人倒也是很樂意把大把的鈔票花在軍備上）。

這道出現於一九七〇與一九八〇年代保守主義抬頭的浪潮，雖然影響了許多國家政策的內容與優先性，卻未曾遏止住權力繼續向行政權集中的走勢。實際上行使權力者並不總是民選的官員，甚至並不總是看得到的人。有些行政局室單位是由行政權所派任命，而不必直接向立法權負責，特別是那些負責從事間諜活動者——然而這樣的機關在外交政策的形成過程中，卻可以扮演一定的角色；至於像跨國公司這樣的非政府實體，也學習到該如何去運作，有時候甚至是去操弄政策形成過程。早在一九五〇年代晚期，德懷特・艾森豪總統在他的總統任職告別演說中，就曾經向美國警告要注意一股逐漸增長的力量，他將其名之為「國防與工業的盤根錯節」。到了一九六〇年代末和一九七〇年代初之間，他的擔憂在美國從事越戰的這段期間成真了。事後陸續問世的證據，顯示出代表民主元素的民選國會，是如何受到林登・詹森總統和其顧問們的誤導，而相信北越對美國船隻發動具有敵意的攻擊，才決定同意美國介入這場越南戰爭——只是這些所謂的被攻擊，其實是刻意被「製造」出來，好讓政府方便推動自己的侵略政策。人們對於美國政府這種權力的傲慢所生的擔憂之心，在水門案調查期間升到了頂點，迫使理察・尼克森總統於一九七四年時辭職下臺，因為調查結果指出尼克森以國家安全的名義，授權在國家內部對自己人民進行間諜活動，卻未對美國公民在憲法上所享有的權利做出適當的尊重。伴隨在這段張力十足的插曲之後，是一些左翼第三世界國家政府受到推翻的過程中，美國中央情報局暗中扮演的角色也被揭露出來。此外被公諸於世的，還有一些勢力龐大的多國公司是如何與中央情報局合作，一同透過干預手段來協助推翻智利那符合民主原則、經由民選產生的社會主義政府。雖然美國國會制定了法律，試圖藉此嚴格監督中央情報局和其他情治單位的活動，但是當雷根政府在中南美洲從事那些軍事行動時，這些單位似乎比過往都還要無拘無束。一九八〇年代期間，那些隸屬於行政部門的幹員，其所作所為違背條約、國內法、國際法的地方，情節遠遠比理察・尼克森當年還嚴重。然而，即使這些不法行為已經在國會舉辦的聽證會上被揭露，也有少數的個人被起訴，卻沒有任何追究最高行政首長責任的行動出現。強勢的總統領導形式是如何廣為人民所

接受，可以從如下的事實中一目瞭然：當雷根總統於一九八三年入侵格瑞那達，還有當布希總統於一九八九年入侵巴拿馬時，這兩次軍事行動都違背了美國已經簽署的條約規定，但是卻都得到國會議員以及大眾的廣泛認可。

　　發生於東歐和蘇聯的民眾抗爭運動會對該地政治體制的演化帶來什麼樣的影響，現在要對此做預測，時間點還是太早了些。權力的集中化，過去本是俄羅斯共產黨的信條，在約瑟夫・史達林的恐怖獨裁統治之下，程度也達到其頂峰，因此蘇聯共產黨，乃至於這個國家，於當代所出現的民主化努力，確實足以期待能爲權力的去中心化帶來顯著的影響。然而，在經過五年的艱苦嘗試之後，戈巴契夫開始相信：爲了實現自己的改革理想，他或許真的需要將政治權力鞏固在自己手中才行。於是，爲了避免在公民投票中落敗的可能風險，他已成功地說服新設立的人民代表大會選舉他爲蘇聯總統。

　　雖然彼此對立的意識型態依然各自領有一些狂熱的支持者，但是在現實後果的壓力之下，那些設計成國家政策指南的教條主義式方針已經無法再擁有主導地位。第二次世界大戰之後，整個西歐的社會主義支持者由於認知到經濟榮景在政治上有多麼廣受歡迎，他們紛紛降低使用修辭以及提出的要求中所呈現的尖銳程度，他們談論那無法避免的階級鬥爭，次數比起以往要少得多了，較而比較常談論起勞工在歐洲戰後復興中所做出的貢獻。舉例來說：德國社會民主黨在一九五九年採行的一項計畫中，聲明有必要讓經濟規劃盡可能地交由各個私人企業，而不是僅透過國家之手來形成，等於是放棄了正統馬克思主義的立場。此外，歐洲的共產主義者在法國、義大利和西班牙等國內，也會與非共產主義的改革者一同合作。

　　各國政府爲了刺激經濟成長，在過去這段期間借助了各式各樣的手段。幾乎所有的西歐國家都實驗過將特定工業和服務予以國有化，以此作爲增進效能與產能的努力方式，這樣做的結果產生了不少相關的綜合式經濟結構，同時混合了公有和私有的所有權。國民醫療保險制度在美國並不存在，這一點與其他工業化國家形成一項對比，而且對美國來說，社會主義是一個具有負面意義的用語；雖然如此，在一九三〇年代的新政引領之下，政府開始增加對工業、金融與農業方面的管制，這樣的措施由於被視爲乃是保護大眾免受剝削所必需——尤其是其中較爲弱勢者，因而能夠獲得社會的接受。一九八〇年代，美國經歷了另一次嘗試，這次的理想是要回到那施行自由放縱主義的夢想境界，就這樣，雷根政府裁撤了進行上述管制的各個聯邦行政單位。這次「對大政府的革命」帶來的結果，僅舉其中幾例來說，包括了工作地點發生的職業災害增

加；未受監督的核子武器生產工廠，製造的有毒廢物造成環境受到汙染；以及存放款機構毫無節制地進行投機性的投資行為，最後終於以美國世上最嚴重的金融醜聞告終。該次弊案對全國財政造成的傷害雖然沒辦法完全確定，但是可以肯定的是將會讓未來幾個世代的納稅人，必須付出至少三千億美元的代價。

正當東歐與俄羅斯共產政府的瓦解，提供了一些最引人注目的例子，來向世人提示意識型態的影響力已經開始消退，然而如果要據此而論，認為這代表它們也將擁護資本主義，將會是過於天真的想法。有些極端崇拜西方價值者，在為資本主義戰勝其宿敵而歡呼的同時，進一步宣稱人類歷史終於來到了自身的終點【3】──這麼一個末世錄色彩的聲明，讓人聯想到祆教的末世論，亦即在世界迎接其尾聲時，光明終將戰勝黑暗的那種構想。只是東歐各國的人民雖然否決掉在他們眼中不足以信任的政治與經濟制度，但是這並不必然代表著，要同時放棄掉這些制度原先所設計去追求的理想──這些理想只是所託非人，被制度的執行者背叛了而已。更何況，當代的資本主義國家也不是什麼值得新獲解放的社會去效法的完美典範。

每個社群之中都會有種種固有的，存在於社會上的緊張與對立關係，而過去的半個世紀以來，這些緊張與對立在歐洲和美國掀起了一些足以稱得上是革命性質的運動。無產階級與資產階級之間那種傳統意義的階級鬥爭，原本位居馬克思主義思想的中心位置，但是在經過一段時間的經濟繁榮之後，有許多工人被提升到中產階級的族群中，再加上經理人職位或是服務工作的大量出現，都使得要去區分出一個明確的資產階級群體，變成是一件不容易的事情，階級鬥爭的概念也就因此不再清晰。整體而言，工會的力量在西歐各國，還是比起在美國來得強盛，美國依舊堅信自己擁有一項傳統，那就是在其社會中沒有固定不變的勞工階級。然而，這個國家的財富分配正在愈來愈廣泛的範圍上出現不平等的情況。一九八○年代聯邦稅法的重新再造，將整體納稅負擔中比較吃重的部分，轉移到收入較低的階層去，再為財富分配的不平等趨勢推波助瀾。一九八六年，全美前五分之一富有的家庭，合計收入是全國國民所得的將近百分之四十四；相對地，有五分之二家庭的收入，合計起來也僅占全國國民所得的百分之十五點多。已有一些社會問題的批評者提出警告，認為再這樣下去，儘管有著強大的生產產能，美國還是會孕育出一個固定不變的，由失業者──同時常常也是無家可歸，身背犯罪與毒癮的都市貧民──為其代表成員的低下階級。

一九六五到一九七二年之間的這段日子，以廣泛在歐洲和美國出現的青

年抗議與騷動著稱。過去的各個世代，在他們年輕的時候當然也曾起來抗爭過，確實，叛逆永遠都被視爲是年輕的特權，一九一七年的俄羅斯革命，還有一九三〇年代的納粹運動，都算得上是適例。只不過在前述那類的例子中，領導人物都是來自比較年長的世代；而如今，領導人物卻是二十多歲的青年男女。歐洲學生抗爭風潮中最嚴重的暴動事件，於一九六八年春天發生於巴黎——就在同一年的不久之前，蘇聯鎮壓捷克斯洛伐克的抗議，而青年在其中所扮演的角色，給了這次事件一定程度的啓發。在法國，巴黎大學的學生向政府提出要求，希望獲得能讓巴黎大學現代化的改革，在過程中，學生們與當局的衝突觸發了暴動發生，隨之也造成警方的介入。社會輿論對學生運動的同情心，後來擴大成爲對戴高樂政府的反對，從而引發了由工會主導的大型罷工活動，當時間來到五月中旬時，已有一千萬名法國勞工放下自己手上的工作。然而，藉由默許工資調漲，政府自有能力安撫罷工人士，如此一來，陷於孤立的學生只好心不甘情不願地重返其學生生活。除了法國之外，歐洲其他地方的年輕人也都發起了各自的抗議活動。伊朗國王到柏林訪問的時候，引發了當地學生的暴動，而針對報紙對青年的抗爭活動做出的批評之聲，柏林學生們也以行動表示不滿。義大利的大學生們也發起了長期而連續的暴動，要求政府正視大學過於擁擠的問題。而在美國，針對越戰而發的嚴重抗議活動，一直持續到一九七〇年代初期才停止。

　　與學生抗爭活動比起來，意義更爲重大、時間也更爲持久的，是爲了少數族裔與女性而進行的努力，幾乎在全世界，這兩者都是被迫要接受差別待遇的族群。與青年抗爭一樣，女性是在一九六〇到一九七〇年代之間，開始提出自己的主張，同樣和青年反抗運動一樣的，女性運動最初的發起者，也是出身自內部的中產階級。當時間來到一九七〇年代中期，女性運動已經成功散播到世界各地，包括第三世界的國家，而且參與者也不再僅限於中產階級。女性運動中，有許多早期的主張激進行動者，在六〇年代那個青年反抗運動進行得最激烈的階段，也曾經是其中的一分子。這些人之所以懷抱較爲激進的主張，有一部分原因是源自於她們認知到，即使是在這樣一個願意容納激烈意見的政治氛圍中，女性卻還是被貶低到次等地位。女性在社會中的地位，從十九世紀以來就已經有了大幅的轉變，中產階級女性安身立命之處，是在家裡相夫教子——這樣的預設觀念到了六〇、七〇年代，已經受到來自不同角度的挑戰。尤其是社會上對女性勞動力愈漸增加的需求度，以及有更多的女性開始親身經驗到，擁有一份工作的必要性——不論背後的理由是經濟因素，或者僅是因爲家務事對愈來愈多的女性來說，都無法構成一種能夠帶來成就感的職業。當各種控制

生育手段在技術上愈加成熟，也更為社會所接受，女性需要撫育的小孩數量因此減少，她們也開始能對自己生活模式施予更多的自主掌控。

然而，當時的社會似乎極度不願接受在這些變化背後所具有的意涵：女性可以與男性平等。就算做的是類似的工作內容，女性要比男性領取較少的薪資；同樣滿足徵才要求，在條件上不輸給男性應徵對手的女性，因為性別因素而在求職時被拒絕；即使有著傑出的職場履歷，女人還是被迫要倚靠自己的丈夫才能建立信譽。一九六〇年代末和一九七〇年代出現的一些政治措施，對這些不平等的現象提供了部分的緩解：美國政府在那段期間開始施行的「肯定行動」計畫，要求企業必須雇用符合資格的女性，另外同樣也必須雇用符合資格的少數族裔成員；在英國，於一九六〇年代後期通過的同酬法，規定從事同樣工作的女性必須要受到與男性相同的工資給付；法國政府則在一九七〇年代中葉，設立了一個維護女性地位的部門。

雖然有上面這些進展，女性平權運動並未在所有層面上都得到認同。其中一個特別容易招致爭議的主題，就是女性是否擁有墮胎的權利。女性主義者主張女人必須享有計畫自己未來的自由，因而只要她們如此選擇，就應該可以不受母職的妨礙，而且除了這個理由之外，她們自己的身體當然也應該是由她們來主宰。反對這種主張的人──裡面包括了所謂生命權運動的支持者──提出的對立論點，則是墮胎會鼓勵不負責任的性行為；其中有些人甚至還主張，墮胎這種行為就等於是謀殺。不過，儘管在一九八〇年代中期，美國未能通過那項具有憲法地位的平權修正案，這方面還是有很多進步，可以歸功於這波為女性爭取平等的運動。

緊接在第二次世界大戰之後的數十年間，世界上各殖民地的民族紛紛受到解放，種族意識和種族衝突的程度也隨之水漲船高，而且不只限於亞洲與非洲，同樣的情形也出現在西方世界中。不論是已經實際面臨到新殖民主義帶來的威脅，或者只是感覺到有這種危險性，那些新近取得獨立地位的黑人國家當然對此深切加以提防，只是與此同時，這些國家卻必須在經濟層面上，對西歐和美洲具有主導地位的白人國家多所依賴，而它們對這樣的矛盾一直相當敏感，也是可以理解的事。在那些國家中，黑人和亞洲的移民是緊張與對立，從而也常常是暴力與衝突的來源。而在西方世界中──尤其是美國──土生土長的黑人人民，則同時養成兩種意識，一是認知到自己在當前社會中以及經濟上的低下地位，另一則是受到發生在世界上其他地方的獨立運動所刺激，而開始肯定自己的潛在能力，相信自己可以成為一股影響政治的力量。

　　非洲和加勒比海黑人國家的興起，也帶動了美國黑人抗爭程度的升高。從南北戰爭到一九〇〇年之間的絕大多數時候，黑人都被迫在這由白人文化主宰的國家裡扮演次等人的角色，無論是在美國北方或是南方皆同。在進入二十世紀之前，黑人的政治意識以及其運動領袖並非完全不存在：哈利耶特‧塔伯曼、索哲納‧楚斯、弗雷德瑞克‧道格拉斯、納特‧透納等等，他們都是口才過人的代言人，以及富有影響力的積極行動者。不過在二十世紀時，有大量的黑人從美國南方遷移到北方，雖然北方社會對黑人的態度與南方社會差距不大，但是比起基本上是農業為主的南方，這些工業重鎮提供了黑人比較多的就業機會，由於第一次世界大戰使得白人工人的短缺，這段期間便有成千上萬的黑人流往北方來因應這股勞力需求。

　　由於有愈來愈多的黑人意識到自己是受到壓迫的族群，並且希望能將這樣的情況導正，為了達成此的目標，全國有色人種促進會於是在一九一〇年成立，而隔年成立的美國黑人城市生活條件聯盟（日後更名為全國城市聯盟），為全國有色人種促進會推動的工作提供了不少協助。這段期間的黑人運動領袖，例如：艾達‧威爾斯—巴尼特（一九六二～一九三一）、菲利普‧藍道夫（一八八九～一九七九）、杜‧柏伊斯（一八六八～一九六三）、瑪莉‧麥克里歐德‧貝頓（一八七五～一九五五），都是具有能見度，並且或者大聲疾呼反對對黑人施予私刑、或為黑人爭取教育機會、或為黑人組織工會等等。他們的這些努力讓黑人平等運動在這段時間之內從未失去活力。

　　第二次世界大戰造成了另一波黑人擁入北方城市的潮流，強化了他們爭取尊嚴與獨立的力量。詹姆斯‧法爾默於一九四二年成立了種族平等大會，到了一九六〇年，種族平等大會已經與其他追求政治與公民權利的組織合作努力，一起嘗試去實現相同的目標。上述組織在提倡「為自由而搭乘」的活動上，便曾一同盡心盡力——這是一個爭取公民權利，並且要求南方的私人企業或是公共部門，不能對南方的黑人做出差別待遇或是刻意拒絕服務的社會運動。這一系列抗議活動的領袖，同時也是一九六〇年代美國黑人運動的真正領導者，乃是馬丁‧路德‧金恩二世（一九二九至一九六八年），金恩是一位浸信會的牧師，跟法爾默一樣，他也採取了甘地式的非暴力哲學。在無數抗議活動中，他親身參與；為了自身相信是正義的行為，他願意入獄；再加上身為一位演說家，他有能力讓不論黑人或白人都為他所傳述的思想所感動——這些都使他成為最受人敬仰，相反地，也最廣為反對者畏懼的黑人權利捍衛者。一九六八年，金恩受到暗殺，再也無法繼續自己黑人民權運動的志業。

　　金恩，還有像是種族平等大會這類的組織，想要追求的終極目標，是讓美國成為白人黑人一視同仁的國家。而有一些極富個人魅力的其他黑人領袖，希望的則是讓黑人完全自白人社會中獨立。出身於牙買加，後來定居於紐約市哈林區少數民族聚集區的馬庫斯，蓋爾維（一八八七～一九四○），即特別強調非洲祖籍對美洲黑人的意義，他主張自己的民族是「曾經居住於地球上的種族中，最偉大也最值得驕傲之一族」的後裔，在他為了黑人分離主義[4]而發起的運動中，成功地掀起了一股讓黑人自願從美洲移民至非洲的運動。另一位黑人分離主義者則是馬爾坎‧X（一九二五～一九六五），他因為丟棄自己那「白人所取」的姓，所以拿「X」來代替，馬爾坎‧X成年以後的大多數時間，都為了擔當黑人穆斯林運動的發聲者而努力，他呼籲黑人們重新投入發揚自己的文化遺產——譬如像伊斯蘭教，同時也要建立一些黑人企業，以作為讓黑人在經濟和心理認同上，有能力與白人支配的現實情境保持距離的方法。馬爾坎‧X同樣也是在向群眾演講時遭到暗殺，就像金恩一樣，時間地點則是在一九六五年的哈林區。

　　一九六○年代，在林登‧詹森（一九○八～一九七三）擔任總統期間制定的各項與公民權利相關的法律，帶給美國黑人一些在法律上滿足平等權的規範，例如：賦予黑人投票權——此外，也在一個重要性相對小得多的層面上達到法律平等，廢除各個學校設下的種族隔離政策；至於其他領域方面，由於抱持著白人種族主義思想的人，主張黑人應該對上述他們已經取得的好處感到滿足，再加上詹森這種內部革新的施政在政府單位中普遍受到抵制，以至於在像居住問題和應徵工作上，黑人依然遭受到不利和差別對待。面臨這類問題的並不只限於美國，以英國為例，大量自前殖民地移入的黑人，在工作和住屋問題上受到極端的不平等待遇，從而讓及早以及成功整合這些移民的機會受到許多威脅，因為大多數的黑人勞工都是「最後一個錄取，頭一個被裁員」，使得英國日漸升高的失業率，對他們造成的傷害相較而言更為嚴重。一九八一年夏天，倫敦和其他英國都市都發生了由不滿的黑人所引發的嚴重暴動，之後在一九八五年同樣的事情又再度重演；美國方面，邁阿密在一九八二年時再度爆發了激烈抗爭，而且當地大量擁有的拉丁美洲難民，其中主要是古巴人，令緊張的局面更為加劇。政府對這些騷動的回應方式，都是依循著一九六○年代時所建立的模式：馬上密切關心、迅速展開調查，但是除此之外，特別是在解決經濟不平等的問題上，幾乎沒有任何其他的動作。美國黑人的貧窮比例依舊是白人的三倍。

第三世界國家所面臨的問題

　　許多第三世界國家的自然資源相當豐富。中東各國、拉丁美洲的委內瑞拉和墨西哥，以及非洲的奈及利亞，所擁有的石油資源含量，使得它們的一舉一動對能源消耗國來說，都具有至關緊要的重要性；其他一些非洲國家，例如：薩伊或安哥拉，則有著非常有價值的礦藏。有一些在第二次世界大戰之後取得獨立地位的小國家，已然工業化到可以在全球市場上的競爭中，成功站穩一席之地的程度。不論是北韓還是南韓的發展情況，都證明了即使是經過戰爭的嚴重破壞，小型國家還是有可能克服那令多數第三世界國家苦惱的經濟水準低落問題。將土地重新分配予小農的政策，爲南北韓提供了堅實的農業基礎，這也正是決定中國和臺灣之所以能夠提高生產力，而印度或拉丁美洲卻不行的先決條件。擁有美國金援優勢的南韓，在一九六〇到一九八六年之間，一直維持著百分之七的平均年成長率，將其國民年平均收入從一百美金提升至二千一百八十美金。這個再也不是單純以農立國的大韓民國，如今已經在某些領域取得了幾近頂尖的位置，例如：造船（僅次於日本）、電子、鋼鐵以及汽車工業。

　　對第三世界國家來說，人口數既是一種拖累，卻也是其資產。中國的人民光是就其總數而言，就足對全球權力平衡構成無需強調的威脅；同樣，也是因爲其數量，印度的人口數影響著其國家的平穩安定，於是也影響著全亞洲的平穩安定。第三世界國家的收入水平差距甚大，從財富驚人的波斯灣產油酋長王國，到非洲半部落型態的農人村落，但占大多數的都是至爲貧窮的國家，像孟加拉這般最爲困乏者，有時候還被稱爲第四世界。在一九八〇年代的這十年間，儘管中國與印度的情況都有所改善，然而亞洲的其他地區、撒哈拉沙漠以南的非洲以及拉丁美洲，貧窮卻還是嚴重地加劇。在一份聯合國糧食與農業組織所做的報告中指出，共有十億人口，也就是全球人口的五分之一，是在絕對窮困的狀態下求生。

　　自從一九五〇年以來，富裕國家的平均國民所得實質上成長了將近三倍，與此同時，第三世界國家在這方面卻幾乎是毫無變化，持續加大富有國家與貧窮國家之間的差距，直至令雙方都將蒙受其害的程度。當意識型態已經不再，超級強權之間的敵對關係也正要平息下來，未來最爲關鍵的對立，很可能正是發生於「應有盡有」工業先進與「一無所有」的國家之間——也有人將其稱爲「北方」與「南方」之間的對立。經濟學者們皆強調縮小貧富差距的重要性，而要達成這個目標，唯一的方法就是將開放中國家的資源用在提升自身社會的

經濟水準上，但是，這些資源卻太常經由貿易，或是成為貸款方案中的條件，而被送至產出國外。對第三世界的援助，不僅從不見其在額度上有過度慷慨的時候，而且這些援助計畫的目的，主要都是以捐獻國的經濟利益為考量，或者是為了藉此強化聯盟關係以滿足進一步的戰略目標。舉例來說：美國在一九八八年對以色列的援助，總金額相當於給每位以色列國民六百三十一美元，但是同一時間美國對撒哈拉沙漠以南之非洲國家所做的援助，平均起來還不夠讓它們的每位國民得到二美元。當時間來到一九八○年代，第三世界國家的負債情況已經升高到利息的款項逾越了它們過去所受所有金融援助的本金總合，成為一個「逆向馬歇爾計畫」的喪志景象。一旦發展中國家的債務來到無法處理的程度，任何拖延或不清償的可能性都會讓債權國心驚肉跳，坐立難安——不只是因為債權國的銀行家將因此失去他們的投資利益，更是由於假如這種情況起因於債務國已經完全失去購買力，就代表將有成千上萬的債權國勞工將面臨失業。

為了趕上西方的成就，第三世界國家藉由模仿西方「發展」模式所做的種種嘗試，實際上有可能反而令其發展條件惡化，因為在這麼做的同時，將會使它們放棄幾個世紀以來賴以維持自身社會的傳統農業勞動。受到出口原物料給需要的工業國家就可以增加收入所誘，這些第三世界國家將原本的多樣性作物改為單一作物農業，並且以過快的速度耗盡自己的礦物與森林資源。悲哀的是，在許多地區，罌粟花，或是用以製作古柯鹼的古柯樹，取代了那些不再能夠於全球市場上取得夠高售價的營養作物，成為帶來出口獲利的產品。

一九四五年以來的每一場戰爭，都有一個以上的第三世界國家直接參與其中，連綿不斷地涉入軍事衝突之中，不只造成了生命與財產的嚴重損失，更促使這些國家開始窮兵黷武。由捐獻國所提供的援助中，有許多成為國家軍事單位的經費，從一九六○年代的中葉起，全世界四分之三的軍火貿易，買家都是第三或第四世界的國家，然而這其中有一些卻無能替自己的人民提供衣食住所。過去二十年間，第三世界國家的裝甲車輛總數出現四倍的成長；它們的總國防預算是一九六○年時的七倍。即使因為這種軍備競賽吃了不少苦頭，許多第三世界國家還是決定參賽，而這場競賽最終所追求的目標，乃是擁有熱核子武器與化學武器。

這些屬於第三世界國家的深層問題，正迅速成為全人類的問題。幾乎每個第三或第四世界的區塊，都是一個潛在的糾紛之地。繁榮富裕的國家在提供給發展中國家援助後，由於對這些援助的運用結果感到失望，有可能不願意繼續

伸出援手，尤其是在東歐國家爲了振興經濟而急需支援的時候。同一時間，這些富有國家的常備軍隊在感到冷戰即將結束，需要一個新敵人來立爲標靶時，也有可能將人口龐大卻欲求不滿的第三世界當成是潛在的敵人。此外，一九八七年三月，有一個由拉丁美洲各國與美國共計十五位軍事指揮官出席的會議，將他們當時所面臨的國家安全挑戰認定爲是「泛美共產主義」，而他們賴以認定的實例，則包括了工會、農民協會與要求改革的群眾運動，皆出現成長興盛的情況。這次會議的與會者，把像是福特基金會【5】、美洲法學家協會【6】、拉丁美洲基督教會聯會【7】這些組織，標示爲國際共產主義陰謀的鼓動者。另一方面，在喬治・布希總統的領導期間，美國政府開始派遣正規軍隊參與拉丁美洲政府整治毒品走私的聯合行動，由於部分拉丁美洲軍方長官與毒梟首領有事業上的往來，也由於哥倫比亞和祕魯的「毒品之戰」，在某個程度上已經成爲寡頭領導階級與農民階級之間的內戰，因此美國的干預行動，其實有可能使事態演變爲另一個尼加拉瓜或越南問題。

知識分子和文化模式

　　一九四五年之後的西方知性生活，就如同在兩次大戰之間一樣多彩多姿，其分歧之繁多，無論是何種單一的範疇，都無法將其完整包含與貫通。當許多富有創造力的思想家正在與我們這個時代的問題奮戰之時——不論是直接面對，例如提出可以處理它們的辦法；或是迂迴而行，例如先不論眼前問題是否有解決之道，而繼續追查更深層的問題——另外也有一些人則著力於實驗一些新穎，而且給人感覺不易理解的表達模式。醉心前衛之人與接受一般教育的大眾，兩者之間的鴻溝依舊深遠，而由於廣設大學之故，如今後者的人數已是史無前例的眾多。參觀博物館的人數如果眞能說是更勝以往，也是因爲人們受到來自遙遠過去的那些珍品展示所吸引——或者來自圖坦卡門法老之墓，或者來自梵蒂岡博物館的文藝復興時期收藏。觀眾或聽眾們樂於有機會可以一聆辭世已久之作曲家，例如：莫札特或威爾第的作品，經由國際讚揚的「明星」，例如：女高音瑪麗亞・卡拉斯和男高音路西安諾・帕華洛帝的口中唱出；卻將像是約翰・凱吉這類的創作者，和他那首名爲《4.33》的「無聲奏鳴曲」——由一名鋼琴家坐在鋼琴前剛好四分三十三秒整，但自始至尾不落一鍵，這類令人難解的作品，拒斥爲毫無意義。從另一面觀之，知識分子們則是批評大眾文化，尤其是電視——這只所謂「白癡的方盒子」，到了一九六五年時，已經得以登堂入室，進入六千兩百萬個美國家庭，在英國是一千三百萬，西德是一千

萬，法國和義大利則各為五百萬──之內容正變得愈來愈庸俗無趣。而將藝術和音樂以大型事業的手法來宣傳，造成數以萬計的民眾將「大熱門」的藝術展覽擠得爆滿，或者是歌劇門票可以用一張將近一百美元的票價來販售，凡此，也是知識分子們所反對的現象。

　　儘管知識分子與一般大眾之間的隔閡未曾消失，西方依舊有許多領航寫手的作品，確實反映出自一九四五年之後開始盛行，而普遍存在於所有人類境況中的兩難困境。終戰初期的小說家們，將自身關切的焦點放在戰爭與極權主義制度所帶來的恐怖，亦即茲生出一九四〇年代之衝突的源頭。美國的詹姆士·瓊斯（一九二一至一九七七年）和諾曼·梅勒（生於一九二三年【8】），分別在《亂世忠魂》和《裸者和死者》中，以堅持不做美化的寫實立場描述粗暴而殘酷的軍隊生活；德國人君特·格拉斯【9】（生於一九二七年）的第一部、或許也是最重要的一部小說：《鐵皮鼓》【10】，描寫了一九三〇年代納粹德國之下那邪惡、並且受政治意識荼毒的生活。在法國，尚·保羅·沙特（一九〇五～一九八〇），由於他本人以及國家的戰時經驗所致，藉由小說、劇本以及其他書寫作品的創作，以馬克思主義的立場，重新投身成為一位政治的積極參與者，早先他以個人之間的彼此衝突來界定所謂的地獄情境，如今則以階級不平等的概念描述之。不同於沙特，面對世界呈現予人的荒謬，以及他個人對這樣一個世界的感知，他的同胞阿爾貝·卡繆【11】（一九一三～一九六〇）無法藉此建構出一種與神無涉，而僅屬於人類自己的信念。雖然卡繆的理想化性格，足以支持他在第二次世界大戰參與對抗德國占領軍的反抗運動，而且雖然卡繆宣揚反抗行為所蘊含的正面價值，但是在諸如《墮落》、《瘟疫》以及《反抗者》這些小說中，他還是受到人類在面對自身悲慘的兩難困境時，所出現的責任問題，以及加諸於人與人之間互助精神上的限制，而感到煎熬難解、躊躇困惑。

　　馬克思主義持續吸引著歐洲的知識分子們，不論是作為改變世界的訣竅，或是作為一種說明解釋世界的方式。歷史學家、經濟學家和社會學家們多將他們的注意力放在青年馬克思的著作，而且比較不是馬克思在這個時期的經濟理論，而是他對異化及階級意識的認知。義大利人安東尼奧·格蘭西（一八九一～一九三七）和匈牙利人喬基·盧卡奇（一八八五～一九七一）都將焦點放在上述特定主題上，而其著作皆吸引到廣泛的注意。法國社會學家克勞德·李維史特勞斯【12】（生於一九〇八年），將自己視為一位處理當代問題的馬克思主義者，當他在進行社會研究時所採用的理論模型，終究還是與馬

克思那種具有觀念論色彩，而且富有價值判斷成分的體系不同，身為一位所謂結構主義學派的帶頭擁護者，李維史特勞斯將他所有研究過的原始社會元素，亦即親族關係、儀式、傳統等，置於思想結構這個觀點之下來分析——據其認為，思想結構之運作雖然並非在意識之下刻意為之，卻無論如何擁有一種客觀的真實，他主張自己的方法能夠論證出每一個社會所持有的固有內在價值；除此之外，在任何一個社會中，許多以往看來不過是些不合理或荒謬的事物，事實上亦具有其合理性。

值得注意的是，這些對馬克思的重新釋義是來自於蘇聯外部。在蘇聯之內，政府還是壓抑貨真價實的哲學辯論，雖然自史達林時期之後，就沒有發生過猶如一九三〇年代時，那些令人毛骨悚然的清算動作。蘇聯的思想家們只能一邊向馬克思主義過往的成就獻上殷勤，一邊小心不讓內心最深處的思考心得流洩出去。隨著一九八〇年代開放政策的到來，他們也開始譴責曾經遭受的壓迫，並且投身參與政治變革的過程。

在一九六〇年代中期，驅使西歐及美國的男男女女付諸實際行動的那些特定議題，也同樣迫使作家們在其中採取自己所支持的立場。君特·格拉斯以他那本於一九七〇年出版的《地方麻木》為例，只是許多在著作中描寫學生的抗爭運動和政治參與的作家之一。女性作家描繪的主題不僅限於人類境況中那普遍存在的孤寂，更包括受困於一個不是為其打造的世界，女性因而所承受的苦難。法國女士西蒙·波娃（一九〇八～一九八六）在那部針對女性境況所做的原初性研究《第二性》中，指責中產階級的男性不只使勞工階級，更使得中產階級自身的女性淪為達成他們存在目的的客體。美國作家，例如：潔梅·葛瑞兒、提莉·歐森和哲學家瑪莉·達里，則在界定婦女運動的政治主張和文化上提供助力。

由國家權力增長所引發之問題反映而出的，關於人類個體之異化與無助感，是一九六〇和一九七〇年代的作家們愈來愈頻繁處理的主題。俄羅斯人鮑里斯·巴斯特納克（一八九〇～一九六〇）在其小說《齊瓦哥醫生》中，指控蘇聯欲將其公民全部塑造成同一個樣子的工程；他的同胞亞力山大·索忍尼辛（生於一九一八年【13】），批評蘇聯在迅速邁向世界強權的過程中所利用的殘忍手段，他在一九七三年出版的《古拉格群島》，是一部將那些由於有意阻礙蘇聯之「進步」，而被判終身於西伯利亞勞改的人們之命運，用小說筆法加以描述的作品。雖然巴斯特納克於一九五八年，而索忍尼辛於一九七〇年，先後獲頒諾貝爾文學獎，他們的作品仍然為蘇維埃政府所非難，索忍尼辛更遭到

冷戰時期的歐洲

- 北大西洋公約組織（北約）會員國
- 華沙公約會員國
- 不結盟國家
- 其他共產主義國家

雷克雅維克 ★　冰島

大西洋

伊朗　裡海　巴庫

伊拉克

敘利亞

黎巴嫩　貝魯特

尼古西亞　賽普勒斯

克里特

土耳其

黑海

希臘　雅典　愛琴海

保加利亞

羅馬尼亞

匈牙利

奧地利

南斯拉夫

阿爾巴尼亞

義大利　羅馬

地中海　馬爾他　西西里

薩丁尼亞

科西嘉

阿爾及利亞

突尼西亞

摩洛哥

西班牙

葡萄牙　里斯本

巴利亞利群島

法國

瑞士

西德

比利時　荷蘭　盧森堡

東德　柏林

波蘭

捷克斯洛伐克

丹麥

挪威　奧斯陸

瑞典

芬蘭　赫爾辛基

波羅的海

北海

蘇格蘭

北愛爾蘭

愛爾蘭

威爾斯　英格蘭　倫敦

大不列顛暨北愛爾蘭聯合王國

蘇維埃社會主義共和國聯盟

俄羅斯社會主義聯邦蘇維埃共和國

愛沙尼亞社會主義蘇維埃共和國

拉脫維亞社會主義蘇維埃共和國

立陶宛社會主義蘇維埃共和國

白俄羅斯社會主義蘇維埃共和國

烏克蘭社會主義蘇維埃共和國

喬治亞社會主義蘇維埃共和國

亞美尼亞社會主義蘇維埃共和國

亞塞拜然社會主義蘇維埃共和國

流放。此外，美國人【14】赫伯特・馬庫塞（一八九八～一九七九）則指責，如同在共產主義之下一般，威權體制已成爲生活在資本主義下的現實情境，他主張工業資本主義已經造成一個「單面向的」社會，在其中，個別公民的利益已經無情地屈服於那些——身爲這個世界眞正的治理者——有力企業的利益。

某些作家雖然同意這些當代文明的控訴，但是他們卻認爲人類境況已經過於無望，因此無意發出直接的抨擊，他們用逃入荒誕與幻想來表達他們的絕望。在用法文寫作的愛爾蘭人塞繆爾・貝克特【15】（一九〇六～一九八六）和英格蘭人哈洛德・品特（生於一九三〇年【16】）的劇作中，戲裡頭只有「nothing happens」【17】，角色的臺詞，其特色乃是已成爲我們當代標誌的庸俗，這些話語在由人們口中說出時，將成爲無意義的句子，但是它們本身無論如何有其自身的邏輯在，然而，這些話語依舊未曾解釋或說明任何事情。其他的作家或許是較無意願嘗試以虛無本身作爲其表達內容，於是投入妄想、科幻和奇幻的領域。美國人威廉・布洛夫斯和克爾特・馮內果的小說帶給讀者的幻想舞臺，乃從個人內心世界一直到外太空。值得特別指出的是，在六〇和七〇年代的年輕人之間，最受到普遍歡迎的作品之一《魔戒》，其實是英國人托爾金於第二次世界大戰之前就已經寫成，在名爲「中土」的幻想世界所上演的虛構冒險故事。

第二次世界大戰結束後的數十年間，電影製作人或導演們不時完成反映社會議題，或富有社會關懷的電影，而且其深度和藝術方面的完整性，都是過去鮮少有人嘗試或者達到的。瑞典人英格馬・柏格曼、法國人尚盧・高達和法蘭西斯・楚浮、義大利人米開朗基羅・安東尼奧尼——以上只是堪稱最有天分之導演中的幾位，在他們的電影中所處理的主題，與同時期文學作品的特徵如出一轍：孤寂、戰爭、壓迫以及腐化。有助於達成這般藝術成就的其中一個重要因素，是擔任審查者的一方——不論是國家，或是出資的業界，普遍願意透過給予製片或導演絕大的自由，去處理諸如種族、暴力、性之類的主題，來反映出大眾的品味。雖然這樣的放鬆限制毫無疑問也會導致商業濫用，這樣的趨勢依然替一些異常強而有力的電影語言清出了道路，例如：美國人亞瑟・潘的《我倆沒有明天》、義大利人貝納多・貝托魯奇的《巴黎最後探戈》，這些因爲藉由對暴力與性做出直截了當的描繪，才使其關於人性的驚人宣言成爲可能的電影。另外也有幾部力道強烈的美國電影，主題是在描寫越戰中冷血無情的殘忍行爲。當電影一方面終於達到了過去一直欠缺的普遍成熟度時，一方面也從未丟棄它身爲一項娛樂的角色，舉例來說，在廣受世界各國民眾喜愛的英國

搖滾樂團「披頭四」，就被與幾部成就同樣偉大的電影相提並論——都令人著迷，都具有通俗的遁世風格，但是無論如何也都大聲表達出：青年掙脫衝破自己父執輩那些拘束局限的僵化和傳統。

不同於作家或是導演製片，戰後大多數的藝術家並未將自己的作品當作是表達意識型態信仰，或是關懷人類處境的媒介。他們跟隨著由印象主義者和古巴主義者所建立的風潮，既不以世界爲主題，也不以世界爲對象，他們只和彼此，也就是少數圈內能夠理解他們藝術語言的同道中人溝通往來。戰後藝術流派中，最首要的莫過於抽象表現主義，其最重要的代表人物則是美國畫家傑克森・波拉克（一九一二～一九五六）、威廉・德庫寧（生於一九〇四年【18】）以及法蘭茲・克萊恩（一九一〇～一九六二）。他們的興趣在於對色彩、材質、表面之間的關係，進行更深入的創新實驗，一直到將傳統意義上的「意涵」或「訊息」完全排除爲止。賈斯伯・約翰那幅美國國旗的畫作，要求觀賞者不要將它當成是「一幅」畫——也就是說，不要當成是某個需要去加以詮釋解讀的東西，而是將它當成是「畫」這件事：顏料以某個方式塗抹在畫布上。羅伯特・羅森伯格則出於對抽象表現主義者的反動，展出一副空白畫框，強調他這樣做是在向藝術追問「媒介選擇」這個終極問題。這些畫家們反對如下的觀點：他們的作品在某個意義上，是在表達他們面對這個空洞的文明所產生的噁心反感。美國畫家法蘭克・史戴拉如此聲稱：「我的畫作所立基的基礎是：看得到的才存在」，而他的著名作品是在形狀不規則的畫布上畫上條紋。「普普」藝術這個以日常生活中的任何物件，諸如湯汁罐頭或是連環漫畫的主角爲其主題，而自六〇年代末開始風行的現象，依照其身體力行者的看法，也同樣不是出自欲對工業化主義的庸俗有所抗議，而主要是想對抽象性進行另類的實驗。

即使是像馬克・羅斯科（一九〇三～一九七〇）那種用或者明亮、或者昏暗的各色矩形交織而成，雖然曲高和寡，但依然具有非凡吸引力的抽象作品，據這位藝術家本人的親身說法，也是「除了內容之外，並無意呈現任何其他事物；裡頭沒有關聯性，只有感覺」。只有到了一九七〇年代所謂的超寫實主義者——例如：美國人杜安・韓森【19】，其千篇一律的主題就是以塑膠不停再製出意志消沉的人物，細節講究直至最後一根睫毛——在他們的出現之下，我們或許才能夠說至少有些藝術家，其所做出的聲明不只是與藝術技巧有關，而是與他們所感知到的人生的虛幻爲何有關。然而，大多數的藝術家依舊對異化、疏離、痛楚、絕望，這些第二次世界大戰結束後四十年以來，構成西方人

生命之一部分的元素，並無意直接在作品中加以評論，而對於西方社會在同樣一段，假如最終是讓人失望，但畢竟是令人興奮激昂的時代中，那整體而言是正面、有生產力的本質，他們也依然興趣缺缺。

生態與汙染的問題

對於一九八〇年代的人類境況，抱持著悲觀看法的人，其結論並非單純導出自當前可見的問題，而是同樣源自於對所謂的未來，對屬於地球上人類的未來，對屬於地球自身的未來，還有對這被稱作是地球生態的未來，所衍生出的擔憂恐懼。「生態」這個字通常被用來指稱人類和其所屬的環境，但是它的意義其實遠較此為廣。在生態學家的想法中，人類是與一個廣大的生命鎖鏈息息相關，後者乃是從哺乳動物，延伸至兩棲動物、無脊椎動物，一直到最簡單的微生物，不論是植物或是動物；在一般人的用法裡，生態一詞或許與汙染問題同義。同樣地，這也是一種過度簡化的現象，環境汙染的原因與防治固然構成生態研究的重要組成部分，但是它們並非其主題的全貌，同等重要的課題乃是如何以能夠替在我們之後才來到這個世界的人們，護衛住肥沃土壤、清潔空氣、乾淨水源以及森林等這些遺產的方式，來使用我們目前的環境。

對生態帶來危害者，不僅限於增加空氣中的有毒物質含量，或是向海洋、河川、湖泊傾倒廢棄物所構成的汙染，而是包括使它們供人類生存之用的價值，出現減損的任何不當行為。舉例而言，過度興建水壩會造成河道淤積，以及使得硝基化合物以周圍土壤無法吸收的速率堆積；殺蟲劑的使用，尤其是那些含有DDT成分者，可能會導致自然平衡破壞。馬來西亞距今不遠的歷史就有一個例子，可以為此類事件的發生提供佐證：馬來西亞政府藉著在偏遠地區噴灑DDT，希望能夠消滅帶有瘧疾病原的蚊子。DTT雖然殺死了蚊子，但是也使得叢生的蟑螂帶有毒性，這些帶有毒性的蟑螂之後又進村莊裡貓的肚子，這些貓便因為DTT中毒而死。最終的結果是，原本被牠們的天敵：貓，所抑制不致出現爆炸性成長的鼠群，瞬間以倍數增加，這些老鼠對自然平衡造成的破壞是如此嚴重，以至於還要從其他地區空運貓隻過來作為生力軍。至於其他對自然平衡造成的侵擾，其嚴重性甚至有過之而無不及：埃及的亞斯文高壩在增加該國水源供給這一點上無疑有其價值，但是與此同時，它也阻絕了可以滋養海藻的營養物質流入地中海，對許多國家的漁業帶來了負面的影響。工業在現代所出現的快速發展，從生態的觀點來看，幾乎是場無法疏解的災難。幾千年以來，人類這個種族所產出的廢棄物質，對環境來說尚屬可以輕易消化的；但是

由現代科技帶來的各種各樣廢棄物，它們在過往都未曾有過如此龐大的份量。其中包括像一氧化碳、二氧化碳、二氧化硫以及二氧化氮，散布在大氣中形成具有毒性的氣體，除了大量無法為生物所分解的合成產品之外，大自然中還泛濫著殺毒劑含有的毒素，核子反應爐和武器工廠製造的廢棄物，以及核子試爆產生的落塵。有大約一億五千萬美國人居住於都市中，呼吸著有害自己健康的空氣。在這些問題的性質與嚴重性日趨明顯之後，政府才在壓力之下，採取預防與補救措施。在一九八二年末，美國政府事實上是被迫買下整個密西里州的時代沙灘鎮，以便在這個噴灑殺蟲劑（因而對其居民的健康造成永久性的傷害）的地方，進行消除毒性的工作。一九八六年，蘇聯境內基輔附近的車諾比核能電廠發生爆炸，其具高度危險性的放射性落塵，不只對事故地點附近造成傷害，更由於盛行風的關係，一路被送到整個歐洲大陸，受到影響的國家皆有所抗議；而它們的公民則對政府施加更多的壓力，希望能刪減興建這些致命的、因為工業和軍事需求而生的副加產品。

　　生態問題的起因不單純只是來自於棄置有害，並且無法為生物分解的產品，它同樣也源自於對我們最有價值的天然資源：土地，所做的浪費行為。世界性的長河中，有許多段落的河水都呈現濁黃，因為裡頭充滿著由兩旁土地沖刷進來的泥土，土地上的表土正以每年二百四十億噸的速度流失，主因便是土壤侵蝕。不只是過度砍伐，因為公共事業和其他需要燃燒煙煤的工廠，所吐進空氣中那幾百萬噸的二氧化硫而造成的「酸雨」，也同樣使得森林不停在消失。

　　近年來受到愈來愈大關注的，則是由於廢氣將熱量流動限制於大氣層中，而造成地球氣候逐漸暖化的預測，此即所謂的溫室效應，最終有可能使得兩極的冰帽因而融化。一九九○年五月，有一個由三十九國共同參與的小組討論會議，會中達成的結論認為：假如暖化趨勢再不受到控制，海平面將會升高到淹沒孟加拉、荷蘭，以及許多其他的島嶼和沿河地區。這項緩慢但是足可察覺到的氣候變遷，與二氧化碳氣體的累積有直接的關聯性，由於燃燒石化燃料，再加上一年有超過四千萬英畝的熱帶雨林遭到破壞之故，每年有大約五十六億噸的二氧化碳釋入大氣層中。另一個類似的生態汙染，則是噴霧劑和冷凍庫必須用到的氟氯碳化物，因為其化學反應而造成的臭氧層消失問題，臭氧層的破壞會讓生物暴露在陽光的紫外線——這種具有傷害性的放射線之下。

　　雖然有充足的論述與證據指出，生態環境惡化的速率已經來到緊急的程度，但是，只要政府在人民的支持以及企業的合作之下，願意採取一些行動

——而且，這些行動並非每一種都必須付出重大的代價，還是有可能逆轉這個惡化的過程，政府、人民與企業的意願已經是環保主義者們認為最根本的關鍵。二氧化碳的排放量，光是透過各式各樣節約能源的做法，就可以減少幾乎一半。大眾運輸系統能夠降低對私人汽車的需求，而且它們都可以用不會造成汙染的燃料作為動力；完全隔熱的房屋和熱水器，以及將白熱燈泡換成螢光燈泡，就可以降低至少三分之一的用電量；陽光、風力和潮汐，都是巨大而且不會造成汙染的能源來源，它們幾乎都還沒有受到開發；近年來許多在報導出現的發明中，有不使用氟氯碳化物的冷氣和冰箱，以及可以在冬天收集太陽能，然後在夏天折射陽光的「超級窗戶」。為了要與時間賽跑，有幾個國家的政府已經發起一些意在協助拯救環境的大膽計畫。挪威和荷蘭在限制汽車和工業生產的廢氣排放上拔得頭籌，英國與德國正在考慮採取類似的行動，澳洲這個在過去兩個世紀以來，已有十八種哺乳類以及上百種花卉面臨絕種危機的地方，其政府也建議要從一九九〇年起的十年間，種植十億棵樹木。

　　生態問題與遍布全世界的人口爆炸現象，兩者之間具有緊密的關聯，確實，假如近年來人口未曾出現這樣驚人的成長，生態問題的存在大有可能不被察覺。舉例來說，南北戰爭前夕的紐約市總共擁有七十萬的人口，而且當時該市的面積並沒有比現在小太多，然而，如今紐約市轄下五個區的居民總數加起來，已經超過當時的十倍。這種例子在其他許多人口過度集中的區域都可以見到，不只限於美國，而且在亞洲特別嚴重。相較於一九六一年的三百萬，加爾各答現在的人口數是一千〇五十萬；東京在稍多於二十年的期間內，就從九百萬人成長到超過一千四百萬人。西元開始的時候，地球上的總人口數大約是二億五千萬，之後花了超過十六個世紀，才成長到這個數字的兩倍，一直到一八六〇年之前，世界人口都未曾逼近十億過，從這個時間點開始，人口增加的速度便大為提高，於一九六〇年左右新增的第六個五億[20]，費時不過十年多一點，到了一九九〇年，全球人口已經超過五十億。

　　究竟是什麼原因造就了這場人口革命，打破了長期以來，將人口維持在靜止或是緩慢成長狀態，那種出生數與死亡數之間存在的古老平衡呢？根本上而論，所發生的一切就是二十世紀的死亡率，配上中世紀的出生率。嬰兒死亡率出現顯著的下降，除了第三世界，第三世界每年還是有四萬名嬰兒因為營養不良，以及傳染性疾病而死亡；死於生產的母親人數，也有所減少；大型瘟疫，例如：霍亂、斑疹傷寒以及結核病，比起它們在早先的世紀，所能造成的死亡人數少了很多；戰爭和饑荒雖然依舊造成數以百萬計的被害者，但是數量還不

足以抵銷不受控制的出生率。雖然在諸如印度、中國和日本等這些國家，避孕行爲一直爲政府所支持，但是一直要到最近的十年間，這些政策才出現明顯的成效。對某些國家來說，貧窮、宗教信仰以及無知，都是造成避孕措施難以普及的因素。第三世界的領袖們也指責西方強權試圖促使他們限制人口成長的動作——不論是藉由避孕工具，或是結紮手術，乃是一種不怎麼高明的種族滅絕手法。

人口革命帶來的影響，在中美、南美、非洲和亞洲那些未開發國家中最爲顯著。相較於全世界的總人口，如果以目前【21】的成長速率來看，會在三十五年之內成爲現在的兩倍，中美洲和南美洲的人口若要倍增則只需要二十五年。巴西是其中最突出的例子，一九〇〇年，其人口估計爲一千七百萬，到了一九七五年，總數已成長至九千八百萬，而到了一九八六年，則是一億四千三百萬——不到一百年的時間，增加到超過原來八倍。亞洲（不包括蘇聯）的人口從一九〇〇年的八億一千三百萬，成長爲一九八六年的逼近二十九億——將近是全世界人口的百分之六十。最貧窮的國家，同時也是人口最過盛的國家，這個現象對世界未來的安定而言，並不是一個好預兆。

科學與科技的成就與限制

似乎是自相矛盾的，爲了尋求上述許多這類問題的解決之道，男男女女們，至少在許多案例中，反而求助於當初如果沒有他們，這些問題也不會出現的那些施爲者們：也就是科學與科技的從事者。發明了內燃機以及DDT化合物，並使其臻於完美的，乃是科學家及技術人員；而今，其他的科學家和技術人員則試圖找出辦法，來對抗它們帶來的有害影響。若無科學研究，便無醫藥發展，而世界性的人口成長便是在後者的助力之下發生。當然，不會有人主張這些研究不應該出現，或者也不會有人主張，持續不斷地與疾病對抗，對人類來說是最值得投入的志業；然而，大多數人都會同意，當科學爲了延長個人生命而奮戰的同時，必須盡快發展出安全並簡單的方法去控制出生率。

過去半世紀以來，科學在健康領域取得的成就確實引人注目。兩大極具重要性的發現，使科學家們更清楚地了解，人體感染疾病和疾病透過人體傳播的種種方式。首先是病毒的發現，它是一九三〇年代，主要由美國生物化學家溫德爾‧史坦利做成的實驗成果，病毒是一種唯有透過顯微鏡才觀察得到，而且只有當其存在於活體細胞內時，才會展現出生命跡象——包括生殖能力——的有機體，它們是許多人類疾病的病因，包括痲疹、脊髓灰質炎（小兒痲痺症）

以及狂犬病。在病毒的性質被了解之前，科學家都無法開始針對由其所導致的
人類疾病，發展出治療和預防的方法。另一項最重要的發現，則是由英國人
克里克和美國人詹姆斯·華生在一九五三年，進一步解開由格瑞格·孟德爾於
十九世紀末所探索的基因遺傳之謎，而讓我們對人類生命有了更多的了解，克
里克和華生成功地分析出去氧核糖核酸——或者簡稱DNA，一種存在於基因
細胞核內的化學分子結構，他們發現DNA是由四種類型不同的更小分子，以
螺旋鏈的方式連結在一起，在每一細胞中，這些分子排列方式都形成一個獨特
的化學訊息，定義了基因的特質，也界定了各種以DNA作為構成成分的人體
組織因此將會如何分化。透過分析DNA所得到的知識，使科學家及醫師了解
遺傳性疾病的原因，並可藉由改變病人身體的化學性質來預防。儘管此一新近
研究帶來極大的好處，科學家們以及其他領域的人士也警告對於DNA作用機
制的知識，也有可能導致對遺傳過程施加具有危險性的操弄，例如：企圖以人
為方式孕育出一種更「完美」的人類。

在對某種疾病的成因有了更完整的理解之後，以其作為基礎的實驗，便促
成了治療該疾病之新藥品的發現。一九三五年，德國人格哈特·多馬克發現了
首支磺胺基的藥物，他將其稱為磺胺，很快地，其他的磺胺類藥物也一一出
現，每一項都對治療或檢查某些疾病有著極佳的功效，例如：急性關節風濕
症、淋病、猩紅熱和腦膜炎。另外，大約一九三〇年時，英國人亞歷山大·弗
萊明爵士發現首支抗生素：盤尼西林，抗生素是一種由具有生命的有機體所製
造，能夠抑制和殺死細菌的化學藥劑，它們有許多是從黴菌、真菌、藻類和生
存在土壤中的簡單有機體而來。盤尼西林最終被確認可以對肺炎、梅毒、腹膜
炎、破傷風，以及許多至今仍然奪走人命的疾病，產生驚人的療效，科學家利
用由分析DNA而得來的知識，去強化用來培養盤尼西林的菌體。而在一九四
〇年代，美國人塞爾曼·瓦克斯曼博士發現了第二知名的抗生素：鏈黴素，世
人對於鏈黴素的注意力，似乎都集中到它對肺結核有極好的療效這點上面，雖
然它也被用來治療無法由盤尼西林攻克的其他傳染病。

建立預防疾病的新方法，和發現治療疾病的新藥物，具有同樣的重要性。
一七九六年，愛德華·金納爵士發展出第一隻成功的疫苗，並用它來預防天
花。但是，一直要到一九五〇年代，可以防禦如腮腺炎、痲疹、霍亂這類疾病
的疫苗，才被開發出來。美國人約那斯·沙克博士在一九五三年時發明對抗小
兒麻痺症的預防接種，乃是令人興奮的重大突破之一。依舊還有待發現的有效
藥劑，則是為了成功治療世界上最致命的兩大疾病：心臟病和癌症，以及晚近

才出現，但可能是更加危險的世界性疫疾：後天免疫不全症候群（愛滋病），愛滋病毒會攻擊個體的免疫系統，使個體將受任何致命疾病或傳染病所害，不像心臟病或癌症，迄今尚未有愛滋病患者被治癒過。

今日，很少人會反對繼續支持科學家們為了根除疾病而奮戰；然而，將大把的人民血汗錢，用在以支持外太空探索為目的的計畫上，卻是政府愈來愈難以正當做的事情。從一開始，在多大的程度上這些「實驗」可以說成是科學與科技的研究工作，也就有多大的程度可以說成是一場美蘇之間的國際競賽。一九五七年十月四日，蘇聯政府以時速大約一萬八千英哩的速度，發射出第一枚人造衛星到太空中，雖然它重達將近二百英磅，仍被推進至超過五百英哩的高度，這項屬於俄羅斯的成就，還給英文帶來了一個新字彙：Sputnik，亦即俄文中的衛星或旅伴。一九六一年四月，俄羅斯又成功將第一個人送上繞行地球的軌道。與此同時，美國的科學家和軍事專家們正努力趕上蘇聯的成就。在一些動物、無人駕駛太空艙，以及未進入軌道的真人駕駛太空艙航行等等實驗相繼多次成功之後，他們於一九六二年二月二十日發射了第一艘屬於美國的、由人駕駛的太空船進入繞行地球的軌道。美國在太空方面的成果，於一九六九年七月達到最高潮——太空人尼爾‧阿姆斯壯離開登月小艇，成為首位踏上月球表面的人類。上述這些，以及隨之而來的一些太空航行，都被頌揚為具有極度重要性的事件。他們的確提供了一個人類對於外太空的知識，又得以廣展延伸的前景，而且無疑地為月球、或其他遙遠行星的探索鋪好道路。但是，到了一九七○年代中期，美國和蘇聯都果斷地縮減了太空計畫，以回應來自其他領域的經濟訴求。太空梭和太空實驗室，以及一些持續不斷的小規模實驗，讓美國的太空計畫得以存活下來，儘管一九八六年時的一場意外，奪走了一架美國太空梭中所有機組成員的生命。但是，有鑑於必須花上多麼龐大的經費才能維持相關機具的正常運轉，它們的價值已經面臨了一些質疑。

無疑地，最大而且最令人困擾的問題，是出現在核子科學領域，例如：它們的能力、它們的限制，以及相關科學與科際的具體應用。一九五二年十一月，美國原子能委員會對氫彈所做的首批測試結果，甚至比起第二次世界大戰終期，在日本投下之原子彈所帶來的後果，還要更加令人憂心，這次試驗是在南太平洋恩尼維托克環狀珊瑚礁島舉行，整個島嶼在數小時的刺眼燃燒後消失無蹤。氫彈，或稱H炸彈，理論基礎在於氫原子的融合——一個需要藉由鈾原子分裂所產生的極度高溫，來開啟反應程序，融合的結果會創造出一個新成分：氦，但是事實上氦比融合出它的氫原子總重量還輕，而那些「被釋放」

的能量，便是H炸彈驚人爆炸能量的來源。氫彈的力量以「百萬噸【22】」爲單位，亦即一百萬噸的黃色炸藥，如此換算，五百萬噸H炸彈，等於兩百五十倍投在廣島和長崎A炸彈【23】的威力。

很明顯地，科學家們在其政府的要求之下，釋放出一只破壞程度足以毀滅世界的武器。到了一九七〇年代，不只美國，蘇聯、中國、英國、法國、印度、伊朗和其他國家，若不是也持有原子武器，就是處於開發階段。再一次，而且也不需要再有其他次，科學又證明了自己從不「純粹」，也就是說：不可能不具有實用與政治意涵。科學發明的應用，對於世界上每個角落的人類來說，都已經是一項令人困擾的生命重擔。

各國政府亦實驗著將核能駕馭在完成和平目的的計畫，在發展核能成爲家用或工業用燃料的替代資源方面，已經有一些進步出現。但是，作爲這些計畫的副產品，也就是放射線具有的各種危險，可能將使得這些發展的價值有限。在一九七〇年代末期，西方原油供應受到威脅時，在支持興建更多核子發電廠的人士，與主張採取其他能源類型——例如像太陽能——來作爲更安全和更便宜的替代能源的人們，兩者之間一直不斷有著激烈的爭辯。同時，爲私人企業工作的科技人員們，則運用原子物理學的發現開闢了電子學的領域，電子學是從研究電子的作用和反應，或者研究原子中帶有負電荷之構成要素的物理學分枝中，分化出來的學科。自第二次世界大戰以來，電子設備就以難以置信的數量成倍數增長，這些電子設備的作用包括：測量飛彈彈道、當接近飛彈或飛機時發出警告、讓飛機可以由儀器引導著陸、儲存或釋出電子訊號、增幅及校正燈光和音訊影像的傳輸或播送、提供能源給負責開啓門房的光電元件、操作各種不同的自動化機械，讓探索外太空變爲可能的太空航行器工業，即和電子學有著密不可分的關係。

無線電電子接受裝置的使用造就了「自動化」最初的進步，自動化不應該與機械化混淆，雖然前者可以被視爲是後者在邏輯上必然的擴展。更精確的說法是，自動化是由下列四個元素緊密統合而成：（1）電腦處理系統；（2）機械處理系統；（3）感應設備；（4）控制系統。雖然對自動化來說，以上四項元素都屬必要，但是以後面兩項最具重要性。感應設備負責行使的功能，就類似人類的感官一般，它觀察並測量正在發生的事物，並且將訊息傳送給控制單位。感應設備運用了許多裝置，例如：光電元件、紅外線元件、高頻裝置，或者那些利用到X光、同位素與共振的裝置，它在運作時不會有疲勞的問題，而且比人類感官更爲快速和精準。此外，它可以在對於人類來說不安全，或者難

以到達的地點進行觀測。控制系統從感應設備接收到訊息，將其與「程式」所給定的訊息做比對，然後做出必要的調整，此操作序列是連續不斷的，使得除了那些當初在「程式設計」就寫到的情形外，目標可以在無需人類介入的情形下，一直維持在使用者所希望維持的狀態。鐳射的發明為自動化技術的革命帶來了大大的增益，鐳射是一種將光的焦點與強度加以增幅的設計，原理是用光去激發高能量的原子，以用來增幅光束；近來，鐳射也在醫學領域展現其價值，它可以用來有效抑止眼疾造成的視網膜出血。透過自動化技術，昂貴而複雜的機器正持續地取代人工：資料處理器和電子運算器被用來控制鐵軌的開關指令；運作生產裝配線；操作機器去控制其他機器；甚至在醫院進行關鍵手術期間，用以維持血壓。

較諸科學家或技術人員們過去曾經完成的其他發現或發展，電子相關的種種發明結果更可說是一把雙面刃。有能力做到人類工作的設備所將招致的許多明顯問題中，其中一個就是會搶走人類的飯碗。科技造就的失業，已經演變為現代社會一項嚴重的問題。雖然新式工業吸收了許多勞工，其他人卻必定被自動化所取代，市場上對技術精良的勞工依然有著高度需求，但是不需任何技術便可執行的，亦即所謂的「入門工作」，正在快速消失中。消滅這些工作機會的主因尚非電腦，反而更主要是推高機、機動運輸帶和清掃機器。農業的機械化同樣也削減掉成千上萬個可以提供給無專業技能，或未受教育者的工作機會。

科學和科技不是世界上各種問題的萬靈丹，假如人們真的希望解決那些問題，就必須由人們親力為之，而非憑藉機器，而若是人們能夠對屬於自身的過去有所認識與有所意識，將更有利於問題的解決。歷史教給我們的，絕非歷史一直在重演；歷史教給我們的，毋寧是當下是可以被清晰地感知的，而未來是可以明智地規劃的，因為只有這樣，我們這些肩負著世界命運之責的人，才可說是真正了解人類世界運轉的運作理路——人類世界，這異常複雜又引人入勝的機制，若想取得關於它的知識，再也沒有比歷史更好的來源了。

註釋

第二十五章

1 譯註：指在一六八八年發生的光榮革命。它是在沒發生內戰情況下解決了長期未解決的宗教和政治問題，其後所制定的《權利法案》更是建立了國會至上的原則，此後國會不僅在立法方面，在行政上也是最高的威權。

2 譯註：在第十二版《西方文明史》中，作者對此問題又作了一些新的闡述。在不久之前，許多歷史學家仍強調必須從階級鬥爭來理解法國大革命。這種論點建立在十九世紀哲學家卡爾‧馬克思的政治經濟理論基礎之上。持這種觀點的人也受到了二十世紀法國學者喬治‧勒費弗爾的強烈影響。他們得出的結論是，新興資產階級經過幾百年的積聚財富和強化自己的地位，後來又在啟蒙思想家思想的鼓舞下，推翻了一群在經濟力量上已經衰微，但在政治上仍保有優勢地位的貴族階級。今天，經過不斷的研究，多數學者認為，上述觀點，即使不能完全拋棄，至少也應予以修正。確實，要了解法國大革命的源起，首先就必須分析十八世紀後期法國社會結構的性質。近年的研究證明，革命爆發之前的法國社會絕不是資產階級致力於反對貴族的鬥爭的社會，而是在社會的各個方面都受到一種由貴族、專門職業者、較小程度上還有企業家組成的「結構」的統治。要了解法國大革命，就必須了解法國社會的各個階層，了解他們對路易十六政府的嚴重不滿。

3 譯註：巴黎高等法院宣稱只有「三級會議」才能批准這種議案。

4 譯註：這群穿袍貴族，除了購買外，亦可因擔任法官得到封賞，或服務政府有優良表現而得到分封。他們是上層社會中最明智與進步的人士。

5 譯註：法國大革命中一位重要人物奧諾雷‧加布里埃爾‧里凱蒂，即米拉波伯爵家族成員之一，他就是上述情況的一個絕好例證。米拉波的祖先是商人，然而在一五七〇年，

該家族中的一位成員購買了米拉波領地；十七世紀，該家族中又有人購得侯爵頭銜。儘管他們出身商人，但該家族在軍隊中也獲得了一個職位。米拉波本人雖然是位律師，但也在其祖父曾統領過的騎兵中任職。

6 譯註：第三階級占全國總人口的百分之九十七以上，從中產階級至農民皆屬這階級。

7 譯註：間接稅是社會每個階層的人都必須繳納的，無法逃避。貴族們與上層階層者能逃的是直接稅。

8 譯註：隨著這些知識分子中產階級人數的不斷增加，占支配地位的集團就把他們的不滿在這些人的公開辯論中表現出來。一七八八年法國書籍出版達到了頂峰，報刊數量大增。巴黎第一家報紙於一七七七年問世。高等法院利用報刊把自己說成是保衛國民政治權力、抵禦政府官員專制行為的機構。

9 譯註：洛克是英國人，是光榮革命的辯護者，帶給日後的美國革命思想極大影響；伏爾泰是法國人，在訪英期間讀了牛頓和洛克的思想理論，對他們為之傾服；孟德斯鳩，曾為法國波多的司法長官，是位傑出的政治哲學家，受到洛克關於英國憲政理論的影響，主張三權分立；孔多塞，在法國大革命時被處死刑，在其著作《人類理智進步的歷史概貌》中，歸納他那世紀的樂觀主義。

10 譯註：他們和「哲士」不同，因為他們當中有許多人和政府非常接近，創始者為弗朗索瓦‧魁奈，他是路易十五的醫師，而屠哥為此派大師，是路易十六的財政部長，此外還有皮耶‧沙米埃爾，他為日後美國都龐工業家族的創始者。

11 譯註：屠哥是路易十六的第一任財政大臣，他主張所有地主要納稅、國內自由貿易、取消基爾特和節省政府開支的政策，遭到各高院、貴族反對，因而在上任未滿二年就下臺了。

12 譯註：盧梭是瑞士籍的新教徒，出身下層階級，一直無法適應法國或巴黎的社會，是位

具有自卑感和罪惡感的人。

13 譯註：此觀點和霍布斯相似，認爲自然狀態
是一種沒有法律、道德的狀態。

14 譯註：洛克認爲人民交付出去的只是自然律
的執行權，其他權力並未讓出，人民與政府
間有相互的義務，政府不可越出或濫用其權
力。

15 譯註：在一七七四年他就職主持財政時，政
府歲入爲二億七千六百六十萬里弗，歲出爲
三億二千五百三十萬，赤字爲四千八百六十
萬，但在一七七五年已有五百萬的盈餘。

16 譯註：三級會議第一次正式召開是在一三〇
二年菲利普四世時，因爲他與教徒鮑尼法斯
八世發生衝突，需要人民支持而召開。

17 譯註：指的是一六一四年召開的三級會議。

18 譯註：八月四日夜晚，由開明貴族諾亞宜子
爵提議，少數開明的貴族在事先安排下通過
放棄封建特權和封建階級，於是封建制度告
廢止。

19 譯註：「人權」在革命前已存在，啓蒙時代
的思想家就曾引用它；而美國革命時期，漢
彌頓也曾談論「神聖人權」，由此可知這並
不是一新思想。

20 譯註：一七九一年憲法肯定了革命所建立的
新秩序。

21 譯註：這是源自於對過去中央集權的反動，
以及對路易十六的不信任感。

22 譯註：此時的法國是一個共和國。

23 譯註：此宣言的目的是在安撫流亡貴族，並
想辦法擺脫他們的糾纏，因此用了「假使」
這個詞，內容爲「『假使』歐洲列強願意一
起行動的話，他們才會干涉法國情勢」，這
是利奧波德二世深知英國不參與干涉的態度
才說的。

24 譯註：此派人包括哲士康多塞、律師布里
索，以及自稱民僕的羅蘭及其夫人──羅蘭
夫人。

25 譯註：在一片歡迎戰爭到來的聲浪中，亦有
反對的聲音。羅伯斯比便是戰爭的反對者，
他認爲戰爭將摧毀革命，使外人敵視法國，
且戰爭會讓權力集中在軍人之手，造成軍事
獨裁。

26 譯註：領袖有羅伯斯比、丹敦、平等的腓利

普。

27 譯註：雅各賓派把其政敵稱爲吉戎特派，是
想把他們描繪成自私自利的商人階層，而自
稱是人民群衆愛國主義的代言人。雖然吉戎
特派較爲反對巴黎和暴力，但與雅各賓派並
無太大區別。兩個集團主要是由政府各部門
的公職人員和律師等專門職業者組成，許多
所謂的吉戎特派分子實際上也是雅各賓政治
俱樂部的成員。同時，兩派都不是嚴格意義
上的政黨。

28 譯註：山岳派組成分子都來自巴黎市的激進
分子和低下層分子，他們企圖建立一個每個
人都有錢，且勤奮工作和生活純樸的理想共
和國。

29 譯註：一七九三年一月十五日，國民公會
一致宣告路易有罪，隔天以三百六十票對
三百六十一票，一票之差被處死。對於路易
十六的被處死，吉戎特派曾努力解救，但還
是無能爲力。

30 譯註：路易十六的死代表山岳派勝利，此後
黨爭展開，吉戎特派被整肅殆盡，將他們全
推上斷頭臺，發動了恐怖政治。

31 譯註：指的是在一七九四年三月的文托斯法
中所談的。

32 譯註：由於在一七九〇年後有三年的時
間，物價呈現飛快的上升趨勢，像小麥價
格上漲百分之三百二十七，牛肉百分之
一百三十六，馬鈴薯更高達百分之七百。而
且自三月起在西部的汶地省又發生反革命的
變亂，許久都不能平定，再加上雅各賓派與
吉戎特派的權力鬥爭已爲白熱化，因此在無
套褲漢的壓力下，雅各賓派領導者才作出此
策略。

33 譯註：此曆法雖將共和年元年訂於一七九二
年九月二十二日，但直至一七九三年十月它
才被採用。

34 譯註：他是以經濟犯罪以及與反革命分子勾
結的罪名被處決。

35 譯註：這些人都不是「國民公會」的成員，
他們反對國會，認爲國會的方式是無用的，
他們當中也有女人，他們是透過各地區的民
衆社團、俱樂部組織來推行他們的活動。

36 譯註：據說，有二萬五千人到三萬人被處

決，其中近二萬是由法庭判決的。另外，自
一七九三年五月至一七九四年七月，大約有
五十萬人被監禁。

37 譯註：在這段時間，所有的犧牲者中，貴族
占百分之八，只要貴族階級不涉及動亂，就
不會被干擾；中產階級爲百分之十四，主
要來自南部叛亂城市；教士占百分之六，農
民、勞工則爲百分之七十。

38 譯註：除軍事勝利外，無產階級在亞伯爾和
丹敦被整肅後，對羅伯斯比喪失信心。

39 譯註：主要者爲塔勒伊、布拉斯、西野、岡
布撒里，他們被稱爲熱月分子。

40 譯註：立法機構是由下院（五百人議會）與
一個參議院（元老院）所組成的。

41 譯註：這是第一個法蘭西憲政共和國，它的
壽命只維持四年。

42 譯註：左派人士贊成的是革命初期所揭示的
民主理念，因此新政府的人便發動了一種
「白色恐怖」，來對付雅各賓黨人。

43 原註：「格拉古」一名取自羅馬保民官蓋
約‧格拉古，他是人民的英雄。

44 譯註：這個臨時執行政府由西野、羅吉‧
杜可和拿破崙組成，它起草新憲法，即
一七九九年的憲法，由該憲法正式建立執政
府，以拿破崙爲第一執政。

45 譯註：在拿破崙編的眾多法律中，有五個法
典較著名，即民法、民事法、民事訴訟法、
商事法及刑法，此部分指的是民法部分。

46 譯註：他的第二執政康貝塞里是弒君犯，第
三執政布朗是路易十五時穆保同僚；警政部
長馮契是一七九三年亞爾伯主義者，也是使
羅伯斯比倒臺者之一。

47 譯註：此共和國包含米蘭、摩德納、法拉
拉、波隆那和羅馬納等地，以米蘭爲省府。

48 譯註：英國於一八〇二年三月二十七日與法
國簽訂亞眠條約，不過此條約只維持一年
多。

49 譯註：一七九八年，英國與俄國締結同盟，
奧國、那不勒斯、葡萄牙及西班牙皆加入。

50 譯註：這一政策是在一八〇六年十一月時所
發表的柏林詔令中提出的。

51 譯註：英國在一八〇七年十一月發表一份
「極密院院令」，規定中立國家的船必須要

先停過英國後，才可以進入拿破崙控制的港
口，目的是要藉這些船將貨物輸出，對此拿
破崙又發布「米蘭詔令」，宣布任何中立國
船隻若停過英國港口，一抵大陸其貨物就要
被沒收。

52 譯註：拿破崙簽定了楓丹白露條約，宣布放
棄他對法國的所有權利，以及法國政府每年
支付給他的二百萬法郎，此條約並將他流放
到厄爾巴。

53 原註：被處決的路易十六及其皇后之子路易
十七於一七九五年在逮捕他的革命者手中神
祕地死去。

54 譯註：因爲他怕普魯士兼併薩克森，會使普
魯士在所有日耳曼人心中，爬到一個不尋常
的地位；且俄國的亞歷山大，一旦成爲波蘭
的國王，就會增加俄國對歐洲事務的影響程
度。

第二十六章

1 譯註：自光榮革命後，政府實際上是控制在
擁有土地的縉紳身上，他們爲了自身利益，
企圖改變中世紀的農村、耕地景像，以改變
耕作形式，因而出現「圈地法規」。

2 譯註：一七三三年，約翰‧凱發明了飛梭，
這個發明使原本的織布速度加快。

3 譯註：阿克萊特發明了水力紡織機後，
一七七一年，他在英國紡織區諾丁安中心，
開設英國的第一家紡織廠。

4 譯註：馬休‧博爾頓原是一位鈕扣和鞋扣的
製造者，他和瓦特的公司到了一七八〇年代
有突出的表現，他們公司生產的蒸氣機不僅
供英國國內使用，還外銷至國外。

5 譯註：由於蒸汽機的出現使工廠不必再設於
靠水之處，並促進工業化的速度，因爲，之
前動力的來源會受到氣候的限制。

6 原註：在這一點上，參見戴維‧蘭德斯，
《被解放的普羅米修士》，頁一三二至
一三三。

7 譯註：歐洲人口在一六五〇年時約一億左
右，百年後約一億四千萬人，一八〇〇年
約一億八千七百萬人，至一八五〇年已達
二億七千四百萬人左右。

8 譯註：是世界上第一條商業鐵路。

9 譯註：此種軌道開始時是木製的，後來才改
　　為鐵製的。

第二十七章

1 譯註：在《國富論》中，他認為應以個人的
　　私利為基礎，反對政府進行任何的經濟干預
　　的政策，而此政策是促使整個社會經濟繁榮
　　的因素。
2 譯註：此書是以和其父親爭論人口問題時的
　　看法為基礎發展出來的，老馬爾薩斯認為，
　　世界如果沿著理性路線而得到改造，那麼，
　　人類的進步將無限，此與小馬爾薩斯的觀點
　　不同。
3 譯註：他的價值論點對馬克思社會主義學說
　　發生了重大的影響。不過他強調資本決定價
　　值的重要性，為馬克思所痛恨的。
4 譯註：他在其主要論著《政治經濟與租稅原
　　理》中，提出經濟活動三個要素：租金、利
　　潤與工資。
5 譯註：即所謂「工資鐵律」。
6 譯註：李嘉圖在「地租法則」中指出，地租
　　徵收人（地主）是資本人，也是工人的敵
　　人。
7 原註：這些類似的改革將在下一章節討論。
8 譯註：西尼爾將經濟學當成一門演繹科學來
　　看待，他主要貢獻為其「節約致富論」，他
　　認為勞力與自然資源為價值的主要工具。一
　　個資本家為了要投資就要克制物質享受，以
　　便讓生產利益增加，因此整個利益歸於勞動
　　者是不公平的。
9 譯註：他出身於法國貴族，他的思想觀念混
　　合了啟蒙時代對科學的尊重與浪漫主義對社
　　會的熱忱。
10 譯註：按照孔德的說法，人類發展的三個階
　　段分別是神學的軍事時代、形上學的法學家
　　時代和科學的工業時代。
11 譯註：米勒的這項觀點受到李嘉圖的地租論
　　影響。
12 譯註：他在自己的工廠裡建造房屋以提供給
　　工人居住，並創辦合作社區以提供勞工廉價
　　的生活用品，他在蘇格蘭及美國印第安那州
　　試行過這種合作社區，只是都未能成功。
13 譯註：他主張組織小的社會單位，他稱之為

同居社，他認為每個同居社有一千六百二十
位，每個人都可以選擇適合自己性向的工
作，不過在法國的同居社從未成功建立，在
美國的麻薩諸塞州，同居社持續了五年之後
（一八四二至一八四七年）也終告結束。

第二十八章

1 譯註：五國聯盟產生了類似國際聯盟的效
　　力，是一個以推行梅特涅主張為主的組織，
　　它常被稱為歐洲協調。
2 譯註：亞歷山大一世曾從法國激進黨的家庭
　　教師那吸收盧梭的思想，在拿破崙征俄失敗
　　後，他的心理愈向神祕方向發展，他一方面
　　想使所有統治者信奉基督教的正義與和平的
　　理想：但在「自由」和「啟蒙」上所作的解
　　釋又使保守分子懷疑他要把他的權力擴展到
　　整個歐洲。
3 譯註：在反拿破崙的戰爭中，西班牙各商業
　　城市的代表組成臨時會議，並在一八一二年
　　制定一部類似法國一七九一年的憲法，其
　　中制定普選、限制君權，以及廢除封建權利
　　與各種特權，這與封建思想和教會制度十
　　分根深柢固的西班牙很難相容。一八一四
　　年波旁王朝的斐迪南七世復辟後，企圖廢除
　　此憲法，解散國會等活動，並恢復耶穌會士
　　和宗教裁判所，因此，一八二〇年各地發生
　　革命活動，斐迪南在驚恐之餘，宣布恢復憲
　　政，這場革命運動引起葡萄牙、那不勒斯的
　　加入，並使他們的統治者接受西班牙這部憲
　　法。
4 譯註：俄沙皇尼古拉一世於一八二八年發動
　　俄土戰爭，迫使土耳其蘇丹簽訂亞德里安那
　　坡條約，在此條約中，土耳其被迫承認希臘
　　獨立，並允許俄國保有在數省中建立的保護
　　領地。
5 譯註：一八一五年之後的英國，地主因為歐
　　陸穀物進口，糧價跌落，影響其利益，因而
　　在國會中通過穀物法案，採取農業的保護關
　　稅政策，使靠工資為生的人受損，且拿破
　　崙戰後又出現了長期的嚴重經濟蕭條現象，
　　工業不振造成失業人口眾多。
6 譯註：他們要求成年男子普選，每年改選下
　　議院，取消穀物法等。

7 譯註：此法令於查理二世時代以來就有的。

8 譯註：羅馬天主教徒於一六七三年的「檢覈法」中被剝奪參政權，不過在一八二九年通過的「天主教解放法」中，取回投票權和被選舉權。

9 譯註：受到一八三〇年法國七月革命建立「七月王國」的鼓勵。

10 原註：阿薩·布里格斯，《改革的時代》，紐約，一九五九年版，頁二四八。

11 譯註：一八三二年的改革法案是依英國的中古制度作修改，而不是採用法國大革命的新觀念。在法國大革命後的歐陸，每一位代表應代表著大致相同的選民數，且選民所具備的資格也很統一。

12 譯註：其中五十六個衰廢城市失去了代表權，當地居民以郡鄉選民投票；三十個小市鎮由二代表減爲一代表；二十二個新城各得二代表，因而空出一百四十三席；而這一百四十三席中以六十五席授予英格蘭大郡區，八席給蘇格蘭，五席給愛爾蘭，六十五席給新興的工業城市。

13 譯註：由於南方的舊市鎮在經過社會變遷後，有些已變成不具重要的「衰廢市鎮」，這些「衰廢市鎮」有的已沒人住，有的已沉入海中，但仍派代表出席下院，至於北方大鎮竟無代表者。

14 譯註：此次改革獲得選舉權者，多爲上、中層階級的中產分子，以工商僱主、醫生、律師、經紀人、商人、新聞記者爲主，使政權轉入中產階層之手。

15 譯註：此爲「一八一四年的憲章」。

16 譯註：兩院分上、下院，上院爲貴族院由國王指定，下院則由限制嚴格的選舉產生的。

17 譯註：由於路易十八遵循有限王權的原則，使得由革命時流亡貴族所組成的極右派王權主義者不滿，因爲他們要求絕對王權的恢復，而不斷向路易十八施以壓力，促使撤除憲章。當一八一五年拿破崙復辟事件後，在馬賽、土魯斯（Toulouse）一帶，天主教教徒捕掠新教徒和自由分子，造成「白色恐怖」。

18 譯註：查理十世爲波旁王朝的最後一位君主。

19 譯註：領導者爲拉裴特、加西米爾－培雷。

20 譯註：在這年的七月，國會改選。

21 譯註：他們推舉拉耶特爲總統。

22 譯註：荷、比之間在語言、民族、宗教和經濟利益上有顯著不同，但在維也納會議中卻依補償原則，將比利時交給荷蘭，並由荷蘭奧倫奇王室的威廉一世（一八一五至一八四〇年在位）統治，這種種激起比利時人的不滿，而爭取獨立。

23 譯註：最後在一八三九年歐洲所有強國的保證下，荷蘭始承認比利時獨立的地位。

24 譯註：這同盟在一八三八年成立，由布萊特和柯布敦組成。

25 譯註：由於威廉·威爾伯福斯的努力，國會終於通過此法案。

26 譯註：在保守黨壓力下，通過一八三三年的工廠法，禁用九歲以下童工，十三歲以下童工每週工作不得超過四十八小時；十八歲以下每週不得超過六十九小時。一八四七年通過十小時法，規定女工和童工的工作時間不可超過十小時。

27 譯註：他們認爲一八三二年的改革法案是朝向民主改革的第一步而非終止，因此在一八三八年，他們發起「憲章運動」，發起者爲費格斯·奧康諾（一七九四至一八五五年）、威廉·洛維特、普拉西等。

28 譯註：在一八四八年二月二十四日集會活動變得更加不可收拾之際，群衆高呼「共和萬歲」，使路易退位，巴黎成立臨時政府，此爲「二月革命」。

29 譯註：臨時政府由左、右兩派所組成，右派民主共和派僅主張共和及普選，而左派爲社會主義者則更進一步要求經濟革命。

30 譯註：在一八三九年的《勞工組織》提到的。

31 譯註：此爲「血腥的六月日」。

32 譯註：路易·拿破崙出生於一八〇八年，爲拿破崙四弟之子。

33 譯註：指在一八四〇年他從倫敦越過英吉利海峽於布倫登陸，再度起義又告失敗之事，此事後，他被囚於近比利時邊境的阿謨，共五年的時間。

34 譯註：由於當時的法國經歷了復辟君主和七

月王朝平庸的統治，使法國人無法忘記拿破崙一世的光榮成就。

35 譯註：因為一八四八年的憲法將總統的任期限制於四年，且不可連任，而新憲法任期改為十年，具有行政的所有權力，所有大權掌握在總統手中。

36 原註：拿破崙一世之子，拿破崙二世於一八三二年死於維也納。

37 譯註：此次公投，有七百八十二萬四千人贊成，二十五萬三千人反對，因此於一八五二年十二月二日改建帝國。

38 譯註：一八五二年，法國的鐵路里程為三千八百六十八公里，但到一八七〇年則為一萬六千八百八十七公里，而鐵路系統也調整為六大條區域幹線。

39 譯註：拿破崙三世是以「秩序和光榮」為號召建國。

第二十九章

1 譯註：浪漫主義非政治性的主義，基本上是以文學和藝術的理論為基礎，但實際上它泛指整個時代的精神。

2 譯註：黑格爾的學說主要以《心靈現象學》、《邏輯學》和《哲學史》等書為主。

3 譯註：他的小說中有一部《劫後英雄傳》，寫得是獅心王理查和十字軍故事，最為膾炙人口。

4 譯註：他以神祕崇拜自然而著名，他相信感官上對自然的崇拜可以使人認識生命的高貴，進而增加對人類的愛與同情。他認為好的詩歌是情感的自然流露。

5 譯註：此畫風的轉變之因在於，拿破崙在滑鐵盧失敗後，代表了啟蒙運動和法國大革命時期的結束，已經沒有理由保留過去的理想；而且此時浪漫主義在文學和哲學方面已有不可抹滅的影響力。

6 譯註：此時的建築物只是在外觀上屬於哥德式，其內部仍為古典派的勻稱，被稱為新哥德式。

7 譯註：曾因無罪論遭牛津大學開除，後為無政府主義者的門徒，雖然最後修正了年輕時的一些激進主義思想，但是他從不放棄他對充分自由和幸福的渴望。

8 譯註：為自由主義者，他的一生都致力於人性解放戰爭，在他的《歌唱篇》中，表現出抒情詩的柔和與憂慮。

9 譯註：他的歷史小說極為生動，一部以十五世紀的巴黎為背景的著作《鐘樓怪人》更是著名；另一力作《悲慘世界》對社會的殘酷無情作強有力的控訴。

10 譯註：出生於德國的波昂，不過他大部分時間是生活在維也納，他的童年在貧窮中渡過，他的個性固執、脾氣暴躁，過於多疑、敏感，因此常傷害他最親密的朋友。

11 譯註：指的是一八〇六年耶拿─奧斯塔特之役。此次戰役後，普魯士只剩下從前在易北河以東的早期舊領地。

12 譯註：指的是巴伐利亞、巴登、赫斯·達穆斯丹、薩克森，以及其他十二小邦。

13 譯註：一八〇七年，他頒布法令廢除農奴制和莊園制，准許貴族向中產階級出賣土地，使各階層可以自由地經商和自由地就業。

14 譯註：由於當時的日耳曼在政治與經濟都處於分裂的狀態，各邦皆有其獨立的稅收制度，皆採取保護關稅的政策，因而對工商業的發展造成極大障礙；因此在一八一八年普魯士便廢除地方稅，發起組織關稅同盟，這為日後德意志的統一奠定基礎。

15 譯註：「學生聯盟」是在一八一五年由大學生組成的大學社團，是一種日耳曼的青年運動。

16 譯註：指的是一五一七年十月三十一日信奉奧古斯丁教義的修士──馬丁·路德準備對贖罪券的問題進行論戰，而提出的九十五條論證。

17 譯註：梅特涅在波希米亞的卡斯巴召開日耳曼的主要邦國會議，並制定了一個卡斯巴敕令，在此敕令中解散了學生聯盟，和同樣有民族主義色彩的俱樂部；此外，各邦還要加強對大學的管制並嚴格執行各項出版檢查等，它有效地遏阻了自由主義以及日耳曼民族主義觀念。

18 譯註：指的是拉斐特侯爵（一七五七至一八三四年），他是法國軍人、政治家、自由派領導人，曾參加美國革命，在一七八九至一八三〇年間的法國多次革命中起重要作

用，崇尚君主立憲制。在本處，該詞表現出集會者對保守派的憤怒之情。

19 譯註：此書先用日耳曼語寫成，之後又用捷克語重寫。

20 譯註：在一八二三年，他曾因為參加祕密社團而被捕，並被俄沙皇流放到西歐，因而從一八四○至一八四四年，他在法蘭西學院教斯拉夫語。

21 譯註：此黨遍布整個義大利，他們以暴動與暗殺的方式來達成自己的目標，不過他們的每一次行動都沒有計畫與政綱。

22 譯註：愛爾蘭在一八○一年後正式併入英國，愛爾蘭的民族與英國不同，他們屬於克勒特民族，而宗教上也與英國不同，他們大都信奉天主教。

23 譯註：奧地利帝國中的民族組成十分複雜，除了奧地利境內的日耳曼人外，還有匈牙利的馬札兒人、波希米亞的捷克人和斯洛伐克人、加利西亞的波蘭人，以及倫巴底和威尼西亞的義大利人。

24 譯註：此時的匈牙利國會也通過「三月法令」，其效果等同於憲法。

25 譯註：此會議為「法蘭克福大會」，持續一年，一開始便對各種問題爭辯不休，對德意志的統一問題無法決定，例如：政府的體制、該由誰來當君主、奧地利是否包含在這個國家內，或只是由日耳曼各邦組成等問題，最後此會議宣告失敗。

26 譯註：奧地利在拉得次基和溫底什格雷茲兩位將軍領導下，開始撲滅帝國內的革命火花。

27 譯註：匈牙利的自由分子並不比奧地利人更樂於給他們境內少數民族自由，或給予他們所要求的特權；而且在此的馬札兒人歧視境內的斯拉夫人，因而引起分裂。

28 譯註：此時費利克斯・馮・施瓦地岑貝格親王掌管奧地利政府，他促使斐迪南一世遜位給他的姪子佛蘭西斯・約瑟夫並於一八四九年三月在帝國內強制推行集權制憲法。

29 譯註：主要問題在於新德意志是否要包含奧地利帝國。

30 譯註：他準備建立一個包括日耳曼人各邦的新同盟，當然也包括奧地利帝國，形成一個中歐集團。

31 譯註：他原是在波昂大學研讀法律，但是由於他對法律一點興趣都沒有，便改習歷史與哲學，在波昂大學一年後，轉往柏林大學，在那裡受到講學的黑格爾的弟子影響，思想更為激進。

32 譯註：馬克思的學說除了承襲黑格爾的思想外，還受到法國社會主義學者路易・布朗，與李嘉圖的影響。

33 譯註：此即他理論的幾個重要論點：經濟史觀、辯證法唯物論、階級鬥爭、剩餘價值、社會主義進化論。

34 譯註：他誕生於勃蘭登堡的宋豪森，先後在哥丁根及柏林大學修習法律，以保守主義著名。

35 譯註：普魯士於一八四九年頒布新憲法，在此規定普選。此後普魯士的軍事改革所需的預算都要經過它的同意。

36 譯註：俄國在一八二九年後，占領這二個多瑙河公國。

37 譯註：英國是因為要保障其所謂的「帝國生命線」，即由近東到東印度的航路安全，而欲支持土耳其。

38 譯註：皮得蒙─薩丁尼亞王國加入西方列強這一聯盟，是希望換取列強對義大利統一的支持。

39 譯註：此問題主要競爭者為法國、俄國；即東方正教和拉丁（天主）教徒互爭此地的管理權。當時巴爾幹半島上大都是斯拉夫民族，俄國自認為是「斯拉夫民族的長兄」；而且半島上的各民族多信東正教，俄國又是最大的東正教國，因而自認是東正教的保護者。法國自認為是天主教的保護者。因此東方正教和拉丁教會的爭執便成為兩國間的問題。

40 譯註：戰爭結束後，於一八五六年春天召開巴黎和會。

41 譯註：俄國沙皇尼古拉一世在一八四九年匈牙利起義期間，給予奧地利援助。

42 譯註：什列斯威有部分日耳曼人，丹麥人占多數；至於荷爾斯坦則幾乎是日耳曼人。

43 譯註：普魯士、奧地利在一八六四年一月發兵攻丹麥，六月丹麥即投降。

44 譯註：奧國主張這二個公國由奧加斯敦堡公爵統治，以另組一邦國的方式歸入日耳曼同盟；而俾斯麥是想併吞此二公國。後來在加斯坦因協定中，決定敘列斯威交由普魯士，而荷爾斯坦由奧地利暫管。

45 譯註：指霍亨索倫的阿坡親王。

46 譯註：在拿破崙三世被俘後，巴黎即發生革命，宣布共和，皇后逃亡英國，此時由甘必大和福爾組成國防政府，但是普軍已經兵臨城下，巴黎在經過一百二十七天的抵抗後，終告淪陷。

47 譯註：在統一的路途中，加富爾十分明瞭以薩丁尼亞的力量是無法擊敗奧地利，因此爭取外交幫助是十分重要的。所以在一八五五年，加富爾也參加克里米亞戰爭，他的這一行動讓英、法兩國注意到義大利的問題。

48 譯註：它規定，(1)教宗仍有權享受梵蒂岡及其他地方的宮殿，且享有治外法權；(2)教宗有人身神聖不可侵犯權；(3)各國駐梵蒂岡大使均享有外交權利；(4)義大利政府每年要補助約六十四萬五千美元的賠償金。

49 譯註：在傑佛遜當選總統後，民主共和派勢力更加擴大，而聯邦黨則衰落。

50 譯註：指在本國境內的土地，但是隸屬於另一個國家。

51 譯註：第一批黑奴是在一六一九年由非洲被帶到維琴尼亞州，不過黑奴迅速急要到一七九三年軋棉機發明後，因爲這項發明在南方，使奴隸制與棉花種植牢牢結合在一起。

52 譯註：因爲從政治上的考量，乃有一八二○年的「密蘇里妥協」，在此協定中雙方認爲，在自由州或蓄奴州上應該盡量保持數量的平衡。

53 譯註：當時北方人在禁奴問題上意見並不一致，他們十分願意容忍奴隸制在南方存在，只是不允許擴及到其他處，但是西進運動爲南、北所共有的；因此，對他們來說，他們關切的是奴隸制度擴展到新地區的問題。

54 譯註：指黑人與白人的第一代混血兒，具有黑白兩種血統的人。

55 譯註：考迪羅指的是西班牙語系國家的元首。

第三十章

1 譯註：早在西元一○○○年左右，大馬士革就有人製造出鋒利的鋼劍來，且從中世紀末葉以來，歐洲人就知道如何製作鋼，唯製造的方法困難費時、成品過高，因而未被廣泛製作。

2 譯註：威廉·西門子將貝塞麥的鍊鋼技術改良爲「敵爐鍊鋼法」，可煉製廢鐵與大量的原料。

3 譯註：由於法國在一八七一年的巴黎和約中把洛林割給德國，使德國擁有藏量豐富的鐵礦，加上薩爾和魯爾區的煤，還有此時已克服煉鋼中磷含量的問題，使得德國的鋼鐵業有高度發展。

4 譯註：最初電力的用途，是用在照明和公共運輸上，後來才普及到平民百姓的生活上。

5 譯註：一八八二年美國人愛迪生（一八四七～一九三一）還成功地發展了中央傳遞系統和配電站，此後電力成爲主要的動力。

6 譯註：蒸汽渦輪機是由英國工程師巴爾遜發明的。

7 譯註：內燃機是在一八七六年由德人鄂圖發明的，但在一八八三年德人戴墨勒加以改進，使它不需使用煤氣而是燃燒汽油。

8 譯註：傷寒和霍亂在西元一九○○年之後便在歐洲絕跡，至於天花和猩紅熱也不像從前那樣地肆虐。

9 譯註：最早的卡特爾是在大約一八七○年左右，出現在德國，但直到第一次大戰前才開始普遍起來。

10 譯註：美國最早的托拉斯組織，是在一八七九年由洛克斐勒成立的美孚石油公司。

11 譯註：在一八六七年教育改革家及政治領袖婁羅勃在改革法通過後，代表義務教育的勢在必行，因此格蘭斯敦內閣在一八七○年通過《教育法規》以擴大教育，使文盲率由一八七一年的百分之二十四降至一九一一年的百分之一。

12 譯註：俾斯麥在那年大力倡導關稅保護主義，使德國能擁有與大國進行競爭的能力。

13 譯註：英國是在七年戰爭後，在東印度公

司的基礎下，成為獨霸印度的歐洲強國；因此，在一七七三年，英國頒布《管理法》，從此由英王任命一名總督統治印度；一七八四年，頒布《印度法》，規定在倫敦成立一個「統制委員會」，監督東印度公司的政治活動。因此在十九世紀中葉之前，東印度公司的權力便逐步轉移到英國政府手中。

14 譯註：列強以投資當地的建設，或貸款給當地的統治者的方式，來鞏固他們在當地的地位。

15 譯註：所謂的「勢力範圍」，是指列強在這地方的勢力不相上下，沒有任何一個國家可以取得絕對優勢的地位，只好將此地畫分成若干個地區，各享其特殊利益的範圍。

16 譯註：一般說來人們會把十九世紀末至二十世紀初的這段時間當成新帝國主義興起的時間；因此，從一八七〇年至一九一四年這段時間被稱為「帝國主義的時代」。

17 譯註：他是以馬克思主義的觀點來解釋的。

18 譯註：霍布森認為這只要透過社會改革和財富公平分配就能矯正。

19 譯註：許多歐洲列強的海外投資是在南美各國、俄國而非完全在其殖民地。

20 譯註：法、俄同盟是在一八九三年締結的，這讓法國擺脫了長期以來孤立的局勢。

21 譯註：柏林會議乃是在俄土戰後，英、奧等列強認為俄國與土耳其在一八七八年三月簽訂的《聖斯特法諾條約》傷害他們在近東的利益，而提出抗議，才在一八七八年六月在柏林召開這個國際會議討論。稍後便簽訂柏林條約，以此取代之前的《聖斯特法諾條約》，並在「均勢」原則下，列強對近東問題重作安排。

22 譯註：蘇伊士運河是一條連結地中海和紅海的運河，它可使原本從歐洲到印度和遠東的行程大為縮短。

23 譯註：赫迪夫是埃及一八六七年至一九一四年執政者的稱呼。

24 譯註：造成此危機是英國想要連接好望角和開羅以完成其南北軸心；而法國是想以完成它的東西軸心計畫，想實現其貫穿撒哈拉至紅海的計畫。後來因為法國在國內發生了德

雷福斯事件，內政出現危機，且海軍力量又不如英國，因而不願與英有戰事而放棄。

25 譯註：李文斯頓是一位蘇格蘭的傳教士，他曾深入非洲內陸，但他來此的動機並非政治與經濟因素。他在一八四一年抵達非洲東南部；一八五四年至一八五六年橫亙非洲大陸，從剛果河口到贊鼻齊河口，並在一八五九年發現尼亞薩湖；一八六六年至一八七一年間，他又到了羅德西亞的北部和坦干伊喀湖。

26 譯註：他本來是《紐約前鋒報》的記者。

27 譯註：此為一八九六年阿多亞之役，這一戰使義大利對衣索比亞的野心收斂了四十年。

28 譯註：它在這廣大地區占有阿爾及利亞、塞內加爾、達荷美、象牙海岸、法屬幾內亞，以及法屬剛果。

29 譯註：指的是奧倫奇自由邦和德蘭士瓦。

30 譯註：此為所謂的「布爾戰爭」，時間從一八九九年十月至一九〇二年五月，最後布爾人承認英國的主權，為英的直轄殖民地。

31 譯註：英國對印度採用兩種方式來統治，一為直接統治，如在加爾各答、馬德拉斯、孟買等人口稠密之處；另一種為間接統治，主要是在各土邦地區。

32 譯註：叛亂平定後，英國政府於一八五八年通過《印度法》，撤消東印度公司的權力，由英國王室掌有統治權，並設立印度部長總理印度事務。

33 譯註：指在一八九八年二月十五日，美艦隊緬因號忽然沉沒，這造成二百五十人喪生，當時美國誣告是西班牙人破壞，使得西班牙在當時受到輿論的指責，這讓美國總統麥金萊向西班牙下最後通諜，國會決議對西班牙宣戰。

34 譯註：美西戰後，依和約讓古巴獨立，但美在此地擁有一些特別權益。而且依一九〇一年修正的《普雷特修正條約》，美有權干涉古巴境內有關「生命、財產和個人自由」受到危害的事件，這無疑使古巴成美保護國。

第三十一章

1 譯註：馬克思在柏林大學時曾受過黑格爾的弟子影響，因而成為一位思想偏激者，使他

無法在大學任教而轉入新聞界。從一八四三年，他便因幾篇無神論思想的文章與力爭出版自由，被迫出走到巴黎，從此便在比、法流亡。到了一八四八年更因參加普魯士革命運動被捕，從此便流亡英國至死，在英國他終日埋首於大英博物館研讀，終生窮困。

2 譯註：恩格斯是一位富有的德國工業家之子，他們家在英國的利物浦和曼徹斯特都有紡織工廠，他了解工廠的實際情況，因而憎惡工業革命所帶來的不公平。

3 譯註：馬克思在此方面的觀念有部分是從李嘉圖的勞力價值說演化來的。李嘉圖認為凡是物品都有使用價值、交換價值，不過此二者並不必要相等，不過交換價值則是由勞力而定，因此一件商品在製造的過程中使用許多勞力，便產生許多價值。

4 譯註：拉薩爾是一位激進派的民族主義者，但他主張在國會制度內進行民主改革，令馬克思十分不以為然。

5 譯註：巴枯寧是一位無政府主義者，他曾多次參加革命，因此被判過死刑，最後被長期流放到西伯利亞。

6 譯註：在一八七一年由成年男子普選而召開的國民會議中，在場的六百五十席議員中，有三分之二以上是保皇黨分子，這是因為在此時的共和黨仍鼓勵再度引發戰爭。

7 譯註：政府軍隊和公社分子展開猛烈戰鬥，公社分子在巷道作戰，築起障礙物，尤其是五月二十一日至二十八日被稱為「血腥週」的這禮拜戰況更是空前。

8 譯註：費邊社會主義源於英國，在一八八三年，由批評資本主義制度的人組成的。他們組織獨立工黨，後來與其他工人組織聯合成英國的工黨。

9 譯註：乾草市場暴動是發生在一八八六年的芝加哥，當時有組織的勞工企圖煽動芝加哥麥考米克收割機公司的工人進行罷工，因而在召集會議中向群眾大聲疾呼，在會議中人心激昂，引起警方的警戒，來了一群武裝警察來進行防衛。在這令人緊張的情況下，有人投擲一枚炸彈，造成一場悲劇。一般認為，這次悲劇應由無政府主義分子與社會主義分子負責，這次的暴動使美國的工人組織受到打擊。

10 譯註：疾病源於細菌雖由巴斯德確定，但未得到醫界的信服，後來在一八七五年由於炭疽病的大流行，讓許多羊、牛牲畜遭受感染，使得科赫醫生以老鼠作一連串實驗來證明此疾病是染病動物的血液中所發現的桿狀微生物造成的。此外，巴斯德更於一八八一年公開以牛作實驗來證明他的學說。巴斯德先將牛分為兩組，一組先打疫苗，另一組未打，幾天後，他將病菌注入所有牛隻身上。結果很明顯，未注射疫苗的牛隻全死，這使人不再對他的理論提出質疑。

11 譯註：戴蒲豐，在他的鉅著《自然歷史》中，討論了人類與其他脊椎動物，讓我們了解人類與高等動物間的關係。在這他指出，人、馬、驢、猿猴都可能是一大家庭的一員。

12 譯註：林耐在他的《自然體系》和植物學中，將自然物分為礦物、動物、植物，並在此三界之下區分為綱、屬、種。

13 譯註：除了馬爾薩斯的人口論之外，萊伊爾的地質學理論更讓他了解，自然程序是有可能導致巨變，這為生命演進的解釋提供了一個方向。

14 譯註：施特勞斯在一八三五年出版了《耶穌的一生》書中，否定了基督的神性；而勒南在一八九三年發表的《耶穌的生平》也否認基督創造奇蹟、死而後生。

15 譯註：此論點出於法國的戈比諾（一八一六～一八八二）的《人種不平等論》中，此書中他將白種人分為最優等的日耳曼人與劣等的斯拉夫人和猶太人。

16 譯註：此書完成為一八八三年至一八九一年間，是一部介於哲學和詩的著作。

17 譯註：其主要著作為《意志和觀念的世界》，在此書中明顯表現出他對十八世紀的理性主義和十九世紀的浪漫唯心主義反抗。

18 譯註：巴爾札克的著作《人類的喜劇》中，曾無情的揭發資產階級中的男女的愚昧、無知、貪婪和卑賤，刻劃出路易腓力曾政府下的中產階級社會現象。

19 譯註：福祿貝爾的名著《波伐利夫人》，對墮落的人性有著冷靜的分析，它描繪的是

夢想和現實人生的悲劇衝突。雖然此書於一八五七年出版時被視為一本淫書，但後來卻被認為是近代偉大的文學作品之一。

20 譯註：狄更斯是英國文壇中最早使用寫實手法的人，他的作品像是《苦兒歷險記》、《塊肉餘生錄》均對充滿苦難和不幸的人們表示同情。

21 譯註：庫貝和多米埃常用粗獷、諷刺的筆調，描述他們所見到的日常生活實景，所以他們所擅長的是描繪貧苦與痛苦的人們，並嘲笑中產階級的惡行惡狀。他們在這方面的表現，如同狄更斯和左拉在文學上的表現。

22 譯註：高更認為藝術家不應成為自然或過去的奴隸，因而拋棄所有傳統繪畫的束縛，採用最驚人的彩色；主要目的是要依自己的主觀感覺來描繪世界。梵谷為了表達他的強烈情感，更直接將顏料從色管裡擠出來，塗在畫布上作畫。

23 譯註：塞尚曾說，形式的基本觀念最好是用立體、圓錐、圓柱等給予表達，這便成為立體派的理論根據。

24 譯註：舒曼以歌曲、室內樂曲及鋼琴樂曲見長，不過他也有交響樂曲作品。

25 譯註：孟德爾頌像舒曼一樣，不僅有優秀的才華，而且還有高尚的品格。除了歌劇外，他精通所有形式的音樂，且都以古典主義的手法，與作曲的卓越技術表達出來。他所作的兩首交響樂與小提琴協奏曲，仍像他所作的聖樂一樣，為大家所推崇。他為莎士比亞《仲夏夜之夢》所譜的曲，更是不朽之作。

26 譯註：李斯特是第一位浪漫派現實主義者，他的音樂可能有些誇大、多愁善感，但卻具創造性。他在處理匈牙利固有主題時，顯露了他的才華，他的影響主要是他對鋼琴的演奏、教學與樂隊指揮。

27 譯註：德布西在將某種情緒或瞬間的狂歡或哀怨轉為音樂時，會摒棄嚴格的設計與理念。他最擅長的是運用敏銳的想像力，但他不認為精確的形式是必要的，因此應該從幻夢與瘋狂世界中追求滿足。

第三十二章

1 譯註：當時的德意志帝國包括了二十五邦與帝國直轄的阿爾薩斯-洛林。

2 譯註：帝國國會為二院制，上院為聯邦參議院，代表各邦君主；而下院為帝國議會是由帝國內年滿二十五歲的男子普選產生，代表人民；與上院同為立法機構。

3 譯註：在一八七○年梵蒂岡大公會議時，頒布了此教諭，認為教皇對有關信仰和道德的判斷是無誤的。

4 譯註：在一八七二年，他誘使下議院將耶穌會教徒逐出德境；在一八七三年至一八七四年間，他促使普魯士議會通過《五月法》或稱《富爾克法案》，規定普境的天主教的教職人員必為德公民，且由政府授權等。

5 譯註：社會民主黨是在一八七五年，由馬克思派的社會主義者與拉薩爾派的社會主義派信徒合作組成。在一八七七年的大選中，他們獲得的選票占選民的百分之十，引起俾斯麥的注意。

6 譯註：巴黎公社指的是在普法戰爭法國戰敗後，巴黎的共和派拒絕接受德的和平條件；當德軍進入巴黎時，巴黎人的情感自認為受創。而且，國民自衛軍在停戰後仍保持其武力，但國民議會決定停發他們薪餉，造成他們十分不滿，這種種原因便成為公社暴亂的原因。當時公社的組成分子，包括激烈的共和主義者、左派的急進分子及工人。

7 譯註：威廉二世統治期間，先後有四位總理，分別為：卡普利維（一八九○～一八九四）、荷恩羅厄（一八九四～一九○○）、布婁（一九○○～一九○九）與柏特曼‧荷爾衛（一九○九～一九一七）。

8 譯註：由於政府與天主教中央黨逐漸合作，使得在一八九五年至一九一四年間，中央黨與保守黨人聯合，控有帝國國會中的多數，以對付社會民主黨。

9 譯註：麥克馬洪是在一八七三年由保皇黨分子選出的總統，他本身便是一位天主教徒與保皇主義的軍人。

10 譯註：德呂蒙在一八九二年於巴黎創立《自由談報》，在此他抨擊共和政府受猶太銀行家控制，並收受賄賂，使法的政策操在猶太人之手，因此他要全國聯合抗猶。

11 譯註：依據皮卡特上校的調查，他發現出賣

軍事情報給德國的，其實是保皇派的軍人厄斯特拉茲少校，而非德雷福斯。

12 譯註：參見本書的「文化鬥爭」。

13 譯註：在一八六七年的改革法案中，規定：(1)凡在城市中有獨立住所者，不論價值，皆有選舉權；至於租戶，凡年付租金至少十鎊者亦得享選舉權。(2)在郡區中，凡年付十二鎊地租的自由佃戶，與擁有五鎊價值的土地者，皆可享選舉權。

14 譯註：保守黨為托利黨吸收部分舊惠格黨分子演變而來的，是由地主、鄉紳代表農業與鄉間人口組成的。至於自由黨由進步的資本家和工業家，以及部分的托利黨分子組成，即富有的中產階級代表工業和城市人品。

15 譯註：因為在一八八九年倫敦出現了碼頭工人進行一場大規模的罷工行動，這場罷工行動鼓勵其他工會採取更激進、苛求的立場。

16 譯註：工黨由在一八八一年成立的社會民主同盟、費邊社（西元一八八三年成立），以及獨立工黨（西元一八九三年成立）組合的。

17 原註：在英國，君主有權擢升數量不限的男子為上議員。但由於王室只能根據首相的建議行事，因而實際上只有首相有權任命上院新議員。如有必要，他可以使用該權力把追隨他的人帶進上院。

18 譯註：因為在額爾斯特地區的新教徒都希望能保持他們在英國國會的代表權，而且又怕受到南方天主教徒的統治。

19 譯註：在奧皇代表伯斯特伯爵、狄亞克，與匈牙利的大貴族安德拉亞等協商下，簽定了「安協憲法」，建立了奧匈兩元帝國。

20 譯註：《聖斯特法諾條約》主要內容為：(1)讓塞爾維亞、門的內哥羅和羅馬尼亞獨立；(2)割讓亞美尼亞的一部分及多布魯甲予俄國；(3)讓波士尼亞和赫塞哥維納實施改革；(4)讓保加利亞自治，並擴大其領地，包括了馬其頓大部分地區、魯美尼亞及愛琴海沿岸地區。

21 譯註：此盟約的主要內容是，締約國之一方遭受俄國攻擊時，另一方要全力援助，如遭他國攻擊時，至少要遵守中立，如果他國是受到俄支援而對盟約國進行攻擊時，另一方

亦應加以支持。

22 譯註：主要內容為：如果義大利受到法國攻擊，那麼德、奧兩國就要加以援助；如果德國受到法國攻擊，則義大利加以援助；如果締約國之一方與其他國發生戰爭時，其他國家需要遵守中立。

23 譯註：在一八九八年，英、法兩國在埃及蘇丹的法紹達幾乎發生戰爭，後因法國突然撤回對該地區的土地權利的要求，並開始與英國人進行談判，以此尋求對很多爭執有了廣泛的安協。

24 譯註：此即所謂的英、法諒解，主要內容為：(1)法承認英在埃及的優越地位，以換取英承認法在摩洛哥有自由行動權；(2)法放棄在紐芬蘭沿岸的權利，以換取法屬剛比亞附近和尼日河以東的土地；(3)兩國也畫定了在暹羅的勢力範圍，以及在馬達加斯加和紐赫布里地斯的界線。

25 譯註：此協定的主要內容為：(1)將波斯畫為三分，北部屬俄的勢力範圍，中部是中立地帶，東南部則屬於英國的勢力範圍；(2)俄承認英在阿富汗優越地位與利益範圍，而俄如對此地有任何交涉，均要經過英答應；兩國承認中國對西藏的宗主權者維持其領土完整。

第三十三章

1 原註：在此過程中積聚了大量財富。一八三四年，公行的一位成員估計其個人的產業價值二千六百萬美元。

2 譯註：俄獲得旅順港，德得到山東半島的特權，英國獲得威海衛，法國取得租借廣州灣的權利。

3 譯註：袁在出任清廷的內閣大臣前，向清廷提出六項條件：(1)明日即召開國會；(2)組織責任內閣；(3)寬招此次參加革命者；(4)解除黨禁；(5)委託指揮各軍的權力；(6)給予充足軍權。

4 譯註：此即一九一二年二月六日由南京臨時參議院正式通過的《優待條例》，其中規定：(1)清帝稱號不變；(2)每年由民國政府給予四百萬元；(3)清帝仍居皇宮，以後移居頤和園；(4)原有私產由民國保護等。

5 譯註：列強是受到英國駐華大使朱爾典的影響，而支持袁世凱。

第三十四章

1 譯註：帝國在十九世紀後受到民族主義的衝擊，便於一八六七年將原本屬於哈布斯堡王朝管轄的大奧地利帝國變成由奧地利帝國和匈牙利王國組成的二元帝國。

2 譯註：帝國內有非常多的斯拉夫民族，尤其是在一八七八年後帝國又取得波斯尼亞與赫塞哥維納的行政權，而這兩個地方又以斯拉夫人為主，便使斯拉夫人的人口又增加，因此在民族主義高漲的時代，唯有提高斯拉夫各民族的地位，才能安撫他們，因而有「三元說」的想法。

3 譯註：參謀長達提斯契夫將軍。

4 譯註：一九〇二年英日同盟。

5 譯註：雖依國際法把戰時物資分為違禁品與非違禁品二大類，對於非違禁品（即非戰爭用物資）是可自由進口，但交戰國並未嚴格遵守，協約國對德、奧實行的是完全封鎖，這使德很難取得所需物資。

6 譯註：雅麗珊德拉為德國的赫斯·達穆斯丹大公路易四世的女兒。

7 譯註：臨時政府的總理為憲政民主黨員的利如夫親王，外長由憲政民主黨一員的米里科夫擔任，國防部長則由十月黨人的古契科夫任命，至於司法部長是由社會革命黨員克倫斯基擔任。

8 譯註：克倫斯基在此時去拉攏左派勢力，並放鬆對布爾什維克黨人的禁制，政變雖沒成功，但對臨時政府打擊也很大。

9 譯註：托洛斯基出生於烏克蘭的中產階級猶太家庭之中，在參加一九〇五年革命運動後，被流放到西伯利亞，後被他逃脫，並在歐洲各國過流亡生活。直到沙皇被推翻後，他便企圖返俄，且於一九一七年四月返俄並著手籌劃推翻臨時政府的行動，後又進行推翻克倫斯基的運動。並在此運動中，他在工人中選出忠於布爾什維克黨的人組成「紅衛隊」準備在十一月初的起事行動。

10 譯註：在同年的八月一日教皇Benedict XV也曾向各國政府提出呼籲。

11 原註：會議大部分工作在巴黎完成。然而，對德和約是在巴黎郊區凡爾賽簽署的，故名凡爾賽和約。

12 譯註：一次為普、法戰爭，另一次則是第一次世界大戰。

13 譯註：協約國在德再購薩爾產煤問題，與允許德國人先前參加國際勞工局後再加入國際聯盟上，與上西里西亞舉行公投上略作修改。

14 譯註：在和約中保加利亞將多布魯甲給予羅馬尼亞，將西部馬其頓給新成立的南斯拉夫王國，將西色雷斯給予希臘。

15 譯註：在祕密條約中，義大利可在安納托利亞西南方登陸，而希臘可於陸斯邁爾那登陸。

第三十五章

1 譯註：富農們擁有約百分之十四的農地，逐漸成為可能威脅俄共政權的農業中產階級，因而成為俄共眼中一顆沙子。

2 譯註：成立於一九一九年三月，它由十九個國家的五十名共黨人員在莫斯科集會成立的，第一屆主席為齊諾維耶夫。

3 譯註：所有十八歲以上的公民均有選舉權。

4 譯註：義大利獲得特倫提諾、提洛爾南端、伊斯特里亞港、的港。

5 譯註：此法西斯黨的最高委員會是由三十個左右的成員組成，是以墨索里尼為主席，它不僅是該黨的最高機構，也是統治義大利的最大機構。

6 譯註：此協約為拉特蘭協定，由墨索里尼代表義大利國王伊曼紐三世，加斯巴里主教代表教宗庇護十二世簽訂的。

7 原註：取名於羅馬奴隸斯巴達克，他曾領導一起奴隸的起義行動。

8 原註：該黨的名稱不久就縮寫為人們熟知的形式Nazi（納粹）。

9 譯註：指的是工業家、銀行家和貴族。

10 譯註：這天為一九三四年六月三十日，即所謂的「長刀之夜」。

11 譯註：就是紐倫堡法規。

12 譯註：在英國，工會組織於一八二四年便是一個合法的組織。

13 譯註：此次罷工事件的產生使中上階層人士組成志願隊來補救罷工的不便，全國輿論一致譴責罷工行動。

14 譯註：國民聯合政府是一個非以黨派而以個人方式來聯合的，首相仍是麥克唐納。

第三十六章

1 譯註：此條約是由美國務卿凱洛格照會羅加諾公約的簽約國提出的非戰計畫，並於同年的八月底在巴黎簽定，原本有十五個國家，後來又增加到四十九個國家，此即「非戰公約」。

2 譯註：在凡爾賽和約中，萊因地區由英、法、美國採取軍事占領十五年，而且要永遠解除武裝，不得設防。

3 譯註：指的是蘇台德區，將此地交給德國。

4 譯註：德蘇互不侵犯條約就是允許希特勒進攻波蘭。

5 譯註：波蘭走廊切斷了東普魯士與德本土的聯繫。

6 譯註：當德軍進入巴黎時，法國此時早已遷至波多，因而由貝當元帥出面向德投降。

7 譯註：希特勒在一九四三年的冬天不允許在史達林格勒的德軍作撤退，最後整個德軍軍團被俘。

8 譯註：此登陸戰的代號叫「霸王行動」。

9 譯註：此即一九四二年一月二日的聯合國宣言。

10 譯註：指的是諾曼地登陸計畫。

11 譯註：波蘭疆域大致上使俄保有一九三九年時所占的土地，而波蘭可向西取得德的土地作補償。

12 譯註：指收回在日俄戰爭中被日本奪走的領土——庫頁島南部、千島群島與在中國的利益。

13 譯註：奧得河與尼斯河以東的土地交由波蘭管理，並收回但澤市與東普魯士的南半部。

第三十七章

1 原註：大英國協與大英帝國兩者之間必須清楚區分。組成後者的共有兩大部分：獨立帝國部分，以及附屬帝國部分。獨立帝國部分

包括那些依然與大不列顛，維持某種微弱效忠關係的國協成員；而構成附屬帝國部分的，則是那些由倫敦直轄，為數越來越少的殖民地。

2 譯註：這是在英國兩黨制之下，最大反對黨的完整名稱，又可稱為「官方反對黨」。

3 譯註：這是一個帶有烏克蘭地區民族與文化自覺意義的詞。

4 譯註：美國科羅拉多州的第二大都市。

5 譯註：原文在這裡附上一個英文的常用縮寫「WASP」，意即白種盎格魯薩克遜新教徒。

6 譯註：此處僅依一般用法，將national identity譯為國族認同。

7 譯註：這個黨後來在二○○三年與加拿大人聯盟黨合併為保守黨，因此這個名稱現在已不復見。

8 譯註：是一種尾端開岔成九尾的皮鞭。

9 原註：羅伯特・休斯，《致命海岸》，紐約，一九八六。

10 譯註：「station」，因此在澳洲英語中，這個字也取得了「牧場」的意思。

11 原註：然而，諷刺的是，十九世紀時，有數千名馬拉尼西亞人與玻里尼西亞人，從太平洋諸島嶼被白人帶到澳洲來無恥地加以剝削，直到一九○六年時才遭送回國。

12 譯註：澳洲這個國家的正式國名為Commonwealth of Australia，此句中譯為澳大利亞國協，乃與同句中提到的「聯邦國家」做區別。實際上，此處國協一詞與本章主題的「國協指大英國協：the British Commonwealth）」，英文其實相同。只不過由於國內多將澳洲國名中的Commonwealth譯為聯邦，而故本書其他地方皆衍用澳洲（澳大利亞）聯邦的譯法。

13 譯註：這裡的州原文是state，但我國一般文獻時有將其譯為「省」者，故特此指出。

14 譯註：萊特為當代世界著名的美國籍建築師，因而此處才會特別提到。

15 譯註：等於約公制的二百五十公釐，年均雨量十英吋是用來判斷是否為沙漠氣候的關鍵指標。

16 譯註：有鑑於具體情境不同，此處將

national identity改譯爲國族自我標示。

17 譯註：此即前面提到的澳、紐、美共同防衛聯盟（ANZUS），太平洋共同防衛組織是中文中常見的譯名。

18 譯註：分別是約攝氏二十五度和五度。

19 原註：威廉·喬英森—希克斯。轉引自帕爾米·杜特，《印度問題》，第一二二頁。

20 譯者註：英國國會的一種立法類別，經過的立法審議過程相對而言最爲完整，可做爲委任立法的母法。

21 譯註：錫克是個以宗教和文化來辨視的族群，主要居住於旁遮普。

22 原註：公司結束之後，持股人還是獲得非常優渥的補償。之前保證的那筆每年百分之十點五的股息，一直持續支付到一八七四年，由政府以一千二百萬英鎊的總價，將所有股權買回爲止。

23 譯註：國務祕書通常是英國政府部門中的最高首長，如果完全不考慮實質的差距，莫約等於我國的各部部長，中文中確實也常被譯爲部長。

24 譯註：因此之後稱其爲印歐語系。

25 譯註：最後這個「汗」並非姓名，而是對統治者的尊稱。

26 譯註：原文爲subservient，這個字亦可有逢迎拍馬的意思，但這樣的評價性形容詞，可能需要其他更具體的說明來支持，故採取較爲中性的譯法。

27 譯註：雖然這是一個政治性的組織，但是在這段期間，它並不具有執政機會，或者參與政策形成，甚至對政府施政給予制衡力量的地位，也就是說，不是一個政黨政治意義下的政黨。因此在這段印度獨立自治之前的階段，並不將其譯爲「印度國民大會黨」或「國大黨」；此外，譯者也需注意，雖然它的名稱中有「國民大會」，但是在這段期間，它也不具有制度意義上一個國民大會的立法或者是制憲功能。

28 譯註：這個梵文的英文拼法爲Mahatma，聖雄是中文對甘地這個稱號的習慣譯法。

29 譯註：英國中央政府的代稱。

30 譯註：甘地自身保持的生活戒律中，其中一項是每個禮拜有一天的時間完全不說話，以探求和增進內心的平靜。

31 譯註：當時英國政黨的兩大黨。

32 譯註：參照前面註釋所提，這裡改譯爲印度國民大會「黨」。

33 譯註：這是一支主要定居於印度的少數民族（全世界不到十萬），他們在血緣、文化，和宗教信仰方面，是上溯至一千年前左右的波斯。

34 譯註：這裡的州，與前面提到的土邦，原文雖然同樣都是state，但是考慮到國家體制的不同，使其意義跟著不同，乃將印度獨立後的各state另譯爲州。中文文獻中，則常見譯爲邦或省者，特此一提。

35 譯注：此指本書寫成時間。

36 譯註：此指二十世紀。

37 譯註：這裡的「謝赫」是音譯，但它其實不是姓名，而是一個尊稱頭銜，是回教中教長的意思。

38 譯註：不過她所嫁給的這支甘地家族，與聖雄甘地並無血源關係；當然，這句話所謂的「家族姓氏也可能指的是她的本家：尼赫魯」。

39 譯註：這是指英迪拉在一九七一年普選中涉及違法輔選的事件。

40 譯註：漢名全名「吳奈溫」，此處是因爲英文習慣僅稱其名字而已。

41 譯註：漢名爲「瓦城」。

42 譯註：也就是上文提到的翁山。

43 譯註：一九四七年印巴分治的時候，孟加拉地區一開始被分爲屬於印度的西孟加拉和屬於巴基斯坦的東孟加拉，西孟加拉成爲印度的州，而東孟加拉後來則被稱爲東巴基斯坦。

44 譯註：謝赫乃音譯，意義其實是教長，故也是做爲封號，而非本名。

45 譯註：嚴格來說，這個字該譯爲孟加拉國（相對於作爲地理名稱，或是印度州名的孟加拉：Bengal）。

46 譯註：這是在冷戰背景之下，不與美蘇兩大強權之一結盟而成爲其陣營，而非完全不與其他國家有任何形式的結盟關係。

47 譯註：這是巴基斯坦的一個省分。

第三十八章

1 譯註：葡萄牙於一九八六年獲准加入。

2 譯註：「赫迪夫」是十九世紀初，穆罕默德・阿里在埃及（包括今天的蘇丹地區）取得幾乎實質上獨立的地位之後，給自己加上的稱號，並且爲其後繼者所繼承。歷史上赫迪夫制，只出現在穆罕默德・阿里一脈，故雖然從其語源考察，其原始字義可能有「君主」、「主人」等義，但赫迪夫的持有者，在現實上仍尊土耳其蘇丹爲名義上的在上位者，故其一直要求土耳其承認其赫迪夫的地位。由於無力奪回對埃及的實權，鄂圖曼土耳其帝國在堅持了許多年之後，終於在一八六七接受這樣的要求。埃及（和蘇丹地區）的赫迪夫制，後來於第一次世界大戰期間被英國所廢止。

3 譯註：蘇丹一字，其意義的發展已經相當繁複，不過大致上皆指在哈里發——這個稱號代表全世界的回教徒，在政治和宗教上，正式且唯一的統治者——之下，對特定領域具有實際統治權的正式或非正式統治者。附帶一提的是，雖然一五四三年時，被鄂圖曼土耳其帝國俘虜的，埃及阿拔斯王朝之末代哈理發去世後，土耳其蘇丹便自稱繼承了哈里發稱號，不過本書於此處卻仍稱其爲蘇丹。

4 譯註：Sharif這個回教世界中常見的稱號，主要是加在部族的保護者身上，但因此處其已建立了屬於自己的王國，故選擇譯爲國王。

5 譯註：此指本書寫成時間。

6 譯註：指早先原居於伊比利半島和北非的猶太人，以信奉伊斯蘭教爲特徵，故而在十五世紀晚期，當伊斯蘭勢力被逐出伊比利半島時，當地的塞法迪猶太人也一併被迫向外遷移。

7 譯註：此指本書寫成時間。

8 譯註：與前面提到的伊拉克國王同名。

9 譯註：Sheikh是阿拉伯語中的一種尊稱。

10 譯註：因爲「汗」是一種敬稱頭銜，故此處以國王稱之時，便只提及利撒的本名（姓）。

11 譯註：這是什葉派中人數最多的一個支派，之所以有「十二」之名，是因爲其主張有十二位神選的領導者——伊瑪姆，這第十二位伊瑪姆的名號，即爲本句後段所提的「馬赫迪」；而一直隱而不出的第十二位伊瑪姆，將在世界末日前夕再現。

12 譯註：terminus，這個字同時也有邊界之意，而阿拉伯河正是伊朗與伊拉克之間，爭議不斷的界河，可惜中文無法表現英文此處一語雙關之妙。

13 譯註：回教世界中最大的兩個主要支派，當屬遜尼派和什葉派，前者雖較後者人數遠遠爲多，但立場不如後者激進。世界各主要回教國家，除了伊朗是什葉派的大本營之外，其他都是以遜尼派爲多數。

14 譯註：與前面所提麥加的胡笙，其實原文相同，因國內文獻的慣例而做不同翻譯。

15 譯註：Hojatolislam是一個十二派神職人員使用的稱號，爲「伊斯蘭的印記」或是「伊斯蘭權威人士」之意。

16 譯註：這個胡笙是前面提到的阿布杜拉・伊本・胡笙之孫，並非同一人。

17 譯註：以荷蘭裔爲主的南非早期歐洲白人移民後裔族群。

18 譯註：班圖是非洲撒哈拉沙漠以南，在語言和文化上有同質性，爲數約四百個族裔的統稱。

19 譯註：此處僅從國立編譯館之譯法，但一般而言「金伯利」的譯法似乎更常見。

20 譯註：維瓦特斯蘭的拼法似爲Witwatersrand，原文爲Witwaterstrand。

21 譯註：指阿非利卡語——雖然常有譯爲南非語，但譯者認爲此種譯法對居於南非的其他族群，尤其是占大多數的非洲人並不公平——的歐洲白種後裔族群，純就這個定義而言，波爾人也可算是阿非利卡人。另外，此字亦有譯爲荷裔南非人者，但鑑於其中成員並不單純只有荷裔，這個族群也並非以荷裔爲自我認同，而且就其在南非歷史發展的意義觀之，血統與文化源出荷蘭一事對此族群並沒有特別的標示意義，故並不以此譯之。

22 譯註：兩院制國會習慣上皆會稱其一爲上層，其一下層，雖然名稱中有上下之分，但其身分高低僅爲歷史淵源，而且下層議院的民主正當性反而通常較上層議院來得直接

與普遍。另，這裡之所以要特別提出南非內閣對其國會之上層議院掌控力較強，是因為這點剛好與母國英國國會，以及受英國所影響的「西敏系統」國會之一般情況相反。

23 譯註：該黨黨名似應為National Party才對，雖然習慣上會稱該黨黨員為Nationalist。「national」一字有其複雜的歧義性，此處因只作為政黨名稱，故簡便以國民黨譯之。

24 原註：蘭德，或者全名維瓦特斯蘭（譯註：這是本文對這個字的第二種，與現代一般使用不同的拼法，此處亦僅從原文），是一道長六十英哩的山脈，構成瓦爾河和林波波河之間的分水嶺。

25 譯註：建立班圖斯坦的過程必須將原住民保留地結合起來，乍看似乎與此處所謂「分別擊破」的意義矛盾，但是作者如此形容的重點應該是指面對泛非主義這個總體整合性運動，以班圖斯坦的制度將其分化。

26 譯註：原文除英文外，另以南非語稱之，英文為verlighte，南非語為verkrampte，特此註明。

27 譯註：即最大反對黨。

28 譯註：為前英國殖民地，於一九六〇年獨立。

29 譯註：即前面提到的喀旦加。

30 譯註：這是一個國家名稱，而非單純的地理說法。

31 譯註：這個前西班牙殖民地，就是前面提到的西撒哈拉。

32 譯註：亦常譯「桑給巴爾」。

33 譯註：是一種因寄生蟲病，可造成失明，在非洲曾經甚為嚴重。

34 譯註：這是指相較於世界其他地方而言，而不是指相較於同性戀而言。

35 譯註：這裡作者之所以使用括號之意，應是在突顯Negro這個帶有侮辱性質的字，竟然為黑人運動者自己所採用的時空特殊性。但是必須強調的是，此句的重點實在於泛非主義由原先的全體性，轉變為以非洲為中心的觀點。

36 譯註：直譯為「不需宣誓其老虎特質」，是將老虎一字做同樣方式的字型變化，來表達他對「黑人特質」一事的見解。

第三十九章

1 譯註：此句話出自周恩來於一九七三年八月二十四日，在中國共產黨第十次全國代表大會上所做的報告。

2 原註：由於遵從中華人民共和國指定漢語拼音取代早期的威妥瑪拼音作為官方的拼音系統，本章大多數人名及名稱使用的是漢語拼音。威妥瑪式的拼法僅在首次出現時以括號標註。地名則繼續依威妥瑪方案拼寫，以求明瞭。（譯註：此點對中文讀者而言並無差異，譯文中亦不會另做顯示。）

3 譯註：此即指北伐。punitive expedition是為了懲罰，即因為對方先前之過錯而進行的征討。此處作者特別將其括號強調，可能是因為出師者（國民黨政府），並非中國當時名義上正統的政府，所謂「懲罰」的正當性必須另外解釋。當然，「伐」這個字本身其實是中性的，不必然可視為帶有正對邪、上對下的懲罰意義，如《左傳》：「十年春，齊師伐我。」但是國民黨政府在主觀上確實是將其視為punitive expedition，這一點對長期受國民黨統治的臺灣人來說尤其清楚。

4 譯註：嚴格來說是選為「臨時大總統」。

5 譯註：依時間不同，此處Council of State指的也有可能是國民政府會議。

6 譯註：指該同盟之執行委員兼總幹事楊銓（楊杏佛），他於一九三三年六月遭到暗殺。

7 譯註：正式全名為「中國國民黨中央執行委員會調查統計局」。

8 譯註：此段文字為作者節錄自毛澤東於一九二七年三月提出之〈湖南農民運動考察報告〉，節錄之前後文順序並未依照該報告原文之順序。

9 譯註：誠然，客觀來看，尤其是從與共產黨作戰的國民黨角度來看，所謂的長「征」，其實是為求活命以及東山再起的長程潰逃。但是從共產黨的角度來看，這次行動是其命數的轉捩點，就終極目的上再成功也不過，更不用說在權力政治的語言中絕不可言敗，因此以「征」稱之，甚好理解。英文世界在語言使用上，對這個歷史事件相較之下較為中性，只以「行軍」稱之。此處譯文雖以共

產黨對歷史詮釋的用語譯之，但以括號來表示此長「征」實有值得玩味的意義。

10 譯註：出自毛澤東於一九三五年十二月二十七日所發表之〈論反對日本帝國主義的策略〉。

11 譯註：作者爲知名小說家老舍。

12 譯註：此即指七七盧溝橋事變。

13 譯註：由於譯者對中國共產黨所知有限，不知這裡所指是否有特別用語，僅能以此譯之，甚歉。

14 譯註：大社是一開始的名稱，不過後來這些大社有了更有名的名字：「人民公社」。

15 譯註：亦有認爲是第四任，差異可能出在是否承認第一任妻子羅一秀。

16 譯註：這裡的「中」美指的當然是中華人民共和國，而非中華民國，本章中其他部分亦同。

17 譯註：不論是中華民國，或是中華人民共和國，名號都有「中華」二字，亦都可望而知之其意在代表「中國」這個國家，故而成爲引發政治爭議的原因之一。

18 譯註：指文化大革命。

19 譯註：當時他擔任總書記。

20 譯註：「財閥」原為日文漢字，但是中文中隨處可見直接借用者，可認爲已演變爲一中文詞彙矣。

21 譯註：全名「立憲政友會」。

22 譯註：板垣退助（一八三七至一九一九年），堪稱日本十九、二十世紀之交最重要的自由主義者和民權鬥士。

23 譯註：指大隈重信（一八三八至一九二二年），日本當代重要政治家，對外曾提出著名的「對華二十一條」，對內也有相當多重要影響；此外亦爲早稻田大學的創辦人。原文爲「Count」Okuma，直譯爲伯爵，不過大隈重信最高則受封至候爵。

24 譯註：此處之進步黨，與前面提到的自由黨一樣，前面皆有「舊」加以描述，原因在於日本政治史上，以這兩個名稱爲黨名的政黨都不只一個。

25 譯註：全名「立憲民政黨」，原本此處簡稱爲民政黨並無問題，然而一九九八年間（發生在本書此次改版之後），日本曾經成立了一個亦以「民政黨」爲名的短命政黨。

26 譯註：此處相對應的人治與法治，其原文爲「government by men」和「government by law」，後者與一般同樣譯爲法治的「rule of law」，在嚴格概念上爲相異的兩件事，特此指出。

27 譯註：日本戰國時代的兩次侵韓戰爭，是否可稱日本敗戰，是件沒有那麼肯定的事。

28 譯註：即爲麥克阿瑟將軍，歷史上並無第二人擁有過此頭銜。

29 原註：引自波登，《太平洋聯盟：一九四七至一九五五年美國對外經濟政策與日本貿易的復甦》。

30 譯註：稍對日本近代史有所認識的人，應知這次「來訪」乃是帶著槍炮，直接進到對方門戶之內的「拜訪」。

31 譯註：即盡入美國之手的意思，以美國人視自己爲盎格魯薩克遜民族成喻。

32 譯註：即自由黨和日本民主黨（以自由和民主爲名的政黨，在日本政治史中皆不只出現過一次，前者因自民黨之故，而爲知名度較高的「自由黨」，故直接稱之；後者則爲了與目前存在，且非常重要的民主黨做區別，故前面之「日本」不宜省略），因此乃以「自由民主黨」合稱。另外，自民黨是在日文中亦通用之簡稱（不過當然是以日文書之）。

33 譯註：原文將「康弘」拼爲Yasukiro，不知是否爲Yasuhiro之誤植。

34 譯註：這裡的田中指的當然是田中角榮，「影子將軍（日文：闇將軍，是日本幕府將軍之意，而非現代西方軍事制度的將軍）」並非作者所創之比喻，而是日本社會對田中角榮的外號，因其卸任後仍能一直左右日本政局，甚至包括首相人選，中曾根康弘與田中的關係更是有名的緊密。另外，田中眞正待在牢獄之中的時日甚短，因其遭逮捕之後便馬上保釋（一九七六年八月），之後他一直都當選國會議員，雖然一審判其有期徒刑和罰金，但是他再度保釋出獄，而一直到他去世，洛克希德案關於他這部分的司法上訴程序才因此終結，當時已是一九九三年了。

35 譯註：負責國際貿易與產業發展事務，二〇

○一年時與前述之經濟企劃廳，及其他與經濟活動相關之單位合併爲經濟產業省，權責事務類似我國之經濟部。

36 譯註：此指本書寫成時間。

37 譯註：與本章大部分地方相同，「部落民」爲日文漢字直接沿用。

38 原註：羅伯特·史密斯和艾拉·維斯威爾，《須惠村的女性》。

39 原註：裘安·梅能，《敲響源氏之門的浪潮：由電影看日本》，頁二七。

40 譯註：是拿「榮譽學位」的榮譽一詞來挖苦。

41 譯註：意指該項協定並未正式終止兩國的交戰狀態。

42 譯註：自民黨萬年執政的局勢，一直要到一九九三年才首度正式被打破。

第四十章

1 譯註：是一種生活於南美，包括彭巴草原等地區的游牧民族。

2 譯註：用來稱呼歐洲人與拉丁美洲印第安人的混血兒。

3 譯註：原文未將父子併稱，但也未特定是那一位羅培茲。

4 譯註：Pancho一字既可作爲外號，本義亦爲Francisco這個名字的簡稱。

5 譯註：peonage這個字的意涵甚廣，就此句而言還有一種解釋是指在非常苛刻不公平的條件之下從事勞力工作的狀況。

6 譯註：或可譯基督「基礎」社群。這是一群基於同樣目的而共同行動的宗教團體。

7 譯註：亦即撒哈拉沙漠以南的非洲。

8 譯註：爲美國好萊塢一套膾炙人口的系列電影中之男主角，用以比喻勇敢、叛逆、富魅力的個人英雄。

9 譯註：又譯工會組織主義。該主義的內涵譯者無能在註釋中簡述，但多帶有以工會爲主的聯盟組織，來取代既有制度中的決策者和權力擁有者的主張，從而如本句後半所述，在立場上會更爲強烈。

10 譯註：因爲原任總統主動辭職，而裴隆於總統補選中勝出，當時他競選時即以自己的夫人爲副總統競選搭檔，因此在他過世之後，

伊莎貝拉便遞補接任總統。

11 譯註：伊莎貝拉是裴隆的第三任夫人，與著名的第二任「裴隆夫人」伊娃並非同一人。

12 譯註：關於阿連德之死，究竟出於他殺或自殺，是個雙方各執一詞的懸案。

13 譯註：即智利首都。

14 譯註：指南美洲南迴歸線以南的部分，因外形似圓錐體而得名。

15 譯註：桂伊勒本人被選爲臨時總統，是軍方與其他政治人物一連串政爭之下的妥協結果，而非由人民投票選出。

16 譯註：這裡指的是賀南·塞利斯·楚阿索。

17 譯註：此指十九世紀。

18 譯註：此指本書寫成時間。

19 譯註：之所以是「陽臺」，是源於早年西方政治人物在做巡迴造勢時，常會選擇在下塌之處的陽臺上，對聚集的人群進行演講。

20 譯註：此指二十世紀。

21 譯註：它原本是一部關於美國軍隊經費之法案的修正案附件，而以提出者普拉特參議員之名代稱，正是這項附件被寫入古巴憲法之中，而讓美國在法律結構上得以插手古巴內政。

22 譯註：此游擊隊首領桑丁諾。因爲此組織全名較長，爲求閱讀方便，下文僅以桑解代稱。

23 譯註：這是一個位於巴拿馬的島名。

24 譯註：因爲此類名稱有簡化之要求，故僅言「進步聯盟」。但深究其義實指：「追求進步之聯盟」，而非一群已取得進步者所組成之聯盟。

25 譯註：民粹主義這個術語，很難稱其有嚴格而取得多數共識的定義，此處需要注意的是，並非每個人在使用這個術語時，皆帶有貶義──雖然這種現象如今極其常見。

第四十一章

1 譯註：如後面可以見到，有時候這種論述會被逕以史達林主義稱之，不過亦有論者主張，史達林主義其實根本稱不上是一種「主義」。

2 譯註：這個名稱與波蘭這波長達二十年的民主化運動息息相關，它其實得名自其核心

組織：獨立自治工會「團結」（代表聯盟之意）。故Solidarity一字亦爲這個組織的代稱，而其中文國內文獻多譯爲團結工聯（以強調爲組織）。

3 譯註：Junker一字原本用來指年輕的貴族，後來轉化爲指稱地位或權勢低下的貴族。但是到了近代，由於他們在軍方、農業和商業方面占據重要的位置，特別是在普魯士帝國中，因此反而一躍成爲非常具有影響力的階級。而由於這些貴族家族的所在地大多數在東德境內，因此當兩德分裂後，西德可以說不存在這樣一個階級。

4 譯註：由於歐洲經濟共同體的決策單位完全是由行政或技術人員組成，無可避免地具有濃厚的官僚色彩，故取官僚一字的諧音來做一語雙關。

5 譯註：依爪哇人之傳統，Sukarno單名Sukarno，並不是一個姓，同時也不擁有姓。至於Achmed，則是回教中，代表讚美意義的封號。

6 譯註：雖然越共與共產黨的關係密不可分，但是在形式上越共並未以共產黨爲名，其正式名稱爲「民族解放陣線」。

7 譯註：亦有翻成「紅色高棉」，或簡稱「赤柬」。

8 譯註：意指因爲縮減軍備因此而能夠帶來的經濟利益，是一九九○年代期間創造的政治口號及術語，故直譯爲和平股利（息）。

第四十二章

1 譯註：此指本書寫成時間。

2 譯註：此指二十世紀。

3 譯註：例如法蘭西斯・福山所提出的「歷史的終結」命題。

4 譯註：也就是脫離白人社會而獨立的主張。

5 譯註：由創辦福特汽車的亨利・福特與其子於一九三六年共同設立的私人基金會，以提供資金援助和平、自由與教育事業爲原始宗旨，日後又將援助範圍加入藝術、人權、環境、經濟發展等等。

6 譯註：是一個成立於一九七五年，以美洲國家爲主要對象，來推動人權保障、促進政府改善立法，以及援助因爲從事這類工作，而

受到司法迫害之法學家的組織。

7 譯註：此組織之宗旨在促進拉丁美洲區基督教徒的統合。

8 譯註：已於二○○七年去世。

9 譯註：君特爲一九九九年諾貝爾文學獎得主。

10 譯註：另有譯「錫鼓」者。

11 譯註：卡繆爲一九五七年諾貝爾文學獎得主。

12 譯註：另有譯「李維史陀」者。

13 譯註：已於二○○八年去世。

14 譯註：本爲猶太裔德國人，於二戰前夕爲躲避納粹迫害逃亡至美國，之後取得美國國籍。

15 譯註：貝克特爲一九六九年諾貝爾文學獎得主。

16 譯註：已於二○○八年去世。品特爲二○○五年諾貝爾文學獎得主。

17 譯註：作者此處僅言「nothing happens」，較足當這句描述的，或許是貝基特的劇作，其中又以《等待果陀》爲代表。但是對這些作品的「評價」或是「描述」是否以此爲足（例如包括品特在內之後），或者作者此句「nothing happens」意義爲何，容待讀者有不同的理解。

18 譯註：已於一九九七年去世。

19 譯註：其名似應爲Hanson。

20 譯註：這是某些英文作家的表現方式，因爲十億是英式計數的一個單位名詞。詳論之，第六個五億，即指二十五億到三十億這個區段。

21 譯註：此指本書寫成時間。

22 譯註：由於這個新字彙爲強調巨大，特別使用mega作爲字首，因而此句之後才需特別解釋這個在英文中，字面上並沒有出現「一百萬」的字，其含意爲何。也才有下一句的換算。但在中文來看，卻讓人有多餘的同義反覆之嫌，特此說明。

23 譯註：即原子彈，雖然原子一字已經夠短，但是仍可代稱爲A-bomb，即A炸彈。

參考書目

第二十五章

Burke, Edmund, *Reflections on the Revolution in France*, London, 1790. 多個版本。反對革命及其原則的保守主義著作。

Montesquieu, Baron de, *The Spirit of the Laws*, 1748. 多個版本。請特別參閱第一、二、三和九卷。

Paine, Thomas, *The Rights of Man*, 1791. 多個版本。他對柏克的雄辯回應導致他被控反叛和被逐出英國。

Pernoud, G., and S. Flaisser, eds., *The French Revolution*, New York, 1960. 多個版本。

Rousseau, Jean-Jacques, *Discourse on the Origin of Inequality*, 1754. 多個版本。

Rousseau, Jean-Jacques, *The Social Contract*, 1762. 多個版本。以上兩部著作為美國革命和法國大革命提供了哲學依據。

Sieyès, Abbé, *What Is the Third Estate?*, 1789. 在決定性的一七八九年中最重要的政治傳單。

Steward, John Hall, *A Documentary Survey of the French Revolution*, New York, 1951.

Thompson, J. M., *French Revolution Documents, 1789-1794*, Oxford, 1948.

Walzer, Michael, ed., *Regicide and Revolution: Speeches at the Trial of Louis XVI*, 1974. 包括一個具有思辨性的介紹。

Young, Arthur, *Travels in France during the Years 1787, 1788, 1789*, New York, 1972. 一位敏銳的英國觀察家眼中的革命前夕的法國。

第二十六章

Dodd, George, *Days at the Factories; or the Manufacturing Industry of Great Britain Described, and Illustrated by Numerous Engravings of Machines and Processes*, Totawa, N.J., 1975. 一八五〇年的再版本。

Mitchell, Brian R., and Phyllis Deane, *Abstract of British Historical Statistics*, Cambridge, 1962. 有關人口、貿易、製造業等最佳統計資料單本。

Smith, Adam, *An Inquiry into the Nature and Causes of the Wealth of Nations*, Chicago, 1977. 寫於一七七六年的一部革命性著作，號召結束重商主義。

Ward, J. T., *The Factory System, 1830-1855*, New York, 1970. 描述、捍衛和批評工廠制度及工業化的當代文獻摘錄。

第二十七章

Engels, Friedrich, *The Condition of the Working Class in England*, New York, 1958. 馬克思的後期合作者在一八四四年寫成，是一本飽受批評但是相當可靠的第一手描述，對勞工的居住和工作條件——特別是曼徹斯特——提供了簡潔有力的畫面。

Malthus, Thomas R., *An Essay on the Principle of Population*, London, 1798 and 1803. 馬爾薩斯著名的著作，其中談論的是人口增加和糧食的生產。

Mayhew, Henry, *London Labor and the London Poor*, New York, 1968. 一八五一年的重印版。它對倫敦的人口和商業作了迷人的描述。

Mill, John Stuart, *Autobiography*, London, 1873. 描述十九世紀英國主要學者的著作。

Mill, John Stuart, *On Liberty*, London, 1859. 對個人自由辯護的經典之作。

Owen, Robert, *A New View of Society*, London, 1813. 英國社會主義的奠基者所建議的，以合作體村落爲基礎的烏托邦社會。

第二十八章

Flaubert, Gustave, *L' Education Sentimentale*, London, 1961. 內含對一八四八年革命和導致革命爆發的資本主義生活方式的描繪，作者雖不持同情態度，但所述內容讓人難忘。

Greville, Charles Fulke, *Memoirs*, ed. by Roger Fulford, New York, 1963. 最初以七卷本形式於一八七五年出版，內含作者在一八二一至一八六一年出任樞密大臣期間撰寫的日記。此爲有關這一時期宮廷和政壇情況之不可多得的珍貴資料。

Price, Roger, ed., *1848 in France*, Ithaca, N. Y., 1975. 非常出色地匯集了見證人的有關記述，附有評注。

Stewart, John Hall, *The Restoration Era in France, 1814-1830*, Princeton, 1968. 簡要敘述和匯集了有關文獻，非常精彩。

第二十九章

Bismarck, Otto von, *Bismarck, the Man and the Statesman, Written and Dictated by Himself*, London, 1899. 俾斯麥的回憶錄，在他失勢後寫成。

Clausewita, Karl von, *On War*, London, 1968. 作者死後出版。本書實際上是一部有關戰爭的哲學。它被普魯士軍事官僚視爲全面戰爭訓令。

Fichte, Johann Gottlieb, *Addresses to the German Nation*, New York, 1968. 發表於一八〇七年法軍占領普魯士之際，幫助激發出日耳曼的民族精神。

Marx, Karl, and Friedrich Engels, *The Marx-Engels Reader*, 2nd ed., by R. C. Tucker, New York, 1978. 重印其基本文獻。

Schurz, Carl, *The Reminiscences of Carl Schurz*, 3 vols., New York, 1907-1908. 第一卷最具價值。作者在一八四八年是一位年輕的日耳曼自由主義者，爲法蘭克福國會的代表。他晚年在美國過著流亡生活。

第三十一章

Arnold, Matthew, *Culture and Anarchy*, New York, 1971. 初版於一八六七年。對英國社會作了犀利的批評，號召在一日益民主化的社會中建立一個權力集中原則。

Darwin, Charles, *The Descent of Man*, Cambridge, Mass., 1964. 尤其參見第二十一章。

Darwin, Charles, *Origin of Species*, Cambridge, Mass., 1964. 尤其參見第九、十五章。

Edwards, Stewart, ed., *The Communards of Paris, 1871*, New York, 1976. 對巴黎公社的親身經歷證詞、文獻和記述作了註釋。

Gosse, Edmund, *Father and Son*, New York, 1963. 維多利亞時代一位著名的文學批評家撰寫的一部動人傳記。他展現了達爾文學說問世後，父親的宗教基要主義與兒子對宗教懷疑態度之間的衝突。

Kohn, Hans, *The Mind of Russia*, New Brunswick, N. J., 1995. 十九、二十世紀俄國作家歷史、文學、哲學作品集，意在展示傳統思想和西方思想在俄國的衝突。

Marx, Karl, *Capital, intro.* by G. D. H. Cole, New York, 1974.

Webb, Beatrice, *My Apprenticeship*, London, 1926. 作者爲費邊社核心人物之一，在她的傳記第一卷中，她解釋了像她這樣一位出身於英國最富有家族之一的人何以皈依社會主義信條。

Zola, Émile, *L'Assommoir*, London, 1970. 寫於一八七七年，是以一八六○年代的巴黎爲背景。這一極其現實主義的小說，描述了法國工人階級在工業變化、貧窮和酒精等力量作用下變得野蠻。

第三十二章

Childers, Erskine, *The Riddle of the Sands*, New York, 1978. 是一本一九○三年英國暢銷小說，主題是英國與德國之間未來的一場戰爭。它的暢銷反應出第一次世界大戰之前反德情緒的上升。

Hamerow, Theodore, S., ed., *The Age of Bismarck: Documents and Interpretations*, New York, 1973.

Lenin, Nikolai, *What Is To Be Done?* London, 1918. 寫於一九○二年，爲列寧最著名的小冊子。在書中，他認爲無產階級革命應由像這樣的資產階級知識分子精英來領導。

Mackenzie, Midge, ed., *Shoulder to Shoulder*, New York, 1975. 一部帶有大量插圖的英國婦女爭取選舉權運動文獻史。

Pankhurst, Emmeline, *My Own Story*, New York, 1914. 英國主張婦女參政權的好鬥領袖之一的回憶錄。

Turgenev, Ivan, *Fathers and Sons*, New York, 1966. 屠格涅夫最偉大的小說。它以一八六○年代的俄國爲背景，描繪了農奴解放和虛無主義興起之際兩代人之間的意識衝突。

Zola, Émile, *Germinal*, New York, 1964. 左拉的現實主義小說，描寫法國採煤區的階級衝突。

第三十三章

Braisted, W. R., tr., *Meiroku Zasshi: Journal of the Japanese Enlightenment*, Cambridge, Mass., 1976.

Crowder, M., and J. F. Ade Ajayi, eds., *History of West Africa, Vol. I*, New York, 1972.

Curtin, Philip D., ed., *Africa Remembered*, Madison, 1967.

de Bary, W. T., ed., *Sources of Chinese Tradition*, Chaps. XXIV, XXV, XXVI, New York, 1960.

de Bary, W.T., ed., *Sources of Japanese Tradition*, Chaps. XXIV, XXV, New York, 1958.

Michael, Franz, *The Taiping Rebellion: Its Sources, Interpretations, and Influences*.

The Complete Journal of Townsend Harris, New York, 1930.

Teng Ssu-yu, and J. K., Fairbank, *China's Response to the West: A Documentary Survey, 2 vols*, Cambridge, Mass., 1954.

Toson, S., *The Broken Commandment*, tr. K. Strong, Tokyo, 1974. 是明治時期的重要小說。

Waley, Arthur, tr., *The Opium War through Chinese Eyes*, London, 1958.

第三十四章

Carnegie Foundation, *Endowment for International Peace, The Treaties of Peace, 1919-1923, 2 vols.*, New York, 1924.

Gooch, G. P., and H. Temperley, eds., *British Documents on the Origins of the War, 1898-1914*, London, 1927.

Keynes, John Maynard, *The Economic Consequences of the Peace*, London, 1919. 同代人對和約的攻擊，尤其是對賠償條約。作者是一位出類拔萃的經濟學家，曾作爲英國代表團的一員參加巴黎和會。

Owen, Wilfred, *Collected Poems*, London, 1963. 作者是英國最有才華的戰爭詩人，他生動描繪了前線生活的恐怖情形。

Reed, John, *Ten Days That Shook the World*, New York, 1919. 版本很多，作者對布爾什維克革命表示同情。

Remarque, Erich Maria, *All Quiet on the Western Front*, 1929. 版本很多。描寫西線戰爭的一部著名小說。

第三十五章

Cole, G. D. H., and M. I. Cole, *The Condition of Britain*, London, 1937. 英國社會主義者對所處時代的分析。

Ehrenburg, Ilya, *Memoirs, 1921-1941*, New York, 1964. 史達林統治下知識分子的狀況。

Greene, Nathanael, comp., *European Socialism Since World War I*, Chicago, 1971. 當代記述的彙集。

Gruber, H., *International Communism in the Era of Lenin: A Documentary History*, Greenwich, Conn., 1967. 彙集了第一手資料，非常有用。

Hitler, Adolf, *Mein Kampf*, New York, 1962. 希特勒的自傳，寫於一九二五年。

Noakes, Jeremy, and Geoffrey Pridham, *Documents on Nazism, 1919-1945*, New York, 1975.

Orwell, George, *The Road to Wigan Pier*, New York, 1972.

Silone, Ignazio, *Bread and Wine*, rev. ed., tr. H. Ferguson, New York, 1965. 對義大利法西斯主義的影響做生動的敘述。

Speer, Albert, *Inside the Third Reich*, New York, 1964.

Tucker, Robert C., ed., *The Great Purge Trial*, New York, 1965.

第三十六章

Bloch, Marc, *Strange Defeat: A Statement of Evidence Written in 1940*, London, 1949. 作者是法國最偉大的史學家之一，後來死於抵抗運動中。他對法國的淪陷做了分析。

Churchill, Winston S., *The Second World War*, 6 vols., London, 1948?1954. 邱吉爾眼中的戰爭和他想讓歷史看到的戰爭。第一卷尤其有用。

De Gaulle, Charles, *The Complete War Memoirs*, New York, 1964.

Hershey, John, *Hiroshima*, New York, 1946. 本書寫於該事發生後不久，生動記述了美國原子彈轟炸的後果。

Noakes, Jeremy, and Geoffrey Pridham, *Documents on Nazism, 1919-1945*, New York, 1975. 一部有用的資料集。

第三十七章

Birla, G. D., *In the Shadow of the Mahatma: A Personal Memoir*, Bombay, 1953. 選自甘地的通信、採訪和對話。

Bohm, Robert, *Notes on India*, Boston, 1982. A collection of personal interviews presenting a disturbing portrait. 表現出混亂描寫的個人訪談之集結。

Chakravarty, A., ed., *A Tagore Reader*, New York, 1961.

Grandhi, M.K., *The Story of My Experiments with Truth*, Boston, 1957. Autobiography.

Jack, H. A., ed., *The Gandi Reader: A Source Book of His Life and Writings*, Bloomington, Ind., 1956.

Narayan, Jayaprakash, *Prison Dairy*, ed. A. B. Shah, Seattle, 1978. 甘地夫人最有名的囚犯祕密日記。

Nehru, Jawaharlal, *Toward Freedom*, New York 1951. Autobiography.

Nehru, Jawaharlal, *Independence and After* (Speeches, 1946-1949), New York, 1950.

Nehru, Jawaharlal, Jawaharlal Nehru's Speeches, 1949-1953, Delhi, 1954.

Philips, C. H., *The Evolution of India and Pakistan, 1858 to 1947: Select Documents*, New York, 1962.

Russell, W. H., *My India Mutiny Diary*, London, 1957. 倫敦時報記者的當時描述。

Tagore, Rabindranath, *My Reminiscences*, New York, 1917.

第三十八章

Africa South of the Sahara, London, annual. 最有用的和準確的各國對非洲的參考。

Ben-Gurion, David. Israel: A Personal History, New York, 1971.

Berkes, Niyazi, Turkish Nationalism and Western Civilization, tr. Z. Gokalp, London, 1959.

Brookes, Edgar H., Apartheid: *A Documentary Study*, London, 1968.

Edib, Halide, *Memoirs*, London, 1926.

Horrell, Muriel, comp., *A Survey of Race Relations in South Africa*, 1977, Johannesburg, 1978.

Hyden, Goran, *Beyond Ujamaa in Tanzania: Underdevelopment and the Uncaptured Peasantry*, London, 1980.

Langley, J. Ayo, ed., *Ideologies of Liberation in Black Africa, 1856-1970: Documents*, London, 1979.

Meir, Golda, *My Life*, New York, 1975.

Weizmann, Chaim, *Trial and Error*, New York, 1949.

第三十九章

Aoki, M. Y., and M. B. Dardess, *As the Japanese See It: Past and Present*, Honolulu, 1981.

Binyan, Liu, People or Monsters? and Other Stories and Reportage from China after Mao, Bloomington, Ind., 1983.

Bodde, Derk, *Peking Diary*, 1948-1949:A Year of Revolution, New York, 1967.

Brandt, C., B. F. Schwartz, and J. K. Fairbank, *A Documentary History of Chinese Communism*, London, 1952.

Chai, Winberg, ed., The Essential Works of Chinese Communism, New York, 1969.

Chiang Kai-shek, *China's Destiny*, New York, 1947.

de Bary, W. T., *Sources of Chinese Tradition*, Chaps. XXVII, XXVIII, XXIX, New York, 1960.

de Bary, W. T., *Sources of Chinese Tradition*, Chaps. XXVI, XXVII, XXVIII, XXIX, New York, 1958.

Gao Yuan, *Born Red: A Chronicle of the Cultural Revolution*, Stanford, 1987.

Grew, Ambassador Joseph C., Ten Years in Japan, New York, 1974.

Lin, N. T., tr., *In Quest: Poems of Chou En-lai*, Cambridge, Mass., 1979.

Minear, R. H., ed., *Through Japanese Eyes*, 2 vols., New York, 1974.Selections from the period of the Pacific War to the 1970s.

Schram, Stuart, ed., *Chairman Mao Talks to the People: Talks and Letters, 1956-1971*, New York, 1975.

Schwarcz, Vera, Long Road Home: A China Journal, New Haven, 1984.

Starr, J. B., *Continuing the Revolution: The Political Thought of Mao*, Princeton, 1979.

第四十章

Amnesty International Report:1984, London, 1984.

Hanke, Lewis, *Latin America, a Historical Reader*, Boston, 1974.

Timmerman, Jacobo, *Prisoner without a Name, Cell without a Number*, New York, 1981.

第四十一章

Adenauer, Konrad, Memoirs, 1945-1953, Chicago, 1966. 阿登納於一九四九年至一九六三年間擔任德意志聯邦共和國總理，其尋求美國的支持，並重新使分解的德國歸於統一。

Barnes, Thomas G., and Gerald D. Feldman, eds., *Breakdown and Rebirth:1914 to the Present*, Boston, 1972. 一份有關當代歷史（主要是歐洲）的文件蒐集。

Caputo, Philip, *A Rumor of War*, New York, 1977. 最佳的回憶錄有關美國越南戰爭經驗。

De Gaulle, Charles, *Memoirs of Hope: Renewal and Endeavor*, New York, 1971.

Kennan, George F., *Memoirs*, 1925-1950, New York, 1967. 凱南，一位職業外交官，他曾是美國對俄羅斯的權威專家，協助遏制政策形成。

Servan-Schreiber, J. J., The American Challenge, New York, 1968. 一份法國的評估，內容有關美國在歐洲的經濟和技術的影響。

中英名詞對照

第二十五章

安尼・羅貝時・雅克・屠哥　Anne Robert
　　Jacques Turgot
羅馬公教　Roman Catholic church
什一稅　the tithe
洛克　Locke
伏爾泰　Voltaire
孟德斯鳩　Montesquieu
孔多塞　Condorcet
三級會議　Provincial Estates
《百科全書》　Encyclopedia
金・雅克・盧梭　Jean-Jacques Rousseau
《論人類不平等的起源》　Discourse on the
　　Origin of Inequality
《社會契約論》　Social and Contract
修路徭役　corvée
雅各賓派　Jacobins
元老院　Council of Elders
拿破崙・波拿巴　Napoleon Bonaparte
波旁王朝　Bourbons
拿破崙法典　Code Napoleon
路德維希・馮・貝多芬　Ludwig van Beethoven
《英雄交響曲》　Eroica
維也納會議　Congress of Vienna
克萊門斯・馮・梅特涅　Klemens von
　　Metternich

第二十六章

丹爾・迪福　Daniel Defoe
《魯賓遜飄流記》　Robinson Cruson
亞當・史密斯　Adam Smith
詹姆斯・哈格里夫斯　James Hargreaves
理查・阿克萊特　Richard Arkwright
塞繆爾・克朗普頓　Samuel Crompton
伊萊・惠特尼　Eli Whitney
湯瑪斯・紐科門　Thomas Newcomen
詹姆斯・瓦特　James Watt
馬休・博爾頓　Matthew Boulton
威廉・科克利爾　William Cockerill
弗里茨・哈考科　Fritz Harkort

喬治・史蒂芬遜　George Stephenson

第二十七章

愛德華・詹納　Edward Jenner
湯瑪斯・布拉西　Thomas Brassey
約翰・威爾金森　John Wilkinson
塞繆爾・斯邁爾斯　Samuel Smiles
小仲馬　Alexandre Dumas
《茶花女》　La Dame aux Camilles
朱塞佩・威爾第　Giuseppe Verdi
湯瑪斯・馬爾薩斯　Thomas Malthus
大衛・李嘉圖　David Ricardo
《富國論》　Inquiry into the Nature and Causes
　　of the Wealth of Nations
《人口論》　Essay on Population
傑利米・邊沁　Jeremy Bentham
納索・西尼爾　Nassau Senior
奧古斯特・孔德　Auguste Comte
查爾斯・狄更斯　Charles Dickens
《孤雛淚》　Oliver Twist
《艱難時世》　Hard Times
《董貝父子》　Dombey and Son
奧諾雷・德・巴爾札克　Honoré de Balzac
《包法利夫人》　Madame Bovary
約翰・斯圖亞特・米勒　John Stuart Mill
《政治經濟學原理》　The Principles of Political
《論自由》　On Liberty
海勒姆・鮑爾斯　Hiram Powers
但丁・加布里爾埃・羅塞蒂　Dante Gabriel
　　Rossetti
珍-弗朗索瓦・米勒　Jean-Francois Millet
《拿鋤頭幹活的男子》　Man with the Hoe
《晚鐘》　The Angelus
古斯塔夫・庫爾貝　Gustave Courbet
奧諾雷・多米埃　Honoré Daumier
羅伯特・歐文　Robert Owen
夏爾・傅立葉　Charles Fourier
路易・布朗　Louis Blanc

第二十八章

詹姆斯·門羅　James Monroe

喬治·坎寧　George Canning

羅伯特·庇爾　Robert Peel

俄國沙皇尼古拉一世　Trar Nicholas I

佛蘭西斯·斐迪南　Francis Ferdinand

威廉·威爾伯福斯　Willian Wilberforce

弗朗索瓦·基佐　Francois Guizot

海因里希·海涅　Heinrich Heine

威廉·洛維特　William Lovett

費格斯·奧康諾　Feargus O' Conner

格拉古·巴貝夫　Gracchus Babeuf

奧古斯特·布朗基　Auguste Blauqui

阿爾方斯·德·拉馬丁　Alphonse de Lamartine

路易·拿破崙　Louis Napolean

班傑明·迪斯雷利　Benjamin Disraeli

威廉·格拉德斯通　William Gladstone

第二十九章

約翰·馮·赫德　Johann von Herder

腓特列·施萊格爾　Friedrich Schlegel

腓特列·馮·薩維尼　Friedrich von Savigny

塞繆爾·泰勒·柯勒律治　Samuel Taylor Coleridge

喬治·威廉·黑格爾　Georg Wilhelm Hegel

費希特　J. G. Fichte

格林兄弟　brothers Grimm

《格林童話》　Grimm's Fairy Tales

腓特烈·席勒　Friedrich Schiller

威廉·華茲華斯　William Wordsworth

歐仁·德拉克魯瓦　Eugène Delacroix

《自由女神領導人民》　Liberty Leading the People

朱塞佩·威爾第　Giuseppe Verdi

理查德·華格納　Richard Wagner

《尼伯龍根之歌》　Song of the Nibelung

珀西·雪萊　Percy Shelley

維克多·雨果　Victor Hugo

弗郎西斯科·哥雅　Francisco Goya

威廉·布萊克　William Blake

約翰·沃爾夫岡·歌德　Johann Wolfgang von Goethe

《少年維特的煩惱》　Sorrows of Werther

《浮士德》　Faust

馬丁·路德　Martin Luther

弗郎西斯·帕拉茨基　Francis Palacky

朱塞佩·馬志尼　Joseph Mazzini

卡爾·馬克思　Karl Marx

腓特列·恩格斯　Friedrich Engels

《共產主義宣言》　The Communist Manifesto

鄂圖·馮·俾斯麥　Otto von Bismarch

卡米洛·迪·加富爾　Count Camillo di Cavour

朱塞佩·加里波底　Giuseppe Garibaldi

維多·伊曼紐爾二世　Victor Emmanuel II

湯瑪斯·傑佛遜　Thomas Jefferson

安德魯·傑克遜　Andrew Jackson

亞伯拉罕·林肯總統　President Abraham Lincoln

西蒙·博利瓦爾　Simon Bolivar

杜桑·盧維杜爾　Toussaint L' Ouverture

第三十章

亨利·貝塞麥　Henry Bessemer

皮埃爾·馬丁　Pierre Martin

悉尼·吉爾克里斯特　Sidney Gilchrist

亞歷山德羅·伏特　Alessandro Volta

麥克·法拉第　Michael Faraday

湯瑪斯·愛迪生　Thomas Edison

歐內斯特·索爾維　Ernest Solvay

泰勒　Frederick W. Taylor

摩根　J. P. Morgan

霍布森　J. A. Hobson

拉迪亞德·吉卜林　Rudyard Kipling

塞西爾·羅得斯　Cecil Rhodes

第三十一章

拉薩爾　Ferdinand Lassalle

哈伊爾·巴枯寧　Michael Bakunin

愛德華·伯恩斯坦　Eduard Bernstein

卡爾·考茨基　Karl Kautsky

西德尼·韋伯　Sidney Webb

貝阿特麗絲·韋伯　Beatrice Webb

威爾斯　H. G. Wells

喬治·伯納德·蕭伯納　George Bernard Shaw

喬治·索雷爾　Georges Sorel

路易‧巴斯德　Louis Pasteur
羅伯特‧科赫　Robert Koch
威廉‧馮‧欒琴　Wilhelm von Röntgen
瑪麗‧居禮　Marie Curie
查爾斯‧達爾文　Charles Darwin
《物種起源》　Origin of Species
《人類的由來》　The Descent of Man
奧古斯特‧魏斯曼　August Weismann
胡戈‧德‧佛里斯　Hugo De Vries
喬治‧孟德爾　Gregor Mendel
湯瑪斯‧亨利‧赫胥黎　Thomas Henry Huxley
赫伯特‧斯賓塞　Herbert Spencer
弗里德里希‧尼采　Friedrich Nietzsche
伊萬‧巴甫洛夫　Ivan Pavlov
西格蒙德‧佛洛伊德　Sigmund Freud
亞瑟‧叔本華　Arthur Schopenhauer
《意志和觀念的世界》　The World as Will and Idea
《人類的喜劇》　Human Comedy
古斯塔夫‧福祿貝爾　Gustave Flaubert
《波伐利夫人》　Madame Bovary
埃米爾‧左拉　Émile Zole
查爾斯‧狄更斯　Charles Dickens
《苦兒歷險記》　Oliver Twist
《塊肉餘生錄》　David Copperfield
湯瑪斯‧哈代　Thomas Hardy
格哈特‧霍普特曼　Gerhard Hauptmann
亨利克‧易卜生　Henrik Ibsen
伊凡‧屠格涅夫　Ivan Turgenev
菲奧多‧杜斯妥也夫斯基　Feodor Dostoevsky
李奧‧托爾斯泰　Leo Tolstoy
亞歷山大‧普希金　Alexander Pushkin
《父與子》　Fathers and Sons
《罪與罰》　Crime and Punishment
《卡拉馬佐夫兄弟》　The Brother Karamazov
《戰爭與和平》　War and Peace
《安娜‧卡列尼娜》　Anna Karenina
奧古斯特‧羅丹　Auguste Rodin
克勞德‧莫內　Claude Monet
奧古斯特‧雷諾瓦　Auguste Renoir
保羅‧塞尚　Paul Cézanne
保羅‧高更　Paul Gauguin
文森‧梵谷　Vincent Van Gogh

《星夜》　The Starry Night
亨利‧馬蒂斯　Henri Matisse
帕布羅‧畢卡索　Pablo Pocassp
保羅‧魏爾蘭　Paul Verlaine
亞瑟‧藍波　Arthur Rimbaud
斯特凡‧馬拉美　Stéphane Mallarmé
保羅‧瓦萊里　Paul Valéry
羅伯特‧舒曼　Robert Schumann
費利克斯‧孟德爾頌　Felix Mendelssonhn
《仲夏夜之夢》　A Midsummer Night's Dream
弗蘭茨‧李斯特　Franz Liszt
理查‧華格納　Richard Wagner
理查‧史特勞斯　Richard Strauss
克勞德‧德布西　Claude Debussy

第三十二章

馬利‧埃德美‧麥克馬洪　Marshal Marie-Edmé MacMahon
愛德華‧德呂蒙　Edmond Drumont
《自由談報》　La Libre Parole
安納托爾‧法朗士　Anatole France
亞歷山大‧米勒蘭　Alexandre Millerand
勒內‧瓦爾德‧盧梭　Minister René Waldeck-Rousseau
大衛‧勞合‧喬治　David Lloyed George
赫伯特‧阿斯奎斯　Herbert Asquith
溫斯頓‧邱吉爾　Winston Churchill
彼得‧柴可夫斯基　Peter Tchaikovsky
尼古拉‧林姆斯基‧高沙可夫　Nikolai Rimsky-Korsakov
喬萬尼‧焦利蒂　Giovanni Giolitti

第三十四章

貝特曼‧霍爾維格　Bethmann Hollweg
喬治‧克里蒙梭　Georges Clemenceau
保羅‧馮‧興登堡　Paul von Hindenburg
埃里希‧魯登道夫　Erich Ludendorff
拉夫爾‧科爾尼洛夫　General Lavr Kornilov
列寧　Lenin
李昂‧托洛斯基　Leon Trotsky
佛里德里希‧艾伯特　Friedrich Ebert
穆斯塔法‧凱末爾　Mustapha Kemal

第三十五章

約瑟夫・史達林　Joseph Stalin

貝尼托・墨索里尼　Benito Mussolini

阿道夫・希特勒　Adolf Hitler

蘇維埃社會主義共和國聯盟　Union of Soviet Socialist Republic

卡爾・李卜克內西　Karl Liebknecht

羅莎・盧森堡　Rosa Luxemburg

布爾什維克貝拉・庫恩　Bolshevik Béla Kun

謝爾蓋・普羅高菲夫　Sergei Prokofiev

迪米特里・蕭斯塔高維奇　Dimitri Shostskovich

弗拉基米爾・馬雅科夫斯基　Vladimir Mayakovsky

馬克西姆・高爾基　Maxim Gorky

伊薩克・巴別爾　Isaac Babel

謝爾蓋・愛森斯坦　Sergei Eisenstein

沃倫・哈定　Warren G. Harding

卡爾文・柯立芝　Clavin Coolidge

赫伯特・胡佛　Herbert Hoover

路德維希・維根斯坦　Viennese Ludwig Wittgenstein

伯特蘭・羅素　Bertrand Russell

魯道夫・卡納普　Rudolf Carnap

馬克思・韋伯　Max Weber

卡爾・榮格　Carl Jung

維爾弗雷多・帕雷托　Vilfredo Pareto

奧斯瓦爾德・史賓格勒　Oswald Spengler

艾伯特・愛因斯坦　Albert Einstein

詹姆斯・查德威克　Sir James Chadwick

奧圖・哈恩　Otto Hahn

弗里茨・施特拉斯曼　Fritz Strassman

歐內斯特・海明威　Ernest Hemingway

貝托爾特・布萊希特　Bertolt Brecht

史考特・費茲傑羅　F. Scott Fitzgerald

艾略特　T. S. Eliot

詹姆斯・喬伊斯　James Joyce

馬歇爾・普魯斯特　Marcel Proust

維吉尼亞・伍爾芙　Virginia Woolf

約翰・史坦貝克　John Steinbeck

安德烈・馬爾羅　André Malraux

喬治・歐威爾　George Orwell

《動物莊園》　Animal Farm

約翰・梅納德・凱因斯　John Maynard Keynes

瓦西里・康丁斯基　Wassily Kandinsky

喬治・格羅斯　George Grosz

馬歇爾・杜象　Marcel Duchamp

馬克思・恩斯特　Max Ernst

漢斯・阿爾普　Jean Hans Arp

喬吉奧・德・基里科　Giorgio de Chirico

薩爾瓦多・達利　Salvador Dali

迪亞哥・里維拉　Mexicans Diego Rivera

阿諾德・荀伯格　Arnold Schoenberg

奧托・瓦格納　Otto Wagner

路易斯・蘇里文　Louis Sullivan

弗蘭克・洛伊德・懷特　Frank Lloyd wright

瓦特・格羅佩斯　Walter Gropius

謝爾蓋・愛森斯坦　Sergei Eisenstein

第三十六章

佛朗西斯科・佛朗哥　Francisco Franco

內維爾・張伯倫　Neville Chamberlain

愛德華・達拉第　Édouard Daladier

歐文・隆美爾　Erwin Rommel

克萊門・艾德禮　Clement Attlee

第三十七章

賈瓦哈拉爾・尼赫魯　Jawaharlal Nehru

伊安・史密斯　Ian Smith

麥克・曼里　Michael Manley

亞瑟・詹姆斯・貝爾福　Arthur James Balfour

山繆・夏普蘭　Samuel Champlain

威廉・彼特　William Pitt

德罕伯爵　Lord Durham

艾爾金伯爵　Lord Elgin

列斯特・皮爾森　Lester Pearson

育空領域　Yukon

皮耶・楚鐸　Pierre Trudeau

惹內・勒維克　René Lévesque

布萊恩・墨朗尼　Brian Mulroney

詹姆斯・庫克　James Cook

瓦特・格里芬　Walter Griffin

法福克・洛伊德・萊特　Frank Lloyd Wright

高夫・惠特蘭　Gough Whitlam

馬爾坎・弗萊澤　Malcolm Frazer

羅勃特·霍克　Robert Hawke

愛德華·吉朋·魏克菲爾德　Edward Gibbon Wakefield

大衛·隆伊　David Lange

喬弗瑞·帕爾瑪　Geoffrey Palmer

羅伯特·克萊夫　Robert Clive

蒙兀兒　Mughal

拉姆·默罕·洛伊　Ram Mohan Roy

威廉·瓊斯爵士　Sir William Jones

詹姆斯·彌爾　James Mill

薩伊德·阿瑪德汗　Sayyid Ahmad Khan

亞倫·休姆　Allen O. Hume

柯爾宗閣下　Lord Curzon

艾德溫·蒙塔古　Edwin Montagu

羅賓德拉那斯·泰戈爾　Rabindranath Tagore

摩帝拉爾·尼赫魯　Motilal Nehru

默罕達斯·甘地　Mohandas K. Gandhi

馬基維里　Machiavelli

蘇丹哈里發　Sultan-Caliph

穆罕默德·阿里·金納　Mohammad Ali Jinnah

史塔福特·克里普斯爵士　Sir Stafford Cripps

克萊門特·阿特利　Clement Attlee

蒙特巴頓閣下　Lord Mountbatten

謝赫·穆罕默德·阿杜拉哈　Sheikh Muhammad Abdullah

英迪拉·甘地夫人　Indira Gandhi

賈亞普拉卡希·那拉揚　Jayaprakash Narayan

拉吉夫·甘地　Rajiv Gandhi

維什瓦納特·普拉塔普·辛　V. P. Singh

曼德勒　Mandalay

穆罕默德·阿尤布汗　Muhammed Ayub Khan

葉哈雅汗　Yahya Khan

謝赫·穆吉布·拉赫曼　Sheikh Mujibur Rhaman

祖菲卡爾·阿里·布托　Zulfikar Ali Bhutto

穆罕默德·齊亞·哈克　Muhammad Zia ul-Haq

班娜齊爾·布托　Benazir Bhutto

胡山·艾爾夏德　Hussain Ershad

穆罕默德·尤那斯　Muhammad Yunus

羅伯特·休斯　Robert Hughes

《致命海岸》　The Fatal Shore

威廉·喬英森—希克斯　Willaim Joynson-Hicks

第三十八章

阿亞塔拉·魯候拉·霍梅尼　Ayatollah Ruholla Khomeini

伊斯麥特·伊諾努　Ismet Inönü

傑拉爾·拜亞爾　Celal Bayar

阿德南·曼德勒斯　Adnan Menderes

凱南·艾佛林　Kenan Evren

特古特·歐薩爾　Turgut Özal

穆罕默德·納吉布少校　Major Muhammad Naguib

法魯克一世　Farouk I

加麥爾·阿布杜·納塞爾中校　Lieutenant-Colonel Gamal Abdul Nasser

安瓦爾·沙達特　Anwar Sadat

霍斯尼·穆巴拉克　Hosni Mubarak

利庫德集團　Likud bloc

梅那赫姆·貝京　Menachem Begin

吉米·卡特　Jimmy Carter

亞西爾·阿拉法特　Yasir Arafat

艾里爾·夏隆　Ariel Sharon

阿布杜·伊本·沙烏德　Abdul ibn-Saud

艾哈邁德·扎基·亞曼尼大公　Sheikh Ahmed Zaki Yamani

利撒·巴勒維　Riza Pahlavi

穆罕默德·利撒·巴勒維　Muhammad Riza Pahlavi

穆罕默德·摩薩臺　Mohammad Mossadegh

薩達姆·海珊　Saddam Hussein

哈什米·拉夫桑賈尼　Hojatolislam Hashemi Rafsanjani

塞西爾·羅德斯　Cecil Rhodes

楊·克里斯蒂安·史莫茲　Jan Christiaan Smuts

羅伯·索布奎　Robert Sobukwe

夏普維爾　Sharpeville

尼爾遜·曼德拉　Nelson Mandela

亨德里克·維沃爾德　Hendrik Verwoerd

約翰·佛爾斯特　John B. Vorster

曼戈蘇圖·布特萊齊　Mangosuthu Buthelezi

史蒂夫·比科　Steve Biko

彼德·波塔　Pieter W. Botha

戴克拉克　F. W. de Klerk

肯尼斯·卡汪達　Kenneth Kaunda

民主黨　Democratic party

艾德華·布萊登　Edward Blyden
夏爾·戴高樂　Charles de Gaulle
夸米·恩克魯瑪　Kwame Nkrumah
朱利斯·聶瑞利　Julius Nyerere
羅伯特·穆嘉貝　Robert Mugabe
夸米·恩克魯瑪、丹夸　J.B. Danquah
李奧波德·山果爾　Leopold Senghor
渥雷·索因卡　Wole Soyinka
穆罕默德·阿里　Muhammad Ali

第三十九章

麥可·鮑羅定　Michael Borodin
約瑟夫·麥卡錫　Joseph McCarthy
道格拉斯·麥克阿瑟　Douglas MacArthur
喬治·肯南　George Kennan
培里准將　Commodore Perry
中曾根／雷根　Nakasone-Reagan

第四十章

璜·巴提斯塔·阿博蒂　Juan Bautista Alberdi
席爾維歐·羅梅洛　Silvio Romero
拉斐爾·卡瑞拉　Rafael Carrera
波費里歐·狄亞茲　Porfirio Díaz
荷西·法蘭西亞　José Francia
安東尼奧·羅培茲　Antonio López
索拉諾·羅培茲　Solano López
法蘭西斯柯·馬德洛　Francisco Madero
維克多利安諾·韋爾塔　Victoriano Huerta
伍德洛·威爾遜　Woodrow Wilson
法蘭西斯柯·「龐丘」·維拉　Francisco "Pancho" Villa
維努斯提亞諾·卡蘭薩　Venustiano Carranza
拉札洛·卡登那斯　Lázaro Cárdenas
富蘭克林·羅斯福　Franklin D. Roosevelt
狄亞茲·歐達茲　Díaz Ordaz
夸鐵莫克·卡登那斯　Cuauhtémoc Cárdenas
卡洛斯·薩利那斯　Carlos Salinas
熱圖里歐·瓦加斯　Getúlio Vargas
尤謝林諾·庫比卻克　Juscelino Kubitschek
尤姚·果拉　João Goulart
唐克理多·奈維斯　Tancredo Neves
荷西·薩爾尼　José Sarney

費南多·科洛爾·德梅洛　Fernando Collor de Mello
印第安那·瓊斯　Indiana Jones
伊波利塔·伊里哥延　Hipólita Irigoyen
璜·裴隆　Juan D. Perón
伊莎貝拉·裴隆　Isabelle Perón
候黑·維德拉　Jorge Videla
雅可伯·提默曼　Jacobo Timmerman
吉米·卡特　Jimmy Carter
勞兀爾·阿方辛　Raúl Alfonsín
卡洛期·薩兀爾·梅能　Carlos Saúl Menem
卡洛斯·艾邦尼茲上校　Major Carlos Ibáñiz
艾都瓦多·弗萊　Eduardo Frei
薩爾瓦多·阿言德·高森斯　Salvador Allende Gossens
奧古斯托·皮諾契·烏嘎爾特　Augusto Pinochet Ugarte
奧蘭多·雷特利爾　Orlando Letelier
派崔西歐·艾爾溫　Patricio Aylwin
費南多·貝隆德·泰瑞　Fernando Belaúnde Terry
璜·維拉斯科·阿瓦拉多　Juan Velásco Alvarado
亞倫·賈西亞·培瑞茲　Alan Garcia Perez
亞爾貝托·藤森　Alberto Fujimori
荷西·巴特利·歐東尼茲　José Battle y Ordónez
璜·波達貝力　Juan Bordaberry
阿弗雷多·史卓埃斯納　Alfredo Stroessner
安德利斯·羅德里格茲　Andres Rodriguez
莉蒂亞·桂伊勒·特哈達　Lydia Gueiler Tajada
路易斯·賈西亞·梅薩　Luis García Metza
馬可斯·培瑞茲·吉美尼茲　Marcos Pérez Jiménez
維拉斯科·伊巴拉　Velasco Ibarra
福爾亨西歐·巴蒂斯塔　Fulgencio Batista
菲德爾·卡斯楚　Fidel Castro
西蒙·波利瓦　Simón Bolívar
李奧尼德·布里茲涅夫　Leonid Brezhnev
阿那斯塔西歐·索摩薩　Anastasio Somoza
丹尼爾·歐爾特嘉·薩維德拉　Daniel Ortega Saavedra
羅培茲·波蒂羅　López Portillo

奧斯卡・阿里亞斯・桑其斯　Oscar Arias Sanchez

維歐莉塔・芭莉歐斯・夏莫洛　Violeta Barrios de Chamorro

派卓・候阿慶・夏莫洛・卡爾登諾　Pedro Joaquín Chamorro Cardenal

杭伯特・歐爾特嘉・薩維德拉　Humberto Ortega Saavedra

奧斯卡・羅梅洛　Oscar Romero

荷西・拿破崙・杜阿特　José Napoleon Duarte

羅伯托・道拜森少校　Major Roberto D'Aubuisson

阿爾弗雷多・克里斯提亞尼　Alfredo Cristiani

雅可伯・阿爾班茲　Jacobo Arbenz

拉法葉・楚伊羅　Rafael Trujillo

璜・波許　Juan Bosch

法蘭西斯・杜瓦利耶　François Duvalier

尚・克勞德・杜瓦利耶　Jean-Claude Duvalier

歐瑪・托利候斯・賀雷拉　Omar Torrijos Herrera

曼努埃爾・安東尼奧・諾利埃嘉　Manuel Antonio Noriega

卡洛斯・安德列斯・培瑞茲　Carlos Andrés Pérez

賀南・塞利斯・楚阿索　Hernán Siles Zuazo

第四十一章

愛德華・貝奈斯　Eduard Beneš

楊・馬沙里克　Jan Masaryk

馬紹爾・狄多　Marshal Tito

喬治・馬歇爾　George Marshall

哈利・杜魯門　Harry Truman

維亞切斯拉夫・莫洛托夫　Vyacheslav Molotov

拉夫蘭提・貝利亞　Lavrenty Beria

安德烈・日丹諾夫　Andrei Zhdanov

特洛菲姆・李森科　Trofim Lysenko

約翰・福斯特・杜勒斯　John Foster Dulles

尼基塔・赫魯雪夫　Nikita Khrushchev

伊利亞・愛倫柏格　Ilya Ehrenburg

《解凍》　The Thaw

瓦迪斯勞・哥穆爾卡　Wladyslaw Gomulka

阿列克謝・柯西金　Alexei Kosygin

聖地牙哥・卡里洛　Santiago Carillo

米哈伊爾・戈巴契夫　Mikhail Gorbachev

塔杜茲・馬索維其　Tadeusz Mazowieki

萊赫・華勒沙　Lech Walesa

瓦茲拉夫・哈維爾　Václav Havel

亞歷山大・杜布切克　Alexander Dubcek

尼可拉耶・查烏薛斯古　Nicolae Ceausescu

艾利希・何內克　Erich Honecker

赫爾穆特・科爾　Helmut Kohl

威利・布蘭特　Willy Brandt

阿梅德・蘇卡諾　Achmed Sukarno

林登・詹森　Lyndon B. Johnson

理查・尼克森　Richard M. Nixon

諾洛敦・西哈努克　Norodom Sihanouk

費迪南德・馬可仕　Ferdinand Marcos

柯拉蓉・艾奎諾　Corazon Aquino

第四十二章

羅納德・雷根　Ronald Reagan

喬治・布希　George Bush

瑪格莉特・柴契爾　Margaret Thatcher

理察・尼克森　Richard Nixon

格瑞那達　Grenada

約瑟夫・史達林　Joseph Stalin

艾達・威爾斯─巴尼特　Ida Wells-Barnett

菲利普・藍道夫　A. Philip Randolph

杜・柏伊斯　W. E. B. Du Bois

瑪莉・麥克里歐德・貝頓　Mary Mcleod Bethune

詹姆斯・法爾默　James Farmer

馬庫斯・蓋爾維　Marcus Garvey

瑪麗亞・卡拉斯　Maria Callas

路西安諾・帕華洛帝　Luciano Pavarotti

約翰・凱吉　John Cage

詹姆士・瓊斯　James Jones

諾曼・梅勒　Norman Maile

《亂世忠魂》　From Here to Eternity

《裸者和死者》　The Naked and the Dead

君特・格拉斯　Günter Grass

《鐵皮鼓》　The Tim Drum

尚・保羅・沙特　Jean Paul Sartre

阿爾貝・卡繆　Albert Camus

《墮落》　The Fall

《瘟疫》　The Plague

《反抗者》 The Rebel

安東尼奧・格蘭西 Antonio Gramsci

喬基・盧卡奇 Georg Lukacs

克勞德・李維史特勞斯 Claude Levi-Strauss

《地方麻木》 Local Anaesthetic

西蒙・波娃 Simone de Beauvoir

《第二性》 The Second Sex

潔梅・葛瑞兒 Germaine Greer

提莉・歐森 Tillie Olsen

瑪莉・達里 Mary Daly

鮑里斯・巴斯特納克 Boris Pasternak

亞力山大・索忍尼辛 Aleksandr Solzhenitsyn

《古拉格群島》 Gulag Archipelago

赫伯特・馬庫塞 Herbert Marcuse

塞繆爾・貝克特 Samuel Beckett

哈洛德・品特 Harold Pinter

威廉・布洛夫斯 William Burroughs

克爾特・馮內果 Kurt Vonnegut

托爾金 J. R. R. Tolkien

英格馬・柏格曼 Ingmar Bergman

尚盧・高達 Jean-Luc Godard

法蘭西斯・楚浮 François Truffaut

米開朗基羅・安東尼奧尼 Michelangelo Antonioni

亞瑟・潘 Arthur Penn

《我倆沒有明天》 Bonnie and Clyde

貝納多・貝托魯奇 Bernardo Bertolucci

傑克森・波拉克 Jackson Pollock

威廉・德庫寧 Willem de Kooning

法蘭茲・克萊恩 Franz Kline

賈斯伯・約翰 Jasper John

羅伯特・羅森伯格 Robert Rauschenberg

法蘭克・史戴拉 Frank Stella

馬克・羅斯科 Mark Rothko

杜安・韓森 Duane Hansen

溫德爾・史坦利 Wendell Stanley

詹姆斯・華生 James D. Watson

格瑞格・孟德爾 Gregor Mendel

格哈特・多馬克 Gerhard Domagk

亞歷山大・弗萊明 Alexander Fleming

塞爾曼・瓦克斯曼 Selman W. Waksman

愛德華・金納 Edward Jenner

約那斯・沙克 Jonas Salk

尼爾・阿姆斯壯 Neil Armstrong

1WE5

世界文明史（後篇）：從工業革命到現代

作者	Philip Lee Ralph, Robert E. Lerner, Standish Meacham, Edward McNall Burns
譯者	文從蘇　谷意　林姿君　薛克強
發行人	楊榮川
總經理	楊士清
總編輯	楊秀麗
副總編輯	黃惠娟
責任編輯	吳佳怡
封面設計	井十二設計研究室
出版者	五南圖書出版股份有限公司
地址	106台北市大安區和平東路二段339號4樓
電話	(02)2705-5066
傳真	(02)2706-6100
劃撥帳號	01068953
戶名	五南圖書出版股份有限公司
網址	https://www.wunan.com.tw
電子郵件	wunan@wunan.com.tw
法律顧問	林勝安律師事務所　林勝安律師
出版日期	2009年11月初版一刷
	2021年10月初版八刷
定價	新臺幣800元

國家圖書館出版品預行編目資料

世界文明史. 後篇/Philip L. Ralph, Edward
McNall Burns著;文從蘇等譯. -- 初版. --
臺北市：五南, 2009.11
　面；　公分.
譯自：World civilization:their history
and their culture
ISBN 978-957-11-5771-9（平裝）

1.文明史　2.世界史

713　　　　　　　　　　　　　98015810